Erik Lindner

Die Reemtsmas

Zu diesem Buch

Hinter dem Namen Reemtsma steht eine Familie, deren Name zu einem Markenzeichen im Zigarettengeschäft wurde und deren Geschichte 1919 begann. Im Dritten Reich schützten die Reemtsmas ihr Unternehmen, das wegen jüdischer Teilhaber unter Druck geraten war, durch Anpassung und Millionenspenden an Hermann Göring. Nach der Entnazifizierung begann der Wiederaufbau zerstörter Fabriken. Als das Gründertrio abgetreten war, zog sich die Familie aus der Firmenleitung zurück. Der Haupterbe Jan Philipp Reemtsma machte sich als Wissenschaftler einen Namen. Spektakulär waren seine Entführung im Jahr 1996 und die »Wehrmachtsausstellung« des von ihm finanzierten Hamburger Instituts für Sozialforschung. Erik Lindner erhielt Zugang zu Briefen und Dokumenten und konnte so die Geschichte von drei Reemtsma-Generationen schreiben – sie liest sich so spannend wie ein Familienroman.

Erik Lindner, geboren 1964 in Feuchtwangen, ist promovierter Historiker und leitet seit 1999 das Unternehmensarchiv der Axel Springer AG. Er forscht insbesondere zur deutsch-jüdischen Geschichte und Unternehmensgeschichte, woraus biografische Arbeiten zu Verlegern und Bankiers entstanden sind. Langjährige Quellenstudien zur Entwicklung der deutschen Zigarettenindustrie führten ihn zum Reemtsma-Thema.

Erik Lindner

Die Reemtsmas

Geschichte einer deutschen Unternehmerfamilie

Mit 39 Abbildungen

Piper München Zürich

Mehr über unsere Autoren und Bücher:
www.piper.de

Mix
Produktgruppe aus vorbildlich bewirtschafteten Wäldern und anderen kontrollierten Herkünften
www.fsc.org Zert.-Nr. GFA-COC-1223

Ungekürzte Taschenbuchausgabe
Piper Verlag GmbH, München
September 2008

Umschlag: Büro Hamburg. Anja Grimm, Stefanie Levers
Bildredaktion: Büro Hamburg. Alke Bücking, Charlotte Wippermann
Umschlagfotos: Museum der Arbeit, Hamburg / Fotoarchiv Reemtsma
Autorenfoto: privat
Satz: atelier eilenberger, Leipzig
Papier: Munken Print von Arctic Paper Munkedals AB, Schweden
Druck und Bindung: CPI – Clausen & Bosse, Leck
Printed in Germany ISBN 978-3-492-25235-5

Inhalt

»Wir sind eine ausgesprochen schweigsame Familie.«

JAN BEREND REEMTSMA, 28. JULI 2005

Vorwort

Reemtsma? Das ist zuallererst ein Markenname. Dahinter steht eine Familie, deren Name zu einem Markenzeichen im Zigarettengeschäft wurde. Unvorstellbar viele Zigaretten sind unter diesem seit 1919 existierenden Namen hergestellt und geraucht worden. Mehrere Hundert Milliarden Zigaretten, die *Salem, Juno, R6*, *Ova*, *Ernte 23*, *Gelbe Sorte*, *Senoussi*, *Atika, Eckstein Nr. 5*, *Zuban*, *Astor* oder etwa *Roth-Händle, Peter Stuyvesant* und *West* hießen. Diese kurzlebigen Produkte sind sämtlich in Rauch aufgegangen. Sie haben der Familie Reemtsma ein Vermögen eingebracht und dem Staat Milliarden an Steuereinnahmen in die Kassen gespült. Reemtsma behauptete sich bis in den Krieg hinein als Marktführer in Deutschland; die Zigaretten aus diesem Hause waren in aller Munde. Mit der Zigarette und ihrer massenhaften Verbreitung im frühen 20. Jahrhundert begann auch der Aufstieg der friesischen Familie. Sie hat viel bewirkt, indem sie Raucher beglückte, Süchte schuf und gleichzeitig befriedigte, Qualitätsstandards und Markenwerbung etablierte, als Arbeitgeber Zigtausende beschäftigte und versorgte, gleichzeitig aber auch Begehrlichkeiten weckte. Letzteres hat vor allem mit dem Dritten Reich zu tun.

Reemtsma erinnert aber nicht nur an Zigaretten, sondern auch an eine Sammelleidenschaft. Günter Grass schilderte in seiner Jugend-Autobiografie *Beim Häuten der Zwiebel* einen geschätzten Zeitvertreib seiner Kindheit: Während seine Mutter »andächtig Orient-Zigaretten mit Goldmundstück« aus dem Hause Reemtsma rauchte, erhielt er selbst die den Päckchen beigefügten Gutscheine, auch von anderen befreundeten Rauchern, die er beim Cigaretten-Bilderdienst Hamburg-Bahrenfeld in farbige Bilderserien von Kunstwerken der Gotik, Frührenaissance, Renaissance und des Barock eintauschte. Die Bilder, in anspruchsvoll betextete Alben eingeklebt, eröffneten dem zehnjährigen Knaben Günter Grass den Zugang zu Meisterwerken der europäischen Malerei. Und im Anschluss verschafften sie ihm im Kunstunterricht eine Eins: Den Grundstein zu seiner kunsthistorischen Bildung hatte Günter Grass »mit Hilfe der Zigarettenfirma Reemtsma« gelegt, in den letzten Jahren vor dem Krieg.[1]

Das Wirken der bedeutenden Fabrikantenfamilie setzte mit drei Brüdern als den eigentlichen Gründern der Firma ein: Hermann, Philipp und Alwin Reemtsma, die alle auch den zweiten Vornamen Fürchtegott trugen, wurden der Geburtsfolge entsprechend innerhalb von Familie und Betrieb Eins, Zwei und Drei genannt. Eine ungleiche, aber einflussreiche und zeitweise sogar mächtige Trias, die vom Hamburger Westen aus wirkte: In Bahrenfeld lag die Firmenzentrale; in Othmarschen errichteten sie ihre Villen. Hier fanden sie ihre Mitte. Jahrzehnte nach der Gründergeneration, die mit dem Tod der Brüder Philipp und Hermann in den Jahren 1959 und 1961 abtrat, hat der Name einen anderen Klang erhalten. In ihm schwingt an erster Stelle vielstimmige Be- und Verwunderung wegen des Literatur- und Sozialwissenschaftlers Jan Philipp Reemtsma mit. Er erregte und erregt Aufsehen als Autor und durch Förderung von Forschung und kritischer Aufklärungsarbeit. Der vom Erbe emanzipierte Reemtsma ging Ende der siebziger Jahre seiner Neigung nach, den eigenwilligen, von ihm verehrten Schriftsteller Arno Schmidt zu unterstützen. 1984 gründete er die Stiftung Hamburger Institut für Sozialforschung, deren Leiter er wurde. Mitte der neunziger Jahre dann stellte er sich hinter eine Ausstellung über die Verbrechen der Wehrmacht in der Sowjetunion. Die schonungslose und überaus kontrovers aufgenommene Schau schlug hohe Wellen in den Medien und mithin auch in der breiten Öffentlichkeit. Jan Philipp Reemtsma wurde infolgedessen ausgiebiger betrachtet und immer wieder mit dem teils problembeladenen Echo des Zigaretten-Images seiner Familie konfrontiert. Die »Wehrmachtsausstellung« wurde zu einem Synonym für Reemtsma. Dies hat der Familie einen zweiten Ruf verschafft, der sich wie eine neue Lackschicht auf den unscheinbarer gewordenen Zigaretten-Namen legte. Jan Philipp Reemtsma besitzt längst das Profil des in Deutschland seltenen Typus eines prominenten Intellektuellen. 1996 erregte seine Entführung Aufsehen, als er in einen Keller eingesperrt und erst nach 33 nervenzehrenden Tagen gegen die Zahlung von 30 Millionen Mark Lösegeld freigelassen wurde. Nun war er ein bedauerter Vermögender, der durch ein Verbrechen viel verloren und erfahren hatte.

Zweifelsohne kann es eine Bürde sein, den Namen Reemtsma zu tragen. Aber das ist auch nur ein Ausschnitt des Bildes einer Familie, das wohl niemand in all seinen Verzweigungen kennt. Lange Zeit fehlte die Möglichkeit, mehr über die Reemtsmas zu lesen und nachzuvollziehen, als es einige Presseartikel und Aufsätze gestatteten. Jüngst erschienen zwei Bücher, die die 1932 fertiggestellte Villa des eine ganze Zeit lang reichsten Hamburgers Philipp F. Reemtsma und seine Gemäldesammlung beschrieben.[2] Weiterhin aber blieb die norddeutsche Familie ein nicht einmal in groben Umrissen bekannter weißer Fleck. Die vorliegende Familienbiografie will dies ändern. Sie stellt die Personen vor, die dem Namen Profil verliehen, und auch die, die außerhalb des engeren Kreises stehen.

Reemtsma, das war die moderne deutsche Zigarettenindustrie der zwanziger und dreißiger Jahre. So gehört auch die Geschichte der Firma und der mit ihrem Aufstieg verbundenen Zigarettenindustrie zur Biografie der Familie. Die Reemtsmas und eine Reihe anderer Fabrikanten machten ein Tabakprodukt zum allgegenwärtigen Massenkonsumartikel. Fragen der Gesundheitsgefährdung spielten in den von den Reemtsmas dominierten Jahrzehnten keine Rolle. Dafür war die Zeit noch nicht reif. So ist das Agieren der Familie über weite Strecken von einem unbefangen positiven Umgang mit dem Rauchen geprägt. Anders aber als die wichtigen deutschen Produzenten von Genussmitteln wie Alkohol, Kaffee oder Schokolade wurden die Reemtsmas massiv und über Jahre von Konkurrenten, Publizisten und Verleumdern angegriffen, ja 1933 sogar vom Staat unter massiven Druck gesetzt.

Die Biografie der Reemtsmas ist immer auch eine Analyse des Umgangs mit ihren wichtigsten Protagonisten, das heißt vor allem mit Philipp F. Reemtsma und seinem Sohn Jan Philipp. Parallel zum Aufstieg der Familie setzten bereits in den zwanziger Jahren enthüllende Zeitungsartikel, kritische Flugschriften, Verleumdungen und Strafanzeigen wegen angeblicher Verfehlungen im Geschäftsgebaren ein. In der Folge begleiteten langwierige Prozesse und außergerichtliche Vergleiche das Leben dieser Unternehmerfamilie bis weit in die fünfziger Jahre hinein. Hochkarätige Rechtsberater und Anwälte gehörten zum dauerhaften Flankenschutz, der aber nicht immer ausreichte. Nach dem Abtreten der erfolgreichen Brüder wurde es allerdings stiller um die Reemtsmas.

Deren Geschichte ist die einer Unternehmerdynastie, die mit kämpferischem Gestaltungswillen vor allem während der Weimarer Republik in die Geschicke einer jungen Industrie eingriff und dabei einen außerordentlichen Aufstieg nahm. Drei Reemtsma-Generationen waren in unterschiedlicher Intensität in der Tabakbranche tätig, bis das Unternehmen 1980 in die Hände der Hamburger Unternehmerfamilie Herz überging. 2002 verkaufte Herz, unter anderem bekannt als Inhaber von Beiersdorf und Tchibo, die Reemtsma Cigarettenfabriken GmbH an die Imperial Tobacco Group. Damit verlor das Hamburger Traditionshaus seine Eigenständigkeit; seither ist es lediglich eine Tochterfirma mit den bekannten Marken *West, R1, Davidoff, John Player Special* und der ehemals ostdeutschen *Cabinet*. Der von Bristol aus geführte britische Zigarettenkonzern stieg durch diese Übernahme zur Nummer vier der Welt auf. Als letztes Familienmitglied hatte Hermann-Hinrich Reemtsma, ein Sohn Hermann F. Reemtsmas, bis zum Verkauf an Imperial Tobacco als Gesellschafter des Zigarettenherstellers aktiv auf geschäftliche Entscheidungen eingewirkt. Somit hat die Familie heute keinerlei Einfluss auf die Firma, die weiterhin nach ihr benannt ist.

Obwohl wichtige Korrespondenzen nicht auffindbar sind oder privat blieben, gab und gibt es Biografie-Material in Fülle, was erfreulicherweise durch eine große Gesprächsbereitschaft im Kreise der Familie ergänzt wurde. Dies schlägt sich in dieser Biografie nieder. Staatliche Archive wie das Bundesarchiv, aber auch das Hamburger Institut für Sozialforschung weisen Akten und Unterlagen auf, die in hoher Intensität persönliche Informationen über die einstige Inhaberfamilie der Reemtsma Cigarettenfabriken bergen. Das Institut verwahrt seit einigen Jahren die Akten des 1959 verstorbenen Firmenlenkers Philipp F. Reemtsma. Sein Sohn hat diesen umfangreichen Bestand mustergültig erschließen lassen und der Forschung im Institutsarchiv zugänglich gemacht. Darüber hinaus stellte er mir ein umfangreiches Konvolut Briefe und Dokumente seiner Eltern aus den Jahren 1939 bis 1959 uneingeschränkt zur Verfügung. Diese Quellen gestatteten Einblicke in den Familienkreis und Charakterisierungen in einer zum Teil überraschenden Tiefe. Es gehört Courage dazu, dies einem breiten Publikum zu offenbaren. Jan Philipp Reemtsma hat sich davor nicht gescheut. Dafür ist besonders zu danken.

Reemtsma ist nicht gleich Reemtsma. Genauso wenig gibt es heute ein homogenes Selbstverständnis innerhalb der verzweigten Familie, deren Angehörige etwa als Landwirt, Ingenieur, Physiker, Pharmareferent, Volkswirt, Jurist, Ethnologe oder als aktive Stifter tätig sind. Zwischen den verschiedenen Linien der Reemtsmas ist eine gewisse Distanz offenkundig. Es ist, als kreisten die heutigen Familienglieder, Planeten gleich, auf eigenen Umlaufbahnen um einen Fixstern, der Reemtsma heißt. Die unterschiedlichen Milieus der Familie in beruflicher wie privater Natur darzustellen und zu charakterisieren ist unter anderem möglich, weil drei Söhne der prägenden Generation – Hermann-Hinrich Reemtsma, Jan Philipp Reemtsma und Jan Berend Reemtsma – intensive Gespräche mit mir geführt und zahlreiche Fragen beantwortet haben. Dabei wurde zum Teil eine langjährig kultivierte Zurückhaltung gegenüber der Biografie der eigenen Familie aufgegeben. Der älteste der Cousins sagte anfangs, geradezu entschuldigend: »Wir sind eine ausgesprochen schweigsame Familie« – und erzählte dann doch bereitwillig über fünf Stunden.[3] – Die Reemtsmas. Von der Lust und der Last dieses Namens will diese Familienbiografie erzählen.

»... dass Sie und die Deutsche Bank in Zukunft keinen aufrichtigeren und treueren Freund haben werden als uns«.

PHILIPP F. REEMTSMA, 9. JULI 1927

Mit Markenzigaretten zur Marktbeherrschung

Von Osterholz-Scharmbeck ins Thüringische

Als Liesel Zülch ihren Neffen das erste Mal zu Gesicht bekam und an sich drückte, entfuhr ihr die Bemerkung »Der Junge riecht nach Geld!«.[4] Philipp Fürchtegott Reemtsma war da erst ein paar Tage alt. Seine Eltern hatten bereits zwei Kinder, Elisabeth und Hermann, als am 22. Dezember 1893 in Osterholz-Scharmbeck bei Bremen der zweite Sohn hinzukam. Er roch nach Erfolg? Keine schlechte Verheißung für die im Tabakgeschäft tätige Familie. Niemand von ihr hatte es bislang zu Reichtum gebracht. Die Mutter Flora Reemtsma stammte aus der Familie Zülch, in der man bereits seit zwei Generationen den Lebensunterhalt mit Zigarren verdiente. Vater der drei Kinder war Bernhard Reemtsma. Seine Wurzeln lagen in Ostfriesland, in einem Ort namens Pewsum, doch jetzt war er Teilhaber der kleinen Zigarrenfabrik Riechers & Co. in Osterholz-Scharmbeck. Philipp war noch kein Jahr alt, da zog die Familie nach Blankenburg, wo die Firma »J. B. Reemtsma, Zigarrenfabrik und -handel« gegründet wurde. Dort kam ein weiterer Sohn – Alwin – zur Welt. In der beschaulichen Kleinstadt im Harz besuchten die Reemtsma-Kinder die Bürgerschule und später das Humanistische Gymnasium.

Zu dieser Zeit stellte das Geschäft des Vaters eine eigenwillige Mischung dar. Neben der Zigarrenfabrikation handelte Reemtsma mit Tee und ostasiatischen Waren; zudem hatte er Militärkantinen in der Region gepachtet, in denen Zigarren aus seiner Fabrik verkauft wurden. Unterm Strich ermöglichte dies der sechsköpfigen Familie ein annehmbares Dasein, aber der geschäftliche Wirkungskreis blieb

Einfach: das Elternhaus Bernhard Reemtsmas
auf Kloster Sielmönken in Ostfriesland

sehr beschränkt. Bernhard Reemtsma genügte das nicht. 1908 versprach er sich mehr Spielraum im thüringischen Erfurt, sodass die Familie erneut umzog. Dort erwarb er eine Kolonialwaren-Großhandlung sowie im Folgejahr eine Beteiligung an der Zigarettenmanufaktur Dixi. Der wenige Jahre zuvor gegründete Kleinbetrieb beschäftigte anfangs sieben Frauen. Sie stellten in einer Wohnung in der Erfurter Schillerstraße per Handarbeit hauptsächlich die Marke *Thüringer Gold* für 5 Pfennig pro Stück her. Entsprechend der damaligen Parzellierung des Zigarettengeschäfts wurden diese Raucherwaren nur auf dem regionalen Markt verkauft. Gaststätten waren die Hauptkunden. 1910 gab Bernhard Reemtsma seine übrigen Geschäfte auf und konzentrierte sich auf die Zigarettenproduktion. Nach der Übernahme der restlichen Anteile von Dixi war er unab-

Der Gründer: Bernhard Reemtsma
mit seiner Braut Flora Zülch, 1890

hängig. Daher wird die Gründung der Zigarettenfirma Reemtsma auf dieses Jahr datiert.

Die Zigarette war damals eine vorwiegend auf die Städte beschränkte Spezialität mit überschaubarer Kundschaft. Lediglich 1 Milliarde Stück rauchten die Deutschen um die Jahrhundertwende innerhalb eines Jahres – etwas mehr als ein Hundertstel des heutigen Konsums –, doch der Umsatz stieg. Bislang hatte der Staat von der Besteuerung der Zigaretten mangels Masse abgesehen. Dann wurden die Zigarettenraucher vom Fiskus als neue Einnahmequelle ausgemacht, worauf im Juni 1906 die Einführung der Steuer erfolgte. Dafür mussten die Hersteller Steuerbanderolen vom Staat erwerben und diese Kosten im Nachgang über den Verkaufspreis vom Kunden einziehen. Doch weiterhin dominierte das Rauchen von Zigarre und

Pfeife. Daneben wurde Tabak geschnupft und gekaut. Die Zigarette – bislang ein von geschickten Arbeiterinnen per Handarbeit in ein Papierblättchen eingerolltes knappes Gramm Tabak – besaß nur marginale Bedeutung.

Erst allmählich entstanden regional bekannte Marken, als einzelne vom Balkan oder aus dem Osten kommende Fabrikanten den Namen ihrer Familie zum Markenzeichen machten. Ihre Firmenbezeichnungen hatten daher einen fremdländischen, zum Teil orientalischen Klang: Jasmatzi, Batschari, Kyriazi, Garbáty, Sossidi und Massary suggerierten Kennerschaft im Umgang mit dem bevorzugten Orienttabak und in der Zigarettenproduktion. Oder die Hersteller wählten mehr oder minder fantasievolle Namen wie Laferme, Sulima, Karmitri, Delta, Kosmos, Josetti, Yramos, Waldorf-Astoria, Arabia, Austria und zahllose weitere. Andere benannten ihre Fabrik schlicht nach der Herkunft des Tabaks, wofür der Dresdener Betrieb Yenidze beispielhaft ist. Der Name des wichtigen türkischen Anbaugebiets klang weitaus besser als der des Gründers Karl Zietz.

Allmählich etablierte sich Dresden mit Dutzenden von Fabriken vor Berlin, Köln und Hamburg als wichtigster Standort der Zigarettenbranche. Die modernsten Unternehmen setzten bald nach der Jahrhundertwende nach amerikanischem Vorbild Maschinen ein. Auf die automatische Hülsenfabrikation folgte die Revolutionierung des Herstellungsprozesses durch die Strangmaschine. Sie schaffte damals bis zu 120 000 fertige Zigaretten täglich. Schon 1905 arbeitete eine solche amerikanische Maschine bei Manoli in Berlin. Daneben markierten Dresdener Großbetriebe wie die seit 1901 zur British American Tobacco Corporation (BATC) gehörende Firma Jasmatzi und Yenidze Standards, was Leistungsfähigkeit und günstige Preise anging. Mit der aufwendigen Technik veränderte sich die Industrie grundlegend. Der Raum- und Kapitalbedarf stieg genauso an wie die Produktivität. Die kleineren Fabrikanten setzten dagegen noch längere Zeit auf handgearbeitete Qualität. Dies verteuerte die Ware. Hier tat sich eine Schere auf zwischen den preiswerten Produkten der Großen und den Spezialitäten der mittleren Kleinbetriebe. Dabei setzte schon vor dem Ersten Weltkrieg ein harter Verdrängungswettbewerb ein. Mit aufwendigen Werbeaktionen und splendiden

Handelsrabatten kämpften die Hersteller um Umsatz und Marktanteile, was der Branche einen aggressiven Ruf einbrachte. Die Raucher profitierten von diesen Konkurrenzkämpfen, da die Zigaretten im Preis variierten. Nun gab es ein Spektrum, das von Arbeiter- bis zu Luxuszigaretten reichte. Erste Markenwerbung begleitete diese Entwicklung.

Unter den etwa tausend Herstellern vor Beginn des Ersten Weltkriegs fiel die Erfurter Firma Dixi nicht weiter auf. Sie war daran beteiligt, den schon auf 13 Milliarden Stück pro Jahr angewachsenen Raucherbedarf zu stillen. Die Zigarette machte einen Bedeutungswandel durch. In den Schützengräben wurde sie zum begehrten Zeitvertreib und Trostspender der Soldaten. Gleichzeitig stieg sie zu einem unentbehrlichen Accessoire der beginnenden Moderne auf, nicht zuletzt, weil eine wachsende Zahl von Frauen Gefallen am Rauchen fand. Die Zigarette war ein flüchtiger Genuss, für den schnellen, hastigen Raucher gedacht, für jemanden also, dem das ruhebetonte Milieu von Zigarre oder Pfeife fremd geworden war. Der Stadtmensch gehörte demnach zur wichtigsten Zielgruppe des neuen Suchtmittels.

1909 verließ der 17-jährige Hermann F. Reemtsma das Erfurter Gymnasium nach der Obersekunda. Dies erschien dem Vater als ausreichende Schulbildung. Im Anschluss begann der Jugendliche seine dreijährige Lehrzeit bei einer landwirtschaftlichen Großhandlung in Erfurt. Alwin trat 1911 als 16-Jähriger eine kaufmännische Lehre in einer Scharmbecker Zigarettenfabrik an. Philipp war der einzige der Brüder, der das Gymnasium mit dem Abitur abschloss. Er ging sogleich nach Hamburg in die Lehre, die er bei der Exporthandlung Cordes Gebrüder absolvierte. Seine Lehrzeit beendete er Ostern 1914, aber er wollte erst einmal bei der Firma weiterarbeiten. Man übertrug ihm aufgrund seiner Qualifikation sogar die Leitung der Indien-Abteilung. Hermann war ein Jahr zuvor nach Dresden gegangen, um bei einem renommierten Arbeitgeber seine Ausbildung fortzusetzen. Der am 31. März 1913 zwischen dem ältesten Reemtsma-Sohn und der Orientalischen Tabak- & Cigarettenfabrik Yenidze geschlossene Arbeitsvertrag hatte es in sich: Der kaufmännische Angestellte ging nicht nur die selbstverständliche Verpflichtung ein, pünktlich, pflichtbewusst und fleißig zu sein, sondern »für durch Untreue oder Fahrlässigkeit … entstehende nachweisbare Verluste« persönlich zu haften.[5] Als Sicherheitsleistung gegenüber Yenidze musste der junge Mann durch seinen Vater 1000 Mark Kaution hinterlegen. Sofern er Sondervergütungen für seine Arbeit erhielt, musste Reemtsma die Kaution nach und nach auf 3000 Mark erhöhen, was bei einem Monatsgehalt in Höhe von 120 Mark nicht leicht gewesen sein dürfte. Der Yenidze-Inhaber Hugo Zietz ließ diese vertragliche Vereinbarung nicht nur von Hermann, sondern sogar von Bernhard Reemtsma unterzeichnen. Das wird den Vater gestört haben, denn ihm als Ostfriesen, der bei rauer Schale fröhlich, geradeheraus und von einem starken Rechtschaffenheitsempfinden geprägt war, galt ein Wort unter Männern mehr als ein schriftlicher Vertrag.[6]

Yenidze war ein moderner Großbetrieb, der ein in der Branche einmaliges Gebäude an der Peripherie Dresdens besaß: Die von Martin Hammitzsch im maurischen Baustil 1909 fertiggestellte Fabrik mit gewaltiger Glaskuppel und Minarett, in dem sich der Schornstein des Industriebaus verbarg, wurde vom Volksmund Tabakmoschee genannt. Das Werk produzierte unter anderem die berühmte Markenzigarette *Salem*. Schon dies war ein Ort der Inspiration für Hermann F. Reemtsma, den die modernen Produktionsmaschinen besonders faszinierten. Nach einem Jahr in Dresden wechselte er zum Hersteller Halpaus nach Breslau, um seine kaufmännischen Kenntnisse zu vertiefen.

Diese frühen beruflichen Schritte der Söhne von Flora und Bernhard Reemtsma wurden vom Beginn des Krieges jäh unterbrochen. Zwei von ihnen suchten sogleich ihren kaisertreuen Patriotismus unter Beweis zu stellen. Alwin meldete sich in der Augustbegeisterung freiwillig zum Militär und rückte ins Erfurter Infanterieregiment 71 ein. Bald darauf, Mitte November 1914, erlitt er einen Oberschenkeldurchschuss. Erst im Juni des folgenden Jahres war Alwin so weit wiederhergestellt, dass er erneut an die Front geschickt werden konnte. Zu den Freiwilligen gehörte auch Philipp, der zur Maschinengewehrabteilung desselben Erfurter Regiments kam. Mitte Dezember, drei Tage vor seinem 21. Geburtstag, gelangte er an die russische Front.

Der Gefreite Philipp F. Reemtsma besaß Führungsqualitäten, weshalb er im Mai 1915 zur Offiziersausbildung nach Döberitz abgezogen wurde. Schon im August des Jahres trug er die Kragenspiegel eines Leutnants d. R. des Weimarer Infanterieregiments 94. Bei einem nächtlichen Einsatz im Oberelsass wurde er am rechten Ellenbogen getroffen. Anfangs bestand die Befürchtung, der Arm würde dauerhaft gelähmt sein. Philipp blieb lange in Lazaretten in Mühlhausen und Freiburg, bis er wegen seiner Verwundung im April 1916 nach Erfurt beurlaubt wurde. Sein älterer Bruder Hermann hatte bislang bei Dixi mitgewirkt, doch nun wurde auch er eingezogen. Philipp tätigte wichtige geschäftliche Abschlüsse: Da seit Juni 1916 die Produktionsleistung einer Zigarettenfabrik wegen des verteuerten und knappen Orienttabaks kontingentiert war, gab es keinen Spielraum nach oben. Dieses Problem wusste Philipp zu lösen, indem er Kontingente kleinerer Firmen aus Pforzheim und Stuttgart hinzukaufte. Infolgedessen konnte Dixi die Produktion wesentlich steigern. Waren es gegen Mitte des Krieges 575 Mille monatlich, das heißt 575 000 Stück handgefertigter Zigaretten, wurden 1917 schon 2000 Mille und 1918 sogar das Doppelte davon produziert.[7] Zwei Reisende sorgten für den Verkauf der Ware in Thüringen. Das war ein solides Geschäft, doch ein wirkliches Entwicklungspotenzial gab es nicht. Weder die Qualität noch die Marken hatten einen besonderen Ruf. Bernhard Reemtsma produzierte Standard.

Der mittlerweile zum Reserveleutnant beförderte Alwin war weiter im Kriegseinsatz, aber Hermann kehrte infolge einer Erkrankung nach Hause zurück. Der Vater betrieb die Fabrik mit Unterstützung seiner beiden ältesten Söhne weiter. Zum 1. Juli 1917 traten Hermann und Philipp als Gesellschafter in die zu »Dixi, B. Reemtsma & Söhne« umfirmierte offene Handelsgesellschaft ein. Philipp übernahm Organisation, Finanzen, Marken, Werbung und Verkauf, während Hermann die Leitung von Produktion und Verwaltung oblag. Erstmals fand der friesische Familienname bei den Sorten *Haus Reemtsma* und *Reemtsmagold* Verwendung. Doch der Krieg war noch nicht vorbei. Im Dezember 1917 meldete sich Philipp erneut zum Dienst. Da er wegen des lädierten rechten Arms nicht zur Infanterie zurückkehren konnte, kam er zur Fliegertruppe – nicht etwa als Pilot, sondern als mitfliegender Beobachter. Seine Ausbildung zog sich von Februar bis Oktober 1918 hin, wobei auf Flugplätzen in Altenburg, Jüterbog und in Frankreich geübt wurde. Als er dann endlich an der Westfront im Einsatz war, stürzte am 20. Oktober 1918 seine Maschine aus 800 Metern Höhe ab. Der Pilot hatte beim Beschuss die Nerven verloren, und Leutnant Reemtsma konnte wegen seines versteiften Ellenbogens den Steuerknüppel nicht greifen. Den Aufschlag überlebte er schwer verletzt, der rechte Unterschenkel samt Fuß war nahezu zertrümmert. In der Nacht auf den 11. November 1918 – dem Tag des Waffenstillstandes im Wald von Compiègne – wurde er vom Feldlazarett in Frankreich Richtung Ulm verlegt. Erst im Juli 1919 gelangte der Kriegsversehrte nach Erfurt zurück. Sein rechtes Bein war gerettet, aber Wundinfektionen und die Brüche hatten Philipp F. Reemtsma schwer belastet. Er ging an Krücken, stand am Beginn einer Morphiumabhängigkeit und musste einen quälenden Entzug durchstehen.[8]

Alwins Verwundung war vergessen. Was er aus dem Krieg mitbrachte, waren ein Eisernes Kreuz II. Klasse und die tiefe Abneigung gegen Steckrüben und Marmelade. Auch Hermann hatte den Krieg überstanden, der das Ende des Kaiserreichs bedeutete. Zu Hause in Erfurt wartete die väterliche Firma auf die geschäftlich erfahrenen Söhne. Seit dem letzten Kriegsjahr lief hier die erste Zigarettenmaschine. Die *Excelsior 518* hatte auch in dem kleinen Betrieb ein neues Zeitalter eingeläutet, wenngleich andere Fabriken bereits mehrere Jahre Vorsprung auf dem innovationsträchtigen Feld der Automation besaßen.

Zum Jahresende 1919 verschwand der Name Dixi. Nun hieß der Betrieb »B. Reemtsma & Söhne«, was jetzt alle drei betraf, denn auch Alwin wurde Teilhaber des väterlichen Unternehmens. Ein wesentlicher Schritt folgte zur gleichen Zeit: Die Reemtsmas ließen beim Patentamt ein eigenes Firmenzeichen eintragen. Fortan trat der Erfurter Betrieb mit einem Signet auf, das den Bugsteven eines Wikingerbootes vor roter Sonne zeigte. Ein sehr schlichtes Zeichen, das sich gegenüber der Konkurrenz durch sein puristisches Design abhob. Gestaltet hatte es der Warenzeichen- und Handelsmarkenexperte Wilhelm Deffke.

Dies hätte die Arbeitswelt ausreichend abstecken können, aber einer der Reemtsmas war aus dem Erfurter Rahmen in eigenwilliger Weise ausgebrochen: Am 2. Juli 1918 hatte Philipp auf eigene Kosten die Straßburger Zigarettenfabrik Job erworben. Woher stammte das dafür benötigte Geld? Es war zum einen der ausbezahlte Anteil des 24-Jährigen an der väterlichen Firma, zum anderen eine Leihgabe einiger Damen aus der Verwandtschaft. Am wichtigsten war jedoch ein Kredit der Mitteldeutschen Privatbank in Magdeburg. Deren Direktor Moritz Schultze bewilligte ein Darlehen von 1,5 Millionen Mark, weil er dem ambitionierten Geschäftsmann vertraute.[9] Weshalb hatte der junge Reemtsma bei unsicherem Kriegsausgang eine Fabrik im Elsass gekauft? Konnte er nicht ahnen, dass dieses Territorium infolge einer deutschen Niederlage an Frankreich zurückfallen würde? Der Kauf war ein erster Schachzug, denn er hatte es vornehmlich auf das mit Job verbundene Fabrikationskontingent in Höhe von 13 Millionen Stück pro Monat abgesehen. Schließlich kontrollierte der deutsche Staat die Zigarettenwirtschaft wegen des kriegsbedingten Tabakmangels. Philipp F. Reemtsma übernahm eben nicht nur eine Fabrik, sondern auch deren Produktionsquantum. Die Anlagen in Straßburg mochten verloren gehen, nicht aber das Kontingent. Dies würde er, davon war er überzeugt, ins Reichsgebiet übertragen können, und aus diesem Grund hatte er 2,1 Millionen Mark für den Erwerb aufgebracht.

Hermann F. Reemtsma hatte im Juli 1918 geheiratet, worauf ihm seine Brüder Alwin und Philipp jeweils im Abstand eines Jahres folgten. Auf Krücken schritt ›Zwei‹ am 5. Februar 1920 in der Bremer Kirche St. Ansgar zur Trauung und gab Gertrud Zülch das Jawort, einer aus Scharmbeck stammenden Cousine. Die attraktive dunkelhaarige Frau hatte zuvor Helene Langes Soziale Frauenschule in Hamburg besucht. Die sämtlich in Erfurt lebenden jungen Ehepaare bekamen alsbald Nachwuchs. Bei Hermann und Hanna war es 1919 die Tochter Helga, bei Alwin und seiner Frau Johanna ein Jahr später der Sohn Klaus, und Philipp und Gertrud folgten 1921 mit einem Sohn namens Uwe.

Die Firma hatte zwischenzeitlich wichtige Entwicklungsschritte vollzogen. Dank der von Deffke gestalteten Werbung und Marken sowie durch das hinzugekommene Job-Kontingent konnte der Umsatz im Jahre 1920 verdoppelt werden. Dennoch wurde den Erfurtern bewusst, dass sie es aus eigener Sachkenntnis nicht zu hervorragenden Qualitätszigaretten bringen würden. Es musste ein Experte her, der mehr vom Tabak und von den Mischungsverhältnissen verstand. So erregte ein Berliner Fabrikant das Interesse der Reemtsmas: David Schnur, der Inhaber der Cigarettenfabrik Karmitri AG, hatte seit einiger Zeit Zigaretten für die Erfurter Firma in Lohnarbeit hergestellt; seine Produkte wurden vom Handel bei Reemtsma wiederholt nachgeordert. Unschwer war zu erkennen, dass Geschmack und Qualität der Karmitri-Produktion bestens ankamen. Daher fragte Philipp F. Reemtsma an, ob Schnur nicht den Tabakeinkauf und die Bestimmung der Tabakmischungen für die Erfurter übernehmen wollte. Ihm wurde ein Drittel des Reingewinns als Beteiligung zugesichert. Da Schnur zögerte, wurde es kein einfaches Ringen. Zweimal brach der junge Reemtsma die Gespräche ab. Was beide letztlich zusammenführte, war die Erkenntnis, dass Schnur ein ausgewiesener Experte für Orienttabak war und die Reemtsmas großes Gespür für die Entwicklung und Vermarktung von Fabrikaten höherer Preisklassen besaßen. Die Partnerschaft sah vielversprechend aus.

Als die Reemtsmas im Herbst 1920 auf der Leipziger Messe mit Zigarettenmischungen aus der Hand David Schnurs auftraten, machten sie die Bekanntschaft mit einem Grafiker namens Hans Domizlaff. Der Berater einer Leipziger Kartonagenfabrik lobte die Produkte von Reemtsma lebhaft, beschied ihnen aber auch einige markentechnische Fehler. So entstand die Vereinbarung, dass Domizlaff Reemtsmas Marken mitbetreuen sollte. Das führte fast unmittelbar zu geschäftlichem Erfolg. Die 1921 gestarteten *R6* und *Gelbe Sorte* entwickelten sich zu stabilen Umsatzträgern. Deren strenge Art der

Auf Inspirationsreise: Werbegrafiker Hans Domizlaff (rechts)
vor dem Reemtsma-Tabakkontor in Istanbul, 1924;
am Eingang das Reemtsma-Logo mit dem Wikingersteven

Puristisch-einprägsam: Das von Wilhelm Deffke gestaltete Logo und der Name der Familie verschmelzen zur Marke Reemtsma

Gestaltung lag in der Hand von Hans Domizlaff.[10] Nunmehr hob sich die Firma von der Konkurrenz ab, nicht zuletzt wegen ihres neuen Logos. Dazu gab es Anerkennung von höchst offizieller Stelle: Der beim Reichsministerium des Innern angesiedelte Reichskunstwart Edwin Redslob schrieb der Firma im Frühjahr 1921, dass er den künstlerischen Wert des Zeichens mit dem Wikingersteven besonders schätze. Nur wenige andere Reklamezeichen seien derart treffend dem Markenartikelgedanken verpflichtet wie das leicht einprägsame Signet von Reemtsma.[11]

Im Herbst 1921 wurde der Erfurter Familienbetrieb in eine Aktiengesellschaft umfirmiert. Ihr Stammkapital betrug 10 Millionen Mark, wovon je ein Drittel David Schnur und seine Partner zeichneten. Bernhard Reemtsma zog sich vom aktiven Geschäft zurück und überließ seinen beiden älteren Söhnen das Feld, die als Vorstand fungierten. Der Vater wurde stellvertretender Vorsitzender des Aufsichtsrats. An der Spitze des Kontrollgremiums stand Moritz Schultze, der Magdeburger Bankier, der zwar von außergewöhnlicher Klugheit, aber sehr schwerhörig war, was die Verhandlungen mit ihm erschwerte. Daneben rückten unter anderem auch Hans Domizlaff, David Schnur sowie Alfred Koch von der Dresdner Bank Erfurt in das Kontrollgremium ein. Die jetzt vielversprechende Entwicklung der Firma in Erfurt beendete allerdings ein Beschluss des

Staates: Bislang waren Räume einer ehemaligen Gewehrfabrik in der Schmidtstedterstraße an Reemtsma verpachtet gewesen. Nun kündigte das Reich Anfang 1922 den Pachtvertrag; eine Verlegung wurde notwendig.

Die Wahl fiel auf Hamburg; hier war die Zigarettenproduktion kostengünstiger, weil im Freihafen Tabak im Zollausland gelagert werden konnte. Philipp F. Reemtsma kannte Hamburg von seiner Lehre her am besten. In Bahrenfeld, einer Gemeinde des preußischen Altona, wurde eine geeignete Immobilie gefunden: An der Luruper Chaussee lag eine Ende der Kaiserzeit errichtete, aber nie bezogene Kaserne. Einen Teil dieser Anlage erwarb die Reemtsma AG am 20. April 1922 von der kleinen Großstadt vor den Toren Hamburgs zum Kaufpreis von 8,89 Millionen Mark. Der für die Herstellung verantwortliche Ingenieur Heinrich Müller baute die soliden Gebäude in eine großdimensionierte Zigarettenfabrik um, die Anfang April 1923 in Betrieb gehen konnte – auf dem Höhepunkt der Inflation. Die preiswerteste Reemtsma-Zigarette kostete damals 120 Mark! Um die Arbeiterinnen und Angestellten der Fabrik zu versorgen, wurde eine Werkkantine eingerichtet, die auch für die Familien kochte. Zudem wurden die Gehälter am Zahltag in Goldmark gutgeschrieben, worauf die Auszahlung täglich in Papiermark erfolgen konnte, um den Wertverlust möglichst gering zu halten.[12] Die dramatische Wirtschaftslage hatte für die Zigarettenhersteller allerdings auch einen finanziellen Vorteil: Zum Fälligkeitstermin für die Entrichtung der Zigarettensteuer hatte die Inflation diese Beträge jeweils nahezu vollständig entwertet. Die Firmen sparten Kosten, und der Fiskus ging fast leer aus.

Krisengeschüttelter Aufstieg

Im ansehnlichen Foyer des Altonaer Hotels *Kaiserhof*, dem ersten Haus am Platze, fanden sich 73 Personen ein und nahmen Aufstellung vor dem Fotografen. Vor dieser gediegenen Kulisse entstand das erste offizielle Reemtsma-Unternehmensfoto: In der vordersten Reihe stehen Hermann und Philipp F. Reemtsma und ihre mittlerweile betagten Eltern. Sie werden flankiert von zwei der wichtigsten

Führungskräfte des Hauses, David Schnur und Hans Domizlaff. Neben und hinter ihnen haben sich die Angestellten im Sonntagsstaat aufgestellt. Sie feierten hier am 23. Mai 1923 den Neustart ihres Unternehmens in Norddeutschland, von wo aus unter der Führung von ›Eins‹ und ›Zwei‹ eine bessere Stellung in der deutschen Zigarettenindustrie erkämpft werden sollte. Der dritte Bruder Alwin – ›Drei‹ – fehlt auf dem Foto, was symptomatisch ist, denn im Gegensatz zu den älteren Brüdern wirkte er nicht prägend in der Firmenleitung mit. Die Strategie des Hauses und seine Entwicklung zu einem führenden Hersteller von Markenzigaretten bestimmten Hermann und Philipp F. Reemtsma im Zusammenspiel mit Schnur und Domizlaff.

Bernhard Reemtsma, der Vater und Gründer des Erfurter Betriebs, steht zwar auf dem Foto in der vordersten Reihe, doch längst war er eine Figur im Hintergrund. Der Senior hatte mit dem Familienbetrieb die Basis geschaffen, aber besondere Ambitionen waren seine Sache nicht. Mittlerweile besaß die Firma eine Unternehmensstrategie und verfolgte vorrangig zwei Ziele: zum Ersten die Produktion von Zigaretten mit durchgängig identischem Geschmack sowie gleichbleibender Qualität, zum Zweiten die Entwicklung von Zigarettensorten zu Markenartikeln mit unverwechselbarer Gestaltung. Dadurch sollten die Raucher dauerhaft an das Produkt gebunden werden. Bislang variierten die Zigaretten hinsichtlich Qualität und Aroma beträchtlich, vor allem wegen des verarbeiteten Tabaks. Dieses Naturprodukt fiel je nach Sorte, Herkunft und Ernte geschmacklich anders aus. Daher mischten die Hersteller verschiedene Tabake unterschiedlicher Qualität und Würzigkeit, wodurch es möglich wurde, einen annähernd konstanten Geschmack zu gewährleisten. Aber eben nur annähernd. Die wenigsten deutschen Zigarettenhersteller der Kaiserzeit hatten eine stets gleichschmeckende Mischung erzielen wollen, denn das war mit dem naturbelassenen Orienttabak kaum möglich. Kontinuität erforderte eine akribische Planung der Tabakeinkäufe auf dem Balkan, Kennerschaft und sogar Forschung. Somit waren die wichtigsten Personen im Herstellungsprozess der Tabakeinkäufer und der Tabakmischer, Experten in der Kunst, aus Tabaken verschiedenster Provenienzen, Preislagen und Geschmacksrichtungen Mischungen zu schaffen, die nicht allein das ganze Jahr hindurch, sondern sogar über längere Zeiträume produziert werden konnten. Ganz wesentlich für die Entwicklung der Zigarette zum Markenartikel war also die nachhaltige Abstimmung von Tabakeinkauf und Mischung. Erst danach folgten die technische Verarbeitung und die Verpackung der Zigaretten. Die Reemtsma AG führte einen Kreis von herausragenden Kapazitäten zusammen, die diesen Anforderungen entsprachen, Mitarbeiter mit Entwicklungspotenzial und dem Sinn für Ziele, die noch nicht endgültig definiert waren. Dabei hatte die Persönlichkeit des jungen Firmenchefs entscheidende Bedeutung. Philipp F. Reemtsma überzeugte nicht nur Banken von seinen geschäftlichen Ideen, sondern auch Mitstreiter aus der Branche wie David Schnur und ehrgeizige Nachwuchskräfte.

Im November 1924 wurde das Aktienkapital der Reemtsma AG von 2 auf 3,25 Millionen Goldmark erhöht, um die Karmitri AG übernehmen zu können. Der Zusammenschluss von Reemtsma mit der in Berlin und Muskau produzierenden Firma David Schnurs geschah vor allem, um den Tabakexperten von der Doppelbelastung der Leitung seines Betriebes bei gleichzeitiger umfassender Tätigkeit für Reemtsma zu befreien. Schnur trat sogleich in den Vorstand der Reemtsma AG ein, während Alwin Reemtsma lediglich den Rang eines stellvertretenden Vorstandsmitglieds erhielt. Bernhard Reemtsma verkaufte den Söhnen seinen Aktienbesitz an der Firma, womit er sich endgültig vom Werk trennte, dessen immens gewachsene Leistungsfähigkeit durch die fließende Übergabe an seine Söhne ermöglicht worden war. Der Senior betrachtete die stürmische Entwicklung des Betriebs »mit großem Missbehagen«, wie Philipp F. Reemtsma dreißig Jahre später rückblickend konstatierte.[13] Wohl auch deshalb suchte er über den Aktienverkauf den Lebensunterhalt seiner Frau Flora über seinen Tod hinaus zu sichern.

Die Inflation hatte man überwunden, und nun kam das Geschäft in Schwung. Infolge technischer Weiterentwicklungen produzierten die Fabriken schon 75 Millionen Zigaretten monatlich, womit der Einstieg in den kleinen Kreis der Branchenriesen vollzogen war. Von Bedeutung war die im selben Jahr durchgeführte Übernahme der Berliner Manoli AG. Deren Marken, z. B. *Dandy*, *Traber* oder *Jockey Club*, besaßen einen eher heiteren Packungs- und Werbestil, was sich

Stattlich: Palmaille 39 in Altona, von Philipp F. Reemtsma in der Inflationszeit erworben, 1925

gegenüber der Strenge der Gestaltung im Hause Reemtsma abhob. Diese fand in der Hauptstadt keinen rechten Anklang, sodass auf die Wiederbelebung der traditionsreichen Manoli-Marken gesetzt wurde, um den Berliner Umsatz anzukurbeln.

Altona war nicht Hamburg, weder so vornehm noch so statusbewusst. Wer aber in Altona etwas auf sich hielt, der wohnte oberhalb der Elbe, an der Palmaille oder an der Flottbeker Chaussee. Philipp F. Reemtsma hatte kurzerhand von einem während der Inflation in Kalamitäten geratenen Geschäftsmann das stattliche Anwesen Palmaille 39 für ein Butterbrot erworben. Dieses Haus lag zwar weit entfernt von der Fabrik in Bahrenfeld, aber nahe am Altonaer Rathaus. Man begegnete schon einmal dem Bürgermeister der Stadt,

Philipp F. Reemtsma, genannt ›Zwei‹,
im Alter von 32 Jahren, 1925

dessen Wohlgesonnenheit den zugezogenen Unternehmern aus Erfurt wichtig war. Der Sozialdemokrat Max Brauer regierte Altona von 1924 bis Anfang 1933. Während dieser Zeit sollte er in mitunter recht enger Verbindung zu den Reemtsmas stehen. Beide Seiten profitierten voneinander. Die Firma beschäftigte schließlich in den krisengeschüttelten Weimarer Jahren mehrere Hundert Arbeiterinnen und Arbeiter vor Ort, und die Steuereinnahmen für die kommunalen Kassen waren beträchtlich.

Während das Familienunternehmen zu florieren begann, entdeckten die Reemtsmas ihre eigene Geschichte. Gertrud Reemtsma ließ zwei Jahre nach dem Start in Altona eine Chronik der Linie Philipp F. Reemtsmas erarbeiten. Darin wurden sowohl Lebensschilde-

Gertrud Reemtsma (1898–1939),
genannt Tutta, um 1925

rungen als auch originale Dokumente von Vorfahren sowie von der Porträtfotografin Hedwig Bieber angefertigte Fotos aufgenommen. Hier war abzulesen, wie der soziale Aufstieg innerhalb von vier Jahrzehnten vonstatten gegangen war: Das stattliche Haus an der Palmaille nannte der »Direktor« Philipp F. Reemtsma sein Eigen, während sein Großvater Behrend Hinrichs Reemtsma auf Kloster Sielmönken in Ostfriesland als Zollpächter und Schankwirt ein geradezu schäbiges Bauernhaus bewohnt hatte. Augenfällig waren die Gegensätze: In Ostfriesland hatte man auf feuchte Wiesen und einen Entwässerungsgraben geblickt. In Altona hingegen konnte die Familie über einen großzügigen Garten zur Elbe hinunterschauen, auf den Strom also, der hier eine geschäftige Verkehrsader und Arbeitsplatz Tausender war, die mit Handel und Schifffahrt ihren Lebensunterhalt verdienten. Dies war der rechte Platz für die norddeutsche Familie, deren Weg über Osterholz-Scharmbeck, Blankenburg und Erfurt nach Altona geführt hatte. Keine Orte, deren Namen Besonderes verhießen. Aber jetzt war man angekommen. Zurückblicken

Überwiegend Frauenarbeit: die Produktionsbelegschaft des Werks Bahrenfeld, 1923/24

konnte man nun auf die Frühzeit von Reemtsma, die nicht im Geringsten hatte erkennen lassen, dass ein großes Unternehmen entstehen könnte. Eine Firma, deren Name nach knapp einem Jahrzehnt als Synonym für die Zigarette in aller Munde war? Das wäre den Beteiligten nicht einmal in ihren kühnsten Träumen eingefallen. Doch Altona bildete die Ausgangsposition für den Angriff auf die Konkurrenten aus der deutschen Zigarettenindustrie. Der Kampf konnte beginnen.

Kämpferisch ging es zu dieser Zeit auch im Westen der Republik zu. Franzosen und Belgier hatten 1921 wegen nicht erfüllter Reparationsverpflichtungen Düsseldorf sowie Duisburg und im Januar 1923 das gesamte Ruhrgebiet besetzt. Die im Versailler Vertrag verbrieften Lieferungen, vor allem Kohle, wurden hier unter soldatischem Schutz abtransportiert. Die Besetzung sorgte in ganz Deutschland für größte Empörung. An der Ruhr führte sie zeitweise zum Generalstreik und zum passiven Widerstand. Hinzu kamen Sabotageakte und Anschläge gegen die Besatzer. Die Franzosen behaupteten sich mit drakonischen Strafen und gegen alle Proteste sogar mit Todesurteilen. Sie stellten Verwaltung und Wirtschaft unter ihre Kontrolle, was auch die Zigarettenindustrie betraf. Die Reemtsma AG expandierte zu der Zeit. Im niederländischen Bussum wurde 1923 eine kleine Zigarettenfabrik eröffnet, und noch vor Jahresende fiel der Beschluss, in Düsseldorf-Reisholz einen Tochterbetrieb zu errichten. Er zielte ausschließlich darauf ab, Zigaretten für das französisch kontrollierte Gebiet zu produzieren, denn dorthin konnte das Bahrenfelder Werk nicht liefern.

Otto Konrad wurde zum Betriebsleiter bestimmt, aber am Aufbau war Alwin Reemtsma maßgeblich beteiligt. ›Drei‹ nahm sich in Düsseldorf eine Wohnung und arbeitete in der Leitung des Werks am Rhein, das bis zu 300 Arbeitskräfte beschäftigte. Hier kam es zu einem besonderen Schachzug: Bei der Übernahme der Verwaltung durch die Besatzungstruppen hatten französisch-belgische Soldaten in großem Umfang Zigarettensteuerbanderolen unterschlagen. Diese wurden nun unter der Hand den örtlichen Fabrikanten angeboten. Alwin Reemtsma kaufte die Steuerzeichen zu einem geringen Preis und ließ damit die in Reisholz produzierte Ware ausstatten. Letztlich gingen damit dem französischen Fiskus Steuereinnahmen in Höhe von über 50 000 Goldmark verloren, denn die Banderolen hätten zum Nennwert bei den Besatzungsbehörden erworben werden müssen.[14] Alwin überzeugte seine Brüder, dass kein fiskalischer Verlust für die deutsche Seite entstehe, sondern lediglich ein Schaden für Frankreich. Das konnte im aufgeheizten Milieu während der Ruhrbesetzung als eine deutsch-patriotische Tat angesehen werden, die freilich finanzielle Vorteile für Reemtsma erbrachte.

Das Reisholzer Werk überdauerte nur kurze Zeit. Nach dem Abzug der Franzosen im Sommer 1925 wurde die Betriebsstätte Ende des Jahres stillgelegt. Während dieser eigentümlichen Wirtschaftsepisode kam es bei Alwin Reemtsma zu einer privaten Entwicklung mit einiger Tragweite: Nach nur fünfjähriger Dauer wurde seine Ehe im November 1924 in Düsseldorf geschieden. Er hatte seine Ehefrau Johanna nach einem tiefgehenden Zerwürfnis verlassen.

Hans Domizlaff lebte und arbeitete eigentlich in Leipzig. Als die Firma Reemtsma nach Altona übergesiedelt war, hatte er sein erstes Quartier im dortigen Hotel *Kaiserhof* bezogen. Während der langwierigen Arbeit an den Entwürfen für die *Ernte 23* war nicht nur er als der neue Star unter den Gestaltern eingebunden, sondern auch der erfahrene Eugen Schmidt aus Deffkes Umfeld. Schmidts Arbeiten führten nicht zum Ziel, und auch Domizlaff trat auf der Stelle. Da schob ihm eines Abends zu später Stunde der Zeichner Etzold eine Bleistiftskizze unter der Tür seines Hotelzimmers durch – und dies führte endlich zum ersehnten Durchbruch. Hermann F. Reemtsma bekam einen fertigen Entwurf, den Domizlaff in seinem Leipziger Atelier ausgearbeitet hatte, und er war begeistert. Der Name *Ernte 23* bezog sich auf die herausragend gute Tabakernte des Jahres 1923, die nun nach zwei Jahren der Lagerung und Fermentierung zur Verarbeitung kam.

Reemtsma startete zu dieser Zeit mehrere neue Marken. Beispielsweise wurde *Senoussi* für das teure Preissegment kreiert. Die Firma hatte aufgrund solcher Zigaretten ein hoch angesiedeltes Image. 1927 kam eine weitere Marke hinzu, die den guten Ruf des Hauses festigte. Der Konkurrent Wolfgang Ritter von der Bremer Martin Brinkmann AG erinnerte sich noch Jahrzehnte später daran: »Einsam ragte *Ova* aus Hunderten von Cigarettenmarken hervor«, wegen der überlegenen Tabakqualität und Domizlaffs Gestaltung. Nun griff schon jeder fünfte Raucher in Deutschland zu einem Produkt Reemtsmas, dessen werbliche Linie Domizlaff verantwortete. Der mittlerweile über ein ausgezeichnetes Renommee verfügende Grafiker deklinierte alles bis ins Kleinste durch, von Zigarettenschachteln bis zu Annoncen und Plakaten. Selbst die Drucksachen der Firma, vom Briefbogen bis zum Adressaufkleber, wurden dem Diktat des »Domizlaff-Stils« unterworfen. Damit gewann das Unternehmen Profil.[15]

Von der innovativen Gestaltung und Anmutung der Verpackungen hing durchaus viel ab. Bis Ende 1926 wurden Zigaretten in Tabakläden und Gaststätten noch lose aus Packungen von 20 bis 40 Stück verkauft. Die Raucher bewahrten diese Glimmstängel in ihren Zigarettenetuis auf. Kleinpackungen mit zehn Stück gab es zwar, aber bis dato war dies keineswegs ein großes Geschäft. Nun führte Reemtsma eine in der Herstellung teure, aber ansprechende Zehner-Kappenschachtel zu 50 Pfennig ein. Der neue Typus kam gut an, wodurch der lose Verkauf zurückging und die Firma einen Umsatzzuwachs erreichte, der die hohen Produktionskosten der Kartonage rechtfertigte.

Am 2. Juni 1925 starb Bernhard Reemtsma an einer Lungenentzündung. Er wurde auf dem Erfurter Südfriedhof bestattet. Der 67-jährige Senior hatte noch erlebt, wie seine Söhne begannen, den Großen der Branche zuleibe zu rücken, indem sie eine Qualitätsmarke nach der anderen auf den Markt brachten und in ihrer Firma eine ausbaufähige Verwaltungsstruktur schufen. Daneben bereiteten sie den Aufbau eines eigenen Tabakeinkaufs in den Ursprungsländern vor. David Schnur kooperierte hierbei unter anderem mit der Schweizer Tabakhandelsfirma Spierer, um für Reemtsma geeignete Tabake in Nordgriechenland zu finden. Kurz nach dem Tod des Vaters unternahm Philipp F. Reemtsma einen weitreichenden strategischen Schritt: Die Aktiengesellschaften Reemtsma und Jasmatzi schlossen einen Interessengemeinschaftsvertrag, wobei die Verbindung über die niederländische Holding von Jasmatzi fixiert wurde: Die N.V. Caland in Amsterdam übernahm die Aktien der beiden Gesellschaften und transferierte ihre eigenen an die Aktionäre der deutschen

Firmen. Reemtsma hielt daraufhin an Caland lediglich 48,5 Prozent, wodurch die Hamburger Firma dem Risiko einer Majorisierung ausgesetzt war.

Nach dem Zusammenschluss erwarb Caland den Dresdener Großbetrieb Yenidze, zu dem unter anderem die Produktionsstätten Danzig und Memel sowie die Firmen Laferme und Cavalla gehörten. Dadurch entstand der nach Umsatz und Kapitalisierung branchengrößte Konzern Reemtsma-Jasmatzi-Yenidze. Jede der Firmen besaß eine autonome Leitung. Bei Jasmatzi war dies der in den USA ausgebildete Ernst Friedrich Gütschow; bei Yenidze amtierte Geschäftsführer Wagner. Der gesamte Konzern stand allerdings unter Aufsicht von Dr. Paul Millington-Herrmann von der Deutschen Bank, denn die Jasmatzi AG hing von einem Bankenkonsortium ab. Zu dieser Zeit nahm die Deutsche Bank unter den Finanziers der Zigarettenbranche eine zentrale Rolle ein. So hatte ein von dem Berliner Kreditinstitut dominiertes Konsortium 1918 die Hannoveraner Zigarettenfabrik Constantin übernommen. Das Besondere an ihr war, dass sie damals das drittgrößte Verarbeitungskontingent Deutschlands besaß. Im Anschluss verpachtete das Konsortium die Fabrik an die Jasmatzi AG.[16] Dabei sammelten die beteiligten Banken wichtige Erfahrungen im Umgang mit der Klientel der Zigarettenfabrikanten, seien es Deutsche, Griechen oder Unternehmer anderer Herkunft.

Der Zusammenschluss von Reemtsma-Jasmatzi-Yenidze war auch dadurch begründet, dass jede Firma ein anderes Preissegment als Domäne innehatte: Der Hauptabsatz der Bahrenfelder lag bei den höheren Preislagen, Yenidze bediente das mittlere Segment, und Jasmatzi stellte überwiegend billigere Zigaretten her.[17] Für die deutschen Firmen des Konzerns, das heißt für Reemtsma, für die mit Jasmatzi verbundenen Josetti, Constantin, Adler, Delta, Sulima, Kreyssel, Sarasvati, Hellas und Salomon sowie für die Yenidze-Betriebe, wurde der Tabak über Caland mittels währungsstabiler niederländischer Gulden eingekauft. Dies war ein großer Vorteil, denn dadurch wurde die im internationalen Tabakgeschäft hinderliche Schwäche der Reichsmark abgefedert. Das Tempo dieser bis August 1925 abgeschlossenen Firmenkonzentration war für viele Unternehmer und Beobachter der Branche atemberaubend und irritierend zugleich. Der Erfolg dieser Konstruktion war fraglich, denn die Zigarettenindustrie befand sich in einer strukturellen Krise. Dies hatte rückständige Tabaksteuerzahlungen zur Folge gehabt. Im Mai 1925 war von den Finanzbehörden verfügt worden, dass nur noch solche Firmen Steuerbanderolen auf Kredit bekamen, die Rabatte und Werbeausgaben klein hielten.

Ab Herbst des Jahres gerieten infolge der neu eingeführten Materialsteuer, die den Rohtabak betraf, zahlreiche der über 600 verbliebenen Hersteller in eine wirtschaftliche Schieflage, aus der sie auch nicht durch umsatzfördernde Rabattgewährungen an den Handel wieder herausfanden. Auch der Konzern Reemtsma-Jasmatzi-Yenidze war von den Belastungen existenziell betroffen. Vor allem bei Yenidze gab es Missmanagement beim Tabakeinkauf. Die Traditionsmarke *Salem* stürzte ab. Reemtsma machte zu dieser Zeit markentechnische Fehler, vornehmlich bei Manoli. Dort war der finanzielle Einsatz zu gering, um die Marken erfolgversprechend neu aufzustellen. Dies trug dazu bei, den Imagewert von Manoli – den Goodwill – zu verwirken.[18]

Die Folgen des 1925 eingeführten kombinierten Banderolen- und Materialsteuersystems waren für die Industrie dramatisch. So musste beispielsweise eine große Firma, die täglich 13 Millionen Zigaretten à 5 Pfennig herstellte, jeden Tag rund 200 000 Mark für Banderolen und 60 000 Mark für Materialsteuer aufwenden. Diese Beträge summierten sich monatlich bei 25 Arbeitstagen auf über 6,5 Millionen. Der Fiskus gewährte als Zahlungsfrist dreieinhalb Monate für Banderolen- und sechs Monate für Materialsteuer.[19] Somit hatten die Hersteller einen gewissen zinslosen Spielraum, der aber bei radikalem Konkurrenzkampf beträchtliche Gefahren barg. Brach der Umsatz ein, da andere Marken attraktiver waren, geriet der Hersteller in größte Kalamitäten, denn seine Steuerschulden musste er in jedem Fall begleichen.

Wenngleich der Hauptgläubiger der Zigarettenindustrie der Staat war, beruhte das Geschäft zu einem beträchtlichen Teil auf Bankkrediten. Bei Reemtsma spielte die Commerz- und Privatbank zu dieser Zeit die maßgebliche Rolle, neben der Deutschen und der Dresdner

Bank. Die Vergabe von Krediten beruhte nicht allein auf wirtschaftlichem Kalkül, sondern auch auf dem guten Verhältnis der Geschäftspartner untereinander. So passt es ins Bild, dass die Firma Reemtsma der ihr nahestehenden Deutschen Bank einen besonderen Dienst erwies: Im November 1925 bekamen Paul Millington-Herrmann und Johannes Kiehl eine Sendung zugestellt, die eine Sonderanfertigung enthielt. Es waren Blechschachteln, die den Schriftzug des Unternehmens aufwiesen: »Deutsche Bank Cigarette« war in die schlichte Emballage eingeprägt. Kiehl rauchte eine Kostprobe und übermittelte seinen Dank an Hermann F. Reemtsma, der für die Produktion verantwortlich zeichnete. Der Bankdirektor hatte »mit großem Genuss und besten Wünschen für Ihre Firma« die Zigaretten in Rauch aufgehen lassen.[20] Er freute sich über die gelungene Tabakmischung, die seinem Empfinden nach »der Würde und dem Ansehen der Deutschen Bank« entsprach und darüber hinaus dem Hersteller alle Ehre machte. Banken waren zu seriös, um für sich Werbung zu machen. Folglich war es eine gewisse Gratwanderung, Zigarettenschachteln mit dem eigenen Namen zu versehen. Sie gingen nicht in den Verkauf, sondern dienten als Aufmerksamkeit für Gäste und Kunden, sodass Reemtsma Hunderter-Blechschachteln in kleiner Stückzahl anfertigen ließ, die die Bank beispielsweise als Weihnachtsgeschenk weitergab.

So schön diese Aufmerksamkeiten waren, so negativ klangen kursierende Gerüchte: Johannes Kiehl kam Anfang Dezember 1925 zu Ohren, dass die Reemtsma AG kurz vor ihrem Niedergang stehe. Die Firma habe nicht allein wie alle anderen wesentlichen Konkurrenten durch die Rabattschlachten und steuerbedingten Verteuerungen Federn gelassen, sondern spezifische Einbußen im Geschäft erlitten, wovon Konkurrenten wie Haus Neuerburg oder etwa Abdulla profitierten. Kiehl forderte daher von Philipp F. Reemtsma auch im Namen des stellvertretenden Reemtsma-Aufsichtsratschefs Millington-Herrmann Auskunft darüber, wie viele Arbeiter entlassen würden, wobei er auf das stillgelegte Werk Reisholz Bezug nahm. Ferner wollte er wissen, wie die Umsatzzahlen der vergangenen beiden Monate aussähen und ob es bereits eine Bilanzschätzung gebe. Dann interessierte ihn der Boykott in Teilen der Händlerschaft gegen

Reemtsma. Kiehl stellte anheim, ob es unter der angespannten Situation nötig sei, dass Schnur auf dem Balkan größere Mengen Tabak einzukaufen gedenke, da doch die Firma Reemtsma seiner Kenntnis nach 2000 Tonnen Rohtabak besitze. »Eine passende Äußerung« des Firmenchefs wurde demnach erwartet.[21] Deutlicher ließ sich wohl kaum umschreiben, dass die Deutsche Bank ihrem Hamburger Kreditnehmer gegenüber im Unklaren war, ob es sich bei den Gerüchten nur um Stimmungsmache handelte oder ob es tatsächlich mit der Firma bergab ging.

Ein kritischer Punkt war der angesprochene Händlerboykott. Der hing damit zusammen, dass einige Tabakwarenhändlerverbände gegen die Konzernbildung in der Zigarettenindustrie auf die Barrikaden gingen, und zwar schon in den Jahren vor dem Krieg, als amerikanisch-britische Konzerne in den deutschen Markt eindrangen. »Gegen Trust und Konzern« lautete die damalige Devise, nicht nur bei Händlern, sondern auch bei den Kleinproduzenten. Der Handel fürchtete naturgemäß die Druckpotenziale konzerngebundener Hersteller, denn die Handelsrabatte konnten dadurch verringert werden. Da Reemtsma höhere Rabatte hartnäckig verweigerte, bezogen unter anderem Breslauer Händler gegen die Firma Stellung. Breslau war von jeher eine Hochburg der Anti-Trust-Bewegung gewesen, was sich hier zum Nachteil der Hamburger bemerkbar machte. Die Nachfrage nach Reemtsma-Zigaretten hatte mittlerweile deutliche Einbußen erlitten, weshalb einige Hundert Arbeitskräfte nach Hause geschickt worden waren.[22]

Zwei Tage nachdem Philipp F. Reemtsma den geradezu inquisitorischen Brief Johannes Kiehls erhalten hatte, traf er in der Berliner Zentrale der Deutschen Bank zur Aussprache ein. Völlig überzeugen konnte er nicht, denn am 11. Dezember schrieb ihm Millington-Herrmann und verlangte, künftig dreimal monatlich einen Gesamtüberblick über die wirtschaftliche Lage des Konzerns Reemtsma-Jasmatzi-Yenidze zu erhalten. Ihn interessierten Kreditvolumen, Steuerverbindlichkeiten, Kassenbestände und Tabakvorräte mit deren Tageswert. Der Bankier war nach Rücksprache mit Kiehl überzeugt, Reemtsma würde diesen Wünschen »bedingungslos« entsprechen.[23]

Die Deutsche Bank ließ die Hamburger in der finanziell höchst angespannten Situation nicht fallen. Am 27. Januar 1926 erhielt ›Zwei‹ von Kiehl die erleichternde Nachricht, dass ein seit längerem angestrebtes 500 000-Pfund-Darlehen aus England für die niederländische Konzernholding Caland nunmehr zur Auszahlung komme. Große Beträge wurden eingesetzt, um Verbindlichkeiten abzulösen, die bei der Konzernbildung im Sommer entstanden waren. Den Rest vergab Caland als Kredit zu gleichen Teilen an Jasmatzi und Reemtsma, sodass nach Johannes Kiehls Einschätzung »finanziell Ruhe« eintrat.[24]

Um den Repräsentanten der Händlerverbände, den Reichstagsabgeordneten Johannes Büll, bemühte sich Reemtsma persönlich. Er stellte in einer fünfstündigen Unterredung Büll gegenüber dar, wie die Position von Reemtsma-Jasmatzi-Yenidze hinsichtlich der Sanierung der Industrie aussah. Bei den zentralen Steuerfragen war man einer Meinung, aber Reemtsma forderte von den Händlerverbänden Sachlichkeit im Umgang, denn es sei für ihn unmöglich, an zwei Fronten gleichzeitig zu kämpfen. Hier zeigte sich erstmals, dass Philipp F. Reemtsma für die Zigarettenindustrie als Ganzes auftrat – freilich ohne von irgendeiner Seite dazu bestimmt worden zu sein. Er dachte strategisch für die Branche, wobei er anstrebte, die »kranke Industrie« zu kurieren, was aus seiner Sicht nur über Stilllegungen, Konzentration und Kartellbildung erfolgen konnte.[25] Es ist nur zu verständlich, dass diese weitreichenden Ambitionen eines Newcomers, der erst seit zweieinhalb Jahren über eine große Fabrik verfügte, den arrivierten Kreisen sauer aufstießen. Das Geschäftsjahr 1925 hatte gezeigt, dass die Firma Reemtsma noch keineswegs fest im Sattel saß. Daher war das Misstrauen vieler Unternehmer und Repräsentanten des Handels berechtigt.

Die Deutsche Bank und die Reemtsmas hofften nun auf Entspannung der Situation und auf einen Aufschwung des Geschäfts. Die 150 000 Pfund, die Reemtsma über Caland erhalten hatte, wurden kurz nach ihrem Eingang überaus glücklich eingesetzt: Als eine Hamburger Zigarettenfabrik zusammenbrach, kündigte die beunruhigte Commerzbank kurzerhand ihre Reemtsma-Darlehen. Nun überwies ›Zwei‹ so schnell wie möglich den großen Pfund-Betrag an das Bankhaus, um die Verbindlichkeiten zu tilgen. Die Commerzbank zeigte sich durch die damit bewiesene Liquidität und infolge der Intervention ihres dem Reemtsma-Aufsichtsrat vorsitzenden Vorstandsmitglieds Moritz Schultze bereit, die Kündigung der Kredite wieder zurückzunehmen und sogar die Kreditlinie zu erhöhen. Diese Krise hatte Philipp F. Reemtsma erfolgreich gemeistert. Dennoch war die Situation im Konzern dauerhaft kritisch. Jeden Monat liefen 1 Million Mark Verluste auf, die gemäß der Geschäftsanteile gemeinschaftlich zu tragen waren. Dies störte die Reemtsmas massiv.

Unter Umgehung der Autonomieabsprachen machten sich ›Eins‹ und ›Zwei‹ in Hannover daran, den mit einem monatlichen Defizit von 200 000 Mark arbeitenden Betrieb Constantin zu sanieren. Hermann F. Reemtsma übernahm die Reorganisation der Fabrik, während sein Bruder in Verkauf und Werbung eingriff. Als Verkaufsleiter wurde mit Erich Kleinau eine befähigte Nachwuchskraft eingesetzt. Die Reemtsma-Brüder brachten dank ihrer Sachkenntnis und Initiative innerhalb von vier Monaten Constantin aus den roten Zahlen heraus.[26] Zufriedenheit stellte sich allerdings nicht bei ihnen ein, denn die fehlende Mehrheit im Konzern machte sie abhängig. An Caland hielt die Commerzbank mit 1,75 Prozent Anteilen das Zünglein an der Waage. Dieses erwarben die Reemtsmas nach längerem Antichambrieren unter Vermittlung Moritz Schultzes, worauf die Dominanz der Deutschen Bank gebrochen wurde. Nunmehr hatte Reemtsma das Sagen und konnte die Geschäftspolitik bestimmen. Paul Millington-Herrmann zeigte sich betroffen von der hinter seinem Rücken vollzogenen Machtverlagerung. Er fragte in Bahrenfeld an, ob die Reemtsmas die Geschäftsführung des Konzerns ausüben wollten. Dies bejahte ›Zwei‹ und stellte darüber hinaus selbstbewusste Forderungen: In einem Zeitraum von drei Jahren dürfe sich niemand vom Aufsichtsrat in den Kurs des Unternehmens einmischen. Millington-Herrmann, der Aufsichtsratsvorsitzender von Caland, Jasmatzi und Yenidze war, sollte sämtliche Personalien von Vorstandsmitgliedern und Prokuristen akzeptieren, die Reemtsma empfahl. Der Bankier versagte sich diesen weitgehenden Wünschen und teilte mit, »dass die Deutsche Bank es noch nicht gelernt hätte, Versailler Verträge abzuschließen«.[27] Erst als sich die wirtschaftliche Lage bei Jasmatzi und Yenidze weiter verschlechterte, gab der einflussreiche Bankier die gewünschten Vollmachten an Reemtsma.

Nun drehten die Brüder auf. Der Stab ihrer engsten Mitarbeiter wurde eingeschworen, mit voller Hingabe »zwei Jahre hindurch Tag und Nacht zu arbeiten«, wobei auf Familie, Privatleben und Erholung verzichtet werden müsse.[28] Dieser Appell des Chefs machte von Beginn an klar, dass die Sanierung der drei Großbetriebe eine Titanenaufgabe darstellte. Die Aufteilung war bereits »klassisch«: Philipp betreute die Markenbildung, während Hermann Fabrikation, Verwaltung und Kosten ins Auge fasste.

Wenngleich die Sonne im Reemtsma-Logo immer helleres Licht zu verbreiten schien, gab es auch Schattenseiten. Die merkwürdigste davon wurde unter dem Titel »Staubzigaretten« bekannt. In der Presse konnte man im Sommer 1926 Berichte lesen, in der Ostsee seien Kisten mit Reemtsma-Exportzigaretten von Fischern aus dem Wasser geholt worden. Das seltsame Treibgut wurde vom Zoll geprüft, wobei sich ergab, dass die Ware nicht aus normalem Tabak, sondern aus Tabakabfall und Staub bestand. Der Hintergrund war nicht weniger spektakulär: Die Bahrenfelder Firma hatte Tabakreste und bei der Produktion anfallenden Tabakstaub mit Hilfe eines Bindemittels zu Zigaretten verarbeitet, die nicht in den Verkauf gelangen, sondern ins Ausland exportiert und dann komplett vernichtet werden sollten. Beim Export erhielt die Firma die Materialsteuer für Tabak entsprechend des Gewichts vom Fiskus zurückerstattet, was einige Hunderttausend Mark ausmachte. Das sah die Firma als legal an, nicht aber der Zoll. Von diesen Meldungen deutlich irritiert, fragte die Deutsche Bank bei Reemtsma an, was dies zu bedeuten habe. Hermann F. Reemtsma erläuterte Direktor Kiehl die Hintergründe und betonte, alles sei rechtens und man habe die Exportzigaretten vor der Verschiffung zollamtlich prüfen lassen. Sein Bruder erklärte, das Hauptzollamt habe das Landesfinanzministerium von dem Vorgang unterrichtet, und auch das Reichsfinanzministerium sei eingeschaltet. Die Hamburger Behörde halte es angeblich für unmöglich, die Reemtsma gezahlte Steuerrückvergütung rückgängig zu machen. Wie der einflussreiche Aufsichtsrat Paul Millington-

Herrmann sah Johannes Kiehl in den Staubzigaretten ein ärgerliches »gewisses Wagstück, das in Zukunft besser nicht wiederholt werden« sollte.[29] Die Behörden ließen die Angelegenheit nicht auf sich beruhen. Alwin Reemtsma, der am wenigsten exponierte der Brüder, wurde als Leiter der Steuerabteilung der Firma wegen Steuergefährdung zu 50 000 Mark Geldstrafe verurteilt. Darüber hinaus hatte das Unternehmen die ihm gewährte Steuerrückvergütung in Höhe einer halben Million Mark zurückzuzahlen.[30] Der Ruf der Firma erhielt einen derben Kratzer, und die Kritiker vergaßen so etwas nicht. Sie notierten die Staubzigaretten in ein Sündenregister und hofften, eines Tages käme es zur Abrechnung.

Dies war freilich nur ein Nebenschauplatz. Denn dank der von den Reemtsma-Brüdern und Jasmatzi-Geschäftsführer Ernst Friedrich Gütschow forcierten energischen Unternehmenspolitik kam der Konzern im Februar 1927 aus den roten Zahlen heraus. Mitentscheidend für den Erfolg in dieser Krisenzeit der Industrie waren die neu positionierten oder neu entwickelten Marken *Juno, Salem* und *Ova*, »im Araberformat«. Die Schaffung eines modernen Kartonagenwerks im ehemaligen Karmitri-Betrieb in Muskau sowie technische Verbesserungen bei der Verwendung des Tabaks und wie auch preiswertere Tabake begünstigten den Erfolg. Zudem hatte Reemtsma eine Neuausrichtung der Bahrenfelder Verwaltung vollzogen. Die Buchhaltung unter Ernst August Thienger, eine eigene Statistik-Abteilung und die dezentrale Organisation der Auslieferung der Fertigware führten zu einer ausbaufähigen Struktur. Beim Vertrieb trennte sich das Unternehmen von der Reichsbahn und setzte künftig nur noch auf Lastwagen, die flexibler und damit schneller liefern konnten. Zu einem Synonym für Reemtsma entwickelte sich in dieser Zeit der sogenannte Frischdienst, der die fertigen Zigarettenpackungen so schnell wie möglich dem Handel zuführte. Die Zigaretten sollten mit einer gewissen Feuchte des Tabaks zum Raucher gelangen, wobei es auf wenige Tage ankam. Die Planung für das Verteilernetz der Frischdienst-Filialen und -Touren lag bei Fritz Schrader, der sich dabei als überaus geschickt erwies. Das, was in Bahrenfeld erarbeitet wurde, übertrug man auf sämtliche Betriebsstätten von Jasmatzi und Yenidze.

Offizieller Besuch beim aufstrebenden Unternehmen:
Der Oberpräsident der Provinz Schleswig-Holstein Heinrich Kürbis und der Altonaer Bürgermeister Max Brauer besichtigen die Reemtsma Cigarettenfabriken in Bahrenfeld
(vorn v. l. n. r.: Max Brauer, Hans Domizlaff, Philipp F. Reemtsma, Heinrich Kürbis, Hermann F. Reemtsma, David Schnur, Alwin Reemtsma), 1927

Im Sommer 1927 konnten die Reemtsma-Brüder auf ein Jahrzehnt selbständiger Tätigkeit in der Industrie zurückblicken. Sie hatten dabei einen respektablen Aufstieg vom Kleinhersteller Dixi zu einem der wichtigen Mitspieler in der Branche vollzogen. Die Deutsche Bank hegte keinerlei Bedenken mehr, was das Geschäft der Norddeutschen anging. Paul Millington-Herrmann lobte die Unternehmer bei einem Essen anlässlich der Aufsichtsratssitzung und verlängerte die Caland-Kredite. Auch Direktor Kiehl beglückwünschte die Reemtsmas, worauf ›Zwei‹ überschwänglich dankte. Er erklärte, ursprünglich gegenüber dem Berliner Kreditinstitut reserviert gewe-

Das Brüder-Trio und der Bürgermeister: Bei der Einweihung des Reemtsma-Sportplatzes wird Max Brauer flankiert von Hermann (links), Philipp und Alwin Reemtsma, 1928

sen zu sein, da ihm die Verquickung von Aktionärs- und Bankinteressen bezüglich der Zigarettenindustrie nicht behage und er die Tendenz der Deutschen Bank nicht recht habe einschätzen können. Nun aber sehe er sich gerade durch das Verhalten Kiehls »aus all meinen inneren Vorbehalten herausmanövriert«.[31] Er versicherte dem Bankdirektor, »dass Sie und die Deutsche Bank in Zukunft keinen aufrichtigeren und treueren Freund haben werden als uns«.

Während bei der von Reemtsma dominierten Unternehmensgruppe nahezu alles in glücklichen Bahnen zu laufen schien, gerieten zahlreiche kleinere und mittlere Firmen unter die Räder. Sie hatten schon allein dadurch das Nachsehen, dass sie sich weder überregionale Werbung noch große Neuentwicklungen von Marken leisten konnten. Ein junger Mann namens Kurt Heldern beispielsweise erkannte, dass sein vom Vater geerbter Betrieb Sossidi Frères kein echtes Markenpotenzial besaß. Er liquidierte die Firma Ende 1926 und suchte ein neues Betätigungsfeld. Da er Philipp F. Reemtsma wegen seines Talents in Sachen Organisation und Verbandswesen aufgefallen war, bot der Unternehmer Heldern an, sein persönlicher Mitarbeiter zu werden. Der ging darauf ein und brachte gleich seinen Kriegskameraden Otto Lose mit, der die Liquidation von Sossidi durchgeführt hatte. In der Reemtsma-Verwaltung sollte sich Lose bewähren, und Heldern wuchs zu einer kompetenten Kraft neben ›Zwei‹ heran.

1927 wurde die Sanierung des Konzerns abgeschlossen. ›Zwei‹ bat die Deutsche Bank, ihren Caland-Konsortialanteil an die Reemtsma-Gesellschafter zu veräußern. Das Kreditinstitut kam diesem Wunsch zu guten Konditionen nach, auch um ihrer Anerkennung der Leistungen der Reemtsmas bei der Sanierung Ausdruck zu verleihen. Damit verringerten die Banken ihr finanzielles Engagement, und die Reemtsma AG stärkte ihre Position in der Holding wesentlich.

Neben diesen Erfolgen gab es 1927 auch Verluste, die zum Teil politisch bedingt waren. In Danzig entstand ein Tabakmonopol, wobei die dort ansässigen Betriebe von Jasmatzi und Yenidze verstaatlicht wurden. Zwar gab es dafür im Folgejahr 400 000 Danziger Gulden als Entschädigung, aber schmerzlich war die Entwicklung dennoch. Bereinigend wirkte dagegen die Schließung der Produktionsstätte im niederländischen Bussum und des Wiesbadener Jasmatzi-Betriebs Kreyssel, der ähnlich wie Reisholz wegen des französischen Besatzungsregimes an der Ruhr errichtet worden war. In Berlin wurde die Karmitri-Fabrik in ein Reemtsma-Auslieferungslager umgewandelt und die Produktion von Josetti der nahe der Jannowitzbrücke gelegenen Manoli-Fabrik angegliedert.

Die Konsolidierungsphase des Unternehmens hatte die Konkurrenz nicht passiv betrachtet. So war von der BATC im September 1926 eine Niederlassung in Hamburg gegründet worden. Damit stieg der mächtige internationale Konzern erneut gegen die deutschen Industrie in den Ring, den er zwölf Jahre zuvor kriegsbedingt mit der Trennung vom Jasmatzi-Konzern hatte verlassen müssen. Dass Reemtsma als Newcomer so schnell Fahrt aufgenommen und angestammte Traditionsfirmen wie Jasmatzi und Yenidze unter seine

Kontrolle gebracht, ja sogar den Einfluss der Deutschen Bank zurückgedrängt hatte, beunruhigte manchen Konkurrenten. Bei der Pankower Firma Garbáty beispielsweise zollte der Mitinhaber Eugen Garbáty zwar Philipp F. Reemtsma unverhohlenen Respekt, doch zugleich misstraute er ihm, da er die Geschäftspolitik des Norddeutschen als bedrohlich empfand. Garbátys Ansicht nach war die Branchenentwicklung der Inflationszeit bestimmt worden durch Reemtsmas »mörderischen« und »zügellosen« Wettbewerb.[32] Diesen habe die Bahrenfelder Firma betreiben können, weil Philipp F. Reemtsma »der Einzige in der Zigarettenindustrie« gewesen sei, »der mit großem Weitblick von 1919 bis 1923 die Entwertung der Mark bzw. die wirtschaftliche Tragweite der Inflation in allen Phasen erkannte und mit beispielloser Energie auswertete und ausnutzte«. Das stimmt insofern, als der Umzug nach Bahrenfeld auch mit der geschickten Ausnutzung der Inflationsverhältnisse zu tun hatte, denn aufgenommene Darlehen zum Erwerb von Sachwerten verloren rapide an Gewicht. Die vor 1924 noch unbedeutende Firma Reemtsma besaß aber, das lassen die Mitte der dreißiger Jahre formulierten Notizen Eugen Garbátys erkennen, ein besonderes Potenzial in der Person ihres noch jungen, kriegsversehrten Chefs. Philipp F. Reemtsma konnte arrivierte Fabrikanten das Fürchten lehren.

Die Übernahmeschlacht

1928 bekam die Hamburger Firma Oberwasser. Jetzt schien alles zu stimmen. Die von Domizlaff gestalteten Reemtsma-Marken liefen derart hervorragend, dass die Kosten für eine kontinuierliche Konsumentenwerbung eingespielt wurden. Eine Milliarde Zigaretten wurden monatlich verkauft, wovon allein die *Ova* mehr als ein Viertel ausmachte. Deutschlandweit fielen nun Schilder, Plakate und teure Anzeigenkampagnen in der Presse ins Auge. Reemtsma war mit seinem überschaubaren Markenangebot allgegenwärtig. Längst hatte die Firma mit über 35 Prozent des deutschen Marktanteils die Führungsposition im Konzern erreicht. Ähnlich erfolgreich agierte nur der Kölner Konkurrent Haus Neuerburg, der Anfang 1928 den Münchener Hersteller Zuban übernahm. Zusammen lieferten diese wenigen Firmen jede zweite der in Deutschland gerauchten Zigaretten, mit weiter steigender Tendenz. Symptomatisch für das gefestigte Selbstvertrauen war ein Buch, das die Hamburger Firma in der Reihe »Musterbetriebe deutscher Wirtschaft« porträtierte. Das Hauptanliegen der Schrift war die Darstellung der systematischen, auf nahezu wissenschaftlichen Prinzipien beruhenden Planung der Abläufe bei Reemtsma, die zwingend zu außerordentlichen Erfolgen führen mussten. Die Botschaft lautete unmissverständlich: Die Perfektion des Bahrenfelder Werks garantiert fortdauernden Genuss. Daher verdient diese Firma uneingeschränktes Vertrauen des Rauchers.[33]

Das sahen allerdings nicht alle so. Der Aufstieg und die mittlerweile erreichte Größe von Reemtsma war den unter starkem Druck stehenden Konkurrenten nicht geheuer. In der Zigarettenindustrie herrschte ein heftiger Preiskampf, der von einzelnen Firmen über Rabatte betrieben wurde. Verbindliche Absprachen unter den Herstellern, die dies zu unterbinden suchten, fruchteten nichts. Immer wieder brachen Einzelne aus und gewährten Rabatte. Halpaus beispielsweise bot 2 Mark pro tausend Stück bei den Hauptmarken *Rarität* und *Mocca*. Das verleitete andere Firmen zu ähnlichen Angeboten an den Handel. Daneben wurde der Kampf auch über Beigaben zu den Zigaretten ausgetragen. So enthielten die Päckchen farbige Bilder zum Sammeln oder Coupons, die die Raucher nach Erreichen der benötigten Stückzahl bei den Firmen gegen Kragenknöpfe, Drehbleistifte, Fußbälle oder sogar Schreibmaschinen eintauschen konnten. So kurbelten viele der Unternehmen, die nicht über große Werbeetats verfügten, ihren Absatz mittels Kundenbindung an. Die Kosten für die Beigaben strapazierten die Kalkulation – und das Grundproblem blieb, dass eine nicht auf der Qualität der Zigarette basierende künstliche Nachfrage erzeugt wurde. Fielen die Beigaben weg oder kamen Konkurrenten mit ansprechenderen Dingen auf den Markt, brach so manche Erfolgskurve ab. Daran hing somit die Existenz nicht weniger Klein- und Mittelbetriebe. Auch Reemtsma produzierte Sammelbilderserien, aber sonst hielt sich das Unternehmen aus dem Beigabengeschäft heraus.

Philipp F. Reemtsma war 35 Jahre alt, als er zum großen Wurf ausholte. Sein Plan war, schnellstmöglich Produzenten attraktiver

Marken aufzukaufen und dadurch Einfluss auszuüben. Der erste Schritt in diese Richtung war der Erwerb der nur wenige Jahre zuvor in Dresden errichteten Firma Bulgaria. Ihr Gründer Salomon Krenter beschloss in der krisenhaften Zeit, seine Firma zu verkaufen und in die maschinelle Zigarrenproduktion einzusteigen. Dazu hatte er am 27. Juli 1928 bereits einen Vertrag mit der Rotterdamer Hollandsch Turkschen Tabak-Maatschappij geschlossen. Nur drei Tage später wurde ›Zwei‹ bei dem jüdischen Geschäftsmann vorstellig und unterbreitete ihm ein besseres Angebot. Krenter nahm an und machte den Verkauf an die Holländer rückgängig. Zudem schloss er einen geheimen Vertrag mit Reemtsma. Darin ging es um Folgendes: Zum 2. Januar 1930 sollte die Bulgaria GmbH mit allen Aktiven und Passiven inklusive der Warenzeichen, Marken- und Firmenrechte an die Reemtsma AG übergehen. Reemtsma durfte sofort eine Prüfung der Bücher vornehmen, um eine Bilanz aufzustellen. Der daraufhin ermittelte Wert bildete die Basis für den Übernahmepreis: Eine Million davon wurde verdreifacht, die übrigen Millionen einfach gerechnet. Diesen Betrag erhielt Krenter allerdings noch nicht, da er verpflichtet wurde, 15 Monate weiter als Inhaber im Betrieb tätig zu bleiben. Konnte er den Goodwill und den auf 60 Millionen Zigaretten monatlich bezifferten Bulgaria-Umsatz verbessern, sollte sich der Kaufpreis entsprechend erhöhen. Der Käufer gewann damit Zeit, Bulgaria auf das eigene Buchführungssystem umzustellen. Um dies unter der Hand zu bewerkstelligen, arbeitete der Reemtsma-Mitarbeiter Otto Peper in der Geschäftsleitung des Dresdener Betriebs. Er wurde als Angestellter der im amtlichen Auftrag für das Finanzministerium tätigen Treuhandgesellschaft Dr. Hans Schultes getarnt. Um die Verbindung des Inhabers zur Hamburger Konzernfirma zu kaschieren, lief Reemtsmas Korrespondenz an Krenter über Peper. Vollzog Reemtsma die vereinbarte Übernahme, wurden 2 Millionen Mark sofort fällig. Den gleichen Betrag stundete ihm Krenter über drei Jahre bei einer Verzinsung von 6 Prozent, wodurch die Übernahmekosten erst allmählich zu Buche schlugen.

Philipp F. Reemtsma schätzte Salomon Krenter als überaus tüchtigen Geschäftsmann. Daher wollte er dessen Markengespür für die Zeitspanne von 15 Monaten weiter nutzen; er verschaffte ihm auch einen Kredit der Deutschen Bank. Diese war in die geheime Transaktion eingeweiht. Schon Anfang September bat ›Zwei‹ das Kreditinstitut, Bulgaria einen Lombardkredit über 500 000 Gulden einzuräumen, damit Krenter Rohtabak einkaufen konnte. Dafür leistete Reemtsma eine Bürgschaft. Gleichzeitig teilte er Direktor Kiehl mit, er würde darauf hinwirken, dass Krenter seine Lombardgeschäfte nach und nach vom Dresdener Bankhaus Gebr. Arnhold auf die Deutsche Bank überleitete. Kiehl vermittelte wie gewünscht, worauf die Filiale der Deutschen Bank Dresden den Kredit gewährte, bei Verpfändung des erworbenen Tabaks. Der in Bad Nauheim kurende Dr. Millington-Herrmann wurde von Berlin aus über das Geschäft informiert. Sein Mitarbeiter Kiehl zeigte sich erfreut, dass die Bulgaria-Brücken zu Arnhold abgebrochen wurden. Über die wirtschaftliche Lage des Zigarettenkonzerns geriet der Berliner Bankier geradezu in Verzückung, denn der Nettogewinn in den ersten sieben Monaten des Jahres 1928 betrug stolze 11,4 Millionen Mark. Die wirtschaftliche Lage Deutschlands war kurzzeitig von einer Hochkonjunktur bestimmt, die sich eben auch im Zigarettenkonsum niederschlug. Kiehls Kommentar zeigte den Stolz des Finanzstrategen, der an der Förderung Reemtsmas beteiligt gewesen war: »Mir grauet etwas vor der Götter Neide!«[34]

Der Bulgaria-Verkauf hatte ungewöhnliche Formen, wobei an erster Stelle die Geheimhaltung auffiel. Niemand sollte davon Kenntnis erhalten, dass Krenters Firma zu Reemtsma gehörte. Dies widersprach den Grundsätzen des ehrbaren Kaufmanns, denn Bulgaria war eine der sogenannten konzernfreien Firmen, die von den Händlern bevorzugt wurden. Wäre der Verkauf an Reemtsma bekannt geworden, hätte der Handel in Sachsen und Niederschlesien nicht mehr so stark Bulgaria-Zigaretten, sondern Produkte der anderen konzernfreien Hersteller geordert. Krenter war überdies die Verpflichtung eingegangen, nach der Abwicklung des Verkaufs fünf Jahre lang nicht in der deutschen Zigarettenindustrie tätig zu werden.[35] Infolgedessen würde es einen mittelgroßen Konkurrenten weniger geben. Die hier erstmals an den Tag gelegte Geheimniskrämerei bildete ein Charakteristikum der Einkaufstour, die Reemtsma im Sommer 1928 begann: Soweit möglich, wurden die Transaktionen unter der Decke gehalten. Damit sollte gegenüber der Konkurrenz verschleiert werden, welche Strategie die Hamburger verfolgten und wer bereits von ihnen kontrolliert wurde.

Als Philipp F. Reemtsma im Herbst 1928 einige Wochen Urlaub in Taormina machte, suchte ihn überraschend seine rechte Hand Kurt Heldern auf. Er teilte seinem Chef mit, Haus Neuerburg wolle sich dem allgemeinen Preiskampf der Industrie anschließen. Das störte Reemtsma über die Maßen, und er eilte nach Köln, um dort in Verhandlung zu treten. Entweder sollten sich die beiden Firmen des Kampfes enthalten oder aber koordiniert mitmachen. Um den Wettbewerb untereinander zu vermeiden, schlug ›Zwei‹ einen Poolvertrag vor. Dessen Bedingungen schrieben Marktanteile der beiden Firmen als Quoten fest. Verkaufte die eine mehr Zigaretten als die andere, musste sie das verlierende Unternehmen finanziell entschädigen. Damit war eine enge geschäftliche Kooperation zwischen den modernsten deutschen Markenherstellern entstanden, eine Position der Stärke, die den übrigen Groß- und Mittelbetrieben das Wasser abgrub. Reemtsma war mächtig und musste sich fast niemandem mehr beugen. Das zeigte sich gerade bei einem erneuten Händlerboykott in München, wo vor allem die dortige Hauptmarke *Ernte 23* vom Fachhandel ausgeschlossen worden war, da Reemtsma ihm nicht die geforderten Rabatte zugestand. Dabei kontrollierten Tabakhändler ihre Kollegen, indem sie überprüften, ob Reemtsma-Ware nicht unter der Ladentheke verkauft wurde. Die Hamburger Firma konnte dem aber effektiv begegnen, da sie aufgrund ihres Vertriebsnetzes in der Lage war, die Gaststätten verstärkt zu beliefern. Den Tabakläden entging somit das einträgliche Geschäft mit der beliebten *Ernte 23*. Nach sechs Wochen brach der Boykott zusammen. Eine von Reemtsma angeregte vertragliche Regelung mit den Grossisten, mittels derer die Großhandelsspanne und Rabatte auf den Einzelverkauf festgeschrieben wurden, hebelte das Kartellgericht aus. Was die Hamburger betrieben, wurde als »Knebelung des Handels« beurteilt.[36]

Gegen Ende 1928 litt die Industrie unter erheblich verteuerten Rohtabakpreisen und dem Rückgang des Konsums, da in dem strengen Winter die Arbeitslosigkeit deutlich anstieg und infolgedessen weniger geraucht wurde. Viele Fabrikanten suchten ihr rückläufiges Geschäft durch höhere Rabattangebote zu retten. Dem war allerdings nur mäßiger Erfolg beschieden, und die Rentabilität ging entsprechend zurück. Während sich in der Industrie Untergangsstimmung ausbreitete und von den Hauptzollämtern Pfändungen vorgenommen wurden, holten Haus Neuerburg und Reemtsma zu einem aggressiven Schlag aus: Zu Jahresbeginn 1929 erhöhten sie ihren Skonto von 3 auf 5 Prozent. Zudem erhielten die Grossisten eine dreiprozentige Umsatzprämie, wenn sie ihren Umsatz gegenüber dem vorherigen Quartal um eine bestimmte Quote steigern konnten. Diesen Schachzug konnte die Konkurrenz mit ihren Rabatten nicht parieren. Deren ohnehin fragile Wirtschaftlichkeit ging aus den Fugen. Eigentlich schrieb nun jeder rote Zahlen, aber Reemtsma hatte mehr Substanz. Die Folge war, dass einige Firmen dem Marktführer Verkaufsbereitschaft signalisierten. So konnten im ersten Quartal 1929 mit Massary aus Berlin, Halpaus aus Breslau sowie Eckstein und Jasmatzi & Söhne aus Dresden wichtige Traditionsbetriebe erworben werden. Zudem ging die Stuttgarter Waldorf-Astoria in Konkurs und verkaufte ihre Warenzeichen an Reemtsma.

Die Details dieser Abschlüsse offenbarten die Strategie und das Finanzierungsgeschick der Reemtsmas: Am 9. März wurde der Vertrag zum Kauf der Firma Jasmatzi & Söhne in den Geschäftsräumen der Deutschen Bank in der Berliner Mauerstraße geschlossen. Generaldirektor Ernst Friedrich Gütschow, Anton Gustav Jasmatzi und Georg Jasmatzi willigten in die Umwandlung diverser Jasmatzi-Firmen ein. Zudem verpflichteten sich die Jasmatzi-Brüder, für 20 Jahre keine Zigarettenfabrik unter ihrem Namen zu errichten oder sich auch nur an einer zu beteiligen. Innerhalb von vier Monaten mussten sie ihre Firmenanteile auf die Reemtsma AG übertragen.[37] Nur zwölf Tage später wechselte die A. Batschari Cigarettenfabrik AG den Besitzer. Reemtsma zahlte nur 2,4 Millionen Mark für Aktien im Nennwert von 3,1 Millionen, da die Baden-Badener Firma liquidationsreif und gegenüber dem Fiskus mit fast 15 Millionen Mark hoch verschuldet war. Der Verkäufer, Rechtsanwalt Max Borg aus Danzig, hatte das Aktienpaket erst sieben Monate zuvor von Robert Batschari erworben.[38] Wenige Tage nach dieser Transaktion ging Halpaus den gleichen Weg. Dr. Alexander Halpaus und Wirtschaftstreuhänder Dr. Hans Schulte waren bevollmächtigt, für Generalkonsul Joseph Halpaus zu handeln. Für die Abtretung seines Geschäftsanteils von 1,94 Millionen Mark erhielt er fast 5 Millionen. Der Löwenanteil der Kaufsumme musste innerhalb einer Woche gezahlt werden, der Rest wurde bis Ende September des Jahres bei siebenprozentiger Verzinsung gestundet. Die Familie Halpaus verpflichtete sich, bis Ende 1939 keine Zigarettenfabrik und keinen Zigarettenhandel unter ihrem oder einem ähnlich klingenden Namen zu eröffnen.[39] Auf diese Weise traten renommierte Hersteller von der Bühne ab. Hatten sie eine andere Wahl? In Liquidation zu gehen wäre zweifellos noch schmerzlicher gewesen.

Während der Erwerb von Jasmatzi & Söhne, Batschari und Halpaus zügig vonstatten gegangen war, lief es bei Garbáty und Greiling keineswegs so glatt. Richard Greiling, der Gründer der großen Fabrik im Dresdener Stadtteil Striesen, die durch ihre Marken *Regatta, Club* oder *Schwarz-Weiß* bekannt geworden war, hatte die griechische Rohtabakhändlerfamilie Anastassiadi als Geschäftspartner. Das Geschäft war für die Familie aus Thessaloniki doppelt einträglich, denn sie verkaufte der Greiling AG ihren nahezu ausschließlich aus Griechenland stammenden Tabak, von dessen Weitervermarktung in Form der Zigarette sie wiederum profitierte. Im Januar 1929 sprach das Bankhaus Lazard-Speyer-Ellissen die Reemtsmas an, da Richard Greiling und Simos Anastassiadi über einen Verkauf ihrer Firma nachdachten. Allerdings erschien die Preisvorstellung der Dresdener nicht akzeptabel. Das war misslich, denn im Rahmen des von ›Zwei‹ erdachten Industrieprogramms konnte die angestrebte Konsolidierung nur einsetzen, wenn die Greiling AG auf seinen Kurs einschwenkte. Richard Greiling verkörperte den begnadeten Verkaufsstrategen, der besser als jeder andere imstande war, eine Zigarette mittels breit gestreuter Werbung einzuführen.

An diesen »Einpeitscher des Zigarettengeschäfts« trat Philipp F. Reemtsma mit der Absicht heran, ihn von seinem Partner Anastassiadi zu trennen.[40] Bis zum Ende des ersten Quartals 1929 wollte Reemtsma im Einklang mit Haus Neuerburg die Industrie unter seine Kontrolle gebracht haben, um den zerstörerischen Konkurrenzkampf zu beenden. Daher führte ›Zwei‹ am 19. März ein hitziges Gespräch mit Richard Greiling, in dessen Verlauf der Dresdener Unternehmer einwilligte. Für horrende 8 Millionen Mark verkaufte er seine 40 Prozent an der Gesellschaft. Auf Reemtsmas Wunsch wurde das Geschäft geheim gehalten, und Greiling blieb weiter in der Firma tätig. Zusätzlich zahlte ihm Reemtsma noch ein Jahresgehalt in Höhe von 60 000 Mark und dieselbe Summe als Ausgleich für die Tantiemen, die Greiling früher zugestanden hatten. Ein Monatseinkommen von 10 000 Mark – das war fürstlich! Es entsprach aber dem, was die Spitzenkräfte bei Reemtsma zu dieser Zeit verdienten.[41] Die Anastassiadis erfuhren nichts davon, dass ihr Partner an den größten deutschen Konkurrenten verkauft hatte.

Philipp F. Reemtsma wollte die wichtige Dresdener Firma weiterhin unter seine Kontrolle bringen. Mit dem Aktienerwerb war das nicht gelungen, da ihm ja nicht die Mehrheit übereignet worden war. Dennoch konnte er über Richard Greiling den Kurs des Unternehmens beeinflussen. Im schlimmsten Fall hätte dies dessen Geschäft und damit den Interessen der griechischen Mehrheitsaktionäre zuwiderlaufen können. Die Kenntnis dieser Hintergründe hätten heftige Anschuldigungen in der Branche provoziert. Erst nach einigen Jahren erhielten die übrigen Aktionäre bei einer Hauptversammlung der Greiling AG Kenntnis vom Verkauf des Aktienpakets an Reemtsma. Richard Greiling habe »fast Prügel bezogen«, erinnerte sich der Augenzeuge Albert Ritter während eines Ermittlungsverfahrens im Juli 1933.[42] Anastassiadi drängte den untreuen Partner aus der Firma, worauf er in die Schweiz übersiedelte.

Geheimhaltung übte Reemtsma im Frühjahr 1929 auch gegenüber den Banken, soweit und solange dies möglich war. Die Bewegung hoher Summen fiel natürlich auf, weshalb die Hamburger Firma möglichst verschiedene Kreditinstitute und Notare hinzuzog. Niemand von außen sollte einen wirklichen Überblick erhalten. Philipp F. Reemtsma merkte, dass selbst Bankgebäude sehr dünne Wände hatten, denn Anfang März fragte sein Vertrauensbankier Moritz Schultze nach, was denn vor sich gehe. ›Zwei‹ entgegnete dem Commerzbank-Vorstandsmitglied, er wolle keine Antwort geben, damit Schultze nicht gegenüber Kollegen in Verlegenheit käme. Johannes Kiehl ließ sich so leicht nicht abspeisen. Er drängte den Unternehmer zu einem Frühstück im Club von Berlin, nahe der Zentrale der Deutschen Bank in der Mauerstraße. Dabei wurde er von Reemtsma zum Stillschweigen gegenüber seinem Arbeitgeber verpflichtet und erfuhr von den Plänen des Hamburgers, innerhalb weniger Wochen die Zigarettenindustrie zu sanieren. Kiehl war von den Schilderungen des bereits Erreichten und von den weiteren Absichten beeindruckt und verwirrt zugleich. Mehrfach sagte er, eine Wirtschaftstransaktion von solcher Tragweite habe es seit dem Krieg nicht gegeben. Offenbar wurde ihm gleichzeitig bewusst, dass hier Geschäfte abliefen, an deren Auswirkungen die Deutsche Bank nur noch mittelbar partizipieren würde, da sie sich von ihrer Beteiligung an der niederländischen Konzernholding Caland getrennt hatte.[43] Kiehls Einschätzung stimmte nur bedingt, denn die wirklich großen Wirtschaftszusammenschlüsse waren 1925/26 in der Schwer- und Chemieindustrie abgelaufen. So besaßen die Vereinigten Stahlwerke und die IG Farben einen ganz anderen volkswirtschaftlichen Stellenwert als die im Vergleich dazu nicht nur hinsichtlich ihrer Produkte leichtgewichtige Zigarettenindustrie.

Reemtsma suchte vor allem nach Firmen, die überregional funktionierende Zigarettenmarken besaßen und zudem gut beleumundet waren. Hierbei fiel das Augenmerk auf Garbáty. Die 1880 von Josef Garbáty-Rosenthal, einem aus Polen eingewanderten Juden, gegründete Firma hatte sich in Pankow zu einem modernen Betrieb mit knapp tausend Mitarbeitern entwickelt. Wichtigster Umsatzträger war die Zigarette *Königin von Saba*, an deren Seite 1928 die *Kurmark* getreten war. Als der Senior die Firma Anfang 1929 seinen beiden Söhnen Eugen und Moritz zu gleichen Teilen überschrieb, wurde Reemtsma bei ihnen vorstellig. Die Halbbrüder waren bereits langjährig in der Branche tätig, und bei Eugen schien es so, als wollte er nach Jahren des strapaziösen Konkurrenzkampfes aus der Unternehmensleitung ausscheiden. ›Zwei‹ offerierte dem 49-jährigen Eugen Garbáty die ansehnliche Summe von 5,5 Millionen Mark für seinen Geschäftsanteil. Daran waren gleich zwei Bedingungen geknüpft: Zum einen durfte die Beteiligung Reemtsmas an der Pankower Firma nicht bekannt werden. Zum anderen sollte der Verkäufer künftig hinsichtlich des übertragenen Garbáty-Anteils als Treuhänder Reemtsmas agieren. Philipp F. Reemtsma hatte es nicht auf die Beherrschung von Garbáty abgesehen. Am wichtigsten war ihm die Einbindung des im Handel und in der Tabakberufsgenossenschaft als deren Zweiter Vorsitzender geschätzten Unternehmers in die Politik des Hauses Reemtsma. Intern bezeichnete ›Zwei‹ einige Jahre später »die dauernde Frontschwenkung« Eugen Garbátys vom konzernunabhängigen Geschäftsmann zum Mitstreiter und Lobbyisten der Großhersteller als zentral.[44] Gerade weil Reemtsma und Haus Neuerburg eine kartellartige Interessengemeinschaft zusammenführen wollten, war dies von Bedeutung. Solch eine Instumentalisierung konnte allerdings nur Erfolg haben, wenn die Reemtsma-Beteiligung an Garbáty geheim blieb.

Am 3. April 1929 unterschrieb Eugen Garbáty gemeinsam mit seinem Bruder Moritz den Vertrag und trat seinen Firmenanteil ab. Gleichzeitig akzeptierte Eugen eine Klausel, der zufolge er wie die Jasmatzi-Brüder 20 Jahre lang nicht als Produzent in der deutschen Zigarettenbranche auftreten durfte. Um die Beteiligung aus den Reemtsma-Büchern herauszuhalten, wurde der Kauf in Amsterdam über die N.V. Caland und die N.V. Neuerburgsche Tabak-Factorij abgewickelt. Caland zahlte Eugen Garbáty niederländische Gulden im Wert von 4,5 Millionen Mark. Die letzte Million des Kaufpreises kam auf gegenseitigen Wunsch nicht zur Auszahlung. Sie wurde wie ein Darlehen zugunsten Eugen Garbátys verzinst.[45] Durch dieses Manöver war Garbáty in partnerschaftliche Abhängigkeit von Reemtsma geraten. Untereinander konkurrierten die Marken der beiden Firmen. Vor allem in der 4-Pfennig-Konsumpreisklasse traf die *Juno* von Josetti auf *Königin von Saba* und *Kurmark*. Das wurde in Kauf genommen, denn nach außen sollte ja nichts von der Beteiligung bekannt werden. Erst nach Abschluss des Kaufvertrages hatte Philipp F. Reemtsma dem Verkäufer offenbart, wie weit er schon mit seinem Industrieprogramm vorangekommen war und über welche Firmen er verfügte. Der mit allen Wassern des Geschäfts gewaschene Eugen Garbáty schaute sein still triumphierendes Gegenüber »bleich und fassungslos« an, sodass ›Zwei‹ aufstand und ans Fenster ging, damit der erschütterte Unternehmer wieder zu sich komme.[46] Eugen

Garbáty war bewusst, dass sein Verkaufspreis viel höher hätte ausfallen können, denn Reemtsma war auf seinen Anteil angewiesen, um die Vorherrschaft zu maximieren. Aber dazu war es nun zu spät.

Um die geschäftlich weitreichenden und komplizierten Übernahmen zum Abschluss zu bringen, war ›Zwei‹ zu dieser Zeit ständig in Berlin. Jeden Tag hatte er bis spät in die Nacht Gespräche mit Unternehmern, Vertrauten und Banken geführt, wobei ihm alles abgefordert wurde. Der Mann war zäh, ein ausdauernder und vor allem taktisch kluger Verhandler, der seinen Standpunkt mit leiser, eindringlicher Stimme vortrug. Kurt Heldern lernte in dieser Phase die entscheidenden Dinge des Geschäfts kennen. Aber Reemtsma konzentrierte seinen Blick nicht allein auf das Große. Sein aus der Verlegerfamilie Ullstein stammender Vorstandsassistent Friedrich Ullstein erlebte bei einer Bahnfahrt, wie der Chef im Speisewagen das Fenster öffnete, um kurzerhand einen Werbeaschenbecher der Konkurrenz hinauszuwerfen und ihn gegen einen seiner Firma zu ersetzen. Solche Stücke führte er in den tiefen Innentaschen seines Mantels mit sich, um die Marke Reemtsma passend zu platzieren.[47] Dem leidenschaftlichen Unternehmer ging es eben um jeden noch so kleinen Marktvorteil. Da konnte er kein Auge zudrücken.

Erfolg und Image

Die wichtigste Konstruktion zur Konsolidierung der Zigarettenwirtschaft unter den Direktiven des autoritären Branchenprimus war die der Interessengemeinschaft. Ihr traten nun auch die Firmen Garbáty und Greiling bei. Durch eine Poolvereinbarung wurde der Anteil der Mitglieder in Form von Quoten festgeschrieben: Greiling und Garbáty erhielten je 10 Prozent, Haus Neuerburg 30 Prozent und Reemtsma die restlichen 50 Prozent. In diesem Rahmen wollten die Unternehmen partnerschaftlich agieren und eigenständige Preiskämpfe unterlassen. Die Presse widmete der bekannt werdenden Firmenkonzentration breiten Raum im Wirtschaftsteil. So berichtete das verbreitete *Hamburger Fremdenblatt* am 8. April 1929, viele Notleidende hätten Reemtsma die Übernahme selbst angeboten. Als eines der erworbenen Unternehmen wurde auch Bulgaria genannt.

Dagegen ging die Zeitung weiter davon aus, dass Garbáty und Greiling zur Gruppe der »freien« Firmen gehörten, die gemeinsam mit Batschari, Halpaus, Muratti, Haus Bergmann, Nestor Gianaclis, Kyriazi und Abdulla 25 Prozent des deutschen Zigarettenumsatzes lieferten. Anscheinend waren nicht alle Transaktionen bekannt, denn Halpaus war ja ebenso von Reemtsma übernommen und dann sogar an Haus Neuerburg weiterveräußert worden.

Die Berliner *Vossische Zeitung* ging auf Reemtsma und Haus Neuerburg ein und vermeldete, dass beide Firmen die Batschari AG liquidieren wollten, da sie aussichtslos verschuldet war. Philipp F. Reemtsma und der in der Sache partnerschaftlich agierende Neuerburg-Direktor Bruno Behr hatten am 5. April das Reichsfinanzministerium informiert, dass sie die Liquidation für unausweichlich hielten. Tatsächlich hatte Batschari schon vor Jahren vor dem Aus gestanden. Da aber das Ministerium die Stundung der exorbitanten Steuerschulden auf zehn Jahre beschlossen hatte, war es nicht dazu gekommen. Damit hatte der Staat ermöglicht, die Arbeitsplätze der Baden-Badener Fabrik zu bewahren.[48]

Neben die ausgewogene Berichterstattung der seriösen Presse über solche Vorgänge traten auch starke Misstöne. Sie wurden vor allem durch die *Große Glocke* des gegen Konzerne agitierenden Verlegers Hermann Abel verbreitet. Eine Sonderausgabe des selbst ernannten »Kampforgans des Mittelstandes« vom März 1929 widmete sich ausschließlich dem Geschäftsgebaren von Reemtsma. Unter anderem war von »Steuerschwindel«, Banderolenfälschungen und den Staubzigaretten die Rede. Angriffe dieser Art gehörten jetzt zum Standard. Reemtsma hatte infolge der Übernahmeaktion eine Größe erreicht, die die Kritik ins Uferlose provozierte.

Nach der Übernahmeaktion lud die Reemtsma AG Anfang April die wichtigsten Firmen der Industrie zu einer Aussprache ein. Sie geriet zum Diktat. Unter Leitung Kurt Helderns wurde vereinbart, dem Handel zukünftig gemeinschaftlich abgestimmte Angebote zu machen. Die »Kampfrabatte« der vergangenen Monate fielen sofort weg. Zur Verbesserung der Wirtschaftlichkeit hob man zudem den Listenpreis von 1000 Zigaretten pauschal um 2 Mark an. Hier wurde eine starke Front aufgebaut. Sollten kleinere Firmen diese Preise unterbieten, würde das die von Reemtsma zusammengeführten Hersteller nicht weiter beeinträchtigen, denn sie deckten den Markt fast vollständig ab. Wenig verwunderlich war, dass mit Carl Böttner ein Reemtsma-Direktor den Vorsitz des Verbands der Cigarettenindustrie übernahm, während Kurt Heldern die Kontrolle über sämtliche Wettbewerbs- und allgemeinen Industriefragen zufiel. Von nun an bestimmten die Bahrenfelder Firma und Haus Neuerburg das Geschick der Zigarettenindustrie in Deutschland. Mitte 1928, so stellte Philipp F. Reemtsma Jahrzehnte später selbstzufrieden fest, hatte das Unternehmen eine optimale Größe erreicht. Da es in den folgenden Monaten weiter wuchs, »musste die Gesamtverantwortung für das Schicksal der Industrie auf unseren Schultern liegen«.[49]

Das Volumen der im Frühjahr 1929 vereinbarten Kaufpreise belief sich auf etwa 50 Millionen Mark. Diese für die damaligen Wirtschaftsverhältnisse außergewöhnliche Summe hatte die Reemtsma AG geschickt in einzelne Tranchen gesplittet, die erst nach und nach fällig wurden. Weniger als 12 Millionen Mark hatte der Käufer direkt zu zahlen, was weitgehend aus Eigenmitteln oder über Forderungen an Tochtergesellschaften bestritten wurde. Der Architekt dieser Transaktionen war Philipp F. Reemtsma. Zu seiner Strategie gehörte, die Übernahmekosten durch Einnahmen aus dem »rollenden Geschäft« abzudecken.[50] Das funktionierte, auch weil die Umsätze laufend profitabler wurden. Nur einen Teil der Zahlungen mussten die Hausbanken von Reemtsma finanzieren. Ende 1929 war das Übernahmeprogramm abgewickelt. Trotz des hohen Aufwands war die Firma in der Lage gewesen, beträchtliche Eigenmittel zur Modernisierung übernommener Betriebe einzusetzen. Diese teuer erkaufte Position suchte die jetzt erfolgsverwöhnte Familie gemeinsam mit ihren Partnern und Führungskräften dauerhaft zu verteidigen. Das Wachstum barg aber auch Gefahren. Immer wieder tauchte in der Zigarettenindustrie die Befürchtung auf, der Staat könnte ein Monopol verfügen wie in Frankreich, Österreich, Danzig oder Polen. Je eindeutiger ein Unternehmen die Branche dominierte, desto leichter hätte die Verstaatlichung ablaufen können.

Am 11. Juni 1929 erfolgte die Umfirmierung der Reemtsma AG in eine GmbH mit einem Grundkapital in Höhe von stolzen 30 Millionen Mark. Vorrangig war die strukturelle Zusammenführung der verschiedensten Firmenteile beabsichtigt. In der GmbH gingen nun die Jasmatzi AG, Yenidze, Constantin und andere Firmen auf. Sie wurden zu Tochterfirmen umgewandelt. Sämtliche Geschäftsanteile der Reemtsma GmbH hielt die als Holding und Tabakeinkaufsgesellschaft operierende N.V. Caland, die sich wiederum im Besitz der Familie Reemtsma sowie ihrer Partner David Schnur und Ernst Friedrich Gütschow befand. Die Gründungsversammlung der GmbH wurde bewusst in den Räumen der Deutschen Bank abgehalten. Zur Einstimmung auf das Ereignis fand ein opulentes Frühstück im Grunewalder Haus David Schnurs statt mit Kaviar auf Eissockel, Seezunge Helgoländer Art, Supreme von Poularden und anderem. Abends lud dann Johannes Kiehl die beteiligten Herren und deren Ehefrauen zu sich nach Hause ein. Die Entstehung einer 30-Millionen-GmbH war schließlich ein herausragendes Wirtschaftsereignis. Zudem hatte Philipp F. Reemtsma der Deutschen Bank zugesichert, dass sie als die »führende Bank des Konzerns« gelte und nach dem bald anstehenden altersbedingten Ausscheiden des Reemtsma-Aufsichtsratsvorsitzenden Moritz Schultze von der Commerzbank dessen Posten besetzen könnte.[51] Gesteuert wurde das verschlankte Firmenkonglomerat mit 16 000 Arbeitern und Angestellten, Dutzenden von Zigarettenmarken und Dutzenden Standorten von der Bahrenfelder Zentrale aus. Reemtsma – das war ein Synonym für Erfolg und Durchsetzungsvermögen, selbst in einem krisengeschüttelten Umfeld. Viele verstanden den Namen aber auch als Chiffre für erbarmungslosen Verdrängungswettbewerb und Ruin zahlloser kleinerer Hersteller.

Die größte Umwälzung in der Geschichte der noch jungen deutschen Zigarettenindustrie hatte die Firma Reemtsma innerhalb eines Jahres durchgeführt. Nicht wenige Insider und Beobachter fragten sich, wie es dazu hatte kommen können. Zwischen dem Start in Bahrenfeld und den Übernahmen vom Frühjahr 1929 lagen gerade einmal sechs Jahre, und einen guten Teil dieser Zeit hatte auch Reemtsma um seine wirtschaftliche Existenz und unternehmerische Freiheit kämpfen müssen. Wie war es möglich gewesen, dass sich ausgebuffte Zigarettenunternehmer von einem dahergelaufenen Erfurter Brüder-

Trio derartig an die Wand hatten drücken lassen? Wirtschaftskrise, Arbeitslosigkeit, Kaufkraftverlust, Rohtabakverteuerung und Steuererhöhungen betrafen schließlich alle Unternehmen. Man hätte die Frage schlicht damit beantworten können, dass Reemtsma die Raucher mit Qualitätszigaretten überzeugte, deren Vertrieb von einer klugen Markenwerbung begleitet wurde. Zudem setzten die Hamburger über konsequente Maschinisierung auf rationellere Arbeitsmethoden, während man nur so viel produzierte, wie auch abgesetzt werden konnte. Lagerbestände an fertiger Ware wurden dadurch vermieden. Gleichzeitig legte man überflüssige Kapazitäten rücksichtslos still und reduzierte das Sortiment der neu erworbenen Firmen auf wenige Marken.[52] Das Erfolgsgeheimnis war das kongeniale Zusammenspiel von ›Eins‹, ›Zwei‹, David Schnur, Herstellungschef Heinrich Müller sowie Hans Domizlaff. Aber in dem irritierten Milieu der von Preisschleuderei, Konkursen, Zwangsversteigerungen und Fusionen geprägten Industrie entstanden Kritik, Unmut und Verleumdung. Über 600 000 mit dem Zigarettenhandel direkt oder indirekt befasste Existenzen – der Großteil davon Gastwirte – empörte die Tatsache, dass die Handelsrabatte durch das von Reemtsma ausgehende Diktat geschrumpft waren, was die Einnahmen minderte. Ein Potenzial, das von einigen Kritikern geschickt instrumentalisiert wurde.

Das Schicksal der Batschari AG bot dafür den Anlass. Auf die Liquidationspläne von Reemtsma hatte die badische Regierung mit einer Intervention reagiert. Wegen der ohnehin starken Arbeitslosigkeit wollte man in Baden um jeden Preis verhindern, dass das verzweigte Unternehmen seine Pforten schloss. Die Reemtsma GmbH wiederum hatte kein Interesse an ihm. Vielmehr war sie bestrebt, einen weiteren überflüssigen Hersteller auszuschalten. Die Regierung machte aber ein Angebot, das die Hamburger Firma nicht ausschlug: Sollte Reemtsma weiter in Baden-Baden für Arbeitsplätze sorgen, würde das Reichsfinanzministerium die Steuerschulden der Batschari AG streichen. Die Norddeutschen willigten ein. Sie liquidierten Batschari, aber im Anschluss wandelten sie die Fabrik unter Weiterbeschäftigung ihrer Mitarbeiter in eine Reemtsma-Produktionsstätte um. Während dies in der Presse positiv bewertet wurde, bot der Verzicht auf die Tabaksteuerschulden Grund zur Aufregung. Fast 15 Millionen Mark hatte der Fiskus den potenten Hamburger Unternehmern zu Lasten der Allgemeinheit als Morgengabe dargebracht? Man konnte es auch von der anderen Seite her betrachten: Reemtsma wäre nicht willens gewesen, die Steuerschulden eines zu liquidierenden Betriebs zu tragen. Wenn es um eine Weiterführung der Produktion vor Ort ging, musste ein Entgegenkommen in der Sache den Weg ebnen. Daher gab der nach Vermittlung des badischen Ministerpräsidenten Gustav Trunk zustande gekommene Beschluss des Finanzministers Rudolf Hilferding den Ausschlag für Reemtsmas Standortentscheidung. Allerdings vermuteten einige Bracheninsider und Journalisten Bestechung oder gar Betrug.

Ende 1929 veröffentlichte der aus Dänemark stammende Journalist Friedrich Tete Harens Tetens in Carl von Ossietzkys *Weltbühne* ausführliche Artikel, die den Aufstieg von Reemtsma und Haus Neuerburg auf betrügerische Methoden und willfährige Spitzenbeamten zurückzuführen suchten.[53] Tetens war längere Zeit in der Chefredaktion der in Eberswalde erscheinenden *Deutschen Tabakzeitung* tätig gewesen. In dem Fachblatt hatte er wiederholt polemische Berichte gegen Reemtsma veröffentlicht, was in der Händlerschaft weitgehend Zuspruch fand. Die allgemeine Presse sprang auf diesen Zug auf, sodass die Firma vor allem wegen Batschari häufiger Gegenstand von Sensationsmeldungen wurde. Nun erhoben die mit Batschari-Transaktionen vertrauten Geschäftsleute Harry Sally Levita und Willi Schweck in zwei Publikationen wüste Vorwürfe gegen Reemtsma. Ihnen galt das Batschari-Geschäft als Steuerskandal. Die angegriffenen Hamburger gingen gegen diese Attacken nicht juristisch vor. Statt dessen boten sie Schweigegelder. Reemtsmas Berliner Rechtsanwalt Dr. Philipp Möhring handelte sogar Verträge mit Levita und Schweck aus: Die beiden übergaben ihre Unterlagen, die mutmaßliches Belastungsmaterial enthielten, und Reemtsma zahlte als Gegenleistung 50 000 Mark. Die Verleumder spürten ihre Chance und stellten fortlaufend neue Geldforderungen, denen auch eine Zeit lang entsprochen wurde.[54] Levita soll insgesamt bis zu 140 000 Mark für sein Schweigen erhalten haben. Erst 1931 wurde es der Firma Reemtsma zu bunt. Obwohl man lange gezahlt hatte, um öffentliches Aufsehen zu vermeiden, wurde nun in Karlsruhe Strafanzeige gestellt, was zur Folge hatte, dass die Vorgänge bekannt wurden. Der sich länger hinziehende Erpressungsprozess vor dem Oberlandesgericht Karlsruhe führte im Dezember 1931 zur Verurteilung Levitas zu einer Gefängnisstrafe von 18 Monaten. Für die Reemtsmas war an diesen Gerichtsverfahren lästig, dass sie selbst und ihre engsten Vertrauten wie Kurt Heldern in öffentlicher Verhandlung unter Eid als Zeugen aussagen mussten. Auch der Firmenjustiziar Dr. Theophil Ahrends und der Anwalt Philipp Möhring traten vor Gericht auf. Sie sammelten hier Erfahrungen, die sie in einem Zeitraum von über 20 Jahren wiederholt für die Hamburger Zigarettenfirma nutzen konnten, denn langwierige Prozesse sollten Reemtsma fortan mit unschöner Regelmäßigkeit begleiten.

Aber nicht allein die Firma wurde verleumdet. Auch die Finanzbehörden selbst gerieten in Misskredit. So hatte ein Student namens Ulrich Küntzel im Rahmen seiner Dissertation über die Konzentration in der deutschen Zigarettenindustrie und die Tabaksteuer Kenntnisse erworben, die er auf Vortragsveranstaltungen vor Tabakhändlern zum Besten gab. Ihm wurde zum Verhängnis, dass er Plakate drucken ließ, die Reemtsmas Batschari-Übernahme und den Verzicht der Regierung auf die Steuerschulden mit »Korruption« in Verbindung brachten. Dem Plakattext zufolge lief alles »wie geschmiert«, und im Finanzministerium sei der Sachbearbeiter Reemtsma »hörig«. Küntzel wurde behördlicherseits unter anderem wegen Verleumdung von Ministerialrat Artur Schröder, dem Leiter des Tabakreferats im Finanzministerium, angezeigt. Da der Student seine Unterstellungen nicht beweisen konnte, verurteilte ihn das Schöffengericht Frankfurt am Main am 8. April 1932 wegen öffentlicher Beleidigung von Ministerialbeamten zu fünf Monaten Gefängnis.[55] Unabhängig von diesem Ausgang gab es immer wieder negative Presse. Die Nachrichtenlage um Reemtsma war mitunter prekär, auch wegen des in die Übernahme von Massary, Halpaus und Batschari eingebundenen Wirtschaftstreuhänders Dr. Schulte. Als Kenner der Interna dieser Firmen hatte er die Geschäfte Anfang 1929 eingefädelt und dafür hohe Provisionen erhalten. Diese dubiose Figur der Zigarettenwirtschaft setzte sich Ende 1930 mit einem Millionenvermögen nach Paris ab, was die Gegner von Reemtsma als Beleg für unsaubere Manöver bei den Firmenübernahmen deuteten.[56] Es nahm kein Ende.

Ungeachtet dieser empfindlichen Störungen lief das Geschäft der partnerschaftlichen Firmen Reemtsma und Haus Neuerburg auf Konsolidierung hinaus. Die Markenpalette wurde weiter reduziert, während Hans Domizlaff die Werbung verfeinerte. Gleichzeitig festigte sich die Firmenidentität bei Reemtsma. Die Zugehörigkeit zu diesem Unternehmen galt den Mitarbeitern in Altona und an den anderen Standorten als positiv. Schließlich gab es hier bereits die Fünf-Tage-Woche, ein Betriebssportplatz war 1928 im Beisein des Altonaer Oberbürgermeisters Brauer eingeweiht worden, und Kantine, Werkbücherei sowie ein Erholungsheim in Muskau rundeten die Sozialleistungen ab. Allen voran postulierte Hermann F. Reemtsma den »Reemtsma-Geist«, der sich auch tatsächlich bis in die einzelnen Standorte verbreitete.

Einige der 1929 gewählten eigenwilligen Konstruktionen trugen Früchte. So hatte sich Eugen Garbáty, der Ende März 1929 in den Aufsichtsrat der Danziger Tabak-Monopol AG gewählt worden war, ein weites Betätigungsfeld als Interessenvertreter Reemtsmas erschlossen. Als ein nach allen Seiten aktiver Berater der Zigarettenbranche nutzte er mit seinem Haus in der Berliner Tiergartenstraße ein repräsentatives Anwesen, dessen Unterhalt von der Bahrenfelder Zentrale bezahlt wurde. Hier, in der Nähe des Berliner Regierungsviertels, führte Garbáty mit in- und ausländischen Verhandlungspartnern vertrauliche Gespräche über Kartell- und Konkurrenzfragen. Dies tat er jedoch zu einem guten Teil auf Anweisung von ›Zwei‹ zugunsten der Hamburger und Kölner Firmen. Aus der Sicht von Reemtsma hatte der Geschäftsmann eine Repräsentationspflicht »als nach außen hin unabhängiger Mittler der deutschen Cigaretteninteressen«.[57] Jahrelang, bis in die Nazi-Zeit hinein, nutzten Reemtsma und Haus Neuerburg das Anwesen in der Tiergartenstraße als idealen Rahmen für die Beförderung ihrer Geschäftsinteressen. Eugen Garbáty spielte die Rolle des freien Fabrikanten überzeugend, auch auf zahlreichen Geschäftsreisen. Als Gegenleistung hatte er einen hoch dotierten geheimen Beratervertrag erhalten. Niemand sollte erfahren, dass Eugen Garbáty ein Angestellter der Hamburger war.

Währenddessen lebten die drei Reemtsma-Familien in Altona ein bürgerliches Leben. Stets tadellos gekleidet zeigten sie sich in der Öffentlichkeit, die Söhne von Philipp und Alwin oftmals in adretten Matrosenanzügen. Die Millionen, mit denen die Brüder mittlerweile in der Industrie virtuos zu jonglieren schienen, veränderten auch ihren privaten Lebensstil. Hermann F. Reemtsma begann Kunst zu sammeln, wobei ihn besonders Gemälde des späten Impressionisten Max Liebermann und von Paula Modersohn-Becker, aber auch der Bildhauer Georg Kolbe reizten.[58] Das entsprach dem zeitgenössischen Geschmack. Sein Bruder Philipp besaß dagegen eine Vorliebe für Friedrich Nietzsche. Über den für die Dresdener Bank in Hamburg tätigen Hans Pilder hatte ›Zwei‹ vom finanziell darbenden Nietzsche-Archiv in Weimar erfahren. Anonym ließ der Unternehmer ab 1928 über Dr. Pilder der Schwester des Philosophen eine jährliche Dotation zukommen, mittels derer sie das Archiv betreiben konnte. Auf die Nachfrage Elisabeth Förster-Nietzsches, wer denn der Spender sei, lüftete Pilder nicht dessen Identität. Vielmehr beschrieb er ihn als erfolgreichen, modernen Industriellen, »ungemein kühn in seinen Entwürfen, von unendlicher Bescheidenheit«.[59]

Einen in der Tat kühnen Plan begann Philipp F. Reemtsma im Jahr der Firmenübernahmen umzusetzen: Er beauftragte den avantgardistischen Architekten Martin Elsaesser mit der Errichtung eines großen Landhauses für ihn und seine Familie. ›Zwei‹ wollte etwas Besonderes, eine in die Landschaft eingebettete Villa auf einem großzügigen Grundstück in Othmarschen, in direkter Nachbarschaft zum Jenisch-Park. Dies war eine zeitgemäße Abkehr vom demonstrativen Impetus der Industriellenvillen des späten 19. Jahrhunderts an der Flottbeker Chaussee – die erst seit Anfang der dreißiger Jahre Elbchaussee heißt. Reemtsma wollte seinen Traum von moderner Perfektion verwirklicht sehen, allerdings diskret in gebührender Entfernung von der Elbe. Dafür bekam der als Leiter des Hochbauamtes in Frankfurt am Main tätige Elsaesser umfassende Mittel zur Verfügung gestellt. Der Architekt, der bislang vornehmlich den Städtebau des »Neuen Frankfurt« mitgeprägt und Entwürfe für private Auf-

Kühl-modern: Eingang zum Haus Kretkamp in Othmarschen, 1932

traggeber in Köln und Stuttgart verwirklicht hatte, machte sich umgehend an die Arbeit. Ihm oblagen Planung und Bauausführung der aufwendigsten Villa der Moderne, die in Deutschland in der Weimarer Republik gebaut wurde.

Elsaesser konnte für die fünfköpfige Familie Philipp F. Reemtsmas in Dimensionen planen, die äußerst großzügig waren. Nach eigenem Bekunden erhielt er hier die Gelegenheit, seine Vorstellungen vom neuzeitlichen Wohnen »in fast idealer Weise zu verwirklichen und dem Raumprogramm des Bauherrn eine persönliche und allgemein einleuchtende Gestalt zu geben«.[60] Die Freude des Bauherrn an seinen schier unbegrenzten Möglichkeiten war offenkundig. Mit Millionenaufwand entstand ein lang gestrecktes Haus in strengen kubischen Formen, umrahmt von weitläufigen Garten- und Parkflächen, mit atemberaubenden Details und in jeder Hinsicht luxuriösem Wohnkomfort. Allein die Wohnfläche summierte sich auf 1500 Quadratmeter, was in der Lebensstil-Zeitschrift *Die Dame* treffend mit »die Weite als Wohnluxus« beschrieben wurde.[61] Die zeitgenössische Architekturkritik widmete dem bemerkenswerten Anwesen eher beschränkte Aufmerksamkeit. Das lag auch seinem Bewohner am Herzen. Er wünschte, dass in den Publikationen sein Name und der Ort nicht erwähnt wurden. Somit erschien wiederholt die verklausulierte Bezeichnung »Haus K. in O.«, womit Haus Kretkamp – nach dem Namen des Flurstücks – in Othmarschen gemeint war.

Neben der hochwertigen Innenausstattung der Villa, die zum großen Teil von den Vereinigten Werkstätten geschaffen wurde, kam auch die Kunst nicht zu kurz. Beispielsweise schuf der Berliner Bildhauer Richard Scheibe die Steinskulptur *Der Morgen* für den Garten sowie bronzene Kaminreliefs und Terrakottafliesen für das Schwimmbad, dessen zum Garten gelegene Fensterfront mechanisch abgesenkt werden konnte. Allein die Auswahl der am Innenausbau beteiligten Firmen und Künstler war eine zeitintensive Tätigkeit, der sich Architekt Elsaesser mit vollem Einsatz gewidmet hatte. Die Umsetzung der Wünsche und Ideen des Bauherrn und seiner Frau dauerte wiederum ihre Zeit, sodass Philipp F. Reemtsma mit der 34-jährigen Gertrud und den drei Söhnen Uwe, Jochen und Reemt erst im Frühling 1932 einziehen konnte. Gertrud Reemtsma wuchs schnell in die Rolle der Dame des Hauses hinein. Sie liebte den Stil und das moderne Ambiente, das sich vollkommen vom vorherigen Haus an der Palmaille unterschied. Für die Jungs wurde Theo Scheerer als Hauslehrer engagiert. Zudem erhielten sie Reitunterricht. Ihnen stand mit Gymnastikraum, Turngeräten, Tennisplatz, Pferdestall, Reitbahn, Badeteich, Rotwildgehege und Landschaftsgarten alles damals Erdenkliche für Aktivität und Entspannung zur Verfügung.

Für den Unterhalt des weitläufigen Hauses sowie der Gartenflächen und Gewächshäuser wurde über ein Dutzend Bediensteter beschäftigt. Ein Teil von ihnen war in ansprechend geschnittenen Wohnungen bei den Wirtschaftsgebäuden untergebracht. Auch hier wurde auf die neuesten Errungenschaften Wert gelegt: Die Garage verfügte über eine eigene Zapfsäule, und den Gärtnern standen zwei Elektrokarren mit Ladestation zur Verfügung. Einen Schönheitsfehler gab es allerdings: Die Kosten des opulenten Anwesens in Höhe von 4,2 Millionen Mark verbuchte die Reemtsma GmbH als Betriebsausgabe. Bei Einzug hatte ›Zwei‹ einen Mietvertrag für das Haus abgeschlossen. Es gehörte der Firma, und er zahlte 30 000 Mark Miete im Jahr. Zweifellos nutzte Philipp F. Reemtsma das Haus auch für die geschäftliche Repräsentation, aber das Finanzamt sah darin keinen Grund, das Anwesen als Firmeneigentum zu deklarieren. Die Steuerverwaltung setzte durch, dass es der Bewohner in seinen Besitz übernahm, was auch sechs Jahre nach Einzug gegen Zahlung von 2,7 Millionen Mark an die Firma geschah.[62]

Die Reemtsmas zählten nunmehr zu den Vermögenden in Altona, aber ihren Wohlstand verdankten sie der ungezügelten wirtschaftlichen Entwicklung der letzten Jahre, was sie vom hanseatischen Großbürgertum unterschied. Weder so etabliert noch so konservativ wie dieses waren die Reemtsmas. Politisch standen Alwin und Philipp F. Reemtsma der DDP nahe. Die Deutsche Demokratische Partei regierte Altona in Koalition mit der von Max Brauer geführten SPD. ›Zwei‹ war von 1922 an über elf Jahre Mitglied der DDP, die in ihrer letzten Phase als Deutsche Staatspartei nach rechts tendierte, aber er förderte gleichzeitig Brauers Interessen. Als die Stadt infolge der Bankenkrise von 1931/32 nicht mehr imstande war, die Angestelltengehälter zu zahlen, sprang ihr die Firma Reemtsma mit freiwilligen Steuervorauszahlungen zur Seite.[63] Dies war im von politischen Kämpfen zwischen Nationalsozialisten und Kommunisten geschüttelten Altona eine veritable Hilfe und Förderung der Politik Max Brauers. Die kommunalen Belange ihrer Wahlheimat Altona lagen den Reemtsmas durchaus am Herzen, aber ein gehöriger unternehmerischer Pragmatismus wird diese pro-demokratische Haltung beflügelt haben.

»Dafür, dass Herr Reemtsma im *V. B.* anerkannt wird und seine Inserate dort aufgeben kann, kämpft bestimmt kein einziger Pg. unter dem Hakenkreuzbanner.«

NSDAP-GAUPRESSEWART SEIPT, 2. FEBRUAR 1932

Rechte Geschäfte

Sturm gegen Reemtsma

Eine Neugründung war in der Zigarettenbranche gegen Ende der zwanziger Jahre so gut wie aussichtslos. Die kapitalintensive Technik der modernen, leistungsstarken Zigarettenmaschinen, teure Werbekampagnen und der gleichzeitig ablaufende, unaufhaltsam wirkende Konzentrationsprozess minimierten die Erfolgschancen. Die Zahl der Produzenten schrumpfte stetig, sodass nur noch etwa 150 Klein- und Mittelbetriebe mit den großen Firmen in Deutschland konkurrierten. Dennoch trat Arthur Dressler 1929 auf den Markt und verfolgte mit Geschick einen völlig neuen Weg: Er nannte seine Dresdener Zigarettenfabrik »Sturm« und verpflichtete sich zur finanziellen Unterstützung der SA. Beabsichtigt war, die neuen Marken zu Standardzigaretten der SA-Männer und Parteigenossen zu machen, die gegen Konzerne, also vor allem gegen ausländische Anbieter und das Großunternehmen Reemtsma, eingestellt waren. Wenn es gelang, dass die Braunhemden und ihr Umfeld aus Treue zur SA ausschließlich Sturm-Zigaretten rauchten, konnte auf sonst übliche Werbemaßnahmen weitgehend verzichtet werden. Dadurch verringerten sich die Kosten des Fabrikanten, worauf er pro 1000 verkaufter Zigaretten eine Abgabe an die SA zahlen wollte. Bei wachsendem Sturm-Umsatz sollte die prozentuale Abgabe gesteigert werden.

Das von Dressler entwickelte Geschäftsmodell und Vertriebskonzept, das ihn mit dem Aufstieg der SA verband, überzeugte im Sommer 1929 unter anderem die SA-Reichszeugmeisterei und die NSDAP. Als Zuschuss zur Erstfinanzierung des Betriebs stellte daraufhin die Reichsleitung der Partei 30 000 Mark zur Verfügung, während Dressler bei einer Dresdener Privatbank – die einem Juden gehörte – einen Kredit über den gleichen Betrag aufnahm. Diese Summen reichten bei weitem nicht aus, um eine neue Fabrik auf die Beine zu stellen, und die NSDAP hatte zum damaligen Zeitpunkt keine weiteren Mittel zur Verfügung. Daraufhin wurde vom SA-Führer Otto Wilhelm Wagener der Dresdener Kommerzienrat und Verlagsbuchhändler Jacques Bettenhausen als Investor gewonnen: Er steuerte eine halbe Million zur Sturm-Finanzierung bei.[64]

Bereits 1930 führte Dressler erkleckliche Summen an die SA ab. Zusätzlich entrichtete der Fabrikant monatliche Beträge zur Mitfinanzierung des Stabs von SA-Chef Ernst Röhm sowie der SA-Führer Manfred von Killinger und Georg von Detten in Sachsen und Edmund Heines in Breslau. Dressler soll sogar Autos der teuren Marke Horch für Röhms Stab beschafft haben.[65] – Wieso ließ sich die Parteiarmee überhaupt auf einen solchen Förderer ein, der ja vorrangig eigene wirtschaftliche Interessen mit seiner Zigarettenproduktion verfolgte? Die Antwort liegt in der Struktur der Parteigliederungen: Ein wesentliches Manko der SA war, dass sie keine eigenen Mitgliedsbeiträge erhob, sondern durch NSDAP-Zuwendungen finanziert wurde. Die SA war nämlich keine eigenständige Organisation, sondern eine Gliederung der Partei, die erwartete, dass sämtliche SA-Männer der NSDAP angehörten. Die sich aus der fehlenden Finanzhoheit ergebenden Probleme trachtete die SA-Führung durch die Sturm-Einkünfte zu mindern, was in beachtlichem Maß gelang. Daher förderte die SA ihre Zigaretten-Einnahmequelle nach Kräften. Das ging so weit, dass SA-Männer beim Appell ihre Taschen leeren und die Zigarettenpackungen vorzeigen mussten. Während »Konzernzigaretten« mit Strafen belegt und somit verfemt wurden, empfahlen die Vorgesetzten das Rauchen von *Trommler*, *Alarm* und *Neue Front*. Auch in SA-Kneipen wurde derartiger Druck ausgeübt. Die Parteipresse der NSDAP, die mittels intensiver Kampagnen zugunsten Sturms und anderer »konzernfreier« Fabrikanten gegen die Großindustrie agitierte, leistete Schützenhilfe.

Das Hamburger Unternehmen Reemtsma bot besondere Angriffsflächen wegen des aufsehenerregenden Prozesses gegen den

Erpresser Levita. Doch dabei blieb es nicht. Der Radikalität der SA entsprechend gab es noch andere Aktionen, mit denen die Marktstellung von Reemtsma bekämpft wurde: Gezielt gingen SA-Männer gegen Händler vor, die »Konzernware« anboten. Ladenbesitzer wurden belästigt und sogar gewalttätig angegriffen, wenn Zigaretten der Großen im Schaufenster auslagen. Demolierte Läden – wie etwa im brandenburgischen Caputh, wo die SA-Schläger kurzfristig von der Polizei inhaftiert wurden – und verunsicherte Händler wie Kunden konnten die Folge sein.[66] Für Reemtsma war dies ein gravierendes Problem, denn die deutschlandweite Akzeptanz gegenüber dem vielfältigen Zigarettenangebot des Hauses sank. Gerade die bei der Dresdener Reemtsma-Tochterfirma Yenidze hergestellte Sorte *Salem* war ab Juli 1931 in eine Absatzkrise geraten, zu der allerdings auch andere Konkurrenten und nicht nur die Sturm-Angriffe beigetragen hatten. Da es sich bei *Salem* um die umsatzstärkste Marke des Hauses handelte, war die Stimmung bei Reemtsma entsprechend angespannt. Wie konnte ein Ausweg gefunden werden?

Ende 1931 kündigten sich bei Reemtsma zwei Besucher in Bahrenfeld an, die über Anzeigenaufträge sprechen wollten. Der eine kam aus Hamburg: Edgar Brinkmann, Chef der im Januar 1931 gegründeten Nazi-Parteizeitung *Hamburger Tageblatt*. Der andere war Erwin Finkenzeller, der Leiter der Nationalsozialistischen Anzeigenzentrale, NAZ. Letzterer vertrat den Münchener Franz Eher Verlag Nachf., den Zentralverlag der NSDAP. Hoher Besuch war dies keineswegs. Vielmehr dümpelte Brinkmanns *Hamburger Tageblatt*, das im Logo eine stolze mittelalterliche Kogge mit Hakenkreuz auf dem geblähten Segel führte, wie ein träger Kahn in einem verschlickten Hafenbecken dahin. Einige Jahre später sollte überliefert werden, dass das *Tageblatt* »mit einem Kassenbestand von 138 Mark« ins Leben gerufen worden sei.[67] Viel mehr dürfte im Herbst 1931 auch nicht in Edgar Brinkmanns Händen gewesen sein, denn es sah damals ganz so aus, als würde seine Kogge untergehen. Der Eher Verlag rettete ihn, indem er Brinkmanns Verlag übernahm und den Gründer als Geschäftsführer weiter beschäftigte. Der finanziell ebenso klamme Parteiverlag als neuer Inhaber schickte seinen Anzeigenchef Finkenzeller von der Isar an die Elbe, um mit Reemtsma ins Gespräch zu kommen; schließlich war das Hamburger Zigarettenunternehmen mit seinem millionenschweren Werbeetat von immenser Bedeutung für die Zeitungs- und Zeitschriftenverlage. Nun war es aber heikel, gegenüber Philipp F. Reemtsma den Wunsch auszusprechen, er möge Anzeigen in den Organen des nationalsozialistischen Parteiverlags schalten. Bislang hatten gerade diese Blätter heftige Kritik gegen das Hamburger Unternehmen geäußert. Als Reemtsma Brinkmann zur Rede stellte, wieso er seine Firma wiederholt im *Hamburger Tageblatt* angegriffen hätte, entgegnete dieser, das sei »Politik«.[68] Der Unternehmer konnte im Verlauf der Unterredung erkennen, dass der Eher Verlag Zurückhaltung üben würde, wenn es zu einem Anzeigenauftrag käme.

Fragen der unternehmerischen Ethik spielten für Reemtsma bei der Anzeigenpolitik keine Rolle. Man inserierte allein nach kaufmännischen Gesichtspunkten in allen Zeitungen und Zeitschriften, unabhängig von politischer Couleur. Daher reichte das Spektrum der bedachten Blätter von der kommunistischen Arbeiterpresse über bürgerliche Zeitungen bis hin zu den nationalsozialistischen. Die besonders teuren ganzseitigen Anzeigen erschienen in auflagenstarken Zeitschriften wie der *Berliner Illustrirte* des Ullstein Verlags, der *Münchner Illustrierte Presse*, der *AIZ-Arbeiter Illustrierte* aus dem Verlag des Kommunisten Willi Münzenberg und dem *Illustrierten Beobachter* des Zentralverlags der NSDAP. Kurt Heldern erklärte später dazu, es sei allein entscheidend, »dass der Kaufmann seine Ware umsetzt, gleichgültig welcher Überzeugung der Abnehmer ist«.[69] Daher schaltete man Annoncen im »breitesten Maße«, das heißt auch in Zeitungen, die kritische Artikel gegen das Unternehmen veröffentlichten. Nach Einschätzung des Anzeigendienstes von Reemtsma hatten die Zeitungen und Zeitschriften der NSDAP Anfang der dreißiger Jahre einen Wandel von aufgeregten, eigenartigen Organen zu anerkannten, ruhigeren Blättern gemacht, weshalb man meinte, dass sich Markenartikelanzeigen dort sehen lassen konnten. Und nicht nur das: Von einem gewissen Zeitpunkt an sei es aus der Sicht der Werber »unverantwortlich« gewesen, die etwa 120 Titel umfassende Parteipresse nicht zu berücksichtigen. Hauptträger für Markenartikelwerbung war eben die Tagespresse, und wohl auch deshalb hatten Brinkmann und Finkenzeller Erfolg mit ihrem Vorstoß: Sie handelten die Schaltung von Reemtsma-Zigaretteninseraten im *Hamburger Tageblatt* und darüber hinaus in den vom Eher Verlag publizierten Parteiblättern aus. Die Vermittlung sollte die NAZ abwickeln, was dieser lukrative Provisionen verhieß. Das war ein besonderes Zugeständnis; eigentlich ließ Reemtsma den wesentlichen Teil seiner Anzeigen vor 1933 von der Annoncen-Expedition Rudolf Mosse in Berlin vermitteln. Mosse galt den Nazis allerdings als ›jüdisches‹ Unternehmen. Gerade vor diesem Hintergrund erleichterte es die Abwicklung der Anzeigenaufträge mit der Nazi-Presse ungemein, dass Mosse bei dem Geschäft außen vor blieb.

Für den Eher Verlag und die NAZ galt es aber zunächst einmal, einige Hindernisse innerhalb der Parteipresse zu überwinden und das Feld für Reemtsma-Inserate zu bereiten, hatte man doch kontinuierlich gegen das Hamburger Großunternehmen und dessen Geschäftspraktiken polemisiert. Beispielhaft dafür steht eine Episode vom Dezember 1930: Damals hatte sich ein Parteigenosse aus Chemnitz bei der Münchener Verlagsleitung des *Völkischen Beobachters* gemeldet und kritisiert, dass eine Annonce für die Reemtsma-Marke *Salem* in dem »Kampfblatt« erschienen war. Der Eher Verlag hatte Pg. Placzeck für seinen Hinweis gedankt und erklärt, dies sei »sicher ein Versehen« der Anzeigenabteilung gewesen.[70] Und man hatte hinzugefügt: Die Firmen Haus Neuerburg und Reemtsma gehörten zusammen und stünden »unter jüdischem Einfluss«. Daher sah der *Völkische Beobachter* von der Anzeigenschaltung ab. Im Verlauf des Jahres 1931 hatte die Parteipresse der NSDAP wiederholt in scharfer Form gegen die »Konzernzigaretten« des Hauses Reemtsma agitiert. Gleichzeitig waren die Nationalsozialisten und SA-Männer mittels appellartiger Anzeigen der Firma Sturm zum Kauf ihrer Zigaretten mit den markigen Namen *Sturm, Trommler, Alarm* und *Neue Front* aufgefordert worden. Dies war die Ausgangsbasis, die Finkenzeller und der Eher Verlag durchbrechen mussten, um das Geschäft mit Reemtsma zu starten.

Dafür, dass künftig Werbung des mächtigen Hamburger Herstellers ausgerechnet im zentralen Parteiblatt der »Bewegung« erscheinen konnte, bereitete ein Artikel im Wirtschaftsteil des *Völkischen*

Beobachters vom 6./7. Januar 1932 den Weg: Anlass bot das Ende des Karlsruher Erpresserprozesses, weswegen die Nazi-Zeitung zur Beendigung der »Verleumdungskampagne« aufforderte. Die fortgesetzte Reemtsma-Kritik sei perfide und falsch gewesen, wie die Verurteilung des »Juden Levita« gezeigt habe. Einem Überblick über die Entwicklung der Zigarettenindustrie in Deutschland folgte die Benennung derjenigen Firmen, die es vermocht hätten, sich von den »Einflüssen des internationalen Finanzkapitals weitestgehend freizuhalten«.[71] Dazu wurden unter anderem Haus Neuerburg, Eckstein, Zuban und Reemtsma gezählt. Zu jeder dieser Firmen führte man die Hauptmarken auf, womit das Parteiblatt bekannt machte, welche Zigarette von welchem Hersteller stammte. Die übrigen wichtigeren Firmen – wie Abdullah, Haus Bergmann, Borg, BATC, Garbáty, Greiling, Kyriazi, Lande, Monopol und Lesmona – hätten entweder ausländische Besitzer bzw. Teilhaber, oder sie seien »dem Einfluss des jüdischen Finanzkapitals mehr oder minder ausgesetzt«.

Bemerkenswert war der Hinweis, die großen ›deutschen‹ Unternehmen der Branche hätten bewiesen, dass sie im Konzentrationskampf der späten zwanziger Jahre und auch gegenwärtig »mit soliden Geschäftsprinzipien« arbeiteten. Diese Argumentation schloss gerade das Haus Reemtsma mit ein. Johannes Kiehl von der Deutschen Bank bemüßigte der Artikel dazu, Philipp F. Reemtsma brieflich mitzuteilen, dass er ihn als seinen künftigen »Schutzpatron« notiere, um für den Fall der Herrschaft unter dem Hakenkreuz vorbereitet zu sein.[72] Derart konnten die Ausführungen des *Völkischen Beobachters* aufgenommen werden. Bei dieser publizistischen Erklärung für das Ende des Kampfes »gegen Trust und Konzern« im *VB* mochte es den wohlinformierten Stammlesern an Verständnis fehlen. Als aber in dem Blatt schon im Januar die ersten größeren Anzeigen von Reemtsma-Tochterfirmen auftauchten und sich im Laufe von einigen Monaten zu einer massiven Werbekampagne entwickelten, trauten viele ihren Augen nicht. Dies war ein Schwenk um 180 Grad, der bei Anhängern der Nazi-Bewegung nicht nur auf Unverständnis stieß. Er zog sogar langwierige parteiinterne Konflikte nach sich.

Der von Adolf Hitler in München herausgegebene und jedem NSDAP-Mitglied als ständige Lektüre empfohlene *Völkische Beobach-*

»Was raucht der SA-Mann?« – »Trommler!«
Plakat der Zigarettenfabrik Sturm, 1933

ter bezeichnete sich im Frühjahr 1932 als das »erfolgreichste Anzeigen-Organ des deutschen Geschäftsmannes«, gerade weil seine Leser nicht in »jüdischen Geschäften« kauften. Das war eindeutig antisemitisch und darüber hinaus eine vollmundige Eigenwerbung. Sie entsprach aber wohl kaum der Realität, denn die Zeitung war damals noch nicht massenhaft verbreitet. Ihre Auflage stieg zwar stetig, lag aber 1932 bei nur 165 000 Exemplaren in ganz Deutschland. Zudem handelte es sich bei der Mehrzahl der Parteigenossen wahrlich nicht um eine kaufkräftige Zielgruppe, da sie in der ›Kampfzeit‹ noch überwiegend aus der Unterschicht kamen. Entsprechend schwach war der Anzeigenteil der Zeitung bislang entwickelt. Er enthielt überwiegend kleinere Inserate; größere, bekannte Firmen fehlten fast völlig. Dieses Manko wurde im Laufe des Jahres 1932 durch eine unübersehbare Anzeigenkonjunktur abgelöst, woran die Zigarettenindustrie starken Anteil hatte.

Vermutlich mit Bedacht wählte man in der Hamburger Reemtsma-Zentrale Anzeigen für solche Marken im *Völkischen Beobachter* und im *Illustrierten Beobachter* aus, in denen das bekannte Reemtsma-Logo nicht vorkam. – Der Steven des Wikingerbootes, der eigentlich als ›nordisches‹ Motiv bei den Nazis hätte Anklang finden können, war ja das unverwechselbare Markenzeichen des Unternehmens, das bis vor kurzem die Zielscheibe nationalsozialistischer Pressekritik gewesen war. Daher ließ Reemtsma vorwiegend Anzeigen für die Yenidze-Marke *Salem* und für Bulgaria-Marken schalten. Zeitungsanzeigen für *Salem*, *Juno* oder *R6* waren Chefsache, über die allein

Stern des Anstoßes: Bulgaria-Annoncen im *Völkischen Beobachter* provozieren 1932 Leserproteste

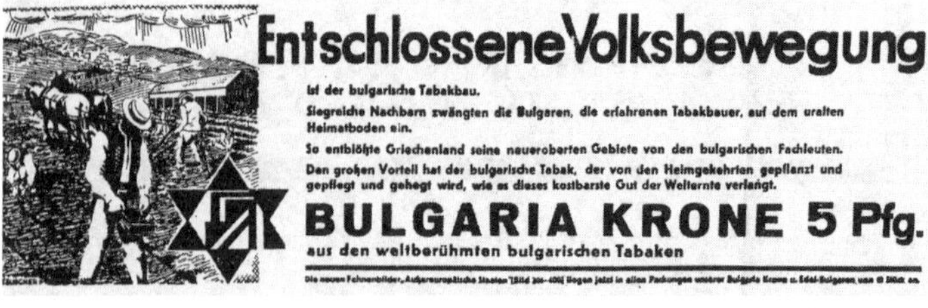

Philipp F. Reemtsma entschied.[73] Eine *Salem*-Annonce tauchte schon am 9. Januar 1932 im *Illustrierten Beobachter* auf. Dies war just die Ausgabe, deren formatfüllendes Titelfoto ein glückliches Brautpaar zeigte: Magda Quandt an der Seite des Berliner Gauleiters Joseph Goebbels, begleitet vom 10-jährigen Harald Quandt in Hitlerjugend-Uniform. Die Leserschaft stieß somit beim Blättern in den parteieigenen Zeitungen und Zeitschriften nicht nur auf ihre Idole, sondern auch auf Konsumartikel des Marktführers Reemtsma. Dabei erregte vor allem Bulgaria einige Parteigenossen über die Maßen.

Der jüdische Inhaber Salomon Krenter hatte 1928 im Geheimen an Reemtsma verkauft. Obwohl dieser Besitzerwechsel mittlerweile bekannt geworden war, galt Bulgaria da und dort weiterhin als ›jüdisches‹ Unternehmen. Dessen Orientzigaretten wurden unter Verwendung eines auffälligen Firmenlogos beworben. Dieses Motiv war ein sechszackiger Stern, der einem Davidstern ähnelte. Es entwickelte sich zu einem besonderen Problem für die Nazi-Presse, denn die Anzeigen trafen einen empfindlichen Nerv: So bekundete der sächsische Gaupressewart Seipt am 27. Januar 1932 in einem Beschwerdeschreiben gegenüber dem Eher Verlag, dass nicht nur er, sondern auch die Parteibasis, zahlreiche Zigarettenhändler und natürlich die Firma Sturm sehr irritiert seien. Der Dresdener Pressewart machte bei Max Amann seinem Ärger darüber Luft, dass in der Ausgabe des *Völkischen Beobachters* vom Vortag ein Bulgaria-Inserat enthalten war, das seiner Auffassung nach zudem einen Davidstern zeigte: »Wir erinnern an das plötzliche Auftauchen von Shell- und Elida-Inseraten, nachdem man vorher gerade in dieser Zeitung die Volksgenossen vor ihnen gewarnt hatte. Allgemeine Empörung löste der kürzlich erschienene Rechtfertigungsversuch für den Reemtsma-Konzern aus, der im wirtschaftspolitischen Teil des V. B. veröffentlicht wurde. Die Krone setzt dem allen nunmehr das am 26. ds. M. mit dem Judenstern gebrachte Inserat der Bulgaria-Zigarettenfabrik auf.«[74]

Offenbar konnte das seit Jahren in der Werbung eingesetzte Bulgaria-Zeichen als Davidstern fehlgedeutet werden. An den farbig bedruckten Zigarettenpackungen und Plakaten war leicht abzulesen, dass es sich um ein Signet in den Nationalfarben des Königreichs

Bulgarien handelte. Damit wurde auf die Herkunft des von der Firma verarbeiteten Tabaks Bezug genommen. Aber allein die Sternform schien parteiintern zu elektrisieren, wie die Beschwerde aus Sachsen belegt. Hinzu kam schon im Februar 1932 die eigenwillige Kombination der Reemtsma-Werbung für *Bulgaria-Krone* und *Salem* mit den gleichzeitig im *Völkischen Beobachter* erscheinenden Sturm-Anzeigen, die unfreiwillig komisch forderten: »Raucht nur Euere Marken. Schafft kein Geld in andere Kreise, denn Nationalsozialist sein heißt bis zum letzten Atemzug kämpfen und werben.«[75]

Max Amann, der in dem Schreiben aus Dresden kritisierte Amtsleiter für die Presse bei der Reichsleitung der NSDAP und Chef des Franz Eher Verlags, reagierte heftig und antwortete der Dresdener NSDAP in barschem Ton: »Die Shellanzeigen nehmen wir deshalb auf, weil auch wir Nationalsozialisten nicht mit Wasser fahren können.«[76] Nach diesem Auftakt folgten wortreiche Einlassungen Amanns über die Zigarettenanzeigen: »Es gibt überhaupt nur 3 bedeutende deutsche Zigarettenkonzerne, Reemtsma, Haus Neuerburg und Österr. Tabakregie. Ein Kampf gegen diese deutschen Konzerne bedeutet lediglich die Stärkung des Welttrusts British-American-Tobacco-Gesellschaft m.b.H. und der anderen überwiegend ausländischen und jüdischen Firmen. Aber eine Unterstützung dieser ausländischen Parasiten scheint Ihrem Pressewart lieber zu sein. Oder will er vielleicht mit kleinen und kleinsten Zigarettenfirmen gegen Welttrusts ankämpfen, die den gesamten Tabakhandel in Händen haben?«

Amann ergriff mit seiner Philippika ohne weiteres für deutsche Großunternehmen Partei, was eine deutliche Abkehr von den bisher in zahlreichen Artikeln enthaltenen Appellen zur Stützung der Klein- und Mittelbetriebe darstellte. Doch er ging noch weiter und erkannte an, dass der beanstandete Bulgaria-Stern zwar dem Davidstern ähnelte, aber dennoch kein Ausschlusskriterium für das Werbegeschäft war: »Nur deshalb, weil der Bulgaria-Stern die Schutzmarke der Bulgaria-Zigarettenfabrik ist, können wir die Anzeigen dieser Firma nicht ablehnen. Dieser Sechsstern findet sich in abgeänderter Form bei vielen deutschen Firmen als Schutzmarke. Andere Firmen haben wieder den Fünfstern als Schutzmarke, den Sie wahrscheinlich generell als Sowjetjudenstern bezeichnen. Sie dürften dann Ihrer Meinung nach z. B. keine Anzeigen der Münchner Pschorrbrauerei aufnehmen, weil dieselbe einen Judenstern als Schutzmarke hat. Sie sind also durchaus im Unrecht, wenn Sie uns ›Schändlichkeit‹ vorwerfen. Schändlich wäre es, wenn in unserer Presse die gesamten Anzeigen der Markenartikel-Industrie fehlen würden. Es wäre auch schändlich, die uns dadurch entgehenden Einnahmen auf unsere Leser, die armen Parteigenossen und SA-Leute, umzulegen.« Amann war stolz darauf, dass dank des wachsenden Anzeigenteils die Bezugspreise der Blätter herabgesetzt werden konnten, was er für wahrhaft nationalsozialistisch hielt. Damit sah er die Angelegenheit als beendet an.

Das war sie aber keineswegs, denn die Kritik wegen der neuen Anzeigenpolitik erschöpfte sich nicht allein in Tausenden empörter Leserbriefe, sie wurde sogar aggressiver.[77] Einen wesentlichen Aspekt, dem viele an den Eher Verlag und sogar an die Reichsleitung der NSDAP gesandte Protestschreiben entsprachen, hatte der streitbare Dresdener Gaupressewart Seipt in einem Brief von Anfang Februar hervorgehoben: »Wir können uns den Luxus nicht leisten, die Volksgenossen, die sich im Glauben an die Ehrlichkeit unseres Wollens nunmehr endlich zu uns bekannt haben, durch derartig unverständliche Geschäftspraktiken wieder von uns zu stoßen; damit wird der Sieg, der greifbar vor uns liegt, infolge des Unverständnisses gewisser Stellen zum mindesten verzögert, wenn nicht gar sabotiert und illusorisch gemacht.«[78] Seipt konstatierte, dass der neue Weg mit den Annoncen völlig ungeeignet sei, »die Einzel- und Kleinarbeit, die geleistet wird, und die Todesopfer, die gebracht worden sind, verständlich zu machen. Dafür, dass Herr Reemtsma im V. B. anerkannt wird und seine Inserate dort aufgeben kann, kämpft bestimmt kein einziger Pg. unter dem Hakenkreuzbanner.«[79] Die hier im Februar 1932 formulierte Empörung des sächsischen Nazi-Funktionärs klang plausibel. Sie gründete gerade auf dem Unmut, der sich in der Parteibasis in Dresden – einem Zentrum der deutschen Zigarettenindustrie – entwickelt hatte, weil die Parteipresse in Sachen Reemtsma umgeschwenkt war. Dies stellte allerdings nur den ersten Akt des Werbedramas rund um Reemtsma und die NSDAP dar.

Die Firma Sturm und die von ihr subventionierte SA gaben nicht auf. Vielmehr zog man weitere Register, indem die SA-Führung systematisch diffamierende Presseartikel und Informationen über Reemtsma sammeln ließ, um sich für weitere Kampagnen zu munitionieren. Gleichzeitig landete die nationalsozialistische Dresdener Zigarettenfirma Sturm einen Coup, indem sie den links orientierten Schriftsteller Tete H. Tetens in ihrer Werbeabteilung anstellte. Als ausgewiesener Reemtsma-Kritiker konnte er bestens für die Agitation gegen den Konzern instrumentalisiert werden. Weltanschauliche Gegensätze wurden hier großzügig ignoriert. Tetens erarbeitete eine Zusammenfassung seiner Kenntnisse und Unterstellungen, die im September 1932 als Broschüre unter dem Titel *Der Reemtsma-Skandal. Die Korruption im deutschen Zigarettengewerbe und ihre volkswirtschaftlichen Folgen* in einer Auflage von 50 000 Exemplaren veröffentlicht wurde.

Für die Verbreitung sorgte eine ganze Reihe von Leuten, unter anderem die sogenannte Tabak-Archiv-Gesellschaft des Volkswirts Paul Zimmermann aus Berlin-Grunewald. Bei ihm konnte man die Publikation im Bestellversand erhalten, und auch Sturm selbst übernahm die Verteilung an Vertreter und Zigarettenhändler, die den preiswerten dreißigseitigen Text zahllosen Kunden in die Hand drückten. An erster Stelle warf Tetens den Reemtsma-Brüdern vor, mittels geschäftlicher Zügellosigkeit, internationalen Kapitals, jüdischer Geschäftspartner, Steuerhinterziehung und korrupter Beamten ihren außerordentlichen Aufstieg zum Beherrscher des ganzen Industriezweigs durchgesetzt zu haben. Reemtsma erwirkte am 4. Oktober beim Landgericht Berlin mittels einer einstweiligen Verfügung ein Verbreitungsverbot. Die vorliegenden Exemplare der Tetens-Broschüre musste Sturm an einen Gerichtsvollzieher aushändigen. Dabei ließ es Reemtsma nicht bewenden. In einem gedruckten Rundschreiben informierten die Hamburger ihre Geschäftsfreunde in der Händlerschaft über das Verbot und warnten vor gerichtlichen Maßnahmen im Fall der Nichtbeachtung.

Ein Effekt dieser Broschüre war, dass der Ruf der Reemtsmas im Handel und auch bei den Konsumenten weiter beschädigt wurde. Nun sah sich auch der Eher Verlag die Tetens-Vorwürfe näher an und befand, dass die bereits gut entwickelte Anzeigen-Verbindung mit Reemtsma problematisch war. Schließlich potenzierte sich die Kritik am *Völkischen Beobachter*, da ein so heikel beleumundetes Unternehmen wie Reemtsma im Hauptblatt der ›Bewegung‹ inserierte. Um Missverständnisse auszuräumen, suchte, nachdem Reemtsma-Werbeleiter Julius Dirk Domizlaff, ein Vetter von Hans Domizlaff, den Kontakt hergestellt hatte, Philipp F. Reemtsma persönlich Max Amann in dessen Münchener Büro auf. Dabei versuchte ›Zwei‹ dem Verleger klarzumachen, warum er die Unterstellungen von Verleumdern nicht sämtlich juristisch verfolgen lassen konnte, denn das, argumentierte er, brächte nur weitere negative Publizität und dem Urheber höchstens eine geringe Geldstrafe. Reemtsma bot Amann aber an, dass er gern eine Prüfung der Vorwürfe in der Hamburger Konzernzentrale vornehmen lassen könnte. Die beiden Herren einigten sich darauf, die Annoncen Reemtsmas weiterhin zu schalten, wenn die Untersuchung ein entlastendes Resultat ergäbe.

Die Reemtsma-Anzeigenkampagne in der Parteipresse löste nicht den erhofften Umsatzschub aus. Die seit Frühjahr 1932 über 400 000 Mann zählende SA propagierte weiterhin den Konsum von Sturm-Zigaretten unter ihren Leuten. Für die Zigarettenmarken hatte Fabrikant Dressler eine speziell auf die Parteiarmee zugeschnittene Plakat- und Anzeigenwerbung entworfen. Durch den Packungen beigefügte Gutscheine für SA-Ausrüstungsgegenstände, die bei der Rüstzeugmeisterei eingelöst werden konnten, bestand ein weiterer Anreiz für die Braunhemden, diese Marken zu konsumieren. Hinzu kamen nationalistisch gestaltete Sammelbilderserien zur Ära Friedrichs des Großen oder mit militaristischen Motiven, die der verstärkten Propagierung der ›reindeutschen‹ Sturm-Zigaretten dienten.

Dem Verkaufschef Kurt Heldern zufolge gab es bei Reemtsma »gewisse Einbrüche« zugunsten von Sturm. Dies war hanseatisches Understatement, denn die Umsatzzahlen ließen eindeutig eine Absatzkrise des Bahrenfelder Branchenprimus erkennen: Gerade in den Regionen, in denen der Nationalsozialismus stark und die Firma Sturm am aktivsten war, sank der Umsatz drastisch. Im Bereich Dresden mit Ostsachsen setzte Reemtsma 1931 gut 65 Millionen Zigaretten ab, während im Folgejahr nur noch 41 Millionen zu verzeichnen waren. Ähnlich gingen die Zahlen in Braunschweig von 15 auf 12 Millionen Stück zurück.[80] Dies waren regionale Spitzen, die vermutlich auch damit zusammenhingen, dass in der nationalsozialistischen »Zunftgruppe der Tabakwarenhändler« für Sturm und gegen Reemtsma bzw. andere Konzerne agitiert worden war. Die Zunftgruppe hatte bei Großversammlungen und in zahllosen Aufrufen an die Händler appelliert, Reemtsma zu boykottieren, und dafür handfeste finanzielle Argumente vorgebracht: Sturm zahle große Summen an die SA – es war im Juni 1932 von 300 000 Mark die Rede –, weshalb die Dresdner Firma nicht in der Lage sei, ihre Ware rabattiert an die Händler abzugeben. Erst wenn Reemtsma nach erfolgreicher »Kampfzeit« in die Knie gezwungen worden sei, könne es Sturm-Rabatte geben. Gingen die Einzelhändler angesichts solcher Werbemethoden auf Distanz zu Produkten von Reemtsma, denen sie vermutlich einen wesentlichen Teil ihres Umsatzes verdankten? Das wäre nur schwer nachzuvollziehen in einem wirtschaftlichen Krisenjahr wie 1932, als die Massenarbeitslosigkeit auf über sechs Millionen kletterte und auch viele Tabakläden in ihrer Existenz bedroht waren. Doch tatsächlich schmolz der Reemtsma-Anteil am Gesamtumsatz der Zigarettenindustrie im Reichsgebiet von 65,1 Prozent (1931) auf 53,2 Prozent (1932) zusammen. Das war ein deutliches Alarmsignal für die Hamburger.

Nach dem Frühstück zu Hitler

Mitte des Jahres 1932 gab es noch keine einheitliche Lenkung der Nazi-Presse. Vor allem die regionalen und lokalen Parteiblätter unterstanden den dort amtierenden Gauleitern oder SA-Führern. Zeitungen, in denen bislang Anzeigen echter Reemtsma-Marken hatten erscheinen können, lehnten es infolge der öffentlichen Kritik an Reemtsma ab, sie zu drucken. Man zeigte sich lediglich bereit, Marken der Reemtsma-Tochtergesellschaften zu bewerben, deren Zugehörigkeit zum Stammhaus nicht offensichtlich war. Als die Bahrenfelder Anzeigenabteilung Philipp F. Reemtsma die Frage stellte, wie man damit umgehen solle, ordnete ›Zwei‹ die komplette Stornierung der Aufträge in der Parteipresse der NSDAP an. Dieser Rückzieher traf eine Vielzahl von Blättern und auch die NAZ, deren Reemtsma-Einkünfte auf Null zurückgingen. Die betroffenen Zeitungsverlage und die Anzeigenzentrale debattierten intern, wie dieser Zustand wieder auf einen vernünftigen Modus Operandi geführt werden konnte.

Mittlerweile waren Max Amanns Emissäre in Bahrenfeld eingetroffen und arbeiteten sich in akribischer Recherche durch Handelsregistereinträge und Geschäftsakten von Reemtsma: Das Team bestand aus Anzeigenleiter Erwin Finkenzeller, zwei Revisoren und dem Rechtsanwalt Rolf Rienhardt. Letzterer war als Rechtsberater des Eher Verlags Amanns engster Vertrauter und später zeitweise einer der Mächtigen des Nazi-Presseimperiums. Rienhardts Abschlussbericht dieser ungewöhnlichen Prüfung betonte, Reemtsma sei über die Vorwürfe Tetens' erhaben. Wenngleich Max Amann in seinen Rechtfertigungsschreiben an die Parteibasis umgehend damit argumentierte, die Geschäftsanteile der Reemtsma Cigarettenfabriken seien zu 80 Prozent »in deutschem Familienbesitz«, reichte ihm dieses Ergebnis nicht. Er spürte, dass der Anzeigenkonflikt bereits einen zu heiklen Verlauf genommen hatte, als dass er ohne höhere Absicherung fortfahren konnte. Vor diesem Hintergrund legte er Adolf Hitler die Frage vor, ob künftig Annoncen von Reemtsma in der Parteipresse erscheinen dürften. Hitler sah die Tetens-Broschüre und Rienhardts Prüfbericht durch. Daraufhin wies er den Verlagschef an, Philipp F. Reemtsma zu einem klärenden Gespräch in die Hauptstadt zu holen. ›Zwei‹ kam tatsächlich, wohl weil ihm der Zeitpunkt opportun erschien: Wochen zuvor, Ende Mai 1932, war der von ihm unterstützte Reichskanzler Heinrich Brüning gestürzt und durch Franz von Papen abgelöst worden. Während der Amtszeit Brünings wäre Reemtsma sicher nicht zum Kopf der Nazi-Bewegung gegangen, doch im Juli folgte er der Einladung bereitwillig.

Hitlers Hauptquartier in Berlin war seit einigen Monaten das Hotel *Kaiserhof*. Dort, am Wilhelmplatz, mitten im Regierungsviertel, ließ er sich allabendlich von seinen Anhängern öffentlichkeitswirksam huldigen, und dort empfing er seine Gäste – so auch Philipp F. Reemtsma. Dieses Treffen fiel aus der Reihe, denn sonst suchte Hitler eher den Kontakt zu den auch in der Politik einflussreichen Vertretern der Schwerindustrie, um deren Ressentiments gegen das als arbeitgeberfeindlich geltende Wirtschaftsprogramm der NSDAP abzubauen und um Förderer zu gewinnen. Hitler fand in den Kreisen der Kohle- und Stahlbarone Gehör, wie Ende Januar 1932 sein Auftritt vor dem Düsseldorfer Industrieklub gezeigt hatte. Reemtsma hielt sich im Juli gerade einige Tage in Berlin auf, um für sein kurz vor der Vollendung stehendes Othmarschener Haus Einrichtungsgegenstände auszusuchen. Gemeinsam mit Gertrud sowie dem Architekten Elsaesser nahm er das Frühstück ein und ging dann zu Hitler, der sich trotz der politischen Gespräche mit Franz von Papen Zeit nahm.

Der 39-jährige Geschäftsmann traf hierbei erstmals auf den vier Jahre älteren Parteichef der NSDAP, der von seinem Privatsekretär Rudolf Heß, Verlagsdirektor Max Amann und Anzeigenleiter Erwin Finkenzeller flankiert wurde. Über die einstündige Unterredung hat Philipp F. Reemtsma nach dem Krieg im Rahmen eines Gerichtsverfahrens berichtet.[81] Er sei wegen seiner jüdischen Geschäftspartner und Mitarbeiter, die in den Augen des Nazi-Führers inakzeptabel waren, angegriffen worden, worauf er, Reemtsma, sachlich begründet habe, wieso seine Firma diese Personen beschäftige oder warum man mit ihnen geschäftliche Verbindungen unterhalte. Zusätzlich bekam ›Zwei‹ Gelegenheit zu wirtschaftspolitischen Ausführungen. Er konnte Hitler schildern, wie wichtig der Tabakeinkauf auf dem Balkan für Deutschland sei: Zum Zweck der Förderung deutscher Exporte habe sein Unternehmen eine »Einkaufsorganisation« auf dem Balkan geschaffen. Sie vermittle binationale Kompensationsabkommen, die deutschen Exporteuren erweiterte Ausfuhrmöglichkeiten in Länder wie Bulgarien und Griechenland eröffneten und ihm im Gegenzug umfangreichere Rohtabakeinfuhren garantierten. Der Tabakexperte David Schnur hatte 1932 ein derartiges Abkommen mit Bulgarien herbeigeführt.

Während der Parteiführer der NSDAP dem Chef des Zigarettenkonzerns in Bezug auf die Nützlichkeit des Balkanhandels beipflichtete, gab es hinsichtlich der deutschen Politik Dissens: Hitler hetzte gegen die Sozialdemokratie, die in seinen Augen komplett aus ›Verbrechern‹ bestehe, wogegen Reemtsma widersprach und als positives Beispiel Carl Severing nannte. Das führte zum Ende der Unterredung, deren greifbares Ergebnis war, dass die Hamburger in größerem Umfang Anzeigen in der Parteipresse schalten konnten. Philipp F. Reemtsma schlug den Weg der Annäherung ein und sagte Amann und Finkenzeller, die ihn im Hotel *Esplanade* am Potsdamer Platz zur Nachbesprechung aufsuchten, Anzeigenaufträge im Umfang von zunächst einer halben Million Mark zu. Das war nur ein kleiner Teil des gigantischen Werbeetats von Reemtsma, der sich allein 1932 auf über 20 Millionen belief, zugleich war es jedoch ein deutliches Zeichen in Richtung NSDAP-Leitung.

Nunmehr startete Reemtsma eine Werbeoffensive und steigerte die Zahl der Inserate im *Völkischen Beobachter* um mehr als das Doppelte. Im Juli und August kamen jeweils über 20 Anzeigen. Dabei dominierten *Salem* und verschiedene Bulgaria-Marken. Ein wichtiger Schritt war die Pressewerbung für die im April nach mehrjähriger Pause erneut auf den Markt gebrachte *R6*. Diese deutschlandweit von Reemtsma mit großem Aufwand beworbene Zigarette führte neben dem Firmennamen das charakteristische Wikingersteven-Logo auf der Packung. Die *R6*-Annoncen sorgten im *Völkischen Beobachter* ab Mitte Juli mit dem Format von einer Drittel-Zeitungsseite unübersehbar für Reemtsma-Präsenz. Gleiches geschah im *Illustrierten Beobachter*. Dadurch bedrängt, hatte die Firma Sturm ihre Annoncen auf Viertelseiten vergrößert, doch der SA-treue Hersteller geriet bei der Werbung unverkennbar ins Hintertreffen.

Jetzt erreichte den Eher Verlag und sogar die Parteizentrale der NSDAP eine Welle heftiger Beschwerdebriefe. Die Schreiben kamen nicht allein aus Sachsen, sondern auch aus Bayern, Baden, Hessen, Westfalen und Pommern. Aus der Sicht der ihren Ärger artikulierenden Nationalsozialisten war das Hamburger Unternehmen »der schlimmste Judenkonzern« oder gar das »korrupteste und schwindelhafteste« Unternehmen Deutschlands, das durch seine »unheilvolle Tätigkeit Mittel- und Kleinbetriebe in unerhörtester Weise geschädigt« habe. Schließlich wurde der mit Reemtsma zusammengeschlossene Kölner Hersteller Haus Neuerburg, der für seine Waldorf-Astoria-Marke *Oberst* inserierte, als »rheinländisch-katholisch« abgestempelt und somit zu den Gegnern der »Bewegung« gezählt.

Hier machten einerseits nationalsozialistische Zigarettenhändler und Sturm-Vertreter ihrem Unmut Luft, andererseits aber ganz einfach Parteigenossen, die nicht weniger als einen Teil des Programms der NSDAP verraten sahen.

So empört die Briefeschreiber auch waren, sie beließen es dabei. Nicht so hingegen der Dresdener Pressewart Seipt, der schon im Januar seinen Unmut über die Bulgaria-Anzeigen artikuliert und sich eine schriftliche Abfuhr von Verlagsdirektor Amann eingehandelt hatte. Er holte zu einem besonderen Angriff aus: Am 16. August 1932 beantragte auf sein Betreiben die Gau-Hauptabteilung VI des Gaus Sachsen die Einleitung eines parteiinternen Verfahrens gegen Anzeigenleiter Finkenzeller wegen parteischädigenden Verhaltens. Der Untersuchungs- und Schlichtungsausschuss (USchlA) beim Obersten Parteigericht der NSDAP in München sollte prüfen, ob Finkenzeller und dessen Vorgesetzte gegen die Parteigrundsätze der NSDAP verstoßen hatten, als sie »Juden-, Konzern- und Auslands-Inserate« in die Parteipresse aufnahmen. Seipt, der als ›alter Kämpfer‹ auf seine niedrige Parteimitgliedschaftsnummer (60350) hinwies, bemerkte in einem Schreiben an das Münchener Parteigericht, dass die zunehmende Größe der Konzern-Inserate zu Unwillen unter den Anhängern der Bewegung und darüber hinaus zur Kündigung von Abonnements führten. Dies sei einer der parteischädigenden Effekte.

Max Amann wiederum wehrte sich gegenüber der Reichsleitung der Partei mit einer Philippika gegen Sturm-Fabrikant Dressler, der unerhörterweise versuche, »die gesamte Partei« in seinen privaten Konkurrenzkampf gegen Reemtsma einzuspannen: »Dressler degradiert das herrlichste Instrument unserer Bewegung, die SA, zu Akquisiteuren für eine Zigarettenmarke. Er glaubt, durch Irreführung des Publikums, durch brutale Ausnutzung der Geldknappheit der SA einen Konkurrenzkampf gewinnen zu können, den er durch ehrliche Leistung nie gewinnen kann.«[82] In dem Konflikt hatten die Dresdener Beschwerdeführer die schlechteren Karten. Der USchlA der Reichsleitung entschied am 16. September, dem Antrag gegen Finkenzeller nicht stattzugeben. Der Grund war einfach: Die Aufnahme von Reemtsma-Anzeigen war auf Befehl Hitlers erfolgt. Ferner lehnte die Parteileitung ausdrücklich »ein Eingreifen in den Konkurrenzkampf der Zigarettenfabriken ab«.[83]

Dieses deutliche Votum stärkte Max Amann entscheidend den Rücken. Damit und vor allem mit der Berufung auf Hitler konnte er auf einer Gauleitertagung die Anzeigenpolitik des Eher Verlags rechtfertigen. Schließlich veröffentlichte die Reichspropagandaleitung der NSDAP im Oktober 1932 mit der *Rednerinformation Nr. 11* eine Klarstellung. Sie bezeichnete es als »eine ganz gemeine Lüge«, dass der Zentralverlag der NSDAP oder sein Leiter von Reemtsma bestochen worden sei. Den Vorwurf, er habe 1 Million Mark erhalten, ließ Amann gerichtlich verfolgen. Weiterhin enthielt die Rednerinformation eine Übersicht über den Sachverhalt und eingehende Sprachregelungen für den externen Gebrauch, damit Kritikern überzeugend begegnet werden konnte.

Überaus drastisch waren im Verlauf des Jahres 1932 die Querelen zwischen Parteibasis, Eher Verlag und SA hervorgetreten, nachdem man das Haus Reemtsma als Anzeigenkunden gewonnen hatte. Für die Partei war es zudem in der politischen Auseinandersetzung schädlich, dass seitens der Kommunisten im Wahlkampf, beispielsweise auf Schautafeln in Dresden, gespottet wurde, wie sehr die konzernkritische NSDAP-Rhetorik von der Realität abwich, da doch Reemtsma-Annoncen in der Parteipresse erschienen. Darüber hinaus wirft diese Kontroverse ein bezeichnendes Licht auf das Image des Hauses Reemtsma: Während die Zigarettenqualität von niemandem in Zweifel gezogen wurde, war der größte Hersteller des Massenkonsumartikels Zigarette schlecht beleumundet. Er galt allem Anschein nach wegen seiner Dominanz als wenig sympathisch und als ›verjudet‹. Dies barg ein gefährliches Potenzial angesichts des sich abzeichnenden Aufstiegs der NSDAP zu einem wichtigen Machtfaktor im Staat.

1932 war das von andauernden Wahlkämpfen für die Reichstags- und Reichspräsidentenwahl geprägte politische Entscheidungsjahr, das die nationalistischen Kräfte ihrem Ziel und die Weimarer Republik Ende Mai mit dem Sturz ihres Reichskanzlers Brüning dem Untergang näherbrachte. Gerade jetzt hatte die NSDAP für ihre modernen, aufwendigen Wahlkampagnen – wie etwa die Adolf Hitler von

Stadt zu Stadt führenden Deutschlandflüge und reichsweite Plakataktionen – einen hohen Finanzbedarf. Vor dem Hintergrund kamen die Werbeeinnahmen aus dem Hause Reemtsma wie gerufen, denn trotz wiederholter Spenden vonseiten nationaler Großindustrieller wie Emil Kirdorf und Fritz Thyssen waren die Parteikassen weitgehend leer.

Die Reemtsma Cigarettenfabriken GmbH war beileibe nicht das einzige bedeutende Unternehmen, das in den Nazi-Blättern annoncierte. Herbert Scheur, der bis Anfang 1933 den Reemtsma-Anzeigendienst in der Bahrenfelder Zentrale leitete, betonte den Stellenwert der Anzeigen für die Presse: Inserierte der Zigarettenhersteller in einem Blatt für seine Markenartikel, so bedeutete dies einen Prestigegewinn, der wiederum andere Markenunternehmen als Werbekunden nachzog. Tatsächlich nahmen gerade die Anzeigen renommierter, deutschlandweit agierender Firmen im *Völkischen Beobachter* ab Februar 1932 zu, also nachdem größere *Bulgaria-Krone-* und *Salem*-Inserate erschienen waren, während gleichzeitig die NSDAP in der Wählergunst stieg. Dank dieser Anzeigenkonjunktur erwirtschaftete der Eher Verlag Überschüsse, die der Partei und damit ihrem antirepublikanischen Kampf zugute kamen.

Die Werbezusage Philipp F. Reemtsmas vom Juli 1932 ist in mehrfacher Hinsicht eigenartig, ja angesichts der politischen Überzeugung des Unternehmers geradezu unverständlich. Zum einen enthielt die Parteipresse der NSDAP die radikalste Polemik gegen die Demokratie, die damals in deutschen Zeitungen zu lesen war. Hier schrieben die Feinde der Weimarer Republik! Und sie wandten sich mit hetzenden Aufrufen an die Parteigenossen und SA-Männer, die daraufhin oft genug die Straße terrorisierten und mit Kommunisten und Sozialdemokraten blutige Kämpfe ausfochten. Das wurde jedem deutlich. Dachten die Reemtsmas hier lediglich kaufmännisch, da sie auch die zahlenmäßig anwachsenden ›braunen Massen‹ mit Werbung für Zigaretten ihres Konzerns erreichen wollten? Wie weit konnte sich Philipp F. Reemtsma verleugnen als Anhänger der DDP, der nach eigenem Bekunden Heinrich Brüning schätzte und dessen politische Ziele wie die Wahl Hindenburgs zum Reichspräsidenten sowie die Deutsche Volkspartei finanziell unterstützte? Die demokratische Gesinnung des Hauses Reemtsma war auch der Gauleitung Schleswig-Holstein bekannt, die in einem internen Bericht vom 18. Mai 1932 Reemtsmas Unterstützung des SPD-Bürgermeisters Max Brauer thematisierte. Zum anderen veröffentlichte das offizielle Zentralblatt der NSDAP judenfeindliche Appelle wie »Nationalsozialisten! Meidet Warenhäuser und jüdische Geschäfte! Bevorzugt bei Euren Einkäufen die im *Völkischen Beobachter* inserierenden Firmen. Ihr unterstützt dadurch Euer Kampfblatt!«.[84] Überhaupt enthielt die Nazi-Presse übelste antisemitische Agitation und Rassismus. Solche Parolen mussten der Familie Reemtsma zuwider sein. Sie war kein Anhänger rassistischer Ideologie. Wie passte hier die Werbung eines Großunternehmens hinein, das mit David Schnur einen jüdischen Teilhaber hatte und eine ganze Reihe ›Nichtarier‹ zu seinen Mitarbeitern und Geschäftspartnern zählte?

Das hatte neben der rein kaufmännischen Maxime sicherlich weitere Motive. Eine plausible Erklärung ist, dass die Reemtsmas hofften, durch ihre Werbeaufträge die von der SA befeuerte Kampagne zu beruhigen. Wirkte man als veritabler Anzeigenkunde auf den Zentralverlag der NSDAP ein und pflegte einen höflichen Dialog mit Parteiführer Adolf Hitler oder etwa mit Chefredakteur Albert Krebs und Verleger Eduard Brinkmann vom *Hamburger Tageblatt*, die in Reemtsmas Privathaus an der Palmaille eingeladen worden waren, dann musste doch der Druck aus dem Kessel weichen und die SA zurückgehalten werden.[85] Dies war aber ein Irrtum, denn die sich bei ihrer Entwicklung von der ›Bewegung‹ zur Staatsmacht verstärkt um Salonfähigkeit bemühende NSDAP hatte die weiterhin revolutionär orientierte SA gerade unter ihrem erfolgreichen Stabschef Röhm nicht vollends im Griff. Die von Reichskanzler Brüning für einige Monate verbotene und unter Franz von Papen wieder zugelassene SA stieg 1932 endgültig zum Massenheer auf, das Ende des Jahres über eine halbe Million Mitglieder zählte. Es waren Zehntausende von Arbeitslosen mit antigesellschaftlichen Hassgefühlen und Aktivisten mit außerordentlicher Aggressivität darunter. Dieses gewalttätige Potenzial wusste die SA-Führung in ihrem Streben nach Machtzuwachs und Einfluss auch im Bereich der Wirtschaft zu nutzen. Dass die SA eigene Ziele in weitgehender Unabhängigkeit von der NSDAP verfolgte, blieb den Reemtsmas nicht lange verborgen, denn die SA-Agitation gegen den Zigarettenhersteller setzte sich fort.

Es gab aber noch weitere Gründe für das Verhalten von Reemtsma: Man wollte die mittlerweile nach Millionen zählenden Nazi-Anhänger nicht einfach zu Konsumenten der Sturm-Zigaretten werden lassen. Daher machte man der lästigen Konkurrenz mittels der Inserate in der Hetzpresse das Terrain streitig. Und noch etwas war von Belang: Seinen eigenen Ausführungen zufolge erkannte Philipp F. Reemtsma bei dem Treffen im Juli 1932, dass Adolf Hitler »der kommende Mann« in Deutschland sei, was ihm große Sorge um die Zukunft des Staates bereitete, da er den Parteichef in der Unterredung als Besessenen und »hohlen Schwätzer« kennengelernt hatte.[86] Dennoch zeigt das Verhalten des Industriellen, dass er vor einer Annäherung nicht zurückschreckte. War Hitler der nächste Reichskanzler, dann konnte ein vordergründiges Einvernehmen in naher Zukunft wichtig sein. Philipp F. Reemtsma war aber zweifellos bewusst, in welches Milieu er sich damit begab. Seinem 1952 geborenen Sohn Jan Philipp wurde erzählt, der Vater habe die Unterredung mit Adolf Hitler mit den Worten »zum Kotzen« charakterisiert.[87] Ein solcher Kraftausdruck gehörte nicht zum Sprachgebrauch des introvertierten Hamburger Unternehmers. Dennoch hat er ihn benutzt, um seine Gefühle nach dem Gespräch zu beschreiben, das die Firma wie die Familie Reemtsma dem künftigen Regime näherbrachte.

Diese Annäherung entsprang nicht politischer Überzeugung, sondern vorrangig unternehmerischem Pragmatismus. So wie mit Schweigegeldern an lästige Verleumder Ruhe erkauft wurde, setzte man hier darauf, mittels einiger Millionen Mark, die natürlich für die Partei in dieser Phase einen außerordentlich wichtigen Geldsegen darstellten, eine gewisse Gewogenheit zu erlangen. Reemtsma klotzte und lenkte seit Mitte 1932 etwa 15 bis 20 Prozent des Zeitungswerbeetats in die Parteipresse. Dadurch wurde das Unternehmen zu einem ihrer Hauptanzeigenkunden. Entsprechend positiv bewertete Max Amann den Hamburger Zigarettenhersteller in einem Schreiben vom August 1932 als »der größte deutsche Inserent«.[88] Aus diesen Meriten ließ sich Kapital schlagen.

Im Schatten der braunen Revolution

Der Kampf gegen Sturm war 1932 keineswegs gewonnen. Vielmehr handelte es sich bei der Durchdringung der Nazi-Presse mit Reemtsma-Annoncen um einen Etappensieg, dessen Fragwürdigkeit der Hamburger Geschäftsleitung spätestens nach der ›Machtergreifung‹ Adolf Hitlers vor Augen geführt wurde. Jetzt gebärdete sich die SA umso heftiger, und auch Sturm witterte Morgenluft. Langsam, aber stetig war der Reemtsma-Anteil am Gesamtumsatz der Zigarettenindustrie im Reichsgebiet auf noch knapp über 50 Prozent im Jahre 1932 zusammengeschmolzen. Dieser negative Trend setzte sich Anfang 1933 unvermindert fort. Neben Sturm waren eine ganze Reihe anderer Hersteller im Reich die Nutznießer dieser für Reemtsma verlustträchtigen Entwicklung, die eigenartigerweise in stark katholischen Gebieten wie in Teilen des Ruhrgebiets, im Rheinland oder in Bayern nicht stattfand. Dort konnte Reemtsma teilweise sogar Umsatzsteigerungen erzielen.

Angesichts des negativen Befundes erhielt Kurt Heldern den Auftrag, eine Abwehrstrategie zu entwickeln. Doch dies erwies sich als überaus schwierig. Bald nach Hitlers Regierungsbildung nutzte die Dresdner SA die Gunst der Stunde: SA-Mann Michalke, der bei Sturm als kaufmännischer Leiter tätig gewesen war, stieg zum Präsidenten der Handelskammer Dresden auf. So erscheint es nicht als Zufall, dass die SA die Eingänge der dortigen Bulgaria-Fabrik besetzte. Über einen längeren Zeitraum machten die SA-Posten ein und aus gehende Kunden in rüdem Ton darauf aufmerksam, dass die Reemtsma-Tochterfirma Bulgaria »ein Judenbetrieb« sei, der boykottiert werden müsse.

Am 31. März warnte Philipp F. Reemtsma den Bulgaria-Leiter, Harry Carl Schnur, dass die Nazis etwas gegen ihn persönlich vorhätten. Schnur setzte sich kurzerhand gemeinsam mit seiner Frau nach Hamburg ab und entging damit einem Übergriff. Mit Hilfe von Reemtsma reiste das Ehepaar auf schnellstem Wege nach Holland aus. In Dresden war tatsächlich eine SA-Abteilung in Schnurs Haus eingedrungen und hatte nach ihm gesucht. Der gut informierte Firmenchef hatte somit einen seiner jüdischen Geschäftsführer gerettet.

In beklemmender Klarheit aber musste ihm bewusst sein, dass er die nationalsozialistischen Verfolger durch seine Werbemillionen mitfinanzierte.

Am 1. April, als in einer reichsweiten Aktion zum ersten Boykott ›jüdischer‹ Geschäfte und Firmen aufgerufen wurde, indem sich SA-Männer, HJ und Stahlhelm-Mitglieder vor den Läden aufbauten und die Kundschaft beschimpften, wurde auch das Bahrenfelder Reemtsma-Werk kurzfristig besetzt. Allem Anschein nach ging es der SA hier nicht um die Firma generell, sondern in erster Linie um den in deren Führung exponierten ›Nichtarier‹ Kurt Heldern. Ihm kam zu Ohren, dass man ihn »herausholen« wollte, doch die Aktion verlief im Sande: Als die Reemtsma-Geschäftsleitung sich per Telefon beim Polizeipräsidium beschwerte, zog die SA wieder ab. Scheinbar funktionierte der Rechtsstaat noch vor der Tür der Zigarettenfabrik in Altona, doch darauf konnte man nicht dauerhaft setzen.

Nur wenig später traf das Unternehmen ein empfindlicher Schlag, als sein Name auf die sogenannte Korruptionsliste geriet: Anfang April 1933 war der Presse zu entnehmen, dass der kommissarische preußische Justizminister Hanns Kerrl begonnen hatte, ein Sonderreferat zur Bekämpfung der Korruption einzurichten. Diesem Dezernat sollten Beschwerden und Anzeigen zu konkreten Fällen zugeleitet werden. Kerrl bezeichnete es als eine seiner »vornehmsten Aufgaben«, gegen den Sumpf der Korruption und damit gegen »Volksschädlinge« vorzugehen. Nur eine Woche darauf, am 12. April, veröffentlichte der in Wirtschaftsangelegenheiten maßgebliche *Berliner Börsen-Courier* eine vom Justizministerium herausgegebene Liste. Sie umfasste 22 »Fälle« von Politikern, Bankiers, Wirtschaftsanwälten und Unternehmern, mit denen das neue Regime offenbar eine Rechnung begleichen wollte. Vorgeworfen wurden ihnen Untreue, Veruntreuung öffentlicher Gelder, Betrug, Devisenvergehen, Zollhinterziehung, Bilanzfälschung, Konkursvergehen und Bestechung.

Nur bei den wenigsten der namentlich genannten Personen, die derartiger Vergehen bezichtigt wurden, handelte es sich um Prominente. Exponiert waren allerdings die kürzlich aus ihren Ämtern entfernten Oberbürgermeister Max Brauer aus Altona und Konrad

Adenauer aus Köln. Der fünfte Fall auf der Liste betraf Reemtsma. Konkret wurden die Brüder verdächtigt, bei der vier Jahre zurückliegenden Übernahme von Batschari mittels Betrug und Bestechung zum Ziel gelangt zu sein. Von zentraler Bedeutung war seinerzeit der Erlass der exorbitanten Steuerschulden des Zigarettenherstellers gewesen. Allem Anschein nach wollte das preußische Korruptionsdezernat altbekannte Vorwürfe und Unterstellungen im Stil von Tetens' *Reemtsma-Skandal*-Broschüre erneut aufkochen.

Kurt Heldern zufolge erhielten er, Philipp F. Reemtsma und einige andere Industrielle bei einem Geschäftstermin am Abend des 12. April Kenntnis von der Liste im *Berliner Börsen-Courier.* Umgehend widmeten sich die Herren der beunruhigenden Lektüre der Abendausgabe des Blattes. Seit der Machtübernahme Hitlers waren der Presse wiederholt Berichte über Verhaftungen in Wirtschaftskreisen zu entnehmen gewesen. Die »Korruptionsliste« aber stellte eine unerhörte Anprangerung dar. Heldern, sein Chef und andere Unternehmer verstanden die Liste als eine parteiamtliche, politisch motivierte Verfolgung der betroffenen Personen und Firmen. Offenbar galten sie dem Staat als Gegner, die unter Druck gesetzt werden sollten. Konnte es nicht sein, dass nach dem antijüdischen Geschäftsboykott vom 1. April jetzt die Industriellen an der Reihe waren? Die Unternehmensvertreter waren sich ihrer Gefährdung bewusst, so Heldern.[89]

Im Frühjahr 1933 hatte sich eine aus den verschiedensten Elementen bestehende Bedrohung gegen Reemtsma aufgebaut, deren Urheber zweifellos die NSDAP war. Für das Hamburger Unternehmen mutete es wie eine konzertierte Aktion der Gegner aus allen Lagern an, deren eigentliches Ziel, so schien es, nicht weniger war, als Reemtsma zu vernichten: Das Preußische Justizministerium stachelte mit seiner »Korruptionsliste« die Berliner Staatsanwaltschaft an, eine Voruntersuchung gegen die Reemtsma-Brüder vorzubereiten. Beim Staatsanwalt erschien bald nach der Veröffentlichung der Liste Tete H. Tetens und erstattete eine gegen Reemtsma gerichtete Anzeige. Dass er ab 1929 mehrfach in Ossietzkys *Weltbühne* über Reemtsma geschrieben hatte und drei Jahre später für Sturm gearbeitet sowie für die NSDAP Dossiers über Reemtsma zusammengestellt hatte, war eine bezeichnende Vorgeschichte. Obwohl Tetens bekanntermaßen in Nazi-Diensten stand, war er von der Berliner Gestapo während der gegen politische Gegner gerichteten Verhaftungswelle im März aufgegriffen und ins »Schutzhaftlager« Oranienburg gesperrt worden. Da der Schriftsteller jedoch unter der Protektion der sächsischen SA stand, holten ihn nach einigen Tagen eigens aus Dresden angereiste SA-Führer heraus. Der Grund? Tetens sollte mit seinem detaillierten Wissen über Reemtsmas Geschäftspolitik als wichtiger Informant im Korruptionsverfahren dienen. Kein Wunder also, dass er Mitte April den Weg zur Berliner Staatsanwaltschaft einschlug und die Hamburger anschwärzte.

All dies beflügelte Sturm. Die Geschäfte des Reemtsma-Herausforderers florierten, wie Heinrich Galm, der Chef der kleinen Dresdener Firma Kosmos, aus nächster Nähe beobachtete: Sturm stellte zeitweise bis zu 250 Millionen Zigaretten monatlich – also annähernd 10 Prozent des deutschen Gesamtumsatzes – in Tag- und Nachtschichten her, um die wachsende Nachfrage zu stillen. Das bedeutete eine Verfünffachung der früheren Produktion. Die Reemtsma-Brüder befanden sich in einer überaus misslichen Situation. Sturm hatte trotz der weitgestreuten Reemtsma-Inserate Erfolg, und die vom sächsischen SA-Gruppenführer von Detten angestachelte Parteiarmee gebärdete sich ungehemmt als verlängerter, gewalttätiger Arm des Dresdener Konkurrenten: Mancherorts warfen SA-Männer Schaufenster ein, die Werbematerial von Reemtsma zeigten. Zudem wurden sogar Zigarettenhändler und Gastwirte verprügelt, die Reemtsma-Zigaretten führten. Vertretern der Firma erging es ähnlich. In glimpflichen Fällen beschimpfte man sie als Mitarbeiter einer »Judenfirma«. Auch wenn man berücksichtigt, dass die SA zu dieser Zeit mit spontanen Brutalitäten gegen alle möglichen Seiten auffiel, so handelte es sich bei Reemtsma doch um etwas Ungewöhnliches: Die Firma war systematischer Drangsalierung ausgesetzt.

Unberechenbar war die neue Regierung. Würde sie tatsächlich über den juristischen Weg oder durch die SA entscheidende Schläge gegen Reemtsma führen? Es war für die Hamburger nicht absehbar, welchen Verlauf dies nehmen würde. Zudem war ihre Führungsmannschaft geschwächt, denn mit Kurt Heldern konnte man nicht mehr in vorderster Front agieren, ohne ihn selbst und die Firma zu gefährden. Zog man den kenntnisreichen Verkaufsdirektor aus der Schusslinie, fehlte sein Sachverstand in der direkten Auseinandersetzung. Und Philipp F. Reemtsma schien ohnehin in Regierungskreisen nicht gut gelitten. Wie sollte es also weitergehen?

»Soweit es jedoch im Interesse des Unternehmens liegt, versteht er es meisterhaft, sich den jeweiligen Verhältnissen nach außen anzupassen.«

GAULEITUNG SCHLESWIG-HOLSTEIN ÜBER PHILIPP F. REEMTSMA, 18. MAI 1932

Der Kotau

Wegweisende Annäherungen

Am Abend des 14. April 1933, zwei Tage nach Veröffentlichung der »Korruptionsliste« des Preußischen Justizministeriums, traf in Hamburg ein Mitarbeiter der Reemtsma-Verkaufsabteilung mit einem Kaufmann zusammen. Ersterer schilderte seinem Gesprächspartner, in der Bahrenfelder Zentrale gebe es »dicke Luft«.[90] Seiner Einschätzung nach hätten die Reemtsmas vorsorglich ihre Koffer gepackt, um notfalls schnell über die Grenze zu kommen. Offenbar herrschte im Betrieb der Eindruck, die Brüder würden infolge der gegen sie publizierten Vorwürfe ihre Verhaftung befürchten. So wichtig waren die Zigarettenunternehmer nun aber doch nicht. Dagegen hatten die politischen Gegner der Nationalsozialisten erkennen müssen, dass ihre Freiheit und sogar ihr Leben bedroht waren. In den Ostertagen kam es zu einer nächtlichen Hausdurchsuchung in den Othmarschener Villen der Reemtsmas, denn die Gestapo vermutete, der schon im März nach seiner Absetzung als Bürgermeister untergetauchte Max Brauer halte sich bei ihnen verborgen. Das war eine Fehleinschätzung, denn der SPD-Politiker war längst entkommen. Mithilfe des Passes eines ihm ähnlich sehenden Genossen war es Brauer gelungen, bei Freilassing die rettende Grenze nach Österreich zu überschreiten.

Gleich aus mehreren Richtungen gab es beunruhigende Störfeuer gegen Reemtsma. So streute Sturm das Gerücht von Philipp F. Reemtsmas baldiger Verhaftung, worauf das Unternehmen einem Staatskommissar unterstellt werden würde. Diese Aussicht beflügelte den gegen Reemtsma eingestellten Schleswig-Holsteinischen Gauleiter Hinrich Lohse, über geeignete Kandidaten nachzudenken. Und auch ein Nazi unter den leitenden Reemtsma-Angestellten reklamierte vorsorglich bei der Deutschen Arbeitsfront (DAF) seinen Anspruch auf den Posten eines Generaltreuhänders. Philipp F. Reemtsma reagierte umgehend auf diesen Affront. Der bei Yenidze in Dresden tätige Mitarbeiter wurde fristlos entlassen. Hinsichtlich der Korruptionsvorwürfe ließ Reemtsma am 5. Mai den Behörden durch einen Anwalt mitteilen, dass er an einer raschen Aufklärung interessiert sei.

Im Zusammenhang mit der fortgesetzten SA-Hetze gegen Reemtsma sind zwei von Adolf Hitler vertretene Standpunkte von Bedeutung: Am 7. Mai hielt der Reichskanzler in Kiel eine Rede, in der er davon sprach, die SA sei »politischer Willensträger« der deutschen Nation. Drei Wochen später traf Hitler mit Bankiers und Großindustriellen zusammen. Bei der Gelegenheit erklärte er die SA-Drangsalierungen gegen Wirtschaftsführer, die man der Korruption verdächtigte, für beendet. Auch die Gauleiter hatten im Mai auf einer Versammlung vom ›Führer‹ zu hören bekommen, die weitere Beunruhigung der Wirtschaft und Korruptionsstrafverfahren wegen vor 1933 begangener Delikte hätten zu unterbleiben. Dies geschah, da es der Regierung in erster Linie darum ging, ihr Regime zu festigen und unter Einbeziehung der Wirtschaft die gewaltige Arbeitslosigkeit zu reduzieren. Doch keineswegs wurden alle auf der »Korruptionsliste« genannten angeblichen Verfehlungen ad acta gelegt. Wer aufrecht im Wege stand, musste beiseitegeräumt werden, wie Konrad Adenauer – Fall 12 der Liste, der Ende Juli sein Amt als Kölner Oberbürgermeister verlor. In Sachen Reemtsma gab es keine Beruhigung, sondern eine schrittweise erfolgende Verschärfung des Vorgehens von SA und Justiz.

Trotz dieses gefährlichen Szenarios zog bei der Reemtsma Cigarettenfabriken GmbH nach einiger Zeit das wieder ein, was man bestens beherrschte: rationales Kalkül. Es wurde ein Maßnahmenkatalog zusammengestellt, mittels dessen den Reemtsma-Kritikern im Staatsapparat der Wind aus den Segeln genommen werden sollte. Das konnte beispielsweise durch Geld- und Sachspenden geschehen, denn das Unternehmen war finanziell gut gestellt. Auch eine stärkere Popularisierung des Nazi-Regimes durch Zigaretten-Sammelbilderserien wurde erwogen. Schließlich konnte mittels einer Annäherung der Gesellschafter an die ›Bewegung‹ das mittlerweile belastend wirkende Image des demokratisch orientierten Hauses Reemtsma abgemildert werden. Dies sollte aber weniger demonstrativ geschehen als die Spendenaktionen, denn hier ging es um die persönliche Überzeugung der Reemtsmas. ›Eins‹ und ›Zwei‹ waren und wurden keine Parteigänger der NSDAP, wohl aber machten sie nicht zu übersehende Schritte in Richtung dieser Partei.

Man musste und man wollte sich arrangieren, und die Brüder verstanden dies als eine wesentliche Tat zur Verteidigung der Zukunft der Firma. Dazu bedurfte es einiger Äußerlichkeiten. In den Betrieben der deutschen Wirtschaft zog bald nach dem Beginn der Nazi-Herrschaft ein gleichschaltender Stil ein: Mitte Mai erfolgte die Zwangsvereinigung von Arbeitern, Angestellten und Unternehmern in der Deutschen Arbeitsfront, nachdem der Staat die bisherigen Arbeiter- und Unternehmerorganisationen just einen Tag nach dem zum Feiertag erhobenen 1. Mai aufgelöst hatte. Das Gesetz zur Ordnung der nationalen Arbeit vom 20. Januar 1934 erklärte die Arbeiter zur »Gefolgschaft«, während die Chefs den Titel »Betriebsführer« erhielten. Damit zog ein autoritäres Führerprinzip in den Betrieben ein. Kein Arbeitgeber konnte sich dem verweigern, genauso wie die Einführung der »Werkscharen«, die Aktionen »Schönheit der Arbeit« und »Kraft durch Freude« und die Betätigung der Nationalsozialistischen Betriebszellenorganisation (NSBO) zu akzeptieren waren. Appelle vor Hitler-Bildern, Hakenkreuzfahnen und das überheblich-dreiste Auftreten der »Pgs.«, von denen eine ganze Reihe ihr bisher unter dem Revers verborgenes Hakenkreuz-Parteiabzeichen mit Stolz präsentierte, gehörten nunmehr zum Betriebsalltag. Jüdische Chefs, Angestellte und Arbeiter wurden vorsichtig und suchten jeder Provokation aus dem Wege zu gehen. Diejenigen, von denen keiner genau wusste, dass sie ›Nichtarier‹ waren, hielten sich bedeckt.

Hermann F. Reemtsma fungierte als Betriebsführer von Reemtsma, was ihn dazu verpflichtete, bei bestimmten politischen Anlässen im Werk einen uniformartigen Mantel mit Schirmmütze zu tragen. Neben ihn traten in der Bahrenfelder Zentrale weitere Uniformträger, etwa SA-Mitglieder und Nazi-Funktionäre aus der Belegschaft. Derartig zollte das Unternehmen in Hamburg und an den übrigen Standorten dem neuen Geist der Zeit Tribut, nicht aus freien Stücken, aber das Resultat nahm Formen an. In diesem Zusammenhang ist eine am 18. Mai 1932 durch die Gauleitung Schleswig-Holstein verfasste Beurteilung von Interesse: »Politisch ist Philipp Reemtsma demokratisch eingestellt und Mitglied der ›Deutschen Staatspartei‹ … Er ist ein scharfer Gegner der Nationalsozialistischen Bewegung. Soweit es jedoch im Interesse des Unternehmens liegt, versteht er es meisterhaft, sich den jeweiligen Verhältnissen nach außen anzupassen, und weiß, wenn es sein muss, den Eindruck eines rechtschaffenen, ehrlichen kerndeutschen Mannes zu machen.«[91] – Genau das tat ›Zwei‹ im Verlauf des Jahres 1933. Er war erstaunlich kreativ dabei, dem Regime und seinen Palladinen gefällig zu sein.

Spenden in der Not

Geld- und Sachspenden zur Förderung des Nationalsozialismus setzte das Unternehmen sogleich ein, um Gewogenheit zu erreichen. Bei diesen vom Reichsschatzmeister der NSDAP als »nationale Spenden« akribisch aufgelisteten Zuwendungen von Reemtsma fällt vor allem die ansteigende Linie auf: Von wenigen kleineren Spenden zu Jahresbeginn 1933 bis hin zu einer breiten Palette bezüglich der Empfänger und der Höhe der Beträge entwickelte sich die Spendentätigkeit für die Partei und ihre Gliederungen zu einer bedeutenden Aktion. Waren dies im Januar gerade einmal 2000 Mark und im Februar bis einschließlich April lediglich 16 500 Mark, so setzte im Mai ein reger Spendenfluss zugunsten von NSDAP, SA, SS, Hitlerjugend (HJ) und weiteren Empfängern ein. Damit war der Reigen eröffnet. Kleinere Beträge gingen an Arbeitsdienst, NSDAP-Kreisleitungen, SA-Sturmführer und -Untergruppen in Altona sowie an ein SS-Mitglied im heimischen Othmarschen. Bei diesen Empfängern stand der lokale und regionale Aspekt im Vordergrund. Offenbar sollte überall in der ›Bewegung‹ der Ruf Reemtsmas verbessert werden. Im wirtschaftlichen und politischen Sinn bedeutsamer waren die Spenden an übergeordnete Gliederungen wie die Abteilung »Flugertüchtigung« der Reichsjugendführung. Diese erhielt von Reemtsma im Juni 18 000 Mark, wovon ein Flugzeug angeschafft werden konnte. Die Übergabe des Motorsportflugzeugs an die Flugabteilung der Hitlerjugend fand bei einem Flugtag in Hamburg-Fuhlsbüttel statt, wo es sich Reichsjugendführer Baldur von Schirach nicht nehmen ließ, mit den großzügigen Stiftern Hermann und Philipp F. Reemtsma vor den Pressefotografen an der neuen Maschine zu posieren. Im Augustheft der *Deutschen Flugillustrierten* wurde dieses Zusammentreffen großformatig abgebildet.

Der erste hochdotierte Betrag an einen Nazi-Funktionär ging am 22. Mai an Kurt Daluege in Berlin. Kurz zuvor war Daluege zum Chef der Polizei im Preußischen Innenministerium ernannt worden. Der karrierebewusste SS-Offizier hatte zuvor zwei Emissäre zu Philipp F. Reemtsma geschickt, um für den SS-Gruppenstab Ost Gelder einzuwerben. Der Unternehmer hatte danach zugesagt, für die »Einkleidung und Ausrüstung weiterer SS-Mannschaften« im Zeitraum Mai bis Dezember 1933 monatlich 20 000 Mark bereitzustellen. Bis Jahresende konnte Daluege insgesamt 100 000 Mark von Reemtsma verbuchen.[92] Nur 10 000 Mark hatte der Hamburger Staatsrat Emil Helfferich für den im September stattfindenden Nürnberger Reichsparteitag der NSDAP erhalten.

Die Empfänger der Reemtsma-Spenden lesen sich wie eine Auflistung sämtlicher nationaler und nationalistischer Aktivitäten im Deutschland des Jahres 1933: Gauleitung, Kreisleitung, Motorsturm, Marinesturm, Marine-Jugendbund, Sturmbann, HJ-Bann, Lehrsturm, NSKK, Winterhilfswerk, Spielmannszug, Sammelwerk Hilfspolizei, freiwilliger Arbeitsdienst, Adjutanten, Hauptmänner, Oberführer, Standartenführer, Obersturmbannführer, Truppführer, die Landesleitung des Kampfbundes für Deutsche Kultur – von der Jugend bis zur SS wurde nahezu jede nur denkbare Einrichtung bedacht. Im ersten Jahr des Dritten Reiches summierte sich dies auf knapp 1 Million Mark; hinzu kamen Sachspenden im Wert von knapp 60 000 Mark. Von Januar bis August 1934 sollten weitere 800 000 Mark folgen. Die am höchsten dotierten Spenden wurden vom »Sekretariat Zwei«, das heißt durch Philipp F. Reemtsma, angewiesen. Die Empfänger waren nur in seltenen Fällen prominent: Hamburgs Gauleiter und Reichsstatthalter Karl Kaufmann erhielt im Juli 1934 35 000 Mark, während SS-Offizier Sepp Dietrich im selben Monat 40 000 Mark bekam, ob zur persönlichen oder dienstlichen Verwendung, ist unbekannt.[93] Dietrich war Kommandeur der für den Schutz des Reichskanzlers zuständigen Leibstandarte Adolf Hitler. Zwei Monate später wurden Kurt Daluege und Werner Lorenz mit Spenden bedacht. Letzterer erhielt für den SS-Oberabschnitt Nord die Summe von 20 000 Mark. Beide hatten in der SS einige Karriereschritte vor sich: Daluege wurde ein – allerdings wenig einflussreicher – Stellvertreter Heinrich Himmlers, während es Lorenz bis zum Leiter der Volksdeutschen Mittelstelle im Rang eines Obergruppenführers bringen und damit zum zwölf Personen zählenden höchsten Führungszirkel der SS-Hierarchie aufsteigen sollte. Dies war 1933/34 nicht absehbar, aber das Unternehmen Reemtsma förderte diese Herren in Schwarz finanziell, was ihm Wohlwollen in SS-Kreisen einbrachte.

Geld, Geld und noch mehr Geld floss in diverse Kassen der neuen Machthaber. Damit war man freilich nicht allein, denn Tausende deutscher Firmen und natürlich gerade die Großbetriebe und Konzerne spendeten von sich aus, oder sie wurden zur Beteiligung an Sammelaktionen wie der ›Adolf-Hitler-Spende‹ gedrängt. Wer wollte da abseits stehen? Die hier gezahlten Gelder waren beträchtlich, aber die Reemtsmas wurden noch in einer besonderen Form zur Kasse gebeten: 1923 hatte die aus Erfurt nach Altona verlegte Firma leer stehende Kasernengebäude in Bahrenfeld gekauft und in eine Fabrik mit Verwaltungsgebäuden umgewandelt. Nunmehr beanspruchte die Wehrverwaltung wegen der Aufstellung neuer Wehrmachtseinheiten die ehemaligen Kasernengebäude. Die Reemtsmas wurden vor die Wahl gestellt, entweder ihr Bahrenfelder Werk zu räumen oder aber den Neubau einer Kaserne in Hamburg zu finanzieren. Notgedrungen entschied sich die Firma für den zweiten Weg. Die dann bis Mitte 1935 in Hamburg-Osdorf errichtete Anlage – die heutige Graf-Baudissin-Kaserne – bezahlten somit die Reemtsmas. Dies kam einer billigen Erpressung des Staates gleich, der einen Teil seiner Aufrüstungskosten mit dem Geld eines missliebigen Wirtschaftsunternehmens deckte.

Möglicherweise hätte sich Philipp F. Reemtsma damit begnügen können, als Unternehmer automatisch der Deutschen Arbeitsfront anzugehören und auf seine wiederholt an den Tag gelegte Spendenbereitschaft zu verweisen, wenn die Frage nach seiner Haltung gegenüber dem Nationalsozialismus aufgekommen wäre. Doch er war zu einer weiteren Konzession bereit und wählte die bürgerlichste Variante der Mitgliedschaft in einer Gliederung der NSDAP: Am 31. Juli 1933 trat er als förderndes Mitglied in das Nationalsozialistische Kraftfahrkorps ein, bei Zahlung eines Monatsbeitrages von 10 Mark. Im NSKK waren Auto- und Motorradbesitzer, Führerscheininhaber und Technikbegeisterte organisiert, das heißt ein starker Anteil von ihnen hob sich vom Status her deutlich von den überwiegend kleinbürgerlich-proletarischen Mitgliedern der SA ab. Die Fördermitgliedschaft war passiv, man war also nicht in den aktiven Dienst dieser Vereinigung eingebunden. Daher musste Reemtsma weder eine braune Uniform tragen noch an Schulungen oder mit seinem Auto an Aufmärschen teilnehmen. Die wesentliche Motivation zum Eintritt als Fördermitglied war bei vielen ›Bürgerlichen‹, dass sie angeben konnten, einer Gliederung der Partei anzugehören. So viel Nähe musste Philipp F. Reemtsma zugestehen, mehr nicht.

Sein jüngerer Bruder war aus anderem Holz geschnitzt. Alwin Reemtsma besaß die stärkste nationale Orientierung der drei Brüder, und er war anfällig für das Gepränge des Nationalsozialismus. So nahm er am 2. September 1933 an der Herbstparade auf dem »Parteitag des Sieges« der NSDAP in Nürnberg teil, ohne selbst Parteimitglied zu sein. Da er Autos wie auch Motorräder liebte und dem Motorjachtclub Deutschland angehörte, trat ›Drei‹ im November 1933 in den von seinem Freund Kurt Ladendorf gegründeten Altonaer Motorsturm der SS ein. Auch die mit ihm befreundeten Reeder Heinrich Martin Gehrckens und Heinz Horn schlossen sich an. Der Motorsturm war ein vergleichsweise elitärer Zirkel, der durch seine schwarzen Uniformen optisch gegenüber den sonstigen Nazi-Formationen herausstach. Hier fühlte sich Alwin Reemtsma auch politisch gut aufgehoben, hatte er doch 1919 bis 1923 dem Jungdeutschen

Orden und damit einer nationalistischen Organisation angehört. Der Motorsturm wiederum profitierte von einem vermögenden Mitglied wie dem jüngsten Reemtsma, der wiederholt Spendenaufforderungen nachkam.

Hochzeitsgeschenke

Am 1. Juni 1933 trat das Reichsgesetz zur Verminderung der Arbeitslosigkeit in Kraft. Das damit verbundene Programm zur »Überführung weiblicher Arbeitskräfte in die Hauswirtschaft« bot berufstätigen ledigen Frauen, die heirateten und dann als Hausfrau ihren bisherigen Arbeitsplatz für einen Mann räumten, ein »Ehestandsdarlehen« von bis zu 1000 Mark. Ledigen Frauen, die weiterarbeiteten, wurde dagegen eine Sondersteuer zur Finanzierung der »Ehestandshilfe« auferlegt. Diese Beträge hatten die Arbeitgeber einzubehalten und an die Finanzämter abzuführen. Das gesetzliche Wechselspiel von finanziellem Anreiz und Besteuerung betraf bei Reemtsma einen großen Teil der Belegschaft, denn in den Werken bestand das Gros der Arbeitskräfte aus Frauen. Viele von ihnen waren jung und hatten offenbar ihre Heiratspläne vor sich hergeschoben. Vor diesem Hintergrund entstand ein Reemtsma-Heiratsprogramm: Die Firma bot zusätzliche Prämien für Bräute an, um den Heiratsanreiz zu verstärken. Jede Frau, die mindestens ein Jahr zur Firma gehörte und sich entschloss, bis zum 31. Dezember 1933 zu heiraten, sollte 600 Mark »Ausstattungshilfe« bekommen. Dies sah die Geschäftsleitung als geeignete Maßnahme an, um »zur Verstärkung der natürlichen Rückführung weiblicher Arbeitskräfte aus dem Berufsleben« im Sinne des jüngst erlassenen Gesetzes beizutragen.[94] – Beabsichtigt war, die frei werdenden Stellen sämtlich, »soweit dies technisch überhaupt möglich ist«, mit Männern zu besetzen. Generell strebte die Firma den Abbau von Frauenarbeitsplätzen in den Werken zugunsten von Männern an. Weibliche Lehrlinge sollten daher nicht mehr ausgebildet werden. Zudem wollte Reemtsma gemäß dem neuen Gesetz Reparaturen und Instandsetzungsarbeiten, die erst in ein bis zwei Jahren anstanden, vorziehen und bei der Ausführung Handwerker und kleinere Lieferanten bevorzugen.

Bereits Ende Juli hatte der Reemtsma-Vorstand sein mit der DAF abgestimmtes Programm entwickelt, das ein Aufruf an die weiblichen Angestellten in Bahrenfeld publik machte. Die Geschäftsleitung bat diejenigen Frauen, »die bei befriedigenden häuslichen Verhältnissen nicht unbedingt auf Erwerb angewiesen sind, freiwillig im Gedanken an das Volksganze ihren Arbeitsplatz zur Verfügung zu stellen«. Die hier mit sozialen Argumenten legitimierte Aktion konnte in der Belegschaft auf Kritik stoßen. Um dies zu vermeiden, wurden am 4. August 1933 die Betriebsräte des Gesamtunternehmens in die Zentrale eingeladen. Da der Aufruf unter den jüngeren Frauen bereits auf breitere Resonanz gestoßen war und schon Ende Juli drei Reemtsma-Arbeiterinnen geheiratet hatten, gab es offenbar keine wesentlichen Bedenken. Somit begrüßte der Betriebsrat die Heiratsinitiative einhellig und förderte ihre Umsetzung an allen Standorten.

Von der ersten Hochzeit berichtete einige Wochen später ein firmeninternes Rundschreiben. Die Braut Erna Schumann und ihr frisch angetrauter Ehemann Walter Boye waren darauf gemeinsam mit Hermann F. Reemtsma als Trauzeuge abgebildet. Ferner informierte das Blatt über den Eingang von 140 Anmeldungen aus dem Bahrenfelder Werk und kündigte an, dass die Aktion auf die übrigen Reemtsma-Betriebe in ganz Deutschland ausgedehnt werde. Die Heiratswilligen mussten einen Fragebogen ausfüllen, in dem »Vorschläge für Neubesetzung« des Arbeitsplatzes gemacht werden konnten. Man dachte dabei im Vordruck an den Ehemann, den Vater oder andere Verwandte, aber das war nicht zwingend notwendig. Es konnte auch ein Arbeitssuchender aus dem weiteren Umfeld der Braut genannt werden. Offenbar war beabsichtigt, Nazi-Parteigänger unter den Vorgeschlagenen zu bevorzugen, denn im Fragebogen war anzugeben, ob der mögliche Nachrücker Mitglied der NSDAP, der NSBO oder eines Wehrverbandes wie dem Stahlhelm war.

Die Reichsführung der DAF begrüßte diese Aktivitäten ausdrücklich und wollte über ihren Fortgang auf dem Laufenden gehalten werden. Zudem bewies Adolf Hitler seine Anteilnahme, indem er persönlich eine Zustimmungsurkunde für die Bahrenfelder Pläne unterzeichnete. Geschickt wusste Reemtsma die Aktion daraufhin über die Presse publik zu machen. So lud die Geschäftsleitung gemeinsam mit der NSBO am 22. August ins Baden-Badener Werk zur Pressekonferenz und präsentierte das auf Männer abgestellte Arbeitsbeschaffungsprogramm. Das Presseecho war beträchtlich: Im *Badener Tagblatt* und anderen badischen Zeitungen erschien eine ganze Reihe Artikel, die infolge der Sprachregelungen der Pressegleichschaltung einen Grundtenor besaßen: Reemtsma vollzog eine »soziale Tat« und ging vorbildliche Wege, die – so hoffte man – auch von anderen Großbetrieben in Deutschland nachgeahmt würden. Gerade in der Zigarettenindustrie machten Frauen 70 Prozent der Belegschaft aus, was ein Journalist in angepasster Rhetorik als »unheilvolle Entwicklung« brandmarkte. Wer den Forderungen der neuen Zeit entsprach und »staatspolitisch« dachte, der handelte so wie die Hamburger Zigarettenfirma. Deren Arbeitsbeschaffungsmethoden wurden im *Badener Tagblatt* als »national und sozial!«[95] gefeiert. Direktor Otto Konrad von der Hamburger Geschäftsleitung hatte den badischen Journalisten den Eindruck vermittelt, dass die Reemtsma Cigarettenfabriken GmbH mit ihrem Programm, das in den Worten »Der Frau das Haus, dem Mann die Arbeit!«[96] gipfelte, auf einer Linie mit den staatlichen Plänen zur Bekämpfung der Arbeitslosigkeit lag.

Da die Heiratsaktion in den Werken überaus großen Zuspruch fand, strebte die Firma an, die Hochzeitsfeiern nicht den Paaren zu überlassen, sondern diese in außergewöhnlicher Form in Szene zu setzen. Den Auftakt machten am 21. Oktober 36 Bräute aus dem Reemtsma-Werk Baden-Baden: Für sie wurde ein großer Festakt abgehalten, unter Einbeziehung lokaler wie regionaler Prominenz: Im großen Rathaussaal von Baden-Baden erfolgte die standesamtliche Trauung, der sich die Zeremonie in der Stiftskirche anschloss. Darauf schritten die Paare bei sonnigem Herbstwetter unter in einem von Uniformierten flankierten Festzug von der Kirche zum Kurhaus, in dem die gemeinsame Hochzeitsfeier stattfand. Sogar der badische Ministerpräsident Walter Köhler und Innenminister Karl Pflaumer wohnten der Feier bei. Der von seiner Frau Hanna begleitete Hermann F. Reemtsma, den der Baden-Badener Betriebsleiter Carl Böttner als »Ehrenschwiegervater« der Getrauten bezeichnete, hielt beim

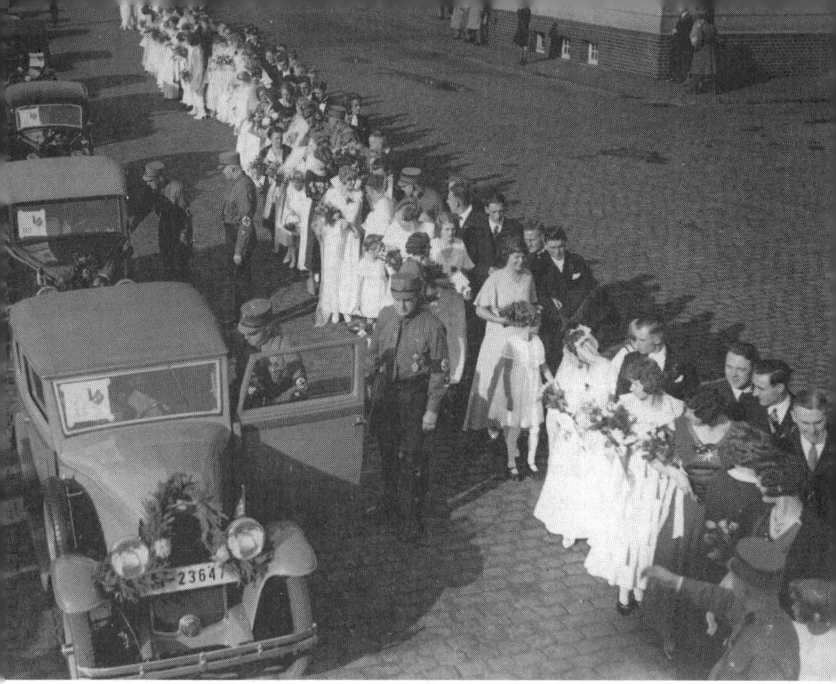

Massenhochzeit gegen Arbeitslosigkeit: 122 Reemtsma-Arbeiterinnen heiraten im Oktober 1933 in Altona mit Förderung der Firma – das NSKK organisiert den Autokorso

Festmahl im Kurhaus eine Ansprache und erklärte das arbeitsmarktpolitische Motiv der Großhochzeit.

Wenige Tage nach diesem Fest kam es zu einer weitaus größeren Hochzeit in Altona. Hier wollten gleich 122 Arbeiterinnen von den 600 Bahrenfelder Frauen in den Stand der Ehe treten. Diese Massentrauung war nicht nur für den Zigarettenhersteller ein großes öffentlichkeitswirksames Ereignis. Vielmehr nutzte auch die NSDAP die Gelegenheit, sich volkstümlich zu präsentieren. Das hatte sie nötig, denn am 1. August waren vier Altonaer Kommunisten mit dem Beil hingerichtet worden. Ein Sondergericht hatte sie als angebliche Hauptschuldige des sogenannten Altonaer Blutsonntags vom 17. Juli 1932 zum Tode verurteilt. Bei diesen ein Jahr zurückliegenden Straßenschlachten zwischen Links und Rechts sowie der Polizei hatte es 18 Tote gegeben, darunter auch zwei SA-Männer. Jetzt war es zur Vollstreckung der Urteile gekommen. Der Prozess, der auf gefälschten Beweismitteln und Falschaussagen basierte, war der Auftakt zur politischen Rachejustiz des Nationalsozialismus. Nunmehr inszenierte die Partei eine positive Zurschaustellung. Sie beschaffte für die Reemtsma-Brautpaare 150 geschmückte Autos, die dann in einem aufsehenerregenden Korso zum Traugottesdienst in die St.-Johanniskirche fuhren. Die *Altonaer Nachrichten* berichteten über die Zeremonie, an der alle drei Reemtsma-Brüder teilnahmen: »Am Altar rechts und links stand ein Ehrenposten der SA und SS, davor sah man die Fahnen der Reemtsma-NSBO. Zahlreiche Gäste wohnten der Feier bei, unter ihnen Oberbürgermeister Brix mit den Herren des Altonaer Magistrats, Polizeipräsident Hinkler, weiter die Führer der SA, SS, der NSBO, des NSKK und des Stahlhelms. Organist Brodersen begleitete den Einzug der Paare mit feierlichem Orgelklang, dann sang die Gemeinde den Choral *Bis hierher hat mich Gott gebracht.*« [97]

Die NSDAP demonstrierte bei diesem opulenten Fest die Einheit von Kirche, Partei und Staat. Schließlich war Pastor Dührkop von der Paulusgemeinde Altona, vor dem die Brautleute die ersten 13 Reihen der Kirchenbänke eingenommen hatten, selbst ein Pg. und Gau-Beauftragter der Deutschen Christen, die sich die innere Gleichschaltung der evangelischen Kirche mit dem Nazi-Staat zum Ziel gesetzt hatten. Die Großveranstaltung fand ihren Abschluss in einer gemeinschaftlichen Hochzeitstafel in den Festsälen des Altonaer Hotels *Kaiserhof*. In der von der Firma Reemtsma eigens gedruckten Festschrift hatte der Bezirksleiter der DAF den *Ova*-Mädchen genannten Zigarettenarbeiterinnen zugerufen: »Seid froh, wenn Ihr Eurem Manne die Geißel der Arbeitslosigkeit abnehmen konntet und selbst einem Beruf Euch zuwenden dürft, der Euch endlich eine Sehnsucht erfüllt, die jedes gesunde Mädchen in sich trägt: eine wirkliche, sorgende Frau und – so Gott will – liebende Mutter zu werden! Seid froh und dankbar!«[98]

Ein Wochenende nach der Altonaer Hochzeit, am 4. November, heirateten in Dresden 213 Frauen aus den dort ansässigen Reemtsma-

Betrieben Jasmatzi, Yenidze, Delta, Bulgaria und der Emballagenfabrik. Wie in Hamburg wandte sich Hermann F. Reemtsma mit einem kurzen, herzlichen Grußwort in der Festschrift an die Paare, wünschte ihnen Glück und erklärte: »Was uns, meine lieben jungen Frauen, bisher verband, die Arbeit, bleibt erhalten und findet schönste, naturgegebene Fortsetzung in der Arbeit Ihrer jungen Männer.«[99] In markig-nationalsozialistischem Pathos erging sich dagegen der Dresdener Oberbürgermeister Ernst Zörner. Er dankte der »hochherzigen Förderung« durch Reemtsma, die auf dem von der »nationalen Erhebung« bereiteten Boden genau wie die jungen Ehepaare an der Schaffung einer glücklicheren Zukunft Deutschlands mitgewirkt habe – »im Geiste des Nationalsozialismus und unseres Führers«. Eine Abbildung von Hitlers handsigniertem Großfoto, das die Belegschaft des Reemtsma-Werks Bahrenfeld erhalten hatte, zierte den Vorderteil der Festschrift. Wegen der großen Anzahl wurden die Trauungen in der Trinitatiskirche, der Kreuzkirche, der Martin-Luther-Kirche und auch in der Frauenkirche vollzogen. Anschließend feierten die 213 Paare und ihre Angehörigen in den Dresdener Ausstellungshallen.

Deutschlandweit heirateten in der zweiten Hälfte des Jahres 1933 an die 600 Frauen aus der Reemtsma-Belegschaft infolge des Eheprogramms. Die an den großen Standorten festlich in Szene gesetzten Hochzeiten erregten öffentliches Aufsehen, und überall spielten die Funktionäre des Regimes und die SA eine markante Rolle, nicht zuletzt wegen zahlreicher Bräutigame, die auf Wunsch der Firma in SA-Uniform erschienen waren. In ganz Deutschland reagierte die Presse auf diese Aktion, deren Ursprung im Bestreben der Regierung lag, die Millionen-Arbeitslosigkeit innerhalb der nächsten vier Jahre komplett abzubauen. Die Presseresonanz reichte von bürgerlichen Großstadtblättern bis in die Provinz. Überall in Deutschland berichtete man über die Aktion Reemtsmas als ›Arbeit schaffend‹, wenngleich sich ja nicht die Arbeitsplätze vermehrten, sondern Frauen an den Herd zurücktraten.

Welchen Nutzen hatte die Firma von dem durch sie selbst subventionierten Austausch eines Teils ihrer Arbeitskräfte? Vordergründig keinen. Schließlich lag der zu zahlende Tariflohn für Männer höher als der für weibliche Arbeitskräfte. In Baden-Baden waren dies 11 bis 14 Mark mehr Wochenlohn pro Kopf. Insgesamt ergaben sich in dem vergleichsweise kleinen ehemaligen Batschari-Werk infolge der heiratsbedingten Umschichtungen 27 500 Mark Mehrlohn im Jahr. Hinzu kamen die Aufwendungen für die Ehestandsbeihilfe in Höhe von 600 Mark pro Paar. Das summierte sich beträchtlich. Zudem schadete dieser Austausch qualifizierter und eingearbeiteter weiblicher Kräfte gegen erst anzulernende Männer den Arbeitsabläufen. Frauen wurden nicht nur wegen der niedrigeren Löhne in der Zigarettenherstellung eingesetzt, sondern auch wegen ihrer Fingerfertigkeit. Daran haperte es bei vielen der nachrückenden Arbeitskräfte. In der Löserei, das heißt beim vorsichtigen Auseinandernehmen der in den Ballen zusammengepressten Tabakblätter, war ganz einfach Fingerspitzengefühl gefordert. Das galt auch in den sonstigen von Frauen dominierten Bereichen der Fabrikation, in der Packerei, im Versand und im Bilderdienst, der die Sammelbilderalben betreute. Daher brachte der Austausch zugunsten der Männer zunächst einmal schlechtere Ergebnisse.

Die Heiratsaktion führte aber auch zu Veränderungen der politischen Orientierung in der Reemtsma-Belegschaft: Nazi-Funktionäre warben dafür, dass vorrangig Arbeitslose eingestellt wurden, die für Partei und SA gekämpft hatten. Hierdurch kamen vom Sommer 1933 an zahlreiche Anhänger der ›Bewegung‹ in die Werke, was für das Betriebsklima, angesichts des jüdischen Mitgesellschafters David Schnur und Kurt Heldern als engstem Vertrauten Philipp F. Reemtsmas sowie zahlreicher anderer ›Nichtarier‹ in der Branche, bedenklich war.

Des Rauchers Sammelfreude

Die »nationalen Spenden« und die Arbeitsbeschaffungs-Publicity trugen erheblich dazu bei, dass sich für Reemtsma die Akzeptanz im Staats- und Parteiapparat und in der Öffentlichkeit verbesserte. Eine weitere Unterstützung dieser Bestrebungen trat im September 1933 auf einem klassischen Reemtsma-Marketinggebiet hinzu: Man schuf eine Sammelbilderserie zum Nationalsozialismus. – Es waren fast ausschließlich die Männer unter den Rauchern, die eine besondere Freude darin sahen, mit jeder Zigarettenschachtel ein kleines Sammelbild oder einen »Bilderscheck«-Gutschein zu erhalten. Nach zahllosen Päckchen Rauchgenuss konnte der Raucher seine akribisch gesammelten oder durch Tausch komplettierten Motivserien in ein Album einkleben, das die Zigarettenfirmen über die Tabakläden zu geringen Preisen verkauften. Diese Bilderalben besaßen einen Stellenwert als langlebige Image- und Werbeträger der Hersteller, aber sie waren zum Teil auch anspruchsvoll illustrierte und getextete Werke. Sie halfen, populäre sportliche, naturkundliche oder geografische Themen gleichermaßen zu verbreiten. Hunderte von Sammelbilderserien wurden nach und nach von den heftig miteinander konkurrierenden Zigarettenfirmen als werbliche Beigabe auf den Markt gebracht, um die stete Nachfrage nach einer bestimmten Zigarettensorte – die Markentreue des Rauchers – zu festigen.

Die zur Reemtsma Cigarettenfabriken GmbH gehörenden Zigarettenhersteller Yenidze, Jasmatzi, Delta, Bulgaria, Josetti und Constantin brachten gemeinschaftlich verschiedene Bilderserien heraus. In den zurückliegenden Jahren waren Serien mit Flaggen, Fahnen oder der Vogelwelt Deutschlands produziert worden. Nun kam im Spätsommer 1933 mit *Kampf um's Dritte Reich* erstmals ein zeitgenössisch-politisches Thema zum Zuge. Dieses von der ein Jahr zuvor geschaffenen Cigaretten-Bilderdienst GmbH Altona-Bahrenfeld für die Tochterfirmen hergestellte Album enthielt einen von SA-Truppführer Leopold von Schenkendorf verfassten Text und 273 kleinformatige Bilder. Der Umschlag des Albums zeigte die Quadriga auf dem Brandenburger Tor mit dem »Hakenkreuzbanner der nationalsozialistischen Revolution«, das dort, wie es auf der Innenseite des Einbands hieß, »anlässlich des Erwachens der Deutschen Nation« am 8. März 1933 gehisst worden sei. Von den kolorierten Fotos hatte nicht wenige der offizielle Hitler-Fotograf Heinrich Hoffmann geschossen. Die fahnen- und uniformenstarrende Bilderserie, die vor allem Hitler, aber mit Göring, Röhm und Himmler weitere Nazi-Größen in Szene setzte, wurde auch für die in Dresden hergestellte 3-1/3-Pfennig-Zigarette *Salem* ausgegeben. Wie die deutschlandweit verbreitete Konsumzigarette von Yenidze traf die neue Bilderserie den Geschmack der Kunden. Möglicherweise hatte das geschickte Marketing einen Anteil daran. So wurde auf dem Münchener Oktoberfest des Jahres 1933 mit volkstümlichen Bühnenspielszenen für die »milde *Salem*« geworben, wobei die flankierende Bühnendekoration die *Kampf-um's-Dritte-Reich*-Serie ins Blickfeld rückte. Doch nicht nur den *Salem Gold, Salem Auslese* und *Salem Kork* wurden die Bilder der beliebten nationalen Motivserie zur Verkaufsförderung beigelegt, sondern auch den Marken *Juno, Bulgaria Sport, Ramses, Deutschmeister, Constantin No. 23* und *Vera*. Hierbei konkurrierten die Reemtsma-Tochterbetriebe inhaltlich und optisch mit Sammelbildern der Zigarettenfabrik Sturm, die 1933 *Deutsche Uniformen*, eine Verherrlichung von SA, SS und Hitlerjugend, in die Öffentlichkeit entließ.

Den Kennern der Branche und auch vielen Rauchern war bewusst, dass die Herausgeber der *Kampf-um's-Dritte-Reich*-Serie zu Reemtsma gehörten. Deren propagandistisches Album blieb kein Einzelgänger, denn der Bilderdienst erarbeitete Ende 1933 das Album *Deutschland erwacht. Werden, Kampf und Sieg der NSDAP*. Dieses in aufwendiger Bindung und im Großformat produzierte Werk enthielt Abbildungen von NSDAP-Plakaten aus den Wahlkämpfen sowie zum Teil postkartengroße Schwarzweißfotos, deren Auswahl Heinrich Hoffmann übernommen hatte. Dem Betrachter wurden durch die Fotos die Genese des Nationalsozialismus und Hitlers Werdegang, mit Abbildungen seines Braunauer Geburtshauses bis hin zum ›Parteitag des Sieges‹ im September 1933, vor Augen geführt. Die Gestaltung des Albums hatte laut Impressum SS-Obersturmführer Felix Albrecht übernommen. Damit demonstrierte der Bilderdienst eine ausgesprochene Nähe zum Regime. Für die Firmen Jasmatzi, Yenidze, Manoli, Bulgaria und Delta wurde für 1934 die Serie *Der Staat der Arbeit und des Friedens – ein Jahr Regierung Adolf Hitlers* wiederum in Kooperation mit dem Fotografen Hoffmann vorbereitet.

Die Federführung für diese illustrierten Publikationen lag in der Hamburger Reemtsma-Zentrale, bei Direktor Otto Lose. Er kooperierte dabei nicht nur mit Hoffmanns Fotoagentur, sondern auch direkt mit dem Propagandaministerium in Berlin. Die Beteiligten in

Zeitgemäßes Geschäft: »Deutschland erwacht« – ein Zigaretten-Sammelbilderalbum von Reemtsma, Ende 1933

der Zigarettenindustrie waren sich darüber im Klaren, dass die massenhaft verbreiteten Fotos und die betexteten Alben unmittelbar mit den Machthabern abgestimmt werden mussten. Hier durften keine Fehler vorkommen, weshalb man dem Regime nahestehende Autoren zur Abfassung der Texte gewann. Philipp und Hermann F. Reemtsma waren nicht direkt in die Produktion der Bilderserien einbezogen, doch ohne ihr Einverständnis hätte es diese Nazi-Alben nie gegeben.

Vermutlich erwartete die Firma Reemtsma als Gegenleistung für ihre verschiedenen Aktionen im ersten Jahr der neuen Regierung eine nachhaltig positive Reaktion. Hier zeigte ein Großunternehmen soziale Verantwortung und schuf unter finanziellen Opfern Arbeitsplätze für Männer, wovon gerade Parteigenossen profitierten. Den Arbeiterinnen wurde der Weg an den Herd nahegelegt, was der nationalsozialistischen Ideologie entsprach. Schließlich begrüßte Adolf Hitler persönlich solche Maßnahmen. Bei der Spendentätigkeit der Firma wurde signalisiert, dass der Fluss der Gelder in die empfangsbereiten Hände der Partei und ihrer Gliederungen langfristig weitergehen konnte. Durch die mittels der Bilderserien privatwirtschaftlich finanzierte, breitenwirksame Imagewerbung für das Regime erwies die Firma ihre Nützlichkeit im Gefüge von Wirtschaft, Partei und Staat und damit letztlich für die nationalsozialistisch zu formende Gesellschaft.

Waren all diese Aktionen zu Beginn der Nazi-Herrschaft nur eine Anbiederung an die neue Staatsführung? Oder handelte es sich lediglich um kühlen Geschäftssinn, der die Popularität der ›Bewegung‹ kommerziell ausnutzen wollte? Wahrscheinlich war es beides zugleich. Aber nur das Geschäftliche brachte unmittelbar spürbare Resultate. Auf der übergeordneten politischen Ebene blieben sie erst einmal aus. Da die Reemtsmas selbst in verschiedenen Graden eine persönliche Annäherung an den Nationalsozialismus vollzogen, wie es an ihren Mitgliedschaften im NSKK bei ›Zwei‹ und in der SS bei ›Drei‹ ablesbar war, wurde möglicherweise erwartet, dass bei den Vertretern des Regimes eine gewogenere Haltung gegenüber der Firma aufkam. Lag es vor dem Hintergrund nicht nahe, dass die SA ihre Agitation zurückfahren würde und eine für die Geschäftsentwicklung notwendige Beruhigung der Verhältnisse einsetzte? Musste unter diesen Umständen nicht die Berliner Staatsanwaltschaft ihre Ermittlungen gegen die Reemtsmas einstellen? Von solchen Effekten war nichts zu spüren. Offenbar wollte man den Druck im Kessel lassen, auch weil nicht wenige Nazis bei den Reemtsmas opportunistische Schauspielerei vermuteten. Zudem gab es zu diesem Zeitpunkt keine zentrale Steuerung, die der SA und den Ermittlungsbehörden Einhalt hätte gebieten können.

Eine umfassende Steuer- und Devisenprüfung in der Bahrenfelder Zentrale hatte keine belastenden Befunde ergeben. Dennoch stellte der Staatsanwalt Ende Juli 1933 einen Antrag auf Eröffnung der Voruntersuchung, wobei neben Philipp F. Reemtsma auch der frühere Ministerialrat und Leiter des Tabakreferats im Reichsfinanzministerium Artur Schröder in Verdacht stand. Es wurde vermutet, Reemtsma verdanke den exorbitanten geschäftlichen Erfolg teilweise der Bestechung von Spitzenbeamten des Ministeriums – gerade so, wie es der Doktorand Küntzel 1931 behauptet hatte. Schröder amtierte mittlerweile als Präsident des Landesfinanzamts in Dresden. Dort wurde er von der SA verhaftet, nicht von der Polizei, was rein formal ein unzulässiger Übergriff war. Dem Finanzbeamten und dem Hamburger Unternehmer wurde Folgendes zur Last gelegt: Betrug zum Nachteil des Reiches, Anstiftung zur Untreue, Anstiftung zur handelsrechtlichen Untreue und Meineid. Sofern Reemtsma den dringenden Verdacht des Meineids nicht in einer Vernehmung ausräumen konnte, sollte gegen ihn Haftbefehl beantragt werden. Ende Juli erging der Beschluss zur Eröffnung der Voruntersuchung. Während man Landgerichtsrat Dr. Griesche zum Untersuchungsrichter bestellte, wurde das Verfahren an die Staatsanwaltschaft beim Landgericht Berlin überwiesen. Die konkrete Bearbeitung lag bei Staatsanwalt Gerhard Wulle im Wirtschaftsdezernat, das von Oberstaatsanwalt Ernst Lautz geleitet wurde.

Das Verfahren erreichte eine neue Stufe, als am 1. September der steckbrieflich gesuchte und eigentlich in die Schweiz abgetauchte Dresdener Zigarettenfabrikant Richard Greiling in Plauen verhaftet wurde. Die Ermittlungen konzentrierten sich nunmehr auf das eigentümliche Verhältnis zwischen Greiling und Reemtsma, das vor allem wegen des 1929 unter Geheimhaltung erfolgten Aktienverkaufs als Fall für die Justiz angesehen wurde. Nach Greilings Verhaftung fuhr Wulle eilends in die Bahrenfelder Zentrale, um dort Akten sicherzustellen. Dabei vernahm der Staatsanwalt Philipp F. Reemtsma über mehrere Tage zu Greiling. Als Ergebnis wurde am 25. Oktober beschlossen, die Voruntersuchung gegen Richard Greiling zu eröffnen.

Auch im Hochsommer 1933 hatte es tätliche SA-Übergriffe gegen Zigarettenhändler mit Reemtsma-Ware gegeben. Ungeachtet der laufend an verschiedene SA-Gliederungen geleisteten Spenden des Unternehmens strebten die Braunhemden die Niederkämpfung der Firma Reemtsma zugunsten von Sturm an. Zuträger berichteten der Geschäftsleitung in Bahrenfeld, dass SA-Gruppenführer Georg von Detten, der nach seiner kurzzeitigen Stellung als Oberpräsident der sächsischen Polizei mittlerweile zum preußischen Staatsrat ernannt worden war, bei der Berliner Staatsanwaltschaft ein und aus ging.[100] Dort achtete er auf Röhms Interessen und versorgte die Ermittler mit Informationen über Reemtsma, offenbar um die Justiz zu beeinflussen. Im Zuge der Ermittlungen hatte Staatsanwalt Wulle bei der Martin Brinkmann AG in Bremen einen besonderen Auftritt. Er sprach dort mit den Inhabern, Hermann und Wolfgang Ritter, und zählte mit sichtlichem Vergnügen ein ganzes Register von Straftaten auf, die man den Reemtsmas vorwarf. Einer der Ritters erinnerte sich noch 1947 daran, dass die Vorwürfe nahezu das ganze Strafgesetzbuch »mit Ausnahme von Duell und Blutschande« umfassten.[101] Das machte natürlich innerhalb der Branche die Runde. Aber auch darüber hinaus war das Image von Reemtsma mit vielerlei Ausrufe- und Fragezeichen versehen. So wünschte die Kreisleitung der NSDAP Mainz von der dortigen Filiale der Deutschen Bank zu wissen, welche Firmen zu Reemtsma gehörten, worauf Johannes Kiehl aus Berlin mitteilte, es handle sich »um ein deutsches Familienunternehmen, dessen Inhaber uns aus langer, enger Geschäftsverbindung als sehr tüchtig und zuverlässig bekannt sind«.[102] Ein derartiger Beistand war in der kritischen Phase von Belang, auch wenn die Anfrage lediglich aus der Provinz kam.

Wegen »gewohnheitsmäßiger Hehlerei« stellte Willi Koch am 28. Oktober 1933 bei der Staatsanwaltschaft Berlin Strafanzeige gegen Philipp F. Reemtsma. Koch, der zum Beleg seiner traditionell nationalsozialistischen Gesinnung auf seine niedrige NSDAP-Mitgliedsnummer (323079) hinwies, war für die Bremer Zigarettenfirma Lesmona tätig. Staatsanwalt Wulle erhielt hierdurch Kenntnis von der Nutzung unterschlagener Steuerbanderolen, die 1924 im Werk Reisholz vorgekommen war. Reemtsma, so Willi Koch, habe sich »Seite an Seite mit französischen Schergen an der Ausplünderung der deutschen Volkswirtschaft – zu seinem eigenen Nutzen!!!«[103] beteiligt, denn die Steuerzeichen seien auch im Reichsgebiet verwendet worden. Wulle untersuchte die ihm zugänglichen Akten und vernahm noch im November Alwin Reemtsma im Altonaer Polizeipräsidium, um herauszufinden, ob dem deutschen Fiskus tatsächlich ein Schaden entstanden war.[104] Wenn aber nur die französische Tabakregie geschädigt worden war, konnte sich ›Drei‹ sein illegales Verhalten als patriotische Tat während der Ruhrbesetzung zugute halten. Es passte ins Bild, dass Konkurrenten im Jahr der ›Machtergreifung‹ mit der unübersehbar angeschlagenen Firma Reemtsma offene Rechnungen begleichen wollten und die Gunst der Stunde nutzten, indem sie belastende Hinweise gaben oder gleich eine Strafanzeige stellten.

Am 16. November suchte Chefjustiziar Theophil Ahrends in Begleitung des für Philipp F. Reemtsmas Verteidigung bestimmten Anwalts Alfons Sack die Berliner Staatsanwaltschaft auf. Während der längeren Unterredung über den Stand der Ermittlungen wurden Ahrends und Sack gebeten, den Raum zu verlassen, damit sich die Juristen Wulle, Lautz und Griesche vertraulich austauschen konnten. Erst nach anderthalb Stunden durften die beiden Anwälte wieder hinein und stellten fest, dass die Ermittler Dr. Ahrends' Handakten durchstudiert hatten. Der empörte Justiziar, der bemerkte, dass sich Griesche unübersehbar schämte, raffte daraufhin seine Sachen zusammen und verließ eilends den Raum.[105] – An ein ordentliches Verfahren war bei solchen gravierenden Übertretungen kaum zu denken.

Untersuchungsrichter Griesche wurde Ende November von seinem Vorgesetzten mitgeteilt, sowohl der Justizminister als auch der preußische Ministerpräsident Hermann Göring legten äußersten Wert auf die beschleunigte Durchführung der Voruntersuchung in Sachen Reemtsma. Damit war die Bedeutung des Falles unterstrichen, was zur Ausdehnung der Ermittlungen führte. Am 5. Dezember geriet eine weitere wichtige Figur der Zigarettenbranche in die Hände der Justiz: Dr. Hans Schulte, der Wirtschaftstreuhänder und frühere Vertrauensmann des Finanzministeriums, wurde in Wien festgenommen, doch die österreichischen Behörden lieferten ihn noch nicht nach Deutschland aus. Seit dem Sommer hatte Philipp F. Reemtsma angeboten, zur verantwortlichen Vernehmung zu erscheinen, doch dazu war es nicht gekommen. Das hatte Reemtsmas Nervosität natürlich gesteigert, denn er wollte die Angelegenheit im eigenen Interesse vorantreiben – schließlich war von einem möglichen Haftbefehl gegen ihn die Rede. Daher suchte er Griesche am 28. Dezember in dessen Amtsräumen auf und teilte dem Richter mit, dass ihm wegen einer chronischen Streptokokkenerkrankung von seinen Ärzten dringend eine Klimaänderung empfohlen worden sei. Er beabsichtigte, Ende Januar 1934 eine Weltreise auf dem Dampfer *Resolute* zu machen. Die Schiffskarten für sich, seine Frau Gertrud und ein befreundetes Ehepaar hatte er bereits gebucht. Vor diesem Hintergrund wünschte Reemtsma eine baldige Vernehmung, und er betonte, er gehe davon aus, danach nicht weiter im Verfahren benötigt zu werden. Griesche staunte über diesen Auftritt, der just an dem Tag stattfand, als der von einer Orientreise nach Berlin zurückgekehrte David Schnur erstmals zur Vernehmung erscheinen musste. Wieso war der Unternehmer überzeugt, in Kürze unbehelligt ins Ausland reisen zu können? Der Untersuchungsrichter berichtete dem preußischen Justizminister, zu Händen des Staatssekretärs Roland Freisler, von Reemtsmas befremdlich selbstbewussten Auslassungen.

Nachdem David Schnur innerhalb einer Woche fünfmal vernommen worden war, kam es zur Vorladung von ›Zwei‹. Am 18. Januar sollte er in Berlin aussagen. Doch der Termin wurde verschoben, weil der Generalstaatsanwalt auf Weisung des Justizministeriums um umgehende Vorlage der Ermittlungsakten Dr. Griesches gebeten hatte. Erst nach deren Rückgabe an den Untersuchungsrichter erfolgte die Vernehmung Philipp F. Reemtsmas am 22. und 23. Januar, allerdings ausschließlich zu Greiling. Neben der Staatsanwaltschaft interessierte sich der Justizminister für Reemtsmas Aussagen. Schon am 24. Januar tauchte die Überlegung auf, ob der preußische Ministerpräsident – Hermann Göring – das Verfahren niederschlagen könne.

Etwas mehr als eine Woche später hatte Göring tatsächlich eine entsprechende Anordnung unterzeichnet. Am 9. Februar erschien dieser vorrangig auf Reemtsma gemünzte denkwürdige Beschluss in der amtlichen Zeitschrift *Deutsche Justiz*: »In der Zigarettenindustrie haben sich unter den Augen des demokratisch-liberalen Staates Konkurrenz- und Konzernkämpfe hemmungslos abgespielt … Seit der nationalsozialistischen Machtergreifung hat die Zigarettenindustrie in einmütiger Zusammenarbeit zwischen Arbeiterschaft und Unternehmern am Aufbau des nationalsozialistischen Staates mitgearbeitet. Die Vorkommnisse aus der Zeit der Konzernkämpfe und Konkurrenzmaßnahmen heute einer strafgerichtlichen Untersuchung zu unterwerfen würde deshalb sinnlos sein, weil heute solche Kämpfe nicht mehr möglich sind … Der Nationalsozialismus schaut vorwärts und nicht rückwärts. Ich ordne deshalb die Niederschlagung der Untersuchungsverfahren an, die sich an Handlungen im Konzern- und Konkurrenzkampf der Zigarettenindustrie anschließen.«[106]

Dies war ein außerordentlicher Vorgang, der die Machtfülle und Selbstgefälligkeit Görings gleichermaßen unterstrich. Die konkrete Umsetzung übertrug der oberste Beamte Preußens dem Justizminister. Ihm oblag es, zu entscheiden, welche der Voruntersuchungen gegen Reemtsma, Greiling, Schröder und Schulte niedergeschlagen werden sollten. Der Einstellungsbeschluss des Landgerichts Berlin erging am 30. April 1934. Das war aber nur noch eine Formalie. Reemtsma war befreit, wie auch die anderen Beschuldigten. Wie hatte es zu dieser eklatanten Einmischung des Ministerpräsidenten zugunsten einer Amnestie kommen können? Diese Frage stellten nicht nur die betroffenen Ermittler und Staatsanwälte, die Zigarettenunternehmer und letztlich auch die SA. Es war keine Ad-hoc-Entscheidung Hermann Görings, sondern eine über Monate herangereifte Maßnahme. Ihren Ursprung hatte sie im Sommer 1933.

Kamerad Göring

Nach dem Erscheinen der »Korruptionsliste« und dem Beginn der Voruntersuchung hatten die Reemtsmas erfahren, dass beim Hamburger Gauleiter Kaufmann gegen sie gerichtete Unterlagen gesammelt wurden. Diese Information hatte Kurt Heldern über Bruno Behr, den Geschäftsführer von Haus Neuerburg, zugetragen bekommen. Der Generalvertreter dieser Firma in Nordwestdeutschland war Engelhard von Nathusius. Seit 1922 Mitglied der Partei, war dieser nach der ›Machtergreifung‹ zum Hamburger Staatsrat ernannt worden und stand mit der Gauleitung in regem Austausch. Heldern suchte den Kontakt zu Nathusius und erfuhr von dem Nationalsozialisten und Geschäftsfreund, der ihn bereitwillig im Bahrenfelder Büro aufsuchte, dass die Reemtsma-Angelegenheit einen ›politischen‹ Hintergrund besaß. Darüber hinaus wurde Direktor Otto Lose durch den Wirtschaftsberater der NSDAP, Wilhelm Keppler, und Rudolf Heß mitgeteilt, Philipp F. Reemtsma solle sich aus der Wirtschaft zurückziehen. Er sei für die NSDAP nicht tragbar.

Angesichts dieser Lage ergriffen Heldern, Lose und Ahrends die Initiative. Sie suchten bei einem privaten Treffen das direkte Gespräch mit ›Zwei‹ und machten ihm klar, dass er wegen der wesentlichen ›politischen‹ Motivation nicht auf Objektivität und Gerechtigkeit in dem sich abzeichnenden Strafverfahren hoffen konnte. Reemtsma brauchte ihrer Einschätzung nach einen einflussreichen Fürsprecher, denn sonst würde er seine berufliche Existenz riskieren und die Firma dem Konkurrenten Sturm opfern. Dafür wurde Hermann Göring als am ehesten geeignet vorgeschlagen, denn er war als preußischer Ministerpräsident der Vorgesetzte des Justizministers, über dessen Behandlung des Falls man sich beschweren wollte. Otto Lose stand wegen der Bearbeitung der nationalistischen Sammelbilderserien in Kontakt mit dem Hitler-Vertrauten Heinrich Hoffmann. Da sonst keine andere Verbindung existierte, wurde beschlossen, Lose solle über Hoffmann den Kontakt zu Göring suchen.

Dank Hoffmanns exzellentem Draht zur Nazi-Spitze – er war seit 1932 Schwiegervater des Reichsjugendführers Baldur von Schirach – erhielt Philipp F. Reemtsma am 18. August tatsächlich die Gelegenheit zu einem Treffen mit Göring in München. Der Unternehmer hoffte auf so etwas wie ein kameradschaftliches Verständnis, da sie beide im Ersten Weltkrieg in der Fliegertruppe gedient hatten. Er schilderte seinem Gegenüber den Stand des gegen ihn und sein Unternehmen gerichteten Ermittlungsverfahrens, soweit er ihn überblickte. Göring versprach daraufhin, sich zu informieren und dann noch einmal das Gespräch mit ihm zu suchen. Anfang September fand eine zweite Unterredung statt, diesmal aber in Berlin in der

Villa des Reichstagspräsidenten, die Göring bewohnte. Anwesend waren der preußische Justizminister Kerrl, Staatsanwalt Weil, Staatssekretär Roland Freisler und einige weitere Herren. Göring befragte Reemtsma vor versammelter Runde über den Zusammenhang von Röhms SA und der Zigarettenfabrik Sturm. Daneben schilderte der Unternehmer die Verhaftung des Landesfinanzpräsidenten Schröder durch die Dresdener SA. Göring und Kerrl missfielen die aufgeführten Sachverhalte, die Staatsanwalt Weil bestätigte, worauf der Justizminister zusicherte, das Verfahren werde künftig unter Vermeidung etwaiger politischer Einflüsse fortgesetzt.

Die Realität sah allerdings anders aus. Der Fortgang der staatsanwaltschaftlichen Ermittlungen und häufige Indiskretionen, die die SA und Sturm zur weiteren Diffamierung Reemtsmas instrumentalisierten, vergrößerten die Sorge des Unternehmers. Doch bei diesem handelte es sich, wie Untersuchungsrichter Griesche am 23. Oktober notierte, »um einen außerordentlich intelligenten Mann«, der zudem über »außerordentliche Beziehungen« verfügte. Der Jurist lag hiermit sehr richtig. Sicherlich waren ihm in der Sache dezidierte Anweisungen von seinen Vorgesetzten übermittelt worden, aber er konnte kaum ahnen, bis in welche Etagen der Beamtenhierarchie Preußens die Kontakte Reemtsmas reichten. Der Weg, den dieser einschlagen musste, führte einfach über Heinrich Hoffmann. Als Reemtsma den Fotografen zufällig traf und ihm die irritierende Lage schilderte, ermutigte ihn Hoffmann zu einem nochmaligen Treffen mit Göring. Am 29. November wurde Reemtsma ins Reichskanzler-Palais geladen. Göring berichtete dabei, dass er mit Hitler über Röhms Konkurrenzmanöver mit den *Trommler*-Zigaretten gesprochen hatte. Hitler störte das Vorgehen Röhms, aber da an der Seite des »Demokraten« Reemtsma ein »Vollblutjude« als Gesellschafter stand – David Schnur – und er mit »Ultramontanen« – der rheinländisch-katholischen Familie Neuerburg – geschäftlich verbunden war, sah der Reichskanzler keine Möglichkeit zur Abhilfe.[107] Doch Göring wollte etwas für Reemtsma tun. Er bat ihn, am nächsten Morgen noch einmal zu ihm zu kommen.

Bei dem Termin traf Reemtsma auf Minister Kerrl, der ihm gratulierte, denn »die Sache« sei erledigt.[108] Göring selbst führte aus, zum einen habe die neue Regierung das Bestreben, Arbeitslose von der Straße zu holen, weswegen eine fortgesetzte Beunruhigung der Wirtschaft nicht in Frage käme. Zum anderen hätten sich die SA und die Sturm-Aktivisten zu weit vorgewagt. Daher würde er die Ermittlungen stoppen lassen. Göring trug Reemtsma auf, zu keiner Vernehmung zu erscheinen. Nach Erhalt dieser Botschaft stand Philipp F. Reemtsma im Zentrum Berlins auf der Straße und konnte sein Glück kaum fassen. Umgehend informierte er seine Anwälte, seinen Bruder Hermann sowie Heldern, Ahrends und Lose. Für Letzteren wurde ein besonderes Geschenk vorbereitet: ein goldenes Zigarettenetui mit der Gravur des bedeutenden Datums – »30. November 1933«. Nach dem Stress der vergangenen Monate riet Reemtsmas Arzt dringend zu Erholung. Daher wurde die Weltreise gebucht.

Doch die Jagd war noch nicht abgeblasen. Als ›Zwei‹ seinen Gesellschafter David Schnur am 28. Dezember zur Vernehmung begleitete, wollte er den Untersuchungsrichter eigentlich nur von seinen Reiseplänen in Kenntnis setzen. Es zeichnete sich aber ab, dass Dr. Griesche doch noch eine Vernehmung Philipp F. Reemtsmas beabsichtigte. Nun wurde auf Betreiben seines Anwalts Dr. Sack das Justizministerium befragt, was zu erwarten war. Da Minister Kerrl abwesend war, forderte Roland Freisler kurzerhand Griesches Akten an, sodass Zeit gewonnen wurde. Für den Nachmittag des 22. Januar war Reemtsma nochmals zu Göring bestellt, doch just für den Tag lud ihn Griesche vor. Daraufhin machte Reemtsma seine Aussagen und bat nach einigen Stunden um eine Unterbrechung wegen dringender, langfristig verabredeter Termine. – Er ging zu Göring. Dieser ließ den Unternehmer lange warten. Endlich erschien er in einer eigentümlichen Gewandung, einer Mischung aus Jagdrock und Uniform. Kurz zuvor hatte der Ministerpräsident das neue Jagdgesetz verkündet. Die beiden Herren unterhielten sich ein wenig über das Gesetz und die Jagd, bis Göring einen Wunsch artikulierte.

Ihm war bekannt, dass Reemtsma dem Luftsportverbandspräsidenten Bruno Loerzer 1 Million Mark für die Sportfliegerei angeboten hatte. Das hielt Göring für unpassend, da es ihm möglich schien, aus verschiedensten anderen Quellen Spenden für diese Verbandsarbeit zu akquirieren. Stattdessen sollte Reemtsma Geld für andere

Projekte einsetzen: Göring gab an, Spenden für die Förderung eines erstklassigen Wildbestandes, die Forstwirtschaft und die Unterhaltung der Staatstheater zu benötigen. Er wollte dafür nicht weniger als 3 Millionen Mark. Dieser Betrag war selbst für Philipp F. Reemtsma enorm, aber seinen Protest – »Soll dies eine Buße sein?« – wies Göring mit Schroffheit ab. Schließlich werde sein Vermögen auf das Zehnfache geschätzt, und er verdiene gut. Außerdem gab der Politiker an, er würde wegen seines Einsatzes für Reemtsma angegriffen. Da käme es ihm zupass, wenn der Unternehmer etwas für öffentliche Belange spendete, denn damit ließe sich gut argumentieren. Reemtsma stimmte der ihm abgepressten ›Spende‹ zu und wurde angewiesen, die Übergabe mit Staatssekretär Paul Körner zu besprechen. Körner drängte und verlangte die umgehende Zahlung der ersten Hälfte, während der Restbetrag in drei Raten im Laufe des Jahres 1934 angewiesen werden sollte. Am 27. Januar überbrachte Otto Lose dem Staatssekretär einen Reichsbankscheck über 1,5 Millionen Mark.[109] David Schnur verabschiedete schon einen Tag später Philipp F. Reemtsma am Anhalter Bahnhof. Der Unternehmer reiste mit dem Zug nach Genua, um sich dort für die viermonatige Weltreise einzuschiffen. Gertrud und der eingeladene Hamburger Margarinefabrikant Kurt von Storch mit dessen Frau waren bereits zuvor nach Neapel gefahren, wo sie den Hapag-Dampfer *Resolute* erwarten wollten. Nach einigen Tagen auf See erfuhr Philipp F. Reemtsma von der Einstellung des Verfahrens.

Erste Konsolidierung

Diese neunmonatige Belastungsprobe war die gravierendste Bedrohung in der kurzen Geschichte der Firma Reemtsma gewesen. Niemand von den Gesellschaftern hatte einschätzen können, wie ernst es dem Regime mit der Bekämpfung der auf der »Korruptionsliste« stehenden Persönlichkeiten und Unternehmen gewesen war. Hitlers Auftritte im Mai und Juni 1933 hatten einen Teil der Wirtschaft entlastet, nicht aber Reemtsma. Der Malus dieser Firma war allem Anschein nach ein vielschichtiger: demokratische, jüdische und – wegen Neuerburg – katholische Elemente nahmen die Nazis zum Anlass, ihren Kampf fortzusetzen. Hinzu kamen die wirtschaftlichen Ziele der SA. War dies nur zur Einschüchterung aufgeführter Theaterdonner gewesen, den Göring schamlos ausnutzte, um einem reichen Industriellen einige Millionen abzupressen? Nein, es hatte sich nicht um Theater gehandelt. Die Voruntersuchungen der Justiz waren realer Natur, wobei einige der beteiligten Juristen zwingende Gebote ihres Berufsstandes über Bord warfen, um sie gegen regimetypische Willkür auszuwechseln. All diese Bedrohungen schien die Reemtsma Cigarettenfabriken GmbH nun durch den Einsatz von mehreren Millionen Mark überwunden zu haben. Die Brüder hatten eine starke Belastungsprobe zusammen durchgestanden. War aber dabei die bisherige bewährte Hierarchie der Firmenleitung in Bewegung geraten, oder hatte sie sich unter den Angriffen behauptet?

Nicht nur ›Zwei‹, sondern auch die übrigen Mitstreiter in der Reemtsma-Führungsriege waren sichtlich mitgenommen von den ersten zwölf Monaten der Nazi-Herrschaft. Äußerlich war das Unternehmen kaum verändert, aber innerhalb der Werksmauern hatte es einen spürbaren Wandel gegeben. Auf der einen Seite standen nationalsozialistische Insignien, ein persönlich gewidmetes ›Führer‹-Bild an exponierter Stelle im Verwaltungsgebäude, Betriebsappelle, SA-Männer und NS-Frauengruppen. Hin und wieder erschien Alwin Reemtsma in schwarzer SS-Uniform im Werk. Auf der anderen Seite standen Kurt Heldern und weitere ›Nichtarier‹, die mehr und mehr in den Hintergrund treten mussten, obwohl ihre fachlichen Qualitäten unbestritten und nur schwer zu ersetzen waren. Dies galt am meisten für David Schnur, der als unübertroffener Tabakeinkäufer eine Schlüsselstellung im Produktionsprozess besetzte. Schnur hatte blanke Angst vor den Nazis gehabt, schon vor 1933, und dennoch kehrte er immer wieder von seinen Balkanreisen nach Berlin und Hamburg zurück. Zwischen Kurt Heldern und Philipp F. Reemtsma bestand ein über Jahre gewachsenes persönliches Freundschaftsverhältnis. So war der Unternehmer Taufpate der jüngsten Tochter seines Mitarbeiters. Nach der ›Machtergreifung‹ blieb trotz der jüdischen Herkunft Helderns alles beim Alten. Daher fiel ihm während der Weltreise des Chefs dessen Stellvertretung in der Bahrenfelder Geschäftsleitung zu.

Schon Ende November 1933 war auf Betreiben des Wirtschaftsministeriums die Gründung eines deutschen Zigarettenkartells erfolgt. Die 39 freiwillig eingetretenen Hersteller schlossen sich im März 1934 zur Wirtschaftlichen Vereinigung der Zigarettenindustrie (WVZ) zusammen. Sie einigten sich auf ein Konditionenkartell, das Verkaufspreise und Rabatte an den Handel verbindlich festschrieb. Dieses formte das Ministerium im April zu einem Zwangskartell um: Jeder Hersteller in Deutschland hatte der WVZ und dem Kartell anzugehören, Neugründungen von Fabriken wurden verboten. Das Kartell war nur in Teilbereichen effektiv, denn zahlreiche Firmen versuchten ihre Produkte durch Packungsbeilagen und Gutscheine für Werbeartikel attraktiver zu machen. Die Mehrkosten führten meist zu unrentablen Umsätzen. Infolgedessen waren 1934 einige Firmen gefährdet. Deren finanzielle Engpässe wiederum führten zum vermehrten Ausbleiben der fälligen Tabaksteuerzahlungen. Hier wurde entschieden durchgegriffen: Ab dem 1. Januar 1935 gab man die Steuerbanderolen nur noch gegen Barzahlung aus. Die bis dahin ausgebliebenen Steuern wurden großenteils erlassen. Hieran wurde erneut deutlich, wie anfällig die Zigarettenindustrie war und wie davon der Fiskus in Mitleidenschaft gezogen werden konnte. Hätte die Einbeziehung des Branchenprimus Reemtsma nicht zu positiveren Resultaten führen können?

Anfang April 1934 gab es für das Hamburger Unternehmen positive Nachrichten: Die Deutsche Bank hatte beschlossen, einen der Reemtsma-Brüder in ihren Aufsichtsrat zu berufen. In der Firma wurde entschieden, dies könne nur Philipp F. Reemtsma werden, sodass man ihn per Kabel auf der *Resolute* von der Neuigkeit unterrichtete. Am 18. April teilte Hermann F. Reemtsma Direktor Kiehl mit, sein Bruder habe »den sehr ehrenvollen Antrag … mit Dank angenommen«.[110] Johannes Kiehl quittierte dies mit dem Hinweis, dass Philipp F. Reemtsma in den Ausschuss des Aufsichtsrats gewählt würde, was eine besondere Aufwertung darstellte. Der Direktor wies ferner darauf hin, dass der Ausschuss neben dem Vorstand »ein besonders wichtiges Organ der Bank« sei, da er häufiger als der Aufsichtsrat tage und aufgrund von »Spezialvollmachten die bedeutendsten Angelegenheiten« behandele. Hermann F. Reemtsma entgegnete, er halte den Bruder im Ausschuss für »besonders gut an seinem Platz«, und übermittelte das Einverständnis von ›Zwei‹.[111]

In der Zentrale der Deutschen Bank analysierte Johannes Kiehl, der schon seit 1926 als Aufsichtsrat von Reemtsma die Geschäftsentwicklung der Firma kannte, deren Zahlen mit zufriedener Aufmerksamkeit. Dem vorläufigen Jahresabschluss für das Geschäftsjahr 1933 zufolge hatte das Hamburger Unternehmen einen Reingewinn von rund 12 Millionen Mark gemacht, wovon ein Drittel aus der Vereinnahmung aus Tabakrückstellungen beruhte. Die Rückstellungen, die einen Umfang von 33 Millionen Mark besaßen, konnten als stille Reserve des Marktführers betrachtet werden. Demgegenüber betrugen die Bankguthaben über 15 Millionen Mark, während sich die Verpflichtungen auf 11 Millionen beliefen. Dies kam vor allem durch die im Sommer des Vorjahres ausgehandelte Übernahme von Haus Neuerburg zustande. Das Kölner Familienunternehmen mit traditionsreichen Betrieben in Südwestdeutschland und der modernsten deutschen Fabrik in Hamburg-Wandsbek war die Fusion mit Reemtsma bereitwillig eingegangen, wodurch die bereits seit Jahren gepflegte Kooperation ihren formalen Abschluss fand. Für den Erwerb der Geschäftsanteile des zweitgrößten deutschen Zigarettenherstellers hatte Reemtsma von Juni 1933 bis April 1934 schon 25 Millionen Mark an die Neuerburg-Inhaber gezahlt. Der Kaufpreis wurde aber zwischenzeitlich unter anderem wegen der Qualität der miterworbenen Rohtabaklagerbestände als überbewertet beurteilt und nach unten korrigiert. Somit erwartete Reemtsma, über 7 Millionen Mark von den noch ausstehenden Raten einzusparen.[112]

Diese bedeutende Transaktion beeinträchtigte das Unternehmen nicht im operativen Geschäft. Entsprechend konstatierte die Deutsche Bank im Frühling 1934, der finanzielle Status von Reemtsma sei »flüssig« und die Firma generell gut aufgestellt. Mit Haus Neuerburg ging die Bank in ihren internen Einschätzungen dagegen hart ins Gericht. Das Kölner Unternehmen sei der Zwischenbilanz vom 30. Juni 1933 zufolge eigentlich zahlungsunfähig gewesen, wenn nicht weitere Kredite gewährt worden wären. Die Schuldenlast gegenüber verschiedenen Banken, dem Fiskus, Tabakhändlern, Dr. Anton Brüning (3 Millionen) und der Stadt Köln (1,25 Millionen) habe rund

27 Millionen Mark betragen. Als ein wesentlicher Grund für diese Misere wurde die wenig kompetente Managementstruktur und die Geschäftspolitik der Kölner angesehen: Zu zahlreiches und überbezahltes Personal, Prestigedenken und nicht zuletzt die Entnahme von über 17 Millionen Mark durch die Inhaberfamilie im Zeitraum 1929 bis Mitte 1933 waren die Ursachen für die existenzielle Schwächung der Firma, die mit *Güldenring* und *Overstolz* gut eingeführte, erfolgreiche Marken produzierte.[113] Die markentechnischen Leistungen waren alle Anerkennung wert, und noch zu Beginn der fünfziger Jahre erinnerte Philipp F. Reemtsma seinen Bruder Hermann daran, dass dank der »besonderen Fähigkeiten« Heinrich Neuerburgs im Zeitraum 1921 bis 1938 mehr Neuerburg-Zigaretten verkauft worden waren, als Reemtsma unter dem eigenen Namen absetzte. Und dennoch sei die Kölner Firma nicht alleine überlebensfähig gewesen.[114] – Wie bei der Zigarette selbst musste auch im Unternehmen die Mischung zwischen Einkauf, Herstellung, Vertrieb und Geschäftsleitung stimmen. Dieses ideale Mischungsverhältnis war bei Haus Neuerburg zu Beginn der dreißiger Jahre aus dem Ruder gelaufen, sodass aus der Partnerschaft mit Reemtsma eine Übernahme durch das majorisierende Unternehmen wurde.

Reemtsmas Geschäft entwickelte sich parallel zur allgemein anziehenden Konjunktur seit Beginn des Jahres 1934 besonders aussichtsreich: Allein im März wurde ein Umsatz von 1,2 Milliarden Zigaretten verzeichnet; gemeinsam mit Haus Neuerburg erreichte man sogar 1,86 Milliarden Stück. Der gesamte Zigarettenkonsum in Deutschland lag um gut 20 Prozent höher als zwei Jahre zuvor, und die Zuwachsrate hielt an. Mittlerweile war die Deutsche Bank streng vertraulich darüber informiert, dass Verhandlungen mit David Schnur über dessen Ausscheiden aus dem Vorstand und über den Verkauf seiner Geschäftsanteile an die anderen Inhaber begonnen hatten. Beabsichtigt war, dass Schnur ins Ausland ging, eine neue Nationalität annahm und den Tabakeinkauf für den Markführer fortsetzte. Ein schöner Plan – doch ließ er sich auch verwirklichen?

Über 32 000 Seemeilen legte die *Resolute* bei ihrer Weltumrundung zurück und steuerte dabei 30 Länder an. Die Route führte von New York aus ins Mittelmeer, dann über die Türkei durch den Suez-

Kanal nach Indien, Indonesien und China. Dort machten Cornelie und Kurt von Storch mit den Reemtsmas eine Rundreise, wobei der Zigarettenunternehmer intensiv mit ostasiatischer Kunst in Kontakt kam. Dies faszinierte ihn derart, dass er in den folgenden Jahren eine Sammelleidenschaft auf diesem Gebiet entfaltete und eine große China-Sammlung zusammenbrachte. Über Japan, Hawaii, Kalifornien, den Panama-Kanal und Kuba ging es nach New York, wobei die 250 überwiegend amerikanischen Passagiere durch ständige Veranstaltungen und Feste an Bord unterhalten wurden. Gertrud Reemtsma gab sich sportlich und hatte vor allem beim Tontaubenschießen Erfolg, sodass einige deutsche Mitreisende sie »die Kaiserin« nannten. Zum Abschluss nahmen die beiden deutschen Paare Anfang Juni die Passage mit der *Europa* über den Nordatlantik.

Im fünfzehnten Jahr der Ehe von Gertrud und Philipp F. Reemtsma besaß diese Reise einen besonderen Stellenwert, denn endlich wieder einmal verbrachten die beiden längere Zeit miteinander. Seit Mitte der zwanziger Jahre hatte der Ausbau des Unternehmens unendlich viel Zeit und Energie gekostet, die zwangsläufig vom Familienleben abging. Innerhalb von sechs Jahren waren die drei Söhne zur Welt gekommen, und seit 1927 war der Vater ungemein aktiv, gefordert und auch stetigen Angriffen ausgesetzt gewesen. Das Haus in Othmarschen als luxuriöses Refugium der Familie konnte nicht kompensieren, dass der Familienvater vielfach nicht greifbar war. Legendär wirkt Reemtsmas eigene Angabe, er habe 1928, in einem seiner aktivsten Jahre, infolge der häufigen Geschäftsreisen 192 Nächte im Schlafwagen zugebracht.[115] Danach war es nur unwesentlich besser geworden. Vor diesem Hintergrund musste es wie ein Geschenk angesehen werden, dass die Reemtsmas eine viermonatige Weltreise machten, aber die von Storchs hatten erkennen können, dass es um die Ehe nicht gut bestellt war.

Die Heimkehrenden wurden in Southampton von Hermann F. Reemtsma erwartet. Er wollte sie die letzte Wegstrecke auf der *Europa* nach Bremerhaven begleiten. Hermanns 36-jährige Schwägerin Gertrud fühlte sich gut, doch im Gegensatz zu ihr ging ›Zwei‹ in einer besorgniserregenden Verfassung von Bord. Zwar hatte die Reise, wie Hermann F. Reemtsma dem Bankdirektor Johannes Kiehl mit-

Auf hoher See in den Tropen: die Ehepaare Reemtsma und von Storch während der Weltreise mit der »Resolute«, 1934

teilte, »eine gewisse innere Lockerung« gebracht, aber das auf die Amerikaner zugeschnittene Ausflugsprogramm sei für ihn strapaziös gewesen.[116] Er litt nun unter abnorm niedrigem Blutdruck. Bereits während der aufreibenden zweiten Hälfte des Jahres 1933 hatte sich Philipp F. Reemtsma matt und ausgelaugt gefühlt. Nun kehrte er immer noch erschöpft zurück, weswegen ein baldiger Aufenthalt im Sanatorium Bühlerhöhe bei Baden-Baden ratsam schien. Dort wollte ihn Dr. Stroomann, der mit ihm befreundet war, eingehend untersuchen. Dennoch widmete sich ›Zwei‹ erst einmal über mehrere Wochen den angefallenen Arbeiten in Hamburg, bis er Ende Juni mit einer schweren Erkältung bettlägerig wurde.

»Wenn das so weitergeht, wird die Firma mich wahrscheinlich zum Schrottwert abstoßen.«

PHILIPP F. REEMTSMA, 7. DEZEMBER 1934

Verlust und Gewinn

Verfolgte 1934 und die Last der Nazi-Bilder

Im Frühsommer 1934 kam es zu zwei Ereignissen, die für die Reemtsma Cigarettenfabriken von besonderer Tragweite waren. Bei dem einen handelte es sich um eine Staatsaktion ersten Ranges: Am 30. Juni begann auf Befehl Adolf Hitlers die Ermordung von über 85 SA-Führern und missliebigen Nazis, die nicht auf der Linie des Reichskanzlers waren. Hintergrund dieser durch Sepp Dietrichs SS-Kommando und die Gestapo mit grausamer Härte ausgeführten dreitägigen Liquidierung von Parteigenossen der NSDAP war, dass Röhm seit längerem einer »zweiten Revolution« das Wort geredet hatte und die SA zum Milizheer neben der Wehrmacht umwandeln wollte.

Die von Hitler vor Jahresfrist noch als ›politischer Willensträger der Nation‹ bezeichnete Sturmabteilung zählte mittlerweile etwa 4,5 Millionen Mitglieder. Durch diese Masse und wegen des selbstherrlichen Auftretens der SA-Spitze, die einen gesteigerten Führungsanspruch erkennen ließ, war sie zur Gefahr für Hitler angewachsen. Lästig war sie zudem, da in der Bevölkerung die fortgesetzten Übergriffe der SA auf Ablehnung stießen. Neben SA-Chef Ernst Röhm wurden an diesem Sommerwochenende auch die Generale Kurt von Schleicher und Ferdinand von Bredow erschossen, genau wie der prominente innerparteiliche Widersacher Gregor Strasser. Nach diesem Blutbad, das einer Auslöschung ihrer bisherigen Führung gleichkam, stellte die SA für Hitler keinen bedenklichen Machtfaktor mehr dar.

Zum neuen Stabschef der SA wurde umgehend der Oberpräsident von Hannover, Viktor Lutze, ernannt. Hier wollte Reemtsma ansetzen und die geänderten Verhältnisse sogleich nutzen. Ausgerechnet Kurt Heldern fiel die Aufgabe zu, an Lutze heranzutreten, um die belastende Sturm- und SA-Kampagne gegen die Firma endlich zu beenden. Dabei kam ein Zufall zu Hilfe, denn der Neuerburg-Generalvertreter Engelhard von Nathusius war ein Duzfreund Viktor Lutzes. Heldern bat von Nathusius, den SA-Chef darüber zu informieren, wie sehr das Haus Reemtsma unter der Agitation von Sturm gelitten hatte, deren leitende Mitarbeiter mit der sächsischen SA-Führungsriege in enger Verbindung standen. SS-Oberführer von Nathusius erwies sich als geschickter Vermittler. Er konnte Heldern wenig später mitteilen, dass Lutze ein Verbot der Koppelung von SA-Zugehörigkeit und geschäftlichen Interessen befürwortete. Das war eine konkrete Aussicht auf Abhilfe im Sinne Reemtsmas. Der SA-Chef hatte aber errechnet, dass seiner Organisation durch ein derartiges Verbot der Sturmabteilung ein finanzieller Verlust entstehen würde. Er ging von 250 000 Mark aus, die Sturm jährlich überwies, und ließ von Nathusius fragen, ob denn nicht das Haus Reemtsma diesen Betrag kompensieren könnte.

Kurt Heldern holte die Zustimmung bei den Reemtsma-Brüdern ein und ließ daraufhin der SA 150 000 Mark als Übergangshilfe anweisen. Philipp F. Reemtsma selbst erklärte nach dem Krieg zur »Aktion Nathusius«, dieser Vermittler habe dem SA-Chef weitere finanzielle Unterstützung zugesichert. – Als Lutze 1937 um eine solche nachsuchte, überwies Reemtsma noch einmal 100 000 Mark.[117] – Die SA rückte im Sommer 1934 von Arthur Dresslers Zigarettenfabrik ab und beendete die wirtschaftliche Verquickung. Da nunmehr die SA-Mitglieder nicht mehr genötigt wurden, *Trommler* oder *Neue Front* zu rauchen, ging das Geschäft von Sturm rapide zurück. Andere Zigaretten hatten den besseren Tabak. Der auf diese Weise kaltgestellte Firmeninhaber Dressler machte mit erheblichen Schulden, auch Steuerschulden, im Jahr darauf Pleite.

Dieser Vorgang ist in mehrfacher Hinsicht bemerkenswert: Einerseits zahlte Reemtsma direkt an die SA, um die aus Sicht des Hauses unlauteren Konkurrenzmanöver von Sturm zu beenden. Die

SA tauschte hierbei eine finanzielle Kooperation mit einem Betrieb, in dem zahlreiche Parteigenossen und SA-Männer tätig waren, gegen eine Verbindung zum lange befehdeten Marktführer, zu dessen Gesellschaftern weiterhin der Jude David Schnur gehörte. Sturms unausweichlicher Niedergang ging zu Lasten der Belegschaft und führte letztlich auch das Ende der *Trommler*-Inserate in der Nazi-Presse herbei. Diese Begleiterscheinungen, die de facto nicht wenigen Nationalsozialisten schadeten, nahm die neue SA-Führung in Kauf. Sturm verstummte also, nachdem Reemtsma eine vergleichsweise geringe Kompensation gezahlt hatte. Auf der anderen Seite gewann die neue SA-Führung eine zukunftsträchtige Beziehung zu einem potenten Wirtschaftsunternehmen. Damit konnten beide Seiten offenbar hervorragend leben. Die Vorteile für das Haus Reemtsma überwogen freilich, denn nun gab es eine Front weniger, an der man kämpfen musste. Die Mordaktion befreite die Firma Reemtsma von ihren radikalsten Widersachern.

Das zweite Ereignis von entscheidender Bedeutung betraf David Schnur. Am letzten Juniwochenende zeigte sich ganz offen, dass der Antisemitismus der Regierung nicht mit ›nationalen Spenden‹ oder anderem Wohlverhalten beseitigt werden konnte: Fast zeitgleich zur Ermordung Röhms kam es in Othmarschen zu einer Gestapo-Aktion, bei der man in den Häusern aller drei Reemtsma-Brüder nach Schnur suchte. Im Morgengrauen des 1. Juli drangen drei Gestapo-Männer bei ›Eins‹ ein und befragten ihn nach dem Geschäftspartner. Zuvor waren sie schon in gleicher Sache und erfolglos bei dem fieberkranken Philipp F. Reemtsma gewesen, und selbst der SS-Mann Alwin Reemtsma hatte eine Befragung nach dem Verbleib des Tabakexperten über sich ergehen lassen müssen.[118] Schnur war jedoch am Nachmittag aus Hamburg abgereist. Empört suchte Hermann F. Reemtsma am Sonntagmittag den Altonaer Polizeipräsidenten auf, um ihm die nächtlichen Vorkommnisse zu schildern. Paul Georg Otto Hinkler zeigte sich bestürzt und erklärte, die örtliche Gestapo habe von ihm dazu keinen Befehl erhalten. Offenbar war die Durchsuchung von anderer Stelle durchgeführt worden.

Der vermögende Geschäftsmann hielt sich ahnungslos in Erkner bei Berlin auf, wie Theophil Ahrends am Montagmorgen telefonisch von Schnurs Sekretär erfuhr. Bei dem Telefonat waren Hermann F. Reemtsma und sein Bruder Alwin, Otto Lose und Kurt Heldern zugegen. Dem Sekretär wurde von Ahrends durchgegeben, sein Chef solle unter keinen Umständen seine Wohnung in der Schwedlerstraße in Berlin-Grunewald oder das Büro aufsuchen. Daraufhin flüchtete David Schnur mit seiner Familie und dem Schwager Julius Orlow in die Niederlande. Am Dienstagmittag rief Orlow in der Zentrale an, um mitzuteilen, dass man wohlbehalten in Amsterdam angekommen war. Währenddessen standen zwei Männer vor der Bahrenfelder Fabrik und beobachteten unübersehbar den Haupteingang. Alwin Reemtsmas Chauffeur kannte die beiden: Es waren Zivilpolizisten. An diesen Vorgängen war mit aller Deutlichkeit zu erkennen, dass es für David Schnur keine Sicherheit und keine Möglichkeit mehr gab, seine Tätigkeit als Reemtsma-Gesellschafter in Deutschland fortzusetzen. Man musste sich in seinem persönlichen Interesse und auch in dem der Firma so bald wie möglich voneinander trennen.

Seit 1921 war David Schnur Geschäftspartner von Reemtsma; 1934 hielt er über die niederländische Reemtsma-Holding Caland einen Anteil von 28 Prozent am Unternehmen. Am Aufstieg des Zigarettenherstellers hatte er einen kaum abschätzbaren Anteil. Er zeichnete dafür verantwortlich, Jahr für Jahr erstklassige Tabake zu beschaffen, sodass die Firma ihre Zigaretten mit gleichbleibendem Geschmack produzieren konnte. Dies war eine zwingende Voraussetzung für die Entwicklung der Zigarette zum Markenartikel gewesen. Jedem Reemtsma-Vorstandsmitglied war bewusst, dass eine Trennung von Schnur größte Schwierigkeiten nach sich zog. Doch diese Überlegungen führten nicht weiter. Es musste gehandelt werden.

Am 5. Juli 1934, also nur wenige Tage nachdem Familie Schnur Deutschland verlassen hatte, verkaufte die niederländische Holding Caland ihre Firmenanteile an der Reemtsma Cigarettenfabriken GmbH für mehr als 28 Millionen Mark und ihre Yenidze-Anteile für 5 Millionen Mark an das Brüder-Trio sowie Ernst Friedrich Gütschow. Damit wurde die Trennung von Schnur vollzogen, der seine Caland-Beteiligung für über 14 Millionen Mark an Philipp F. Reemtsma persönlich veräußerte. Dies war ›Zwei‹ zufolge ein Preis, »der sich aufgrund des Status des Unternehmens (Überschuss der Aktiven über die Passiven) ergab«, der aber nicht den beträchtlichen Wert der Marke Reemtsma – den Goodwill der Firma – mit einschloss.[119] Gleichzeitig wurde die Caland liquidiert. Dass diese Transaktion so schnell durchgeführt werden konnte, lag an einer mehrjährigen Vorbereitung. Bereits 1932 hatte Reemtsma die Auflösung angestrebt, denn die Einschaltung der Holding bei der Finanzierung des Tabakeinkaufs war infolge der effektiven deutschen Devisenbewirtschaftung nicht mehr nötig.

Das Finanzministerium war beim Caland-Reemtsma-Geschäft um seine Zustimmung gebeten worden. Im November 1933 schließlich, nach über einjähriger Wartezeit, hatte die Devisenbewirtschaftungsstelle des Ministeriums erklärt, keinerlei Einwände zu erheben. Zu dem Zeitpunkt war es aber nicht zum Verkauf gekommen; die Sache lag wohl wegen der schwebenden Voruntersuchung im »Korruptionsverfahren« auf Eis. Daher konnten die Reemtsmas im Juli 1934 so verblüffend schnell die Anteile von der Holding erwerben, aus der David Schnur ausschied. Als zweiter Schritt wurde die Umwandlung der Reemtsma Cigarettenfabriken GmbH in eine Kommanditgesellschaft angestrebt, wobei es zur endgültigen Fusion mit Haus Neuerburg kommen sollte. An diesem für die deutsche Zigarettenindustrie gravierenden Zusammenschluss musste allerdings noch mehrere Monate gearbeitet werden.

Unmittelbar nach der Auslöschung der SA-Spitze war bei Reemtsma eine fieberhafte Aktivität ausgebrochen. Ernst Röhm und einige andere Mordopfer gehörten zu den prominenten Nazis, die in den drei propagandistischen Zigarettenbilderalben *Kampf um's Dritte Reich*, *Der Staat der Arbeit und des Friedens* und *Deutschland erwacht* vertreten waren. Hunderttausendfach hatte das Unternehmen die Bildchen unters Heer der Raucher gebracht. Die populären Alben waren Bestseller! Und sie enthielten Textstellen, die gerade den, wie jetzt allgemein bekannt wurde, homosexuellen SA-Tribun Röhm verherrlichten. So war in *Kampf um's Dritte Reich* zu lesen: »Der Stabschef, Ernst Röhm, der treue Soldat Adolf Hitlers, marschiert an der Spitze seiner SA-Männer und ist das Vorbild jedes einzelnen jungen Kämpfers im braunen Ehrenkleid!« Kurt Heldern hatte mit gewissem Stolz vier Wochen vor den Morden gegenüber der Wirtschaftlichen Vereinigung der Zigaretten-Industrie erklärt, die drei bislang produzierten nationalen Alben seien »mit Unterstützung des Propaganda-Ministeriums und der maßgebenden Führer der Bewegung fertiggestellt« worden.[120] Auf Anregung hoher Parteistellen und des Goebbels-Ministeriums waren 100 in Schweinsleder gebundene Exemplare von *Deutschland erwacht* darin abgebildeten Prominenten zugegangen. Zudem hatten noch 700 ausgesuchte Empfänger aus NSDAP, SA, SS, DAF, hohe Beamte des Reiches und der Länder sowie Offiziere der Wehrmacht das Album erhalten. Dieser Versuch der Sympathiewerbung von Reemtsma erschien im Frühjahr so gelungen – und nun hingen die Bildbände wie ein Mühlstein am Hals ihrer Urheber.

Als Erstes stoppte die Bahrenfelder Geschäftsleitung am 2. Juli die Auslieferung der Bildchen mit Röhm, Strasser und anderen Ermordeten aus der Serie *Der Staat der Arbeit und des Friedens*. Dies mache keine Schwierigkeiten – so Heldern und Lose in ihrer vertraulichen Information an die Tochterbetriebe –, »weil wir die auszumerzenden Bilder einfach zurückbehalten können«.[121] Am selben Tag wurden die Außendienstmitarbeiter in einem Rundschreiben instruiert, dass aufgrund der »jüngsten politischen Ereignisse, die Ihnen durch die Presse bekannt geworden sind«, selbstverständlich alle Fotos ausgetauscht würden, deren Weitergabe nicht mehr infrage kam. Man wolle sie schnellstens »durch neue Bilder ersetzen, die dem Propaganda-Ministerium in den nächsten Tagen zur Genehmigung vorgelegt werden«. Da die Leeralben zum Teil eingedruckte Illustrationen und Texte mit der Nennung der SA-Führer enthielten, wurden die mit dem Vertrieb der Alben betrauten Frischdienst-Filialen an jenem 2. Juli aufgerufen, erst einmal keine Exemplare mehr herauszugeben, bis die weiteren Schritte abgestimmt waren.

Hier ging die Firma zu einem Zeitpunkt mit Entschiedenheit vor, an dem noch nicht einmal sämtliche Mordopfer bekannt geworden waren. Das Unternehmen wollte keine Zeit verlieren, denn es wäre für die Konkurrenten und Gegner innerhalb und außerhalb der Industrie ein Leichtes gewesen, Reemtsma wegen dieser nunmehr heiklen Alben anzugreifen und empfindlich zu treffen. Nur wenige Tage nach dem blutigen Wochenende hatte die Firma die wichtigsten Fragen geklärt. In einem Rundschreiben vom 7. Juli wurde dem Vertrieb genehmigt, Alben und die um die Ermordeten bereinigten Bilder der Serien *Kampf um's Dritte Reich* und *Deutschland erwacht* auszuliefern. Dagegen erging die Aufforderung, sämtliche Leerexemplare von *Der Staat der Arbeit und des Friedens* »unverzüglich« an die Bielefelder Druckerei Gundlach zurückzusenden. – Auch später wurde nichts unversucht gelassen, die optische Erinnerung an die in Ungnade gefallenen Nazis zu tilgen. Über den Bilderdienst erhielten die Besitzer bereits komplettierter Alben neue Fotos, die, wie etwa ein Lutze-Motiv als Ersatz für Röhm, über die ›Auszumerzenden‹ geklebt werden sollten.

Schon am 3. Juli hatten die Regierung und die gleichgeschaltete Presse die aufsehenerregende Mordwelle als »Staatsnotwehr« gegen angebliche Putschpläne Ernst Röhms zu legitimieren gesucht. Sepp Dietrich, der die Aktion kommandiert und brutal vollstreckt hatte, wurde wegen seiner dabei erworbenen ›Verdienste‹ zum SS-Obergruppenführer befördert. Die Firma Reemtsma ließ diesem Schlächter Mitte des Monats 40 000 Mark anweisen, wie die Reichsschatzmeisterei der NSDAP in ihrer Reemtsma-Spendenliste notierte.[122] Möglicherweise erhielt Sepp Dietrich die Spende als Belohnung für die Befreiung der Zigarettenfirma von ihren lästigen SA-Verfolgern, speziell den Ermordeten wie Georg von Detten und Edmund Heines.

Doppelbödige Geschäfte – ›Arisierungen‹

Bereits im ersten Jahr der Nazi-Herrschaft war wegen des unverkennbaren Antisemitismus der neuen Machthaber in der deutschen Wirtschaft Unruhe entstanden. Jüdischen Unternehmern und Geschäftsleuten war durch den Boykott vom 1. April 1933 mit aller Deutlichkeit vor Augen geführt worden, dass sich das Regime gegen sie stellte und ihre Kunden belästigte. Dies leitete die ›Arisierung‹ von Unternehmen bereits im Jahr der ›Machtergreifung‹ ein, obwohl das Regime noch keine gesetzlichen Zwangsmaßnahmen gegen jüdische Geschäftsleute erlassen hatte. Während Juden oder ›Halb-Juden‹

unter den Inhabern ihre Firmen verkauften, da sie ausgegrenzt wurden und in Deutschland keine Zukunft mehr sahen, wollten zahlreiche Konkurrenten und findige Geschäftsleute günstige Geschäfte machen.

In der Zigarettenbranche waren neben einigen Kleinbetrieben die Firmen Lande und Yramos in Dresden, Garbáty in Pankow, Abeles in München, Jyldis in Saarlouis und Roth-Händle in Lahr ganz oder teilweise in ›nichtarischem‹ Besitz. Die Firma Reemtsma hegte kein Interesse, an der Übernahme dieser in ihrer Bedeutung und Profitabilität sehr unterschiedlichen Betriebe mitzuwirken. Weder geschäftlich noch politisch war dies opportun. Reemtsma brauchte keinen Zuwachs. Eine Ausweitung der Marktanteile durch die Einverleibung von Betrieben hätte Reemtsma nur erneut ins Kreuzfeuer öffentlicher Kritik ziehen können. Auch deswegen hielt sich die Hamburger Firma zurück, als die bezüglich des Umsatzes mit Garbáty vergleichbare W. Lande Cigaretten & Tabakfabrik, Produzent von Marken wie *Mokri*, im Frühjahr 1933 zum Verkauf stand. Wolf Wilhelm Lande überließ das 1897 gegründete mittelgroße Unternehmen schon im Juni 1933 einem Konsortium, dem unter Führung des NSKK-Funktionärs Karl Geissinger ein Rechtsanwalt und eine Gräfin angehörten. Obwohl die Landes Deutschland frühzeitig verließen, entgingen sie nicht den räuberischen Sonderzahlungen. Auch sie mussten wie die später emigrierenden deutschen Juden vor der Auswanderung die berüchtigte ›Reichsfluchtsteuer‹ an den Staat leisten, was einer nahezu völligen finanziellen Enteignung gleichkam. Karl Geissinger zahlte den Kaufpreis in Höhe von einer knappen Million Mark ratenweise, doch im Frühjahr 1939 untersagte der Dresdener Regierungspräsident weitere Zahlungen. Dadurch blieb der Käufer den Landes einen Teil des Geldes schuldig.[123]

Auch außerhalb der Zigarettenbranche wurden den Reemtsmas, das heißt vor allem Philipp F. Reemtsma, Angebote gemacht, jüdische Firmen aufzukaufen oder sich an einer Übernahme zu beteiligen. Dies wurde von dem Hamburger Unternehmer aber weitestgehend vermieden. Ein besonderer Fall war die Berliner Ullstein AG. Der 1877 vom Fürther Juden Leopold Ullstein gegründete Verlag war mit annähernd 10 000 Arbeitern und Angestellten das größte Pressehaus Deutschlands. Es befand sich 1933 im Besitz der fünf Gründersöhne, die, sämtlich getauft, keine jüdische Identität mehr hatten. Dennoch diffamierten die Nazis die bei Ullstein erscheinenden bürgerlich-liberalen Zeitungen und Zeitschriften wie *Berliner Morgenpost*, *Grüne Post* und *Berliner Illustrirte* als ›Judenpresse‹. Sie erreichten Massenauflagen, im Gegensatz zu den Nazi-Blättern. Die Anzeigenkunden aus der Zigarettenindustrie schätzten Ullstein wegen der Reichweite, sodass Reemtsma, Haus Neuerburg, Garbáty und etwa Austria zu den wichtigsten Inserenten des Verlages gehörten.

Angesichts der im Frühjahr 1933 einsetzenden Verfolgung von Journalisten und des Verbots der linksorientierten Parteipresse beriefen die Ullsteins demonstrativ ›Arier‹ in den Vorstand. Die neue Leitung setzte alles daran, jüdische Redakteure aus dem Verlag zu verdrängen. Schon am 1. Juli 1933 war das Ziel erreicht: Von den 300 Journalisten hatten 70 jüdische das von innen ›arisierte‹ Haus Ullstein verlassen, also noch vor der Verkündung entsprechender Goebbels-Gesetze.[124] Wenn die Ullsteins hofften, durch ihre Konzessionen an die Nazi-Politik den Fortbestand des Verlages in ihren Händen zu sichern, so war dies ein Trugschluss. Andauernde Repressalien zielten auf eine baldige ›Arisierung‹. Durch den journalistischen Substanzverlust, wirtschaftliche Probleme und ein mehrwöchiges Verbot der *Grünen Post* geschwächt, suchten die keineswegs auf einer Linie liegenden Ullsteins einen Käufer für ihr auf mindestens 60 Millionen Mark taxiertes Verlagshaus. Hermann Ullstein wandte sich an den ihm von einer Ägyptenreise persönlich bekannten Philipp F. Reemtsma und trug ihm die Übernahme der Aktienmehrheit an. Durch die Gewinnung des vertrauenswürdigen Partners sollte versucht werden, der Familie wenigstens die Aktienminderheit am Verlag zu erhalten. Doch ›Zwei‹ sagte ab, obwohl er den 58-Jährigen schätzte und dessen Sohn Friedrich Ullstein als Assistenten beschäftigt hatte. Er wollte auch unter diesen Umständen nicht an einer ›Arisierung‹ beteiligt sein. Warum? Er müsse sich schäbig vorkommen, wenn er die Notlage der Verleger auf diese Weise ausnutzen würde. Hermann Ullstein hielt dagegen, andere Bewerber ständen bereit und von diesen erwarte man sich keinen fairen Umgang. Dennoch ging der Zigarettenfabrikant nicht auf das Angebot ein.[125]

Der Einstieg beim großen Verlag mit treuhänderischer Intention wäre überaus problematisch gewesen. Im Frühjahr 1934 war David Schnur noch mit 28 Prozent an der Reemtsma Cigarettenfabriken GmbH beteiligt. Schon diese jüdische Teilhaberschaft stellte für die Familie Reemtsma eine gravierende Belastung dar. Wie wäre jetzt eine Mehrheitsbeteiligung an Ullstein durch das Regime bewertet worden? Unternehmerisches Kalkül verbot Philipp F. Reemtsma zwangsläufig solch ein Engagement. Die antisemitische Regierungspolitik im noch jungen Dritten Reich besaß eine unkalkulierbare Dynamik. Daher verweigerte Reemtsma dem Hilfe suchenden Angebot der Verlegerfamilie seine Zustimmung. Im Allgemeinen aber scheute er geschäftliche Risiken keineswegs, wie die Ausweitung seiner Betätigungsfelder in den kommenden Jahren zeigen sollte.

Ein Zigarettenindustrieller als Verleger? Hugo Stinnes hatte vorgelebt, was ein Unternehmer alles in die Hand nehmen konnte: Kohle und Stahl, Holz und Papier, Schifffahrt und Zeitungsverlage, ja selbst Hotels. Und Reemtsma? Ende 1936 trat er doch, wenn auch mit einem überschaubaren finanziellen Einsatz, in die Verlagswelt ein, als er an der Übernahme des S. Fischer Verlags teilhatte. Der Berliner Literaturverlag war seit Beginn der Nazi-Zeit vom Propagandaministerium unter Druck gesetzt worden, der darauf zielte, die jüdischen Besitzer und die missliebigen renommierten Autoren zu verdrängen, um letztlich einen regimekonformen Teil des Buchverlages aus Prestigegründen weiterbestehen zu lassen. Im Frühjahr hatte Gottfried Bermann Fischer eine entsprechende Vereinbarung mit dem Goebbels-Ministerium geschlossen. Er wollte emigrieren, während in Berlin auch künftig ein S. Fischer Verlag als kulturelles Aushängeschild existieren sollte. Der seit Jahren in der Chefetage von S. Fischer tätige Peter Suhrkamp suchte lange Zeit, bis er vertrauenerweckende Investoren fand, die den traditionsreichen Literaturverlag ›arisieren‹ konnten. Hedwig Fischer, die Erbin des 1935 verstorbenen Verlagsgründers Samuel Fischer, unterzeichnete Ende Dezember 1936 den Trennungsvertrag, worauf eine S. Fischer KG gegründet wurde. Deren Kommanditisten waren Clemens Abs aus Bonn, Christoph Ratjen aus Garmisch-Partenkirchen und Philipp F. Reemtsma. Der persönlich haftende Gesellschafter Peter Suhrkamp wurde zum Verlagsleiter bestellt. Schon einige Monate zuvor hatte Gottfried Bermann Fischer mit den Verlagsrechten von 22 verfemten Autoren – darunter Thomas Mann, Carl Zuckmayer, Arthur Schnitzler und Alfred Döblin – in Wien einen Exilverlag aufgebaut. Peter Suhrkamp behielt 120 Autoren, aber deren inhaltliche Bedeutung reichte trotz einiger berühmter Schriftsteller wie Hermann Hesse nicht an den emigrierten Verlagsteil heran.[126]

Die Beteiligung Reemtsmas und der anderen Geldgeber am S. Fischer Verlag wurde öffentlich bekannt, aber sie erregte kein Aufsehen. Bei der Fülle der ›Arisierungen‹ fiel dies nicht weiter ins Gewicht. Warum wirkte der Zigarettenindustrielle an der Übernahme des Buchverlags in der Berliner Lützowstraße mit? Zu dieser Frage gibt es keine tieferen Kenntnisse, weder beim Verlag selbst noch bei der Familie Reemtsma. So viel aber ist sicher: Suhrkamp hatte im Einvernehmen mit den jüdischen Inhabern nach »Finanzleuten« gesucht, denen man vertrauen konnte. Sie sollten trotz der Übernahme das Fortbestehen des Verlages in Deutschland unter dem althergebrachten Namen garantieren. Naheliegend erscheint, dass Hermann J. Abs in Berlin von Peter Suhrkamp angesprochen worden war, worauf er zum einen seinen Bruder Clemens und zum anderem den mit ihm in engem Kontakt stehenden Zigarettenindustriellen ins Boot holte. Als Geldgeber war er von Belang. Jan Philipp Reemtsma zufolge hegte sein Vater bei der Beteiligung keine inhaltlich-verlegerischen Ambitionen. Sie lief einfach nebenher und brachte sogar Geld. Dank Peter Suhrkamps erfolgreicher Tätigkeit warf das Unternehmen zwischen 1936 und 1944 eine Dividende ab, die die Einlagen der Kommanditisten verdoppelte.[127] Gehörte Reemtsma damit zu den Profiteuren, die sich infolge der vom Regime gesteuerten ›Arisierung‹ bereicherten? Nein, denn hier hatte man keinen willfährigen Nazi in der Geschäftsführung installiert, sondern die Fortführung eines wichtigen Literaturverlags ermöglicht. Die Verneinung lässt sich unter anderem mit der Bemerkung des Präsidenten der Reichsschrifttumskammer vom April 1941 stützen: Hanns Johst zufolge hatte Peter Suhrkamp »bei aller Anerkennung persönlicher Qualitäten keine eindeutig nationalsozialistische Linie gefunden«.[128]

Mitte Juli 1934 reiste Philipp F. Reemtsma zur Behandlung ins Sanatorium Bühlerhöhe, das ihm mehrheitlich gehörte. Dort wurde festgestellt, dass Reemtsma an seiner chronischen Streptokokkenvergiftung litt. Bei starker Anspannung brachen die eingekapselten Streptokokken auf und belasteten den Organismus. Damit erklärte der Arzt auch die häufigen Fiebererkrankungen Reemtsmas in den vergangenen Jahren. Eine anhaltende Besserung ließ trotz der Behandlungen auf sich warten. Hermann F. Reemtsma, der Mitte Juli in Bad Kissingen die erste Kur seines Lebens gemacht und sich danach im Thüringer Wald gut erholt hatte, kam in dieser Situation, in der die Geschäftstätigkeit seines Bruders ruhte, eine wichtigere Rolle als bisher zu. Am 15. September mussten Philipp F. Reemtsma in einer Heidelberger Klinik die Mandeln entfernt werden. Erst im Oktober konnte der Unternehmer wieder regelmäßig arbeiten.

Weitaus besser als die gesundheitliche Verfassung des Chefs war die Lage des Geschäfts. Reemtsma hatte einen Millionen-Überschuss erzielt, was die 1931 erlittenen Verluste mehr als wettmachte. Dies verdankte man vor allem den Marken *Eckstein Nr. 5, R6, Salem* und *Juno* sowie der Anfang 1934 von Verkaufschef Heldern entwickelten Billigzigarette *Caid*, die für 2,5 Pfennig angeboten wurde. Nun lag eine Zwischenbilanz von Haus Neuerburg vor, die zeigte, dass der zweitgrößte deutsche Zigarettenhersteller in den ersten acht Monaten des Jahres 1934 einen Gewinn von 6,3 Millionen Mark erzielt hatte. Johannes Kiehl und ›Eins‹ feierten diesen Erfolg Anfang Oktober in einem italienischen Restaurant in der Berliner Fasanenstraße bei gutem Essen, Asti Spumante und Musik. Bei dieser Gelegenheit ließ Hermann F. Reemtsma mit einem leisen Stöhnen durchblicken, dass seine Firma infolge des außerordentlich guten Umsatzes Ende August etwa 40 Millionen Mark flüssiger Mittel auf verschiedenen Bankkonten liegen hatte. Diese Zahlen ließen Direktor Kiehl nicht ruhen, bis er nach einigen Tagen herausfand, dass von den üppigen Reemtsma-Geldern nur ein Viertel über Konten der Deutschen Bank lief. Er erinnerte ›Eins‹ daran, dass sein Bruder einmal versprochen hatte, die Hälfte des Bankenverkehrs von Reemtsma der

Deutschen Bank zu überlassen, und stellte daher anheim, die Summe zu erhöhen.[129]

Im Spätherbst erschien Philipp F. Reemtsma wieder auf der Bildfläche. Er wandte sich sogleich an Johannes Kiehl und fragte, wie bei der Auswanderung von David Schnur zu verfahren sei. Für die Abtretung seiner Reemtsma-Beteiligung hatte Schnur mehr als 14 Millionen Mark erhalten, und es stand zu befürchten, dass bei der Emigration durch die ›Reichsfluchtsteuer‹ ein großer Teil davon verloren ginge. Möglicherweise würden die Zahlungen auch von Staats wegen auf Sperrkonten gelenkt. Daneben hatte Schnur Verbindlichkeiten gegenüber verschiedenen Banken, die nunmehr auszugleichen waren. Philipp F. Reemtsma wollte das Vermögen seines langjährigen Geschäftspartners so umfassend wie möglich ins Ausland transferieren und sich weiterhin seiner unersetzlich erscheinenden Mitwirkung beim Tabakeinkauf versichern. Hierfür bedurfte es nicht nur des Sachverstandes von Kiehl, sondern auch der Zustimmung staatlicher Stellen, vor allem des Wirtschaftsministeriums. In jede dieser Richtungen wurde ›Zwei‹ aktiv. Das war er seinem Partner schuldig.

Auf Wunsch des Wirtschaftsministeriums hatte David Schnur im Frühjahr 1934 eine wichtige Verhandlung in Sofia geführt. Dabei war es um den Abschluss eines größeren Kompensationsgeschäfts zwischen Deutschland und Bulgarien gegangen, so wie es Schnur im Sinne von Reemtsma und der deutschen Exportwirtschaft schon seit Jahren praktiziert hatte. Im Prinzip war dies eine Vorwegnahme des von Reichsbankpräsident Hjalmar Schacht ab September 1934 im sogenannten Neuen Plan forcierten devisenfreien Verrechnungsverkehrs zwischen Deutschland und dem Ausland, womit das Handelsvolumen des Reiches gerade in Südosteuropa anstieg: Schnur orderte bulgarischen Rohtabak, der nicht mit Devisen, sondern entsprechend einem Verrechnungsschlüssel mit deutschen Industrieprodukten bezahlt wurde. Ein Referent des Ministeriums namens Kessler hatte lebhaftes Interesse daran, dass Schnur dies routiniert mit den bulgarischen Stellen aushandelte. Als der Tabakexperte aus Bulgarien nach Deutschland zurückgekehrt war, hatte er Ende Juni sogleich die Flucht nach Amsterdam antreten müssen – bezeichnend für den Kompetenzwirrwarr im Dritten Reich, denn ein im Interesse des Wirtschaftsministeriums agierender Geschäftsmann hätte nicht von der Gestapo verfolgt werden dürfen, auch wenn er Jude war. Schnur wurde weiterhin benötigt, da es Probleme bei der Abwicklung des Kompensationsgeschäfts gab. Unter dem Schutz von Sicherheitsgarantien reiste er erneut nach Bulgarien und sorgte für eine Lösung. Im Dezember 1934 kam Schnur wieder nach Berlin und begann, die mit seiner Emigration verbundenen Steuerfragen zu klären. Man ließ ihn unbehelligt, bis die Familie Schnur am 23. August 1935 Deutschland endgültig verließ.

Reemtsma war es mit einem geschickten Schachzug gelungen, den Tabakexperten auch nach seiner Emigration in seine Geschäfte einzubinden: Schnur gründete in den Niederlanden die Levante Tabak Compagnie, die zukünftig für Reemtsma den Tabakeinkauf auf dem Balkan abwickeln sollte. Dabei wurde ihm eine zweiprozentige Expertisegebühr auf alle Reemtsma-Rohtabakeinkäufe zugestanden, womit ein erhebliches Deviseneinkommen verbunden war. Solch eine vertraglich festgeschriebene Vorzugsbehandlung eines aus Deutschland emigrierenden Juden war dem Wirtschaftsministerium ein Dorn im Auge. Zur Absicherung hatte Reemtsma vorab die Vertragsentwürfe Görings Staatssekretär Paul Körner vorgelegt. Von diesem war Herbert Göring, der als Generalreferent im Wirtschaftsministerium tätige »Schiebervetter« des Ministerpräsidenten, eingeschaltet worden[130], und der sorgte dafür, dass Schnurs Berater- und Lieferverträge durchgewunken wurden. Um weitere Werte entsprechend den von ihm abgegebenen Reemtsma-Firmenanteilen in seine Hände zu transferieren, überschrieb man Schnur mit der griechischen Tabakhandelsfirma Commercial und der Lagerhausfirma Ortab in Bulgarien respektable Auslandswerte der Caland. Unterm Strich besaß David Schnur auch nach der Emigration und der Zahlung von Sondersteuern ein großes Vermögen. Philipp F. Reemtsmas nachdrückliches Engagement barg Risiken, und es machte Reemtsma im Ministerium nicht beliebter; doch aufgrund seiner Beziehungen zu Görings Entourage hatte er das Wagnis offenbar eingehen können. Künftig konnte Schnur also wie gehabt für das Hamburger Großunternehmen in Bulgarien, der Türkei und Griechenland Geschäfte abschließen. Dass er eine andere Position als zuvor einnahm, war auf den ersten Blick nicht erkennbar, zumal ihn ›Zwei‹ im Verlauf des Jahres 1935 mehrfach zu geschäftlichen Besprechungen in Amsterdam und Paris aufsuchte.

Das Ergebnis war für beide Seiten praktikabel, aber es gab noch einen wichtigen Nebeneffekt: Reemtsma war von dem ›Makel‹ befreit, einen Juden als Teilhaber an seiner Seite zu haben. Nach dessen Ausscheiden aus der Reemtsma GmbH wurde die schon länger angestrebte Umfirmierung in eine KG mit neuer Gesellschafterstruktur in Angriff genommen. Philipp F. Reemtsma widmete sich den komplexen Vorarbeiten, was wiederum seine Gesundheit belastete. Anfang Dezember 1934 klagte er gegenüber Kiehl über seine Bronchitis und eine trockene Rippenfellentzündung: »Wenn das so weitergeht, wird die Firma mich wahrscheinlich zum Schrottwert abstoßen.«[131] Es gab erst einmal keine Ruhe in der Bahrenfelder Chefetage, besonders nicht für Alwin Reemtsma, der als Leiter der Steuerabteilung wegen der verschachtelten Firmen- und Gesellschafterkonstruktion ein enormes Arbeitspensum schultern musste. Gegen Jahresende wurde in der Zentrale unter Hochdruck an der Umwandlung zur Personengesellschaft gearbeitet. Der dazu beim Finanzministerium vor Monaten eingereichte Antrag war allerdings immer noch unbeantwortet.

Führt man sich vor Augen, welche Transaktionen das Haus Reemtsma in die Wege leiten wollte, so wird deutlich, dass die ausgeprägte Spendenbereitschaft gegenüber Nazi-Empfängern möglicherweise gezielt zur Ebnung des Terrains eingesetzt wurde. Johannes Kiehl bilanzierte bankintern, die Firma Reemtsma habe 1934 rund 4,5 Millionen Mark für »nationale Spenden« – inklusive der exorbitanten Zahlungen an Hermann Göring – aufgewandt. Von Haus Neuerburg waren noch 750 000 Mark dazuzurechnen. Kiehl mutmaßte, dass dies der Anlass für Reichskanzler Hitler war, den Brüdern Reemtsma sein Porträtfoto mit eigenhändiger Unterschrift zum Weihnachtsfest zu übersenden.[132] Und als Zeichen seiner Wertschätzung hatte Ministerpräsident Göring sein gewidmetes Porträt Philipp F. Reemtsma geschickt. Die Ministerialbürokratie wird das Signal verstanden haben, dass Reemtsma vom ›Führer‹ und vom zweiten Mann im Staate mittlerweile positiv betrachtet wurde.

Zum 2. Januar 1935 konnte die seit langem angestrebte Umwandlung von der Reemtsma Cigarettenfabriken GmbH zur Kommanditgesellschaft H. F. & Ph. F. Reemtsma vollzogen werden. Hermann und sein Bruder Philipp, deren Vornamenskürzel in der Geburtsfolge im Firmennamen erschienen, waren die persönlich haftenden Gesellschafter. Alwin dagegen fungierte lediglich als Kommanditist, wie auch Ernst Friedrich Gütschow, der einst einflussreiche Kopf von Jasmatzi. 69 Prozent der Geschäftsanteile lagen bei den Reemtsmas, die nunmehr ein ›arisches‹ Unternehmen führten, denn auch Kurt Helderns Beteiligung war in eine Unterbeteiligung umgewandelt worden. Die Verteilung des Grundkapitals sah wie folgt aus: Hermann F. Reemtsma hielt 5,269 Millionen Mark, Philipp F. Reemtsma – dank der von Schnur überlassenen Anteile – 18,449 Millionen, Alwin Reemtsma 0,941 Millionen, Ernst Friedrich Gütschow 3,608 Millionen. Im gleichen Zuge ging das Kölner Traditionsunternehmen Haus Neuerburg als Tochterfirma in der neuen KG auf. August, Hermann und Heinrich Neuerburg tauschten ihre Selbständigkeit gegen die Position des Kommanditisten in der Reemtsma KG. Statt einer Auszahlung des beträchtlichen Firmen-Goodwills wurde vereinbart, dass die Neuerburgs sukzessive 51 Millionen Mark in Form einer auslaufenden Gewinnbeteiligung an der Reemtsma KG erhielten. Diese Fusion war der Schlussstein zur Beherrschung der deutschen Zigarettenindustrie durch Reemtsma. Den äußeren Anlass für die Umfirmierung zur Kommanditgesellschaft bot das Gesetz vom 5. Juli 1934, das die Umwandlung von Kapitalgesellschaften (GmbH) in Personalgesellschaften (KG) vorschrieb. Unter anderem wurde damit staatlicherseits die Herausbildung und Stärkung von Unternehmensführern beabsichtigt. Die Kommanditgesellschaften selbst profitierten von steuerlichen Vorteilen.

Für diese Umfirmierung, die einigen Beteiligten Statusverluste brachte, hatte Philipp F. Reemtsma am meisten Überzeugungsarbeit bei dem von ihm als »Grandseigneur der deutschen Tabakwirtschaft« geschätzten Ernst Friedrich Gütschow leisten müssen. Brieflich erfuhr Johannes Kiehl von Reemtsma, dass er mit dem 65-jährigen Unternehmer eine »sehr lange und nicht ganz einfache Unterhaltung« geführt habe, bis er sich durchsetzte und Gütschow einverstanden war, als Kommanditist und Mitglied des Beirats der Reemtsma KG tätig zu sein.[133] Immerhin wurde ihm für das Geschäftsjahr 1935 ein auf 220 000 Mark festgesetzter »Vorausbetrag« zugestanden. In den Folgejahren bis zu seinem Ableben sollte er 80 000 Mark jährlich im Voraus erhalten. Der auf 50 Jahre, bis zum 31. Dezember 1984, abgeschlossene Gesellschaftervertrag schrieb die Anteile an Gewinn und Verlust der Reemtsma KG fest und fixierte gleichzeitig die Machtverhältnisse: Hermann F. Reemtsma 18,64 Prozent, Philipp F. Reemtsma 65,265 Prozent, Alwin Reemtsma 3,33 Prozent, Ernst Friedrich Gütschow 12,765 Prozent.

Neben Gütschow war noch ein weiterer Weggefährte der ersten Jahre verstimmt: Hans Domizlaff hatte erwartet, in den Kreis der Gesellschafter der KG aufgenommen zu werden. Schließlich hatte er Philipp F. Reemtsma seine 1,25 Prozent Caland-Aktien überlassen, damit ›Zwei‹ die Majorität erlangte. Doch dem bedeutenden Werbefachmann wurde im Gegenzug lediglich ein Vertrag angeboten, der ihm Einkünfte eines Gesellschafters verschaffte: Er erhielt eine Garantie-Tantieme sowie eine formelle Tantieme, die 2 Prozent von Philipp F. Reemtsmas Beteiligung am Unternehmen ausmachte. Zudem wurde er in den Reemtsma-Beirat berufen, wie Gütschow, August Neuerburg und Werner Engelhardt, der Leiter der Berliner Josetti Cigarettenfabrik.

Da der Zigarettenkonsum in Deutschland kontinuierlich anstieg und die Reemtsma-Neuerburg-Gruppe vor allem in der wichtigsten Preislage von 3 1/3 Pfennig hervorragende Umsätze machte, ließen sich aufwendige Transaktionen finanzieren. Nach den Ungewissheiten und Strapazen der Jahre 1933 und 1934 dachte man beim unangefochtenen Marktführer der deutschen Zigarettenindustrie sogleich in neuen Dimensionen: Um kostspielige Konkurrenzkämpfe endgültig auszuschalten, plante ›Zwei‹ ein freiwilliges Kartell der deutschen Groß- und Mittelbetriebe. Damit lagen die Reemtsmas auf einer Linie mit der Wirtschaftspolitik des Reiches, das mittels eines im Sommer 1933 erlassenen neuen Kartellgesetzes die weitere Konzentration in der Wirtschaft forciert hatte. So entstanden innerhalb von drei Jahren an die 1600 Kartellverträge und 120 Zwangskartelle.

In der gelenkten Wirtschaft des Dritten Reichs besaßen die dem Wirtschaftsministerium unterstellten sogenannten Fachuntergruppen besondere Bedeutung. Die Leitungsposition der in der Berliner Tiergartenstraße 15 ansässigen »Fachuntergruppe Zigarettenindustrie der Fachgruppe Tabakindustrie, Wirtschaftsgruppe Lebensmittelindustrie« hatte Hermann Ritter von der Martin Brinkmann AG inne. Ende Februar 1935 schrieb Philipp F. Reemtsma an Ritter und skizzierte gegenüber dem Bremer Konkurrenten ein düsteres Bild von der Lage der Branche, das kaum der Realität entsprach, da deren Umsätze stetig anstiegen. Reemtsma war überzeugt, nur einschneidende Maßnahmen könnten die »fortschreitende Verelendung« verhindern. Einige Fabrikanten hätten ihn in den Tagen zuvor aufgesucht und mit ihm darüber gesprochen, wie die Industrie zu sanieren sei. Nach einer dreistündigen Unterredung mit dem Hamburger Constantin Kyriazi glaubte er, eine freiwillige Marktquotenregelung von Firmen, die über 25 Millionen Zigaretten monatlich herstellten, könne die Lösung bringen. Reemtsma zeigte die Bereitschaft, einem Zusammenschluss beizutreten, aber er bat Kyriazi, die Initiative zu übernehmen. Der Grieche nahm Gespräche mit den Dresdener Betrieben auf und konnte alsbald eine Absichtserklärung von Aurelia, Greiling, Lande, Yramos und Kyriazi vorweisen, die ihn ermächtigte, mit Reemtsma und anderen Firmen eine Einigung für eine Quotengemeinschaft herbeizuführen.

Im Hamburger Hotel *Vier Jahreszeiten* fand am 4. März die konstituierende Sitzung der »Interessengemeinschaft deutscher Zigarettenhersteller« (IG) genannten Vereinigung statt. Zum 1. April 1935 wurde die IG für die Dauer von fünf Jahren gegründet. Die 13 darin zusammengeschlossenen Firmen produzierten 96,4 Prozent der über drei Milliarden monatlich in Deutschland gerauchten Zigaretten. Zum Leiter der IG wählten die Firmenchefs Philipp F. Reemtsma, denn er besaß, was auch seine Konkurrenten anerkannten, einen ausgezeichneten Ruf als Verhandlungsführer. Was verband diese Firmen, die eigentlich keinen gemeinsamen Nenner aufwiesen? Die Gruppe der Großen umfasste Reemtsma-Neuerburg, BATC, Lande, Garbáty und Brinkmann. Daneben standen die mittleren Unternehmen Greiling, Aurelia und Austria sowie mit Kyriazi, Muratti,

Dressler-Sturm und Yramos die kleineren. Außen vor blieb die große Zahl der Kleinproduzenten, deren summierter Marktanteil gerade 3,6 Prozent ausmachte. Sie stellten noch nicht einmal echte Markenzigaretten her. Dass mit Garbáty und Yramos zwei Firmen der IG angehörten, die bekanntermaßen jüdische Inhaber hatten, wurde von den Mitgliedern bei Vertragsunterzeichnung toleriert. Beide produzierten gut eingeführte Marken, und das war hier ausschlaggebend.

Das eigentliche Novum der IG war die Bildung eines Umsatzquotenkartells. Die Verkaufszahlen jedes einzelnen Mitglieds im vierten Quartal 1934 bestimmten die prozentuale Quote des Unternehmens, die von den übrigen Mitgliedern nicht infrage gestellt wurde. Bei höheren Umsätzen musste die Firma in eine Poolkasse einzahlen. Bei Minderumsatz erhielt sie aus der Kasse Ausgleichszahlungen. Allerdings war festgelegt, dass bei dauerhaften Umsatzschwankungen die Quote korrigiert werden konnte. Infolge dieser Bestimmungen erhielt Reemtsma-Neuerburg ab 1. April 1935 die bei weitem höchste Quote von 61,2 Prozent. Reemtsma fungierte als geschäftsführende Firma der Interessengemeinschaft. Daher lag es nahe, das von Syndikus Dr. Benno Pranga geleitete IG-Büro in Bahrenfeld unterzubringen. Zu den dort stattfindenden monatlichen Sitzungen mussten die Mitglieder über ihre Geschäftszahlen Rechenschaft ablegen, was nicht jedem leichtfiel, sondern mitunter – wie bei Moritz Garbáty, dessen Umsätze rückläufig waren – zu schweißnassen Händen führte.[134]

Die IG verfolgte in erster Linie die Konsolidierung der Mitgliedsfirmen und die Steigerung der Produktivität, wobei es Konkurrenzkämpfe zu vermeiden galt. Im Frühjahr 1935 hatte es bei ihrer Gründung keine Rolle gespielt, ob das beitretende Unternehmen jüdische Inhaber, Teilhaber oder Geschäftsführer besaß. Doch nur wenige Monate später, im September, monierte die Dresdener Aurelia die Mitgliedschaft von Garbáty und Yramos. Geschäftsführer Ernst Karl Müller war die Vorstellung unerträglich, den beiden Firmen bei Umsatzeinbußen Ausgleichszahlungen aus dem Pool zuzuweisen, Gelder also, die ›arische‹ Unternehmen erwirtschaftet hätten. Der antisemitisch argumentierende Fabrikant empörte sich zudem über ihm bekannt gewordene Sonderabsprachen zwischen Reemtsma-Neuerburg und der »rein jüdischen Zigarettenfabrik Garbáty«, wodurch sich die Gruppe »mit jüdischen Interessen verbunden« habe. Daher erklärte Müller kurzerhand seinen Austritt aus der IG.[135] Doch Philipp F. Reemtsma blockte die Kritik mit dem Hinweis ab, zum Zeitpunkt des Eintritts sei jeder Firma bewusst gewesen, wer zu den Mitgliedern gehörte. Nachdem die Angelegenheit auf Betreiben Reemtsmas vor dem Kartellgericht verhandelt worden war, zog Müller die Kündigung zurück. Demnach gab es unter dem Dach der IG ein weitgehend kollegiales, doch nicht störungsfreies Miteinander. Wie hätten die Mitgliedsfirmen reagiert, wenn in Sachen Garbáty nicht nur eine lose Kooperation Reemtsmas, sondern die tatsächliche Fünfzig-Prozent-Beteiligung bekannt geworden wäre?

Prekär hätte sich auch die Kenntnis der Steuerung von Eugen Garbáty durch Reemtsma auswirken können. Als ein nach allen Seiten aktiver Berater der Zigarettenbranche nutzte der Pankower Unternehmer seine Villa in der Nähe des Berliner Regierungsviertels, deren Unterhaltungskosten ab 1935 die IG zahlte. Zu einem guten Teil auf Anweisung von Philipp F. Reemtsma (was geheim blieb) und der IG führte Garbáty mit in- und ausländischen Verhandlungspartnern vertrauliche Gespräche über Kartell- und Konkurrenzfragen. Als er das Haus Ende 1933 aufgeben wollte, um in eine Appartementwohnung in einem Berliner Hotel umzuziehen, war sein Wunsch von ›Zwei‹ abgewiesen worden. Dessen Argumentation: Eugen Garbáty müsse entsprechend seiner Repräsentationspflicht »als nach außen hin unabhängiger Mittler der deutschen Cigaretteninteressen« die Autorität des freien Fabrikanten wahren, wofür sich das Haus am ehesten eigne. Reemtsma zufolge hatte sich gezeigt, dass es für immer wieder notwendige Abstimmungen unerlässlich sei, »im entscheidenden Augenblick« in einem zwanglosen Rahmen »ohne leidige Kanapeefragen« zusammenkommen zu können.[136]

Das vordringlichste Ziel Philipp F. Reemtsmas war ein sorgfältig austariertes Gefüge der Hersteller, mit exakt festgelegten IG-Marktanteilen. Dabei mussten Irritationen jedweder Art vermieden werden. Folglich kam der finanzkräftigen Reemtsma KG bei Problemfällen eine zentrale Rolle zu. Karl Geissinger hatte 1933 ohne tiefere Sachkenntnis und mit nur wenig Eigenkapital die große Dresdener

Lande GmbH übernommen. Mit Gutscheinbeigaben hatte er es verstanden, eine schnelle Konjunktur der Lande-Zigaretten herbeizuführen, aber diese ließ sich auf die Dauer nicht halten. Infolge von Misswirtschaft geriet Lande wenige Monate nach Gründung der IG in Zahlungsschwierigkeiten. Karl Geissinger trat daher im September 1935 an Philipp F. Reemtsma heran und bat ihn um Unterstützung. Man einigte sich und beschloss eine Sanierung, die auf eine verdeckte Beteiligung Reemtsmas an dem Dresdener Traditionsbetrieb hinauslief: 80 Prozent des Grundkapitals verpfändete Geissinger an Reemtsma, wofür die Firma ein Darlehen von 2,8 Millionen Mark gewährte. Damit war ein Optionsgeschäft verbunden: Geissinger offerierte den Hamburgern die stufenweise erfolgende Übernahme von Lande-Anteilen. Genau genommen arbeitete der ›Arisierer‹ Geissinger fortan nicht mehr als selbständiger Geschäftsmann, sondern als Treuhänder für die Reemtsma KG, die Lande 1945 übernehmen sollte. Wie schon bei den Beteiligungen Ende der zwanziger Jahre legte die Reemtsma KG Wert darauf, dass nichts davon bekannt wurde. Aber Philipp F. Reemtsma verfolgte noch weitere Ziele: Er wollte verhindern, dass die W. Lande GmbH wie Haus Bergmann in die Hände der BATC fiel. Zudem hätte es im ersten Jahr nach der Gründung der IG das geordnete Branchengesamtbild gestört, wenn ein größerer Mitgliedsbetrieb gescheitert wäre. Dank der substanziellen Rückendeckung aus Hamburg konnte Karl Geissinger weiterwirtschaften, bis die Kriegskonjunktur das Unternehmen in der Dresdener Junghansstraße dauerhaft sicherte.

Philipp F. Reemtsma akzeptierte keinerlei Störung der von ihm geprägten Struktur der Zigarettenbranche. In solchen Fällen entfaltete er eine rastlose Aktivität zwischen den Herstellern und Behörden. Eines dieser kämpferisch angegangenen Themen war Anfang 1937 im Finanz- und im Wirtschaftsministerium entstanden. Dort arbeitete man an einer Sonderregelung zugunsten von Kleinbetrieben, die gegenüber den Großen gewisse Vorteile erhalten sollten. Eine 3-Pfennig-Zigarette war geplant, die lediglich von den Kleinen angeboten werden durfte. Umgehend schrieb Reemtsma dem Wirtschaftsministerium, er sehe darin »eine Gefährdung der Lebensbedingungen unserer Werke«.[137] Er halte es für falsch, in Deutschland die Kleinbetriebe von Staats wegen zu unterstützen, wo doch weltweit die Zigarettenherstellung großindustriell ablaufe. Eine Bevorzugung der Kleinen durch die Sonderpreisklasse würde die produktivsten Hersteller Reemtsma, Haus Neuerburg und BATC schädigen, obgleich sie aufgrund »ihres durch Leistung ehrlich erworbenen Absatzes« die Spitze der Branche darstellten. Als Berechtigung einer konsolidierten Klein- und Mittelindustrie erkenne Reemtsma lediglich, dass dort »der unternehmerische Nachwuchs seine Lehr- und Gesellenjahre ableistet«, wodurch Erfahrungen für die spätere Tätigkeit in der Großindustrie gewonnen würden. Ansonsten stelle die Kleinindustrie »kaum ein nützliches Glied der Cigaretten-Wirtschaft« dar. Nach eingehenden Beratungen war die Sonderpreisklasse vom Tisch. Stattdessen wurde im August 1937 auf Betreiben des Wirtschaftsministeriums die »Umsatzgemeinschaft der Kleinhersteller« (UG) gegründet. Während ihr 35 Firmen beitreten durften, ordneten die Behörden die Schließung von über 80 kleineren Zigarettenbetrieben an. Sie erhielten Entschädigungszahlungen, die die IG- und UG-Unternehmen finanzieren mussten.

Philipp F. Reemtsma nahm trotz seiner wiederholten krankheitsbedingten Ausfälle an den wichtigsten Sitzungen der Zigarettenwirtschaft teil und gab umfassende Stellungnahmen ab. Er war der Experte, und es ärgerte ihn immer wieder, dass im Wirtschaftsministerium mit Ministerialrat Dr. K. Poehlmann ein nach seiner Einschätzung überforderter Tabakreferent tätig war. Im April 1938 schilderte Reemtsma dem Staatssekretär Brinkmann eindringlich, das Tabakgewerbe produziere »eines der für die Massenversorgung wichtigsten Verbrauchsgüter in einem Werte von 2,5 bis 3 Milliarden Mark«, wovon der Fiskus einen Ertrag von 1,25 Milliarden Mark erhalte. Dem sollte man im Ministerium auch personell Rechnung tragen.[138] Weiter führte ›Zwei‹ aus, dass Bulgarien, Griechenland und die Türkei »bei planmäßiger Arbeit und bei richtiger Auswertung der Schlüsselstellung des Tabaks noch in weit stärkerem Maße als bisher Wirtschaftsprovinzen für Deutschland werden« könnten. Die baldige Einbeziehung Österreichs nach dem ›Anschluss‹ an das Deutsche Reich ergäbe eine noch stärkere Position des deutschen Tabakeinkaufs. Die Staaten, deren wertvollstes Agrarprodukt der

Tabak sei, ließen sich »in vollkommene Abhängigkeit von Deutschland« bringen, »wenn man sich dieses Mittels in richtiger Weise bedient«. Sofern der Tabakeinkauf über Zwischenhandel und Spekulanten ginge, nähme der Einfluss Deutschlands massiv ab. Daher empfehle er die Neubesetzung des Tabakreferats mit einem qualifizierten und nur für diese Arbeit bestimmten Beamten.

Die Argumentation des Hamburger Industriellen war selbstbewusst, nüchtern und kenntnisreich. Sie verdeutlicht auch seinen Anspruch darauf, gehört zu werden. Ein Jahr zuvor hatte Reemtsma bei Poehlmann gefordert, gegen Verleumdungen in Schutz genommen zu werden, schließlich könne das Unternehmen »in allen seinen Verzweigungen Anspruch auf Geltung und Achtung aufgrund seiner Leistungen im Rahmen der deutschen Volkswirtschaft erheben«.[139] Das schien zwar objektiv richtig, aber die Einstellung von parteigebundenen Ministerialbeamten gegenüber der Reemtsma KG war mitunter überaus zwiespältig. Die Aversionen konnten immer wieder hervorbrechen und dem Ansehen wie auch der Industriepolitik des Hamburger Unternehmens schaden. Diese Fronten verliefen asymmetrisch: Philipp F. Reemtsma konnte daher mit seinen üblichen Mitteln nur bedingt Erfolge im Abwehrkampf erzielen.

Persönliche Regimenähe

1934 hatte Hermann Göring mit seiner 3-Millionen-Forderung tief in die Tasche der Reemtsmas gegriffen. Doch dabei blieb es nicht. Als der letzte Teilbetrag Ende des Jahres gezahlt worden war, hatte der Machtpolitiker durchblicken lassen, dass er regelmäßig Geld wollte. So wurde vereinbart, dass die Firma Reemtsma jährlich 1 Million an Göring überwies. In vierteljährlichen Raten hatte der Zigarettenhersteller zu zahlen, was tatsächlich bis Kriegsende geschah. Auf diesem Wege und über einige »Geschenke« summierten sich Reemtsmas unfreiwillige Spenden an Hermann Göring, den obersten preußischen Beamten und zweitmächtigsten Mann des Nazi-Reiches, auf etwa 12 Millionen Mark. Diesen Tribut leisteten die Reemtsmas in der Erwartung, beim Regime gut gelitten zu sein. Sie lagen dabei nicht falsch, obwohl der unberechenbare Göring natürlich nur einer der führenden Protagonisten war, neben dem auch weitere gefährliche Kräfte standen. So stabil die unternehmerische Situation der Reemtsmas vordergründig erschien, bot sie doch keine dauerhafte Sicherheit.

Zu den Aktivposten im Reemtsma-Vorstand gehörte Direktor Otto Lose. Während Kurt Heldern jetzt weitgehend im Hintergrund arbeitete, trat Lose für die Firma mit hochrangigen Nazis und der Berliner Ministerialbürokratie in Kontakt. Dass er sich für diesen heiklen Posten eignete, hatte er bereits 1933 bei der Sondierung der Möglichkeiten, mit Hermann Göring in Verbindung zu treten, unter Beweis gestellt, als die Geschäftsbeziehung zu Heinrich Hoffmann sehr hilfreich gewesen war. Seitens der Reemtsmas wurde der Kontakt zu Hoffmann nachhaltig gepflegt. Man nutzte dessen Fotos, Sachverstand und kurzen Draht zur Nazi-Führung, wenn es darum ging, ein neues nationalsozialistisches Sammelbilderwerk aus der Taufe zu heben. Die an Hoffmann gezahlten Honorare waren beträchtlich, was wohl nicht allein mit dem aktuellen Marktwert der Fotos, sondern auch mit der Nützlichkeit seiner guten Beziehungen zu erklären ist.

Anlässlich seines fünfzigsten Geburtstags am 12. September 1935 erhielt Hoffmann über Lose ein Geldgeschenk, um sich davon einen Spitzweg zu kaufen. Doch der Jubilar nutzte den Betrag – mehr als 10 000 Mark – nicht für den Erwerb eines Gemäldes. Vielmehr fügte er das Geld seinem »Reemtsma-Fonds« für betagte notleidende Künstler hinzu. Bereits seit 1934 hatte Hoffmann bei Reemtsma Mittel für diesen Zweck eingeworben, und ihm waren zwischenzeitlich mehr als 30 000 Mark zugeflossen. Während die Zuwendungsempfänger über Reemtsma als Stifter des Geldes informiert wurden, erfuhr die Öffentlichkeit nichts von dem Fonds und dessen Financier.[140] Heinrich Hoffmann, der mittlerweile den offiziell klingenden Titel »Reichsbildberichterstatter der NSDAP« trug und zahlreiche führende Parteigenossen porträtierte, besaß seit den frühen dreißiger Jahren eine ausgesprochene ›Führernähe‹. Durch seine Porträts war er Hitlers optisches Medium, und er genoss das Privileg, sich in der privaten Umgebung des Reichskanzlers frei bewegen zu können. Nicht zuletzt deswegen wurde der Fotograf von Reemtsma hofiert.

Wie lukrativ die Verbindung war, erwies eine Kooperation, die 1936 abgeschlossen wurde: Im Jahr der Olympischen Sommerspiele brachte der Cigaretten-Bilderdienst neben einem Album zu dem Sportereignis eine neue Nazi-Bilderserie auf den Markt, die auf Hoffmanns Fotos basierte: *Adolf Hitler. Bilder aus dem Leben des Führers.* Dem Status des Themas entsprechend war das Album besonders aufwendig gestaltet. Den Druck des für 1,60 Mark erhältlichen Albums hatte F. A. Brockhaus in Leipzig übernommen, und die Schwarzweißfotos, die man darin einkleben konnte, waren nicht mehr im Zigarettenschachtelformat, sondern erreichten dank des Bilderschecksystems Postkartengröße. Das in Leinen gebundene Werk, das dem Bilderdienst-Prospekt zufolge ein Bild Hitlers in bislang ungekannter »Unmittelbarkeit« vermittelte, wurde zum Bestseller, wovon die daran gekoppelten Zigarettenmarken nachhaltig profitierten.[141]

In dieser Zeit lud Philipp F. Reemtsma Heinrich Hoffmann zu einer geselligen Abendrunde in seine Villa in der Parkstraße ein. In Anwesenheit des Hausherrn und seiner Frau Gertrud sowie von Hermann und Hanna Reemtsma, Otto Lose und Gemahlin sowie dem Architekten Martin Elsaesser gab sich der Nazi-Fotograf eine Blöße. Stark alkoholisiert beleidigte er Elsaesser mit antisemitischen Bemerkungen, was Gertrud Reemtsma mit Entsetzen aufnahm. Ihr wurde hier plastisch vor Augen geführt, mit wem ihr Mann und die Firma Geschäfte machten.[142] Die Männer schenkten einem solchen Ausfall wie dem von Hoffmann keine weitere Beachtung. Zu viel Bedeutung wurde der Pflege der Beziehungen beigemessen, als dass man den Vertretern der Macht wegen peinlicher Taktlosigkeiten und artikuliertem Rassismus den Rücken kehrte. So war Otto Lose um Sympathiewerbung zum Umfeld Hitlers bemüht, indem er dessen Adjutanten SS-Brigadeführer Julius Schaub als Geschenk 20 in Leder gebundene Adolf-Hitler-Sammelalben und zusätzlich 10 000 Zigaretten zum Weihnachtsfest des Jahres 1936 übersandte. Dies hatte Lose bei seinem letzten Besuch auf dem Obersalzberg versprochen.[143]

Während Philipp F. Reemtsma die jüdischen Geschäftsleute in der IG und im eigenen Betrieb so weit wie möglich in Schutz nahm, kam er Anfang des Jahres 1936 trotz seiner Kriegsbeschädigung bereitwillig einer soldatischen Pflicht nach: Der 42-jährige Unternehmer machte als Reserveoffizier eine sechswöchige Übung bei der Luftwaffe. Offenkundig gefiel ihm diese Rolle, doch gleichzeitig sehnte er, wie er Johannes Kiehl schrieb, die Beendigung seines »Soldatenspielens« herbei, um wieder die Geschäfte der Firma zu führen.[144] Während der Abwesenheit von ›Zwei‹ ging bei Justiziar Ahrends eine streng vertrauliche Nachricht ein: Bei der vom Landesfinanzamt Köln vorgenommenen Prüfung der Bücher von Haus Neuerburg war der Behörde erstmals aufgefallen, dass die Kölner Firma und Reemtsma an Garbáty beteiligt waren. Es gehörte nicht viel Fantasie dazu, sich vorzustellen, dass die Kenntnis von der heiklen Partnerschaft mit der jüdischen Unternehmerfamilie aus Pankow unter nationalsozialistischen Stellen die Runde machte: Reemtsma als gleichberechtigter Teilhaber einer ›Judenfirma‹, die der IG angehörte und davon profitierte! Wie passte das mit den Bilderalben zusammen, die das Dritte Reich verherrlichten? Wie konnte es sein, dass das Unternehmen in hohem Umfang an die Gliederungen der Partei spendete und ein Reemtsma-Direktor wie Otto Lose im Propagandaministerium ein und aus ging, während die Garbátys Partner waren? Wie verhielt sich Alwin Reemtsma dazu, der seit Sommer 1934 zum Stab der SS-Motorstandarte 15 kommandiert war? Von Philipp F. Reemtsmas mehrfach manifestierter Beziehung zu Hermann Göring ganz zu schweigen.

Das Bekanntwerden der Garbáty-Verbindung hätte unangenehm werden können, aber 1936 entstand daraus eigentümlicherweise kein Skandal. Vielleicht zuckten die Konkurrenten in der Branche nur mit den Schultern, da sie bei Reemtsma ohnehin nichts mehr überraschte; und wegen der offenkundig guten Verbindungen der Hamburger in die Spitze des Regimes konnten mögliche Kritiker denken, es sei angebrachter, in der Reserve zu verharren. So blieb es ruhig, und den Reemtsmas gelang Ende Juni des Jahres ein öffentlichkeitswirksamer Coup: Während Hermann Göring Hamburg wegen Wirtschaftsbesprechungen und zum Deutschen Derby besuchte, machte er eine Visite in der Bahrenfelder Reemtsma-Zentrale. An einem herrlichen Frühsommertag fuhr der in einen weißen Anzug gekleidete prominente Gast im offenen Mercedes-Zweisitzer vor und

Gast mit Gefolge: Der preußische Ministerpräsident Hermann Göring wird in Bahrenfeld von Hermann (links) und Philipp F. Reemtsma (rechts) begrüßt, Juni 1936

wurde von den Reemtsma-Brüdern herzlich begrüßt. Göring ließ sich das Werk und die Arbeitsvorgänge zeigen, wobei er in der Lösehalle eine kurze Ansprache vor den Arbeiterinnen hielt. Die Reemtsmas und ein ganzer Tross von Führungskräften begleiteten den hohen Besucher bei seinem Rundgang. Dem schloss sich eine Einladung in die Villa in der Parkstraße an. Der Ministerpräsident gewährte ›Zwei‹ die Ehre, dorthin an seiner Seite im Cabrio mitzufahren. Im Haus Kretkamp bewunderte der in der Hitze schwitzende Politiker das Schwimmbad mit seinen heruntergelassenen Fensterscheiben und sehnte sich nach einem kühlenden Bad. Göring hatte allerdings keine Badehose dabei, und im Hause Reemtsma hätte dem beleibten Herrn niemand mit einem passenden Textil aushelfen können. In dieser Situation schaffte Gertrud Reemtsma kurzerhand Abhilfe, indem sie die Vorhänge des Schwimmbades zuziehen ließ, damit der Gast alleine nackt baden konnte. Göring nahm das Angebot dankend an und erfrischte sich auf diese Weise im Pool von Haus Kretkamp. Nach der Abfahrt des hohen Gastes rief Gertrud zur allgemeinen Erheiterung in die familiäre Runde: »... und jetzt füllen wir das Wasser in Flaschen ab, um es zur Erinnerung an das denkwürdige Ereignis aufzuheben!«

Zu dieser Zeit waren die Reemtsmas äußerlich im Dritten Reich gut gelitten, und firmenintern legten sie besonderen Wert auf zeitgemäße Umgangsformen. So veröffentlichten Betriebsführer Hermann F. Reemtsma und der Betriebszellenobmann im Juli 1936 einen Aushang für »die Gesamtgefolgschaft« der Firma. Darin wurde an die drei Jahre zuvor erlassene Anordnung erinnert, dass »in unserem Betrieb mit dem deutschen Gruß zu grüßen ist«.[145] Es bestehe konkreter Anlass zu der Ermahnung, denn die Handhabung des Hitlergrußes lasse »zu wünschen übrig«. Dieser Einsatz für die Stärkung der regimekonformen Unternehmenskultur wird von der DAF aufmerksam registriert worden sein. Besondere Ehren verdiente sich Philipp F. Reemtsma im selben Jahr, als in der ersten Augusthälfte die olympischen Sommerspiele das Interesse der Weltöffentlichkeit auf die Reichshauptstadt lenkten. Nicht bekannt wurde, dass der Zigarettenfabrikant den Löwenanteil des Budgets der bulgarischen Sportler übernahm. Darin kam die intensive Handelsbeziehung zwischen dem Tabakproduzenten Bulgarien und dem Hamburger Großabnehmer einmal auf eine andere Weise zum Ausdruck. In Anbetracht dieser internationalen Sportförderung betrieb der bulgarische Konsul unmittelbar nach dem Ende der Spiele die Ehrung des deutschen Industriellen. Bereitwillig verlieh König Boris III. Philipp F. Reemtsma das Großoffizierkreuz des Königlich Bulgarischen Zivilverdienstordens, dessen Annahme Adolf Hitler im März 1937 genehmigte.[146] Damit besaß der Unternehmer bereits zwei südosteuropäische Auszeichnungen, hatte er doch drei Jahre zuvor das Offizierskreuz des Griechischen Erlöserordens erhalten. Die Hauptproduzenten des Orienttabaks wussten um die wachsende Bedeutung dieses geschäftlich expandierenden deutschen Kunden für ihre

Außenhandelsbilanz. So steigerte sich der Anteil der Hamburger am deutschen Tabakimport aus Griechenland bis Kriegsbeginn auf 68 Prozent der dort getätigten Einkäufe.[147]

Philipp F. Reemtsma verstand es, nachhaltig nutzbare Netzwerke aufzubauen. Um in der ersten Reihe eine Rolle zu spielen, gab es ein Muss an Kontakten, und auch das erfüllte Reemtsma überzeugend. In Hamburg gehörte der Unternehmer zu den Wirtschaftsberatern des vor Ort allmächtigen Gauleiters und Reichsstatthalters Karl Kaufmann, weshalb er am 24. August 1938 an den offiziellen Empfängen zu Ehren des ungarischen Reichsverwesers Admiral Miklós von Horthy und Adolf Hitlers teilnehmen konnte. Im großen Stil hatte Kaufmann Hamburg herausputzen lassen. Als auch am selben Tag der Schwere Kreuzer *Prinz Eugen* an der Elbe vom Stapel lief, nahm Reemtsma als erst kürzlich von Kaufmann ernannter Ratsherr der Hansestadt und prosperierender Unternehmer an dem festlichen Akt teil. Außerdem unterstützte er zum wiederholten Male den Nazi-Zeitungsverleger Edgar Brinkmann mit Krediten. Dieser hatte sich aus den kläglichen Anfängen als Chef des 1931 gestarteten *Hamburger Tageblattes* inzwischen zum Vorsitzenden des Vereins deutscher Zeitungsverleger und Vertrauten des Hamburger Gauleiters gemausert. Als Brinkmann 1937 für seine Zeitung ein Gebäude in bester Hamburger Lage zwischen Jungfernstieg und Rathausmarkt von jüdischen Besitzern erwerben wollte, erhielt er von Philipp F. Reemtsma ein Darlehen in Höhe von 80 000 Mark.[148] Reemtsma und Brinkmann verband bereits zu dieser Zeit eine ausbaufähige Freundschaft. Von Nutzen war sie in der ›Gauhauptstadt‹ Hamburg für beide Seiten. Es schien so, als habe Philipp F. Reemtsma Zugang zu den inneren Zirkeln von Wirtschaft und Staatsapparat, nicht nur in Hamburg, sondern in ganz Deutschland. Seiner unternehmerischen Autorität entsprechend hatte man ihn 1936 bzw. 1937 in den Beirat der Deutschen Reichsbank, in den Wirtschaftsrat der Deutschen Akademie München und in die Akademie für Deutsches Recht berufen. Über seine Aufsichtsratsmandate wie bei der Deutschen Bank und der Wuppertaler Vereinigten Glanzstoff-Fabriken AG, einen Posten, den ihm deren Aufsichtsratsvorsitzender Hermann J. Abs verschafft hatte, schaute er längst über den Tellerrand der Markenzigarette hinaus. –

Diese respektablen Positionen kontrastierten überaus stark mit den bedrückenden Verhältnissen des Jahres 1933, als die neuen Machthaber Reemtsma sogar wegen demokratischer Gesinnung aus der Altonaer Handelskammer ausgeschlossen hatten. Jetzt war er arriviert, nicht mehr gehetzt.

Seit Ende Oktober 1936 war Hermann Göring der Beauftragte für den ›Vierjahresplan‹, der unter der Hand die Kriegsbereitschaft von Armee und Wirtschaft herbeiführen sollte. Offiziell diente er jedoch der wirtschaftlichen Stärkung und Autarkie des Deutschen Reiches. Unmittelbar nach Ernennung Görings zum Chef des Projekts lud der eine Reihe von Unternehmern zum Gespräch. Dabei wurden Philipp F. Reemtsma und die übrigen Anwesenden aufgefordert, die Planerfüllung durch energischen Einsatz in ihrem jeweiligen Spezialgebiet zu unterstützen. Nach Göring trat Hitler vor die Wirtschaftsvertreter und referierte in einer einstündigen Rede die außenpolitische Relevanz des Vierjahresplans. Reemtsma konnte und wollte sich den Forderungen der Staatsführung nicht entziehen. Allerdings gab es dazu in der Zigarettenwirtschaft keine Ansatzpunkte, weshalb er zu Gauleiter Kaufmann ging und seine Bereitschaft erklärte, bei Finanzierungen mitzuwirken, wenn in Hamburg eigene Vierjahresplan-Projekte Bedarf hätten. Er brauchte nicht lange zu warten. Im Oktober 1937 wurde er von Kaufmann um ein Engagement in der Fischwirtschaft gebeten. Beabsichtigt war, die Fangkapazität der deutschen Hochseefischerei zu erhöhen, doch Hamburg verfügte nicht über genügend Dampfer. Da der Zigarettenunternehmer nicht Hals über Kopf in dieses ihm fremde Metier einsteigen wollte, beschränkte er sich auf die Bereitstellung des benötigten Kapitals für einige Neubauten. 1938 bis 1940 liefen bei der Hamburger Norderwerft vier Fischkutter vom Stapel, die die Namen der Söhne von Philipp und Hermann F. Reemtsma trugen: *Uwe, Jochen, Reemt* und *Hermann-Hinrich.* Die in eine Partenreederei eingebrachten Schiffe wurden der Reederei C. Andersen zur Verfügung gestellt. Der Gauleiter legte Reemtsma nahe, sein Engagement in der Fisch-, Konservierungs-, und Tiefkühlwirtschaft zu verstärken. Die wichtigste Gründung war dabei die Firma Andersen & Co. Sie erhielt von Reemtsma als Kommanditeinlage 35 Millionen Mark.

Das war ein enormes Investment in zum Teil verlustreiche Techniken, doch einem Gesprächspartner in seiner Firma gab ›Zwei‹ zu verstehen, ihm sei es sympathischer, Millionenbeträge in einen Versuch zu stecken, als sie in Form von Steuern verschwinden zu sehen.[149] Im Krieg sollten sich dieses finanzielle Engagement und die von Andersen & Co. betriebenen Bereiche der Lebensmittelkonservierung drastisch ausweiten.

Über den Vierjahresplan wurde Philipp F. Reemtsma im Frühjahr 1938 in eine deutsch-niederländische Angelegenheit hineingezogen. Im Mai nahm er im Berliner Vierjahresplan-Büro an einer Besprechung teil, bei der unter anderem Hermann Göring, die Staatssekretäre Rudolf Brinkmann und Rudolf Körner sowie Hermann J. Abs zugegen waren. Es ging um das Arnheimer Textilunternehmen AKU. Über ein Finanzmanöver wollte Göring die Aktienmehrheit der Allgemeene Kunstzijde Unie gewinnen. Abs konnte ihn hiervon abbringen. Wenig später wurde bei einer weiteren Unterredung vorgeschlagen, den AKU-Aktienkurs mittels der Vereinigten Glanzstoff-Fabriken zu manipulieren. Die beunruhigte Glanzstoff-Geschäftsleitung erteilte ihrem Aufsichtsrat Philipp F. Reemtsma den Auftrag, bei Göring vorstellig zu werden, um dies zu stoppen. Wie Abs später von seinem Kollegen Kiehl erfuhr, konnte Reemtsma den »verrückten Plan« tatsächlich zu Fall bringen.[150] Erkennbar ist hieran, wie stark Reemtsma in Görings Wirtschaftsambitionen involviert war. Als Investor, Aufsichtsrat und letztlich auch als Aktionär der AKU hatte der Hamburger Gewicht. Schließlich besaßen die Firma Reemtsma sowie ›Zwei‹ persönlich, seine Frau Gertrud und sein Bruder Alwin Aktien des niederländischen Textilunternehmens.

Lebensstil

Die ›Hamburger Gesellschaft‹ hätte die mittlerweile in Othmarschen lebenden Reemtsma-Brüder als so etwas wie neureiche Zugereiste ansehen können. Dabei ist die besondere Situation dieser Wohngegend zu beachten: Hier waren von einigen in jüngster Zeit erfolgreichen Unternehmern wie den Familien Ruhstrat, Brinkama und Koger Häuser herrschaftlichen Zuschnitts gebaut worden, und gleichzeitig hatten andere infolge der Wirtschaftskrise Pleite gemacht. Entlang der Elbchaussee, in Nienstedten, Flottbek und Dockenhuden, standen noch Anfang 1932 derart viele Villen und Herrenhäuser leer, dass die *Illustrierte der Altonaer Nachrichten* über Notverkäufe berichtete: »Niemand kommt, denn niemand hat das Geld, heute zwanzig Zimmer angemessen und stilgerecht zu möblieren und für die Pflege des Parks drei Privatgärtner zu engagieren.«[151] – Nun, es gab schon zu dieser Zeit ein gewisses Hin und Her zwischen Erfolgreichen, Parvenüs und Pleitiers westlich von Altona, in diesen Stadtteilen mit ihrer schönen, von Parks und Grünanlagen aufgelockerten Struktur in der Nähe des Elbufers.

Die älteren Reemtsma-Brüder hatten keine heruntergekommenen Villen gekauft, sie hatten für sich und ihre Familien luxuriöse Domizile nach eigenen Plänen geschaffen. Damit gehörten sie zu den Neu-Othmarschenern, die mithilfe von Architekten und Künstlern ihre häusliche Lebenswelt verwirklichten. Bei den Anwesen und der Lebensführung von ›Eins‹ und ›Zwei‹ gab es eine nicht zu übersehende Konkurrenz. Ihre Villen waren großen Zuschnitts. Dabei stach Philipps 1932 bezogenes Haus in jeder Hinsicht hervor. Es war ein kühl errichteter Superlativ, dessen repräsentativer Charakter auch für die Untermauerung des Führungsanspruchs in der deutschen Zigarettenindustrie genutzt wurde, indem ausgewählte Geschäftspartner Einladungen dorthin erhielten. Demgegenüber war das bereits Mitte der zwanziger Jahre bezogene Haus von ›Eins‹ am Zickzackweg in seinen Dimensionen weniger eindrucksvoll, aber es lag auf einem bemerkenswert großen Grundstück, was dem Ganzen ein herrschaftliches Gepräge verlieh: Neben dem Wohnhaus stand ein hübsches Gästehaus, in dem der Unternehmer auch seine privaten Arbeitsräume hatte. Hinzu kamen weitere Wohngebäude für den Hausmeister und die Gärtner.

Als die Villen bezogen wurden, hatten beide Familien drei Kinder: Bei Hermann und seiner Frau Hanna waren dies die Töchter Helga, Hanna und Heike, während Philipp und Gertrud drei Söhne, Uwe, Jochen und Reemt, bekommen hatten. Im April 1935 – neun Jahre nach der jüngsten Tochter – folgte dann mit der Geburt Hermann-Hinrich Reemtsmas auch ein »Stammhalter« im Haus am Zick-

Zigaretten zur Taufe: Sonderanfertigung
für die Festgäste, 1935

zackweg. Die Kinder besuchten nahe gelegene Schulen in Othmarschen und Blankenese, wie Heike, die auf das Berta-Lyceum ging.

Da ›Eins‹ Mozart schätzte und mit Vorliebe Hauskonzerte veranstaltete, traten am Zickzackweg viele Musiker auf. Das Publikum bestand aus Verwandten und Freunden aus der Hamburger Gesellschaft. Ihnen gaben Hermann und Hanna Reemtsma mit ihren Festen einen nobel gestalteten Rahmen, der jedoch nicht übertrieben wirken sollte. Gediegen musste, edel durfte es sein, nie aber aufdringlich und protzig. Der Hausherr war leutseliger als seine Brüder Philipp und Alwin. Dennoch kennzeichnete die für die Familie charakteristische zurückhaltende Art auch sein Verhalten. Auf Freundinnen seiner Töchter wirkte er eher schüchtern und sympathisch zugleich. Die auffallendste Erscheinung unter den Hausangestellten war der aus Österreich stammende Diener Alfons, der besonders feine Umgangsformen hatte. Er kümmerte sich um das Tafelsilber, das er in der Silberkammer mit Hingabe unter den Augen der jüngsten Tochter Heike und ihrer Freundin Christine Gröseling putzte.

Hermann F. Reemtsma hatte für sich und seine Töchter eigene Pferdeställe auf dem Grundstück errichten lassen. In den frühen

Morgenstunden ritt der Hausherr auf seiner Reitwiese am Haus, aber um acht Uhr war er schon in Bahrenfeld und musterte aufmerksam die Mitarbeiter beim Gang durch das Fabriktor. Sehr beliebt in der Othmarschener Nachbarschaft waren die Osterfeuer, die ›Eins‹ auf seiner Reitwiese abbrennen ließ. Haus Kretkamp setzte auch einen besonderen Akzent mit überaus prächtigen Silvesterfeuerwerken, die von Nachbarn als hinreißend schön empfunden wurden.[152] Schließlich kannte man so etwas bislang im privaten Rahmen noch nicht. 1935 wurde Alwin Reemtsma die Wohnung an der Flottbeker Chaussee zu eng, und er bezog ein neues Domizil in der Nähe seiner Brüder. Im Gegensatz zu diesen aber baute er nicht neu, sondern erwarb ein aus den zwanziger Jahren stammendes Haus im Kleinflottbeker Weg. Dort lebte er mit seiner zweiten Ehefrau Irmgard und den beiden Söhnen Feiko und Jan Berend im Vergleich zu den Brüdern am wenigsten anspruchsvoll, doch sehr komfortabel.

Aus der Hamburger Gesellschaft machte sich Philipp F. Reemtsma nicht sonderlich viel, denn er stand mit Unternehmerpersönlichkeiten seiner eigenen Branche und darüber hinaus in verschiedenen Wirtschaftszweigen in Verbindung. Gerade das Aufsichtsratsmandat bei der Deutschen Bank hatte Schlüsselcharakter. Beispielsweise gelangte Reemtsma so in die Aufsichtsgremien des Waschmittelproduzenten Henkel.

Über solche Posten weitete Philipp F. Reemtsma seine Kontakte in der deutschen Wirtschaft aus. Hinzu kam sein häufiger Umgang mit Berliner Ministerialbeamten. Sein Bruder Hermann dagegen pflegte intensivere Hamburger Beziehungen. Mit Bedacht wählte er als persönlichen Rechtsanwalt Kurt Sieveking, der einer der angesehensten Patrizierfamilien der Stadt entstammte. Und vor Ort förderte er die Kirchengemeinde Groß-Flottbek. Deren Pastor Eduard Juhl hatte Hermann F. Reemtsma 1934 kennengelernt, als er seine älteste Tochter Helga zum Konfirmandenunterricht anmeldete. Zwischen den beiden Männern entstand eine intensivere Beziehung, auch dadurch, dass Juhl im Haus am Zickzackweg Anfang September 1935 den lang ersehnten Sohn Hermann-Hinrich taufte. In Verbundenheit mit dem Seelsorger stiftete Reemtsma zwei Jahre später 50 000 Mark für die Errichtung des Gemeindehauses der Groß-

Flottbeker Kirche. Das machte mehr als die Hälfte der Baukosten aus, und als diese im letzten Friedensjahr wegen der allgemeinen Materialknappheit anstiegen, legte der Stifter noch etwas nach.[153] Auf diesem Wege festigte Hermann F. Reemtsma den mäzenatischen Ruf seiner Familie.

Nachdem Alwin und Irmgard Reemtsma in die gleiche Gegend gezogen waren, kamen ihre Söhne Feiko und Jan Berend täglich mit den drei Cousins aus Haus Kretkamp in Kontakt. Deren Mutter Gertrud hatte eine geschickte Art im Umgang mit den Kindern. Dabei konnte sie spontan und mitunter sehr fantasievoll sein. Einmal baute sie mit Jochen, Reemt, Jan Berend und anderen Kindern im Turnzimmer aus Bänken und Leitern mittels darübergelegter Matten eine Höhle, in der sich die Anwesenden bei Kerzenschein versammelten, während die Mutter aus dem Stegreif Märchen vortrug. Aber die Hausherrin besaß auch eine kurios verspielte Ader: Die lange Treppe in der großen Halle nutzte sie eines Tages mit dem jüngsten Sohn Reemt sowie mit den Neffen Feiko und Jan Berend als Rutschbahn: Mehrfach rutschten sie nacheinander auf einem großen Tablett, das Gertrud aus der Küche geholt hatte, mit Karacho die Stufen hinunter. Gefährlich war dies nicht, denn die Treppe hatte mit Rücksicht auf das versteifte Bein Philipp F. Reemtsmas ein auffallend flaches Steigungsmaß, schließlich sollte der Herr von Haus Kretkamp bequem in die Halle oder auf die Galerie gelangen können.

Im Winter 1938 wurde hier ein privater Tanzunterricht abgehalten. Sonnabends kamen Mädchen und Jungen aus den besseren Familien der westlichen Elbvororte zu Tanzstunden zusammen, die jede Woche in einem anderen Elternhaus stattfanden. Das Haus der Reemtsmas stach mit seiner modernen Architektur besonders heraus. Parkartige Gärten und Dienerschaft kannten diese Sprösslinge vermögender Eltern, aber hier bei Philipp F. Reemtsma wirkte alles anders: Die Glastüren, die Garderobe, die Dimensionen der zum Tanzen hergerichteten Halle, das wirkte eher wie ein modernes Hotel, nicht wie ein Privathaus. Trotz der kühlen Atmosphäre erlebten die vom Tanzlehrer Wend unterrichteten Kinder, darunter auch Heike Reemtsma und ihre Freundin Christine, die frühabendlichen Stunden als einprägsames Fest.

In politischer Hinsicht hatten die Reemtsmas in der Zeit der Weimarer Republik demokratische Parteien unterstützt. Nutznießer waren auf lokaler Ebene vor allem der Sozialdemokrat Max Brauer und auf Reichsebene Heinrich Brüning gewesen. Dass die Zigarettenfabrikanten 1932 im Interesse von Kanzler Brüning den sogenannten Hindenburgfonds bei der Wahl zum Amt des Reichspräsidenten finanziell unterstützt hatten, war nach der ›Machtergreifung‹ Geschichte. Eine Geschichte der Förderung der nun viel geschmähten Weimarer ›Systemzeit‹, die man von Widersachern im Staatsapparat bei passender Gelegenheit vorgehalten bekommen konnte. Seit März 1933 war das Bekenntnis zur Demokratie bei den Reemtsmas völlig in den Hintergrund getreten. Im Verborgenen allerdings wurden Zahlungen an emigrierte Politiker veranlasst, die über Reemtsmas Auslandsgesellschaften abgewickelt werden konnten. Daneben kam es zu demonstrativen Manifestationen patriotischer, mitunter nationalsozialistischer Einstellungen. Irmgard Reemtsma, die Ehefrau von ›Drei‹, stammte als Bremer Bürgertochter aus einem deutschnationalen Kreis. Sie hegte eine tiefe Antipathie gegen überzeugte Nazis. Dennoch traten ihre Söhne Feiko und Jan Berend wie auch die Kinder der beiden anderen Reemtsma-Familien nach und nach den Nazi-Jugendorganisationen bei. Hermanns Töchter wurden im Bund Deutscher Mädel aktiv, und der Vater erlaubte es Heikes Jungmädel-Gruppe, in einem Aufenthaltsraum bei seinem Hausmeister Göring zusammenzutreffen. Während sich am Zickzackweg uniformierte Othmarschener Mädchen einfanden, entstand in der Parkstraße bei Philipp ein Treffpunkt für Jungvolk und Hitlerjugend. Dafür wurde ein mit Porträtfotos von Reichsjugendführer Baldur von Schirach, Hermann Göring und Adolf Hitler dekorierter Aufenthaltsraum im Wirtschaftsgebäude von Haus Kretkamp genutzt, wo sich Uwe mit seinen Freunden von der HJ und der von Jochen geführte Jungzug versammelten. Die jüngste Generation der Reemtsmas war mit Überzeugung bei der Sache. Gerade Jochen wollte nicht allein Mitglied sein, sondern eine Führungsrolle einnehmen, was ihm im Jungvolk und dann in der HJ spielend gelang.

Die Rangfolge der innerfamiliären nationalsozialistischen Annäherung stellte die Familienhierarchie gewissermaßen auf den Kopf:

Alwin Reemtsma füllte eine augenfällige Paraderolle in schwarzem SS-Tuch oder in Wehrmachts- und Jägeruniform aus, während der mehr deutschpatriotische Philipp nur phasenweise wegen seiner Verbindungen zu wichtigen Nazis auf deren Ansichten einschwenken musste. Hermann verhielt sich am wenigsten markant. Dafür nahm er aber die Rolle des pflichtbewussten Betriebsführers ein. Die Söhne und Töchter dieser drei Reemtsma-Linien suchten keine Nuancen oder Nischen, sie waren entsprechend ihrem Alter mit von der Partie in den Jugendgliederungen der Partei. Dabei ließen die Eltern sie nicht etwa nur gewähren, sondern förderten die eine oder andere Aktivität der Kinder mit Nachdruck.

Die neue Leidenschaft, die bei Philipp F. Reemtsma auf der Weltreise mit der *Resolute* geweckt worden war, hatte sich gehalten: Unterstützt von dem Experten Dr. Wachsberger sammelte er ostasiatische Kunst. Chinesische Vasen und Tabaktöpfe, Wandteppiche und andere Stücke zierten nun zahlreiche Räume der Villa. Zur gleichen Zeit begann Philipp F. Reemtsma Gemälde zu kaufen, wobei ihn Dr. Martin Feddersen vom Hamburger Museum für Kunst und Gewerbe beriet. Sein Hauptinteresse beim Aufbau einer eigenen Kunstsammlung galt alten Meistern, doch er erschloss sich noch ein weiteres Spezialgebiet: Er trug Literatur und kulturhistorische Stücke zur Tabak- und Rauchkultur Amerikas und Europas zusammen. Dabei kam ihm zugute, dass er im Frühjahr 1936 das vom Kölner Tabakunternehmer Joseph Feinhals geschaffene sogenannte Feinhals-Museum für 50 000 Mark übernehmen konnte. Damit war der Grundstein zur »Tabago-Sammlung« gelegt, die noch Jahrzehnte später Interessierte aus aller Welt in die Parkstraße führen und beeindrucken sollte.

Auf einer Mittelmeerkreuzfahrt im Jahre 1933 hatten Hanna und Hermann F. Reemtsma den Maler und Bildhauer Hugo Körtzinger kennengelernt. Dieser aus dem Wendland stammende Künstler malte und zeichnete an Bord im Auftrag der Reederei, um die Passagiere zu unterhalten. Reemtsma wiederum hatte Ende der zwanziger Jahre begonnen, eine eigene Kunstsammlung aufzubauen, wozu Gemälde Max Liebermanns und Paula Modersohn-Beckers genauso gehörten wie die Plastik *Junge Frau* von Georg Kolbe. Aus der Urlaubsbekanntschaft erwuchs ein anhaltender intensiver Austausch zwischen dem Künstler und dem vermögenden Kunstfreund. Körtzinger beriet den gleichaltrigen Unternehmer beim Ankauf verschiedenster Werke, wobei nahezu wöchentlich Briefe gewechselt wurden. Diesem Berater verdankte Hermann F. Reemtsma einen entscheidenden Impuls für seine Sammlertätigkeit, denn er machte ihn auf Ernst Barlach aufmerksam.

Über lange Jahre war Barlach ein gefragter, anerkannter Künstler und auch Dramatiker gewesen. Vor allem seine Skulpturen wurden im öffentlichen Raum in Kirchen und Museen präsentiert, etwa in Mecklenburg, Kiel, Magdeburg und Hamburg. Im Februar 1933 erhielt der in Güstrow arbeitende Künstler in Anerkennung seines Gesamtwerks die Friedensklasse des Pour le Mérite. Doch nur einen Monat später forderte der Domgemeinderat Magdeburg in eilfertiger Anbiederung an das Nazi-Kunstverständnis die Entfernung des *Magdeburger Ehrenmals* – immerhin ein Geschenk der Preußischen Regierung an ihre Patronatskirche – aus dem Gotteshaus.[154] Dann diffamierten nationalsozialistische Journalisten den Bildhauer wegen seiner ›unheldischen‹ Ehrenmale für die Gefallenen des Ersten Weltkriegs, und das Schweriner Theater sagte eine lange geplante Barlach-Matinée ab. Zum Affront kam es Anfang 1934 in Rostock, als einige Werke Barlachs aus einer Ausstellung des Kunstvereins ohne Begründung entfernt wurden, just vor Eröffnung der Schau. Diese Verdrängung stand im Einklang mit hohen Parteistellen, denn der Reichsstatthalter von Mecklenburg und Lübeck sah die Werke als Ausfluss der »liberalistischen Zeit«, die durch den Nationalsozialismus überwunden sei. Während die Abkehr vom Schaffen Ernst Barlachs zunahm, verringerten sich dessen Einkünfte dramatisch. Da auch sein Berliner Galerist Alfred Flechtheim das Land nach der ›Machtergreifung‹ verlassen hatte, brach der Verkauf fertiggestellter Werke zusammen, und neue Aufträge waren kaum zu erwarten.

Doch Barlach hatte ein Umfeld, das ihn in dieser Phase heftigster Anfeindung und Ausgrenzung stützte. Besonders seine Lebensgefährtin Marga Böhmer stand ihm in seinen letzten Lebensjahren beharrlich zur Seite. Hinzu kamen Freunde und Verehrer wie Hugo Körtzinger. Der niedersächsische Bildhauer pflegte mit Barlach seit

Künstler und Förderer in Güstrow: Ernst Barlach übergibt den »Fries der Lauschenden« an Hermann F. Reemtsma, 1935

Jahren intensiven Kontakt. Er hatte die Idee, den an moderner Kunst interessierten Hermann F. Reemtsma mit Barlach zusammenzubringen, sodass die beiden Männer im August 1934 zu einem Atelierbesuch nach Güstrow fuhren. Im Haus am Heidberg am Südufer des Inselsees begegneten sich dank dieser Vermittlung der aus dem holsteinischen Wedel stammende 64-jährige Barlach und der um 23 Jahre jüngere Zigarettenindustrielle zum ersten Mal. Reemtsma war sofort beeindruckt von den Werken des Norddeutschen. Dessen verinnerlichte, expressiv klagende Bildsprache ging dem Gast persönlich so nahe, dass er sogleich die Holzskulptur *Der Beter* und die *Russische Bettlerin mit Schale,* eine glasierte Tonfigur kaufte. Doch Reemtsma kaufte nicht nur fertige Stücke. Vielmehr fand er sich bereit, Auftraggeber eines Figurenzyklus zu werden, den der Bildhauer nach und nach erarbeitete. Dadurch hatte Barlach eine fortgesetzte Nachfrage, was für ihn in der Zeit der Verfemung eine enorme Bedeutung besaß. Es gab ihm Halt und Kraft für die weitere Arbeit.

Derart beflügelt, schuf er sein herausragendes Werk *Fries der Lauschenden*. Diese aus neun Hölzern bestehende Skulpturengruppe hatte eigentlich die Schauspielerin Tilla Durieux schon 1930 in Auftrag gegeben. Die Witwe von Barlachs Berliner Galeristen Paul Cassirer war allerdings bald darauf wegen der erheblichen finanziellen Schwierigkeiten ihres zweiten Ehemanns Ludwig Katzenellenbogen in die Verlegenheit geraten, die drei bereits vollendeten Skulpturen des Frieses nicht vereinbarungsgemäß bezahlen zu können. Durieux und ihr jüdischer Gatte hatten Deutschland wegen der Nazis, aber auch wegen ihrer Gläubiger den Rücken gekehrt. Daraufhin waren die Arbeiten am Fries von Barlach eingestellt worden, was ihn künstlerisch und finanziell belastete.[155] Hermann F. Reemtsma bekundete lebhaftes Interesse an der Vervollständigung der Gruppe. Er war mit Herzblut bei der Sache und garantierte Barlach die Abnahme, sodass dieser die Arbeit an seinem Lieblingsprojekt fortsetzte. Im Oktober 1935 war der Fries vollendet. Am Totensonntag nahm der Hamburger die komplettierte Gruppe in Güstrow in Empfang. Das Werk war ein bedeutender schöpferischer Erfolg, und Barlach konnte sich zudem über den damit verbundenen Verdienst freuen.

Hugo Körtzinger hatte bei der Barlach-Beziehung Hermann F. Reemtsmas als Inspirator gedient, und er betreute die wachsende Kunstsammlung des Unternehmers. Aber es blieb nicht dabei. Innerhalb von nicht einmal zwei Jahren war eine Freundschaft zwischen den beiden Männern entstanden, die sich unter anderem darin zeigte, dass Körtzinger im September 1935 Taufpate Hermann-Hinrichs wurde. Im Haus am Zickzackweg stellte Hermann F. Reemtsma die Skulpturen Ernst Barlachs auf und schuf damit eine Präsentation im privaten Raum, die sich sehen lassen konnte. An einer in den Wohnraum führenden Treppe fiel etwa die *Russische Bettlerin* ins Blickfeld. Hermann F. Reemtsmas Töchter mochten diese kleinere Figur besonders gern. Sie streichelten sie beim Gang über die Treppe, oder sie trieben einen Scherz mit ihr, indem sie ein Geldstück in ihre Hand legten.

Zu dem Zeitpunkt waren bereits die bekanntesten Werke Ernst Barlachs als ›undeutsch‹ verfemt und sogar aus der Öffentlichkeit entfernt worden. Das *Magdeburger Ehrenmal* hatte man im September 1934 aus dem Dom in einen verborgenen Winkel der Berliner Nationalgalerie verbannt. Anderen Kunstwerken Barlachs erging es weitaus schlechter. Der berühmte *Güstrower Domengel,* für dessen Antlitz Käthe Kollwitz Modell gesessen hatte, wurde im August 1937 abgehängt und später zu Kriegszwecken eingeschmolzen. Im Auftrag der Regierung suchte im Sommer 1937 eine eigens eingerichtete Kommission in ganz Deutschland Kunstwerke in öffentlichem Besitz, die als »Verfallskunst« dem Auge der Betrachter zu entziehen waren. Etwa 17 000 derart diffamierte Werke wurden in Depots verfrachtet. Darunter waren 400 Figuren, Zeichnungen und Grafiken von Barlach. Zudem wurde der Künstler von der Preußischen Akademie der Künste auf ministerielles Geheiß zum Austritt genötigt, wie auch – neben anderen – Emil Nolde, Max Pechstein und Mies van der Rohe.

Barlachs Skulpturen schmückten just zu dieser Zeit Hermann F. Reemtsmas Haus in Othmarschen, wo sie auch Gauleiter Kaufmann bei einem Besuch zu sehen bekam. Dies setzte ein ausgeprägtes Selbstbewusstsein des Mäzens voraus. Wollte er durch seine private Barlach-Inszenierung zum Ausdruck bringen, dass er sich der staatlichen Kunstpolitik widersetzte, die eine ›deutsche‹ Kunst beschwor und als Manifestation derselben nationalsozialistische Auftragsarbeiten in öffentlichen Räumen und eigens errichteten Museen zur Schau stellte? Zur gleichen Zeit gehörte Philipp F. Reemtsma zum exklusiven Kreis deutscher Industrieller, die eine dem Nazi-Kunstverständnis in Reinkultur entsprechende Institution mitfinanzierten: 1937 wurde in München das von Paul Ludwig Troost entworfene Haus der Deutschen Kunst eröffnet, dessen Errichtung unter anderem Friedrich Flick, Robert Bosch, Wilhelm von Opel, Karl Friedrich von Siemens und eben der Hamburger Zigarettenfabrikant ermöglicht hatten.[156] Adolf Hitler persönlich hatte den Grundstein zu dieser monumentalen Ausstellungshalle gelegt, in der Barlach-Werke keine Aufnahme fanden. Längst wurden auch Barlachs Theaterstücke in Deutschland nicht mehr gespielt.

Zwischen Barlach und dem ältesten der Reemtsma-Brüder war eine feste, von gegenseitigem Respekt getragene Beziehung entstanden, doch sie wurde nicht herzlich. Dafür war das Naturell der beiden zu verschieden und der persönliche Kontakt zu selten. Der Künstler wusste um den Reichtum seines Auftraggebers; der wiederum merkte, wie wichtig seine Nachfrage für Barlach war. Doch darüber hinaus lässt ihr Briefwechsel die hohe Wertschätzung erkennen, die ›Eins‹ der Arbeit des Bildhauers in dessen letzter Lebensphase entgegenbrachte. Abschätzig hatte Gauleiter Kaufmann im Hause Hermann F. Reemtsmas der *Russischen Bettlerin* ein Geldstück in die Schale gelegt. Was die Kinder als Familienscherz pflegten, wirkte aus der Hand des mächtigen Nazis völlig anders. Die Tragweite seiner kulturellen Ignoranz stellte Karl Kaufmann unter Beweis, als er das von Barlach geschaffene Relief *Trauernde Mutter mit Kind* am 21 Meter hohen, am Rathausmarkt stehenden Hamburger Ehrenmal für die Gefallenen des Weltkriegs im Februar 1939 herausmeißeln und durch einen aufsteigenden Adler ersetzen ließ.

Schon 1934 hatte sich der Aufstieg der Reemtsmas deutlich abgezeichnet. Ihre Einkünfte wuchsen analog zum kontinuierlich steigenden Zigarettenkonsum im Deutschen Reich. Ihren Reichtum setzten die Brüder gezielt ein, um sich lauschige Refugien zu schaffen. Innerhalb weniger Jahre erwarben sie außerhalb Hamburgs stattliche Landsitze, die gleichermaßen Ausdruck von Status und Sehnsucht nach der Natur waren. Hermann F. Reemtsma begann damit als Erster. Er ritt damals viel und erlebte bei Reitjagden die Lüneburger Heide. Hierbei stieß er auf einen idyllisch gelegenen Hof in der Nähe von Lüneburg. Wirtschaftlich war er nicht lebensfähig, weshalb er unter den Hammer kam, aber die Zwangsversteigerung verlief ergebnislos. Bewusst hatte sich Hermann F. Reemtsma zurückgehalten, denn er wollte die Ländereien nicht über solch ein Verfahren in Besitz nehmen. Vielmehr kaufte er den Hof eine Zeit später freihändig, wodurch der Vorbesitzer finanziell in die Lage versetzt wurde, an anderer Stelle einen neuen Start als Landwirt zu versuchen.

Philipp F. Reemtsma folgte seinem Bruder 1935 mit gleich zwei Erwerbungen großen Stils. Von der Deutschen Bank Breslau war ihm angetragen worden, das holsteinische Doppelgut Trenthorst-Wulmenau zu übernehmen. Sein Besitzer war der Margarinefabrikant Friedrich Bölck, der auf dem Gut bis 1932 Tagungen der Deutschen Friedensgesellschaft hatte stattfinden lassen. Nach der ›Machtergreifung‹ hatte Bölck das Anwesen aufgegeben, worauf es an die zum internationalen Unilever-Konzern gehörende Margarine-Union verpfändet worden war. Dem Erwerb durch Reemtsma musste der schleswig-holsteinische Gauleiter Lohse zustimmen, da es gemäß dem nationalsozialistischen Erbhofgesetz untersagt war, einen landwirtschaftlichen Betrieb an jemanden zu veräußern, der ihn nicht persönlich bewirtschaften wollte. Nachdem Reemtsma vom Reichsernährungsministerium die Genehmigung erhalten hatte, legte Hinrich Lohse beim preußischen Ministerpräsidenten Göring Beschwerde ein und bat um Prüfung. Daraufhin erging die Anordnung, ein Siedlungsverband solle das Objekt innerhalb von acht Wochen übernehmen oder, wenn dies unmöglich sei, Reemtsma zum Zuge kommen. Erst als die Frist abgelaufen war, konnte ›Zwei‹ das imposante 1000-Hektar-Gut für 2,2 Millionen Mark erwerben. Er dachte daran, es einst seinem Sohn Jochen zu überlassen, da dieser Landwirt werden wollte.[157] In Holstein wurde gemutmaßt, Göring wollte dem von ihm in den Reichsjagdrat berufenen Unternehmer einen Gefallen tun. Gut Trenthorst wurde vom neuen Besitzer zum Prachtstück herausgeputzt. Das ab 1911 im wilhelminischen Stil erneuerte Herrenhaus erhielt eine aufwendige Innenausstattung. Die ebenso in der ausgehenden Kaiserzeit errichteten Wirtschaftsgebäude boten genügend Möglichkeiten, das Gut rentabel zu bewirtschaften. Tatkräftig nahm dies Reemtsmas Gutsverwalter ›Johann‹ in Angriff, sodass Trenthorst bald zum landwirtschaftlichen Spitzenbetrieb wurde, der neben Gemüse, Feldfrüchten und Obst auch Milch und Fleisch produzierte.

Philipp F. Reemtsma bezeichnete sich selbst als leidenschaftlichen Jäger: eine Passion, die er mit seinem Bruder Alwin teilte. Nun erhielt er 1935 die Möglichkeit, im schlesischen Kreis Sagan das Waldgut Forst Primkenau zu erwerben. 2,9 Millionen Mark wandte der Hamburger dafür auf, 8000 Hektar Wald sein eigen nennen zu können – und endgültig zum Großgrundbesitzer aufzusteigen. Die

Bauten, die sich um einen zentralen Feuerwachturm gruppierten, waren mit Holz verkleidet und mit Reet gedeckt. Sie sollten in Baustil und Anlage einem germanischen Wehrdorf nachempfunden sein. Die in der schlesischen Bautradition stehende Architektur orientierte sich an nationalsozialistischen Gedanken des ›Heimatschutzstils‹.

Welche Absicht hegte der Bauherr mit dieser Anlage fernab von Hamburg? Der mit einem beträchtlichen Finanzaufwand verbundene Grunderwerb und Ausbau Primkenaus lässt darauf schließen, dass Reemtsma etwas schaffen wollte, was ihm an anderen Orten verwehrt blieb. Hier fand er Entfaltungsräume in der Natur, und das wurde ihm im Laufe der Jahre immer wichtiger. Auf den Gütern in der Heide und in Holstein manifestierte sich die Naturverbundenheit der Reemtsma-Brüder, die Philipp in Primkenau mit einer gehörigen Portion Weltanschauung verband. Für das Richtfest hatte er eine Rede formuliert; darin kam zum Ausdruck, dass er in den Bauten etwas vom »schönen, herben, männlichen und klaren Gesicht unserer Zeit« widergespiegelt sehen wollte.[158] Hier ließ Reemtsma nicht kurzlebige Produkte wie Zigaretten herstellen, sondern Werke, deren Bedeutung »erst in einem späteren Jahrhundert« vollends erfasst würden. Als Ministerialdirektor Dr. Erich Gritzbach, der Stabschef Hermann Görings und Herausgeber der Zeitschrift *Der Vierjahresplan*, im November 1938 Primkenau besuchte, erhielt er die gedruckte Richtfestansprache. Schließlich hatte der Bauherr darin die Forste als »Regenerationsstätten der Menschen« bezeichnet und Göring als »dem Hüter des Waldes« ein dreifaches »Sieg Heil« zugerufen.

Dem Vorbild seiner älteren und vermögenderen Brüder folgend, schuf sich auch Alwin Reemtsma einen Landsitz, indem er 1938 bei Salzhausen südlich von Hamburg ein Forsthaus mit zwölf Zimmern errichten ließ. Kurz vor Kriegsbeginn wurde das vom nächsten Dorf einige Kilometer entfernte, für die Jagd ideale Refugium vollendet. Gern hätte ›Drei‹ im Spätsommer 1939 noch das Gut Schnede mit seiner großen Forellenzucht erworben, doch ihm kam Hans Domizlaff zuvor: Während Alwin Reemtsma als Hauptmann der Reserve auf einem Manöver und dann im Kriegseinsatz in Polen war, griff der Werbeberater kurzerhand zu und kaufte das Gut. Der jüngste

Reemtsma hatte das Nachsehen, was ihn gegenüber Domizlaff verstimmte. Die drei Reemtsma-Brüder strebten, jeder auf seine Art, eine heile, antimoderne Welt in ländlicher Abgeschiedenheit an. Die ländlichen Refugien, die entsprechend der innerfamiliären Hierarchie größenmäßig zwischen Großgrundbesitz und Forsthaus variierten, sollten im Krieg bei unterschiedlicher Nutzung von vielfältiger Bedeutung sein.

Der im Ersten Weltkrieg zum Leutnant der Infanterie beförderte Alwin Reemtsma nahm 1936 an einer Reaktivierungsübung bei der Wehrmacht teil. Nach erfolgreicher Absolvierung von Lehrgängen zur Panzerabwehr wurde er am 1. Oktober zum Oberleutnant der Reserve ernannt. Die SS zog nach und beförderte ihn ein Jahr später in den vergleichbaren Dienstrang des Obersturmführers. Alwin Reemtsma war kein soldatischer Typ, aber er schätzte die Wirkung der Uniform. Und wie sein Bruder Philipp nahm er aus patriotischem Pflichtgefühl gern an den Reserveübungen teil.

Während seiner Zugehörigkeit zum Jungdeutschen Orden hatte ›Drei‹ Anfang der zwanziger Jahre die Wiederherstellung des Kaiserreichs als nationales Ziel erachtet. Nun stand Alwin Reemtsma der selbstbewusst-provokanten Expansionspolitik des Dritten Reiches positiv gegenüber: Freudig begrüßte er die Wiedereingliederung des Saarlands und die Besetzung des entmilitarisierten Rheinlands durch die Wehrmacht, den ›Anschluss‹ Österreichs im März 1938 und den Einmarsch ins Sudetenland im Herbst desselben Jahres. Hier erfüllten sich für ihn gleich eine ganze Reihe nationaler Wünsche. Besonders begeisternd wirkte auf den Offizier, dass er im Rahmen seiner vierten Reserveübung persönlich ins Sudetenland einrücken konnte.[159]

Alwin Reemtsmas SS-Laufbahn hatte bis dahin einige Fortschritte gemacht. Schon Ende August 1934 war er nach einer Ausbildung zum Gasschutzreferenten dem Stab der Motorstandarte 15 zugeteilt worden. Wenig später wurde er vom Führerkorps der 4. SS-Motorstandarte in Hamburg zur Beförderung zum Untersturmführer vorgeschlagen. In Wehrmacht und SS zeigte Alwin Reemtsma Präsenz, doch er war bislang nicht Mitglied der NSDAP. Das fiel seinen Vorgesetzten auf, sodass ihm Oberabschnittsführer Hans-

Alwin Reemtsma, genannt ›Drei‹, in der Uniform
des SS-Untersturmführers, 1937

Adolf Prützmann eindringlich nahelegte, der Partei beizutreten. Der Unternehmer tat dies – übrigens als einziges Mitglied seiner Familie – am 1. Mai 1937 und erhielt die Mitgliedsnummer 4175330. Zu

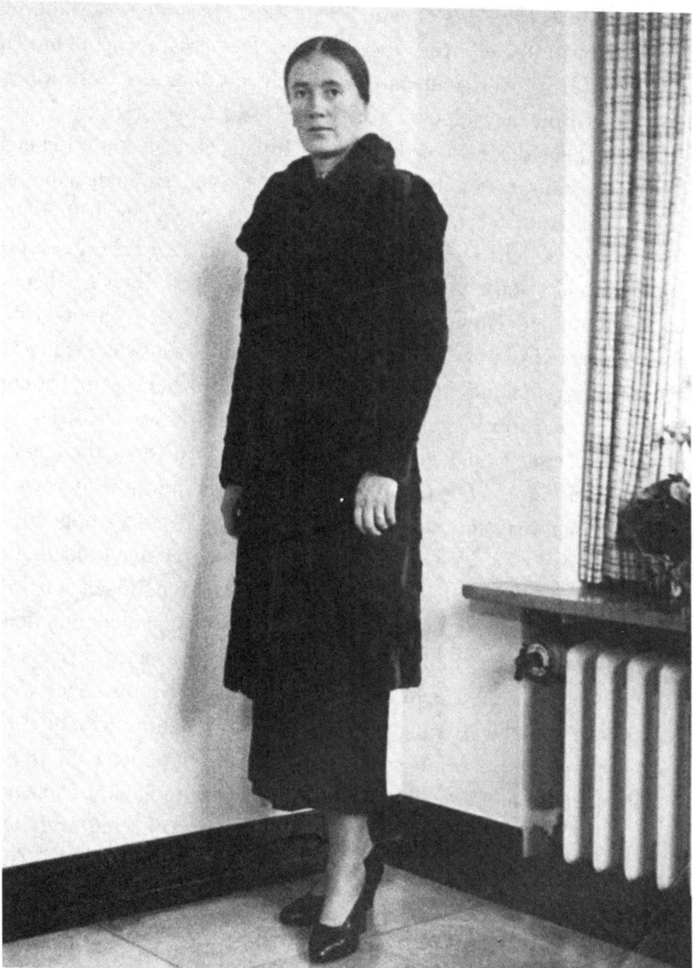

Irmgard Reemtsma, Alwins Ehefrau, 1937

dieser Zeit erbrachte ›Drei‹ auch den von der SS geforderten ›Ariernachweis‹ mittels einer Bescheinigung vom Chef des Sippenamtes für sich und seine Frau Irmgard.[160]

Die sich als Elite verstehende SS achtete in besonderem Maße auf die ›Erbgesundheit‹ ihrer Angehörigen. Dementsprechend hatten Alwin und Irmgard Reemtsma einen Nachweis über ihre Gesundheit und die Krankengeschichte von Eltern und Vorfahren zu erbringen.[161] Seitens der SS wurde darüber hinaus eine gesunde Lebensführung vorausgesetzt. Bei Alwin Reemtsma musste man dabei einige Augen zudrücken, denn er konsumierte mehr als 100 Stück *Gelbe Sorte* täglich. Dieses Suchtverhalten belastete seine Gesundheit besonders stark. Aktenkundig wurde beim Berliner SS-Personalhauptamt ein Gutachten von Professor Christian Kroetz vom Hamburger Klinikum Eppendorf, der Alwin Reemtsma seit 1932 als Hausarzt behandelte: Schon als Kleinkind habe sein Patient fünf Lungenentzündungen durchgemacht. Im Ersten Weltkrieg erkrankte Reemtsma an einer schweren Bronchitis mit anschließender Rippenfelleiterung. Wegen seinerzeit entfernter Rippenstücke sei eine Rippenfellschwarte ausgebildet, die die Atmung beeinträchtige und die Arbeit des Herzens belaste. Infolge eingeschränkter Luftaufnahmefähigkeit der Lungen dürften sportliche Anstrengungen nur bedingt ausgeübt werden. Daher sei es Alwin Reemtsma nicht möglich, so Professor Kroetz, die Leistungen für das Reichssportabzeichen zu erbringen. In Anbetracht dieser Lungen- und Herzprobleme war die tägliche Raucherleistung prekär, aber daran nahm niemand Anstoß. Vielmehr gab Reemtsmas Vorgesetzter im Sommer 1937 in einem Personalbericht eine überaus positive Beurteilung ab: Er sei ein Mann ohne Schwächen oder Fehler, mit gutem Auftreten und Benehmen, innerhalb der SS »beliebt als Führer u. Kamerad«.[162] Zudem seien dessen nationalsozialistische Weltanschauung und Charakter »einwandfrei«. Daher sah ihn der Führer des Oberabschnitts Nordwest als geeignet für Verwaltungsaufgaben innerhalb der SS an und empfahl seine entsprechende Verwendung und Beförderung.

Das war die eine Seite des Reemtsma-Kommanditisten. Die andere zeigte einen gutmütig-unaufgeregten, toleranten Menschen, der weiterhin persönlichen Umgang mit Juden hatte, was selbst für hochgestellte Nazis nicht untypisch war. Alwin Reemtsma konnte schon einmal bei einem überzeugten Parteigänger für Ärger sorgen, so etwa, als im Jahre 1935 das mit ihm und seiner Frau befreundete

Ehepaar Baum kurz vor der Emigration in die USA einen Abschiedsbesuch im Haus am Klein Flottbeker Weg machte. Darüber echauffierte sich ein ebenfalls anwesender Weltkriegskamerad von Alwin und verließ aufgebracht die Runde. Der Hausherr ließ es geschehen, denn ihm waren in dem Moment die jüdischen Gäste wichtiger als der linientreue Nazi.[163] Als linientreu galt aber auch er, denn sonst hätte er nicht am 20. April 1939 – Adolf Hitlers fünfzigsten Geburtstag – eine besondere Anerkennung bekommen: Das gleichgeschaltete *Hamburger Fremdenblatt* berichtete überschwänglich von »leuchtend rotem Flaggentuch, das sich im Frühlingswinde bauscht«, von liebevoll dekorierten ›Führer‹-Büsten in den Schaufenstern und von der Verleihung des SS-Ehrendegens an neun Hamburger SS-Führer. Der Reichsführer SS und Chef der deutschen Polizei Heinrich Himmler ehrte damit auch Alwin Reemtsma. Eine solche Insignie setzte einen besonderen Akzent bei dem geselligen Unternehmer, der einer Reihe nobler Clubs wie dem Hamburger Rennclub, dem Hamburger Polo Club oder etwa der Weimarer Gesellschaft der Bibliophilen angehörte, ebenso dem vom Himmler gegründeten Verein Lebensborn. Die Ambivalenz war charakteristisch für Alwin Reemtsma.

»Ich habe, glaube ich, mehr … zur Drosselung des Nikotinverbrauchs in meinem Leben getan als irgendjemand in Deutschland.«

PHILIPP F. REEMTSMA, 28. FEBRUAR 1939

Gegnerschaften und Fluchten

›Judenfreie‹ Zigarettenbranche

Einer der wesentlichen Bereiche der judenfeindlichen Politik des Dritten Reiches war die Arisierung genannte Verdrängung von Juden aus dem Wirtschaftsleben. Der Staat, willfährige Führungskräfte und nutznießerische Konkurrenten sorgten dafür, dass Vorstandsetagen, Aufsichtsräte, Handelskammern und mitunter namhafte Firmen ›judenfrei‹ wurden. Bis Ende 1938 vollzog sich dieser antisemitisch motivierte Prozess in der Wirtschaft, bei dem zahllose Juden einen Großteil ihres Besitzes verloren, etwa durch Dumpingpreise beim Verkauf in ihrer Notlage oder über Zwangsabgaben an den Staat bei der Emigration. Ursprünglich war eine ganze Reihe von Zigarettenfirmen in Deutschland von Juden oder Unternehmern jüdischer Herkunft aufgebaut und geführt worden. Der Konzentrationsprozess der Branche in den zwanziger Jahren hatte einige von ihnen verdrängt; gleichwohl gab es bis 1938 noch mehrere jüdische Firmeninhaber oder Direktoren in der deutschen Zigarettenindustrie.

Vor allem in Baden und im Saarland hatte die Verarbeitung vor Ort angebauter Tabake Tradition. Dort entstanden besonders kräftige, dunkle Zigarettenmischungen. Diese ›schwarzen‹ Zigaretten hatten zwar ein regional beschränktes Hauptabsatzgebiet, aber sie besaßen dennoch eine gewisse Bedeutung. Bei Reemtsma stellte der mit Haus Neuerburg hinzugekommene Merziger Betrieb Polo schwarze Zigaretten her. Einer der wichtigsten Produzenten dieser bei Arbeitern und Kumpels besonders beliebten, preiswerten Spezialität war Roth-Händle in Lahr. Das Aktienkapital der Badischen Tabakmanufaktur Roth-Händle AG verteilte sich fast ausschließlich auf jüdische Aktionäre, an erster Stelle Ernst und Oscar Feist sowie die Familien Adler und Oppenheimer. 38 Prozent der Aktien befanden sich dabei im Besitz von »Devisen-Ausländern«, das heißt nur ein Teil der Aktionäre war deutscher Nationalität. Das Geschäft von Roth-Händle war seit Mitte der zwanziger Jahre immer wieder problematisch gewesen. Wiederholt hatte der alljährliche Ankauf des Rohtabaks nur über Saisonkredite der Deutschen Bank finanziert werden können, und die Rückzahlung stockte, auch wenn der Absatz an Rauchtabak, Zigarren und preiswerten Zigaretten passabel war. Über eine niederländische Tochterfirma der Adler & Oppenheimer AG wurden Roth-Händle weitere Kredite – ohne Sicherheiten – eingeräumt. Die Deutsche Bank war daher bezüglich des Lahrer Unternehmens skeptisch und ließ sich beispielsweise 1932 die Tabakbestände als Sicherheitsleistung verpfänden.

Ernst Feist steuerte den Einkauf von Roth-Händle und amtierte als Geschäftsführer, während sein Bruder den Vorsitz des Aufsichtsrats innehatte. Nach der ›Machtergreifung‹ flüchteten die Feists ins benachbarte Frankreich, da sie antisemitische Übergriffe fürchteten. Aber sie gaben nicht so einfach auf und übertrugen die Geschäftsleitung auf Ernst Feists bisherige rechte Hand, Direktor Louis Knüpp, und den seit Jahrzehnten mit ihnen zusammenarbeitenden Karl Lucan von der Bingener Tabakfabrik Carl Gräff GmbH. Nachdem die Feists einige Monate später den Eindruck gewonnen hatten, dass sie in Deutschland unbehelligt blieben, kehrten sie zurück. Zwischen Ernst Feist und den Reemtsmas bestand seit längerem ein guter Draht. Daran änderte auch die politische Umwälzung von 1933 nichts. Vielmehr wählten sie einen taktischen Schachzug im Interesse beider Unternehmen: Als das Saarland im Januar 1935 per Volksentscheid an das Reichsgebiet angeschlossen wurde, entstand gemäß behördlicher Verordnungen die Verpflichtung für Reemtsma, im Merziger Betrieb ausschließlich deutschen Tabak zu verarbeiten. Hierzu wurde ein gemeinschaftlicher Einkaufsvertrag mit Roth Händle abgeschlossen, denn den besten Sachverstand hinsichtlich schwarzen Tabaks deutscher Provenienz besaß Ernst Feist.[164] Der

Vertrag enthielt auf Wunsch von Feist eine besondere Klausel: Sofern er aus dem badischen Unternehmen ausschied, endete die Einkaufskooperation mit Reemtsma. Diese Absprache dokumentierte ein besonderes Maß an Kollegialität, das zwischen der Unternehmensleitung in Hamburg und dem jüdischen Fabrikanten in Lahr bestand, denn hiermit stützte man dessen Position. Auch finanziell griff Reemtsma Roth-Händle beim Tabakeinkauf unter die Arme; etwa 2 Millionen Mark Verbindlichkeiten liefen bis Anfang 1938 auf.

Da seit 1935 eine unverkennbare Abhängigkeit Roth-Händles von Reemtsma bestand, hatten die Hamburger zwei Schlüsselpositionen in Lahr mit Reemtsma-Mitarbeitern besetzt: Martin Fischer fungierte als Chef der Buchhaltung, und Ernst Brettschneider leitete den Verkauf. Aus der Sicht von Feist war diese Annäherung willkommen. Gemäß einer von Philipp F. Reemtsma angefertigten detaillierten Aufstellung zur Lage der deutschen Klein- und Mittelindustrie seiner Branche, die im Juli 1937 dem Wirtschaftsministerium zuging, war Roth-Händle im Aufwind: Die Zigarettenabteilung des Betriebs war Reemtsma zufolge »gesund« und wies seit zwei Jahren steigende Umsätze auf. Allerdings lag die monatliche Produktion nur bei etwa 25 Millionen Zigaretten. Eine Ausweitung des begrenzten Zigarettengeschäfts kam nicht infrage, da sonst Steuervergünstigungen entfielen. Mit einem Ausstoß von 1,2 Millionen Zigarren und 4000 Zentnern Rauchtabak pro Monat waren die 700 Arbeitskräfte ausgelastet, und 1937 konnte sogar ein Überschuss erwirtschaftet werden.[165]

Als Direktor Ernst Feist und seine Frau Ende 1937 nach Straßburg übersiedelten, begann die Suche nach einem neuen Besitzer von Roth-Händle. Eine Schließung der Fabrik wurde nicht erwogen, da sie ein wichtiger Arbeitgeber in der Region war, was auch der Kreisobmann der DAF betonte. Bei der Anbahnung der ›Arisierung‹ spielte die Berliner Zentrale der Deutschen Bank eine entscheidende Rolle. Sie stellte anhand von Bilanzunterlagen die weitere Kreditwürdigkeit von Roth-Händle in Frage und forderte die Bankfiliale in Lahr auf, Sicherheitspfänder für bereits gegebene Kredite zu beschaffen. Darüber hinaus erkundigte sich die Bankzentrale bei Reemtsma, wie man dort das badische Unternehmen und seine derzeitige Führungsriege einschätzte. Dazu erklärte Hermann F. Reemtsma, durch das Ausscheiden von Ernst Feist sei ein gravierender Verlust entstanden, der sich jedoch ausgleichen lasse. Reemtsma selbst hegte kein Interesse an der ›Arisierung‹. Zudem vermuteten die Hamburger, dass sie dafür ohnehin keine behördliche Genehmigung erhalten würden.[166]

Auf Vermittlung der Deutschen Bank Freiburg wurde schließlich ein geeigneter Investor mit Erfahrung im Umgang mit badischem Tabak gefunden: Die Herbolzheimer Familie Neusch, Inhaber der bedeutenden Zigarren- und Stumpenfabrik Johann Neusch KG, übernahm im April 1938 80 Prozent des Aktienkapitals von Roth Händle zum Parikurs für 1,6 Millionen Mark, wobei Paul Neusch die Geschäftsleitung zufiel. Die Deutsche Bank gewährte den Neuschs ein langfristiges Darlehen in Höhe von 863 000 Mark und erhielt eine dreiprozentige Provision für die Abwicklung des Geschäfts.[167] Kurz zuvor hatte Reemtsma den Tabakeinkaufsvertrag mit Roth-Händle gekündigt, was für die kleinere Firma eine Belastung darstellte, weil sich dadurch ihre Einkaufskonditionen verschlechterten. Dennoch begann Roth-Händle, die Schulden in monatlichen Raten à 50 000 Mark an Reemtsma zurückzuzahlen. Ernst und Oscar Feist verließen Deutschland, wobei sie durch die Reichsfluchtsteuer geschröpft wurden. Ernst Feist besaß infolgedessen nur begrenzte Mittel, aber Philipp F. Reemtsma gab ihm eine entscheidende finanzielle Hilfe zur Existenzgründung im Ausland. Hier zeigte sich die Stärke ihrer fachlich-freundschaftlichen Verbindung, was der später in New York ansässige amerikanische Staatsbürger Ernest Moses Feist nicht vergaß.[168]

Angesichts der loyalen und von Antisemitismus freien Einstellung der Firmenleitung zu ihren ›nichtarischen‹ Mitarbeitern erscheint es nur natürlich, dass die Reemtsma KG diesem Personenkreis gerade bei der Auswanderung unterstützend zur Seite stand. So ermöglichte man dem Berliner Reemtsma-Generalvertreter Max Lewin mitsamt seiner Familie den Flug nach Amsterdam, wo Julius Orlow die Weiterreise in die USA organisierte. Max Lewin erhielt ein vierfaches Jahresgehalt als Abfindung, 200 000 Mark. Über die niederländischen Firmen konnte Reemtsma den Betroffenen ansehnliche Devisenbeträge aushändigen, wodurch sie imstande waren, eine neue Existenz aufzubauen. Derartige Fälle aus der großen Riege der leitenden Angestellten der Firma gab es eine ganze Reihe; sie hinterließen Lücken, die nur schwer wieder geschlossen werden konnten. Als es aber Kurt Heldern traf, den engsten Mitarbeiter von ›Zwei‹, war dies ein wirklich einschneidender Verlust für die Reemtsma KG. – Heldern war einer der Direktoren der Firma, und er hatte seinen Chef häufig vertreten, da er dessen unbedingtes Vertrauen besaß. Wenn beispielsweise der Steuerausschuss der Zigarettenindustrie über Zoll, Material- und Banderolensteuer – die drei zentralen Steuerfragen der Branche – im Berliner *Esplanade* verhandelte, war Philipp F. Reemtsma mit Kurt Heldern oder dieser allein erschienen. Diese Art von Terminen konnte Heldern ohne weiteres über lange Zeit im Dritten Reich wahrnehmen. Dagegen hielt er sich seit 1933 bei allen Aufgaben zurück, die irgendeinen Kontakt mit der NSDAP oder ihren Gliederungen brachten. Die Nazis verloren ihn nicht aus den Augen, wofür eine Meldung im Hetzblatt *Der Stürmer* ein Beleg ist: Die Nummer 1 des Jahres 1937 teilte in der Rubrik »Was das Volk nicht verstehen kann« mit, dass Reemtsma »als Verkaufsleiter des Gesamtunternehmens den Juden Kurt Heldern« beschäftigte.

Nachdem am 26. April 1938 die Verfügung ergangen war, dass Juden ihre Vermögenswerte bei den Behörden anzugeben hatten, beschloss Heldern zu emigrieren. Er wollte seinen Grundbesitz verkaufen und bat ›Zwei‹ in dieser und anderen, grundsätzlichen Fragen um Unterstützung. Heldern wünschte – so eigentümlich dies anmutet –, seine ›halbarischen‹ Kinder sollten in HJ und BDM aufgenommen werden, damit sie weiterer Diskriminierung entgingen. Offenbar dachte seine Frau daran, mit den Kindern in Deutschland zu bleiben. Als Reemtsma dazu bei der Reichsjugendführung anfragte, erhielt er keine definitive Auskunft, worauf Heldern vermutete, dass der Aufnahmewunsch abgelehnt sei. Über Görings Staatssekretär Körner – das Beiratsmitglied der Reemtsma KG –, wollte man sich der Rückendeckung des mächtigen Nazis für die Abwicklung der Emigration Helderns versichern. Doch Körner winkte ab; man könne seinen Chef mit solch einer Sache nicht mehr behelligen. Drei Jahre zuvor, im Falle David Schnurs, hatte es ein starkes Entgegenkommen seitens der Behörden gegeben, doch nun nützten alle Vermittlungsversuche nichts. Eigenen Angaben zufolge verlor Kurt Heldern, der am 31. Mai 1938 mit seiner Familie aus Deutschland ausreiste, bei der Emigration 93,5 Prozent seines Vermögens.[169] Dabei schlug kaum zu Buche, dass es Philipp F. Reemtsma gelungen war, entgegen einer Anordnung des Wirtschaftsministeriums die Sperrmark-Transferierung von Vermögenswerten und der Abfindung seines langjährigen Mitarbeiters durchzusetzen.

Kurt Heldern ging verbittert und weitgehend mittellos nach Australien, bis er nach dem Krieg in die Geschäftsleitung zurückkehrte. Er hinterließ eine Lücke, die Philipp F. Reemtsma persönlich sehr schmerzte, die aber auch in den Gremien der Industrie fühlbar wurde. Niemand konnte Heldern wirklich ersetzen, doch für seine Position wurde ein Nachfolger gefunden: Am 1. Juli 1938 trat der im Verkauf überaus versierte Friedrich Georg Schlickenrieder in die Geschäftsleitung ein. Bereits seit Mitte der zwanziger Jahre war er für Reemtsma tätig gewesen. 1934 aber hatte ihn ›Zwei‹ entsprechend einer Vereinbarung mit Sir Hugo Cunliffe Owen an die zwei Jahre vorher zu BATC gekommene Firma Haus Bergmann ausgeliehen. Direktor Schlickenrieder war es gelungen, den Monatsumsatz auf 400 Millionen Zigaretten zu verfünffachen und den Dresdener Hersteller zu sanieren. Nachdem die Londoner BATC-Zentrale zugestimmt hatte, verließ er Haus Bergmann und setzte seine Karriere am Schreibtisch Kurt Helderns in Bahrenfeld fort.

Auch über die eigenen jüdischen Mitarbeiter der Firma hinaus griff die Reemtsma KG einer ganzen Reihe von Verfolgten aus der Branche unter die Arme. Der Zigarettenfabrikant Severin Rubin etwa, der ab 1936 infolge antijüdischer Boykottmaßnahmen in Schwierigkeiten geraten war, benötigte Hilfe. Philipp F. Reemtsma traf sich mit Rubin im Hotel *Adlon* und ebnete den Weg für die Emigration seiner Familie. Ende 1938 konnte Rubin nach England ausreisen und ließ sich in Newcastle on Tyne nieder. Dr. Benno Pranga wurde als Geschäftsführer der IG wiederholt Zeuge davon, wie sich ›Zwei‹ geradezu leichtfertig bei solchen Aktionen exponierte, und er bat ihn, zurückhaltender zu agieren. Konkret befürchtete Pranga, dass Reemtsma ernste Konsequenzen aus seiner Unterstützung des jüdisch-tschechischen Inhabers der Münchener Zigarettenfabrik Abeles erwachsen könnten, der als ›Arisierungs‹-Opfer in einer Notlage war.[170] Vertraute Reemtsma in solchen Angelegenheiten auf eine mögliche Protektion durch Göring, oder meinte er, seine Hilfsleistungen für Emigranten würden staatlichen Stellen verborgen bleiben? Die Häufung dieser Fälle lässt zweierlei Schlüsse zu: Zum einen war Reemtsmas Verhalten fair, menschlich-kollegial und nicht antisemitisch. Zum anderen schien er 1937/38 darauf zu hoffen, genügend Rückendeckung und somit freie Hand für derartige Aktionen zu haben. Vielleicht war es aber auch eine Methode, das eigene schlechte Gewissen zu beruhigen, schließlich war man eigentlich demokratisch orientiert und hatte sich doch mit den Nazis eingelassen. Im Übrigen ging es den Reemtsmas aber bei weitem nicht nur darum, jüdische Geschäftsleute so effektiv wie möglich auf dem Weg in die Emigration zu unterstützen. Schon 1933 hatte Reemtsma eine solidarische Haltung an den Tag gelegt, als der Hannoveraner Keksfabrikant Bahlsen den jüdischen Rechtsanwalt Dr. Norbert Labowsky aus seinem Beirat entließ. Labowsky arbeitete als einer von Reemtsmas Hausanwälten, und ›Zwei‹ war nachhaltig verärgert über dessen Ausschluss gewesen. Daraufhin hatte Philipp F. Reemtsma seinen eigenen Sitz im Beirat der Bahlsen KG aufgegeben und in den folgenden Jahren Labowsky weiter beschäftigt. Beispielsweise wurde er 1934 mit Fragen der Umfirmierung von Reemtsma zur Kommanditgesellschaft betraut.[171]

Im fünften Jahr der Nazi-Herrschaft erschwerte das Regime unter anderem durch planwirtschaftliche Maßnahmen die Lage für Unternehmen mit ›nichtarischen‹ Inhabern. Nachdem Hjalmar Schacht Ende November 1937 als Wirtschaftsminister zurückgetreten war, verschärfte sich die antisemitische Ausrichtung der Wirtschaftspolitik. Hermann Göring übernahm kommissarisch die Leitung des Ministeriums und ordnete an, die Importkontingente jüdischer Firmen herabzusetzen. Die Zwangsbewirtschaftung aller Importe ermöglichte dem Staat auch die Kontrolle der Rohtabakzufuhr nach Deutschland. Aufgrund dessen konnte die in Bremen ansässige staatliche »Überwachungsstelle Tabak« den jüdischen Herstellern das Tabakkontingent kürzen und gleichzeitig die zu verarbeitende

Menge einschränken. Bei Garbáty handelte es sich um eine Reduzierung von 10 Prozent, was zu einer erheblichen Drosselung des Zigarettenausstoßes führte. Dies war reine Schikane, denn in den Speichern von Garbáty lagerten zu dem Zeitpunkt Tabakmengen für mindestens drei Jahresproduktionen. Der eigentliche Zweck der behördlichen Vorgabe war, diese Betriebe unwirtschaftlich zu machen, um die Verkaufsbereitschaft der Inhaber zu fördern.

Der Hamburger Zigarettenhersteller geriet infolge dieser antisemitisch motivierten Eingriffe ins Wirtschaftsgeschehen mit Garbáty in eine unbequeme Lage: Das Unternehmen war zur einen Hälfte ›arisch‹, zur anderen aber unstreitig jüdisch. Im April 1938 sah sich Reemtsma genötigt, Garbáty aus dem hauseigenen Vertriebsnetz auszuschließen. Die Pankower Firma hatte etwa 100 000 Endabnehmer im Handel, vorwiegend Tabakwarenläden und Gaststätten, die der verzweigte Reemtsma-Frischdienst per Lastwagen belieferte. Auslöser für den Ausschluss war eine Verordnung des Wirtschaftsministeriums vom März, die den Lieferanten von Produkten ›nichtarischer‹ Hersteller vorschrieb, die Ware als jüdisch zu deklarieren. Eine Unterlassung dieser stigmatisierenden Anordnung wurde unter Strafe gestellt. Von Androhungen hoher Strafen war in der Tagespresse zu lesen. Als dann Magdeburger Gaubehörden gezielt Reemtsma-Lastwagen hinsichtlich der Deklarierung der Ware kontrollieren ließen, bewog dies Reemtsma dazu, den Vertrag mit Garbáty aufzuheben. Die undankbare Aufgabe, diese für die Pankower Firma unerhörte Maßnahme durchzuführen, fiel gerade dem kurz vor seiner Emigration stehenden Verkaufschef Kurt Heldern zu. Am Tag nach der existenziellen Entscheidung suchte Moritz Garbáty seinen Partner in Hamburg auf, um mit ihm über die behördlichen Erlasse und die dadurch entstandene Zwangslage zu sprechen. Nach Ansicht Philipp F. Reemtsmas war die Aktion im Gau Magdeburg gegen die Hamburger Firma gerichtet, da die Behörden einen Verstoß gegen die Verordnungen zum Anlass genommen hätten, sie zu belangen.

Moritz Garbáty und ›Zwei‹ vereinbarten einige Hilfsmaßnahmen: So wurden Reemtsmas Fabriklager-Filialen angewiesen, zusätzlich zu den gelagerten Garbáty-Zigaretten auch die bereits auf dem Speditionsweg befindliche »rollende Ware« an die Kundschaft auszuliefern. Garbáty schob in den Folgetagen noch einige Millionen Zigaretten als »rollend« nach, was Reemtsma akzeptierte. Das bedeutete eine wichtige Überbrückung, konnte so doch ein folgenschwerer Lieferabriss vermieden werden. Nach einigen Tagen übermittelten dann die Filialleiter die Adressen der umsatzstärksten Kunden und kooperationsbereiten Grossisten an Garbáty, woraufhin der Pankower Hersteller eine eigene Auslieferung schrittweise auf die Beine stellen konnte. Trotz dieser Schaden begrenzenden Hilfe vonseiten der Reemtsma-Auslieferung sackte der Umsatz der Pankower ab: Im ersten Quartal 1938 lag er nur noch bei 9,26 Millionen Mark. Das war ein Rückgang um 30 Prozent gegenüber dem vorherigen Quartal.[172] Eine ganze Reihe von Faktoren wirkte auf diese Entwicklung ein. Ein Grund war *sicherlich*, dass im Februar im *Stürmer* gegen die wichtigste Garbáty-Marke *Kurmark* als »jüdisches Erzeugnis« und deren Herstellerfirma als »rein jüdisches Unternehmen« polemisiert worden war, was bei nationalsozialistischen Rauchern die Kaufentscheidung beeinflusste.[173] Doch ein stetiger Umsatzrückgang hatte bei den Pankowern bereits im Frühjahr 1937 eingesetzt. Diese Einbußen waren unabhängig von der Haltung des Geschäftspartners Reemtsma entstanden. Von Bedeutung war beispielsweise der Rückgang der Werbemöglichkeiten, denn seit einiger Zeit verweigerte die Mehrzahl deutscher Zeitungen die Aufnahme von Garbáty-Annoncen. Bereits Mitte 1937 befand sich die Traditionsfirma in der Krise.

Im März 1938 nahm Dr. Erich Batschari auf Anregung des Wirtschaftsministeriums mit Philipp F. Reemtsma in Sachen Garbáty Kontakt auf. Batscharis Vorschlag, bei der ›Arisierung‹ der jüdischen Garbáty-Hälfte zu kooperieren, lehnte Reemtsma kategorisch ab. Er hielt Batschari schlicht für inkompetent und der anstehenden Sanierung von Garbáty in keiner Form gewachsen. Dies teilte er dem Ministerium unverblümt mit. Nach wie vor hatte Reemtsma von der badischen Unternehmerfamilie genug. Auch die neun Jahre seit der Batschari-Übernahme hatten daran nichts geändert. Zudem war es wiederholt zu Querelen mit Batschari gekommen.

Die Familie Garbáty selbst bemühte sich im Frühjahr 1938 um geeignete Kaufinteressenten für die Fabrik, schon bevor die gravierende Vertriebskündigung das Unternehmen getroffen hatte. Als vielversprechender Bewerber reiste BATC-Präsident Sir Cunliffe Owen aus London an, um mit den Garbátys und ›Zwei‹ zu verhandeln. Den Pankowern wäre der Engländer sehr willkommen gewesen, aber Reemtsma spielte die deutsche Karte. Er verweigerte den Verkauf des eigenen Garbáty-Anteils an den britischen Konzern. Man wollte nicht an der »Überfremdung eines inländischen Betriebes« mitwirken, teilte Philipp F. Reemtsma dem leitenden ›Arisierungs‹-Beamten, Ministerialrat Alf Krüger, wenige Monate später mit.[174] Dies gehorchte vorauseilend dem Geist der Zeit, denn solch einem Geschäft mussten der Gauwirtschaftsberater, die DAF und die Berliner Industrie- und Handelskammer zustimmen, bis dann die ›Arisierungs‹-Abteilung im Wirtschaftsministerium endgültig entschied, ob die Übernahme stattfinden konnte. Hier wäre die ausländische BATC chancenlos gewesen.

Nach dieser Absage von Reemtsma brachten die Garbátys mit Rechtsanwalt Dr. Jacob Koerfer einen Außenseiter ins Spiel. Die von ihm geführte Familienholding war einer der größten Kinobesitzer Deutschlands, doch Koerfer war kein Fabrikant und noch dazu ein überzeugter Nichtraucher. Wieso wollte er in das ihm fremde Zigarettengeschäft einsteigen, das von hartem Konkurrenzkampf und einem ständigen Konzentrationsprozess geprägt war? Dafür gab es mehrere Gründe. Einer davon lag im privaten Bereich: Koerfer besaß ein Haus am Havelufer im Villenviertel von Kladow, in der Nachbarschaft zur Familie Moritz Garbátys. Die Ehefrauen Ella Garbáty und Irene Koerfer kannten sich, und auch bei deren Männern war der persönliche Kontakt nicht ausgeblieben. Aufgrund dieser Verbindung war dem umtriebigen Geschäftsmann die Lage der Familie Garbáty bekannt, die seit Ende 1937 auf eine Trennung von der Zigarettenfabrik hinauslief.

Am 1. Mai 1938 suchte Jacob Koerfer erstmals Philipp F. Reemtsma auf und bekundete reges Interesse an der Übernahme. Er wollte lediglich den Anteil Moritz Garbátys erwerben und mit Reemtsma als Partner arbeiten. Dies lehnte der Hamburger ab, da ihm der branchenunkundige Unternehmer zu sehr Investment-Geschäftsmann und nicht Fabrikant zu sein schien. So musste Koerfer nach einer

Finanzierung für die gesamte Firma suchen, deren Buchwert auf über 10 Millionen Mark taxiert worden war. Reemtsma kam ihm ein Stück entgegen und bot an, Tabake aus den Garbáty-Lagern im Wert von mehreren Millionen zu übernehmen. Da Koerfer das benötigte Geld nicht zusammenbrachte, gerieten die Verhandlungen zwischen ihm und den Garbátys ins Stocken, und Letzteren lief die Zeit davon.

Als solventer ›Arisierungs‹-Interessent trat nunmehr Hans Weidtman in Erscheinung. Seine Qualifikation basierte vor allem darauf, dass er langjährige Erfahrungen im Tabakhandel auf dem Balkan hatte. Als leitender Mitarbeiter der wichtigen Istanbuler Filiale der Deutschen Bank war er an der Finanzierung der Tabakeinkäufe deutscher Firmen beteiligt. Zum Zweck der Übernahme von Garbáty bildeten die Brüder Hans und Viktor Weidtman ein Konsortium im Familienkreis und bezogen Quartier im Berliner Hotel *Eden*, um von dort aus die Gespräche anzugehen. Hans Weidtman führte wegen der beiden Unternehmenshälften Verhandlungen mit den Reemtsmas und Moritz Garbáty. Philipp F. Reemtsma fragte beim Tabakreferat des Wirtschaftsministeriums an, wie der übliche Entscheidungsgang auf Behördenseite aussehe. Er erhielt die Auskunft, dass man in der Regel für den Bewerber entschied, der als Erster einen Vertragsabschluss vorlegte. Daraufhin räumte die Reemtsma KG den Weidtmans wie zuvor Koerfer eine Erwerbserleichterung durch die Übernahme von Garbáty-Tabak ein und sagte den Verkauf ihres Fünfzig-Prozent-Anteils zu. Die Verhandlungen zwischen Garbáty und den Weidtman-Brüdern kamen schnell zu einem einvernehmlichen Abschluss. Am 16. Juni 1938 einigten sich beide Parteien und vereinbarten die Übernahme. Reemtsma stimmte zu, Viktor Weidtman als Garbáty-Kommanditisten im Handelsregister einzutragen. Der Kölner Geschäftsmann trat mit einer Einlage von 3,5 Millionen Mark ein, wohingegen Eugen Garbátys Einlage entsprechend auf 1 Million reduziert wurde. Dies zusammen machte den Wert der Beteiligung von Reemtsma aus. Umgehend wurde die Vereinbarung der ›Arisierungs‹-Abteilung im Ministerium zur Genehmigung vorgelegt.

Das Geschäft hätte nunmehr seinen Abschluss finden können, doch Jacob Koerfer erschien erneut bei Philipp F. Reemtsma. Ihm war es gelungen, ein solides Konsortium für die Finanzierung zusammenzubringen, in dem er selbst mit 51 Prozent die Mehrheit hielt. Philipp F. Reemtsma war unangenehm überrascht und wollte nichts für Koerfer tun. Schließlich hatte er den Weidtmans sein Wort gegeben und hielt daran fest. Man müsse die Behördenentscheidung abwarten. Zuversichtlich dachte man auf Seiten der Garbátys, Weidtmans und Reemtsmas, dies sei lediglich eine Formalität. Doch die zuständigen Stellen verweigerten der rückwirkend zum 30. April 1938 vorgesehenen Halb-›Arisierung‹ Anfang August das Plazet. Die Garbáty-Übernahme war zum Ärger zahlreicher Beteiligter weiter offen, aber sie gaben die Angelegenheit nicht verloren. Die Mutter der Weidtman-Brüder schrieb am 10. August an Hermann Göring und bat um wohlmeinende Prüfung. Philipp F. Reemtsma schließlich legte fünf Tage später in einem detaillierten Schreiben an Ministerialrat Krüger dar, dass Weidtman gegenüber Koerfer die bessere Wahl sei: »Es erscheint mir aber unerlässlich, bei Erwerb eines derartigen Unternehmens wenigstens gewisse fachliche Vorkenntnisse zu haben, zumal die Mehrzahl der Tabakfachleute Ausländer oder Nichtarier sind und es außerordentlich schwer ist, deutschstämmige Tabakfachleute für die deutsche Cigarettenindustrie heranzubilden.«[175]

Reemtsma wies eindringlich darauf hin, dass der Umsatz des Betriebs ununterbrochen zurückging. Daher sei jeglicher Zeitverzug bei der Übernahme für alle Beteiligten und auch für den künftigen Inhaber schädlich, da es ihm schwerfallen würde, das eingebrochene Geschäft wieder aufzubauen. Für ihn selbst als Mitgesellschafter seien die derzeitigen Verluste »sehr schwer erträglich«, denn von Januar bis Juli hatte die Firma ohne Profit gearbeitet. Das Unternehmen hatte seine Werbemaßnahmen eingestellt und lebte nur noch von der Substanz, wobei der Umsatz nur auf den Marken *Saba* und *Kurmark* beruhte. Dem Chef der ›Arisierungs‹-Abteilung gegenüber machte der Hamburger Unternehmer deutlich, dass auch Reemtsma zugunsten der Weiterführung von Garbáty opferbereit war: »Wir haben unseren Anteil im Interesse der Arisierung und der Verselbständigung des Betriebes zu Bedingungen zur Verfügung gestellt, die unter unseren Erwerbskosten dieses Anteils und unter dem Wert des

Anteils für uns liegen, aber wir glauben nicht, dass es billig wäre, wenn diese loyale Respektierung des Staatswillens dazu führen würde, dass unsere Beteiligungsrechte vollkommen entwertet werden.«

So umfassend die Ausführungen des Zigarettenindustriellen waren, so knapp und unmissverständlich fiel die Antwort von ›Juden-Krüger‹[176] aus: Er könne an seiner Entscheidung gegen Weidtman nichts ändern. Wie Gauwirtschaftsberater Professor Hunke Reemtsma mitteilte, stützten auch die DAF, die Gauwirtschaftskammer und die Berliner IHK die Ablehnung. Eine von Reemtsma als Lösung angesprochene Liquidation von Garbáty komme für ihn wegen des Verlusts der vielen Hundert Arbeitsplätze unter gar keinen Umständen infrage. Reemtsma habe nach der Abweisung Weidtmans »nunmehr wieder freie Hand, um die Entjudung der Firma Garbáty erfolgreich voranzutreiben«.[177] Dementsprechend solle man Jacob Koerfer ein Angebot unterbreiten. Trotz der bekräftigten Entscheidung von Ministerialrat Krüger wollten die Weidtmans und Reemtsma die Sache nicht aufgeben. Am 5. September unterbrach Reemtsma seinen Helgoland-Urlaub und flog nach Berlin, um Hunke persönlich aufzusuchen. Doch alles Antichambrieren, die Nutzung der Beziehungen und der solide Weidtman-Finanzplan waren vergeblich. Dr. Koerfer kam definitiv zum Zug.

Enttäuscht kehrte Hans Weidtman nach Istanbul zurück. Er dankte Philipp F. Reemtsma brieflich für die viermonatige Unterstützung in Sachen Garbáty, ein Geschäft, in dem er für sich »eine große Chance« gesehen hatte.[178] Obwohl diese Übernahme gescheitert war, wollte Reemtsma den Bankier mit einem anderen Angebot für die Zigarettenbranche gewinnen: Er bot Weidtman an, bei der Lande GmbH einzusteigen, an der seine Firma beteiligt war. Aber Weidtman winkte ab, da er nicht sogleich an ein neues Projekt in Deutschland herangehen wollte. Problematisch war für den Bankier, dass er wegen Garbáty die Deutsche Bank zum Jahresende 1938 um seinen Abschied gebeten hatte. Nunmehr wollte er weiter für das Institut arbeiten.

Philipp F. Reemtsma sah ein, dass er einlenken und seinen Garbáty-Anteil an Koerfer verkaufen musste. Trotz der energischen

Opposition, die er über Monate gegen die Bemühungen des Kino-Unternehmers an den Tag gelegt hatte, war der Berliner Gauwirtschaftsberater von Reemtsma angetan: Professor Hunke, der auch Präsident des Werberats der deutschen Wirtschaft war, schrieb ihm am 13. Oktober vielsagend und kompromittierend zugleich: »Über die sachliche Behandlung der Entjudung der Firma Garbáty habe ich mich ebenso gefreut wie Sie. Sobald Fragen dieser Art wieder an mich herantreten, würde ich mich gern an Sie wenden.«[179]

Nachdem Jacob Koerfer vom Ministerium die Genehmigung zur Übernahme erhalten hatte, erfolgte am 24. Oktober der Geschäftsabschluss. Moritz und Eugen Garbáty unterzeichneten den Vertrag, der sie von ihrem Familienunternehmen trennte. Als Auseinandersetzungsguthaben wurden Moritz 6,019 Millionen Mark zugestanden. Eugen bekam lediglich 1 Million Mark, was dem noch immer offenen Restbetrag aus dem Reemtsma-Verkauf von 1929 entsprach. Koerfer übernahm die Reemtsma-Beteiligung zum vom Hamburger Unternehmen genannten, dem Buchwert entsprechenden Preis in Höhe von 4,5 Millionen Mark. Obwohl sich beide Seiten der loyalen Zusammenarbeit versicherten, bedeutete Koerfers Übernahme von Garbáty das Entstehen eines neuen, wenn auch nur mittelgroßen Konkurrenten für Reemtsma.

Die Hamburger hatten dem ministeriellen Willen entsprechen müssen. Das war für sie etwas durchaus Neues und Unerfreuliches. Sie hatten damit gerechnet, bei der Garbáty-Frage an der Entscheidung maßgeblich beteiligt zu sein. Tatsächlich aber spielten sie nur eine Nebenrolle. Sie mussten sich fügen und verloren infolge der ›Arisierung‹ eine ihrer Firmenbeteiligungen mit Verlust. Dies besaß für das Großunternehmen kaum eine ökonomische Bedeutung, aber die Einmischung des Staates zeigte den Reemtsmas, dass auch sie durch die diktatorische Wirtschaftspolitik in Mitleidenschaft gezogen werden konnten. Im Vergleich zu dem, was den Garbátys passierte, war dies jedoch eine *quantité négligeable*: Ihnen widerfuhr das typische Schicksal der jüdischen Geschäftsleute, deren Besitz ›arisiert‹ worden war. Sie verloren ihre wirtschaftliche Basis und ihre Vermögenswerte durch diverse Sonderabgaben. Da eine ganze Reihe von Entscheidungsträgern um die gezahlten Millionen wusste, machten sich verschiedene Stellen daran, den Garbátys die Gelder zu entziehen. Dabei war von Bedeutung, dass es nur zwei Wochen nach dem Vertragsabschluss zur ›Kristallnacht‹ kam. Die Garbátys entgingen dem direkten Terror des Novemberpogroms nur knapp. Danach wollten sie Deutschland so schnell wie möglich verlassen. Die dafür benötigten Pässe mussten sie sich mit aberwitzigen Bestechungsgeldern beim Berliner Polizeipräsidenten Wolf Heinrich Graf von Helldorf erkaufen.

Ende November konnten Moritz und Ella Garbáty mit ihrem Sohn Thomas per Flugzeug nach Amsterdam ausreisen. Sie gelangten letztlich im Juni 1939 über Bordeaux nach New York, wofür sie dem Polizeipräsidenten 1,15 Millionen Mark überlassen hatten. – Helldorf-Spende wurde so etwas genannt. Durch Reichsfluchtsteuer, Judenvermögensabgabe, Devisentransfer und andere Zahlungen hatte Moritz Garbáty noch weitere 3,38 Millionen verloren. Dies kam einer nahezu kompletten Entziehung des Vermögens durch das Regime gleich.[180]

Gegenüber seinem Halbbruder Moritz hatte Eugen Garbáty den Vorteil, dass sein Geld seit 1929 weitgehend im Ausland angelegt war. Daher konnte er nicht so ausgeplündert werden, obgleich auch er die üblichen antisemitisch legitimierten Sondersteuern zu zahlen hatte. Eigentlich wollte er in Berlin bleiben, denn erst im Sommer hatte er ein neues Haus in der Hitzigstraße erworben, nachdem Dr. Robert Ley, der Chef der DAF, die Überlassung der stattlichen Villa in der Tiergartenstraße eingefordert hatte. Tatsächlich dachte Garbáty noch im September 1938 daran, seine Tätigkeit als Repräsentant der Zigarettenindustrie fortzusetzen. Doch die Reemtsma KG kündigte am 15. November den neun Jahre zuvor mit ihm geschlossenen Beratervertrag, da dieser, so das Chefbüro des Unternehmens, »durch die zwischenzeitliche Entwicklung und den Verlauf der Dinge sein Ende gefunden habe«.[181]

In der Tat war die Fortsetzung von Eugen Garbátys Beratertätigkeit nicht mehr denkbar, denn am 12. November hatte das Regime die »Verordnung zur Ausschaltung der Juden aus dem Wirtschaftsleben« erlassen. Zwei Tage später war sie im *Reichsgesetzblatt* publiziert worden. Die Eile, mit der Philipp F. Reemtsma in dieser Sache vorging, musste auf Eugen Garbáty brüskierend wirken. Er war nachhaltig aufgebracht und erwog wegen der Kündigung seines hoch dotierten Beratervertrages eine Klage vor dem Arbeitsgericht.

Mitte Dezember bekam Philipp F. Reemtsma einen Brief von Hans Weidtman aus Istanbul. Dieser konnte infolge des ›plötzlichen‹ Ausscheidens des jüdischen Filialdirektors Edmund Goldenberg in dem Kreditinstitut bleiben. Erfreulich war für Weidtman nicht nur diese Entwicklung, der er es verdankte, auch künftig als einer der beiden Leiter der bedeutsamen Istanbuler Filiale der Deutschen Bank zu wirken. Darüber hinaus, schrieb er Reemtsma, habe ihm Dr. Koerfer 172 000 Mark Aufwandsentschädigung gezahlt und dadurch seine Seriosität unter Beweis gestellt. An einem Einstieg in die Zigarettenindustrie, wie sie Reemtsma mit dem Hinweis auf Lande vorgeschlagen hatte, war Hans Weidtman definitiv nicht mehr interessiert.[182]

Neue Märkte

Der im April 1938 in einer Abstimmung von den Österreichern eingeforderte ›Anschluss‹ ihres Staates an das Deutsche Reich war auch für die Reemtsma KG von Bedeutung. Die sogenannte Oesterreichische Tabakregie mit Sitz in Wien übte ein staatliches Monopol auf Raucherwaren aus. Im Frühsommer 1938 ging es darum, die völlig anders strukturierte Zigarettenbranche des nunmehr Ostmark genannten Landes in das Reichsgebiet einzupassen. Ziel war die zügige Verschmelzung mit dem deutschen Steuer-, Hersteller- und Marktgefüge. Alsbald sollte die Zollgrenze fortfallen, was im ehemaligen Österreich die Belieferung mit Zigaretten aus Deutschland nach sich ziehen würde. Im Sinne des Einheitsgedankens im Deutschen Reich erschien es nicht dienlich, eine Sonderregelung für das Beitrittsgebiet einzuführen. Um die weitreichenden wirtschaftlich-fiskalischen Folgen des Schrittes zu erörtern, wurden die beiden wichtigsten Experten der deutschen Zigarettenbranche herangezogen: zum einen Dr. Adolf Flügler, der ehemalige Vorsitzende des in der Fachuntergruppe Zigarettenindustrie aufgegangenen Verbandes der Cigarettenindustrie (VdC), und zum anderen Philipp F. Reemtsma.

Anfang Juli wandte sich Regierungsrat Flügler mit einer detaillierten Eingabe an das Finanzministerium, um das Vorgehen in der ehemaligen Alpenrepublik abzustimmen. Das Schreiben vermittelt den Anschein, als habe es Philipp F. Reemtsma persönlich diktiert, um dem Staat mitzuteilen, wie vorteilhaft die bisherige Struktur der deutschen Zigarettenindustrie war. Die Kernpunkte: In Kürze müsse eine Angleichung an das deutsche Zigarettensteuersystem erfolgen, um den fiskalischen Interessen des Reiches Rechnung tragen und gleichzeitig die Überleitungsbelastungen für Österreich klein halten zu können. Dafür böten sich zwei Wege an: die Einführung des Tabakmonopols in Deutschland – oder eine Privatisierung in Österreich. Allerdings sprachen derzeit alle Sachargumente gegen ein reichsweites Monopol. Warum? Der Staat müsste große Mittel zum Erwerb der Fabriken aufwenden, ohne sichergehen zu können, dass die Steuererträge höher wären als gegenwärtig. Die deutsche Tabaksteuer bringe pro Kopf der Bevölkerung höhere Erträge als das Monopol in Österreich, obwohl der dortige durchschnittliche Zigarettenkonsum höher sei. Durch ein Staatsmonopol entfielen die Fabrikanten als Steuerzahler und damit deren erhebliche Einkommen- und Umsatzsteuerleistungen. Ferner würden in Industrie und Handel zahlreiche Existenzen vernichtet. Dagegen sei die plötzliche Privatisierung der eine organisatorische Einheit für die Zigarren-, Zigaretten- und Rauchtabakproduktion bildenden Oesterreichischen Tabakregie nicht möglich, da sie nicht auf die Schnelle in die einzelnen Gewerbezweige geteilt werden könne; das erfordere eine längere Zeitspanne. Zudem müsse auch der Vertrieb privatisiert werden, zum Schaden der Tabaktrafiken, die in Österreich eine hohe Bedeutung besäßen. In wirtschaftlicher und sozialer Hinsicht werde daher durch den Übergang zum freien Handel »eine kaum tragbare Erschütterung« befürchtet.[183] Vor diesem Hintergrund schlug Dr. Flügler vor, die Tabakregie staatlicherseits zu übernehmen und sie als gleichberechtigten Produzenten in die deutsche Industrie zu integrieren.

Einen Monat später richtete Philipp F. Reemtsma ein Schreiben an das Finanzministerium, das die Oesterreichische Tabakregie mittlerweile in Reichsbesitz übernommen hatte. Er teilte Regierungsrat

Sigfried Jahr mit, wen er für die Leitung des Monopolbetriebes empfahl. Sein Favorit war der Direktor der Münchener Austria-Fabrik, das heißt der deutschen Tochterfirma der Tabakregie, Hans Hajny. Als besonders vorteilhaft schätzte Reemtsma ein, dass dieser beim Wiener Gauleiter Joseph Bürckel gut gelitten und außerdem Österreicher war, weshalb in der ›Ostmark‹ nicht der Eindruck entstehen musste, die dortige Zigarettenindustrie sei ausschließlich in die Hände von »Reichsdeutschen« gefallen. Die Behörden folgten Reemtsmas Empfehlung. Hans Hajny erhielt die Ernennung zum Vorstand der in Austria Tabakwerke AG umfirmierten Tabakregie, während der Bankier Georg Eidenschink wie bei Austria München in den Aufsichtsrat des Wiener Unternehmens berufen wurde. Das Wichtigste war für Philipp F. Reemtsma, dass der österreichische Hersteller, der bislang einen großen Markt mit seiner Produktion allein versorgt hatte, an das von ihm konzipierte deutsche IG-Marktsystem angeschlossen wurde, denn eine Sonderstellung hätte das Gleichgewicht der Branche aus dem Lot bringen können. Andererseits sorgte der Hamburger Unternehmer dafür, dass die Betriebe der ›Ostmark‹ hinsichtlich ihrer Technik und Produktionsverfahren modernisiert wurden. Im Vergleich zu den deutschen Herstellern bestanden hier große Defizite. Wie Eidenschink 1946 schilderte, steigerten die Austria Tabakwerke dank der kostenfreien Überlassung von Patenten und Spezialkenntnissen durch Reemtsma in kurzer Zeit ihre Produktivität.[184]

Im Frühjahr 1938 hatten deutsche Stellen Philipp F. Reemtsma die Übernahme der österreichischen Zigarettenindustrie vorgeschlagen, doch der Unternehmer hatte dieses Angebot abgelehnt, wohl weil er mit seiner Marktstellung ausgelastet war. Im Verlauf des Jahres erreichte Reemtsma einen Rekordumsatz: So wurden im Dezember 1938 stolze 2,813 Milliarden Zigaretten verkauft. Damit deckte der Hersteller nahezu zwei Drittel des deutschen Zigarettenkonsums ab. Philipp F. Reemtsma wusste aufgrund seiner Markenkenntnis, dass eine weitere Umsatzsteigerung dem Unternehmen mehr schaden als nützen würde. Es musste Konkurrenz geben, um – wie er es gegenüber seinem Personalentwickler Ludwig Kroeber-Keneth formulierte – die Spannkraft des eigenen Bogens zu erhalten.[185] Daher strebte ›Zwei‹ keine weitere Ausdehnung in Deutschland an. Er wollte den Spielraum der Branche beibehalten. Zudem war zu befürchten, dass ein noch größerer Marktanteil den Weg zur Verstaatlichung der Industrie ebnete. Hätte es ein tatsächliches Reemtsma-Monopol in der Zigarettenbranche gegeben, wäre es seitens des Reichs spielend möglich gewesen, dies in staatliche Hände zu übertragen.

An seiner Einflussnahme auf die österreichische Branche ist erkennbar, dass Reemtsma politisch-strukturell zu agieren verstand, ohne vordergründig den Eindruck des großindustriellen Profiteurs zu erwecken. Natürlich profitierte die Reemtsma KG davon, dass die Austria Tabakwerke der von Reemtsma geleiteten Interessengemeinschaft beitraten und das Gefüge der Branche erhalten blieb, wobei die ›Ostmark‹ nunmehr zum deutschen Absatzgebiet hinzukam. Reemtsma lernte beim ›Anschluss‹ Österreichs wichtige Mechanismen und Vorgehensweisen kennen, die er im Verlauf der nächsten Jahre im europäischem Maßstab praktizieren und verfeinern konnte. Somit war das Lehrstück Österreich, das sowohl durch Zurückhaltung beim unmittelbaren Firmenengagement als auch durch zentrale Einflussnahme Reemtsmas gekennzeichnet war, für ihn ein besonderer Prüfstein. Im Wirtschafts- und Finanzministerium schien sich die Erkenntnis festgesetzt zu haben, dass man in strategischen Fragen auf den Hamburger Unternehmer bauen konnte.

Es gab allerdings immer noch Widersacher, die sich nicht kampflos mit seinem Führungsanspruch abfanden. Bewusst hatten staatliche Stellen die Leitungsposition der Fachuntergruppe Zigarettenindustrie Hermann Ritter zugeschoben, um damit einen Gegenpol zu Philipp F. Reemtsma zu bilden. Ritter war 15 Jahre älter als der Hamburger, und auf dem Gebiet des Rauchtabaks war die von ihm geleitete Brinkmann AG Spitze. Mit der Zigarettenproduktion hatte Brinkmann erst 1931 in einem angemieteten Zweigwerk in Hemelingen bei Bremen begonnen und es binnen weniger Jahre zum zweitgrößten Umsatz in Deutschland gebracht. Dennoch war dieses Geschäft nicht gesichert. Hermann Ritter und sein markentechnisch befähigter Sohn Wolfgang besaßen nicht die tiefe Erfahrung wie die angestammten Produzenten. Hinzu kam die beträchtliche Markentreue der Raucher. Wenn *Salem* in Schlesien oder *Eckstein* in Westdeutschland als Synonym des Wortes »Zigarette« galt, hatte es eben jeder Konkurrent mit Neueinführungen unglaublich schwer. Dennoch gab es Anlass genug für Reemtsma, den Bremer Hersteller wiederholt wegen neuer Marken wie der ersten runden Zigarettensorte *Lloyd* – in Abgrenzung zu den üblichen ovalen Formaten – oder der gegen *R6* zielenden *Laurens Grün* als Ärgernis wahrzunehmen. Der Hamburger Firmenchef musste zudem zur Kenntnis nehmen, dass die Brinkmann-Verwaltungszentrale 1936/37 nach Berlin verlegt wurde. Hier saß Hermann Ritter dauerhaft an der Quelle behördlicher Entscheidungsprozesse und hatte somit gegenüber dem ständig per Bahn anreisenden Reemtsma einen Standortvorteil.

Als die Wehrmacht im März 1939 in Tschechien einmarschierte, machte Hermann Ritter gerade Urlaub in Dubrovnik. Philipp F. Reemtsma nutzte die Gunst der Stunde und warf sich voller Energie auf die Einbeziehung des neuen deutschen Herrschaftsbereichs in seine Landkarte der Zigarettenwirtschaft. Im selbstbewussten Ton des Machers schrieb er an den Adria-Urlauber, er habe, »wenige Stunden nachdem der Einmarsch unserer Truppen in Böhmen und Mähren bekannt gegeben war, alles in die Wege geleitet, was erforderlich war, um vor etwaigen Entscheidungen über den Tabaksektor dieser Gebiete die Einschaltung der Industrie sicherzustellen«.[186] Obwohl er bereits mit den Austria-Betrieben Kooperationsabsprachen geführt hatte, war Reemtsma überzeugt, dass die kommenden Aufgaben noch schwerer zu lösen sein würden als die bisherigen. Er meinte konkret, in Tschechien ließe sich »der Typ der deutschen Cigarette« nicht durchsetzen, da Bulgarien, Griechenland und die Türkei keine weiteren 10 000 Tonnen Rohtabak jährlich für die deutschen Hersteller liefern könnten, ohne ihren eigenen Markt völlig aus dem Gleichgewicht zu bringen. Offensichtlich plante Reemtsma bereits am 21. März, also nur wenige Tage nach dem Einmarsch der Deutschen in die ›Rest-Tschechei‹, die Orientzigarette deutscher Geschmacksrichtung in eigener Regie für den hinzukommenden Markt herzustellen.

Im Frühjahr 1939 hatte Philipp F. Reemtsma Oberwasser und spielte seinen Machtanspruch gegenüber Hermann Ritter vollends aus. Er forderte von ihm nichts weniger als das Amt des Leiters der Fachuntergruppe Zigarettenindustrie, um mit dadurch gesteigerter Autorität für die Branche sprechen zu können. Sein Ziel sei das Wohlergehen der gesamten Industrie. Ritter, der als bremischer Staatsrat eine politische Stellung innehatte, suchte seine Position mittels guter Beziehungen in die Ministerialbürokratie zu verteidigen. Bald nach seiner Rückkehr aus Dubrovnik sondierte er bei Ministerialrat Rueff im Wirtschaftsministerium die Lage und bat Reemtsma in der ersten Maiwoche zu einer Besprechung in die Hauptstadt. Den Hamburger Unternehmer störte ungemein, dass ihre Fehde bekannt wurde. Aber Ritter wollte sich verständlicherweise nicht einfach unterkriegen lassen und suchte nach Verbündeten. Darüber hinaus argumentierte er gegenüber Reemtsma mit Blick auf die inhomogene Struktur der deutschen Zigarettenindustrie: In ihr nähmen eine ganze Reihe Griechen und andere Ausländer aufgrund ihrer Firmenbeteiligungen Einfluss, und zudem seien infolge der ›Arisierungen‹ bei Lande, Jyldis und Garbáty unerfahrene Kräfte in die Branche gelangt. Daher bedürfe die Fachuntergruppe eines eigenständigen, bewährten Sprechers, den Ritter in seiner Person besser verkörpert sah als durch sonst jemanden. Reemtsma vermochte es dennoch, sich in Berlin gegen den Bremer Staatsrat durchzusetzen. Im Juni 1939 musste Ritter die Leitung der Fachuntergruppe Zigarettenindustrie an ihn abgeben.

Fünf Jahre nach dem Ende der SA-Sturm-Kampagnen saß Philipp F. Reemtsma an sämtlichen Schalthebeln seines Gewerbes. Er kontrollierte die Reemtsma-Neuerburg-Gruppe mit einem Dutzend Produktionsstätten sowie die übrigen relevanten Hersteller über die IG und die Fachuntergruppe. Damit besaß ›Zwei‹ im Sommer 1939 die höchste mögliche Machtfülle innerhalb der Zigarettenindustrie des Deutschen Reiches. Diesen Aufstieg hatte er durch eine zeitintensive Arbeitsleistung erreicht, und das, obwohl seine wichtigen Partner David Schnur und Kurt Heldern emigriert waren. Reemtsmas Gesundheit und auch sein Privatleben hatten stark unter diesem Arbeitspensum gelitten, aber sein Leben war nun einmal »Kampf um Kampf« – wie er es im September 1945 ausdrückte –, und nicht etwa Streben nach Behaglichkeit.[187]

Mittels seiner leisen, eindringlichen Stimme oder durch geschliffene Geschäftsbriefe lenkte Reemtsma die Industrie. Gleichzeitig erreichte seine Firma die größte Kapitalstärke ihrer jungen Geschichte. Was bei alldem noch fehlte, war eine repräsentative Verwaltungszentrale, nicht in Hamburg, sondern in der Reichshauptstadt. Dank voller Kassen und guter Beziehungen zur Deutschen Bank kaufte Reemtsma 1939 sämtliche Häuser des Blocks Mauerstraße – Kanonierstraße – Jägerstraße – Taubenstraße nahe dem Berliner Regierungsviertel, in direkter Nachbarschaft zum drei Jahre zuvor errichteten Propagandaministerium. Neben anderen Eigentümern hatten die Deutsche Bank selbst und Freiherr von Werthern auf Vermittlung von Hermann J. Abs ihre Grundstücke in der Mauerstraße veräußert. Letztlich standen damit 2341 Quadratmeter Baufläche zur Verfügung, auf der die Hamburger Firma nach Abriss der bisherigen kaiserzeitlichen Häuser ein fünfstöckiges Verwaltungsgebäude errichten lassen wollte.[188] Beabsichtigt war, in dessen Obergeschoss die Verbände und Institutionen der gesamten Zigarettenbranche zusammenzuführen. Dies schien als der große Wurf, denn dann hätten die bislang verstreut in Hamburg und im Berliner Tiergartenviertel ansässigen Büros von IG, WVZ und der Fachuntergruppe Zigarettenindustrie einen zentralen Sitz in unmittelbarer Nähe zu den Ministerien gehabt. Und Reemtsmas dominante Stellung wäre durch das Gebäude, mit den Verbänden als Mietern, augenfällig manifestiert worden. Doch 1939 wurde der aufwendige Neubau – der schon allein vom Volumen her die Krupp-Repräsentanz an der Tiergartenstraße weit übertroffen hätte – nicht in Angriff genommen. Der Krieg kam dazwischen.

Neue Anfeindungen

Zu Beginn des Jahres 1939 drohte eine neue Gefahr, denn von Medizinern und staatlichen Stellen wurde der Tabakgenuss intensiver untersucht und scharf kritisiert: Nikotin galt jetzt als gefährliches Genussgift. Zudem machte der Dresdener Internist Fritz Lickint in der Enzyklopädie *Tabak und Organismus* als Erster auf das gefährliche »Passivrauchen« aufmerksam. Während die Industrie um weibliche

Raucher warb und deren Zigarettenkonsum als Zeichen der Emanzipation aufwertete, zielten die Behörden mit dem autoritären Slogan »Die deutsche Frau raucht nicht!« in die entgegengesetzte Richtung. Jugendliche sollten auf jeden Fall vom Nikotin ferngehalten werden; die »Volksgesundheit« hatte Vorrang. Selbst bei Erwachsenen ging die NSDAP gegen den Tabakkonsum vor; 1939 wurde es verboten, in ihren Dienststellen zu rauchen. Dies stand mit Adolf Hitler als raucherfeindlichem Abstinenzler in Verbindung.

Doch nicht nur das Nikotin und die ihm beigemessenen Gefahren wurden von Staats wegen angeprangert. Das Wirtschaftsministerium hatte errechnet, dass die Zahl der Beschäftigten in der deutschen Tabakbranche zu hoch sei: 200 000 Personen, wozu noch 600 000 vom Handel mit Tabakwaren abhängige Existenzen kämen. Diese exorbitanten Zahlen führten Ende 1938 zu der Ansicht, das gesamte Gewerbe müsse rationalisiert werden, um Arbeitskräfte für volkswirtschaftlich wichtigere Tätigkeiten freizusetzen. NSDAP-Wirtschaftsreferent Bernhard Köhler forderte, für die Betroffenen beunruhigend radikal, eine kontinuierliche Schrumpfung der Tabakindustrie. Er verlangte sogar, die Unternehmer müssten sich mittelfristig auf andere Erwerbszweige umstellen, da es in Deutschland keine Zukunft mehr für die Tabakbranche gebe. Philipp F. Reemtsma nahm diese Äußerungen zum Anlass, Köhler Ende Februar 1939 mit einem zwölfseitigen Schreiben die wirklichen Zahlenverhältnisse und die Lage der Industrie zu vermitteln. Er bezeichnete einen schleichenden Schließungsprozess als unsinnig, denn kein Fabrikant würde mit Engagement tätig sein, wenn er wüsste, dass sein Arbeitsfeld aufgegeben würde. Daher sei es vernünftiger, die Betriebe eher sofort als in fünf bis zehn Jahren zu schließen. Vorhersehbar sei dann allerdings die Übernahme des deutschen Rauchermarktes durch ausländische Firmen, vor allem durch BATC. Zudem würde der Tabakeinkauf auf dem Balkan vermutlich von London aus gesteuert. Daher befürchtete Reemtsma gravierende Folgen für die deutsche »Ostraumpolitik«. Neben den USA war Deutschland mit fast 50 Prozent der Ernte der Hauptabnehmer des Orienttabaks. Wegen der beherrschenden wirtschaftlichen Stellung der deutschen Einkäufer auf dem Balkan erschien es Reemtsma falsch, hiervon abzugehen, denn dabei mindere man die durch den Orienttabak bedingte »Abhängigkeit jener Länder von Deutschland«. Wie ließe sich dies volkswirtschaftlich rechtfertigen?

Die angeblichen Beschäftigtenzahlen korrigierte Reemtsma als Kenner der Verhältnisse deutlich nach unten: Es seien etwa 120 000 bis 140 000 Arbeitskräfte in der Produktion von Rauch-, Kau- und Schnupftabak sowie bei der Herstellung von Zigarren und Zigaretten tätig. Daneben gebe es aber lediglich 45 000 hauptberufliche Tabakwarenhändler und 3200 Großhändler. Nur wenn sämtliche Kolonialwarenhändler und Gastwirte hinzugezählt würden, käme man auf die Zahl von 600 000 Händlern. Zigarren wurden in Deutschland vorwiegend in Handarbeit auf dem Lande hergestellt. Bei der Zigarette kamen dagegen hoch produktive Maschinen zum Einsatz, weshalb vergleichsweise wenig Arbeitskräfte in dieser Industriesparte beschäftigt waren. Reemtsma meinte, eine volkswirtschaftlich nützliche Rationalisierung würde sich durch den kontinuierlichen Fortschritt in der von ihm vertretenen Branche einstellen: »In meinem eigenen Betriebe, der 60 Prozent des Cigarettenverbrauchs Groß-Deutschlands deckt, arbeiten in den Tabakabteilungen und in den Herstellungsbetrieben 2272 Männer und 3444 Frauen, in der Verwaltung und der Auslieferungsorganisation 1475 Männer und 791 Frauen.«[189] Addiert dürften Reemtsma zufolge in der deutschen Zigarettenherstellung, wenn erst die jüngst angeschlossenen österreichischen und sudetendeutschen Betriebe rationalisiert arbeiten würden, maximal 3000 Männer und 4800 Frauen tätig sein. Die Zahl der Männer bei Reemtsma schrumpfte kontinuierlich, da alle Arbeitsplätze, die mit Frauen besetzt werden konnten, schrittweise an diese übergingen, »um die Männer für heereswichtige Betriebe, in Hamburg vor allem für die Werften, freizumachen«. Hier wusste der in den Vierjahresplan eingebundene Unternehmer staats- und rüstungspolitisch zu argumentieren, um die Stellung der Zigaretenindustrie an sich, aber natürlich vor allem die seiner Firma zu verteidigen. – Kurios mutet aber an, dass bei der Reemtsma KG eine Umschichtung der Arbeitskräfte zugunsten von Frauen vollzogen wurde. Gerade einmal fünf Jahre zuvor hatte man mit dem propagandatauglichen Heiratsprogramm den Weg in die andere

Richtung eingeschlagen. Dies war ein Effekt der Rüstungskonjunktur in Deutschland. Hier praktizierte Reemtsma genau das, was die Prioritätensetzung des Regimes der Nazi-Ideologie an Konzessionen abverlangte: Eigentlich gehörten die Frauen ›an den Herd‹, doch zugunsten der Kriegsplanung mussten solche bisher maßgeblichen ideologischen Positionen untergeordnet werden.

Generell war die regierungsamtliche Kampagne gegen die Zigarette in den Augen des Unternehmers ein unverständlicher Schritt. Sollten der Nikotinverbrauch und der Arbeitskräftebedarf gesenkt werden, schrieb er, so müssten völlig andere Maßnahmen ergriffen werden. Er plädierte für die verstärkte Umlenkung der Raucher von Zigarre und Pfeife zur Zigarette, da diese mit durchschnittlich 1 Prozent Nikotin »das nikotinärmste Tabakprodukt« sei. Damit hatte Reemtsma recht. Tatsächlich lagen Pfeifentabak und Zigarren im direkten Vergleich beim Dreifachen dieses Werts. Erstaunlicherweise war der Tabakverbrauch pro Kopf der Bevölkerung 1938 ungefähr so hoch wie zur Jahrhundertwende. Da aber prozentual deutlich mehr Zigaretten geraucht wurden, lag der Nikotinkonsum niedriger als früher. Gerade die Reemtsma KG arbeitete erfolgreich an der Reduzierung des Nikotingehalts, etwa durch Tabakzüchtungen, neue Mischungen und die Entwicklung von Filterspitzen. Durch das Ausreifenlassen der Tabake im Anbaugebiet und infolge der Fermentation war innerhalb von zehn Jahren der Nikotingehalt der Orienttabake durchschnittlich von 1,3 Prozent auf 0,9 Prozent gesunken. Über acht Jahre hatte das Bahrenfelder Betriebslabor an der weitgehenden Entnikotinisierung der Zigarette gearbeitet, um zu ähnlichen Ergebnissen zu kommen wie Kaffee Hag beim Koffein. Aufgrund dessen meinte Reemtsma, dem Raucher sei nun überlassen, ob er zu nikotinstarken Zigaretten oder zu nikotinreduzierten Marken greife. Gegenüber derartig grundsätzlichen Fragen habe sich seine Firma nie gleichgültig verhalten, sondern mit hohem Aufwand geforscht. Vor diesem Hintergrund resümierte ›Zwei‹ im Brustton der Überzeugung: »Ich habe, glaube ich, mehr zur Minderung der Schädlichkeit des Nikotins und zur Drosselung des Nikotinverbrauchs in meinem Leben getan als irgendjemand in Deutschland.«[190] – Für den Kopf des Unternehmens, das 1938 etwa 30 Milliarden Zigaretten verkaufte, war das eine mutige Aussage, denn dieser Umsatz hatte sich seit 1933 fast verdoppelt, genau wie der gesamte Konsum im Deutschen Reich. – Philipp F. Reemtsma schloss sein Schreiben mit »verbindlichsten Empfehlungen und Grüßen und Heil Hitler« und drückte die Hoffnung aus, die Wirtschaftskommission der NSDAP könnte die eine oder andere Information nutzbringend verwenden. Letztlich erwartete er eine Beruhigung der Kritik an der Zigarettenindustrie.

Gertrud Reemtsma und der Älteste

Die deutsche Zigarettenindustrie wurde von Philipp F. Reemtsma gesteuert. Aber auf dem Feld der Familie entglitten ihm die Fäden, die ihn mit seiner Frau verbanden. Gertrud Reemtsma war eine selbstbewusste, moderne Frau, die sich zuweilen im künstlerisch-emanzipierten Stil der Zeit mit Kurzhaarschnitt, Schlips und Baskenmütze zeigte. Auch sie hatte Haus Kretkamp ihren Stempel aufgedrückt. Nicht nur bei der Auswahl und Gestaltung des Interieurs, sondern auch bei Feiern und großen Essen zeigte sie Profil. Sie besaß Humor und eine Menge Charme, letztlich litt sie aber unter der ständigen Abwesenheit ihres Mannes. Schon bei der Weltreise von 1934 war erkennbar gewesen, dass es zwischen Philipp und ihr nicht mehr stimmte. Auch ihr Mann konnte charmant sein, aber während der Reise hatte das Cornelie von Storch eher mitbekommen als Gertrud. Die Ehe befand sich in deutlicher Schieflage, und keiner der beiden Partner änderte etwas Grundlegendes daran. 1937 erkrankte Gertrud an Tuberkulose und lernte im Arzt Professor Richard Seyderhelm einen Mann kennen, der sich innig um sie bemühte, der ihre Nähe suchte. Es wurde eine Affäre, ja mehr als das. Eines Abends im Herbst 1937 packte Gertrud Reemtsma ihre Koffer und verabschiedete sich eilends von ihren beiden ältesten Söhnen Uwe und Jochen. Reemt, der keine zehn Jahre alt war, ließ sie schlafen. Sie zog zu dem 50-jährigen Mediziner nach Darmstadt, worauf sich der brüskierte Ehemann mit Härte revanchierte: Er verstieß Gertrud und untersagte ihr, die Kinder wiederzusehen. Ein familiäres Drama nahm hier seinen Lauf.

Herrin von Haus Kretkamp: Gertrud Reemtsma, um 1936

Aber auch die Söhne hatten wenig vom Vater, den so mancher Schlafwagenschaffner häufiger sah als sie selbst. Jochen und Reemt spielten Katz und Maus mit Diener Sprie, indem sie in die Wandschränke gingen und die Mottenkugeln aus des Vaters Anzügen ent-

Die Söhne von Gertrud und Philipp F. Reemtsma
(v. l. n. r.: Jochen, mit HJ-Ehrenzeichen, Reemt und Uwe), um 1936

wendeten.[191] Der Träger des feinen Zwirns war allzu oft abwesend, weshalb nach dem Weggang von Gertrud eine Hausdame, Helmtrudis von Ditfurth, angestellt worden war. Sie sollte im Zusammenspiel mit der »Tante Riekchen« genannten beliebten Köchin Henriette Rickert, mit dem Diener Sprie, dem übrigen Hauspersonal und den Gärtnern ein so angenehmes Zuhause wie möglich für die Söhne schaffen. Ostern 1937 war der 16-jährige Uwe Reemtsma vom Reformierten Real-Gymnasium Hamburg-Blankenese in die Schule Schloss Salem am Bodensee gewechselt. Dies war in schulischer Hinsicht recht spät, denn er ging bereits in die Obersekunda, weshalb es ihm anfangs nicht leichtfiel, in die Gemeinschaft des 1920 von Kurt Hahn gegründeten reformpädagogischen Internats Eingang zu finden. Doch Uwe überwand die anfänglichen Schwierigkeiten. Er passte hier gut hinein. Vielleicht half ihm auch sein Vater im übertragenen Sinne in den Sattel, denn der Zigarettenindustrielle gab eine Spende für den Reitunterricht der Salemer Schüler, was den Schulleiter Dr. Heinrich Blendinger zu wärmstem Dank für Reemtsmas Großzügigkeit motivierte.

Vor allem die Hügellandschaft und die Wälder in der Umgebung der Schule lernte Uwe schätzen. Daraus entwickelte sich bei ihm eine starke Naturbeziehung, worauf er unter den Schülern eine »Försterinnung« ins Leben rief. Neben dieser idealistischen Hinwendung zur Natur zeigte er noch eine andere Neigung: Seit Jahren schon gehörte er der HJ an, und auch in Salem trat er dieser Gemeinschaft bei. Über die HJ von Salem verfasste er nach einigen Monaten in der Schule einen Bericht für die *Salemer Hefte*, in dem er über »Ernst und Lustiges, Dienst und vergnügtes Ausspannen« berichtete.[192] Nicht ohne Witz stellte Uwe Reemtsma darin den Erfolg der HJ-Gefolgschaft Salem bei den sommerlichen Bannmeisterschaften in Pfullendorf dar: Der HJ-Bann 200 aus Berlin, der zum Sommerlager in Meersburg angereist war, hatte die Salemer zum sportlichen Wettkampf herausgefordert. Dabei gewannen Letztere die Oberhand. Uwe Reemtsma zufolge zeigten sich die Berliner darüber verdutzt, dass »die Bauern« – zu ihnen gehörten nicht nur die Internatsschüler, sondern auch zahlreiche Jungen aus der Umgebung – »janz jut jeloofen« seien.

Der gut aussehende Jugendliche, der das sensible Wesen seiner Mutter hatte, zeigte Talent – nicht nur als Autor in der Schulzeitschrift, sondern auch auf der Bühne. Während des Elterntages am 3. Oktober 1938 besuchte Philipp F. Reemtsma das Internat. Dabei sah er das von den Internatsschülern im Stockacher Keller unter gotischem Gewölbe aufgeführte Stück *Wallensteins Tod*, in dem Uwe mit Begeisterung den Max Piccolomini spielte. Der Unternehmersohn, der Schulleiter Blendinger zufolge die Rolle »ausgezeichnet erfasst« hatte, fand derart Gefallen am Theater, dass er am liebsten Schauspieler werden wollte. In diesen Herbst fiel allerdings die endgültige Trennung seiner Eltern. Ende Oktober ließen sich Gertrud und Philipp F. Reemtsma scheiden, aus »beiderseitigem Verschulden«, was die Sache beschleunigte. Sie heiratete den in Frankfurt tätigen Professor Seyderhelm, sobald dies möglich war. Für Philipp wurde sie dadurch endgültig zur Unperson. Die Familie war aus den Angeln gehoben, wodurch der noch nicht einmal 18-jährige Uwe stark getroffen wurde. Nach nur 20 Monaten, Ende 1938, verließ er Salem schon wieder und ging zurück nach Hamburg.[193]

Das Jahr 1939 brachte für die Reemtsmas in jeder Hinsicht einschneidende Ereignisse. Am 17. Februar nahm sich Gertrud Seyderhelm im Alter von 40 Jahren das Leben. Sie starb in Davos und wurde daraufhin ohne Anteilnahme ihres geschiedenen Mannes im Familiengrab der Zülchs in Osterholz-Scharmbeck bestattet.[194] Dieser Tod war ein heftiger Schock für die Familie, der aber nicht einmal zwei Monate später durch eine besondere Entwicklung überlagert wurde: Zu Ostern verliebte sich Philipp F. Reemtsma. Er erreichte das Herz einer Cousine seiner verstorbenen Frau, die dazu noch denselben Vornamen trug. – Die »zweite Gertrud« mit dem gleichen Familiennamen an der Seite Philipp F. Reemtsmas, die 22-jährige Gertrud Zülch aus Berlin. Während eines langen Osterspaziergangs im Park von Gut Trenthorst hatten sich die beiden gefunden. Daher bekam Ostern für Philipp F. Reemtsma nach eigenem Bekunden zeitlebens »einen neuen tiefen und glückvollen Sinn«.[195] Für die Familien Reemtsma und Zülch war diese Liebe anfangs mehr als nur gewöhnungsbedürftig. Schließlich war der Frischverliebte schon 45 Jahre alt und hatte drei Söhne im Alter von 18, 14 und 12 Jahren. Ein Millionär, der am Stock ging. Ein in Bilanzen vernarrter Unternehmer, dessen Frau ihn verlassen und einige Monate nach der Scheidung den Freitod gewählt hatte. Sollte dies der künftige Mann an der Seite der jungen Gertrud sein? Das schien für ihre Eltern anfangs genauso schwer vorstellbar wie für die Söhne und Geschwister Philipp F. Reemtsmas.

Uwe Reemtsma war in Salem unter anderem dadurch aufgefallen, dass ihn die Frage viel beschäftigte, ob er mit seinem ins Auge gefassten Werdegang dem Namen Reemtsma gerecht werden könne. Wie sollte dieser Weg aussehen? Da hatte selbst der Vater im Februar 1939 eine eigenwillige Einstellung. In den apologetischen Auslassungen gegenüber Bernhard Köhler von der NSDAP-Wirtschaftskommission findet sich eine sehr persönliche Passage: Philipp F. Reemtsma erklärte, er wolle trotz der über Generationen gewachsenen Beschäftigung seiner Familie in der Zigarettenbranche niemanden von seinen Söhnen als Nachfolger in der Leitung der Betriebe sehen, die er »an sich mit Liebe aufgebaut« habe. »Dieses Werk ist im Sektor der Tabakindustrie abgeschlossen. Ich habe die Hoffnung, dass meine Jungen Kraft genug haben, um sich an neuen Aufgaben zu bewähren, und ich möchte ihnen nicht dieses frohe Gefühl der eigenen Leistung dadurch zerschlagen, dass ich ihnen eine Aufgabe zuweise, die letzten Endes nur erhaltenden Wert hat und daher das Wachstum und die Bildung einer Persönlichkeit zwangsläufig unterbinden muss.« [196]

In dieser Zeit hatte Reemtsma gegenüber Ludwig Kroeber-Keneth seine Sorgen um die berufliche Zukunft des Sohnes ausgedrückt. Der entgegnete irritiert, Uwe stünden doch alle Wege offen, was eigentlich alles sehr einfach mache. Nach einer längeren Pause entgegnete der Vater: »Und das nennen Sie einfach?«[197] Er hatte den idealistischen Wunsch Uwes, Schauspieler zu werden, nicht nur einfach zur Kenntnis genommen. Vielmehr kam ihm eine Idee, die einer seiner Neffen noch Jahrzehnte später als Beleg guter Pädagogik bewertete: Philipp F. Reemtsma lud Uwe in eine Berliner *Wallenstein*-Aufführung ein, wobei der Sohn sehen konnte, wie Schiller professionell gespielt wurde. Ernüchtert ließ der 18-Jährige daraufhin von der Theateridee ab, und der Vater war zufrieden. Auf dessen Wunsch absolvierte er in den Sommerferien einen Motorkurs beim Nationalsozialistischen Kraftfahrkorps, was dem Jungen nach Einschätzung des Vaters »körperlich, geistig und seelisch ausgezeichnet« bekam.[198] Eigentlich wollte Uwe Reemtsma seinen Schulabschluss in Hamburg machen, doch am 28. August 1939, drei Tage vor Beginn des Krieges, trat er in die Wehrmacht ein. Sein Abitur musste warten; er strebte eine Offizierslaufbahn an.

»Ich beglückwünsche Ihre Firma zu dem guten Abschluss und in noch höherem Maße zu der gewaltigen Leistung kriegswichtiger Produktion.«

HERMANN J. ABS, 29. JULI 1942

Leidenschaften und Kriegskonflikte

Neue Lebenswelten

Der Zigarettenhersteller Reemtsma war im sechsten Jahr der Nazi-Herrschaft ein vielfach ausgezeichnetes Unternehmen. Das Zweigwerk München und die Zentrale in Bahrenfeld hatten unter Verleihung des goldenen Ehrenzeichens der DAF das Prädikat »Nationalsozialistischer Musterbetrieb« erhalten, während zehn über ganz Deutschland verteilte Reemtsma-Betriebsstätten das »Gau-Diplom für hervorragende Leistungen« schmückte. Die Spitzenleistungen auf dem Gebiet von Arbeit und Sozialwesen sowie die allgemeine Bedeutung der Werke für die Zigarettenwirtschaft waren unumstritten. Kein Wunder, dass den Bahrenfeldern im Sommer 1939 ein Privileg zuteil wurde: eine Präsentation des Prototyps des von Ferdinand Porsche entworfenen »KdF-Wagens« auf dem Werksgelände. Neugierig umstanden zahlreiche Mitarbeiter das neue Auto, das ein Jahrzehnt später als »Volkswagen« Karriere machen sollte. Auch unter der Reemtsma-Belegschaft wurde um Sparer geworben, die mittels wöchentlicher Sparmarken ihr Anrecht auf einen 990 Mark teuren »KdF-Wagen« erwarben und damit die Produktion im neuen Autowerk bei Fallersleben mitfinanzierten.

Während Betriebsführer Hermann F. Reemtsma der Präsentation beiwohnte, trieb seinen Bruder Philipp etwas ganz anderes um. Er wollte Gertrud Zülch um alles in der Welt zur Frau an seiner Seite machen. Dazu musste er gehörig um sie werben, schließlich war die 22-Jährige bereits drei Jahre zuvor eine Verlobung mit einem Kaufmann eingegangen.[199] Gertrud war die Tochter von Georg Fürchtegott Zülch, der eine Zeit lang Aufsichtsrat der Reemtsma GmbH gewesen war und von Ende 1932 bis März 1933 für die DNVP ein Reichstagsmandat innegehabt hatte. Der ehemalige Oberbürgermeister von Allenstein lebte als Pensionär in Berlin-Nikolassee. Er schätzte seine jüngste, 1916 geborene Tochter so sehr, dass er sie einmal als seinen einzigen »Kriegs-Gewinn« bezeichnete.[200] Und nun versuchte Philipp F. Reemtsma, Gertrud für sich zu gewinnen.

Sie arbeitete zu dieser Zeit bei der Reichsgruppe Industrie, das heißt in der zentralen Unternehmerorganisation und Interessenvertretung der deutschen Wirtschaft. Philipp F. Reemtsma hatte ohnehin ständig gute Gründe, in Berlin zu sein. Nun war zu den geschäftlichen und repräsentativen Anlässen noch ein sehr privater hinzugekommen. Zahlreiche Briefe an Gertrud verfasste Reemtsma bei jeder sich nur bietenden Gelegenheit, im Zug oder im Hotel *Adlon*. Der Umworbenen gegenüber bezeichnete er sich als »höchst schreibunlustigen Menschen«, aber er brachte es dennoch fertig, seitenlange Texte voller Charme, Humor, Gefühl und Sehnsucht zu formulieren. Unverhohlen erklärte er ihr darin seine Liebe und bezeichnete sie entsprechend als »mein liebes Herz!«, »liebes Kulchen« – ihr Kosename – und »mein Mädel«.[201] Dabei waren einige der Briefe an ihre Dienststelle bei der Reichsgruppe gerichtet, wohl um sie direkt und nicht erst ihre neugierige Zimmerwirtin damit zu erfreuen. Seine Briefe und die wiederholte telefonische Kontaktaufnahme an ihrem Arbeitsplatz waren auffällig, aber in der Öffentlichkeit vermieden beide jedwede Art der Intimität. Sie wollten nicht ins Gerede kommen. Zu leicht hätte man Gertrud aufgrund des Altersunterschieds für Reemtsmas Sekretärin halten können. Dennoch trafen sie mehrfach auf seinen Wunsch im *Adlon* zusammen und verbrachten glückliche gemeinsame Abende in Berlin.

Sehr wohl war dem 45-jährigen Herrn bewusst, dass er nicht erwarten konnte, die naheliegendste Wahl dieser jugendlichen Frau zu sein. Aber er hatte seit dem aufrührenden Osterspaziergang bereits so viel Gefühl und Romantik mit ihr erlebt, dass er aufs Ganze ging. Er sprach in einem seiner frühen Schreiben von der schmerzhaften Grenze, die das Wissen ziehe, dass sie eigentlich ihr Leben mit »einem anderen, jüngeren und unbeschwerteren« Mann zu verbringen suche.[202] Er wolle sie aber nicht nur für kurze Zeit am Rande seines Lebens stehen sehen, sondern sie in die Mitte holen: »Darf ich mich trotzdem nicht nach Dir sehnen, nach dem süßen Spiel Deiner Schultern, nach der beseligenden Wärme Deiner Hände, die so froh zugreifen können, nach Deinem ganzen durchfrorenen Ich, das so danach drängt, durch tiefste Liebe zum Glühen gebracht zu werden? Wem nehme ich etwas, solange dieser gewisse Mann nicht im weiten Erdenrund auftaucht? Oder seit wann ist es für eine Frau kränkend, zu wissen, dass sie geliebt wird und allein durch ihr Sein einen anderen Menschen reicher macht? Und dieses Stück Sonne, das das Leben so reich und so lieb und auch so stark macht, hast Du mir im letzten Jahre gebracht.« – Das bezog sich auf das Jahr 1938, die Zeit also, nachdem seine Frau ihn verlassen hatte. Nun war er entschlossen, und endlich gab sie seinem Drängen nach. Jetzt ließ sie ihrer Liebe freien Lauf, und sie schmiedeten gemeinsame Pläne.

Philipp F. Reemtsma beschloss, seiner künftigen Lebensgefährtin in Haus Kretkamp ein Dasein in unbelasteten Räumlichkeiten zu ermöglichen. Dafür wurden im August 1939 umfangreiche Umbauten unter der Leitung des Architekten Elsaesser in Angriff genommen. Unter anderem das verwaiste Schlafzimmer und das Ankleidezimmer der verstorbenen Gertrud mussten komplett neu gestaltet werden. Gertrud Zülch lebte und arbeitete weiterhin in Berlin, während in Hamburg die Baumaßnahmen begannen. Sie hatte bis dahin Haus Kretkamp lediglich als Besucherin betreten, nicht als künftige Hausherrin. Über derartige Hintergründe waren weder die drei Söhne noch die Hausangestellten informiert. Man konnte sich höchstens einen Reim darauf machen, dass Philipp die Zimmer seiner verstorbenen Frau umgestalten wollte – um nicht in bedrückende Erinnerungen zu verfallen.

Im August 1939 erfassten die Einberufungen im Zuge der Kriegsvorbereitungen auch die Familie Reemtsma. Der gerade zum Hauptmann der Reserve beförderte Alwin wurde einer Panzer-Abwehrkompanie des Infanterieregiments 20 in Wentorf als Ordonnanzoffizier zugeteilt, während sein Bruder nach Neuruppin musste. In der dortigen Fliegerschule des Lehrgeschwaders II/1 übernahm Hauptmann d.R. Philipp F. Reemtsma Organisationsaufgaben. Und Uwe stand als Rekrut am Beginn der militärischen Grundausbildung im selben Wentorfer Regiment wie sein Onkel Alwin. Als der Krieg gegen Polen begann, gelangte Letzterer zuerst mit seiner Wehrmachtseinheit über den ›Korridor‹ nach Danzig. Danach führte ihn der Kriegsverlauf südöstlich in Richtung Warschau. Kurz bevor die Kämpfe endeten, wurde der 43-jährige Reserveoffizier nach Westfalen verlegt und kam dann in den ›Sitzkrieg‹ an die französische Grenze. Er bewährte sich, sodass man ihn im November mit der Spange zum Eisernen Kreuz II. Klasse auszeichnete. Philipp ging zwar am Stock, aber da er in der Bodenorganisation eines Jagdfliegerverbandes eingesetzt war, störte seine Gehbehinderung nicht weiter. Am 14. September war er im ostpreußischen Allenstein, von wo aus er dem Direktor der Schule Schloss Salem schrieb. Er berichtete Dr. Heinrich Blendinger von seinen persönlichen Erlebnissen in Bromberg, wo in den ersten Kriegstagen an die tausend Angehörige der deutschen Minderheit von aufgebrachten Polen ermordet worden waren. Reemtsma kam Tage nach den Exzessen in die Stadt und war erschüttert über die furchtbaren Bilder und die völlig gelähmte Bevölkerung. Auch schilderte Hauptmann Reemtsma, welch »unerfreuliche Formen« der »Kleinkrieg« hinter der Front annahm, denn »die Säuberung der Gegend« und die Sicherung der Marschkolonnen seien besonders schwierig.[203] So etwas war ihm aus dem Ersten Weltkrieg in Frankreich unbekannt. Aber die Stimmung der Truppe bezeichnete er als »recht gut«. Bei all dem, was er persönlich an Strapazen erlebte, freute es ihn, trotz seines Alters nicht am Schreibtisch zu sitzen, sondern »bei der Truppe« sein zu können.

Aus dem Kriegseinsatz schrieb Philipp F. Reemtsma Feldpostbriefe an Gertrud Zülch. Darin zeigte er soldatische Begeisterung und Enttäuschung zugleich, denn bei einem bevorstehenden Angriff der Deutschen auf Warschau war sein Flugzeug nicht startklar. – In welcher Verwendung er dorthin hätte mitfliegen können, ist nicht bekannt. – Reemtsma musste daher als Kurier fungieren, was er mit den Worten kommentierte: »Eine gottverdammte Schweinerei: So werde ich also mit einer alten W, die über der Front nicht eingesetzt werden darf, da sie gar zu langsam ist, nach Königsberg fliegen …«[204] – »Hoffentlich klart das Wetter auf, sodass dieser größte

Angriff der Luftwaffe im polnischen Krieg ein voller Erfolg wird.« In der Tat, das Resultat der deutschen Luftbombardements zeigte verheerende Wirkung. Tausende von Verletzten und Toten waren am Ende der Kämpfe in Warschau zu beklagen. Etwa ein Zehntel der Bausubstanz der polnischen Hauptstadt lag in Trümmern. Philipp F. Reemtsmas Einsatz bei der Jagdgruppe im Krieg gegen Polen dauerte nur wenige Wochen. Ende September war er bereits wieder in Hamburg und konnte bei seinem Kommandeur die Beurlaubung vom aktiven Militärdienst durchsetzen, schließlich war seine Tätigkeit in der Wirtschaft von hoher Bedeutung.

Am 28. September 1939, kurz nach seiner Rückkehr, schrieb der Unternehmer seiner Zukünftigen in einem siebenseitigen Brief über alles, was ihn bewegte. »Eigentlich bin ich ein Schwein!« – so begann er sein Schreiben –, da er schon seit zwei Tagen an »die liebste Frau der Welt« nicht eine Zeile geschrieben habe.[205] Er vermisse sie unsagbar, »nach dem langen langen Sehnen« der vierwöchigen Abwesenheit bei der Luftwaffe, durch die er »aus der glücklichsten Zeit« seines Lebens herausgerissen worden sei. Ohne sie fühle er sich wie in einer anderen Welt, umschlossen von einer hohen Mauer, aus der er keinen Ausgang ins Freie – zu ihr – finde. Damit habe er sie eigentlich nicht belasten wollen, aber es gelinge ihm nicht, sich zurückzuhalten. Seine Ankunft in Hamburg hatte ihm sehr bewegende Momente beschert. Mitten in der Nacht war er mit einem überfüllten Zug angekommen. Am Bahnhof hatten ihn Jochen und Reemt erwartet. Ersterer erschien dem Vater »mannhaft und kollegial«, und sein Jüngster habe ihn mit großen Augen, »aber wieder ganz Baby, glücklich und zärtlich« angeblickt. Überschwänglich dankte er Gertrud für ihre Post und die dadurch fortgeführte Intensität ihrer Verbindung: »Mein Feldzug war überhaupt nur so einzigartig schön, weil für mich zu Haus ein Herz schlug, ich ihm schreiben durfte und seine Briefe in tiefstem Glück empfing.«

Nachdem der Heimkehrer am Morgen das Personal und die Hausmädchen begrüßt hatte, inspizierte er sein Anwesen, dessen Umbau in vollem Gange war. Am späten Vormittag musste sich Reemtsma beim Bezirkskommandeur melden und über seine »polnischen Erlebnisse« berichten. Man beneidete ihn lebhaft, weswegen er sich

»als Held« vorkam. Mittags aß er zu Hause mit Reemt, prüfte danach die Treibhäuser von Haus Kretkamp hinsichtlich möglicher Kosteneinsparungen und hörte sich dann einen vierstündigen Vortrag der Reemtsma-Direktoren über die Auswirkungen von Kriegswirtschaft, neuen Verordnungen, neuen Steuern, Transportproblemen, der Lage auf dem Balkan und der Markensituation an. Dabei wurde auch die Frage des Danziger Tabakmonopols und der polnischen Zigarettenfabriken diskutiert. Am folgenden Tag sollte eine Kommission nach Warschau fahren, weshalb sein Rat benötigt wurde. Reemtsma zeigte sich in diesem Brief Gertrud gegenüber als widerwilliger Geschäftsmann, ansprechbarer Vater und leutseliger Hausherr, der dauerhaft vor Sehnsucht verging: »Müde und verwirrt lese ich 12 Seiten Unterlagen, gebe meinen Senf und flüchte. Abendessen, die kleinen Sorgen der Jugend, dann in den Personalraum, wo ich eine Stunde lang erzählte. Und nun konnte ich allein sein, von Dir träumen, bei Dir sein, nur das Schreiben genügt nicht.«

Der Millionär warb um die junge Frau, die in der Augsburger Straße in Berlin-Charlottenburg zur Untermiete wohnte, auch mit der Schilderung seiner bevorzugten Verhältnisse: Auf Trenthorst gebe es Hühner, Hasen, Rehwild und Fasane, und er bestelle per Telefon kurzerhand Wodka, Whisky, Cognac und Sekt von Helgoland, um die Bestände von Haus Kretkamp aufzufrischen. In Hamburg warteten »tausend Luxusdinge« auf sie: »Sogar ein kleiner DKW steht vor der Tür. Er fährt nicht sanft und lieblich wie unser lieber BMW, er ist eng und knallhart. Aber er rollt, und ich kann ihn zu Dienstfahrten benutzen. Und wenn ich samstags am Abend einmal ausfahren will, so bleibt ja immer noch eine Droschke.«

Dies war kein kokettierendes Understatement eines reichen Mannes, sondern die Umschreibung des Tributs, den er als deutscher Patriot den Kriegserfordernissen gezollt hatte: Sein Mercedes und der BMW standen in der Garage, aufgebockt und ohne Reifen. Die hatte Reemtsma der Wehrmacht gespendet, getreu dem Motto ›Räder müssen rollen für den Sieg‹.[206] Der Villenbesitzer übte weiter verbale Bescheidenheit und malte ihre gemeinsame Zukunft rosig aus: »Nein, wir werden fröhlich zusammen leben, wird die Seife knapp, so tut es schließlich auch klares Wasser, werden die Kohlen knapp, so wird Trenthorst einen Waggon Buchenkloben für uns haben, und wir hocken vor Deinem Kamin und erzählen uns Geschichten und sagen uns, dass wir uns lieb haben.«[207] – Wenn er für längere Zeit nach Polen müsse, solle Gertrud »gefälligst mitkommen, auch wenn es nicht jeden Tag drei warme Bäder gibt. Und wenn es ein langer Krieg wird, so werden wir denken, dass es so sein muss, und versuchen, uns jeden Tag ein Stück lieber zu haben. Und wenn mal einer den anderen gar nicht mehr aushalten kann, so haut er ihm eine runter und gibt ihm dann einen Kuss (aber einen richtigen), und alles ist wieder gut.« Diese Worte klangen gleichermaßen gefühlvoll und entwaffnend naiv, und neben ihnen drückte Philipp F. Reemtsma seine Erleichterung darüber aus, dass er nicht wie in den Wochen zuvor mit ständigen Verlegungen, Marschkolonnen und Strohlagern leben musste. Jetzt raste ihm die Zeit, und er konnte die Tage ohne ihre Gegenwart nur schwer ertragen, sodass er sein Schreiben mit einer Liebeserklärung beendete: »Glaube mir eines, Herz, ich halte das nicht aus ohne Dich.«

Nur einen Tag nach seinem siebenseitigen Schreiben vom 28. September wandte sich Reemtsma erneut an Gertrud, doch diesmal war der Inhalt politischer Art. Der Industrielle empfand besondere Aufregung nach der Veröffentlichung des deutsch-sowjetischen Grenz- und Freundschaftsvertrags, der die Auflösung des polnischen Staates besiegelte. Den Moment, als Reemtsma die Nachricht erfuhr, schrieb er Gertrud, hätte er gern gemeinsam mit ihr erlebt. So holte er auf dem Briefpapier zur großen Deutung der politischen Lage aus, wie er sie im Rahmen deutscher Siegespropaganda verstand: »Ob England den Krieg fortsetzt oder jetzt passt: Hitler hat gewonnen. Es mag ja sein, dass England sich jetzt beugt. Aber der Krieg bleibt unserem Lande fern. Vielleicht entbrennt noch ein großer Kampf im Mittelmeerraum, und wenn es dazu kommen sollte, so werden wir sicher mit einer Reihe von Divisionen Italien verstärken, aber das Ergebnis ist heute schon erkennbar: Verlust der englischen Stellung im Mittelmeer, Teilung des Balkans zwischen Russland (Bessarabien, Bukowina), Deutschland (Donauraum) und Italien (Jugoslawien, Griechenland) und wahrscheinlich auch für England der Verlust Arabiens, des Irak. Im westlichen Mittelmeer, also für Frankreich, kann die Partie remis werden. Aber ich will nicht phantasieren. Nur: jetzt ist alles ins Rutschen gekommen, der Balkan auch dann, wenn England jetzt auf Fortsetzung des Krieges verzichtet. Und wir beide werden in einem größeren, schöneren und sichereren Deutschland leben.«[208]

Philipp F. Reemtsma war unbändig bewegt von dem, was er erlebte, im Politischen als deutscher Patriot wie im Persönlichen als geliebter Mann Gertruds. Als Treffpunkt wählten die beiden mitunter das *Adlon* am Brandenburger Tor. Dabei stellte Philipp einmal mehr seinen Charme und seine ausgeprägte Höflichkeit unter Beweis. Als er im Fahrstuhl zurücktrat, um ihr Platz zu machen, und gleichzeitig den Hut zog, sagte sie mit leuchtenden Augen: »Du bist der höflichste und wohlerzogenste Mensch der Welt.«[209] Philipp entgegnete, dies sei nicht nur eine Äußerlichkeit, sondern Ausdruck der hohen Achtung vor ihrer Persönlichkeit und ihr als dem Menschen, dem er sein »Leben lang dienen und anhängen« wolle.

Am 8. Oktober schrieb er Gertrud, er wolle sie erst nach Othmarschen holen, wenn ein Zimmer für sie beide als Ort der Zweisamkeit bereitstehe. Offenherzig betonte er: »Du weißt, was Du für Dein Leben gewinnen, auf was Du verzichten musst, wenn Du meine Frau wirst.«[210] Einen erfüllten Kinderwunsch mit ihnen beiden sah er als wenig wahrscheinlich an. Wenn sie angesichts dessen in »dumme Gedanken« verfiele, schrieb er, wolle er nach Berlin fahren, ihre Sachen packen und sie gleich nach Hamburg mitnehmen. Schließlich könne kein Mensch im Leben alles haben. Durch sie war ihm bewusst geworden, und das bezeichnete er als ihre Schuld und Verantwortung, dass auch er als »vielgeplagter Geschäftsmann eine Seele« hatte. Dieses »komische Ding« sei nun gewachsen, »weiß um sich, kennt die Speise, durch die es lebt, und ist nicht mehr bereit zu hungern«. Daher könne einzig und allein tägliche Zweisamkeit dauerhafte Abhilfe schaffen. – »Und solange ich sie hier nicht für uns finden kann, suche ich sie lieber bei Dir und mit Dir in Berlin«.

Während dieser Zeit nahmen die Industrieverpflichtungen Reemtsmas zu. Als äußeres Zeichen erscheint dabei im Oktober 1939 die Aufnahme in den Kreis der sogenannten Wehrwirtschaftsführer. Dies ging auf einen anderthalb Jahre zuvor von Göring gebildeten Wehrwirtschaftsrat zurück, dem Vertreter der wichtigsten Industriegruppen angehörten. Das steigerte die Bedeutung Reemtsmas, den aber anscheinend am meisten das Glück mit seiner geliebten Gertrud umtrieb. Anfang Oktober meldete er nach Berlin, innerhalb von zehn bis zwölf Wochen könnten alle Arbeiten im Haus beendet sein, doch dies erwies sich wenig später als pure Wunschvorstellung. Darüber geriet der Hausherr mit seinem Architekten aneinander. Elsaesser bezeichnete sich als »machtlos«, die Maurerarbeiten und die Neugestaltung der Türen und Täfelungen zu beschleunigen, was den Auftraggeber nachhaltig enttäuschte: »Nach dem düsteren Bild, das er entwarf, wird eigentlich überhaupt nichts, und das nur halb, zu unseren Lebzeiten fertig werden.«[211]

Mitte Oktober willigte Gertrud Zülch dann doch endgültig gegenüber dem Werbenden ein. Sie gab ihm endlich das ersehnte Jawort, worauf er umgehend im Standesamt das Aufgebot bestellte. Allerdings gab es einige Probleme mit Formalitäten, da nicht alle erforderlichen Papiere seiner Eltern vorlagen. Zudem benötigte er für die Heiratserlaubnis seines Regimentskommandeurs einen ›Ariernachweis‹ von Gertrud und die Namen von drei Bürgen, die über sie Auskunft geben konnten. Diese durften mit ihr weder verwandt noch verschwägert sein. Zwei Wochen später offenbarte Philipp F. Reemtsma seinem ältesten Sohn die Heiratspläne mit der Cousine der verstorbenen Mutter und bat ihn um Verschwiegenheit. Seit Ostern waren Gertrud und Philipp ineinander verliebt, und sie hatten diese Liebe gelebt – wenn auch bis Anfang November im Verborgenen.

Weiterhin war ein gewisses Versteckspiel im Gange, bei dem einige enge Angehörige eingeweiht wurden, andere hingegen nicht. So kam es, dass sich die aus Erfurt angereiste Schwester Philipps, Elisabeth Fiedler, nicht wenig wunderte, als ihr Frau von Ditfurth in Haus Kretkamp die neu gestalteten Schlaf- und Ankleidezimmer zeigte. Die Frage stand im Raum, für wen diese Gemächer eigentlich gedacht waren. Schließlich konnte der Hausherr die »Damenhaftigkeit« der Gestaltung ebenso wenig leugnen wie die unmittelbare Verbindung zu seinen Zimmern. Elisabeth war offenkundig ein wenig nachdenklich, aber auch sie bat nicht um konkrete Auskunft, für wen er die Räume überhaupt unter Hochdruck einrichten ließ.

Reemtsma meldete diesen Teilabschluss der Umbauten voller Freude an Gertrud: »Ich habe sie mir mit Liebe erdacht, so wie ich glaubte, dass sie der rechte Rahmen für mein Herzenslieb sein würden, und ich war glücklich, dass mir die Lebensumstände diese Möglichkeit des freien Gestaltens gaben.«[212] Philipp F. Reemtsma persönlich war der Auftrag- und Ideengeber für die umfassende Umgestaltung von Haus Kretkamp. Gertrud hatte bis dahin kaum einen Fuß auf das Grundstück gesetzt. Sie verharrte vor der Eheschließung aus Gründen des Anstands in Berlin.

Am 19. November schickte Reemtsma zwei Briefe an Gertrud. Der erste war an sie gerichtet und enthielt einige wichtige Instruktionen. Der zweite war für ihre Eltern bestimmt. Reemtsma bat sie: »Lies den Brief an Deine Eltern, und wirf ihn in den Kasten, wenn Du ihn für richtig hältst. Nur nebenbei: Es war sehr schwer. Aber ich wollte Brücken schlagen.«[213] – Nunmehr hielt der Industrielle also bei dem pensionierten Bürgermeister und dessen Frau Lilli um die Hand der jüngsten Tochter an und erledigte dies schriftlich, genau wie er einen von Gertruds Brüdern, den Juristen Dr. Heinz-Jörn Zülch, auf diese Weise von den Heiratsplänen in Kenntnis setzte. Dieser reagierte nicht unmittelbar, worauf Reemtsma vermutete, seinem zukünftigen Bremer Schwager habe es so sehr die Stimme verschlagen, dass er einen Brief nach dem anderen entwerfe. Warum sollte Heinz-Jörn Zülch, der Mitglied des Beirats der Reemtsma KG war und daher Philipp näher kannte, fassungslos gewesen sein? Vielleicht, weil die Zülchs brüskiert waren, da nicht einmal ein Trauerjahr abgewartet wurde und Reemtsma ausgerechnet eine Cousine der verstorbenen Gertrud heiraten wollte? Es konnte auch Anstoß daran genommen werden, dass Gertrud halb so alt war wie ihr Verehrer, der zudem infolge seiner bekannten Arbeitsmanie nicht gerade dem Idealbild des treu sorgenden Ehemannes entsprach.

Am vorherigen Abend hatte der Vater Jochen und Reemt, den er »Pütz« nannte, über seine Absichten informiert. Gertrud beschrieb er die Reaktion der Jungen, nachdem er ihnen die Beziehung »gebeichtet« hatte: »Sie nahmen die Nachricht mit leidlicher Fassung auf, Jochen besser, als ich dachte, und spielten dann auf dem neu etablierten Grammophon *Auf dem Dach der Welt* in Permanenz.«[214]

Tatsächlich aber waren die Reaktionen der Kinder formidabel. Uwe schickte Gertrud aus der Wentorfer Kaserne ein Schreiben, in dem er ihre Aufnahme in den engsten Kreis der Familie vorbehaltlos begrüßte: »Liebes Kulchen! Du glaubst gar nicht, wie schön der Augenblick für mich war, als Vati mir sagte, dass Ihr beide heiraten wolltet. Schau, Vati, der unter anderen Männern so unwahrscheinlich groß ist, sieht die Erfüllung seines Lebens immer nur zusammen mit der Frau, die er liebt, und die ihn liebt. Aber was kann ich junger Dachs Dir denn schon Neues darüber sagen. Ich kann Dir nur erzählen, dass ich zutiefst glücklich war, als ich von Eurem Entschluss erfuhr. Ich glaube immer, für Vati fängt ein zweites Leben an.«[215]

Am selben Tag hatte auch Jochen ein Schreiben an die Braut seines Vaters aufgesetzt. Der 15-Jährige skizzierte ein humorvolles Bild der Gefühlslage seines Vaters und erwies sich dabei als aufmerksamer Beobachter: »Ein sehr gut angezogener älterer Herr mit ehemals blonden Haaren wirft ein Auge, nein, was sage ich? wirft ein Auge? nein, er schmeißt gleich alle beide auf ein niedliches, kleines Geschöpf des schwachen Geschlechts mit typisch Zülch'schem Hinterteil ... Das Komische ist nur, dass besagtes niedliches Geschöpf nicht nur alle beide Augen, sondern sogar auch sämtliche Hühneraugen wiederum auf besagten älteren Herrn schmeißt; es bombardiert ihn sogar damit. Großartig, Du, einfach großartig! Und lieben tun sich die beiden, das ist auch nicht von Pappe. Das gibt wohl mal ein glückliches Paar. Und die Gören von besagtem älteren Herrn freuen sich halbtot. Endlich wird der olle Vati mal wieder lustig. Endlich kommt mal jemand, der dem ollen Vati seine schlechte Laune vertreibt. Endlich kommt mal wieder Leben in die Bude. Und endlich – aber erzähle es nicht weiter – kommt mal wieder jemand, den man so richtig lieb haben kann!«[216] Als »etwas Tragisches« bezeichnete Jochen hingegen, dass Gertrud in Berlin lebte. Da sein Vater vor Liebeskummer vergehe, solle sie so schnell wie möglich nach Hamburg übersiedeln, sonst würde Philipp noch wild.

Ebenso herzlich wie seine Brüder drückte sich der Jüngste, Reemt, auf eigenem Briefpapier aus. »Liebes Kulchen, ich habe gehört, dass Du in den geheiligten Stand der Ehe mit Vati treten willst. Wie bist Du eigentlich auf diese famose Idee gekommen? Und famos ist sie ja, denn wenn Du bei Vati bist, dann ist er froh und entspannt, was man im Augenblick nicht von ihm sagen kann. Ich denke, dieser Wink mit dem Zaunpfahl genügt! … Wir alle hoffen, dass Du bald kommst.«[217] Das »bald« war dreifach unterstrichen, und Gertrud Zülch konnte hieran wie an den Schreiben von Jochen und Uwe ablesen, dass sie wirklich willkommen war. Wenn auch der Vater das Abfassen der Briefe angestoßen haben mochte, so führten sie doch eine aufrichtige Sprache: Philipp F. Reemtsma war während ihrer Abwesenheit unausgeglichen und wesentlich erträglicher, wenn sie mit ihm zusammentraf. Daher erwarteten die Söhne die neue Frau an der Seite ihres Vaters geradezu ungeduldig.

Die Hochzeit legte der Bräutigam auf seinen eigenen Geburtstag, den 22. Dezember, fest. Just an diesem Morgen sollten die letzten Handwerker das Haus verlassen haben. Dann endlich stand die neu vertäfelte, mit Jagdmotiven und -trophäen gestaltete Halle zur Verfügung, sodass dort 20 Personen speisen konnten. Ein anderer Raum war für diese Gästezahl wegen der noch fehlenden Ausstattung nicht vorhanden. Nunmehr nahm Philipp F. Reemtsma selbst die kleinen Dinge in die Hand, um alles perfekt nach seinen eigenen Ansprüchen zu gestalten. Von der Papierhandlung Karl Lohmann in der Berliner Friedrichstraße ließ er Briefpapier und Umschläge mit der Blindprägung seiner Hausmarke anfertigen, womit er die Einladungen an die Familienmitglieder verschickte. Dann fragte er Gertrud nach der Farbe ihres Hochzeitskleids, denn er wollte eigenhändig die Blumen für sie, die Hochzeitstafel und die Kirche festlegen. Wegen des Krieges dachte er nicht an eine große Feier, sodass keine offiziellen Einladungen ausgesprochen wurden. Man wollte im engsten Familienkreis bleiben.

Philipp F. Reemtsma war daran gelegen, sein Verhältnis zu Gertrud durch die Trauung rasch von allen den Konventionen geschuldeten Heimlichkeiten zu befreien. Er wollte nicht warten und widmete sich den Vorbereitungen mit detailversessener Akribie. Wenige Tage vor der Hochzeit bezeichnete er dann aber doch den von ihm bestimmten Heiratstermin als »unpassenden Tag«, nicht nur wegen der säumigen Handwerker, die unausgesetzt in Haus Kretkamp werkelten, sondern auch wegen der Kirche. Mit Pastor Kieseritzky von der Evangelischen Reformierten Kirchengemeinde in Altona hatte Reemtsma besprochen, wie die Trauung abzuhalten war und, vor allem, zu welcher Tageszeit. Schließlich konnte aufgrund der kriegsbedingten Verdunkelungsvorschriften nicht später am Tag getraut werden, die Kirche war nicht abzudunkeln. Die Hochzeitsgesellschaft hatte schon um drei Uhr nachmittags im Gotteshaus zu erscheinen, wodurch ein gedrängter Ablauf entstand. Angesichts des Baustaubs und des Zeitplans schrieb Reemtsma an seine Braut: »So müssen wir ein wenig mit den Händen vor den Augen, ein bissel hemdsärmelig, ich selbst aber von tiefstem Glück erfüllt, beide, wie ich hoffe, fröhlich und ernst zugleich, in unser gemeinsames Leben springen.«[218]

Bis zur Heirat wurden auch vor den Familien Reemtsma und Zülch die Gepflogenheiten des Anstands eingehalten. Ihr Einzug in die neuen Zimmer kam für Gertrud vor der Heirat nicht in Frage. Daher bat Reemtsma seine Braut, am Morgen der Hochzeit schon zeitig nach Haus Kretkamp zu kommen, denn er fände es »schrecklich nett«, mit ihr und den anderen bereits eingetroffenen Gästen Kaffee trinken zu können. Stück für Stück gingen die Brautleute ihrer Trauung entgegen, die dann tatsächlich am 46. Geburtstag Philipp F. Reemtsmas stattfand. Dabei versammelten sich lediglich die näheren Angehörigen in Othmarschen, also seine und Gertruds Geschwister mit deren Ehepartnern und Kindern, ihre Eltern und Philipps Söhne, allerdings reduziert um diejenigen, die beim Militär unabkömmlich waren. Es gab ein Diner in der großen Halle, aber kein eigentliches Fest. Auch eine Hochzeitsreise stand nicht auf dem Programm, denn in Anbetracht der Kriegsverhältnisse und der Angelegenheiten der Industrie war Reemtsma gebunden. Da noch weiterhin Teppiche, Möbel und Wandschränke fehlten und die Ausstattung des Wohnzimmers erst am Horizont sichtbar wurde, zog Gertrud auch nach der Heirat noch immer nicht in Haus Kretkamp ein. Weiterhin lebte sie in Berlin in der Augsburger Straße. Eigentlich wollte Philipp deshalb in der Hauptstadt nicht so viele Termine annehmen, denn er ersehnte die Stunden mit ihr; er hatte sie »so nötig«. Doch der Berliner Terminkalender füllte sich beträchtlich, weshalb mit Gertrud geplante abendliche Treffen kaum noch realistisch schienen. Und auch die Arbeitsbelastung in Hamburg nahm wieder drastische Züge an. So klagte ihr frisch angetrauter Ehemann am 31. Dezember über seinen Tagesablauf: Er diktiere in seinem Büro derart viel, »dass es die Mädel kaum schaffen können … und das Telefon schreit und eine Besprechung drängt die andere«. Stark befasst war Reemtsma mit dem Vierjahresplan, für den er auf dem Bahrenfelder Firmengelände einen eigenen Bürotrakt errichten ließ. Architekt Elsaesser hatte den Auftrag zum Erweiterungsbau des Vorstandsgebäudes für die Abteilung »Sektor Vierjahresplan« erhalten. Bis Ende Februar 1940 erledigte Elsaesser die Baukoordination, was für den ›nichtarischen‹ Architekten Existenzsicherung bedeutete, denn öffentliche Aufträge erhielt er in Deutschland nicht mehr.

Anfang 1940 wurde die aufwendige Umgestaltung von Haus Kretkamp endlich abgeschlossen. Dabei hatte das Anwesen sein Gesicht gründlich verändert. Philipp F. Reemtsma beanspruchte die große Geste, und mit der Umgestaltung seiner Villa hatte er in eigenwilliger Weise eine Annäherung an den architektonischen Zeitgeist des Nationalsozialismus vollzogen. Die inneren und äußeren Umbauten beurteilen Architekturhistoriker als »regelrechten Bruch«, während Jan Philipp Reemtsma von einem »Entmodernisierungsschub« beim Haus seines Vaters spricht, was ein »hochinteressanter« Indikator sei, um die Zeitverhältnisse und den Einfluss derselben auf den Hausherrn zu verstehen.[219] Martin Elsaesser hatte für das Ehepaar Reemtsma 1930 die größte Villa der Moderne entworfen. Und nun hatte er persönlich als leitender Architekt dafür sorgen müssen, den Charakter des Hauses zu verändern. Durch An- und Umbauten waren neue Räume hinzugekommen. Die Überbauung der zuvor als »Luftbad« genutzten Dachterrasse hatte beispielsweise einen hellen Raum mit Milchglasfenstern zur Präsentation der chinesischen Keramiken ergeben, was der stattlich angewachsenen Sammlung Reemtsmas zugute kam. Dann war ein Sandsteinvorbau an der gartenseitigen Südfassade entstanden, der auf eine stärkere repräsentative Wirkung abzielte: So legten sich neoklassizistische Elemente eines seit 1933 favorisierten Stils des herrschaftlichen Landsitzes um das Haus, wobei Stilbrüche schon beim verwendeten Baumaterial unausweichlich waren.

Philipp F. Reemtsma forcierte die Überformung und Umgestaltung seines Hauses – plastisch ablesbar an Schmiedeeisen statt Chrom und Eiche statt Glas – höchstpersönlich und verdrängte damit einen früheren Abschnitt seines Lebens. Er war der Bauherr und Inspirator dieser Umwandlung, nicht seine jugendliche Lebensgefährtin Gertrud, die erst im Frühjahr 1940 in Haus Kretkamp einzog. Und da ein Teil des Ursprünglichen sichtbar blieb, wurden die beiden inhomogenen Schichten des Hauses offenbar. Philipp F. Reemtsma hatte nicht mit seinen früheren Intentionen gebrochen, aber er favorisierte neue Formen und Elemente.

Der Unternehmer zeigte sich als getriebener Gestalter, der, ausgestattet mit den nötigen Mitteln und der Bereitschaft, viel Zeit dafür aufzuwenden, mit radikalen Neuausrichtungen an seinem luxuriösem Wohnumfeld arbeitete. Und das, obwohl die Zigarettenindustrie und der Vierjahresplan, die Wirtschaft allgemein, das ihm zur Verfügung stehende Zeitbudget absorbierten. Ständig war Philipp F. Reemtsma in Fahrt, nur bei seiner neuen Frau Gertrud schien er zur Ruhe zu kommen. Um diese Gemeinsamkeit auszuweiten, erwarben die beiden ein bei Straubing gelegenes Anwesen. Es hatte zuvor dem Stahlmagnaten Fritz Thyssen gehört, der sich aufgrund der Verfolgung von Juden und Katholiken im Reich von Hitler abgewandt hatte. Nachdem Thyssen im September 1939 mit seiner Frau in die Schweiz gegangen war, erfolgte die Enteignung seines gesamten greifbaren Besitzes. Den Landsitz Puchhof versuchte der preußische Staat sogleich zu verkaufen. Paul Körner vom Staatsministerium gab dem mit der Verwaltung des enteigneten Thyssen-Vermögens betrauten Bankier Baron Kurt von Schröder den Hinweis, dass möglicherweise der passionierte Jäger Philipp F. Reemtsma Interesse haben könnte. Obwohl er Mitglied des Reichsjagdrats war, hatte er zu dieser Zeit keine eigene Niederwildjagd. Der aus Hamburg stammende von Schröder war einer der profiliertesten Nazi-Parteigänger unter den deutschen Bankiers. Er gehörte der SS und sogar dem ›Freundeskreis Himmler‹ an, zu dem auch Alwin Reemtsma in Verbindung stand. Schröders Angebot fand Philipp F. Reemtsma attraktiv, und Körner hatte ihn nicht ohne Hintersinn vorgeschlagen, denn der Unternehmer konnte den Kaufpreis in Höhe von knapp 2 Millionen Mark spielend zahlen. Schließlich wollte der Staat aus der »Masse Thyssen« Profit schlagen. Im Frühjahr 1940 erwarb Reemtsma den Landsitz mitsamt Inventar, dem etwa 25 Hektar großen Garten sowie 750 Hektar Wald, Acker- und Grünland. Das ansehnliche Gutsgebäude war 60 Jahre zuvor erbaut worden und galt in Verbindung mit seinem parkartigen Garten in der Umgebung als ›Schloss Puchhof‹.

Im Herbst 1940 bot der Berliner Kunsthändler Walter Andreas Hofer dem Hamburger Industriellen eine größere Anzahl von Gemälden zum Kauf an. In Haus Kretkamp hatte Reemtsma eine über 80 Arbeiten umfassende Sammlung alter Meister zusammengebracht; vor allem schätzte er niederländische Arbeiten. Nun erwarb er von Hofer auf einen Schlag 23 Gemälde für die Ausstattung von Puchhof. Der Großteil dieser Bilder war infolge der Besetzung der Niederlande in deutsche Hände gelangt. Dort kauften deutsche Kunsthändler im großen Stil Galerien leer. Zudem nutzten sie die Notlage jüdischer Emigranten, die einen Großteil ihrer Bilder veräußern mussten, um ihren Lebensunterhalt zu bestreiten – man lebte »von der Wand in den Mund«, wie der Ullstein-Familienangehörige Klaus Saalfeld es bezeichnete – oder gar um die Auswanderungspapiere zu erhalten.[220] Prominente Nazis waren die ersten Abnehmer der auf diese Weise mitunter sehr preiswert erworbenen oder beschlagnahmten Gemälde, und Hofer war auf Görings unersättliche Wünsche spezialisiert. Direkt im Gefolge der einrückenden Wehrmacht hatte er in Amsterdamer Kunsthandlungen für den Reichsmarschall nach Gemälden gesucht. Die an der Heerengracht gelegene Firma J. Goudstikker war eine Fundgrube besonderer Art. Der jüdische Inhaber war im Mai auf der Flucht nach England verstorben. An die 1200 Gemälde und Zeichnungen hatte er zurücklassen müssen. Zwecks ›Arisierung‹ war der den Deutschen willfährige Prokurist der Kunsthandlung als neuer Geschäftsführer installiert worden. Jacques Goudstikkers Mutter hatten die Deutschen unter Druck gesetzt, worauf sie und andere Erben Mitte Juli 1940 zum Verkauf bereit gewesen waren: 800 Kunstwerke gelangten daraufhin für 2 Millionen Mark ins Deutsche Reich. Von dem Kaufpreis sollten die Angehörigen allerdings nur einen Bruchteil erhalten.[221]

Der nach der Charakterisierung seines Staatssekretärs Körner angeblich letzte Renaissancemensch Hermann Göring ließ vor allem auf seinem protzigen Landsitz Carinhall in der Schorfheide zahllose Gemälde zusammenführen, wobei das dafür benötigte Geld zu einem guten Teil von ›Spendern‹ stammte, deren Kreis wiederum die Firma Reemtsma mit ihrer jährlich eingeforderten Million angehörte.[222] Hiermit beteiligten sich die Hamburger an einem eigenwilligen Kreislauf: Wenn Hofer wieder eine Partie in Görings Auftrag erworben hatte, wählte der Reichsmarschall die ihm gefallenden Stücke aus und wies den Kunsthändler an, die übrigen Werke an befreundete Sammler weiterzuverkaufen. Auch Philipp F. Reemtsma erhielt solche zwiespältigen Vorzugsangebote von Göring. So konnte er das von Hofer zusammengestellte Gemäldekonvolut in dessen Kunsthandlung in der Augsburger Straße 68 in Berlin in Augenschein nehmen und erwerben. Das Besondere – und nach 1945 Belastende – daran war, dass sich diese Werke kurzzeitig im Vorbesitz von Hermann Göring befunden hatten und entsprechend in dessen Inventarbuch verzeichnet waren. Walter Andreas Hofer führte den Titel »Direktor der Kunstsammlung des Reichsmarschalls«. Der Kaufpreis für die 23 Gemälde ist nicht überliefert, aber eine Taxierung des Kunsthändlers Xaver Scheidwimmer ergab 1943 einen Wert von 68 700 Mark. Nach dem Krieg bewerteten die Amerikaner im Central Collecting Point in München die Sammlung mit 300 000 Mark um ein Vielfaches höher.[223]

Die Werke aus Görings Vorbesitz stellten eine Rumpfsammlung in Puchhof dar, die Reemtsma nach und nach mit qualitätvolleren Stücken erweiterte, um seinen Jagdsitz auszuschmücken. Heitere Genreszenen, Porträts und romantische Landschaftsbilder wechselten sich mit religiösen Motiven italienischer Maler ab, wodurch Salon, Halle, Bibliothek und Billardzimmer von Puchhof gefällig gestaltet wurden. Der Hauptakzent dieser Kunstwerke aus der Hand von Jacob van Ruisdael, Jan Steen, Allart van Everdingen, Pietro Longhi, David Teniers, Leonard Defrance und anderen lag auf humorvoller bis derber Genremalerei des 17. und 18. Jahrhunderts. Ein herausragendes Stück davon war Ossias Beerts *Stilleben mit Austern*, aber ganz besonders stolz war Reemtsma auf das Gemälde *Venus und*

Adonis aus der Werkstatt Tizians, das er 1940 aus dem Düsseldorfer Kunsthandel erworben hatte. Dies war die eigentliche Preziose der Gemäldesammlung von Schloss Puchhof. Mit diesem großen Anwesen hatten der leidenschaftliche Jäger Reemtsma und seine Frau Gertrud ein Refugium besonderer Art gefunden. Sie verliebten sich regelrecht darin, auch weil sie gemeinsam an der Gestaltung mitwirkten. Daher hatte vor allem Gertrud eine Beziehung zu dem Jagdsitz bei Straubing, der als ihr Besitz eingetragen war. Gern und wiederholt nahm ihn das norddeutsche Paar in Anspruch, wo jeder Tag, so Philipp, wie ein erholsamer Sonnabend empfunden wurde. Bis Ende 1944 hielten sich die Reemtsmas immer wieder in der Abgeschiedenheit Puchhofs auf.

Von der Raucherkonjunktur zum Krimtabak

Der Absatz an Zigaretten sprengte seit Kriegsbeginn alle bekannten Größenordnungen. Fast 57 Milliarden Stück wurden 1939 verkauft. Gegenüber dem Beginn der Nazi-Zeit machte dies eine Steigerung von über 70 Prozent aus. Obwohl die Reichsbehörden sogleich den »Kriegszuschlag« als Sondersteuer verfügten, was vom ersten Kriegsmonat an die Zigaretten um 20 Prozent verteuerte, stieg der Konsum weiter an. Kein Wunder, dass Hersteller in der Zigarette ›das Gold des Krieges‹ sahen. Dank voller Tabaklager waren sie imstande, den Massenkonsum zu befriedigen. Dennoch bestimmten im November 1939 das Wirtschaftsministerium und die von Senator Bernhard in Bremen geleitete Reichsstelle für Tabak die Obergrenze der Produktion, damit die Tabakressourcen nicht unkontrolliert verbraucht wurden. Mit dem anhand der Produktionszahlen der Monate Januar bis September des Jahres definierten maximalen Kontingent mussten die Hersteller dauerhaft kalkulieren. Expansionsmöglichkeiten entstanden lediglich infolge der kriegsbedingten Ausweitung des deutschen Herrschaftsgebiets in Polen. Dadurch kam die deutsche Zigarettenindustrie in die Lage, polnische Fabriken zu erwerben bzw. unter ihre Kontrolle zu bringen. Wie zuvor in Österreich gab es hier ein staatliches Herstellungsmonopol, was die Aneignung der Betriebe erleichterte. Ein besonderer Fall war die profitable Danziger

Tabak-Monopol AG, die auch Zigarren und andere Tabakwaren herstellte. Da die Firma Reemtsma nicht an Monopol interessiert war, wurde die Übernahme Anfang Februar 1940 Jacob Koerfer von Garbáty vorgeschlagen. Dieser winkte ab, da er mit seinem Betrieb in Pankow ausgelastet war, worauf der von Brinkmann kommende Dr. Friedrich Kristinus, ein Schwiegersohn Hermann Ritters, ins Gespräch kam. Letztlich aber kaufte doch Reemtsma die Danziger Firma, nachdem die außerordentliche Generalversammlung der Tabak-Monopol AG im März ihre Liquidation und den Übergang auf den Hamburger Hersteller beschlossen hatte. Hier schloss sich ein Kreis, denn die Zigarettenbetriebe Hellas und Yenidze hatten vor ihrer Einbringung in die Danziger Monopolgesellschaft im Juli 1927 zur Reemtsma-Gruppe gehört.

Wie waren die wirtschaftlichen Perspektiven dieser Industrie bei längerer Kriegsdauer? – Die Lage war profitabel, aber schwierig. Beispielsweise konnten Verschleißteile an den aufwendigen Zigaretten- und Verpackungsmaschinen nicht ersetzt werden, da die Dresdener »Universelle«-Cigarettenmaschinen-Fabrik J. C. Müller & Co als wichtigster Hersteller der feinmechanischen Apparaturen in einen Rüstungsbetrieb umgewandelt worden war. Es gab keine neuen Maschinen als Ersatz für veraltete und abgenutzte. Ferner hatten die Zigarettenhersteller einen großen Teil ihres Fuhrparks für Wehrmachtszwecke abliefern müssen. Die reduzierte Zahl von Lastwagen machte den Vertrieb zum Dauerproblem, denn die Orientzigarette sollte möglichst schnell, eben per »Frischdienst«, von der Fabrik zu den Verkaufsstellen transportiert werden, sonst trocknete sie aus. Derlei Qualitätsdenken musste kriegsbedingt mehr und mehr in den Hintergrund treten, wodurch aber das Image der Hersteller und der Marken-Goodwill Schaden nahm. Daher entschlossen sich viele Fabrikanten, einen Teil ihrer Produkte in Kriegszeiten nicht weiterzuproduzieren, um deren Markenwert zu schützen. Bei Reemtsma waren dies schon 1941 *Ernte 23, Ova* und *Senoussi*.

Unabhängig davon war die Hamburger Firma gut im Geschäft, wie eine im Herbst 1940 für Hermann J. Abs von der Deutschen Bank aufgestellte Übersicht ergab. In dem Jahr war Abs als Nachfolger des verstorbenen Kollegen Oscar Schlitter in den Reemtsma-Beirat eingetreten. Philipp F. Reemtsma hatte dem Bankvorstand unter anderem Folgendes zur Kenntnis gegeben: In elf Betrieben stellte die Firma ausschließlich Zigaretten her, die durch 85 Auslieferungslager vertrieben wurden. Um die Ware möglichst frisch zu halten, beschränkte sich die Lagerhaltung auf die »rollende Ware«. Die Hauptmarken waren *Zuban No. 6* in der Billigpreislage zu 2,5 Pfg., *Eckstein No. 5, Juno, Salem* und *Ramses* in der Konsumpreislage zu 3 1/3 Pfg. sowie *R6* und *Güldenring* zu 4 Pfg., *Overstolz* zu 4 1/6 Pfg. und als teuerstes Produkt die *Atikah* für 5 Pfg. das Stück. Es gehörte zu den Grundsätzen von Reemtsma, dieses Sortiment unterschiedlicher Preislagen auf allen Märkten gleichzeitig anzubieten, um die häufig beobachtete Verlagerung der Konsumentennachfrage von einem Preisniveau auf ein anderes zugunsten der Firma aufzufangen. Durch die vorwiegende Barzahlung des Handels gab es nur kurzfristige Außenstände. Der Reingewinn pro 1000 Zigaretten lag im Geschäftsjahr 1939 bei 1,11 Mark, was eine Steigerung gegenüber den Vorjahren um mehr als 14 Prozent ausmachte. Dank des ertragreichen Geschäfts lag die Liquidität von Reemtsma im Herbst 1940 bei 100 Millionen Mark an Kassen- und Bankguthaben, zuzüglich 34 Millionen Mark in Steuergutscheinen. Gegenüber Abs gab ›Zwei‹ an, dass nach Kriegsende hohe Investitionen für die Erneuerung der technischen Ausstattung der Betriebe notwendig sein würden, aber dies und auch die Auffüllung der Rohtabaklager könne seiner Einschätzung nach das von ihm geführte Unternehmen »mühelos ohne Gefährdung seiner Liquidität lösen«.[224] Der Bankvorstand zeigte sich beeindruckt von diesen Ausführungen und dem beigefügten ›streng vertraulichen‹ Geschäftsbericht, sodass er Reemtsma am 2. November 1940 antwortete, ihm blieben nach der außerordentlich interessanten Lektüre »bei der Durchleuchtung Ihres Unternehmens … keine Fragen«.[225]

Philipp F. Reemtsma aber hatte die Lage gegenüber Hermann J. Abs in Teilbereichen doch zu rosig dargestellt. Wenn der wichtigste deutsche Zigarettenindustrielle schrieb, dass infolge der umfassenden Orienttabaklieferungen aus der Ernte 1939 »für erkennbare Zeit keine Beeinträchtigung der Qualitätsbasis des Unternehmens« zu erwarten sei, dann war dies schlicht irreführende Werbung.[226]

Denn gerade Ende 1940 zeichnete sich aufgrund der massiv angestiegenen Konsumentennachfrage ab, dass die Rohtabakversorgung zum Schlüsselproblem der Zigarettenindustrie werden würde. Unternehmer und Behörden waren sich dessen überaus bewusst. Es bestand zwar weiterhin Zugang zu den Orienttabaken vom Balkan, aber die Rohtabakpreise stiegen beträchtlich, und es wurde immer komplizierter, die nötigen Transportkapazitäten zu erhalten. Zudem mussten die deutschen Behörden auch die Versorgung der Raucher in den besetzten Ländern Europas koordinieren. Die gesamte Tabakwirtschaft in den besetzten Gebieten geriet unter deutsche Kontrolle, so auch die niederländischen Firmen Levante und Turmac des in die USA geflüchteten David Schnur. Die Reichsbehörden bedienten sich bei dieser Seite der Besatzungspolitik der Experten aus der deutschen Industrie. Von Reemtsma war dies eine ganze Gruppe: So agierten Otto Lose in Polen und Bruno Behr in Frankreich, Letzterer als Verbindungsmann zwischen der französischen Tabakregie und der Militärverwaltung. Weiterhin war in den Niederlanden ein Firmenmitarbeiter im Tabakreferat der Zivilverwaltung tätig, und ein Reemtsma-Experte wurde zum Sachverständigen der Fachuntergruppe Zigarettenindustrie für Virginia- und Virginia-ähnliche Tabake der besetzten Gebiete ernannt. Kurd Wenkel schließlich, der Chef-Tabakeinkäufer des Hauses, steuerte als Lenkungsbeauftragter der Reichsstelle für Tabak den Einkauf auf dem Balkan und suchte die Preistreiberei des dortigen Handels zu bremsen. In ähnlichen Funktionen hatten zahlreiche Führungskräfte der deutschen Zigarettenindustrie Pässe, die ihnen Bewegungsfreiheit im vom Deutschen Reich beherrschten Europa verschafften, wie etwa Jacob Koerfer von Garbáty und der Virginia-Fachmann Wolfgang Ritter von Brinkmann.[227] Sie konnten allerdings nicht frei für ihre Firmen einkaufen, sondern nur in dem von den Behörden abgesteckten Rahmen im Sinne der Gesamtindustrie agieren. Zwangsläufig bestand aber bei den Herstellern ein anhaltender Verteilungskampf um den Rohstoff Tabak, denn die ihnen gelieferten Tabake entsprachen oftmals hinsichtlich Menge und Qualität nicht den Zusagen der staatlichen Bewirtschaftungsstelle. Ein Rückgang der Produktion schien unabwendbar, doch gleichzeitig hatte der Bedarf des deutschen Militärs, das bevorzugt beliefert werden musste, ein enormes Niveau erreicht: 40 Prozent der gesamten Produktion gingen ans Militär! Jeder Soldat hatte ja Anspruch auf kostenlose Zigarettenzuteilung, auch der Nichtraucher. Und schon früh wurde die Zigarette zum beliebten Tauschartikel unter Kameraden.

Um Missstimmungen in der Bevölkerung entgegenzuwirken, erschienen in der Presse mitunter recht offene Artikel, die sich dezidiert mit dem Rauchen beschäftigten. Gerade die von Propagandaminister Goebbels herausgegebene Zeitung *Das Reich* forderte im Mai 1941 die »Selbstkontrolle der Kunden«, da diese alle erhältlichen Tabakwaren aufkauften: »Man steht Schlange, um eine Sechser-Packung zu erhalten, und man hat es sich abgewöhnt, nach einer bestimmten Marke zu fragen – vielmehr ist man recht dankbar, wenn man auf irgendeine Weise in den Besitz des gewohnten Quantums kommt. Ob Zigarren, ob Zigaretten, ob Pfeifentabak, die Sorgen sind immer gleich.«[228] Es bestand eine große Diskrepanz zwischen Nachfrage und Angebot. Reemtsma notierte seinen höchsten je erzielten Zigaretten-Monatsumsatz im September 1941 mit 3,75 Milliarden Stück. Auch das stillte nicht den Bedarf der Raucher und fraß zudem übermäßig an den Tabakreserven, sodass der Kriegszuschlag auf 50 Prozent des Verkaufspreises angehoben wurde, um die Kauflust zu reglementieren. Aber selbst diese Maßnahme schuf keine Abhilfe. Hatte das Goebbels'sche Paradeblatt *Das Reich* betont, der Staat erwäge keinesfalls eine Einschränkung der »kleinen Freuden«, zu denen neben Bier und Spirituosen auch der Tabak gezählt wurde, kam es dennoch ab Januar 1942 zur Einführung der Raucherkarte. Wesentlich dabei war, dass alle Männer ab 18 und Frauen ab 25 Jahren eine Raucherkarte erhalten konnten, egal ob sie tatsächlich Raucher waren oder nicht. Somit gab es im Reichsgebiet alsbald über 22 Millionen Raucherkarteninhaber, die entsprechend den Kartenabschnitten Zigaretten einkauften. Ob für den eigenen Bedarf oder für Verwandte, Soldaten, Freunde und Fremde – längst besaß die Zigarette den Status eines begehrten Gutes, von dem es nie genug gab. Im Übrigen gestand die Karte den Männern doppelt so viele Zigaretten wie den Frauen zu, was der nationalsozialistischen Wunschvorstellung ›Die deutsche Frau raucht nicht‹ entsprach.

Auch die vom Bahrenfelder Cigaretten Bilderdienst vertriebenen Sammelbilderalben waren ein Massengeschäft. An die 80 Arbeitskräfte, zumeist Frauen, waren damit beschäftigt, den Einsendern von Gutscheinen und Bilderschecks die Bilder zuzuschicken. Hinzu kamen die im Auftrag arbeitenden Druckereien und Verlage, die die Bilder, Schecks und Alben herstellten. Die Hochkonjunktur der über Zigaretten, Margarine oder andere Produkte verbreiteten Sammelbilder wurde durch den Krieg gebremst. Schließlich war der jährliche Papierbedarf des Albengeschäfts in Höhe von 5000 Tonnen umstritten, ebenso die Zahl der benötigten Arbeitskräfte.[229] Die Bilderschecks stellte die Itzehoer Druckerei Gruner + Sohn her. 1938 hatte die von Richard Gruner zur leistungsfähigen Kupfertiefdruckerei entwickelte Firma als erstes Unternehmen in Schleswig-Holstein den Titel »Nationalsozialistischer Musterbetrieb« erhalten. Gruners Spezialität war der Druck von Millimeterpapier und Bilderschecks, wofür bei Kriegsbeginn annähernd 130 Mitarbeiter tätig waren. Reemtsmas Erfolg mit den Bilderalben korrespondierte mit der Leistung von Gruner + Sohn: Pro Arbeitstag wurden in den Reemtsma-Werken den Zigarettenpäckchen 10 Millionen Schecks beigelegt. Daher musste die Druckerei monatlich 200 Millionen Bilderschecks auf Feinpapier drucken.

Im März 1940 teilte Otto Lose der Fachuntergruppe Zigarettenindustrie mit, dass man auf »persönlichen Wunsch« von Joseph Goebbels an einem Bilderdienst-Album mit dem Titel *Raubstaat England* arbeitete.[230] Dessen Texte und Bilder sollten die Mittel entlarvend darstellen, durch die England seine Weltmachtstellung erkämpft hatte. Dabei reichte das zeitliche Spektrum von Sir Francis Drake bis zur Drangsalierung der arabischen Bevölkerung im Mandatsgebiet Palästina zugunsten der zionistisch-jüdischen Kolonisation und natürlich zur »Einkreisung Deutschlands«. Das Hetz-Album war ein dezentrales Gemeinschaftswerk: Den Text schrieb Ernst Lewalter, die Gestaltung lag bei Dr. Friedrich Richter vom Deutschen Propaganda-Atelier Berlin, die Bilderserie stellte die Druckerei Förster & Borries in Zwickau her, während die Hanseatische Verlagsanstalt, an der Reemtsma beteiligt war, die Alben druckte. Dieses Projekt erwies sich für die Hamburger Firma als überaus nützlich, als die für Papier und Verpackungsmaterial zuständige Reichsstelle beabsichtigte, die Beilage von Bildern oder Schecks zu den Zigarettenpackungen zu untersagen. Das hätte das Ende der Sammelbilderserien bedeutet. Lose argumentierte gegen diese Pläne, das Goebbels-Ministerium habe »uns wiederholt die Unterstützung ... bei der Beschaffung von Material zugesichert«.[231] Von dieser Seite würden die Sammelwerke keineswegs als unwichtig oder unzeitgemäß angesehen. Entsprechend bestätigte Dr. Wiebe vom Propagandaministerium am 3. April 1940 per Schnellbrief, dass der Bilderdienst-Abteilungsleiter weiter vom Kriegsdienst freigestellt bleiben müsse, da im ministeriellen Auftrag an *Raubstaat England* gearbeitet werde: »Dem Werk kommt eine staatspolitisch besonders wichtige Bedeutung zu.«[232]

An ›Führers Geburtstag‹, dem 20. April, konnte sich Direktor Lose erleichtert zurücklehnen. Wegen der Rückendeckung aus Berlin für das *Raubstaat*-Album und auch wegen der Sammel- und Tauschobjekte, die das Oberkommando der Wehrmacht als psychologisch wichtig für Soldaten einschätzte, waren die Einstellungspläne vom Tisch. Die Sammelleidenschaft war in der Tat im Militär und in der Bevölkerung ungebrochen. 1940 musste der Bilderdienst monatlich 110 000 bis 180 000 eingehende Briefe bewältigen und Bilderserien zurücksenden. Als aber das Arbeitsamt Elmshorn Ende des Jahres erfahrene Arbeiterinnen aus der Druckerei Gruner + Sohn abzog, wurde die Produktion ernsthaft gefährdet. Reemtsma legte jeder Packung einen Bilderscheck bei. Daher hätte ein Stocken der Nachlieferungen unweigerlich das Ende der Schecks zur Folge gehabt. Angesichts dessen bat Otto Lose den für die Gesamtgestaltung des *Raubstaat*-Albums verantwortlichen Dr. Richter darum, dass vom Ministerium eine Mitteilung an das Landesarbeitsamt Hamburg ergehe, in der darauf hingewiesen werde, von welch großer Bedeutung die »Erhaltung der Leistungskraft des Betriebes« Gruner + Sohn sei. Entsprechendes hatte schon im April des Jahres ein Fachamtsleiter der DAF unternommen. Er hatte dem Gauobmann des Gaus Schleswig-Holstein mitgeteilt, das Oberkommando der Wehrmacht verlange die Beilage von Bilderschecks »kategorisch«, da dies der Truppenbetreuung nütze.[233] Eine Zeit lang halfen diese offiziellen

Einflussnahmen, sodass die Druckerei im gewünschten Ausmaß für Reemtsma Bilderschecks drucken konnte.

Im Frühjahr 1941 kam *Raubstaat England* zur Auslieferung. Die an den Bilderdienst angeschlossenen Zigarettenhersteller erfuhren vertraulich, dass das Album vom Propagandaministerium »unterstützt« worden sei.[234] Trotzdem ging die für die Firmen einträgliche Albenproduktion zu Ende. Im Mai des Jahres informierte die Presse, dass auf behördlichen Beschluss nur noch bis zum 1. Oktober Bilderschecks eingelöst werden könnten. In Bahrenfeld wurde das Geschäft in kleinen Schritten abgewickelt, während das Personal nach und nach durch das Hamburger Arbeitsamt für die Rüstungsindustrie dienstverpflichtet wurde. Man zog Bilanz: Von Januar 1932 bis Mai 1943 hatte der Bilderdienst der Reemtsma-Firmen 4,13 Milliarden Sammelbilder ausgegeben und fast 19 Millionen Alben verkauft. Der Spitzentitel war dabei das aufwendige Propagandawerk *Adolf Hitler* mit einer Auflage von 2,38 Millionen Exemplaren. Dann folgten die beiden Bände *Olympia 1936* mit je 1,6 Millionen und das Nazi-Album *Deutschland erwacht. Werden, Kampf und Sieg der NSDAP* vom Dezember 1933 mit 1,5 Millionen Stück.[235] Aber auch andere Themen hatte der Bilderdienst angeboten, etwa mit den anspruchsvoll bebilderten und getexteten Werken zur Malerei.

Welchen Anteil besaßen die Reemtsma-Brüder an den Alben, und welchen Nutzen zogen sie aus ihnen? An der inhaltlichen Gestaltung waren sie kaum beteiligt. Dennoch: Nichts lief ohne ihren Willen. Die einzige Ausnahme bildete das *England*-Album. Dies war eine aus dem Goebbels-Ministerium verordnete Produktion, angesichts derer Hermann F. Reemtsma »das Kotzen gekriegt« habe, als er die Motive und Texte erstmals sah, wie er im Oktober 1948 bei seiner Entnazifizierung erklärte.[236] So widerwärtig die Nazi-Alben während des Dritten Reiches der Reemtsma-Führungsetage erschienen sein mögen, so wichtig waren sie fraglos für die Konsumentenbindung. Die Raucher schätzten die Bilder, und 80 Prozent von ihnen kauften die dazugehörigen Alben, was ein gutes Nebengeschäft für Reemtsma war. Gerade mit den Hitler- und Nazi-Serien ließ sich gutes Geld verdienen. Auch hiermit festigte Reemtsma den Umsatz und drückte die Konkurrenz.

Die Auflösung des Bilderdienstes geschah parallel zu zahlreichen Schließungswellen in der Wirtschaft, bei denen Arbeitskräfte für die Rüstungsindustrie und für Einberufungen zum Militär freigesetzt wurden. Bei Reemtsma spielten sich die Auskämmung genannten Aktionen wiederholt ab, sodass dort immer mehr Personal fehlte. Um dies auszugleichen, meldete das Wandsbeker Werk schon im Sommer 1942 einen Bedarf an 50 Arbeitskräften beim Arbeitsamt an, worauf »50 Russinnen« zugewiesen wurden, für die unter Ägide des Reichsbaurats Konstanty Gutschow eine Baracke auf firmeneigenem Gelände errichtet wurde. Derartige Vorgänge setzten sich in weiteren Reemtsma-Werken fort, sei es in Altona-Bahrenfeld, Danzig, Hannover oder München. In Bahrenfeld waren beispielsweise im April 1944 neben 706 Deutschen in der Belegschaft auch 44 Ausländer gemeldet.[237] Bei ihnen handelte es sich um Fremd- oder Zwangsarbeiter. Als Reemtsma die russischen Frauen für das Wandsbeker Werk zugewiesen bekam, waren in Hamburg bereits Zehntausende von Arbeitskräften in Barackenlagern untergebracht, die man im Auftrag des Speer'schen Ministeriums für Bewaffnung und Munition errichtet hatte.[238] Sie arbeiteten für die ›kriegswichtigen‹ Betriebe in der Hansestadt. Bei den Werften und im Hafen waren dies Tausende. In den Zigarettenwerken waren also vergleichsweise wenige beschäftigt. Die Tatsache an sich allerdings ist nicht zu übersehen: Reemtsma beschäftigte an zahlreichen Firmenstandorten Fremd- und Zwangsarbeiter.

Theoretisch hätte man in Deutschland den Tabakanbau forcieren können; aber die einheimische Produktion war für die Herstellung der marktbeherrschenden Orientzigaretten ungeeignet. Auch nur geringe Beimischungen deutschen Tabaks veränderten das erwünschte Aroma zu deutlich. Hinzu kam im April 1941 eine allerhöchste Anordnung: Reichsleiter Martin Bormann informierte Landwirtschaftsminister Richard Walther Darré, dass Hitler die Vergrößerung der Tabakanbauflächen im Reich untersagte.[239] Dies stand in direktem Zusammenhang mit der damals beginnenden Antitabakpropaganda des Reiches. Dass während der ersten beiden Kriegsjahre die Zigarettennachfrage massiv anwuchs und die Möglichkeit des Tabakgenusses gerade bei Soldaten eine derart motivierende Wirkung hatte, störte maßgebliche Stellen im Staat.

Die Kritiker wurden keineswegs leiser. Einer ihrer Wortführer war der Professor für »menschliche Züchtungslehre und Vererbungsforschung« Karl Astel, der seit 1939 als Rektor der Universität Jena amtierte. Der Sportmediziner Astel eröffnete Anfang April 1941 an der Universität ein Tabakwissenschaftliches Institut, das sich die Bekämpfung des Rauchens auf die Fahnen schrieb. Die neue Einrichtung erhielt vom Reichskanzler 100 000 Mark für ihren Betrieb und ein Glückwunschtelegramm. Darin begrüßte Adolf Hitler die »Arbeit zur Befreiung der Menschheit von einem ihrer gefährlichsten Gifte«.[240] Astel postulierte in seiner Eröffnungsrede das Nichtrauchen als nationalsozialistische Pflicht, und er empfahl der Tabakwirtschaft, ihr Kapital in anderen Geschäftsfeldern zu investieren; langfristig werde die Antitabakpolitik des Reiches die Industrie verdrängen.

Hier stand nun eine ganze Front gegen die Tabakwirtschaft vereint: Mediziner wie Karl Astel, der Bund der Tabakgegner mit seiner Zeitschrift *Reine Luft*, Reichsgesundheitsführer Leonardo Conti, Gauleiter Fritz Sauckel, der Thüringen zum gesundheitspolitischen »Mustergau« machen wollte, und nicht zuletzt Adolf Hitler. Während Conti behauptete, das suchterzeugende »Rassengift« sei von Juden eingeschleppt worden, sah Astel im Rauchen einen Triumph der Rücksichtslosigkeit und meinte, Nikotin würde »den Geschlechtskrankheiten und der Bordellkultur Vorschubdienste« leisten. Die Angriffe des Professors gipfelten gar in der antisemitischen Aussage »... der Tabak ist ein Volksschädling wie Jud Süß«. Als Fernziel definierten die Gegner des Rauchens, dieses Laster auszumerzen. Doch es gab auch pragmatisch denkende prominente Fürsprecher. Propagandaminister Joseph Goebbels erkannte zwar den Sinn an, den Tabakkonsum aus gesundheitlichen Gründen abzuschaffen, aber während des Krieges hielt er dies für »unzweckmäßig«.

Wirtschaftsminister Walther Funk holte weiter aus. Ihn störte die Verunglimpfung der bedeutenden Industrie durch die Antitabakpropaganda, denn Tabaksteuer, Tabakzoll und Umsatzsteuer hatten im zurückliegenden Rechnungsjahr 2,5 Milliarden Mark eingebracht. Funk führte Anfang Mai 1941 brieflich gegenüber dem Chef der Reichskanzlei Hans Heinrich Lammers aus, das Rauchen habe eine

»politische Bedeutung«, denn schließlich legten das Propagandaministerium, zahlreiche Parteidienststellen und die Gauwirtschaftsberater hohen Wert auf die ausreichende Versorgung der Bevölkerung mit Tabakprodukten. Der Minister bat daher darum, die Beschäftigten der Branche nicht durch Astel'sche Verbalattacken zu beleidigen.[241] Lammers trug Funks Argumente bei Hitler vor, doch dieser verschloss sich der pragmatischen Sicht. Er meinte, die »Volksgesundheit« müsse über derlei wirtschaftlichen Argumenten stehen, und die Beschäftigten der Tabakbranche seien an »kriegswichtigeren Stellen« besser am Platze. Darüber wurde Funk vertraulich informiert.[242]

Im Gegensatz zu anderen Genussmitteln wie Alkohol, Tee oder Kaffee waren Tabakwaren auch in der zweiten Jahreshälfte 1941 noch in ausreichendem Maße verfügbar. Das Rauchen wirkte beruhigend und half bei der Bewältigung der kriegsbedingten körperlichen wie emotionalen Belastungen. Gegenüber der Zigarre erlebte die Zigarette nun ihren Siegeszug. Immer mehr Menschen wollten etwas rauchen, das schnell zur Hand war, an der Front und in der Heimat. Gerade Frauen griffen in den Arbeitspausen zur Zigarette. Daher stand die Zigarettenindustrie im Fokus der Propagandisten, die den »Tabakismus« bekämpften. Für die Reemtsma KG, die über 60 Prozent des Zigarettenbedarfs Deutschlands produzierte, war dies die ernsteste Kampfansage seit Bestehen. Mediziner, Parteirepräsentanten und der Reichskanzler stellten sich gegen das Rauchen. Waren demnächst Schließungsverfügungen zu erwarten?

Der Werberat der deutschen Wirtschaft verfügte Ende des Jahres 1941 auf Anregung der Reichskanzlei und verschiedener Ministerien starke Einschränkungen der Tabakwerbung: Durch Plakate und Schilder, Affichen in öffentlichen Verkehrsmitteln, an Haltestellen und Sportplätzen sowie im Textteil von Zeitungen und in Werbefilmen durfte nicht mehr für Tabakwaren geworben werden. Auch die Zielrichtung der weiterhin erlaubten Werbemotive wurde klar vorgegeben: Frauen, Sportler und Kraftfahrer kamen als Werbemotive nicht infrage. Auch der geringe Nikotingehalt dürfe nicht als werbliches Argument für einen stärkeren Konsum benutzt werden. Diese und andere Bestimmungen standen im Dezemberheft der *Wirt-*

schaftswerbung, der amtlichen Zeitschrift des Werberates der deutschen Wirtschaft. Zu ihrem Herausgeberkreis gehörte Rechtsanwalt Philipp Möhring, mit dem Reemtsma in regem Kontakt stand. Durch diese Verbindung kann die Reemtsma KG von den im Raume stehenden nächsten Absichten der maßgeblichen Regierungsstellen erfahren haben. In einer Sitzung der Fachuntergruppe Zigarettenindustrie sagte Philipp F. Reemtsma, man könne nicht gegen die Anti-Nikotin-Bewegung vorgehen, da diese staatlich gewünscht sei. Möglicherweise müsse die Industrie nach neuen Absatzmärkten außerhalb Deutschlands Ausschau halten. Dabei wies er auf Russland als »Ausgleichsraum« hin.[243] Seinen persönlichen Ausgleichsraum suchte der Hamburger allerdings längst in neuen Geschäftsfeldern. Angesichts erneuter Absichtserklärungen Hitlers zur Verstaatlichung der Tabakindustrie, von der ›Zwei‹ 1941 über Staatssekretär Fritz Reinhardt vom Finanzministerium erfuhr, war sich Philipp F. Reemtsma bewusst, dass er am besten in neue Standbeine investierte. Er tat gut daran; am 22. Februar 1942 informierte Martin Bormann den Chef der Reichskanzlei, Minister Lammers, Hitler wolle »baldigst« einen Gesetzentwurf über die »Einführung des Tabak-Monopols im Reich« vorgelegt bekommen.[244] Und in den besetzten russischen Gebieten verlangte Hitler die Einführung eines staatlichen »Vollmonopols«, da die Gewinne aus der Tabakwirtschaft nicht »in die Taschen des Herrn Reemtsma«, sondern in die »Kassen des Reiches« fließen sollten.

Einen scheinbaren Ausweg aus der deutschen Tabakmisere hatte der Krieg gegen die Sowjetunion eröffnet. Mit der raschen Besetzung der Ukraine und der Krim durch die Wehrmacht gerieten auch die dortigen Tabakanbaugebiete unter die Kontrolle der Deutschen. Im Auftrag der Kriegswirtschaft teilten die bedeutendsten deutschen Zigaretten- und Tabakunternehmen ihre Interessengebiete im Osten auf: In der Ukraine bewirtschaftete die Austria Tabakwerke AG im Jahre 1942 sogleich 10 000 Hektar und die Martin Brinkmann AG sogar 25 000 Hektar. Auch einige Rohtabakhandelsfirmen waren in das Geschäft eingestiegen. Vor diesem Hintergrund strebte die Reemtsma KG die Reaktivierung der früheren Verbindung mit der Firma Garbáty an, um den Anbau 1943 gemeinschaftlich auf der

Krim zu betreiben und später auch auf den Kaukasus auszudehnen, wenn die Wehrmacht dieses Gebiet dauerhaft unter deutsche Kontrolle gebracht habe. Philipp F. Reemtsma teilte Jacob Koerfer seine Kalkulation mit: Pro Hektar schätzte er einen Ertrag von etwa 800 Kilo Tabak als realistisch ein; allerdings waren auf der Krim lediglich 2000 Hektar bewirtschaftet, zwei Drittel der Tabakanbaufläche lagen infolge des Krieges brach. Insgesamt erwarteten die Deutschen 1500 bis 2000 Tonnen Krimtabake vom Anbau 1942. Als Ziel für das Folgejahr plante das Wirtschaftsministerium, im besetzten Osten sogar 160 000 Hektar bestellen zu lassen. Obgleich Reemtsma lediglich 100 000 Hektar für realistisch hielt, erwartete er davon eine erhebliche Entlastung Europas; wenn vom Osten aus ein Teil des Bedarfs gedeckt werden konnte, würde auch die Orienttabakabnahme durch die Rauchtabakindustrie geringer werden.[245]

Reemtsma und Koerfer trafen schnell eine vertragliche Einigung zur Ausbeutung der Anbauflächen der Krim und im Kaukasus. Auf diese Weise entstand die Tochterfirma Krim-Orient-Anbaugesellschaft, kurz KORAN, die im Auftrag des Wirtschaftskommandos, also unter dem Schutz der Wehrmacht, bis Anfang 1944 exklusiv auf der Krim tätig war. Dabei sorgte das deutsche Militär für die Bereitstellung von Traktoren und Arbeitskräften. Bei diesen handelte es sich vorwiegend um ortsansässige Tabakbauern, die zur Volksgruppe der Krim-Tataren gehörten. Zur sowjetischen Zeit waren sie in den Tabakanbau der Sowchosen eingebunden gewesen. Die Deutschen schafften die Sowchosenverwaltung ab und behielten die Hierarchie der Brigadiere, Tabakagronomen und Dorfältesten bei, die den Anbau des Tabaks eigenständig organisierten. Neben zahlreichen Frauen arbeiteten auch Kinder und Jugendliche auf den Tabakfeldern, etwa beim Ausbringen der Setzlinge und bei der arbeitsintensiven Ernte. Die Bauern verkauften den geernteten Tabak in lokalen »Tabakpunkten« an die KORAN, wodurch die Landbevölkerung ihre kriegsbedingte Not etwas lindern konnte. Doch das in den Rahmen der deutschen Ausplünderung des Ostens eingebettete Tabakprojekt auf der Krim erwies sich für Reemtsma und Garbáty als schwer durchführbar: Die Anbauregion litt wiederholt unter den Kämpfen zwischen Partisanen und deutschen Militär- und Polizeiverbänden. Dabei wurden ganze Dörfer niedergebrannt und zahlreiche Bewohner von den Deutschen getötet. Hinzu kamen willkürliche Tabakrequirierungen durch die Wehrmacht. Dieses Schreckensszenario war für die Tabakindustriellen sekundär. Sie interessierten lediglich die wirtschaftlichen Planziele, und die ließen sich nicht erreichen. Von der Vorjahresernte konnten 1943 nur 1000 Tonnen geborgen werden, die Hälfte der möglichen Menge war verloren. Der Rohtabak gelangte als Schiffsfracht über das Schwarze Meer nach Rumänien; von dort erfolgte die Lieferung nach Deutschland mit Lastkähnen über die Donau oder per Bahn.

Im Lauf des Jahres 1943 baute die Landbevölkerung auf der Krim immer mehr Tabak an. Der Grund war einfach: Die notleidenden Bauern tauschten ihn bei Wehrmachtssoldaten gegen Lebensmittel ein. Das war illegal, aber beide Seiten profitierten von dem Geschäft. Doch die für das Reich verfügbare Menge reduzierte sich dadurch noch weiter. Von der Ernte 1943 gingen im folgenden Frühjahr nur 712 Tonnen Tabak nach Deutschland. Ein anderer Teil wurde in der Reemtsma-Tabakfabrik Feodosia auf der Krim direkt verarbeitet, unter anderem für den Bedarf der Wehrmacht.

Die KORAN war ein dezentral organisierter Betrieb, der unter der Leitung von fünf Deutschen der Firmen Reemtsma und Garbáty in Jalta, Simferopol und an zahlreichen Tabakpunkten im Land insgesamt 419 Arbeiter beschäftigte.[246] Einer der leitenden Mitarbeiter auf der Krim war ein bei Reemtsma langjährig als SA-Propagandist hervorgetretener Mitarbeiter. Dieser und weitere Tabakspezialisten wurden als »Sonderführer« in die Wehrmacht aufgenommen; sie hatten den Dienstrang eines Offiziers, allerdings ohne militärische Ausbildung. Hinzu kamen einige Mitarbeiter, die seit der Auflösung des Bilderdienstes nichts mehr zu tun hatten. Der Aufwand der Reemtsma-Garbáty-Tochterfirma war beträchtlich und letztlich im Ergebnis enttäuschend, denn der Vormarsch der Roten Armee zerstörte alle Planungen zur mittelfristigen Ergänzung der deutschen Tabakversorgung. Für die unter Zwang beschäftigten einheimischen Tabakarbeiter, etwa in der Fabrik Feodosia, war die Arbeit für Reemtsma in einer ganz besonderen Hinsicht von Bedeutung: Sie konnten gegenüber den Besatzungsbehörden einen für Deutschland wichtigen Arbeitsplatz auf der Krim nachweisen. Diesem Umstand verdankten sie es, dass sie nicht wie unzählige andere ins Reichsgebiet zur Zwangsarbeit deportiert wurden. Dies wäre bei weitem gefährlicher gewesen als die Tabakarbeit für KORAN auf der Krim, obwohl auch hier die Bedingungen unter deutscher Besatzung hart und teilweise unmenschlich waren.[247]

Mangelwirtschaft und Zwangsarbeit

Unabhängig von der Tabakausbeutung in Osteuropa wurden im April 1942 insgesamt 60 von 88 deutschen Zigarettenfabriken geschlossen, wobei die Effektivität der Produktion der entscheidende Faktor war: Betriebe, in denen pro Arbeitskraft weniger als 15 000 Zigaretten täglich produziert wurden, hatten die Schließungsverfügung vom Wirtschaftsministerium erhalten. So verschwanden 350 von 430 Zigarettenmarken aus dem Angebot. Die Verarbeitungskontingente der betroffenen Firmen wurden auf die verbleibende Industrie übertragen, doch nicht etwa an den Branchenprimus Reemtsma, sondern ganz gezielt an die mittelgroßen Betriebe, um deren Auslastung zu verbessern. Das sicherte deren Existenz und wendete mögliche Zwangsverpflichtungen der Mitarbeiter für ›kriegswichtigere‹ Arbeiten ab. Daneben wirkte die Industrie an den Maßnahmen zur Linderung der Versorgungsengpässe mit: Ab dem 1. Juli 1943 wurde das Zigarettenformat verkleinert, um den Tabakgehalt zu reduzieren.

Die staatlichen Machtmittel führten unter den totalitären Prämissen der von Albert Speer optimierten Rüstungs- und Kriegswirtschaft zur Schließung zahlreicher Industriebetriebe Deutschlands. Die Zigarettenindustrie hatte mit dem Verlust zahlreicher Werke einen hohen Tribut zu entrichten. Es konnte aber auch in die andere Richtung gehen, sofern die Parteianbindung stimmte: 1943 verfolgte der Königsberger Gauleiter Erich Koch die Errichtung einer Zigarettenfabrik in Ostpreußen. Er hatte die Idee, in seinem Gau mittels der Fabrikerträge Hinterbliebene von gefallenen Soldaten zu unterstützen.[248] Diese Gründungsidee beunruhigte Reemtsma, denn die Konkurrenz hätte seine monopolartige Stellung auf dem ostpreußischen Markt angegriffen. In Hamburg wurde daher nach kritischer Abwägung der Lage beschlossen, Koch mit einer Spende von seinen Plänen abzubringen. Der Deal war einfach: Reemtsma stellte der neuen Erich-Koch-Stiftung 1 Million Mark zur Verfügung, um damit 1000 ostpreußischen Hinterbliebenenfamilien mit je 1000 Mark weiterzuhelfen. Koch ließ sich hiermit auf bequeme Weise der unternehmerische Schneid abkaufen, er verzichtete im Gegenzug auf die Zigarettenfabrik. Dieses Geschäft war noch in anderer Hinsicht von Bedeutung: Koch amtierte seit Sommer 1941 als Reichskommissar für die Ukraine. Dort hatte er ein Schreckensregiment aufgezogen, was Reemtsma sicher abstieß; doch für die Hamburger Firma war der einflussreiche Nazi von Belang, da er über die ukrainische Rohtabakproduktion gebot. Stellte man sich gut mit Koch, konnte dies positive Auswirkungen auf die Versorgung mit Tabaken aus den russischen Gebieten haben. Da war die Million eine berechtigte Betriebsausgabe. Liquide war Reemtsma ohnehin, auch wegen der Einsparung von mehreren Millionen Mark, die 1943 infolge der massiven Reduzierung der Zigarettenwerbung anfielen.

Der 1943 von den Briten und Amerikanern mit zunehmender Heftigkeit gegen das Reichsgebiet geführte Bombenkrieg bedeutete in erster Linie unsägliches Leid für die betroffene Bevölkerung. Für die deutsche Rüstungswirtschaft ergaben sich aus den Bombardements schwere Beeinträchtigungen, worauf die Behörden mit allem Nachdruck auf die Behebung der Schäden drängten. Dies war freilich wegen der alliierten Luftherrschaft über Deutschland ein aussichtsloser Kampf. Die Firma Reemtsma spielte nach den Angriffen nur eine Rolle am Rande, aber sie war von psychologischer Bedeutung: Ausgebombte und bombengeschädigte Städte mussten kurzfristig mit Zigaretten beliefert werden, um zur Beruhigung der Verzweifelten beizutragen. Philipp F. Reemtsma war sich dessen bewusst, und er sah es als verdienstvolle Leistung seines Unternehmens an, wenn die Versorgung durch energisches Handeln und Improvisationsgabe gelang, etwa im Falle der nach einem Nachtangriff am 29./30. Mai 1943 schwer getroffenen und großteils ausgebrannten Stadtteile von Wuppertal und Barmen. Im Nachgang notierte Reemtsma, es sei immer wieder festzustellen, dass »durch die seelische Erschütterung schwerer Angriffe die Konsumenten für den Tag leben und bedenkenlos durch Vorgriffe auf ihre Karten künftige Rationen im voraus entnehmen und zusätzlich verbrauchen«.[249] Zudem verhalte sich der Handel undiszipliniert und gebe mehr Zigaretten ab, als die Raucherkarten zuließen. Dadurch wurden Engpässe verstärkt, was Reemtsma in seiner Funktion als Leiter der Fachuntergruppe Zigarettenindustrie wie als Produzenten störte, schließlich lastete die Öffentlichkeit die Mangelwirtschaft dem Staat und letztlich den Herstellern an.

Ende Juli 1943 wurde Hamburg von britischen und amerikanischen Bomberflotten mit bis dahin ungekannter Zerstörungsgewalt angegriffen. Etwa 34 000 Menschen fielen dem Feuersturm genannten Inferno zum Opfer, das die britisch-amerikanische Operation ›Gomorrha‹ in andauernden Nacht- und Tagesangriffen hervorrief. Auch das am 29./30. Juli von Spreng- und Brandbomben getroffene Reemtsma-Werk in Wandsbek geriet in Brand, wobei die Maschinen, 900 Tonnen Rohtabak und Fertigwarenbestände verloren gingen. Zudem wurde mit dem Hamburger Frischdienst eine wichtige Säule des Vertriebsnetzes zerstört. Da infolge von Stromausfall auch Bahrenfeld drei Tage lang nicht produzieren konnte und gleichzeitig die Hamburger Betriebe Kyriazi und BATC ausfielen, kam es in Norddeutschland zu einem ernsten Zigarettenversorgungsproblem. Der von August Neuerburg geschaffene, produktionstechnisch führende Betrieb Wandsbek war mit monatlich über 500 Millionen Zigaretten das leistungsfähigste Werk des Gesamtunternehmens. Nun sollte man annehmen, dass das Ausbleiben von Tabakwaren angesichts der schrecklichen Hamburger Verheerungen nebensächlich war, doch oberste Reichsbehörden maßen dem Engpass hohe Bedeutung zu. Zigaretten waren Nervennahrung und mussten ungeschmälert gerade für Ausgebombte zur Verfügung stehen. Philipp F. Reemtsma erhielt vom Wirtschaftsministerium die Weisung, so schnell wie möglich Abhilfe zu schaffen. Im Chaos der großflächig verwüsteten Stadtteile waren auch die Kommunikationsverbindungen zerstört. Hier wurde Hermann F. Reemtsma mit seinen engsten Mitarbeitern aktiv. Sie formulierten Telegramme an andere Fabriken mit der dringenden Bitte um Produktionserhöhung und Zulieferung und entsandten Kuriere zu Telegrafenämtern in nicht zerstörten Orten des

Hamburger Umlands. Wenige Tage später konnte dann durch Sonderschichten in den anderen Reemtsma-Betrieben die Versorgungslücke im Norden geschlossen werden.

Der Feuersturm hatte nur wenige Mitarbeiter von Reemtsma das Leben gekostet, aber zahllose waren, gerade in Wandsbek, ausgebombt und evakuiert worden. Daher unternahm die Bahrenfelder Zentrale intensive Bemühungen, die evakuierten Zigarettenarbeiterinnen so schnell wie möglich wieder zurückzuholen und in Notunterkünften unterzubringen. Vorläufig kamen einige von ihnen in den Luftschutzräumen des Betriebs unter, während Kleidung, Schuhe und Wäsche beschafft wurden. Danach sollten Baracken oder Wohnraum in unmittelbarer Nähe der Werke Bahrenfeld und Wandsbek bereitgestellt werden. Schließlich war wegen des zerstörten Straßenbahnnetzes und des Fehlens von Gas, Wasser und Strom »Leben und Anmarsch für die Betreffenden nicht möglich«, wie die Geschäftsleitung den Beiratsmitgliedern am 11. August mitteilte.[250] Zudem übernahm die Firma nunmehr die »Gesamtverpflegung« ihrer Arbeitskräfte. Diese Maßnahmen führten dazu, dass Arbeit, Wohnen und auch Freizeitgestaltung der Hamburger Belegschaft komplett von Reemtsma abhingen bzw. organisiert wurden. Schließlich sollten die Mitarbeiter »einen neuen Mittelpunkt ihres persönlichen Lebens« erhalten. Bilanzierend stellte die Geschäftsleitung fest, dass man zwar »erheblichen Schaden« erlitten habe, dank der Improvisationsgabe »in seinem Produktionsvolumen jedoch intakt geblieben« sei. Nur in Ausnahmefällen sei es im Bombeninferno zu menschlichem Versagen bei Führungskräften gekommen. Dort wurden umgehend – nicht weiter spezifizierte – »Konsequenzen« gezogen.

Angesichts der Hamburger Erfahrungen traf die Reemtsma KG Vorkehrungen, die weitere Bombenschäden ihrer Betriebe möglichst ausgleichen sollten. Das Hauptkontor der Fabriklager in Hamburg wurde aufgelöst und auf verschiedene Arbeitsstätten verteilt. Für den Fall, dass der Berliner Reemtsma-Betrieb Josetti in der Nähe der Jannowitzbrücke oder der Konkurrent Garbáty in Pankow getroffen würde, sollte das intakte Werk die Produktion des anderen übernehmen, notfalls durch Einführung einer zweiten Schicht und durch Einsatz der Arbeitskräfte des bombardierten Betriebs. Nicht benötigte Maschinen, Fabrikationsmittel, Markenstempel, Papiere und anderes Material wurden in Ausweichlagern untergebracht, um den Totalverlust zu vermeiden. Darüber hinaus richtete Reemtsma einen Ausweichbetrieb in der Lausitz in seiner Muskauer Kartonagenfabrik ein, wodurch im Berliner Raum eine kleine Notkapazität von 100 Millionen Zigaretten monatlich zur Verfügung stand. Weiterhin verteilte man den Rohtabak nun dezentral auf mehr als 100 Ausweichlager, um den wertvollen Rohstoff nicht in großen Hamburger Speichern oder etwa in der nunmehr regelmäßig bombardierten Hauptstadt zu gefährden. Ganz ähnlich organisierten die übrigen deutschen Zigarettenhersteller ihre Lagerhaltung.

Das im Frühjahr 1940 übernommene Danziger Werk hatte Reemtsma mit dem Ziel der Versorgung Westpreußens und anderer Regionen stark ausgebaut. Die Entwicklung verlief derart gut, dass in der besten Zeit 216 Millionen Orientzigaretten monatlich produziert wurden. Mehr als 270 Arbeiter und Angestellte waren dort tätig, zu denen ab Februar 1942 auch 18 junge Frauen aus Estland zählten. Deutsche Arbeitskräfte wurden nach und nach für den Einsatz im Militär und in der Rüstungsindustrie abgezogen, sodass die Werkleitung auf diesem Wege Abhilfe schuf. Die über deutsche Arbeitsämter vermittelten zwangsrekrutierten Fremdarbeiterinnen schätzten aus naheliegenden Gründen die körperlich weniger anstrengende Arbeit im Zigarettenwerk mehr als die schwere Arbeit anderer Estinnen in Danziger Metallverarbeitungsbetrieben. Werkleiter Hellmuth Heinze berichtete Hermann F. Reemtsma Mitte April 1942 über diese Frauen, dass sie mit Geschick in der Packerei arbeiteten. Sie hatten »freies Bewegungsrecht« in der Stadt und schliefen im Werk in einem ehemaligen Umkleideraum in Luftschutzbetten.[251] Als Stundenlohn erhielten sie je nach Alter zwischen 54 und 64 Pfennig, was einem üblichen Frauenlohn entsprach. Zum Vergleich: Ein deutscher Maurer verdiente 98 Pfennig pro Stunde.

Auch in anderen Reemtsma-Werken waren Frauen aus dem Osten tätig. Etwa 100 Polinnen aus der Region Łódź/Litzmannstadt kamen nach Hannover, was den Hintergrund hatte, dass es regelrechte ›Patenschaftsgaue‹ für Zwangsarbeiter gab. Die deportierten Arbeitskräfte aus Łódź wurden in der Regel der Stadt Hamburg zugewiesen, wo auch die Firma Reemtsma Gelegenheit bekam, einige von ihnen zu beschäftigen. Die Reemtsma-Verwaltung leitete die ihr zugewiesenen Frauen aber nach Hannover weiter. Einige von ihnen waren doch schon Mitte April 1940 eingetroffen. Es handelte sich zumeist um junge katholische Frauen vom Lande, aus einfachsten Verhältnissen. Dass sie bei Reemtsma täglich gewaschene Arbeitskleidung erhielten, was in einem Herstellungsbetrieb für Genussmittel obligat war, führte wie die guten sanitären Einrichtungen mit warmem Wasser und Dusche zu einer positiven Einstellung zum Arbeitsplatz. Wenngleich die Frauen unter Zwang in Deutschland arbeiteten, hatten sie es hier anscheinend ganz gut getroffen. Schließlich bekamen sie die üblichen Belegschaftsdeputatzigaretten, und es war ihnen wie den Estinnen in Danzig gestattet, sich in der Freizeit in die Stadt zu begeben. Einige der Frauen fuhren mit der Straßenbahn zur Arbeit, gingen schon mal ins Café Kröpke am Bahnhof, und da es in Hannover zahlreiche polnische Männer unter den Fremd- und Zwangsarbeitern gab, entwickelten sich auch intime Beziehungen. Hermann F. Reemtsmas Aufsicht unterstanden sämtliche Betriebsstätten der Firma, und offenbar führte er ein gutes Regiment, denn noch über 50 Jahre später berichteten einige der nach Łódź zurückgekehrten Polinnen von positiven Erinnerungen an ihre Zeit bei Reemtsma in der Hannoveraner Constantinstraße.[252]

Fremdarbeiter wurden gemäß einer Einschätzung der Reemtsma-Direktoren Friedrich Georg Schlickenrieder und Otto Lose aus dem Jahre 1947 lediglich in den Werken Hannover, Dresden und München »in geringem Umfang« eingesetzt.[253] Bahrenfeld mit über 40 Ausländern im Jahre 1944 und Danzig übergingen sie dabei, und die hohe Zahl von 100 polnischen Frauen in Hannover war für das Werk keineswegs gering. Die Direktoren wussten aber zu berichten, dass es mehrfach Unruhe gegeben hatte, wenn diese Arbeitskräfte – unter denen sich keine Juden oder Kriegsgefangenen befanden – durch das Arbeitsamt zu anderen Firmen versetzt wurden. Sie wollten weiter bei den Zigarettenbetrieben beschäftigt bleiben. Dort wurden sie auch benötigt, allein bis Ende 1942 kam es zur Einberufung und Dienstverpflichtung von mehr als 3200 deutschen Arbeitskräften des Gesamtunternehmens. Diese Substanzverluste an eingespielten Mitarbeitern waren kaum zu ersetzen, wenngleich ganze Abteilungen wie die Werbung und der Bilderdienst geschlossen und der Vertrieb drastisch verkleinert werden konnten. Trotz allem lief das Geschäft blendend weiter, sodass Hermann J. Abs Ende Juli 1942 an Alwin Reemtsma schrieb, nachdem ihm dieser den Bericht über das zurückliegende Geschäftsjahr zugesandt hatte: »Ich beglückwünsche Ihre Firma zu dem guten Abschluss und in noch höherem Maße zu der gewaltigen Leistung kriegswichtiger Produktion.«[254]

Philipp F. Reemtsma hatte in den Zigarettenbetrieben mit Fremdarbeitern nichts zu tun, da die innere Betriebsorganisation sein Bruder Hermann steuerte. Auf seinem persönlichen Besitz allerdings beschäftigte er ausländische Arbeitskräfte. So wurden im mittlerweile teilweise für den Gemüseanbau der Allgemeinheit genutzten Garten von Haus Kretkamp zwei Bulgaren eingesetzt, die in einer Holzhütte bei den großen Gewächshäusern unterkamen.[255] Einen ganz anderen Zuschnitt hatte die Situation auf Gut Trenthorst. Dort waren ab Frühherbst 1943 mehr als ein Dutzend südostpolnische Landarbeiter mit ihren Familien tätig. Die mehr als vierzigköpfige Gruppe stammte aus der Nähe von Lemberg in der Westukraine, also aus dem 5. Distrikt des Generalgouvernements Polen. Dort hatten nationalistische Ukrainer unter dem Schutz der deutschen Soldaten die Häuser der Landarbeiter niedergebrannt, wodurch sie heimatlos geworden und im Zuge der ›Arbeitskräfteaushebung‹ nach Holstein gelangt waren. Hier wählte Reemtsmas Gutsverwalter ›Johann‹ die Polen samt ihren Frauen und Kindern für Trenthorst aus. Das war für die Betroffenen ein bedeutender Vorzug, denn vielfach wurden die Familien bei Arbeitseinsätzen getrennt, und zahlreiche Kinder gingen auf diesem Wege für ihre Eltern dauerhaft verloren. Obwohl der Gutsverwalter für die Polen als »der Mann mit der Peitsche« eine strenge Autoritätsperson war, entwickelte sich gegenüber dem Gutsherrn Reemtsma eine gewisse Dankbarkeit.[256] Schließlich war für eine gute Unterbringung der Familien gesorgt und die Betreuung der Kleinkinder durch eine der jungen Polinnen geregelt, sodass diese Fremdarbeiterfamilien vergleichsweise unbeschadet durch den Krieg kamen.

Rollen im Krieg

Uwe Reemtsmas Rekrutenzeit fiel in die ersten Kriegsmonate. Anfang Oktober 1939, bei einem Wochenendbesuch im Elternhaus, gewann der Vater den Eindruck, dass der junge Mann »glücklich über sein Soldatsein« war.[257] Kurz vor Weihnachten wurde er als Panzerjäger zu einem Schützenregiment versetzt und nahm am 9. April 1940 am Einmarsch in Dänemark teil. Zum Ende der ›Operation Weserübung‹ genannten Besetzung Norwegens und Dänemarks durch die Deutschen wurde Uwe Reemtsma zum Unteroffizier befördert. Daraufhin absolvierte der mittlerweile 19-Jährige einen Offiziersanwärterkurs in Hamburg und bildete in Dänemark deutsche Rekruten aus, was zu seinem Ärger die Teilnahme am ›Blitzkrieg‹ gegen Frankreich verhinderte. Dem Salemer Lehrerehepaar Blendinger berichtete er darüber: »Alle meine Versuche, wieder zu meinem Feldtruppenteil versetzt zu werden, blieben erfolglos. Sogar eine freiwillige Meldung zu den Fallschirmjägern wurde abgelehnt.«[258] Uwe Reemtsma wurmte besonders, dass seine Brigade in Frankreich erfolgreich gekämpft und den »bei Franzosen und Deutschen gefürchteten Ehrennamen ›Gespensterdivision‹« erlangt hatte. Nunmehr, nachdem er zur Stammeinheit zurückversetzt worden war, fungierte der junge Unteroffizier als Gruppenführer in einer Schützenkompanie und wartete darauf, »dass es wieder losgeht«. Er war überzeugt, dies lasse nicht mehr lange auf sich warten und er würde diesmal »toi, toi, toi, mit dabei sein«. Den Blendingers teilte Uwe mit, er sei entschlossen, aktiver Offizier zu werden, und freue sich über das Versprechen seines Regimentskommandeurs, ihm diesen Weg zu ebnen.

Der Sieg der Deutschen über Frankreich, der mit dem im Wald von Compiègne am 22. Juni 1940 geschlossenen deutsch-französischen Waffenstillstand besiegelt wurde, schlug Wellen in ganz Europa, aber auch in besonderer Form in Othmarschen. Fast genau vier Jahre nachdem Hermann Göring während seines sommerlichen Besuchs von Haus Kretkamp das Schwimmbad freizügig genutzt hatte, war es jetzt der Schauplatz einer privaten Siegesfeier: Nach dem Bekanntwerden der Kapitulation Frankreichs luden die Reemtsmas einige Freunde ein. Sie feierten ausgelassen im Schwimmbad und stießen auf den Triumph an, denn schließlich empfand man die schnelle Niederwerfung als sensationell. Üppig floss der Champagner, und wenn eine weitere Flasche benötigt wurde, tauchte einer der übermütigen Schwimmer aus dem Kreise der Gesellschaft auf den Grund des Beckens und holte von dort Nachschub. Das Hochgefühl des Sieges über den Gegner, den man im Ersten Weltkrieg über vier Jahre selbst unter entsetzlichen Verlusten nicht hatte bezwingen können, kannte keine Grenzen. Hier im Schwimmbad von Haus Kretkamp spielte sich im Beisein von Gertrud und Philipp F. Reemtsma – in den 65 Jahre später geäußerten Worten ihres Sohnes Jan Philipp, dem diese Begebenheit erzählt worden war – eine »Sternstunde deutscher Bürgerlichkeit« ab.[259] Man begeisterte sich an den Erfolgen Großdeutschlands.

Uwe Reemtsma brannte darauf, sich im Kriegseinsatz zu beweisen. Da von den Dänen bei der Besetzung ihres Landes kein Widerstand geleistet worden war, hatte er dazu keine Chance gehabt. Mitte Dezember 1940 schrieb er seinem Salemer Lehrer, er werde an verschiedenen Spezialwaffen ausgebildet und im Januar einen mehrmonatigen Kurs an der Waffenschule beginnen. Als seine größte Sorge bezeichnete er, einen just »in dieser Zeit stattfindenden Einsatz zu verpassen. Das wäre bitter.«[260] Aber Ende Juni 1941 war es so weit. Mittlerweile trug Uwe Reemtsma die Kragenspiegel eines Leutnants. Als die Deutschen ohne Kriegserklärung am frühen Morgen des 22. Juni ihren Angriff auf die Sowjetunion begannen, stieß sein Schützenregiment in die nördliche Ukraine vor. Drei Tage später erhielt Uwe Reemtsma bei Kämpfen um eine Kaserne in den Vororten der Stadt Dubno einen Bauchschuss und einen weiteren Treffer im Arm. Der Schwerverwundete konnte infolge der andauernden Kämpfe erst nach einer Stunde geborgen werden und erlag trotz einer Operation nach Mitternacht seinen schweren Verletzungen. Dem Vater teilte der Regimentskommandeur in einem Kondolenzschreiben mit, er bedaure den Tod des jüngsten Leutnants des Regiments, der sich durch seine fröhliche Art beliebt gemacht habe. Und der Kompanieführer berichtete von den letzten Worten, die er mit Uwe Reemtsma auf dem Verbandsplatz wechseln konnte. Dass ihm sein Major mit dem Hinweis auf die bevorstehende Operation Hoffnung machen wollte, hatte der Verletzte mit hilflosen Worten abgetan: »... ich weiß ja, wie es um mich steht, da unten ist ja alles kaputt«.[261]

So klingt die ›offizielle Version‹, die in einem vom Internat Salem im Dezember 1942 veröffentlichten Gedenkheft mit Nachrufen auf die gefallenen Schüler zu lesen ist, wobei auch Uwe Reemtsma Würdigung fand. Die Familienüberlieferung der Reemtsmas weiß von einem betrunkenen Offizier, der den Sturm auf ein von Rotarmisten gehaltenes Haus befahl, worauf Uwe an seinem Bauchschuss qualvoll auf der Straße starb.[262] Wo liegt die Wahrheit? – In dem Salemer Gedenkheft war der Gefallene der Jugendliche »mit seinen blitzenden Augen, seinem fröhlichen Lächeln, voller Idealismus«, den manche Frage gequält habe, wie etwa, ob er das erfüllen könne, was er seinem Namen schuldig sei. Das von geradezu unerträglichem Opferpathos durchtränkte Resümee des Nachrufes lautete: »So war er noch unausgeglichen in seinem Wesen, als er Salem verließ. Was wir ihm aber noch nicht geben konnten, hat ihm weitgehend sein Soldatenberuf gegeben.« – Im Dritten Reich verweigerte sich keine deutsche Privatschule, auch nicht das ehemals reformorientierte Internat am Bodensee, der Gleichschaltung und Indoktrinierung der Schüler.

Mit dem Soldatentod des ältesten Sohnes von Philipp F. Reemtsma zog der Schmerz in Haus Kretkamp ein. Die naive Unbeschwertheit und die Begeisterung der ersten beiden Kriegsjahre für die Siege Hitler-Deutschlands wich dem Bewusstsein, dass der Tod auch diese Familie treffen konnte, dass er Lücken riss und Hoffnungen begrub – in der nächsten Generation. Jetzt erfasste der Krieg die Reemtsmas stärker und unmittelbarer als beim ersten Verlust im Jahr zuvor, als der eingezogene Obergärtner gefallen war. Nicht mehr die Fragen der Verdunkelung oder die Minderung des Lebensstandards, sondern existenzielle Gefährdungen rückten in den Vordergrund. Eine ganze Reihe von Familienangehörigen und Verwandten sowie Nachbarn und Freunde waren beim Militär, in unterschiedlichsten Waffengattungen. Alwin Reemtsma wurde mittlerweile im Stabsdienst eingesetzt, und auch die beiden Söhne der Erfurter Schwester waren einberufen worden. Von der Familie Zülch befanden sich mehrere Angehörige im Kriegseinsatz: Gertruds Bruder Dr. Klaus-Joachim Zülch war Stabsarzt bei der besonders gefährdeten Panzertruppe.

Hinzu kam der als Landrat und NSDAP-Kreisleiter im ›Warthegau‹ amtierende Leutnant Karl-Hermann Zülch. Auch drei Schwager von Gertrud waren bei der Wehrmacht: der mit ihrer ältesten Schwester Christel verheiratete Oberst Martin Hesselmann, der Mann von Jutta, Oberst Graf Gerd von Schwerin, und Leutnant Rudolf Hecker, der Mann von Lilli-Dore.

Als am 31. August 1942 Gertruds Vater Georg F. Zülch verstarb, konnten nur wenige der männlichen Familienangehörigen der Beisetzung des Ehrenbürgers von Allenstein in seinem Geburtsort Karlshafen an der Weser beiwohnen. Während zu dieser Zeit Oberst Hesselmann das Offiziersgefangenenlager auf der Festung Königstein befehligte und damit ein ruhiges Kommando hatte, überstand Stabsarzt Zülch nur mit viel Glück die Kämpfe im nördlichen Kaukasus. Links und rechts von ihm starben zahllose Männer, und in den Gefechtspausen notierte er in Kurzschrift den ihn irritierenden Fatalismus der Soldaten in einem Stenoheft, das später seine Schwester Gertrud transkribierte.[263] Von solchen Fronterlebnissen und den bald häufigen Bombenangriffen auf die Städte ging mehr und mehr eine Beklemmung aus. Aber konnte man sich dem entziehen?

Philipp F. Reemtsma war seit Ende September 1939 vom Militärdienst beurlaubt und wegen seiner zivilen Verwendung in der Industrie eigentlich nicht persönlich gefährdet. Doch die Sicherheit war trügerisch, denn im September 1942 wurde er in den Niederlanden Opfer eines Anschlags. Reemtsma war mit dem Auto unterwegs nach Den Haag, wo er eine Zigarettenmaschine in der Erprobung sehen wollte. Gerade als er die deutsche Grenze ein paar Kilometer hinter sich gelassen hatte, explodierte auf der Straße eine Bombe, wobei sein Fahrzeug getroffen wurde.[264] Über die Urheber ist nichts bekannt, und es ist unwahrscheinlich, dass es sich um eine gezielte Attacke auf den Zigarettenindustriellen und Wehrwirtschaftsführer handelte. Möglicherweise war es ein Anschlag der niederländischen Widerstandsbewegung gegen eine deutsche Autokolonne, der einfach die verhassten Besatzer treffen sollte. ›Zwei‹ war so schwer verletzt, dass er in ein dortiges Hospital eingeliefert werden musste. Erst am 6. Oktober konnte er nach Hamburg zurückkehren. Reemtsma war durch den Vorfall erschüttert, denn er liebte das Leben, gerade mit seiner jungen Frau Gertrud. Den Krieg und seine Folgen für Deutschland und Europa bejahte er immer weniger. Parallel zur Verschlechterung der Lage auf dem Tabakmarkt und der verstärkten Entziehung von Arbeitskräften für Militär und Rüstung schwand seine Siegeszuversicht. Nach Stalingrad ging sie auf Null. Nunmehr wurde die Arbeit zur Belastung, aber äußerlich verstand Reemtsma weiterhin, seine Rolle als Wehrwirtschaftsführer und verlässlicher Repräsentant der Industrie auszufüllen.

Gertrud Reemtsma suchte nach einer Beschäftigung, da sie die Rolle der Hausherrin in der großen Villa nicht befriedigte. Schließlich war ihr Mann ständig auf Geschäftsreisen, und auch Reemt lebte nicht mehr zu Hause, da er in Templin aufs Internat ging. Deshalb trat sie im Juli 1941 als Stenotypistin in die Firma ein und arbeitete im Cigaretten-Bilderdienst. Es hätte durchaus eigenartig auf die Kolleginnen und Kollegen wirken können, dass die Gattin eines der vermögendsten deutschen Industriellen neben ihnen beschäftigt war, aber Gertrud Reemtsma passte sich mit ihrer unprätentiösen Art ein. Nach und nach lernte sie andere Abteilungen der Verwaltung kennen und wechselte im März 1943 in das Personalbüro des Bahrenfelder Betriebs. Hier arbeitete die 26-jährige Frau im Sozialreferat oder in der Gehaltsabrechnung. Etwas Standesbewusstsein gab es schon, denn morgens fuhren Gertrud Reemtsma und ihr Mann mit dem Auto zur Arbeit. Hin und wieder trafen sie auf dem Weg ihren Briefträger Pepe und fragten nach Briefen von Reemt oder Jochen, der mittlerweile als Fahnenjunker bei dem von Adligen und Hamburger Bürgersöhnen besonders geschätzten Kavallerieregiment 13 in Lüneburg eingetreten war. Erhielten die Eltern Post ihrer Söhne von Pepe ausgehändigt, dann fing der Tag besonders gut an – das schrieb Philipp am 9. März 1943 seinem jüngsten Sohn im Internat.

Gertrud und ihr Mann machten im Betrieb eine gemeinsame Frühstückspause mit Stullen und einer Tasse Kaffee, während sie sich abends um sieben Uhr in Haus Kretkamp von der Köchin ›Tante Riekchen‹ eine warme Mahlzeit bereiten ließen. Ende Februar hatte das Haus erstmals einen Bombenschaden abbekommen. In erster Linie waren dabei die Glasscheiben geborsten, was den Ersatz schwierig machte, denn aufgrund von reichsweiter Glaskontingentierung und Arbeitskräftemangel wurden in den meisten Häusern nur noch die Fenster von Schlafzimmer und Küche wiederhergestellt. Wenige Kilometer weiter westlich war einige Tage zuvor die Kleinstadt Wedel von der Royal Air Force stark getroffen worden. Und auch in der Othmarschener Nachbarschaft hatte es an mehreren Stellen gebrannt. Wegen der Befürchtung der Nachbarn, die weißen Kacheln von Haus Kretkamp würden die Bomber anziehen, verhüllte man die Gebäudetrakte jetzt mit Tarnnetzen. Reemtsma glaubte nicht, dass das etwas nützte, aber er ließ es geschehen. Mit brieflichen Mitteilungen über derartige Vorfälle und Alltagsschilderungen hielt der Vater Kontakt zu Reemt, was auf die engere Verbindung zwischen den beiden schließen lässt.

Man hätte annehmen können, Philipp F. Reemtsmas verliebte Stimmung des Jahres 1939, als er Gertrud umwarb, würde sich im Lauf der Jahre abschwächen. Doch dem war nicht so. Musste er aus Hamburg wegfahren, hinterließ er ihr Zettel mit zärtlichen Gutenachtwünschen. Wie zuvor schrieb er ihr von seinen Reisen und erinnerte sich an ihnen beiden vertrauten Orten besonders intensiv an sie. Als er wieder einmal in Berlin übernachtete, teilte er Gertrud mit, »die ganze goldene Pracht im *Adlon*« erzähle von ihr.[265] Wiederholt beklagte er sein Schicksal, allein mit dem Zug quer durch Deutschland zu fahren und nicht bei ihr sein zu können, und schrieb vom Trennungsschmerz, wenn er für 40 Stunden fern von ihr sein musste. In diesen Stunden erblickte er »Meilensteine … auf dem Wege der Rückkehr zu Dir«.[266] Warum aber schmerzte der Abschied so sehr? – »Weil ich, alleine, nichts mehr bin, kein Ganzes und auch kein Halbes.« Ohne sie sei er verloren. Diese persönlichen Bekundungen, die ein Übermaß an Gefühl und auch Verletzlichkeit offenbaren, kontrastieren stark mit der Selbstdarstellung des mächtigen Unternehmers, die Reemtsma wenn nötig jederzeit auszuspielen wusste. Seine sensible Gefühlslage kannte außer ihm vermutlich nur Gertrud, den starken Fabrikanten aber hatte eine ganze Industrie vor Augen.

Anfang Februar 1943 machte Philipp F. Reemtsma eine besondere Reise: Nachdem er eine Straßenbahn verpasst hatte, konnte er nur mit Mühe in Altona den Nachtzug nach Frankfurt erreichen.

Kaum hatte er in seinem Schlafwagenabteil Platz genommen, wo der ihm von zahllosen Fahrten vertraute Schaffner zum morgendlichen Wecken eine Tasse »Echten« – Bohnenkaffee – versprach, begann er mit einem Brief an seine Frau. Beim Halt in Hamburg-Dammtor stieg Justiziar Theophil Ahrends zu. Über Mannheim sollte es nach Straßburg gehen. Reemtsma las unterwegs *Wilhelm Meister* und genehmigte sich kurz vor dem elsässischen Ziel einen Sherry. Am Bahnhof in Appenweier warteten zwei Herren: Der Betriebsführer und der Verkaufsleiter der »Fabrique des Cigarettes Job« empfingen die beiden Hamburger respektvoll und förmlich, schließlich wollte Reemtsma die Zigarettenfabrik übernehmen. Job, das war die Firma, die der noch beinahe jugendliche Philipp F. Reemtsma 1918 mit geliehenem Geld von Verwandten und Krediten erworben und nach der deutschen Niederlage durch Enteignung verloren hatte. Seit Ende 1940 war Reemtsma der Pächter des Herstellers schwarzer Zigaretten. Und nun kehrte er als der große Mann der Industrie zum Kauf zurück.

Ein Kreis schloss sich hier nach 25 Jahren. Damals hatten an der Auffahrt zum Betrieb an der Metzgeraustraße kleine Bäumchen gestanden. Nun waren daraus stattliche Bäume geworden, wie der Hamburger bemerkte. Er freute sich dann, eine alte Arbeiterin wiederzuerkennen, aber das Wiedersehen mit dem Betrieb ging ihm nahe. Ihm stand das unfreiwillige Ende nach dem Zusammenbruch des Kaiserreichs lebendig vor Augen. Das Abendessen mit den Führungskräften von Job unterbrach er für eine Viertelstunde, um auf seinem Zimmer kurz an Gertrud zu schreiben – über das Werk und »wie innig ich Dich liebe«.[267] Seinen Brief setzte er in Etappen fort, und er berichtete Gertrud dabei auch etwas von seinem geschäftsmäßigen Rollenspiel: »Gestern Abend um halb eins machte ich in Liebenswürdigkeit und Bedeutung, Letzteres ungern. Aber die Herren draußen, die heute so ganz auf sich gestellt sind, brauchen das Gefühl der souveränen Beherrschung der Gesamtlage durch die Leitung.«

Am Morgen stand Reemtsma um sieben Uhr auf, frühstückte mit Ahrends und dem Verkaufsleiter und »schenkte« sich vor der Verkaufsverhandlung einen Besuch des gotischen Münsters. Dort waren die Glasmalereifenster wegen der Luftkriegsbedrohung herausgenommen, der Eingang und besonders wertvolle Skulpturen zum Splitterschutz verkleidet, doch die Gestalt und die Wirkung des Inneren ließen sich nicht überdecken. Reemtsma beeindruckte die »Klarheit der Bogenführung«, worauf er friedvoll gestimmt zur Verhandlung schritt, die glatt verlief. Im Anschluss besuchte der Industrielle Reichsstatthalter Robert Wagner, der voller Sorge wegen der militärischen Lage war und – wie Reemtsma seiner Frau schrieb – »getröstet werden konnte«. Dann folgte ein zweites Frühstück auf Einladung Wagners, an dem unter anderem Maximilian Egon Fürst zu Fürstenberg und die Geschäftsführer von Job neben dem zur gleichen Zeit in Straßburg anwesenden Staatsminister Otto Meißner teilnahmen. Dabei unterhielt man sich angeregt über die Wald- und Holzwirtschaft und Probleme bei der Rekrutierung elsässischer Männer für die Wehrmacht. Zuletzt besichtigte Reemtsma noch in Kehl das Ausweichtabaklager und bestieg dann in Appenweier den Zug nach Norden.

Der König der Zigarette hatte mit diesem Geschäft, das ihn 400 000 Mark kostete, seiner Krone eine weitere Perle hinzugefügt. Job war nur ein kleiner Betrieb, doch wegen der persönlichen Beziehung als Ausgangspunkt von Reemtsmas Selbständigkeit war der Erwerb von starker emotionaler Bedeutung. Im Zug aber notierte der Unternehmer eine so zärtliche wie eigenwillige Bemerkung an seine Frau: »Was bleibt, ist nur ein Geständnis, dass diese Reise zwar notwendig war, ohne Dich jedoch zwei verlorene Tage meines Lebens bedeutet. Nun denke ich nur daran, dass ich Dich morgen zur Nacht, wenn alles gut geht, endlich wieder in meine Arme schließen kann.« Vermutlich war er genauso schnell wie die Post in Hamburg, sodass sein Schreiben eher den Charakter eines Tagebuches besaß, aus dem er Gertrud in Othmarschen würde vorlesen können. Aber die Botschaften unterm Strich lauteten: Seine Frau war ihm wichtiger als das Geschäft, und vor den Angestellten und Repräsentanten fiel er in die Rolle des souveränen Wirtschaftslenkers. Er lebte dies überzeugend, aber am wichtigsten war ihm die Innerlichkeit – mit Gertrud.

SS-Belastungen und Beziehungen

Für Hauptmann Alwin Reemtsma war die Teilnahme am kurzem Krieg in Polen eine soldatisch aufregende Zeit gewesen, worauf sich die Stationierung an der ruhigen Westfront im Herbst des Jahres 1939 anschloss. Im März 1940 wurde er im Zuge der Verjüngung der Fronttruppe zum Ersatztruppenteil nach Hamburg zurückversetzt, was ihm entgegenkam, denn er konnte seine Arbeit in Bahrenfeld wieder aufnehmen und bei seiner Familie leben. Doch von der Versetzung erfuhr der Chef des SS-Oberabschnitts Nordsee, Gruppenführer Hans-Adolf Prützmann. Er beantragte die Kommandierung Reemtsmas zu ihm als Verbindungsoffizier zwischen Wehrmachtsdienststellen und der SS. Von Ende April 1940 bis zum Beginn des Krieges in Russland war Alwin Reemtsma daher in der Hamburger SS-Zentrale an der Außenalster tätig. Nach einem halben Jahr im stattlichen Amtssitz am Harvestehuder Weg 12 unterzog ihn Prützmann einer genaueren Beurteilung: Er schätzte den 45-jährigen Hauptsturmführer auf dem Personalberichtsvordruck hinsichtlich seiner geistigen Frische als »voll auf der Höhe« ein.[268] Zudem sei Reemtsma dank seines klaren Auffassungsvermögens und seiner Bildung »allen Lebenslagen gewachsen«. Für Prützmann war der Offizier ein »überzeugter Nationalsozialist«, der eine Beförderung in jedem Fall wert sei, denn der Unternehmer fasse jede ihm übertragene Aufgabe energisch an. Er scheue keine Schwierigkeiten, sei im Auftreten sehr bestimmt und habe sich zudem als Pressereferent des Oberabschnitts bewährt. Deshalb befürwortete Prützmann die Beförderung des stets hilfsbereiten und überall beliebten Kameraden wärmstens.

Gruppenführer Prützmann, der SS-Offizier im Generalsrang, hatte Alwin Reemtsma 1937 mit Erfolg gedrängt, in die NSDAP einzutreten. Nun bemühte er sich um dessen Karriere. Was verband diese beiden Männer außer ihrer Leidenschaft zur Jagd? Die Erklärung war einfach: Prützmann benötigte einen Berater in Wirtschaftsfragen, und da Reemtsma sogar vermögend war, konnte er ihn zu Spenden für die verschiedensten Zwecke der SS heranziehen. Doch nicht nur das: Im Dezember 1938 hatte Prützmann einen zinslosen

Privatkredit in Höhe von 19 000 Mark von ›Drei‹ erhalten, der bis Sommer 1941 zurückgezahlt wurde. Vom jüngsten der Reemtsma-Brüder heißt es, er habe Bitten um finanzielle Unterstützung und Darlehen niemanden abschlagen können. Dies traf auf Verwandte seiner Frau und der Familie Zülch sowie auf Freunde zu, aber auch auf den mit Reichsstatthalter Kaufmann verbandelten Hamburger Nazi-Staatsrat Georg Ahrens und eben seinen Vorgesetzten.[269] Da es ein für beide Seiten nützliches Dienstverhältnis zu sein schien, wählte Prützmann den sechs Jahre älteren Alwin Reemtsma zu seinem Adjutanten, obgleich dieser aufgrund von Herzproblemen wiederholt in ärztlicher Behandlung gewesen war. Im Stab Prützmanns gelangte Alwin Reemtsma im Sommer 1941, kurz nach dem deutschen Überfall auf die Sowjetunion, nach Lettland.

In der lettischen Metropole Riga wurde Prützmann als Höherer SS- und Polizeiführer für den Bereich Russland Nord tätig. Sein Stab bestand nur aus etwa zehn SS-Führern und weiteren 30 Mann. Über eigene Truppenverbände verfügte er nicht. Alwin Reemtsma war der Abteilung Technische Nothilfe als Wirtschaftsreferent zugeteilt. In dieser Funktion reiste er mehrfach nach Deutschland, um, wie er sieben Jahre später vor Gericht erklärte, für die neu gebildeten Polizeibataillone Waffen von der Wehrmacht zu beschaffen.[270] Die Polizeiverbände spielten bei der Durchsetzung des Besatzungsregimes und gerade bei der Judenverfolgung eine schreckliche, überaus brutale Rolle. Reemtsmas eigentliche Tätigkeit in Riga war jedoch anderer Art. – Himmler legte Wert auf die Requirierung von Wirtschaftsbetrieben im Baltikum, um die SS- und Polizeiverbände aus der Region heraus zu versorgen und sie so unabhängiger zu machen. Alwin Reemtsma suchte im Auftrag seines Vorgesetzten nach geeigneten Betrieben in Riga und Umgebung. Als diese Anfang August ausfindig gemacht worden waren, forderte Prützmann vom frisch eingesetzten Chef der deutschen Zivilverwaltung, Hinrich Lohse, 13 Betriebe, um die Versorgung der SS-Truppenteile zu sichern. Sie sollten unter Treuhandverwaltung der SS gestellt werden, mit Alwin Reemtsma als Treuhänder. Doch der mit dem Titel Reichskommissar Ostland geschmückte Lohse, der gleichzeitig noch als Gauleiter Schleswig-Holsteins amtierte und Prützmann von daher kannte, widersetzte sich dem Ansinnen. Die Wirtschaftspläne der SS unterliefen nämlich die Kompetenzen des unter Görings Leitung etablierten Wirtschaftsstabs Ost der Wehrmacht und des neuen Reichsministers für die besetzten Ostgebiete, Alfred Rosenberg. Göring verlangte von Himmler, das eigenmächtige Vorgehen einzustellen, denn seine Wirtschaftsdienststellen müssten stets eingeschaltet werden. Als Chef des Vierjahresplans gestand er aber Prützmann die kommissarische Verwaltung von vier Betrieben seiner Wunschliste zu: In Riga waren dies eine Porzellanfabrik, eine Möbelfabrik und eine Autoreparaturwerkstatt sowie eine Töpferei im Ort Wenden.[271]

Die offenkundigen wirtschaftlichen Verteilungskämpfe unter den deutschen Besatzern waren die eine Seite der Medaille. Die andere war, dass all diese Kräfte ohne Rücksicht auf die Bedürfnisse der Zivilbevölkerung im Osten darangingen, die eroberten Gebiete zugunsten ihrer Partikularinteressen und im Sinne des Dritten Reiches auszuplündern. Dies erstreckte sich gerade auf die Landwirtschaft, hier trat mit Henning Graf Bassewitz-Behr als Landwirtschaftlicher Referent ein weiterer Fachmann zu Prützmanns Stab. Der Mecklenburger Gutsbesitzer, den Alwin Reemtsma schon aus der Hamburger SS kannte, hatte den Auftrag, die wirtschaftliche Ausbeutung voranzutreiben.

Mitte September bereiste Heinrich Himmler das eroberte »Ostland«. Bei seinem Besuch der Polizeidienststellen in Riga fiel ihm Alwin Reemtsma auf, da er als Einziger eine Wehrmachtsuniform trug. Das lag daran, dass Reemtsma zu dieser Zeit noch als Hauptmann der Wehrmacht Dienst tat und nur vorübergehend zur SS abgestellt war. Dessen ungeachtet wies der oberste SS-Führer Prützmann an, seinem Adjutanten Reemtsma den Übertritt in die Waffen-SS aufzuerlegen. Sogleich musste ›Drei‹ einen Antrag formulieren, der über Himmler direkt weitergeleitet wurde. Auf diese Weise wechselte der Hamburger von einem Tag zum anderen in die Uniform der Waffen-SS. Das Oberkommando des Heeres gab ihn aber »im Hinblick auf die äußerst angespannte Offz.-Ersatzlage im Heer« nicht frei, wie Maximilian von Herff, der Chef des SS-Personalhauptamtes, im November 1941 mit Missfallen notierte.[272] Erst zum 30. April 1942 erfolgte die offizielle Übernahme, und im Oktober des Jahres wurde Alwin Reemtsma zum Sturmbannführer der Waffen-SS ernannt.

Als die Deutschen im Sommer 1941 die Rote Armee aus Lettland vertrieben und ihr Besatzerregime errichteten, kam es auf dem Land und in den Städten zu Pogromen von nationalistischen Letten gegen die jüdische Bevölkerung. Die Wehrmacht schritt nicht dagegen ein. Vielmehr wurde den Totschlägern und Plünderern freier Lauf gelassen, oder man stachelte sie sogar weiter an, was dazu führte, dass innerhalb von knapp zehn Wochen nach dem Einmarsch über 5000 Juden von Letten massakriert wurden. Zehn Prozent der etwa 400 000 Einwohner Rigas waren jüdisch. Die Deutschen vertrieben viele von ihnen aus ihren Häusern und verbrachten sie in das Armenviertel Moskauer Vorstadt. Dieser Stadtteil Rigas wurde im Oktober für etwa 29 000 Juden zum abgeriegelten Zwangsghetto umgewandelt. Parallel dazu ermordete die Einsatzgruppe A unter Leitung des SS-Brigadeführers Dr. Walter Stahlecker bis Mitte Oktober nach eigenen Angaben im Gebiet Riga 6378 »Juden und Kommunisten«. Mit Rücksicht auf die deutschen Interessen gingen die Täter selektiv vor: Da es in Riga viele jüdische Handwerker gab und diese für Instandsetzungsarbeiten sowie für die Versorgung deutscher Militärs benötigt wurden, achteten die Mordeinheiten darauf, sie nicht umzubringen.[273] Inmitten dieses Horrors hielt sich Alwin Reemtsma als Wirtschaftsberater Prützmanns auf, wobei er in eine Planung für die ghettoisierten Juden einbezogen wurde.

Am 3. Oktober formulierte der Gestapo- und Kripo-Abteilungsleiter der Einsatzgruppe A, Sturmbannführer Rudolf Lange, einen Vermerk, der die Einrichtung eines Konzentrationslagers in Lettland betraf. Es sollte bei Riga entstehen, um dort die Insassen als Zwangsarbeiter unter anderem Torf stechen zu lassen, der für die örtlichen Ziegeleien als Brennmaterial benötigt wurde. Daran war dem Vermerk zufolge »der Wirtschaftsreferent des Höheren SS- und Polizeiführers SS-Sturmbannführer Reemtsma stark interessiert«.[274] Dr. Lange und Alwin Reemtsma hatten das 20 Kilometer von Riga entfernte Gelände in der Woche zuvor abgefahren und ein Areal ausgewählt, das »sowohl vom polizeilichen als auch vom wirtschaftlichen

Gesichtspunkt aus« allen Anforderungen entsprach. Sobald ein Kurierflugzeug zur Verfügung stand, wollten die beiden Offiziere das Wald- und Torfmoorgelände überfliegen, um sich einen Gesamteindruck zu verschaffen. Brigadeführer Stahlecker teilte diese Informationen über die »Vorarbeiten zur Errichtung eines erweiterten Polizeigefängnisses (Konzentrationslager) in Riga« umgehend per Fernschreiben dem Reichssicherheitshauptamt in der Berliner Prinz-Albrecht-Straße mit, worauf im Winter 1941/42 das Lager mit dem Namen Salaspils von sowjetischen Kriegsgefangenen sowie von dorthin deportierten deutschen und tschechischen Juden angelegt wurde.

An der Standortwahl dieses Lagers hatte sich Alwin Reemtsma somit aktiv beteiligt. Als es tatsächlich entstand, war er längst zurück in Deutschland und verbrachte aufgrund von Herzproblemen zwei Monate in Sanatorien wie Bad Kissingen und Konstanz. Ende Oktober war auch Prützmann von Riga abgezogen und als Höherer SS- und Polizeiführer Ukraine nach Kiew versetzt worden. Er beorderte Reemtsma im Januar 1942 nach Kiew. Dort aber ging es dem Hamburger gesundheitlich nicht nur schlecht, er bekam sogar einen Herzinfarkt. Zehn Tage blieb er bettlägerig, dann wurde er beurlaubt und nach Hamburg zurückgeschickt. Prützmann soll ihm zum Abschied gesagt haben: »... stirb du lieber bei deiner Familie.«[275] Obwohl Alwin Reemtsma durch hemmungslosen Zigarettenkonsum, chronische Nierenleiden und Gefäßkrankheiten körperlich völlig ausgebrannt war, konnte er daheim gesundheitlich stabilisiert werden. Auch in anderer Hinsicht war die Verlegung für ihn ein großes Glück. Wäre er bis zum Herbst 1942 in Kiew geblieben, dann hätte er hautnah miterlebt, wie sich sein SS-Mentor Prützmann auf Befehl Heinrich Himmlers in der Partisanenbekämpfung und bei der Ermordung Tausender von Juden im Ghetto Minsk einen höllischen Ruf erwarb.[276] Möglicherweise hätte er selbst hieran mitwirken müssen, aber krankheitsbedingt machte seine Vita einen Bogen um die Morde der SS im Osten.

Alwin Reemtsma war zwischen Oktober 1941 und Ende 1943 häufig schwer erkrankt und verbrachte Monate in süddeutschen Sanatorien sowie Erholungszeiten auf seinem Jagdhaus bei Salzhausen.

Zu seiner Herzerkrankung kamen noch Gleichgewichtsstörungen, und die Schwerhörigkeit wurde stärker. Auch seine Frau Irmgard war im zweiten Kriegsjahr nicht gesund; sie litt derart an Anämie, dass sie sich in Arosa behandeln ließ. Ihr 13-jähriger Sohn Jan Berend begleitete sie in die Schweiz, wobei ihm unmittelbar bewusst wurde, dass sie beide als Deutsche stigmatisiert waren. Der Schweizer Arzt behandelte Deutsche nicht gern, sodass Frau Reemtsma abends nach der normalen Sprechstunde zu ihm kommen musste, gestützt von ihrem Sohn.[277] – Für die SS war Alwin Reemtsma wegen seiner Angina pectoris nahezu ständig dienstunfähig, aber wenn er konnte, betätigte er sich in der Steuerabteilung der Zigarettenfirma, wo er beispielsweise jeden Sommer die Geschäftsabschlüsse an die Mitglieder des Reemtsma-Beirats versandte. Zudem ging er auf die Jagd. Dafür reichte seine Konstitution.

Die gravierenden Erkrankungen nutzte er nicht dazu, sich der SS zu entziehen. Vielmehr pflegte Alwin Reemtsma weiterhin seine Kontakte zur Hamburger Partei- und SS-Spitze. Dort bestand ein Kreis passionierter Jäger, mit Gaujägermeister Werner Lorenz, Rudolf Querner, Graf Bassewitz-Behr und eben Alwin Reemtsma. Letzterer wurde »als wohlhabende Lokalgröße« mit seinem Haus in der Lüneburger Heide besonders geschätzt, denn er lud seine Jagdfreunde wiederholt dorthin ein.[278] Hierbei festigten sich die im Dienst entstandenen Verbindungen. Alwin Reemtsma stand besonders mit Gruppenführer Querner, dem Nachfolger Prützmanns als Himmlers Stellvertreter in Hamburg, in persönlichem Austausch.

Wegen ausbleibender Genesung war Alwin Reemtsma weiter vom Dienst befreit. Brieflich hielt er Kontakt zu Querner, der im Januar 1943 als Nachfolger Ernst Kaltenbrunners auf den Posten des Höheren SS- und Polizeiführers Donau nach Wien versetzt und dort zum Obergruppenführer befördert worden war. Als Reemtsma dies im *Hamburger Fremdenblatt* gelesen hatte, gratulierte er dem nunmehrigen SS-General und gab der Hoffnung Ausdruck, dass ihm »noch lange Jahre vergönnt« seien, »so aktiv wie bisher am Aufbau des Polizeisektors mitarbeiten zu können«.[279] Angesichts der Tatsache, dass Querner als SS-Chef in Hamburg schon im Zeitraum Oktober bis Dezember 1941 eine Schlüsselstellung bei der Deportation von

3162 Hamburger Juden nach Łódź, Minsk und Riga innegehabt hatte, wirken diese Schmeicheleien Alwin Reemtsmas zynisch, aber innerhalb des SS-Milieus waren sie zeitgemäß.[280]

Alwin Reemtsma war Ende Juli 1943 während des »Feuersturms« in Hamburg. Als eine Aufforderung des Reichsverteidigungskommissars im Wehrkreis X an vor Ort befindliche beurlaubte Soldaten erging, an Hilfsmaßnahmen teilzunehmen, war der Unternehmer umgehend zur Stelle. Schließlich gab es etwa 125 000 Verletzte, und die verzweifelten, unter Schock stehenden Überlebenden kampierten in den Grünanlagen, wenn sie nicht zu Fuß oder in eilends zur Verfügung gestellten Zügen flüchteten. An die 900 000 Menschen verließen bis zum dritten Nachtangriff am 29. Juli die Hansestadt und gelangten in improvisierte Aufnahmegebiete in Schleswig-Holstein oder Niedersachsen. Das Regime fürchtete Autoritätsverluste, denn die Hamburger hatten in schrecklichster Konsequenz erleben müssen, dass sie den Bombern der Kriegsgegner schutzlos ausgeliefert waren. Der nunmehr amtierende Höhere SS- und Polizeiführer Graf Bassewitz-Behr suchte nach jeder Gelegenheit, öffentlich als Hilfeleistender in Erscheinung zu treten, aber im Gegensatz zu Reichsstatthalter Kaufmann hielten ihn nur die wenigsten für kompetent. Kaufmanns Einsatzstab zur Bewältigung des Chaos wurde auch Obersturmbannführer Reemtsma zugeteilt. Er beteiligte sich mit Geschick an den Evakuierungen aus dem Stadtteil Hamm.

Unmittelbar nach den Bombenangriffen spielte Philipp F. Reemtsmas Villa eine neue Rolle. Für eine ausgebombte Altonaer Rettungswache stellte er kurzerhand die Garage des Wirtschaftsgebäudes von Haus Kretkamp zur Verfügung, sodass dort einige Rettungswagen und ihre Besatzungen unterkamen.[281] Von hier aus starteten sie zu ihren Einsätzen im schwer heimgesuchten Altona. Alwin Reemtsmas jüngster Sohn Jan Berend sollte, sobald dies möglich war, aus der Stadt gefahren werden. Vom Auto aus sah der Junge in den Häuserruinen nahe dem Hamburger Zentrum Arbeitskräfte mit Judenstern, die unter Bewachung Bergungs- und Enttrümmerungsarbeiten vornahmen.[282] Jan Berend wurde in das Jagdhaus gebracht, das auch künftig als Zufluchtsort diente. Seinen weitgehend genesenen Vater berief im September 1943 der Hamburger SS-Chef in seinen

Stab. Graf Bassewitz-Behr ernannte Alwin Reemtsma zu seinem Persönlichen Referenten, worauf dieser wieder in der SS-Zentrale an der Außenalster tätig wurde. Die beiden Männer mochten einander nicht, und möglicherweise hatte der geltungsbedürftige Graf so entschieden, um mit dem Reemtsma-Gesellschafter einen besseren Zugriff auf die rarer werdende Zigarettenzuteilung zu haben. Reemtsmas Freund Kurt Ladendorf, der ihn zehn Jahre zuvor zum Eintritt in die SS motiviert hatte und jetzt sogar einen Dienstgrad unter seinem früheren Protegé stand, gewann den Eindruck, der Graf schmückte seinen Stab mit dem Namen der Unternehmerfamilie.[283] Letztlich arbeiteten Bassewitz-Behr und Reemtsma bis kurz vor Kriegsende Tür an Tür, wobei der Referent die KZ-Kommandanten von Neuengamme und Bergen-Belsen kennenlernte.

Infolge der Hamburger Bombenkatastrophe kam es bei Alwin Reemtsma zu einigen Veränderungen: Sein Vorgesetzter schlug ihn aufgrund des effektiven Hilfseinsatzes zur Beförderung vor, sodass er ein halbes Jahr später den Dienstgrad des Standartenführers erhielt, was dem Rang eines Obersten entsprach. Zusätzlich verlieh ihm Heinrich Himmler das Kriegsverdienstkreuz II. Klasse mit Schwertern. Das Inferno, dessen Augenzeuge der 47-Jährige geworden war, führte ihn zu einer sehr persönlichen Erkenntnis. Bereits seit langem war er skeptisch gegenüber der Kirche gewesen, da sie seiner Meinung nach die Aufgabe verfehlt hatte, wahrhaft christliche Gesinnung unter den Menschen zu verbreiten. Nach dem Anblick des durch den »Feuersturm« hervorgerufenen Grauens war er vom kirchlichen Versagen überzeugt. Deshalb trat er bald nach den Bombenangriffen aus der deutschen Evangelisch-reformierten Gemeinde aus. Für einen SS-Offizier, dessen bisheriger Kriegseinsatz im Osten an Tod und Zerstörung und nicht an der Verbreitung christlicher Werte mitgewirkt hatte, scheint dies eine absonderliche Erklärung zu sein, aber Pastor Johannes Nagel von Reemtsmas früherer Kirchengemeinde hat dies 1947 als glaubhafte Motivation bestätigt. Der Sohn Jan Berend Reemtsma erinnert sich an einen weiteren Grund für den Austritt: Die Engländer seien im Krieg gegen Deutschland unter Betonung ihrer christlichen Gesinnung aufgetreten, weshalb die von ihnen herbeigebombte Verwüstung vom Vater als absoluter

Widerspruch empfunden worden sei, der ihn zur Abkehr von der Kirche bewogen habe.[284]

Die Heimsuchung Hamburgs war das eine schreckliche Ereignis für die Reemtsmas im Sommer 1943. Das zweite kam unvermittelt, und es betraf Reemt. Sechs Wochen vor seinem 16. Geburtstag erkrankte der Templiner Internatsschüler schwer an spinaler Kinderlähmung. Unverzüglich holte Philipp F. Reemtsma alle möglichen Ärzte, selbst mit einem Flugzeug, in die uckermärkische Kleinstadt. Kaum ein Spezialist für diese Krankheit fehlte am Krankenbett des Jungen, doch die Bemühungen waren vergeblich, und Reemt starb am 3. September.[285] Tiefe Erschütterung löste das bei seinem Vater und den anderen Angehörigen aus. Während eine Todesanzeige im kleinstmöglichen Format in der Presse erschien und die Eltern sowie Fahnenjunker Jochen als Trauernde nannte, wurde der Junge im engsten Kreis auf dem Friedhof von Hamburg-Nienstedten als Erster in Philipps neu angelegter Familiengrabstätte beerdigt. Der Vater ging in den Tagen danach an seinen Schreibtisch in der Firma, so wie immer, und führte Besprechungen. Im grauen Anzug mit schwarzer Krawatte empfing ›Zwei‹ seine Besucher und verbat sich mit kühlem Blick jedwede Worte der Anteilnahme. Auf dem Hauptgebäude der Fabrik wehte die Hausflagge mit dem Reemtsma-Logo auf Halbmast, und in den Korridoren flüsterten die Mitarbeiter mit Rücksicht auf den Chef. Von den drei Kindern lebte jetzt nur noch der Kavallerist Jochen, sodass die seit Uwes Tod entstandene ernste Beklommenheit Philipp F. Reemtsmas einer anhaltenden Bitterkeit wich. Er hatte schon viel verloren. Was würde noch kommen?

Der Krieg kostete unter der Belegschaft der Reemtsma KG zahlreiche Opfer, denn schließlich waren einige Tausend Männer zum Militärdienst einberufen. An den Produktionsstandorten selbst gab es mit zunehmender Kriegsdauer immer wieder Tote bei Luftangriffen, die die meisten nachts zu Hause heimsuchten. Daher wurde zum 50. Geburtstag Philipp F. Reemtsmas im Dezember 1943 eine Stiftung gegründet, die für die Hinterbliebenen von Reemtsma-Mitarbeitern sorgen sollte. Aus der Belegschaft gingen 514 000 Mark ein, wofür ›Zwei‹ mit einem Rundschreiben dankte. Er begrüßte, dass hiermit einmal mehr der Geist der Zusammengehörigkeit im Unternehmen bewiesen sei. Zum Gedenken an seinen in Russland gefallenen ältesten Sohn wurde die Einrichtung Uwe-Reemtsma-Gedächtnisstiftung genannt. Der Chef erklärte, sie würde im Fall von Krankheit und Not Hinterbliebenen zur Seite stehen und die freie Berufswahl der Kinder fördern. Das Stiftungskapital erhöhte ›Zwei‹ auf 800 000 Mark.[286]

Am 10. Februar genehmigte Reichsstatthalter Kaufmann die Einrichtung der Uwe-Reemtsma-Gedächtnisstiftung. Das Stiftungsvermögen wurde auf Wunsch von Philipp F. Reemtsma als Reichsanleihe angelegt. Jährlich konnten nach einer Berechnung von Direktor Lose bis zu 65 000 Mark für die satzungsgemäßen Zwecke verausgabt werden, wobei man sich vorerst auf Mitarbeiter in besonderer Notlage beschränken wollte. Den Hinterbliebenen der »auf dem Felde der Ehre oder an der Heimatfront gefallenen Gefolgschaftsmitglieder« sollte die mögliche Beihilfe nunmehr angeboten werden.[287]

Während Alwin Reemtsma bei Graf Bassewitz-Behr in der Hamburger SS-Zentrale wirkte und unter anderem den Terminkalender führte sowie die private Post seines Vorgesetzten bearbeitete, wurde er mehrfach um persönliche Hilfeleistung für inhaftierte Deutsche gebeten. So wandte sich 1944 die Malerin Gretchen Röhr aus Dägeling an den Standartenführer. Ihr Lebensgefährte war der Künstler Carl Blohm, der infolge einer heftigen Auseinandersetzung um einen abgeschossenen Flieger verhaftet worden war. In den Trümmern eines Bombers hatte ein schwerverletzter Amerikaner gelegen, den Blohm und andere Zivilisten bargen. Eine dabei anwesende ausgebombte Hamburgerin geriet außer sich, beschimpfte den Flieger auf das Heftigste und forderte die Helfer auf, den Verletzten totzuschlagen. Solche Lynchaktionen an ›Terrorpiloten‹ hatte Joseph Goebbels befürwortet, und sie sind tatsächlich mehrfach in Deutschland vorgekommen. Nachdem Blohm die krakeelende Frau in die Schranken verwiesen und zur Menschlichkeit gegenüber dem Amerikaner aufgerufen hatte, wurde er kurz darauf wegen ›gemeinschaftswidrigen‹ Verhaltens denunziert und von der Gestapo verhaftet. Frau Röhr war zu Alwin Reemtsma gekommen, da sie die Hoffnung hegte, er könne für den ihm seit einigen Jahren bekannten Bildhauer etwas Hilfreiches in die Wege leiten. Tatsächlich machte ›Drei‹ den Befehlshaber der Sicherheitspolizei, Brigadeführer Thiele, auf den Fall aufmerksam und bürgte auf dessen Nachfrage für Blohm. Nach etwa drei Wochen wurde der Künstler aus dem Arbeitserziehungslager Kiel-Russee entlassen, worauf er sich bei Reemtsma inständig bedankte.[288] Diese Begebenheit ist ein Indiz dafür, dass Alwin Reemtsma menschliches Verhalten zugetraut wurde und dass man in ihm trotz der SS-Uniform keinen fanatischen Nazi sah.

Weitaus heikler als dieser Versuch der Hilfe für Bekannte waren die Bemühungen für die Spierers. Mit Hermann Spierer, einem in Triest niedergelassenen Schweizer Rohtabakhändler jüdischer Herkunft, stand die Firma Reemtsma seit langem in geschäftlicher Verbindung. Als die Deutschen im Frühjahr 1944 in Erwartung des alliierten Vormarschs in Triest lebende Ausländer deportierten, wurden auch die dort lebende Vittoria Spierer und ihre Tochter Hélène wegen ihrer Schweizer Nationalität interniert und ins KZ Bergen-Belsen gebracht. Davon erhielt Hermann F. Reemtsma Anfang Juni 1944 durch einen Brief der in der Schweiz lebenden Spierer-Brüder Kenntnis.[289] ›Eins‹ und ›Zwei‹ baten ihren Bruder, etwas für die beiden Frauen zu tun, denn sie nahmen an, dass der Arm der Hamburger SS so weit reichte. Alwin Reemtsma hatte Bergen-Belsen Anfang 1944 mit einer Gruppe von SS-Offizieren besichtigt und war wegen der dort grassierenden Krankheiten und unversorgten Kranken erschüttert zurückgekommen.[290] Jetzt telefonierte er mit dem ihm bekannten Kommandanten des KZ Neuengamme. Er hoffte, Max Pauly könne möglicherweise für die beiden Frauen in Bergen-Belsen intervenieren. Auch Reemtsmas Tabakeinkaufschef Kurd Wenkel, der mit den Schweizer Tabakhändlern gleichermaßen bekannt war, nutzte seine hochrangigen Kontakte.[291] Tatsächlich wurden die Spierers am 19. Juli entlassen und in die Schweiz abgeschoben. War dies Wenkels oder Alwin Reemtsmas Verdienst? Das konnte keiner der beiden mit Sicherheit sagen.

»Deshalb sollten wir uns umso mehr auf unseren Instinkt verlassen, den die Ratio mit ihren Kalküls und der Triebehrgeiz mit seiner Hybris so oft zu ersticken droht.«

HANS DOMIZLAFF AN PHILIPP F. REEMTSMA, 18. DEZEMBER 1944

Lebenswerke auf der Kippe

Instinkt und Kalkül

Schon eine ganze Zeit vor der Ausrufung des ›Totalen Krieges‹ durch Propagandaminister Joseph Goebbels am 18. Februar 1943 im Berliner Sportpalast lasteten auf der Wirtschaft eine Reihe von Zwangsauflagen. Eine davon war das Ende 1941 erlassene Verbot von Zigarettenwerbung im öffentlichen Raum. Werbung für Mangelwaren war ohnehin widersinnig, und gerade die Tabakindustrie konnte sich infolge der enorm gestiegenen Nachfrage nach Zigaretten des kompletten Absatzes ihrer Produkte sicher sein. Was produziert wurde, ging über die Ladentheke. Als schließlich ab Oktober 1944 aufgrund von Tabakmangel im Reich nur noch die »Einheitszigarette« produziert wurde, musste sich niemand mehr um das Image einer Marke Gedanken machen. Es gab keine Markenzigarette mehr. Die Einheitszigaretten kamen in schmucklosen Kartonpackungen daher, die verschiedene Aufdrucke aufwiesen: »Pst! Feind hört mit« war branchenuntypisch, aber aus Sicht des Regimes zeitgemäß. Die Hersteller informierten den Konsumenten über den Inhalt der Schachtel: »Sondermischung, Typ 4 Pfg., Orienttabake mit einem durch die zuständige Bewirtschaftungsstelle vorgeschriebenen Zusatz nichtorientalischer Tabake verschiedener Anbaubezirke Europas«. Die eigenartige Mischung qualmte und kratzte derart, dass – so erinnert sich Jan Berend Reemtsma – ein defätistischer Spruch die Runde machte: »Wer Typ 4 raucht, frisst auch kleine Kinder.«

Die Einheitszigarette war symptomatisch für den Niedergang der deutschen Zigarettenindustrie. Tiefer konnten die Hersteller kaum sinken. So übten sich Fabrikanten wie Reemtsma, Ritter und Koerfer notgedrungen darin, das Nötige zu produzieren und auf bessere Verhältnisse zu hoffen. Hart getroffen hatte es auch die Kreativen aus der Werbebranche, die um ihr ureigenstes Betätigungsfeld gebracht worden waren. Somit musste der Werbepapst Hans Domizlaff seit Jahren anderweitigen Beschäftigungen nachgehen, was ihm allerdings nicht weiter schwerfiel. Auf seinem Heidehof widmete er sich der Bienenzucht, pflegte Kontakte und wartete ab.

Im Dezember 1944 konnte die Industrie nur 2,4 Milliarden Einheitszigaretten ausliefern. Dies stellte nicht einmal die Hälfte dessen dar, was im Vergleichsmonat 1941 die deutschen Fabriken verlassen hatte. Die Leistung schrumpfte dramatisch, was die Zahlen anging, während man die Qualitätsansprüche schon längst über Bord geworfen hatte. Die typischen Orienttabake standen nicht zur Verfügung. Daher war die Zigarettenbranche bei den 22 Millionen Raucherkarteninhabern im Reich in Verruf geraten: Die viel zu wenigen Zigaretten enthielten immer schlechteren Tabak, aber wegen des Kriegszuschlags waren sie sogar teurer als zuvor. Für Geschäftsleute wie die Reemtsmas, die ihr unternehmerisches Streben ganz dem Qualitäts- und Markenprodukt gewidmet hatten, war dies ein Drama: Ihr Lebenswerk stand auf der Kippe, diesmal aber nicht wegen drohender staatlicher Willkür wie im ersten Jahr der Nazi-Herrschaft, sondern – angesichts der fortwährenden Bombardements und versiegender Rohstoffimporte – wegen staatlicher Ohnmacht.

Jetzt fiel das in Trümmer, was die Brüder in Jahrzehnten aufgebaut hatten: Zahlreiche Fabrikationsstätten, Verwaltungsgebäude, Tabakspeicher und Auslieferungslager wurden gerade zwischen Sommer 1943 und Kriegsende durch den Bombenkrieg vernichtet. In diesem von Mangelwirtschaft und Hiobsbotschaften, staatlichem Druck und Perspektivlosigkeit bestimmten Szenario war Philipp F. Reemtsma aber nach wie vor die zentrale Figur. Bei ihm als dem Leiter der Fachuntergruppe Zigarettenindustrie liefen die Schadens- und Katastrophenmeldungen aus allen Himmelsrichtungen ein. Begonnen hatte die letzte Zerstörungswelle durch den Luftkrieg im Juni 1943 mit der Vernichtung der Kölner Neuerburg-Verwaltung. Innerhalb weniger Monate traf es den Frischdienst Hamburg, die

Fabrikationsräume des Werks in Wandsbek und den Tabakspeicher in Hannover. Dem ausgebrannten Wandsbeker Betrieb hatte man helfen können, indem man im Januar 1944 Maschinen von Yenidze aus Dresden zur Einrichtung einer Notproduktion in Kellerräumen herbeischaffte. Zu dieser Zeit wurden ›Imis‹, das heißt italienische Militärinternierte, für Aufräumarbeiten bei Reemtsma eingesetzt. Die Italiener wohnten in einer von der Firma 1942 errichteten Baracke im Wandsbeker Kesslersweg. Diese Soldaten, die die Wehrmacht nach der Abkehr Italiens von der Waffenbrüderschaft mit dem Dritten Reich gefangen genommen hatte, arbeiteten überwiegend in Hamburger Betrieben, und so eben auch in der verwüsteten Zigarettenfabrik an der Walddörfer Straße.[292] Trotz dieser Hilfs- und Reparaturmaßnahmen stiegen die Produktionsausfälle in der Zigarettenherstellung kontinuierlich an. Ende Mai 1944 wurde die Fabrik Job im elsässischen Straßburg bei einem Tagesangriff von Bomben schwer beschädigt. Während dort Werkleiter Vincenz Huck und sein Stellvertreter Obermeister Dubois starben und mehrere Männer schwere Verletzungen erlitten, entgingen die Frauen der Belegschaft durch einen glücklichen Umstand diesem Schicksal: Die Zigarettenarbeiterinnen hatten am Tag des Angriffs, dem 27. Mai, ihren Waschtag und hielten sich daher zu Hause auf. Job wurde im November 1944 kurz vor dem Einmarsch der Amerikaner aufgegeben, womit Philipp F. Reemtsma genau jenes Werk endgültig verloren ging, mit dessen Erwerb er seine eigenständige Unternehmerlaufbahn im Sommer 1918 begonnen hatte.

Die Ardennenoffensive der Wehrmacht lief gerade seit zwei Tagen, als Hans Domizlaff am 18. Dezember einen Geburtstags- und Neujahrsbrief an Philipp F. Reemtsma nach Bayern sandte. Während der Werbestratege von seinem Heidehof schrieb, verbrachte der noch 50-jährige Industrielle einige Tage zur Erholung auf Schloss Puchhof. Trotz der anfangs erfolgreichen Offensive der Deutschen im Westen ahnte Domizlaff, was 1945 bevorstand. Die Russen kämpften sich an die Ostgrenze des Reiches heran, während Amerikaner und Briten eine Frontlinie von Straßburg bis zur Nordseemündung der Schelde erreichten. Schon im Oktober war es amerikanischen Truppen gelungen, mit Aachen eine erste größere deutsche Stadt dauerhaft zu besetzen. Domizlaff wünschte Reemtsma, dass er im »zweifellos ruhigeren Bayern« Erholung finden möge, und wies auf die nahe Zukunft hin: »Das neue Jahr erscheint uns heute problemreicher als vielleicht irgendein anderes Jahr unseres Lebens. Unser Verstand ist nicht imstande, den Schleier der Zukunft zu durchdringen. Deshalb sollten wir uns umso mehr auf unseren Instinkt verlassen, den die Ratio mit ihren Kalküls und der Triebehrgeiz mit seiner Hybris so oft zu ersticken droht.«[293]

Den Instinkt der Massen hatte Hans Domizlaff im Auftrag der Firma Reemtsma über anderthalb Jahrzehnte für die Werbung und Entwicklung von Zigarettenmarken analysiert, bedient, genutzt und mitunter geradezu beschworen. Nun ging es ihm um einen »hellwachen Zustand«, der dazu dienen sollte, in einer völlig veränderten Welt zu bestehen. Die Lebensbedingungen, schrieb Domizlaff, würden gänzlich anders sein als das, was man sich derzeit vorstellen könne, und er schob nach, er wolle seine »ganzen Erfahrungswerte einfrieren lassen«, um dann zu gegebener Zeit erneut »frisch und unbeschwert die Dämonie des Schöpferischen« zu entfalten. Obgleich er im Beruf des Zigarettenindustriellen andere Anforderungen sehe, sei er überzeugt, dass auch ›Zwei‹ in seiner schöpferischsten Zeit nicht allein auf Verstand und unternehmerisches Kalkül gesetzt habe, sondern auch auf Intuition.

Kurz nach Neujahr 1945 antwortete Reemtsma mit einem spröden Brief auf Domizlaffs vorweihnachtliches Schreiben und die darin enthaltenen Empfehlungen für das Meistern der nahen Zukunft. Von Instinkt und Improvisation wolle er nicht viel wissen. Er sehe es als seine Aufgabe an, alle Eventualitäten im Voraus zu durchdenken und entsprechende Lösungsansätze zu entwickeln. ›Zwei‹ verglich dies mit der Tätigkeit eines Generalstabsoffiziers, der Alternativpläne entwickelt und sie bei Bedarf kombiniert zur Ausführung bringt. Er wolle sich aber keineswegs zum »Sklaven« von einmal festgelegten Strategien machen, sondern einen Mittelweg zwischen Planungskatalogen und individuell angepassten Reaktionen gehen. Ihm sei genauso bewusst, wie schwierig die kommende Zeit für das Unternehmen und seine Familie werden würde. Angesichts des nahenden Untergangs des Dritten Reiches übte sich Philipp Reemtsma mit einer gehörigen Portion Sarkasmus gegenüber Domizlaff in Neujahrsprophetie: »Ich vermag Sie zudem auch durch den Hinweis zu beruhigen, dass alles das, was wir in gedanklicher Vorbereitung klären können, nur einen Bruchteil der Überraschungen ausschalten wird, die uns das Leben gütigst präsentieren wird.«[294]

Ganz blauäugig sah Reemtsma der persönlichen Zukunft nicht entgegen. Bereits Anfang September 1944 hatte er einen Teil seines Aktienbesitzes auf seine Frau übertragen lassen: Gertrud erhielt Aktien verschiedener Unternehmen im Wert von 2,5 Millionen Mark. Außerdem bekam seine Schwester Elisabeth am 7. Dezember ein kleineres Aktienpaket überschrieben. Was ›Zwei‹ seinem der kreativen Arbeit beraubten Werbestrategen vorenthielt, war die Information, dass die Unternehmensleitung bereits seit längerem detaillierte Vorbereitungen für den Fall des Zusammenbruchs des Reiches getroffen hatte. Dazu hatte es keines besonderen Instinkts bedurft. Gerade den importabhängigen Herren der Zigarette war seit 1943 ersichtlich, dass die sich abzeichnende militärische Niederlage im Osten für sie existenzielle wirtschaftliche Probleme mit sich bringen würde. Was aber sollte geschehen, wenn der Kriegsgegner unmittelbar vor der Tür stand und zur Räumung eines Betriebes keine Zeit mehr blieb? Was waren die vordringlichsten Sicherungsaufgaben in solch einer Extremsituation? Dazu erarbeitete Geheimplanungen führten den Titel »X-Fall«. Sie sollten die Werkleiter der Betriebe in Straßburg, Trier, Köln, Baden-Baden, München, Hannover, Dresden, Danzig und Berlin in die Lage versetzen, beim Überrolltwerden durch feindliches Militär und beim Verlust der Verbindung zur Hamburger Zentrale selbständig Entscheidungen zu treffen.

Die »X-Fall«-Pläne hatten Hermann und Philipp F. Reemtsma in Abstimmung mit der Führungsriege des Unternehmens entwickelt. Anfang Februar 1945 erhielten der Kreis der Werkleiter und ausgewählte Abteilungsleiter die auf sie zugeschnittenen Anweisungen als Geheimsache zugestellt. Die Zuständigkeiten waren klar verteilt, und sie reichten über die eigentlichen Produktionsstandorte hinaus: Auch Rohtabak- und Auslieferungslager in den Regionen fielen im »X-Fall« in die Verantwortung der vorab bestimmten Führungskräfte.[295] Letztere wurden von Hamburg aus in die Pflicht genommen. Ihre Bereitschaft wurde nicht erfragt, sondern vorausgesetzt. Schließlich waren die Adressaten Angestellte des Hauses.

Die mehrseitigen »X-Fall«-Briefe wurden am 3. Februar 1945 ausgesandt, jenem Tag, an dem mit fürchterlicher Gewalt das Crescendo des Zusammenbruchs einsetzte, das in verschiedenen Stufen drei Monate bis zur deutschen Kapitulation andauerte: Es war ein klarer Samstagmorgen, als amerikanische Bombergeschwader das Zentrum Berlins mit seinem Regierungsviertel und Teile Kreuzbergs in Schutt und Asche legten. Während der Tod von nahezu 3000 Menschen und auch die Verwüstung des in der Weimarer Zeit blühenden Zeitungsviertels zu beklagen war, verlor die Zigarettenindustrie die Berliner Fabriklager von Haus Bergmann, Kosmos, Greiling und Mustafa. Angesichts der horrenden Schäden, zahlloser Verletzter und Todesopfer scheint der Verlust von Zigaretten banal, doch jeder weitere Rückschlag bei der Versorgung von Militär und Bevölkerung mit Tabakwaren war kritisch. Schließlich hatten Zigaretten eine herausgehobene Bedeutung als probates Mittel zur Unterdrückung von Hungergefühlen, beruhigender Trostspender und begehrte Tauschware.

Das Krisenmanagement der Fachuntergruppe Zigarettenindustrie und des Hauses Reemtsma versuchte seit Jahresbeginn, Tabakvorräte aus dem Osten und Westen ins Innere Deutschlands zu verlagern, um sie vor dem Zugriff der vorrückenden Gegner zu sichern. Da die dafür benötigten Güterwaggons und Lastwagen nur schleppend bereitgestellt wurden, dauerte dies Wochen. Die Auflösung der militärischen Fronten, die Bombardierung von Zügen und Verkehrswegen und die allgemeine Verknappung der Ressourcen machten es unmöglich, die weiterhin geforderten Mengen an Zigaretten zu produzieren. Darum bemühte sich Philipp F. Reemtsma zwar mit Nachdruck, doch das Resultat wurde immer dürftiger.

Neben dieser offiziellen Tätigkeit, die im Interesse des Reiches lag, kümmerten sich die Reemtsmas auch um ihr Eigentum, soweit es transportabel war: In den Depots der Deutschen Bank Berlin lag ein Großteil der Wertpapiere der Familie. Auf Wunsch der Brüder sollten sie nach Hamburg gebracht werden. Allerdings weigerte sich die Deutsche Bank, den Transport zu übernehmen. Niemand wusste, ob ein Zug nicht auf offener Strecke von Fliegern attackiert würde. Daher beauftragten die Reemtsmas kurzerhand einen ihrer Berliner Angestellten mit dem riskanten Transport: Felix Schulz, Betriebsleiter von Josetti, sollte die Reemtsma-Effekten im Wert von nicht weniger als 50 Millionen Mark just am 3. Februar bei der Deutschen Bank abholen und per Bahn im Koffer nach Hamburg bringen.[296] Ob Schulz schon einige Stunden vor dem Angriff der 1500 Bomber im Zug saß und so den Verheerungen entging, ist nicht überliefert. Auf jeden Fall wollten Hermann, Philipp und Alwin Reemtsma ihre Wertpapiere lieber in einem Hamburger Tresor wissen, als sie in Kürze in russischen Händen zu sehen. Mit dieser Entscheidung war man eine Woche schneller gewesen als die Reichsbank, die die deutschen Goldreserven ab dem 11. Februar von Berlin in einen Thüringer Kalischacht transportieren ließ.

Rüstung in Dresden

Als Anfang Februar die Ostfront unaufhörlich nach Westen rückte, beschloss die Reichsstelle für Tabak Maßnahmen zur »Entlastung Dresdens«: Von den dort lagernden Tabakvorräten – immerhin noch 5058 Tonnen, ausreichend für an die sechs Milliarden Einheitszigaretten – wollte sie einen Teil nach Westen transportieren. Man befürchtete, die sächsische Elbmetropole könnte in Kürze von den nur noch 100 Kilometer Luftlinie entfernten Russen erreicht werden. An einen Luftangriff dachte niemand. Als aber Dresden am 13., 14. und 15. Februar durch das dreifache Bombardement von Briten, Amerikanern und Kanadiern weitestgehend zerstört wurde, teilte auch die dortige Zigarettenindustrie das Schicksal der Stadt.

Dresden war schon lange Zeit nicht nur durch Oper und Museen berühmt, sondern auch für seine Schokoladen und Zigaretten. Die Stadt war aber zugleich ein Industriestandort mit wichtiger Zulieferer-Produktion für Heer, Luftwaffe und Marine. In einigen Betrieben der Zigarettenindustrie wurde während der letzten beiden Kriegsjahre für die Rüstung gearbeitet. Diese Umstellung war die Folge einer ministeriell angeordneten Schließungsaktion, die ab April 1942 bei 60 von 88 Zigarettenbetrieben die Lichter hatte ausgehen lassen. Zudem galt Dresden als scheinbar ideales Ausweichquartier einiger deutscher Rüstungsbetriebe, die wegen der häufigen Bombardierungen der Industriestädte Möglichkeiten zur Auslagerung von Teilproduktionen suchten. Tatsächlich war die Stadt weit von den üblichen Angriffszielen der britischen und amerikanischen Bomberflotten entfernt.

Ein weiterer Grund für die Kriegsproduktion war die starke feinmechanische Kompetenz der Zigarettenbranche. Gerade der technologisch führende Dresdner Zigarettenmaschinenhersteller Universelle arbeitete seit 1939 fast ausschließlich für die Rüstung und erfüllte Aufträge für alle Waffengattungen. Unter anderem wurden Feuerleitgeräte für Flakscheinwerfer, Artilleriegranaten, Flugabwehrkanonen, Teile von Torpedos und Flugzeugkomponenten hergestellt.[297] Auch unter dem Dach der weiterhin in der Zigarettenproduktion tätigen Greiling-Fabrik wurden Flugzeugteile produziert. Einer der wichtigsten Auftraggeber dabei waren die Dessauer Junkers-Werke.

Auch zwei große Dresdner Reemtsma-Werke wurden im ›Totalen Krieg‹ zu Produktionsstätten der Rüstungsindustrie umgewandelt. Die Vorgeschichte dazu spielte sich in Berlin und Hannover ab: Albert Speer hatte in seiner Funktion als Minister für Rüstung und Kriegsproduktion im Oktober 1943 angeordnet, das Reemtsma-Werk Hannover stillzulegen. Die Belegschaft sollte per Dienstverpflichtung in kriegswichtige Hannoveraner Betriebe ›umgesetzt‹ werden. Solche Verfügungen trafen zahlreiche größere Fabriken und Firmen in Deutschland, deren Produktion unter den Maßstäben der Kriegswirtschaft als entbehrlich eingestuft worden war. Alliierte Bombenangriffe auf Hannover verhinderten allerdings die Stilllegung des Werks, denn in der Stadt wurden gerade im Oktober derart viele Industrie- und Gewerbebetriebe zerstört, dass man die 200 Zigarettenarbeiterinnen und -arbeiter gar nicht ohne weiteres an anderer Stelle hätte einsetzen können.[298]

Die Reemtsma-Brüder kämpften für den Fortbestand des modernen niedersächsischen Werks, das auch wegen seiner Lage von Bedeutung war. Von hier aus wurde zu einem guten Teil das Ruhrgebiet mit Zigaretten beliefert. ›Zwei‹ führte daher Gespräche in Berlin, um

Die Dresdener ›Tabakmoschee‹: Blick auf die spektakulär orientalische Yenidze-Fabrik, 1935/36

das Werk zu sichern. Das Ministerium Speer lenkte ein, verlangte aber kategorisch, dass statt Hannover ein anderes Reemtsma-Werk zu schließen sei. Bereits einige Monate zuvor hatte eine im Auftrag des Rüstungsministeriums durchgeführte Evaluierung der Dresdner Zigarettenindustrie ergeben, dass dort immer noch Überkapazitäten bestanden. Kosmos, Haus Bergmann, Lande, Greiling und weitere Betriebe waren von der Stilllegung bedroht. Vor diesem Hintergrund verhandelten Philipp F. Reemtsma und die betroffenen Geschäftsführer im Rüstungsministerium über eine verträgliche Lösung. Kosmos-Geschäftsführer Heinrich Galm zufolge konnte der Hamburger die Existenz von fünf Dresdener Betrieben »retten«.[299] Entsprechend den Forderungen des Ministeriums Speer musste aber entweder Yenidze oder Jasmatzi aus der Produktion ausscheiden.

Hermann F. Reemtsma fiel als oberstem Chef der Betriebe die Aufgabe zu, den Werkleiter von Yenidze Dr. Herbert Schuster über die mögliche Schließung der traditionsreichen Fabrik zu informieren. ›Eins‹ schilderte Schuster am 19. Oktober 1943, wie unschlüssig man in der Zentrale sei, welches der beiden Dresdener Werke man tatsächlich entbehren könne. Die Yenidze-Produktion lag bei monatlich 420 Millionen Zigaretten; Jasmatzi schaffte 406 Millionen. Yenidze hatte etwa 250 Beschäftigte, während im Jasmatzi-Werk um die 400 tätig waren. Letztlich wurde die Entscheidung aber in Berlin getroffen. Das Ministerium ordnete am 11. Dezember die Schließung von Yenidze binnen Wochenfrist »zu Gunsten der Rüstungsfertigung« an.[300] Im Gegenzug wurde die Fortführung des Werks Hannover genehmigt. Sämtliche bei Yenidze beschäftigten Arbeiter und Angestellten einschließlich der Leitung waren »schnellstmöglich« in die Rüstung einzugliedern. Hermann F. Reemtsma bezeichnete die Schließung unmittelbar nach Bekanntwerden der Anordnung als »sehr schmerzlich« und versicherte dem Dresdener Werkleiter, man sei sich in der Unternehmensspitze bewusst, was mit Yenidze verloren gehe.[301]

Eine Woche vor dem fünfzigsten Geburtstag Philipp F. Reemtsmas wurden bei Yenidze die letzten Kontingente vorgefeuchteten Tabaks verarbeitet. Am 18. Dezember 1943 stoppte die Zigarettenherstellung endgültig, 34 Jahre nach Produktionsbeginn, in dem Werk an der Weißeritzstraße. Und sogleich kamen Männer des Arbeitsamtes in die Fabrik, um die Arbeitskräfte per Dienstverpflichtung in Rüstungsbetriebe umzusetzen. Einige Dutzend von ihnen mussten zu den Sächsischen Gussstahlwerken in Döhlen und zur Miag in Pirna, die Panzer fertigte. Für die Übrigen – über 200 Personen – war noch keine neue Tätigkeit gefunden. Schon vor der Stilllegung hatte Werkleiter Schuster im Einvernehmen mit Hermann F. Reemtsma damit begonnen, nach geeigneten Nutzern des frei gewordenen Yenidze-Fabrikgebäudes zu suchen. Daher verhandelte er kurzzeitig mit den Junkers-Werken, die ja bereits bei Greiling im Dresdner Stadtteil Striesen eine Produktion unterhielten. Junkers war allerdings nur an den Yenidze-Arbeitskräften zum Einsatz im Betrieb bei Greiling interessiert.

Der Rüstungsproduzent Universelle dagegen hatte Interesse an der Yenidze an sich mit ihren für die Aufstellung schwerer Maschinen geeigneten soliden Räumlichkeiten. Daher besichtigte Universelle-Geschäftsführer Hans Schwerin in Begleitung von drei leitenden Mitarbeitern die Fabrik. Auch der 35-jährige Technische Direktor Kurt A. Körber nahm daran teil. Universelle plante dort die Herstellung von Torpedoteilen in eigener Regie, wofür rund 400 Männer und Frauen beschäftigt werden sollten. Dafür hätte im vierten Stock ein Wohnlager für »ausländische Arbeitskräfte« eingerichtet werden müssen – für Zwangsarbeiter.[302] Werkleiter Schuster war nicht diesem, sondern einem anderen Bewerber zugeneigt: Die Dresdner Firma Seidel & Naumann AG wollte für ihre Fabrikation von Funkgeräten und Elektrokomponenten für Flugzeuge Reemtsma als Zulieferer gewinnen. Der Vorteil für Reemtsma: Man könnte in weitgehender Selbständigkeit im eigenen Fabrikgebäude für Seidel & Naumann tätig sein und sogar den Großteil der dienstverpflichteten Yenidze-Arbeiter einsetzen. Insgesamt wurden dafür 64 Männer und 175 Frauen benötigt.[303]

Da das Dresdner Rüstungskommando dieses Vorhaben genauso befürwortete wie Hermann F. Reemtsma, kam es zum Vertragsabschluss zwischen dem Zigarettenhersteller und Seidel & Naumann. Der Name der neuen Fabrikationsstätte sollte nach Vorstellung der Behörden die Lösung von der Zigarettenindustrie dokumentieren. Sie schlugen die Bezeichnung »Metallwerk Weißeritzstraße« vor. Innerhalb weniger Wochen erhielten die Zigarettenarbeiterinnen und -arbeiter bei Seidel & Naumann eine Schulung für die Montage von Elektroteilen, worauf die Produktion in der ehemaligen Yenidze aufgenommen wurde. Schon Mitte Februar 1944 liefen diese Arbeiten wie geplant. Spezialwerkzeuge, Betriebsmittel, Handpressen und Maschinen hatte das Metallwerk leihweise von Seidel & Naumann gestellt bekommen. Diese Firma gab, dem Arbeitsabkommen folgend, die Stückzahl der Produktion vor, legte die abzurechnenden Akkordpreise fest und zahlte dem Zulieferer einen hundertprozentigen »Regiezuschuss« für Unkosten und Verwaltungsaufwand. Der eigentliche Auftraggeber, mit dem Seidel & Naumann Verträge hatte, war das Luftfahrtgerätewerk Hakenfelde in Berlin-Spandau. Werkleiter Schuster erwies sich darüber hinaus als findig, indem er im März einen weiteren Auftrag akquirieren konnte: Für die Radebeuler Metallfirma August Koebig & Co. stellte man 1000 Panzergranaten-Bodenstücke pro Tag her. Somit war aus der Zigarettenfabrik ein von Reemtsma geleiteter Rüstungsbetrieb geworden. Positiv war, dass dessen Arbeitskräfte, die zum Teil Jahrzehnte bei Yenidze und für Reemtsma gearbeitet hatten, in dem Werk bleiben konnten, dem sie nach Darstellung von Dr. Schuster starke Anhänglichkeit entgegenbrachten.[304]

Diese schwierige Situation, die durch den Eingriff des Rüstungsministers für Reemtsma entstanden war, schien man bewältigt zu haben. Allerdings hing der Fortbestand der Fabriken der Reemtsma-Brüder von der Willkür der höchsten Instanzen ab. Die Autonomie des Unternehmers existierte in der Planwirtschaft des ›Totalen Krieges‹ nicht mehr. Sofern erneut Bedarf an Arbeitskräften bestehen würde, konnte der Zigarettenhersteller zwangsläufig mit einem weiteren autoritären Eingriff à la Yenidze rechnen. Der ließ nicht allzu lange auf sich warten.

Ähnlich kurzfristig wie bei Yenidze erging im Januar 1944 die Anordnung des Ministeriums Speer, Jasmatzi zum 5. Februar stillzulegen. Wiederum wollte die Unternehmensleitung das nicht widerstandslos hinnehmen. Hermann F. Reemtsma suchte Ende Januar den Reichsstatthalter in Sachsen, Martin Mutschmann, auf. Der in Dresden »König Mu« genannte selbstherrliche Nazi, der es vom Miederfabrikanten zum Chef der Landesregierung gebracht hatte, entgegnete in der Unterredung, dass es ihm persönlich auch lieber wäre, den ›ausländischen‹ Betrieb BATC dichtzumachen als einen ›deutschen‹. Aber die Schließung des zweiten Reemtsma-Werks geschah, wie er durchblicken ließ, aufgrund einer politischen Weisung.[305] Augenscheinlich wurde das Hamburger Zigarettenunternehmen mithilfe von Speers Machtmitteln Zug um Zug gestutzt. Argumente oder gar Widerspruch dagegen waren aussichtslos, selbst wenn ›Zwei‹ ein Wehrwirtschaftsführer war, der sich in Berlin Gehör verschaffen konnte. Die Reemtsmas mussten sich fügen und auch ihren letzten Dresdner Fabrikationsbetrieb für die Ziele der Rüstungsindustrie zur Verfügung stellen. Als neue Firmenbezeichnung erhielt die Fabrik den Namen »Metallwerk Striesen«. Allerdings wurde angeordnet, die Maschinen für die Zigarettenherstellung vor Ort einzulagern. Sofern eine andere Zigarettenfabrik in Deutschland ausfiele, ließe sich Jasmatzi wieder aktivieren.

Der wichtige Rüstungsbetrieb Universelle hatte den Anspruch auf Dienstverpflichtete und Räume von Jasmatzi erhalten, aber wegen der langjährigen guten Beziehungen zu Reemtsma wurde die Sache moderat verhandelt. Ende Februar vereinbarten Hans Schwerin und Hermann F. Reemtsma, dass das Metallwerk Striesen als einer der 200 Zulieferer für Universelle agierte und, soweit möglich, die Jasmatzi-Arbeitskräfte einsetzen konnte. Auf der Seite von Universelle war jetzt Ingenieur Körber in die konkrete Abwicklung einbezogen. Technisch lief alles zufriedenstellend, und die Produktionsleistung stimmte, doch mit der Honorierung der Arbeit haperte es. Das Reemtsma-Metallwerk Striesen stellte Universelle im September 1944 insgesamt 114 975 Arbeitsstunden aus dem Zeitraum Februar bis Juli in Rechnung und verlangte dafür 418 093 Mark.[306] Auf den Zahlungseingang wartete man noch eine ganze Zeit, denn Universelle war in Schwierigkeiten, da Wehrmacht und Marine als Hauptabnehmer der Rüstungsgüter seit längerem die Bezahlung verschleppten.

Ende des Jahres 1944 änderte sich die Lage im ehemaligen Jasmatzi-Werk gravierend, denn nun kam ein großer Zwangsarbeiterbetrieb hinzu. Die Berliner Munitionsfabrik Bernsdorf & Co. mietete im November mehrere Stockwerke des weitläufigen Firmengebäudes an der Schandauer Straße 68 von Reemtsma und richtete im Keller eine Produktionsstrecke für Kerngeschosse ein. Die Herstellung sollten Zwangsarbeiter übernehmen, für die in den oberen Stockwerken Schlafräume bereitgestellt wurden. Somit entstand ein Arbeitslager von beträchtlicher Größe, dem am 26. November von der SS per Bahntransport etwa 500 Juden aus dem KZ Stutthof bei Danzig zugeführt wurden. Sie stammten überwiegend aus Polen.

Nachdem die Zwangsarbeiter im Metallwerk Striesen eingetroffen waren, hatte es mehrere Todesfälle gegeben, die unter anderem auf die Entbehrungen während des KZ-Aufenthalts zurückgeführt wurden. Im Arbeitslager von Bernsdorf & Co. verstarben im Dezember und auch im Januar insgesamt 14 der Zwangsarbeiter, was auf schlechte Ernährung, Auszehrung durch die harte Arbeit und mangelnde medizinische Versorgung schließen lässt. Der britische Luftangriff in der Nacht des 13. Februar forderte weitere Todesopfer unter den Ausgebeuteten. In dem Inferno geriet der Dachstuhl des ehemaligen Jasmatzi-Werks in Flammen und konnte nicht gelöscht werden. Dabei verbrannten einige bettlägerige Zwangsarbeiter auf der im Dachgeschoss befindlichen Krankenstation von Bernsdorf & Co. Andere Insassen dieses Arbeitslagers hatten dagegen Glück: Etwa 50 Zwangsarbeiterinnen fanden in einem Keller des Reemtsma-Frischdienstes in der nahe gelegenen Lauensteiner Straße Zuflucht. Gemeinsam mit den Hamburger Verwaltungsangestellten der Reemtsma-Rohtabaklager überstanden sie die Gefahr. Die Anwesenheit der durch den Bombenkrieg bereits mehrfach leidgeprüften und dadurch erfahrenen Norddeutschen erwies sich als Glück im Unglück, denn einige der Frauen wollten in Panik aus dem Keller ins Freie laufen, wovon die Hamburger sie gerade noch abhalten konnten. Nach einem Bericht Herbert Gütschows gelang es einigen Mitarbeitern und jüdischen Zwangsarbeitern des Metallwerks Striesen, wichtige Akten und Karteien aus den ehemaligen Jasmatzi-Verwaltungsräumen zu bergen. Die Löscharbeiten durch beherzte Betriebsangehörige erzielten bei der Vielzahl der großen Brände nur punktuelle Wirkung, und ein paar gerettete Aktenbestände waren angesichts der Toten und der massiven Zerstörungen durch Spreng- und Brandbomben ein zweifelhafter Erfolg. Dennoch hatte sich hier gezeigt, dass viele Mitarbeiter von Reemtsma an den freilich weitgehend aussichtslosen Rettungsversuchen mitwirkten, da ihnen die Betriebe etwas bedeuteten.[307]

Die Bilanz des Dresdner Bombardements fiel für Reemtsma verheerend aus: Schwere Schäden gab es beim Lager Tharandter Straße und beim an der Chemnitzer und Bamberger Straße gelegenen Packungswerk. Vor allem durch 17 Sprengbombentreffer war der Stahlbetonbau der Yenidze schwer in Mitleidenschaft gezogen worden. Völlig zerstört waren die Gebäude an der Florastraße, Gottleubaerstraße und Hahnebergstraße sowie das Tabaklager in der Schandauerstraße und die ehemalige Bulgaria-Fabrik. Da zudem andere große und mittlere Zigarettenfabriken weitgehend verwüstet worden waren, wie Haus Bergmann, Aurelia, Geissinger und Kosmos, hatte Dresden in dieser Februarnacht aufgehört, einer der Hauptstandorte der deutschen Zigarettenindustrie zu sein. Unter den Tausenden von Toten Dresdens waren neben Zwangsarbeitern der Rüstungsbetriebe auch etliche Arbeiter und Angestellte aus der Tabakbranche. Von den Reemtsma-Mitarbeitern war allerdings niemand im Betrieb umgekommen – eine Feststellung, auf die Herbert Gütschow später Wert legte.[308] Vielmehr hatten die Bomben die Menschen in der Nacht bei ihren Familien überrascht.

Am Tag nach dem Ende der Luftangriffe kam Hermann F. Reemtsma nach Dresden, um sich vor Ort über die Schäden und Verluste zu informieren. Es wirkte auf den ersten Blick absurd, dass ›Eins‹ einen Wagen voller Zigaretten von Hamburg in die Zigarettenmetropole Dresden brachte. Es ging ihm nicht darum, das Geschäft wieder anzukurbeln, denn in der ausgebrannten Stadt konnte niemand normales Kaufverhalten erwarten. Aber Zigaretten hatten bei den Ausgebombten als kleiner Genuss reale Bedeutung. Selbst Ernst Friedrich Gütschow, einer der Großen unter den Pionieren der Zigarettenindustrie und Reemtsma-Gesellschafter, freute sich wie ein Schneekönig, als er einige der Päckchen erhielt.[309]

Das letzte Rauchgebot

Die Betriebsleiter und Mitarbeiter der getroffenen Dresdener Firmen engagierten sich trotz des sie umgebenden Chaos und versuchten mit Nachdruck, die Zigarettenherstellung wieder aufzunehmen. Ihre Bemühungen waren aller Ehren wert, doch sie brachten keine wirkliche Perspektive. Das stellte Philipp F. Reemtsma fest, als er nach Dresden kam. Er verschaffte sich ein detailliertes Bild von der verwüsteten Stadt und gab seine Eindrücke nach Berlin an Dr. Lochner von der Fachuntergruppe Zigarettenindustrie weiter. Seiner Einschätzung nach übertraf das Ausmaß der Zerstörungen die bisher bekannten stärksten Bombenschäden in Deutschland. Er fand aber angesichts der Tragödie Dresdens nicht zu emotionalen Worten, sondern formulierte nüchtern-pragmatisch, ganz als Unternehmer:

»Die Stadt befindet sich im Stadium der absoluten Lethargie, und es erscheint mir fraglich, ob und in welchem Umfange die Erzeugung selbst im Keller Jasmatzi und bei Aurelia wieder anlaufen kann, da irgendeine Gewähr für den Abtransport der Erzeugung nicht mehr vorhanden ist. Mit dem Näherrücken der Front dürfte auch mit Wiederholung der Angriffe zu rechnen sein. Meines Erachtens hat es keinen Sinn, der Dresdner Industrie noch Tabake zuzuweisen, da die Industrie bis auf weiteres nicht mehr im Belegungsplan eingesetzt werden kann und selbst die Arbeitsfähigkeit für die Bearbeitung neuer Andienungen nicht mehr vorhanden ist. Die ganze Kraft der Firmen wird sich darauf konzentrieren müssen, aus bedrohten Lägern zu retten, was noch zu retten ist.«[310]

Die Reemtsmas und die übrigen Fabrikanten wussten, dass die Zigarettenindustrie in Deutschland in Kürze am Ende wäre, wenn sich die Tabakzuteilung an die zwei Dutzend verbliebenen Herstellungsbetriebe des Reiches nicht aufrechterhalten ließe. Ende Februar vereinbarten Eduard Söring, der Reichsbeauftragte der Reichsstelle für Tabak und Kaffee, und Philipp F. Reemtsma als Leiter der Fachuntergruppe per Telefon, nur noch Zigaretten für die Wehrmacht und für eine »zivile Notversorgung« herzustellen: Festgelegt wurden 1,3 Milliarden Zigaretten pro Monat. Der »kämpfenden Truppe« gestand man sechs Zigaretten pro Kopf und Tag zu, während Zivilisten ein Drittel dieser kargen Ration erhielten.[311]

Da das von den Deutschen kontrollierte Reichsgebiet immer weiter schrumpfte, wandte sich der Wirtschaftsminister am 24. Februar an sämtliche Reichsbeauftragte der Industrie und ordnete die Verlegung von deren Arbeitsstäben aus Berlin oder dem Osten nach Thüringen an. Dies betraf auch die Fachuntergruppe Zigarettenindustrie in ihrem Ausweichstandort Lübben im Spreewald. Eindringlich wies das Ministerium auf die Prioritäten der künftigen Produktion hin: »Diesen Arbeitsstäben obliegt die Aufgabe, die Versorgung der Wehrmacht, der Rüstungsarbeiter, der öffentlichen Bedarfsträger und der Zivilbevölkerung mit lebensnotwendigen gewerblichen Erzeugnissen unter allen Umständen zu sichern.«[312] Auch Zigaretten, die längst zu einer wichtigen Nebenwährung im illegalen Tauschhandel aufgestiegen waren, galten als lebensnotwendig.

Die Produktionsziele der Zigarettenindustrie in den letzten Kriegsmonaten erscheinen als minimal, doch sie konnten nur unter Aufbietung aller Ressourcen erreicht werden. Philipp F. Reemtsma fand Verbündete in diesem Bemühen, aber er traf auch auf Gegner. Zu den Mitstreitern gehörte der Chef von Kosmos. Eine Woche nach dem Luftangriff auf Dresden hatte Heinrich Galm an Philipp F. Reemtsma geschrieben, dass er dessen Vorschlag begrüße, eine Notgemeinschaft der deutschen Zigarettenindustrie zu gründen. Galm dachte nach vorn und glaubte nicht an den propagierten ›Endsieg‹ der Deutschen.[313] Zu denen, welche die akute Notplanung der Zigarettenindustrie störten, zählte der Geschäftsführer von Roth-Händle in Lahr, Paul Neusch. Der Chef der badischen Zigarettenfabrik hatte es abgelehnt, seine Rohtabake per Lastwagen ins Landesinnere abtransportieren zu lassen. Daher wandte sich Philipp F. Reemtsma an Dr. Lochner von der Fachuntergruppe Zigarettenindustrie und forderte ihn auf, dafür Sorge zu tragen, dass der Tabak aus Baden »schleunigst« den Bestimmungsfirmen im Reich zugeführt werde. Dies zog sich hin, bis Mitte März Dr. Alexander Halpaus sämtliche Vollmachten zur Beschlagnahme der bei Roth-Händle lagernden Tabake in der Hand hatte und die leidige Angelegenheit beenden wollte. Auch Neusch plante wohl wie Galm in Dresden bereits für die Zeit nach der Nazi-Herrschaft.[314]

Aus Dresden kam in der ersten Märzwoche eine gute Nachricht für die Herren der Zigarette: Durch Einbeziehung von Ausweichbetrieben und die beginnende Produktion in den Kellern ausgebombter Fabriken konnten wieder Zigaretten geliefert werden. Allerdings kam es wie von ›Zwei‹ vorausgesehen zu großen Problemen beim Transport der fertigen Ware. Wohl auch deshalb wurde die künftige Dresdner Gesamtproduktion auf 250 Millionen Stück monatlich begrenzt. Nur wenig später, am 10. März, erreichte Philipp F. Reemtsma ein Telegramm seines Bruders Hermann, das eine besonders schmerzliche Botschaft enthielt: Zwei Tage zuvor, am Donnerstagabend, hatten Sprengbomben das Stammwerk Bahrenfeld getroffen, wobei einige Arbeitskräfte der Nachtschicht leicht verletzt wurden. Hermann setzte nun Philipp von den schweren Schäden in Kenntnis. Das in der Möllnerstraße befindliche Hauptkontor der Fabriklager war vernichtet, Block 3 hingegen teilzerstört. Zudem war die Fabrik ohne Strom. Man hoffte, am Montag die Arbeit wieder aufnehmen zu können. Die Verwaltung sollte in Block 4 zusammengezogen werden. Diese Zustandsbeschreibung war zwar schlimm, aber es war keine Hiobsbotschaft wie aus Dresden. Zudem konnte man in Wandsbek weiterarbeiten. Die Schäden hielten sich somit in Grenzen. Was allerdings bei dem Bombenangriff in Bahrenfeld verloren ging, war das Firmenarchiv. Zahlreiche Unterlagen aus der Geschäftstätigkeit von Reemtsma waren verbrannt: ein Verlust, dessen Bedeutung sich erst nach Kriegsende zeigen sollte.

Wenige Tage später wurde Danzig von russischen Truppen gestürmt. Das dortige Reemtsma-Werk hatte schon Ende Januar seine Arbeit eingestellt, als die Bahnverbindung nach Schlesien und damit zur Kohleversorgung verloren gegangen war. Vor Ort blieben jedoch einige Mitarbeiter im Betrieb, auch um ihn zu schützen. Der Zufall wollte es, dass Philipp F. Reemtsma gemeinsam mit Gertrud in der Hamburger Zentrale am Fernschreiber saß, als die letzten Nachrichten aus dem Danziger Werk eingingen. Im Fünf-Minuten-Takt berichtete ein dortiger Mitarbeiter vom näher kommenden Kampflärm, von einschlagenden Granaten und Gewehrkolbenschlägen gegen das Fabriktor – bis die Verbindung abriss.[315]

Trotz dieser Dramatik im Nordosten überkam Philipp F. Reemtsma keine Panik. Gefasst und systematisch arbeitete er weiter an der kriegswichtigen Zigarettenproduktion. Die von ihm vorgeschlagene Notgemeinschaft der Hersteller war immer noch nicht konstituiert, doch sie war keineswegs vom Tisch. Offenbar konnte es kein Ende für die wenigen verbliebenen Leiter der Zigarettenindustrie geben, solange nicht der »X-Fall« eintrat. Bis dahin bemühten sie sich mit allen Kräften um die Erfüllung ihres Auftrags im Rahmen der Kriegswirtschaft. Entsprechend groß war die Empörung der Fachuntergruppe darüber, dass in Baden seit Neuestem Kartoffeln und Gemüse auf Tabakanbauflächen angepflanzt wurden, um die grassierende Lebensmittelknappheit zu lindern. Damit fiel ein Drittel der deutschen Tabakernte weg, die ja dringend für die Einheitszigarette benötigt wurde. Die Planer hofften auf eine Beendigung dieser Maßnahme, um 1946 eine Besserung der Tabakversorgung herbeizuführen.[316]

Aber nicht nur bei der Rohstofflage, auch mit dem Hauptabnehmer der Zigarettenproduktion gab es Ärger. So beklagte das Tabakreferat im März 1945 einen drastischen Rückgang der Zahlungsmoral beim Militär: Nur mit »ganz außerordentlichen Verspätungen« würden die Rechnungen von Marine, Heer und Luftwaffe beglichen.[317] Dem sollte in Zukunft u. a. durch schnellere Giroverfahren der Banken abgeholfen werden. Schließlich befasste sich Philipp F. Reemtsma in seiner Eigenschaft als Vorsitzender des Produktionsausschusses Zigarette noch sechs Wochen vor der Kapitulation mit der Anregung eines Tüftlers, künstlichen Tabak herzustellen. Die Idee basierte darauf, Tabakstaub bei der Zigarettenproduktion zu verwenden. Reemtsma sah dies als nicht praktikabel an, meinte aber, es wäre vielleicht möglich, pflanzliche Stoffe mit Tabakstaub zu mischen, wobei ein »tabakähnliches Produkt« entstehen könnte.[318] Gegenüber diesen staubigen Plänen klangen die vor Jahresfrist von der Reemtsma-Rohtabakabteilung durchgeführten Beimischungsversuche von drei bis sechs Prozent Maisstroh zur Zigarette geradezu angenehm.[319] Umgesetzt wurden diese Ideen allerdings nicht mehr.

Jochen Reemtsma

Bis drei Wochen vor dem militärischen Zusammenbruch der Deutschen korrespondierte Philipp F. Reemtsma eifrig in Sachen Zigarettenindustrie. Längst war der Großteil der den Reemtsmas gehörenden Werke stillgelegt, zerbombt oder überrollt. Das große, blühende Unternehmen war nicht mehr wiederzuerkennen. Etwa 700 Schadensfälle wurden gezählt, und fast täglich kamen neue hinzu. Darunter waren auch wichtige Tabaklager im westfälischen Löhne und bei Schneverdingen sowie am 8. April der Hamburger Speicher Merkur. Die Betriebe, Firmenimmobilien und Rohtabaklager waren zu 90 Prozent zerstört. Was aber persönlich weitaus schlimmer wog, war für Philipp F. Reemtsma der Verlust seines Sohnes Jochen kurz vor Kriegsende.

Der strahlende, fröhliche und charmante junge Mann hatte seine militärische Laufbahn 1941 als Freiwilliger bei der Kavallerie, bei den »Lüneburger 13ern«, begonnen. Im Range eines Leutnants war er eine Zeit lang in Norwegen stationiert gewesen, wo seiner Einheit allerdings keine Pferde, sondern nur Fahrräder zur Verfügung standen. Nachdem sein älterer Bruder Uwe im Juni 1941 in Russland gefallen und zwei Jahre später Reemt an Kinderlähmung gestorben war, kam Jochen an die ›Heimatfront‹ zur Flak bei Neu-Wulmstorf, südlich von Hamburg. Es gab während des Krieges eine Regel der Militärbehörden: Wenn eine Familie bereits mehrere Söhne verloren hatte, blieb der letzte vom Fronteinsatz verschont. War dies der Grund für die ungewöhnliche Versetzung vom Heer zur Luftwaffe? Einige Soldaten der neuen Einheit mutmaßten, Hermann Göring persönlich habe für Jochen Reemtsmas Versetzung gesorgt.[320]

Bei seinen Kameraden war der Leutnant beliebt, er verhielt sich soldatisch korrekt, beispielsweise als am 20. Juni 1944 der Pilot einer abgeschossenen Flying Fortress in der Nähe der Stellung am Fallschirm zu Boden schwebte. Jochen Reemtsma fuhr mit einem Unteroffizier per Seitenwagenmotorrad aufs Feld und nahm den Kanadier gefangen. Wegen seiner guten Englischkenntnisse vernahm er den Mann und erfuhr lediglich: »I am Lieutenant Brown, and that's the only thing I'll tell you.«[321] Propagandaminister Joseph Goebbels hatte Verständnis dafür geäußert, wenn Deutsche die alliierten ›Terrorpiloten‹ bei Gelegenheit kurzerhand lynchten. Doch das Verhalten der Männer von der Flakbatterie blieb einwandfrei. Sie gaben dem Kanadier sogar ein paar Zigaretten mit auf den Weg ins Gefangenenlager.

Eigentlich hätte der letzte Sohn des Zigarettenfabrikanten Philipp F. Reemtsma den Krieg bei der Flak in der Heide überstehen können. Aber ihm schmeckte dieser Einsatz nicht, er empfand ihn als Schande. So wetterte Jochen Reemtsma brieflich in abschätzigen Worten über seinen Dienst bei der »großdeutschen Flak« und erwähnte, dass er um seine Versetzung in eine andere Truppengattung gebeten hatte. Am liebsten wollte der passionierte Reiter wieder zum Kavallerieregiment. Stattdessen wurde er dank seines Gesuchs im Oktober 1944 zu den Fallschirmjägern kommandiert, wofür er in Salzwedel eine erneute Infanterieausbildung erhielt. Danach, im Dezember, gelangte Jochen Reemtsma an die Westfront nahe der niederländischen Grenze. Parallel dazu kam es zu einem Eklat zwischen

Ein Opfer der Flak in Neu-Wulmstorf: der kanadische Bomberpilot Lt. Brown als Gefangener (links Jochen Reemtsma), Juni 1944

Hans Domizlaff und Philipp F. Reemtsma. Im Bahrenfelder Werk schüttelten nicht wenige Mitarbeiter den Kopf darüber, dass der Vater seinen Sohn nicht daran gehindert hatte, sich zur Front zu melden. Als aber Domizlaff von Jochens Versetzung erfuhr, stürmte er voller Erregung in das Büro von ›Zwei‹. Der seit über 20 Jahren mit den Geschicken des Hauses verbundene Werbestratege machte ihm lautstarke Vorhaltungen, er lasse es zu, dass der letzte Sohn ›verheizt‹ werde. Domizlaff rief aufgebracht, das Unternehmen brauche einen zukünftigen Firmenchef aus dem Kreise der Familie und keinen weiteren Helden.[322]

Kurz nach Neujahr schilderte Jochen Reemtsma seinem Freund Will Baumgarten per Feldpost erste Angriffe der Engländer, die »mit Flammenwerfern und derartigem Klimbim« vorgingen.[323] Seine Worte schwankten zwischen realistischer Einschätzung der Kräfteverhältnisse und demonstrativer Gelassenheit: »Wer Panzer hat, gewinnt, und wir haben hier keine. Na ja, alles halb so wild.« Knapp zwei Monate später, am 1. März, fiel der 21-Jährige nahe der holländischen Grenze bei Wesel. Der Vater hatte den Sohn auf seinem Weg von der ›Heimatfront‹ in die unmittelbare Gefahr des Gefechtsfeldes nicht aufhalten wollen. Genau dies machte ihm nun Hans Domizlaff zum Vorwurf. Er schrie bei der nächstbesten Gelegenheit Philipp F. Reemtsma völlig außer sich »Mörder, Mörder!« zu.[324] Dies vergiftete das Verhältnis zwischen den beiden Männern nachhaltig und hatte Anteil am Jahre später erfolgten Bruch.

War es der Stolz eines jungen Mannes, der nicht aufgrund von Sonderregeln und väterlichen Beziehungen geschützt werden wollte, oder patriotischer Opferwille, der Jochen Reemtsma leitete? Darüber ist nichts bekannt. Philipp F. Reemtsma hatte seine drei Kinder innerhalb von knapp vier Jahren verloren, wobei Jochen offenbar der begabteste der Söhne gewesen war. Und deren Mutter hatte sich bereits im Februar 1939 umgebracht, wenige Monate nach der Scheidung. Diese persönliche Katastrophe – als solche bezeichnet sie Jan Philipp Reemtsma – konnte der Vater nur schwer verkraften. Wie mochte sich der Herr des Hauses Kretkamp, das über 1500 Quadratmeter an luxuriösen Wohnräumen verfügte, aber beinahe von niemanden mehr bewohnt war, im Frühling 1945 fühlen? Gemeinsam mit seiner 23 Jahre jüngeren Frau und den Letzten des Hauspersonals verharrte er in Othmarschen, unfähig, etwas zu tun. Der Verlust Jochens lähmte ihn. Auch sein Engagement in der Zigarettenindustrie schien zu verlöschen wie eine Kerze, deren Wachs verbrannt war. Mitte April regelte er aber noch »wegen der Unübersehbarkeit der kommenden Tage und Wochen … latente Verpflichtungen« wie die Anweisung eines stattlichen Honorars für seinen Anwalt Herbert Fischer, der ihn im Vorjahr erfolgreich in einem Strafverfahren des Hanseatischen Sondergerichts wegen Lebensmittelschiebungen der Firma Andersen & Co. verteidigt hatte.[325]

Bilanzen am Ende

In den letzten Wochen vor der Kapitulation ahnte Reemtsma, dass es um seine künftige Freiheit schlecht bestellt war. Während eines Spaziergangs auf dem Rosenweg des Hauses Kretkamp sprach er gegenüber Gertrud die Vermutung aus, die Briten würden ihn als exponierten Wirtschaftsführer verhaften. Er ging von den Bedingungen eines Untersuchungsgefängnisses aus, in dem er sich möglicherweise selbst verpflegen dürfte. Daher scherzte Philipp, Gertrud könnte ihm sein Essen im »Henkelpöttchen« bringen. Mit leuchtenden Augen entgegnete seine Frau leise, sie würde zu ihm kommen. Er freute sich ungemein über ihre Worte und bezeichnete sie als das »Treueste vom Treuen«. [326] Sie fasste daraufhin seine Arme und dankte ihm für diese Entgegnung. Derartig partnerschaftlich und gefühlsselig stimmten sich die beiden auf das offenbar Unausweichliche ein. Philipp legte einige Dinge bereit, die er im Fall der Verhaftung mitnehmen wollte, darunter zwei Hefte *1000 Worte Englisch*, denn der Unternehmer beherrschte nur einige Brocken der Sprache. Pragmatisch dachte er, eine Erweiterung seiner Kenntnisse müsste von Nutzen sein. Die Internierung sollte nicht allzu lange auf sich warten lassen.

Um den SS-Standartenführer Alwin Reemtsma spielte sich Ende April 1945 ein eigenwilliges Drama ab. Noch im September des Vorjahres hatte er als Persönlicher Referent des Höheren SS- und Polizeiführers Nordsee, Georg Henning Graf von Bassewitz-Behr, gearbeitet. Danach war er im Stab des Grafen als Lageoffizier in die Erarbeitung eines Alarmplans für den Fall des alliierten Vormarsches auf norddeutsches Territorium einbezogen. Die intern SS-Fall genannten Planungen legten unter anderem fest, wie SS und Polizei agieren müssten, um KZ-Insassen, Zwangsarbeiter und Kriegsgefangene dem Zugriff der Alliierten zu entziehen. Vorrangig deshalb hatte Bassewitz-Behr im Frühjahr 1945 die Räumung von Konzentrationslagern angeordnet, die letztlich etwa 15 000 Häftlinge das Leben kostete.[327] Dabei vollzog sich ein besonders schreckliches Kapitel mit Neuengamme und dessen knapp fünfzig Außenlagern: Etwa 9000 der Häftlinge waren auf die *Cap Arcona* und andere in der Lübecker Bucht ankernde Passagierschiffe verbracht worden. Britische Jagdbomber versenkten die Schiffe am 3. Mai, ohne zu wissen, wer sich darauf befand, wobei an die 7000 Menschen umkamen.

Neben seiner Funktion als Höherer SS- und Polizeiführer war Bassewitz-Behr zum General der Wehrmachtordnungstruppen beim Führungsstab Nordküste ernannt worden und kontrollierte Wehrmachtseinheiten hinter der Front. Deren zunehmende Auflösung sollte unbedingt verhindert werden. Seine Arbeit leistete Bassewitz-Behr von dem östlich von Hamburg gelegenen Ort Reinbek aus, im Stab des Generalfeldmarschalls Ernst Busch. Da die britischen Streitkräfte unaufhaltsam von Südwesten durch die Lüneburger Heide nach Hamburg vorrückten, verlegte Busch sein Quartier Ende April ins nördliche Schleswig-Holstein. Auch Bassewitz-Behr mit seinem Stab musste Hamburg nordwärts verlassen, aber er wurde zu Heinrich Himmlers neuem Hauptquartier in Plön beordert. Zahlreiche SS-Führer und Gestapoleute setzten sich zu dieser Zeit nach Schleswig-Holstein ab. Das Kämpfen hatte nunmehr für viele exponierte Nazis keine Bedeutung mehr. Sie wollten nur noch ihre Haut retten und strebten danach, möglichst unauffällig in die Anonymität zu gehen. Auch Bassewitz-Behr plante, im Norden abzutauchen. Aber trotz der knapp werdenden Zeit machte er sich kurz vor Abmarsch noch die Mühe, Alwin Reemtsma in dessen Haus in Othmarschen aufzusuchen. Der Standartenführer war bettlägerig und befand sich im Kreise der Familie. Obwohl Professor Kroetz als behandelnder Arzt erklärte, der kranke 48-Jährige könne nicht reisen, befahl der Graf Alwin Reemtsma, Hamburg gemeinsam mit den anderen Stabsangehörigen zu verlassen. Jan Berend Reemtsma zufolge drohte Bassewitz-Behr ultimativ: »Entweder du kommst morgen mit, oder ich lasse dich und deine Familie standrechtlich erschießen.« Daraufhin zog der Herzkranke wie angeordnet nach Holstein ab.[328]

Wenig später kapitulierte Hamburg kampflos; Generalmajor Alwin Wolz übergab die Stadt in einer kurzen Zeremonie vor dem Eingang des Rathauses am 3. Mai an den britischen Brigadegeneral Douglas Spurling. Die Briten rückten weiter nach Schleswig-Holstein vor, wohin sich mehr als hunderttausend deutsche Soldaten zurückgezogen hatten, um den Kämpfen zu entgehen. Der mit den Reemtsmas befreundete Kurt von Storch, der jahrelang als Quartiermacher des Stabs von Feldmarschall Erich von Manstein gedient hatte, brachte es in Hamburg am 6. Mai fertig, aufgrund von Altersgründen und Kriegsbeschädigung aus der Wehrmacht entlassen zu werden. Der Margarinefabrikant war nun wieder Zivilist und sorgte sich um seine beiden Söhne. Der eine war am Plattensee vermisst;

vom anderen, dem U-Boot-Fahrer Jürgen, erfuhr man, dass er bei Heide in einem improvisierten britischen Gefangenenlager einsaß. Hier konnte Kurt von Storch weiter nichts unternehmen. Aber für Alwin Reemtsma wollte er etwas tun. Von dessen besorgter Frau Irmgard hörte er von Alwins prekärem Gesundheitszustand und davon, dass die SS per Autokolonne nach Holstein aufgebrochen war, mit unbekanntem Ziel. Irgendwie schaffte es von Storch dank der Spürnase des Quartiermachers, ›Drei‹ tatsächlich zu finden. Bassewitz-Behrs Stab hatte auf seiner Flucht nach Norden den fiebernden Kranken Tage zuvor mit einer verheulten Sekretärin zurückgelassen.

Kurt von Storch beschloss, Alwin Reemtsma wie einen Patienten liegend in dessen Dienstwagen nach Hamburg zu transportieren und mit seinem Auto vorwegzufahren. Eine Schwierigkeit galt es zu meistern: Der Wagen von Alwin Reemtsma hatte im Nummernschild die schwarzen SS-Runen unübersehbar eingestanzt. Damit ließ sich nun denkbar schlecht reisen, denn auf den Straßen waren zahllose britische Militärkolonnen unterwegs. Von Storch wies seinen Fahrer an, die Runen mit schwarzer Farbe zu einem »HH« umzumalen. Im Fall einer Kontrolle wollte man dies als Autokennzeichen der Stadt Hamburg erklären. Natürlich wurden die beiden Wagen auf der Fahrt nach Hamburg beim Passieren englischer Posten durchsucht. Dabei machte Kurt von Storch deutlich, dass im zweiten Wagen ein schwer kranker Mann läge, der zum Arzt müsse, was ja der Wahrheit entsprach. Daraufhin wurden sie durchgelassen.[329] Das klingt abenteuerlich, denn die britischen Truppen kontrollierten natürlich jeden genau, der sich in der Phase des deutschen Zusammenbruchs als Zivilist durch ihre Linien bewegte. Zahlreiche SS-Führer, KZ-Kommandanten und Gestapoleute waren ja im Norden untergetaucht, einschließlich des SS-Oberhaupts Heinrich Himmler, und nach diesen Verbrechern wurde intensiv gefahndet. Egal wie legendenhaft die Aktion Kurt von Storchs anmutet: Alwin Reemtsma kam wieder in sein Othmarschener Haus, wo er sich umgehend von Professor Kroetz behandeln ließ.

Welche persönliche Bilanz konnten die Reemtsmas beim Kriegsende ziehen? Die Söhne von Irmgard und Alwin kehrten unversehrt heim, obwohl der jetzt 19 Jahre alte Feiko seit Frühjahr 1943 als

Flaksoldat eingesetzt gewesen und dessen Bruder Jan Berend als 16-jähriger HJ-Oberpimpf sechs Monate vor Kriegsende zum Volkssturm in Schenefeld eingezogen worden war. Am wenigsten hatte sich ›Eins‹ um seine Kinder sorgen müssen: Der einzige Sohn Hermann-Hinrich war 1945 erst zehn Jahre alt, während die älteren Töchter Helga, Hanna und Heike nicht mehr im Elternhaus gelebt und alles unversehrt überstanden hatten. ›Zwei‹ dagegen war am heftigsten getroffen. Die große Liebe, in der Gertrud und Philipp im Lauf des Jahres 1939 zusammengefunden hatten, bildete auch im sechsten Ehejahr die wesentliche Stütze seiner Verfassung. Die brauchte er dringend, denn er litt beträchtlich am Tod seiner »Jungens« Uwe, Reemt und Jochen. Die in Erfurt lebende Schwester der Unternehmerbrüder hatte ähnlich schwere Schicksalsschläge erlitten: Elisabeth Fiedlers Söhne Hans-Joachim und Ulrich waren gefallen, und der Vater der beiden, der von ihr geschiedene Fabrikant Johannes Topf, wurde von den Sowjets im Speziallager Sachsenhausen interniert.

Hinzu kam eine niederschmetternde geschäftliche Bilanz: Auf Anordnung des Regimes hatten ertragstarke Werke in Rüstungsbetriebe umgewandelt werden müssen, in denen letztlich sogar Zwangsarbeiter zum Einsatz kamen. Dies dokumentierte überdeutlich den Verlust der unternehmerischen Autonomie, die ohnehin schon eingeschränkt war, weil sich die Reemtsmas bis zum Schluss loyal in den Dienst des Krieg führenden Reiches gestellt hatten. Ein großer Teil der Fabriken, Tabakspeicher und anderen Gebäude des Unternehmens war infolge des Luftkriegs und bei Kämpfen in der letzten Kriegsphase schwer beschädigt oder gar zerstört worden. Das Lebenswerk der Reemtsmas, ihre Betriebe und ihre außerordentliche wirtschaftliche Stellung, lag in Trümmern – ein bitterer Verlust an Vermögenswerten, von dem bislang nur die Konturen erkennbar waren. Besonders schwer wog der Tod von über hundert Reemtsma-Mitarbeiterinnen und -Mitarbeitern. Sie waren als Soldaten gefallen oder aber Opfer der Bomben geworden. Die ›Stunde Null‹ schien der absolute Tiefpunkt zu sein. Doch eigentlich war der noch nicht erreicht. Denn die Brüder Reemtsma gingen mit einer schweren Hypothek in die Nachkriegszeit. Einer ganzen Reihe von Menschen galten sie als protegierte Profiteure oder als willfährige Parteigänger des Dritten Reiches. Daher mussten die Reemtsmas nach Kriegsende kämpfen: um ihre Werke, um ihre Reputation – und zunächst um ihre Freiheit. Für Trauer blieb da kaum Zeit.

»Nun ist die Tatsache leider nicht aus der Welt zu schaffen, dass ich plünderungswürdig bin.«

PHILIPP F. REEMTSMA, OKTOBER 1945

Interniert und belastet

Automatical Arrest

Im Chaos des Zusammenbruchs des ›Tausendjährigen Reiches‹ war es allerorts zum Erliegen der Zigarettenproduktion gekommen. Entweder hatten sich die Arbeitskräfte in den Luftschutzkellern verkrochen – oder die letzten funktionstüchtigen Betriebe waren infolge der Kämpfe in Brand geraten. Mitunter war der Strom ausgeblieben, während Tabak, Kartonagen und Transportmittel fast gänzlich fehlten. Anfang Mai 1945 stellte die bis dahin über mehr als ein halbes Jahrhundert kontinuierlich produzierende deutsche Zigarettenindustrie nichts mehr her. Ganz ähnlich war die Lage bei der Presse. Erstmals seit 1619 erschien in Berlin keine Zeitung, nachdem der *Panzerbär* vom 29. April als letzte Goebbels-Postille die »Verteidiger Groß-Berlins« zum Heldentum aufgefordert hatte. Während das Verschwinden der letzten Notausgaben der gleichgeschalteten Presse kaum jemanden schmerzte, ging das Millionenheer der Raucher einer wahrhaft entbehrungsreichen Zeit entgegen. Die Nikotinsucht war nicht so einfach zu verdrängen wie der Lesehunger.

Fürs Erste gab es jedoch immer noch etwas zu rauchen. Vielfach hatten die Versorgungsämter in den letzten Tagen, bevor sie die Front überrollte, kurzerhand alles Vorhandene aus den Depots an die Zivilbevölkerung verteilt. Man ahnte, dass eine reguläre Versorgung der Menschen mit dem Nötigsten durch die Alliierten einige Zeit auf sich warten lassen würde. Auf der anderen Seite hatte es Plünderungen gegeben, wobei nicht wenige Rohtabaklager von russischen Soldaten oder deutschen Zivilisten geleert worden waren.

Garbáty hatte zu den letzten arbeitenden Betrieben gehört. Als die Rote Armee an Adolf Hitlers Geburtstag mit dem Artilleriebeschuss Berlins begann, um den Sturm auf die Hauptstadt einzuleiten, war auch das Ende des ›arisierten‹ Betriebes gekommen. Am 21. April wurde die Pankower Fabrik von Granaten getroffen, wobei sie in Brand geriet. Hier ging nichts mehr, wie bei Josetti in der Berliner Rungestraße nach wiederholten Bombentreffern. Auch dort standen die Zigarettenmaschinen still. Aber nicht lange. Die Russen wussten nur zu gut, dass diese Fabriken etwas Unentbehrliches produzierten. Umgehend ordneten sie an, Josetti und Garbáty wieder nutzbar zu machen. Und das gelang noch schneller als die erste russische Zeitungsgründung in Berlin: Als am 15. Mai die *Tägliche Rundschau* die Druckerei verließ, arbeitete das beschlagnahmte Reemtsma-Werk Josetti bereits seit fünf Tagen. Allerdings gab es einen wesentlichen Unterschied zwischen dem Propagandablatt und den Zigaretten: Letztere wurden nicht für die Deutschen, sondern allein für die Rote Armee produziert. In Pankow erschienen Soldaten mit Rohtabak, den sie ballenweise erbeutet hatten, und verlangten, daraus Machorka zu schneiden oder irgendwie Zigaretten herzustellen. So kam Garbáty nach notdürftigen Reparaturen und dank gut entwickelter Improvisationsgabe einiger beherzter Mitarbeiter wieder ins Geschäft.

Wegen der geheimen deutschen Raketenfertigung im südlichen Harz waren amerikanische Truppen Anfang April bis Thüringen vorgestoßen. Sie wollten vor den Russen an Planungsunterlagen, Bauteile und komplette Raketen gelangen. Außerdem hatten die Amerikaner das Ziel, die Spitzenkräfte der deutschen Raketentechnik zu verhaften. Operation ›Overcast‹ nannte sich ein Unterfangen, das den technologischen Stand der Deutschen auf dem Rüstungssektor für die USA nutzbar machen sollte. Im Zuge dieses Wettlaufs nach Thüringen befreiten die Amerikaner am 11. April das Konzentrationslager Buchenwald bei Weimar und die berüchtigte unterirdische Raketenfabrik Dora-Mittelbau. Dort in Nordhausen hatten Zehntausende von Arbeitssklaven der SS unter barbarischen Umständen für den Bau von V2-Raketen geschuftet. In unmittelbarer Nähe Nordhausens, in der Petersdorfer Pension *Harz Rigi*, befand sich seit Februar 1945 die Fachuntergruppe Zigarettenindustrie. Die noch gerade einmal ein halbes Dutzend Mitarbeiter um ihren Hauptgeschäftsführer Emil Jacob umfassende Dienststelle hatte sich entgegen allen Vorschriften vom Feind ›überrollen‹ lassen und verharrte erst einmal untätig vor Ort.

In der ersten Maiwoche erschien ein Bleicheroder Tabakwarengroßhändler bei Dr. Jacob in Petersdorf. Er war zuvor Lieferant für Arbeitslager und Werkskantinen in der Region gewesen. Nun fragte er den Geschäftsführer, ob dieser bei der Wiederaufnahme der Zigarettenherstellung helfen könne. Schließlich gab es einen immensen ungedeckten Bedarf, was auch die Amerikaner registrierten. Da sie nicht gewillt oder auch nur in der Lage gewesen wären, die Zivilisten mit amerikanischen Zigaretten zu versorgen, wollten die Militärs vor Ort produzieren lassen. Dabei waren sie auf deutsche Spezialisten angewiesen. Dr. Jacob berichtete Philipp F. Reemtsma brieflich am 23. Mai von den Hintergründen dieser Aktivität: Die »im hiesigen Bezirk sehr zahlreichen ausländischen Arbeiter, früheren politischen Gefangenen« – von bis zu 100 000 Menschen war die Rede – lebten in überfüllten Lagern.[330] Sie würden »eine große Gefahr der Beunruhigung darstellen, wenn sie nicht endlich auch mit Tabakwaren versorgt werden könnten«. Das sei den Amerikanern rasch klar geworden, und sie hätten umgehend die unzerstörte Zigarettenfabrik Mahalesi in Gera und 120 Tonnen Rohtabak aus dem Reemtsma-Lager Artern beschlagnahmt. Captain De la Flamme von der Versorgungsabteilung des US-Militärgouverneurs wollte Zigaretten vorrangig für die befreiten Arbeitslager herstellen lassen. Mahalesi gelang es, Zigarettenpapier und Verpackungsmaterial zu beschaffen, worauf bescheidene 20 bis 30 Millionen Stück monatlich ausgeliefert werden konnten. Reemtsma sollte von Mahalesi für den verwendeten Tabak bezahlt werden. Ein Teil der in Einheitszigarettenschachteln verpackten Ware ging an die Bevölkerung, was Ende Mai zu einem in der ›Stunde Null‹ einmaligen Zustand führte: Stadt- und Landkreis Gera seien, so Dr. Jacob, mit Zigaretten und Rauchtabak »übersättigt«.

Diese Informationen konnten zuversichtlich stimmen, denn es war damit zu rechnen, dass die erstrangigen Kräfte der deutschen

Zigarettenindustrie von den Alliierten in die Neuordnung der Zigarettenproduktion und -bewirtschaftung einbezogen würden. Die Amerikaner gingen dabei pragmatisch vor. In Heidelberg hatte der neu eingesetzte Oberbürgermeister mit Genehmigung der US-Militärregierung schon am 8. Mai die Wiederaufnahme der Arbeit des nordbadischen Tabakgewerbes angeordnet. Hier schien schnell wieder Normalität einzuziehen, und allein die Tatsache, dass Dr. Jacob und andere Experten überlebt hatten und Kontakte zur Militärregierung knüpften, bot Perspektiven für die nahe Zukunft. Die hier und da bereits erreichte Verfügbarkeit von Zigaretten hatte einen beruhigenden Effekt, sei es auf freigekommene Zwangsarbeiter, Displaced Persons, Flüchtlinge, Ausgebombte, Kriegsgefangene und die Bevölkerung im Allgemeinen. Wegen des großen Mangels sammelten aber Kinder und auch Erwachsene die von alliierten Soldaten weggeworfenen Kippen, um daraus Tabak für die Pfeife zu gewinnen. Daher war die Bedeutung der Zigarette aus deutscher Produktion, trotz der begehrten »Virginias« der amerikanischen Soldaten, als unmittelbarer Genuss und Trostspender ungebrochen. Und es kamen noch wichtige Statusaufwertungen als Nebenwährung hinzu, denn die Akzeptanz der Reichsmark schmolz rapide dahin. Vordergründig schien es für die Fabrikantenfamilie Reemtsma nicht schlecht auszusehen. Müssten die Besatzer sie nicht zwangsläufig in den Wiederaufbau der Produktion einbeziehen?

Wenige Stunden nach der Besetzung Hamburgs durch britische Truppen am 3. Mai erschien ein niederländischer Offizier in der Othmarschener Parkstraße, zückte die Pistole und stellte Philipp F. Reemtsma zur Rede. Es stellte sich heraus, dass er ein Bekannter des in die Niederlande und dann in die Schweiz emigrierten Ehepaars Orlow war. Er kannte die Verhältnisse um die Familie des früheren Reemtsma-Geschäftspartners David Schnur. Daher verlangte der Offizier Rechenschaft über die von den Deutschen übernommene niederländische Zigarettenfabrik Turmac in Zevenaar und die Tabakhandelsgesellschaft Levante. Nachdem er einige Auskünfte eingeholt hatte, verschwand er recht schnell.[331] Dieser gezielte Besuch mit individuellem Hintergrund blieb eine sonderbare Episode in diesen sonnendurchfluteten Frühlingstagen. Mitte Mai kamen allerdings die Briten, nicht nur um entsprechend dem Kontrollratsgesetz Nr. 52 die Bankkonten Philipp F. Reemtsmas zu blockieren, sondern auch um Haus Kretkamp samt allen Einrichtungsgegenständen und Kunstsammlungen zu beschlagnahmen. Sie wollten hier einen Offiziersclub einrichten. Überraschend war das nicht, zahlreiche Hamburger Villen wurden requiriert, und Philipp F. Reemtsma hatte durchaus erwartet, dass die ›Tommies‹ das Haus nehmen würden. Aber er hatte nicht damit gerechnet, dass man seine Frau und ihn so plötzlich aus ihrem luxuriösen Domizil hinauswarf. Nur wenige Stunden blieben dem Ehepaar für die Räumung. Gertrud vermutete, der niederländische Offizier habe dies angeregt.[332] Bis auf etwas Wäsche und Kleidung mussten die beiden alles zurücklassen. Ihnen wurde allerdings gestattet, eine der leeren Dienerwohnungen auf dem eigenen Grundstück zu nutzen. Doch am 26. Mai nahmen britische Militärpolizisten den Unternehmer fest. Sie brachten ihn in die Kaserne Iserbrook in Blankenese, wo in einigen Gebäuden Zivilisten interniert wurden. Dabei zogen die Briten seine Ausweispapiere ein, verhörten ihn kurz zur finanziellen Unterstützung der NSDAP und sperrten ihn ein.

In der englischen Besatzungszone wurden über 90 000 Deutsche interniert, in der US-Zone sogar noch mehr. Die meisten von ihnen fielen in die Kategorie »Automatical Arrest« des Fahndungskataloges, der Funktionsträger aus der Staatsführung, den Geheimdiensten, der Kriminalpolizei und der NSDAP bzw. ihrer Unterorganisationen umfasste. Daneben gab es den kleineren Kreis der namentlich gesuchten oder als »gefährlich« eingestuften Personen, die »Security Suspects« und die »War Criminals«, denen man Kriegsverbrechen zur Last legte. Philipp F. Reemtsma wurde zu den »Automatischen« gezählt. Damit teilte er das Schicksal Tausender deutscher Unternehmer und Führungskräfte aus Industrie und Finanzwesen, die bis Jahresende 1945 verhaftet wurden, da man in ihnen entweder Schlüsselfiguren der Rüstungswirtschaft oder verantwortliche Mitwirkende sah.[333]

Zweifellos gab es unter den Wirtschaftsgrößen treibende Kräfte des Zwangsarbeitersystems. Auch die deutschen Führungszirkel der wirtschaftlichen Ausbeutung besetzter europäischer Staaten oder

Unternehmer in SS-Rängen galt es dingfest zu machen. Hinzu kamen diejenigen, die während des Krieges die deutschen Tochterfirmen ausländischer Konzerne geschädigt hatten. Über Jahre hatten die Alliierten Listen erstellt, auf denen die maßgeblichen Kräfte der deutschen Wirtschaft standen. Darauf fanden sich die Spitzen der Schwer- und Rüstungsindustrie – Friedrich Flick, Albert Vögler, Gustav Krupp, Hugo Stinnes, Günther Quandt – neben den finanziellen und politischen Förderern des Nationalsozialismus wie Alfred Hugenberg, Fritz Thyssen und Wilhelm Keppler – sowie Hugo Henkel, Karl Lindemann, Georg von Schnitzler und Kurt Weigelt. Und eben auch Philipp F. Reemtsma war auf eine der Listen geraten. Vorrangig wollten die Siegermächte gegen Unternehmer, Manager und Beamte vorgehen, die die deutsche Stahl-, Kohlen- und Elektroindustrie, den IG-Farben-Konzern sowie das Bankwesen gelenkt und als effektive Instrumente in den Dienst des Nazi-Regimes und seines Angriffskrieges gestellt hatten. Ohne die Leistung dieser Spitzenkräfte wäre der ›totale Krieg‹ nicht zu führen gewesen.

Die Wirtschafts-Fahndungslisten besaßen einen anderen Stellenwert als die »War Criminals«-Listen mit den Verantwortlichen der nationalsozialistischen Kriegs- und Gewaltverbrechen. Im Vergleich zu Heinrich Himmler, Hermann Göring, Martin Bormann, Theodor Eicke, Rudolf Höß, Fritz Sauckel, Julius Streicher oder Sepp Dietrich und den für Massaker an Zivilisten verantwortlichen Generalen, wie etwa Albert Kesselring, und den zahllosen untergetauchten Spitzenfunktionären, den Reichsstatthaltern und Gauleitern, den SS-Schergen und Ärzten der Konzentrationslager, spielten die Wirtschaftsvertreter eine Nebenrolle. Dennoch gingen die Siegermächte systematisch gegen sie vor. Sie wollten auch diesen Bereich der gesellschaftlichen Verflechtung der Nazi-Diktatur ausschalten und vor Gericht zur Rechenschaft ziehen. Für sie war nicht ausschlaggebend, ob es sich bei den Internierten um überzeugte Nazis handelte. Auch eigene wirtschaftspolitische Interessen der Siegermächte bestimmten das Vorgehen. Dabei gab es zwischen Russen, Amerikanern, Briten und Franzosen keine abgestimmte Strategie, sodass jede Siegermacht ihren eigenen Maximen folgte. Den Wiederbeginn des wirtschaftlichen Lebens, das unter anderem die Deutschland aufzuerlegenden Reparationsleistungen ermöglichen sollte, wollten die Militärbehörden verständlicherweise nicht mit Altnazis angehen. Daher wurden entweder geeignete Führungskräfte in die Umstrukturierung bzw. in den Wiederaufbau eingespannt, oder man zog störende Unternehmer per Verhaftung für unbestimmte Zeit aus dem Verkehr.

Am 1. Juni 1945 schrieb Philipp F. Reemtsma erstmals aus der Haft an seine Frau. Gertrud erhielt eine beigefarbene vorgedruckte Karte, auf der ihr Mann mit Bleistift notiert hatte: »Bin gesund und warte weiter. Herzlichen Gruß, Philipp«.[334] Er befand sich zu dieser Zeit im Haus 2 der Kaserne Iserbrook. Die Royal Air Force hatte diese im ersten Kriegsjahr errichtete Kaserne des Luftgaukommandos XI bezogen, in »Uxbridge Barracks« umbenannt und einen Teil davon als Internierungslager genutzt. Bei seiner Verhaftung hatten die Bewacher Reemtsmas Sachen gefilzt und einbehalten, doch nach einigen Tagen erhielt er auf seinen Wunsch die *1000-Worte-Englisch*-Hefte ausgehändigt. Der zur Untätigkeit verdammte Unternehmer wollte Vokabeln lernen. Und Gertrud machte ihr Versprechen mit dem »Henkelpöttchen« wahr. Sie schaffte es, ihren Mann in der Kaserne zu besuchen, und brachte ihm Essen mit. Inständig bemühte sie sich darum, Kontakt mit Philipp zu halten und ihn hin und wieder zu versorgen.

Etwas mehr als eine Woche nachdem ›Zwei‹ seine Karte an Gertrud geschrieben hatte, fuhren bei Alwin Reemtsma im Klein Flottbeker Weg britische Militärpolizisten vor. Die wegen ihrer roten Barette von den Deutschen Rotkäppchen genannten Soldaten verhafteten den 49-jährigen ehemaligen SS-Offizier. Doch nach kurzem Verhör ließ man ihn wegen Krankheit vorläufig wieder frei. Zwei Tage darauf wurde die Prozedur wiederholt, und schon am 12. Juni konnte Alwin Reemtsma nach Untersuchung durch einen Militärarzt die Iserbrook-Kaserne erneut verlassen. Dagegen war die dritte Verhaftung am 30. Juni eine endgültige: Man schaffte ihn ins Civil Internment Camp No. 1 Neumünster-Gadeland, wo er vom Arzt als »lagerhaftunfähig« deklariert wurde. Das bedeutete nicht etwa seine Entlassung, sondern den monatelangen Aufenthalt in der Krankenstation des riesigen Zivil-Internierungslagers, das die Briten als einziges in Schleswig-Holstein eingerichtet hatten.

Systematische Auskämmungen anhand der Fahndungskataloge füllten das Lager vorwiegend mit Verhafteten der Kategorie »Automatical Arrest«. So beherbergten die leer geräumten Maschinenhallen der ehemaligen Lederfabrik Emil Köster KG Ende 1945 bei starker Fluktuation mehr als 10 000 Personen.[335] In den Betonetagen der zehn Hallen schliefen die Internierten in primitiven dreistöckigen Betten mit Strohmatratzen. Für sie gab es weder Tische noch Aufenthaltsräume. Allerdings war die Ernährung die beste aller britischen Internierungslager. Das hing unter anderem damit zusammen, dass es den Insassen vom Spätsommer an gestattet war, sich von ihren Angehörigen mit Lebensmittelpaketen versorgen zu lassen. Dabei durften auch Zigaretten mitgeschickt werden, was für Alwin Reemtsma von existenzieller Bedeutung war. Noch bis 1943 hatte ›Drei‹ trotz schwerer Gefäßerkrankungen seinem Arzt zufolge mehr als 120 Zigaretten am Tag geraucht.[336] In der zeitbedingten Mangelwirtschaft und im Internierungslager war es unmöglich, tagtäglich an solche im Vergleich zur Raucherkartenzuteilung unglaublichen Mengen auch nur annähernd heranzukommen, zumal Zigaretten auf dem Tausch- und Schwarzmarkt einen immensen Wert erlangt hatten. Aber die Familienangehörigen und ein inhaftierter Freund versorgten Alwin Reemtsma, so gut es ging.

Anfang Juni 1945 befand sich die Firma Reemtsma in einer nie gekannten Lage: Die Produktion in Hamburg stand immer noch still. In Nordwestdeutschland hatte das Unternehmen an die 1300 Tonnen Rohtabak durch Plünderung verloren. Sonst wusste man nur bruchstückhaft über die Situation in den anderen Regionen und Betriebsstätten Bescheid. Erst Mitte des Monats ging ein Bericht von Dr. Jacob aus Heidelberg in Hamburg ein, der eine gewisse Übersicht verschaffte. Der Hauptgeschäftsführer der weiterhin existierenden Fachuntergruppe Zigarettenindustrie hatte sich erfolgreich den Amerikanern für die Neuordnung der Zigarettenwirtschaft angedient. Er informierte Philipp F. Reemtsma, ohne von dessen Internierung zu wissen, über die Betriebe im Süden und Südwesten: Intakt waren die Werke in München und Baden-Baden; schwere Schäden hatten dagegen Eilebrecht in Bruchmühlbach und der Merziger Reemtsma-Betrieb erlitten. Der Zustand von Roth-Händle im badischen Lahr war unklar. In Saarlouis begann Toppenthal wieder mit der Produktion. Der Garbáty-Ausweichbetrieb in Bronnbach stellte 10 Millionen Zigaretten monatlich her und belieferte auch Abnehmer außerhalb Nordbadens. Allerdings hatten die Amerikaner ein Ausfuhrverbot für ihre Zone verhängt, sodass Garbáty über das Fabriklager Heidelberg nur einen eng begrenzten Bezirk beliefern durfte. Mitte Juli teilte Emil Jacob mit, Roth-Händle produziere ausschließlich für die Franzosen. Unter militärischer Bewachung der Fabrik werde dafür gesorgt, dass nicht eine Zigarette und kein Gramm Tabak in die Hände der deutschen Bevölkerung gelange.[337]

Währenddessen hatten die Briten der Reemtsma-Firmenleitung mit der Internierung von ›Zwei‹ den Chef entzogen. Bis auf private Briefe war er von jeglicher Kommunikation abgeschnitten. Sein auf freiem Fuß befindlicher Bruder Hermann F. Reemtsma erhielt am 26. Juni ein militärisch knapp gehaltenes Schreiben, das die Beschlagnahmung des Werks Bahrenfeld durch das britische Militär und dessen Räumung verfügte: »You will clear the complete premises of all machinery by July the sixteenth …«[338] Die Reemtsmas mussten innerhalb von drei Wochen aus dem am wenigsten beschädigten Werk ausziehen und sämtliche Maschinen abtransportieren. Die Kantineneinrichtung und die Büroausstattung hatten sie zurückzulassen. Die Royal Air Force wollte das großzügige Verwaltungs- und Fabrikareal als Kaserne nutzen. Pragmatisches Denken stand dahinter, denn ein kleinerer Flugplatz grenzte an das Areal, und ursprünglich war das Werk Bahrenfeld als Kaserne errichtet worden.

Mehrfach versuchte die Unternehmensleitung, die Militärbehörden von ihrer Entscheidung abzubringen. Die Eingaben blieben ohne Erfolg und trafen die Reemtsmas existenziell, denn der Wandsbeker Betrieb war ja 1943 ausgebrannt. Nur eine provisorische Notfabrikation hatte man dort noch aufrechterhalten können. Nun mussten die komplexe Bahrenfelder Maschinenausstattung sowie Tabake, Kundenkarteien und Akten quer durch das zerbombte Hamburg ins nordöstlich gelegene Wandsbek geschafft werden. Die Briten strebten an, dass dort in den verbliebenen begrenzten Räumlichkeiten der Maschinenpark installiert und die Zigarettenproduktion im größeren Maßstab so bald wie möglich gestartet werden sollte. Da aber die

Bahrenfelder Belegschaft und die leitenden Angestellten aus der Reemtsma-Zentrale vorwiegend im Hamburger Westen in der Nähe des Werks wohnten, hatten sie über zehn Kilometer lange Wege zur Arbeit nach Wandsbek vor sich. Bei den in der ersten Nachkriegszeit eingeschränkten Verkehrsverbindungen auf den wenigen enttrümmerten Straßen schien ein normaler Arbeitsablauf illusorisch. Wenigstens die Wandsbeker Arbeiterinnen und Arbeiter profitierten von der Verlegung der Zentrale und der Bahrenfelder Produktion.

Die Briten drängten auf die zügige Räumung des Stammwerks an der Luruper Chaussee. Und schließlich sollten unter Regie eines von der Militärregierung bestellten Treuhänders Zigaretten für die Bevölkerung der britischen Zone hergestellt werden. Die Geschäftsführung der zusammengestutzten Firma übernahmen die Direktoren Otto Lose und Friedrich Georg Schlickenrieder, die beiden wichtigsten Führungskräfte bei Reemtsma in der Nachkriegszeit, sowie der Leiter der Rohtabakabteilung Kurd Wenkel und Justiziar Theophil Ahrends. Immerhin hatten die Briten in ihrem Beschlagnahmungsbescheid mitgeteilt, dass Arbeitskräfte für die Werkräumung per Antrag angefordert werden konnten. Während also Philipp und Alwin Reemtsma im Internierungslager einer ungewissen Zukunft entgegensahen, verlor die Familie mit dem Bahrenfelder Werk die Fabrik, mit der sie in den zwanziger Jahren groß und einflussreich geworden war.

Die Titel und Aufsichtsratsposten der Reemtsmas waren den britischen Ermittlern geläufig: Wehrwirtschaftsführer, Großaktionär der Hapag, Aufsichtsrat der Deutschen Bank und Beirat der Reichsbank, das hatte über Philipp F. Reemtsma neben anderen Posten wiederholt in der Presse oder im Hoppenstedt-Wirtschaftshandbuch *Wer leitet?* gestanden. Sein Bruder Hermann war vergleichsweise weniger weitläufig aktiv, aber auch sein Betätigungsfeld reichte über die Zigarettenindustrie hinaus. Schließlich war ›Eins‹ Mitinhaber der John T. Essberger & Co. Afrika-Linien und daneben im Aufsichtsrat der Winterhuder Bierbrauerei, der Ilseder Hütte und der Zettlitzer Kaolinwerke. Ohne Zweifel hatte man es hier, wie auch die luxuriösen Privathäuser im vornehmen Hamburger Westen demonstrierten, mit einer der wohlhabendsten und einflussreichsten Familien der Hansestadt zu tun. Die Abteilung Property Control der Militärbehörden hatte die Konten der internierten Brüder gesperrt und die Kontrolle über deren übrigen Privat- wie Geschäftsbesitz übernommen. Nach und nach wurde den Reemtsmas bewusst, dass die Besatzungsmächte ihnen jeglichen Zugriff auf die Reste ihres in ganz Deutschland verstreut liegenden Zigarettenunternehmens entzogen. Zum Teil unterstanden die Werke schon im Frühsommer 1945 Verwaltern, die von den Militärbehörden eingesetzt worden waren, wie in Dresden, Berlin und Trier. Nun zeigte sich, wie vorausschauend die »X-Fall«-Planungen gewesen waren. Wenigstens wussten die leitenden Angestellten, dass sie Handlungsvollmacht besaßen, als die Besatzungsbehörden die Kontrolle übernahmen. In Dresden arbeiteten die wenigen wiederhergestellten Betriebe der Zigarettenindustrie bereits Ende Juni für die Versorgung der Roten Armee. Unter Vorsitz Dr. Rudolf Zorns von der Karl Geissinger KG war ein Arbeitskreis aus den in Dresden verbliebenen Führungskräften entstanden, der sich an die Instandsetzung machte. Reemtsmas Bevollmächtigter Johannes Hinrichs, der ehemals das Eckstein-Werk geleitet hatte, erhielt allerdings von der russischen Militäradministration keinen Einfluss auf die Reemtsma-Betriebsteile im zerbombten Elbflorenz. Herbert Schuster, Werkleiter von Yenidze und langjähriges NSDAP-Mitglied, wurde verhaftet und starb im Lager Neubrandenburg.[339]

Eine »X-Fall«-Planung für das eigene Leben hatten die Reemtsma-Brüder nicht aufgestellt. Auch Hermann F. Reemtsma wurde mit seiner Familie Ende Juni von den Briten aus seiner Villa am Zickzackweg geworfen. Allerdings wurde ihm erlaubt, ins Gästehaus auf dem eigenen Grundstück umzuziehen. In zahlreiche Othmarschener Bürgerhäuser zogen britische und kanadische Militärs ein, wobei sie die Bewohner kurzerhand vor die Tür setzten. Daher gewährte Hermann F. Reemtsma der Schulfreundin seiner Tochter Heike, Christine Gröseling, und ihrer Schwester im Wohngebäude seiner Gärtner ein dauerhaftes, aber beengtes Asyl. Während Philipps riesige Villa zum »Officers' Country Club« umgewandelt worden war, fehlte für seine Frau Gertrud ein dauerhaft geeignetes Ausweichquartier. Zunächst bewohnte sie noch eine der Dienerwohnungen von Haus

Kretkamp, doch auch die beanspruchten die Militärs nach kurzer Zeit. Zu praktisch waren für ihre Zwecke der Garagenhof mit Zapfsäule und die Pferdestallungen, an die sich die vier Dienstwohnungen angliederten. Kein Wunder, dass die Soldaten eine davon als Liebesnest für sich und ihre deutschen ›Fräuleins‹ nutzten. Dies auf dem eigenen Grundbesitz mitansehen zu müssen empfand die vormalige Herrin des Hauses als demütigend. Außerdem kam in der alleinlebenden Frau ein Gefühl der Unsicherheit auf. Vermutlich deshalb zog Gertrud Reemtsma mit ihrem Cockerspaniel in Alwins Haus, wo sie in der Bibliothek unterkam.

Dies war das kleinste unter den Hamburger Häusern der drei Brüder, doch es bot 1945 notgedrungen Platz für mehr als 60 Bewohner. Die städtischen Behörden quartierten dort nach und nach Flüchtlinge, Ausgebombte sowie von den Häuserrequirierungen betroffene Familien ein, sodass beinahe jedes Zimmer mit zwei bis vier Personen belegt war. Selbst das Garagenhaus diente als Unterkunft für acht Menschen. Die Notgemeinschaft, deren Namenliste als langer Papierstreifen an der Haustür hing, war bunt gemischt. Auch der Margarinefabrikant Kurt von Storch und seine Frau befanden sich darunter, da die ›Tommies‹ ihr Haus an der Holztwiete in eine Sergeanten-Messe umgewandelt hatten.

Die Einquartierungen brachten Gedränge, eine starke Einschränkung der Privatsphäre und andere Unannehmlichkeiten mit sich. Aber das waren Luxusprobleme im Vergleich zu dem, was zahllose ausgebombte Hamburger Familien und Flüchtlinge zu dieser Zeit mitmachten. Ein Dach über dem Kopf, mit Küche, Bad und Garten, das war geradezu fürstlich. Dagegen lebten Philipp und Alwin als Internierte in widrigsten Verhältnissen. Gertrud Reemtsma war verständlicherweise überaus beunruhigt wegen der Lage ihres Mannes, der ja allzu oft an den Nieren oder seinem steifen Fuß laborierte. Auch Irmgard Reemtsma hatte ihren kranken Ehemann in die Ungewissheit der britischen Lager verloren. Er war sicherlich nicht allein wegen seiner langjährigen SS-Mitgliedschaft verhaftet worden, wie Zehntausende von SS-Männern, die unter die Kategorie des »Automatical Arrest« fielen. Bei ihm konnte man ein gezieltes Interesse erwarten, denn er hatte im Stab von Obergruppenführer Prützmann in Riga und als Persönlicher Referent des Hamburger SS-Chefs Dienst geleistet. Das musste die Aussicht auf eine baldige Freilassung gegen Null gehen lassen. Während Irmgard Reemtsma keine Möglichkeit hatte, positiv auf das Schicksal ihres Mannes einzuwirken, fand ihre Schwägerin Gertrud beim »Kriegsrat« mit Hermann F. Reemtsma und den Führungskräften des Unternehmens einige aussichtsreiche Anknüpfungspunkte: Vielleicht ließ sich Hilfe für ›Zwei‹ aus dem Ausland mobilisieren. Was hatte er sich schon zuschulden kommen lassen? Er war doch noch nicht einmal Mitglied der NSDAP gewesen, genau wie sein älterer Bruder.

Im Sommer des Jahres 1945 waren jedoch erst einmal vordringliche Alltagssorgen zu bewältigen. Gertrud Reemtsma war jung. Zu Kriegsende gerade 28 Jahre alt, musste sie sich in vielerlei Hinsicht neu orientieren und auf die ungewohnten Verhältnisse umstellen. Bislang war das Wesentliche von ihrem Gatten entschieden worden, während Diener, Köchin und Hausmädchen den Haushalt erledigt hatten. Und nun? Welche Rechte hatte sie? Wie stand es mit den Lebensmitteln, wie mit dem Geld? Brieflich fragte Gertrud beim inhaftierten Ehemann nach den nun essenziellen Dingen des Lebens. Eine seiner Antworten klang barsch, war jedoch beileibe nicht so gemeint, denn er wollte seine Frau in jeder Hinsicht unterstützen, aber die Umstände seines und ihres Daseins hatten entwürdigende Züge: »Was fragst Du nach dem Benzin? Alles, was noch nicht fortgenommen oder beschlagnahmt ist, gehört Dir. Ich wollte weiß Gott, es wäre mehr und Dir dienlicher.«[340] Dies schrieb Reemtsma aus Ratzeburg, wohin er am 1. August überstellt worden war, nachdem er kurze Zeit in Neumünster eingesessen hatte. Dort war sein Gesundheitszustand als kritisch diagnostiziert worden. In der bisherigen Haft hatte er schon über 20 Kilo Gewicht verloren. Die Sorge um die Zukunft seiner Frau und um die daniederliegende Firma, das Dasein als schikanierter Häftling, die schlechte Ernährung – all diese Beschwernisse setzten ihm gravierend zu. Infolgedessen war es zur Entzündung des rechten Fußes gekommen, wodurch die altbekannte Streptokokkeninfektion den Organismus schwer belastete. Wenigstens hatte die britische Lagerverwaltung die Notwendigkeit erkannt, Reemtsma behandeln zu lassen. Dies sollte in Ratzeburg geschehen.

Im SS-Lazarett

In dem idyllisch in der Seenlandschaft gelegenen Städtchen Ratzeburg, in dem der von Hermann F. Reemtsma verehrte Ernst Barlach seine Kindheit und Jugend verbracht hatte, befand sich die Below-Kaserne. Sie wurde Mitte 1945 von den Briten zum streng bewachten Hospital für über 1000 SS-Angehörige umgewandelt. Auch einige Zivilinternierte des Lagers Neumünster kamen hierher zur Behandlung, die vorwiegend in der Hand deutscher Mediziner lag. Dort konnte Philipp F. Reemtsma öfter schreiben und Post empfangen als in seiner bisherigen Haftzeit, sei es über offizielle oder geheime Wege. Auf diese Weise entstand eine Flut von Briefen, die der Internierte manchmal hastig, manchmal gemächlich über Tage schrieb. Die wenigen persönlichen Dinge, die er bei sich haben durfte, hatten in der ersten Haftzeit in Hamburg einen gewissen Schwund erlitten, da mancher Wachsoldat Gefallen an ihnen fand, etwa an einem feinen Rasierspiegel. Diese Sachen waren von Gertrud Reemtsma in die Iserbrook-Kaserne gebracht worden. Mit Vorliebe trug Philipp F. Reemtsma einen Pullover, der eigentlich seiner geliebten Frau gehörte. Darin fühlte er sich ihr näher und stärker verbunden. Das mit den kleinen Übergriffen der Wachen einhergehende Gefühl des Ausgeliefertseins war eine der Belastungen, mit denen der Unternehmer zurechtkommen musste. Er ertrug dies äußerlich mit stoischem Gleichmut. Doch innerlich empörte ihn diese Behandlung, genau wie die Internierung, die er als Willkürakt ansah. In den Briefen an seine Frau ließ er seinem Zorn mitunter freien Lauf.

Gertrud Reemtsmas Frage nach Benzin hing unter anderem damit zusammen, dass sie mit dem Wagen zum Ratzeburger Lazarett fuhr. Die resolute Frau verschaffte sich dort Passierscheine und besuchte ihren Mann in den Monaten August bis Oktober 1945 etwa einmal wöchentlich am Sonnabend. Eines dieser Treffen muss eigentümlich gewesen sein: Der sonst an Konventionen festhaltende Ehemann entschuldigte sich hinterher in einem Brief dafür, dass er in Gertruds Gegenwart sein Essen ausgelöffelt und damit nicht etwa bis zum Ende ihres Besuchs gewartet hatte. Das habe so sein müssen, erklärte er, weil es zu wenig Geschirr gebe. Jemand anderes habe bereits auf den leer gegessenen Teller gewartet. Seine Ration bezeichnete er als ausreichend: ⅕ bis ¼ Brot und 15 bis 20 Gramm Butter täglich, einmal wöchentlich ein Löffel Marmelade, etwas Wurst oder Käse und Konserven.

Das war karg, aber von Gut Trenthorst konnte ihm Gertrud Äpfel, Möhren, Trockenfrüchte, Erbsenpüree, Brot und Waffeln und einmal sogar Hühnchen mitbringen. Gutsverwalter ›Johann‹ legte eine starke Loyalität gegenüber der Familie an den Tag. Das freute Philipp F. Reemtsma, und er bat Gertrud, auch zweien der Trenthorster Frauen »von ganzem Herzen für ihre Fürsorge« zu danken.[341] Auf dem Gut lebten weiterhin die 1943 mit ihren Familien dorthin geholten polnischen Fremdarbeiter. Da Reemtsmas Einschätzung nach die Polen »gefährlich« waren, machte er sich gewisse Sorgen um ›Johann‹. Schließlich waren da und dort auf dem Land einige Bauern von ihren freigekommenen Zwangsarbeitern erschlagen worden. Der Verwalter war den polnischen Arbeitern als strenge Respektsperson begegnet, aber unmenschlich hatte er sich ihnen gegenüber nicht gezeigt.[342] Angesichts seiner günstigen Versorgungslage verhielt sich der Unternehmer sozial und teilte einige der Lebensmittel mit anderen Patienten seiner Stube, die er als »Kameraden« bezeichnete. Allerdings behielt er die »Delikatessen« zurück, die Gertrud persönlich für ihn zubereitet hatte. Dank dieser Extraverpflegung konnte Reemtsma eine Verbesserung seines Zustandes konstatieren. Nach drei Wochen in Ratzeburg hatte er schon wieder um die Hälfte des verlorenen Gewichts zugenommen.

Um den Neustart in der improvisierten Firmenzentrale bemühten sich Lose, Schlickenrieder und Wenkel. Sie standen vor beträchtlichen Schwierigkeiten, nicht allein da Wandsbek ein reiner Produktionsbetrieb ohne ausreichende Verwaltungsräume war, sondern weil Hermann F. Reemtsma das Firmengelände nicht betreten durfte. Er war von der Geschäftsleitung infolge der Treuhänderschaft ausgeschlossen. Das persönliche Vermögen von ›Eins‹ war im Gegensatz zu dem seiner Brüder und seiner Schwägerin nicht blockiert. Daher bot er Gertrud eine veritable Summe als Leihgabe für den Lebensunterhalt an, doch die junge Frau wies das Geld zurück. Als ihr Ehemann in Ratzeburg davon erfuhr, empfahl er ihr, das selbstverständliche Hilfsangebot seines Bruders auf jeden Fall anzunehmen. Sie solle das Geld in kleinen Beträgen von 3000 bis 5000 Mark bei möglichst vielen Freunden und Vertrauenspersonen deponieren. Konkret meinte er Wenkel und Thienger von der Firma, ihr Mädchen, den Trenthorster Verwalter und andere auf dem Gut lebende Leute.

Während auf diese Weise für Gertrud Reemtsma gesorgt werden konnte, kam die Firma nicht an ihre Außenstände heran: In der letzten Kriegsphase hatte die Wehrmacht die Zigarettenlieferungen zum Teil nicht bezahlt. Offen geblieben waren Rechnungen der Reemtsma-Fabriklager an die Ersatzverpflegungsmagazine Königsberg, Posen, Liegnitz, Stettin, Eisenach, Halle, Stendal, Dresden, Saarbrücken und Straßburg. Allein diese Wehrmachtsstellen schuldeten Reemtsma über 1,9 Millionen Mark.[343] Diese Forderungen konnten nicht mehr eingetrieben werden. Weiterhin waren in Berlin angewiesene sehr hohe Beträge für die Firma auf dem Bankweg nicht durchgekommen. Diese Außenstände und verschollenen Überweisungen wurden von der Reemtsma-Buchhaltung mühevoll recherchiert und dokumentiert. Als günstig sah ›Eins‹ an, dass Hermann J. Abs nach Hamburg gelangt war. Obwohl die Briten dem Direktor der Auslandsabteilung der Deutschen Bank keine offizielle geschäftliche Betätigung erlaubten, protegierten sie ihn – sogar gegen amerikanische Proteste – so weit, dass er im Hintergrund bei der Neuordnung des Bankwesens in ihrer Zone tätig wurde.[344] Möglicherweise konnte Abs dem Hamburger Zigarettenhersteller beratend zur Seite stehen. Schließlich war die Deutsche Bank Reemtsmas Hausbank, und ›Zwei‹ war auf Vermittlung ihrer Vorstände Kimmich und Abs in verschiedene Aufsichtsräte berufen worden.

Woche für Woche wurde die Lage in der Firma Reemtsma überschaubarer. Unabhängig von den Einzelvorgängen wusste man in der Hamburger Zentrale: Vom Gesamtwert des Unternehmens, der vor 1945 auf über 115 Millionen Mark beziffert worden war, lagen an die 60 Prozent in der amerikanischen und britischen Zone. Um die 11 Prozent kamen in der französischen Zone hinzu. Im russischen Machtbereich befand sich weniger als ein Drittel des überwiegend in Betriebsstätten und Tabaklagern gebundenen Unternehmensvermögens, und das musste man wegen der sich anbahnenden Sozialisierung als kompletten Verlust abschreiben: Nach anteiligem Schuldenabzug waren dies im Osten über 33 Millionen Mark.[345] Die im Einflussbereich der Westmächte liegenden Werte waren aber genauso wie die östlichen von Bombenschäden und anderen Kriegsfolgen dramatisch in Mitleidenschaft gezogen. Auf dem Papier war der Unternehmenswert beträchtlich, de facto jedoch fehlte der Orienttabak als wichtigste Basis aller künftigen Produktion.

Im Sommer 1945 begann die Wiederaufnahme der Zigarettenherstellung nicht nur bei der Firma Reemtsma, sondern auch bei den anderen Mitspielern der Branche, selbst bei Kleinstfabrikanten, die im Dritten Reich von der Bildfläche verschwunden waren. Nicht dies war beunruhigend für Reemtsma, sondern der Umstand, dass nun sämtliche Prämissen der Industrie und der angestammten Marktbereiche infrage gestellt waren. Entscheidend war die Politik der Besatzungsbehörden. Und die zielte darauf ab, die Firma Reemtsma in die Zigarettenproduktion einzubeziehen, aber eben nicht Reemtsma allein, sondern im Konzert mit anderen Herstellern. Die wirkliche Konkurrenz wurde entsprechend aufgewertet: BATC mit ihrem Deutschland-Chef Dr. Günther Buch und Brinkmann mit Hermann Ritter kamen zum Zuge. Diese beiden Spitzenvertreter der Branche sollten Anfang 1946 wie Friedrich Georg Schlickenrieder von Reemtsma in das Advisory Committee for Cigarette Industry der britischen Zone berufen werden. Von diesen Entwicklungen erfuhr allerdings Philipp F. Reemtsma nur wenig. Dem Strategen des Unternehmens fehlte die Übersicht, da er keinen Gesamtbericht erhielt. So wusste ›Zwei‹ nichts von den Tabaklagern, der Erzeugung und der Zahl der Mitarbeiter, die wieder tätig waren. Dieses Ausbleiben von Informationen vonseiten der Firma beklagte er bitter gegenüber seiner Frau. Gleichzeitig freute er sich nach den Hiobsbotschaften der letzten Monate über manchen »Lichtblick«, den ihm die Nachrichten über seine wieder auslaufenden Fischkutter und die Tiefkühlfirma bereiteten. Das »Sorgenkind Andersen« hatte seine Tätigkeit wieder aufgenommen, was unter anderem auch für Trenthorst von Nutzen war, denn verschiedene Produkte des Gutes wurden von Andersen verarbeitet, von Gemüse bis zu Küchenkräutern wie Dill und Kerbel.[346]

Im Internierungslager war Briefpapier ein knappes Gut. Philipp F. Reemtsma schrieb daher mitunter auf Zetteln und kleinen bräunlichen Briefbogen, mit stumpfem Bleistift oder dünner Tinte und oftmals so wenig leserlich, dass er um Gertruds Augen besorgt war. Doch sie konnte seine Zeilen entziffern und unterstrich hier und da das Wesentliche seiner Botschaften: Grüne Striche markierten wichtige Fragen, rot waren die Bitten ihres geliebten Mannes. Gertrud hatte einen Sinn für das Praktische und schickte ihm eine handgeschriebene Ankreuzliste für die dringendsten Bedürfnisse. Gleichzeitig fügte sie an, was ihr die Unterstützung bedeutete: »Weißt Du, es ist so schön, dass ich so ganz allein für Dich sorgen kann, dass jedes Ding durch meine Hände geht und durch meinen Kopf geht, womit ich Dich erfreuen kann.«[347] Zahlreiche konkrete Wünsche betrafen seine Ernährung und Ausstattung: Beim nächsten Besuch sollte Gertrud frische Möhren von Trenthorst oder Roggenflocken mitbringen, mehr brauche er nicht. Ein rot unterstrichener Wunsch betraf in Blechdosen luftdicht verlötete Zigarettenreserven: Philipp benannte einen Wandschrank im Vorraum des Weinkellers von Haus Kretkamp und andere Orte, an denen Gertrud die Vorräte finden würde. Er benötigte »bis 3000 Stück« davon. Falls so viele nicht vorhanden seien, wolle er sich mit jeder kleineren Menge zufriedengeben.

Irgendwie bekam Gertrud Zugang zu Haus Kretkamp und konnte versteckte Zigaretten mitnehmen. Die Briten hatten zwar den Safe im Arbeitszimmer des Hausherrn aufgeschweißt und Wertgegenstände an sich gebracht, aber die Dosen im Keller hatten sie nicht gefunden. Auf der Liste standen auch 100 bis 200 Streichholzbriefchen, die sich Gertrud in Philipps Namen von einem befreundeten Geschäftspartner aushändigen lassen sollte, ferner Waschlappen, Nagelbürste und Hosenträger oder Gürtel. Dann folgten konkrete Fragen, die zeigten, was den Unternehmer umtrieb und wie wenig er von der Außenwelt wusste: »Was ist mit dem Schloss Puchhof? Wo wohnt Eins? Geht Post und Eisenbahn schon? Sind Wilhelm und Kurt zurück? Dürfen wir Obst und Gemüse weiter nützen? Hast Du auch mal etwas von Frau Wolf gehört? Habt Ihr draußen irgendeine Ahnung, wie lange wir wohl festgehalten werden?«[348]

Charakteristisch ist während der Internierungszeit Philipp F. Reemtsmas, wie er die ›Zigarettenwährung‹ instrumentalisierte. Gegen Rauchbares konnte man damals nahezu alles bekommen. Draußen auf dem Schwarzmarkt hatten Zigaretten feste Tarife. Für Lebensmittel, Kohle, Kleidung und anderes dringend Benötigte wurde mit Tabakwaren bezahlt. Für die Reichsmark waren eigentlich nur noch amtliche Zuteilungen auf Lebensmittelkarten oder Kleiderkarten zu bekommen. Die amerikanischen Virginias oder britische Glimmstängel stellten die Leitwährung des Schwarzmarktes dar: Eine Stange ausländischer Zigaretten mit 200 Stück kostete exorbitante 1000 bis 1500 Mark. Aber selbst die minderwertigen Einheitszigaretten deutscher Produktion waren begehrte Werte, denn sie wurden eher geraucht als die ›Virginia-Währung‹. Die Zigaretten britisch-amerikanischer Soldaten wurden weiter und weiter getauscht, gegen Lebensmittel, Kaffee und Vergünstigungen. Da im Frühsommer 1945 auf Geheiß der Briten die Fabrikation bei Reemtsma in Wandsbek wieder anlief, hatten die Inhaber ständig die Möglichkeit, Zigaretten für den Eigenbedarf abzuzweigen. Infolgedessen war die Position der Familie privilegiert.

Gertrud Reemtsma, ihr Schwager Hermann und die übrigen Familienmitglieder konnten Zuträger und Helfer finden, die imstande waren, Philipp F. Reemtsma in der Haft zu versorgen. Sollten beispielsweise Briefe und Hilfspakete mit Wäsche und Lebensmitteln zu ihm geschmuggelt werden, so ebneten Zigaretten den Weg. Während der Zeit im Ratzeburger Lazarett diente ein in den Briefen ›K.‹ genannter Mann als zuverlässiger Bote. Er hatte Zugang zum Lazarett und konnte für den internierten Unternehmer kistenweise Möhren und Äpfel von Trenthorst sowie weitere Lebensmittel heranschaffen. In den Paketen von Gertrud erhielt ›Zwei‹ neben der Ergänzung seiner Lazarettkost regelmäßig Zigaretten. Es waren nicht nur ein paar Päckchen, sondern mitunter mehrere Dutzend. Einmal erhielt er sogar 1500 Zigaretten mit einer Sendung. Reemtsma konnte damit im Lazarett seine Beliebtheit beim medizinischen Personal und natürlich auch bei den anderen Internierten steigern. Gezielt verteilte er Zigaretten oder versorgte die »Mitraucher« in seiner Stube, sodass sein Verbrauch pro Woche bei etwa 300 Stück lag, was er seiner Frau mitteilte, die er um entsprechenden Nachschub bat. Die Zigarettenflut verschaffte Philipp F. Reemtsma in der Haft eine außerordentlich vorteilhafte Lage: Er erhielt Lebensmittel wie kaum ein anderer der Internierten, und mit den Zigaretten konnte er alles Mögliche eintauschen. Die Macht der Zigarette wirkte eben auch hinter Stacheldraht, sofern die Lieferungen ihn kontinuierlich erreichten. Zudem war der hinsichtlich der Menge stattliche Rauchgenuss in der Zeit des Mangels ein ausgesprochener Luxus. Und wenn noch Gertrud Reemtsma ihren Mann im Vergleich mit anderen Internierten öfter als deren Angehörige besuchte, kannte die Freude keine Grenzen. Ende August schrieb der Unternehmer freimütig, er sei »einmal wieder Kaiser« in seiner Sechs-Mann-Stube gewesen, keinem gehe es so gut wie ihm.[349]

Eine Zeit lang fungierte auch Krankenschwester Ursula als Paketbotin, doch die Briten durchschauten derartige Schmuggelwege ins Ratzeburger Lazarett. Konsequent ordneten sie an, dass das Pflegepersonal nur noch innerhalb des abgeschirmten Lazarettgeländes wohnen durfte. Zusätzlich kam es zu scharfen Personenkontrollen und drastischen Strafandrohungen gegen Schwestern und Pfleger. Dieser Weg wurde Reemtsma somit gegen Ende August 1945 verschlossen, aber weiterhin kam der ominöse ›K.‹ zu ihm durch. Seinen Namen gab Reemtsma in den Briefen an Gertrud nicht preis, denn eine Enttarnung war zu befürchten, wenn einer der Briefe abgefangen würde.

An einem Sonnabend hatte Gertrud ihren Mann für eine halbe Stunde sprechen dürfen. Daraufhin verlor er seine sonst so gut verteidigte Contenance. »Was ist mein Leben noch ohne Dich«, schrieb er wenig später verzagt und schlug einen großen Bogen, voller Klage und Gefühl: »Ja, was bittersüße Liebe ist, das habe ich in diesen endlosen Wochen gründlich auskosten dürfen. Nie werde ich Dein verhärmtes Gesichtchen vergessen, wie es jenseits des Drahtverhaus stand … Das ist das Bitterste der Gefangenschaft, wehrlos zu sein und dem Liebsten nicht helfen zu können. Und das alles wäre Dir erspart geblieben, wenn ich meine Liebe zu Dir in mir verborgen und Deinen Weg nicht gekreuzt hätte. Und doch, das weiß ich, würde ich ein zweites Mal den gleichen Weg gehen. Ich sehnte mich so nach Dir und war so hungrig, so grenzenlos hungrig nach ein wenig Liebe. Dass sie nun so im Übermaß kam und zur tiefsten Not wird, liegt wohl nicht bei uns.«[350] Der emotionale Brief enthielt auch deutlichen Zorn gegen seinen Bruder, der ihn bislang nicht aufgesucht hatte: »Brüderchen Hermann irrt, wenn er glaubt, durch einen Besuch mit Hanna oder verspätete erzwungene Freundlichkeit wieder gut machen zu können, wozu ihn Herz und Anstand nicht treibt.«

Hier und in anderen Schreiben der ersten Internierungsphase wird offenbar, dass Philipp sowohl das persönliche Verhalten seines älteren Bruders kritisierte als auch dessen Autorität und Entscheidungen herabwürdigte. War es Frustration oder gar die Befürchtung, man könnte ihn dauerhaft ersetzen? Es ist durchaus möglich, dass Grübeleien über derartige Szenarien zu Bemerkungen wie diesen führten: »Über die Firma, Eins, die Mitarbeiter möchte ich heute nicht sprechen. Wen Gott verderben will, den schlägt er mit Blindheit.« – »Hermann denkt sehr langsam, ist unsicher in seinem Urteil und entscheidet sehr sehr sehr zögernd. Das hat auch manche Vorteile.« Hier und in anderen Zusammenhängen war ›Eins‹ schlicht ein Zauderer, eben »Brüderchen Hermann«; aber er war in Freiheit und brachte den Betrieb von außen wieder in Gang, wodurch Zigaretten für die Bevölkerung der britischen Zone produziert wurden. Das allein war den Briten wichtig und für die Firma von Bedeutung. Aber Philipp F. Reemtsma stimmte der von ihm unabhängigen Entwicklung der ersten Nachkriegsmonate mit Blick auf seinen Bruder nicht zu, weshalb er einen besonderen Angriff gegen ihn startete: Er wusste, dass Hermann »sehr schnell umfällt, wenn man ihn frontal anpackt«. Da das aber möglicherweise nicht dauerhaft wirken würde, schrieb ›Zwei‹ einen energischen Brief an Otto Lose. Darin verfolgte er das Ziel, Hermann zu isolieren, und er richtete eine Warnung an die Führungskräfte des Unternehmens. Seine an Gertrud übermittelten Erklärungen zu dem ungewöhnlichen Vorgehen endeten mit dem bemerkenswerten Ausspruch: »Ich weiß ja nicht, für welche Zeit diese Warnung halten muss. Ich könnte jeden einzelnen erwürgen.« Offenbar fühlte sich der Unternehmer, den die Briten seiner Empfindung nach »auf Eis« gelegt hatten, wie auf Kohlen. Draußen hatte der Bruder an wichtigen Schritten der geschäftlichen Neuorientierung teil, und er war dazu verdammt, mit eingeschmuggelten oder offiziell geschickten Zigarettenschachteln sein Dasein als Internierter aufzubessern. Das forderte starke Selbstbeherrschung.

Im August 1945 wurde Philipp F. Reemtsma bekannt, dass sein Werbeberater Domizlaff in das Lüneburger Internierungslager verbracht worden war. Er kommentierte dies mit einem sonderbaren Schuss Häme: »So sehr wir alle Hans Domizlaff die Enttäuschung gönnen, befürchte ich, dass er nervlich die Zeit nicht aushält. Ganz schön sind einzelne Phasen ja nicht.«[351] Erkennbar ist hierbei einerseits das bereits gebrochene Verhältnis zu dem langjährigen Wegbegleiter und Schöpfer der großen Reemtsma-Marken. Andererseits ist aber auch der Sarkasmus ablesbar, mit dem Philipp F. Reemtsma die Umstände der Internierung kommentierte. Seine psychische Verfassung schien in dieser Phase gefestigt und weiterhin belastbar. So versicherte Philipp seiner Frau: »Ich will intakt bleiben, weil ich mich so auf das Leben mit Dir freue, und ich schaffe es, wenn es zu schaffen ist. Mein Fuß ist wieder gut.«[352]

Während des kärglichen Haftdaseins versuchte er, in einem inneren Dialog die Nähe mit Gertrud zu kultivieren. Abends gegen halb zehn stellte er dazu zwei Fotos von ihr neben seiner Pritsche auf und begann seine »Unterhaltung … in der ich alles Liebe nachhole, was ich Dir nicht persönlich sagen kann«. Ständig ließ sich Philipp F. Reemtsma in dieser Zeit von seiner Frau versorgen und mental unterstützen, aber neben allen Erwartungen nahm er Rücksicht auf sie. So wollte er nicht, dass sie einen Besuch am 6. September plante, denn dies war ihr Geburtstag. Er empfahl Gertrud stattdessen, diesen Tag mit ihrer Schwägerin Irmgard und deren Söhnen sowie mit einer langjährigen Freundin zu verbringen.

Eine Frage besprach das getrennte Paar auf dem Postweg immer wieder: Wo konnte Gertrud dauerhaft wohnen? Sie wollte offenkundig nicht im Haus ihres Schwagers bleiben und suchte nach einer Alternative. Auch auf Gut Trenthorst und den anderen Landsitzen der Brüder gab es umfassende Einquartierungen, weshalb dies nicht als Ausweichmöglichkeit angesehen wurde. Zudem wünschte Philipp, dass seine Frau in Hamburg bleiben sollte; von dort aus konnte sie am ehesten etwas für ihn tun, und ihre Lebensbedingungen waren am erträglichsten. Aber in der Stadt gab es keinen freien Wohnraum. Hier hatte Gertrud Reemtsma eine Idee: Ein Holzhaus könnte für sie allein errichtet werden. Bauholz und Ausstattung ließen sich beschaffen. Diesen Vorschlag unterbreitete sie dem Inhaftierten, und er fand Gefallen daran. Philipp hielt die Planung für »zweifellos richtig«. Das Entscheidende war die Standortfrage. Um diese zu klären, empfahl Philipp seiner Frau, Theophil Ahrends zu kontaktieren. Der Justiziar könne den Altonaer Stadtkämmerer bitten, ihr einen Bauplatz aus städtischem Besitz zu überlassen. Noch etwas Wichtiges fügte er an: »Haus und Grundstück auf Deinen Namen.« Gertrud Reemtsma würde im Gegensatz zu ihm nie vor Gericht stehen. Ihr Besitz schien sicherer als der mit seiner Person verbundene. Das ließ erkennen, dass der Unternehmer seine Lage auch im Weiteren als prekär und von der Strafverfolgung bedroht einschätzte.

Nüchtern ging Philipp F. Reemtsma an Gertruds Idee heran und machte konkrete Pläne für ein Holzhaus auf 32 Quadratmetern Grundfläche. Das Ehepaar traute sich zu, in ein ›Behelfsheim‹ überzusiedeln, in dem nur ein Drittel der Fläche einer Dienstwohnung von Haus Kretkamp zur Verfügung stünde. Offenbar war selbst das aus der Perspektive des Internierungslagers und der durch Einquartierungen überfüllten Privathäuser eine attraktive Wunschperspektive.

Aber nicht nur Gertruds Haus beschäftigte den Patienten des Ratzeburger Lazaretts, sondern auch die Belange der Angestellten von Haus Kretkamp. Die bis zum Ende in seinen Diensten verbliebenen Kräfte verloren infolge der britischen Nutzung der Villa ihren Arbeitsplatz. Einige gingen wohl bereitwillig, andere bekundeten Trauer darüber, was Gertrud an ihren Mann weitergab. Über die Haltung seines Hausmeisters und einiger Älterer war er froh. Dagegen störte ihn, dass der Obergärtner beschlossen hatte auszuscheiden, ohne überhaupt mit Gertrud Reemtsma zu reden. Dennoch entsprach der internierte Hausherr Mitte September 1945 dem Wunsch des Gärtners und schrieb ein Zeugnis. Philipp bedauerte in seinem an Gertrud übersandten Entwurf, dass er wegen der Beschlagnahme seines Anwesens »einen so pflichttreuen und fähigen Mitarbeiter« verlor, der zeitweise bis zu zwölf Gärtner und Hilfskräfte angeleitet hatte, um die 6,5 Hektar Gartenfläche von Haus Kretkamp zu pflegen.[353]

Es mutet geradezu friedvoll an, wie Reemtsma im Internierten-lazarett bei dämmeriger Beleuchtung im Bett das Dienstzeugnis seines Gärtners formuliert. Zu dieser Zeit ging es ihm auch hinsichtlich der Versorgung gut, aber Gertrud hatte dabei übertrieben: Ihm war ein üppiges Paket von ihr zugegangen, zu dem auch einige Freundinnen seiner Frau aus dem Wandsbeker Betrieb etwas beigesteuert hatten, was Reemtsma freute. Dass sie allerdings »den Puchhofer Fasan« an ihn weiterschickte, war ihm nicht recht. Sie sollte solche »letzten und natürlichsten Fleischreserven« selbst verzehren und nicht nur an ihn denken. Wie der Fasan aus Bayern nach Hamburg gelangte, ist nicht überliefert, aber er war ein Zeichen von Verbundenheit der Verwalter des Schlosses. Auch dieses edle Stück teilte Philipp F. Reemtsma mit den Stubenkameraden. Sein hier vorgebrachter Protest gegen Gertruds Fürsorge sollte sich mehrmals wiederholen; sie schickte ihm offenbar, sooft es ging, Lebensmittel und Kleidung, was zur Folge hatte, dass er diese Menge in seinem Spindfach und unter dem Bett kaum unterbringen konnte. Solch eine Fülle an persönlichen Dingen war nicht unbedenklich, denn wiederholt gab es Inspektionen. Im September kam es zu einer Visite des Generalarztes des britischen Armeekommandos. Auf seine Anordnung mussten fünf Männer einen Spind nutzen, denn dies sei ein »concentration camp« – wie Reemtsma in einem Brief an Gertrud wörtlich zitierte – und kein komfortables Krankenhaus.[354] Da Reemtsma auf einer Sechserstube war, durften hier zwei Spinde genutzt werden. Das war für diese Internierten ein erfreulicher Vorzug.

Mitte September 1945 erreichte Reemtsma ein beunruhigendes Gerücht. Nachdem im Juni die Amerikaner die von ihnen besetzten Gebiete im Westen Mecklenburgs, Thüringens und Sachsens entsprechend den Teilungsplänen von Jalta geräumt hatten, wurde spekuliert, die Russen könnten nun auch Teile Schleswig-Holsteins und sogar Hamburg besetzen. Da der Unternehmer dies nicht für ganz ausgeschlossen hielt, schickte er seiner Frau eindringliche Instruktionen: Gertrud solle ihn keinesfalls in Ratzeburg aufsuchen; er würde sich schon irgendwie durchschlagen, wenn die Russen kämen. Sie sollte nach Bremen ausweichen, denn dort waren verlässliche Freunde und Geschäftspartner, etwa Richard Bertram vom Norddeutschen Lloyd, das Reemtsma-Fabriklager und nicht zuletzt die Verwandtschaft in Scharmbeck. Reemtsma befürchtete, die Hamburger Elbbrücken wären binnen kurzem mit Flüchtlingen verstopft, weshalb er Gertrud riet, die Elbe mit einem Boot zu überqueren. Mit etwas Wäsche, ihrem Schmuck und am besten mit einem »Rucksack voll Cigaretten« würde sie es schaffen. Und er fügte eine eigenwillige Liebeserklärung an: »Ich finde Dich schon. Vergiss in keiner Stunde, dass mein Leben aufhört, wenn Dir etwas zustößt.«[355]

Während des Lazarettaufenthaltes in Ratzeburg begann Philipp F. Reemtsma auch über seine Kinder nachzudenken. Anlass dafür war, dass ihm seine Frau den letzten Brief von Jochen zugeschickt hatte, der ein halbes Jahr zuvor gefallen war. Philipp sandte ihn zurück und schrieb innerlich aufgewühlt: »Es ist ja nun mal so, dass alle Schmerzen wieder aufbrechen, wenn ein solches Stück Papier uns einen Hauch des entschwundenen Lebens zurückbringt. Was habe ich im Leben gesät und immer wieder gesät. Wie wenige Körner sind aufgegangen, und wie viel Wachstum hat dann noch die Natur oder das Leben zerstört? Wenn die Saat in Deinem Herzen nicht aufgegangen wäre, wie bitter müsste ich werden.«[356] – Den Vater wunderte an dem in der letzten Kriegsphase abgefassten Schreiben seines Sohnes, dass darin keine Todesangst zu spüren war. Jochen, »der nur zu gern alles Lästige von sich schob«, hatte einen schönen Abschiedsgruß unter seinen Brief gesetzt, was der Vater als Rätsel empfand: »Sollte auch zu ihm in jener Stunde das Wissen um den frühen Tod – und die Bereitschaft, sich zu beugen – gekommen sein?«

Die britischen Besatzer verfuhren bei ihrer Internierungspolitik nach dem Grundsatz ›Erst verhaften, später prüfen‹. Nur bei den wenigsten der über 90 000 in britischen Internierungslagern einsitzenden Deutschen kam es zu einem Gerichtsverfahren. Mehr war auch nicht beabsichtigt. Vielmehr war der mitunter bis zu dreijährige Lageraufenthalt als vorweggenommene Strafe eine harte Sanktion im Rahmen der politischen Säuberung, der Entnazifizierung. Vielen Betroffenen, die dies nicht wussten, erschien die Internierung daher als bittere Ungerechtigkeit. Jene allerdings, die im Dritten Reich im

Staatsapparat oder in Schlüsselpositionen gewirkt hatten, erwarteten einen Prozess. Philipp F. Reemtsma hatte bislang keine konkrete Vorstellung von den tatsächlichen Gründen seiner Verhaftung. War dies nur automatisch geschehen, oder hatte er ein Verfahren zu erwarten? Er bekam dies nicht mitgeteilt. So verlegte er sich auf Mutmaßungen über eine mögliche Anklage. Reemtsma meinte, es wäre für die Briten kompliziert, ihm »wegen des G.-Komplexes« – die Zahlungen an Göring – ernsthaft Schwierigkeiten zu machen. Er erwartete daher in äußerlicher Gelassenheit ein Gerichtsverfahren. Was ihn aber an der Vorstellung verstörte, war der Gedanke, seine Frau würde dadurch nachhaltig belastet: »Mein Leben ist wirklich Kampf um Kampf gewesen, und Du bist mit hereingerissen, während ich doch die Hände unter Dich breiten wollte … Meine Liebe geht mit Dir ohne Unterlass. Sie ist umso tiefer und brennender, je weniger ich Dir helfen kann. Auch das ist eine harte Prüfung zu den vorangegangenen hinzu. Möge Gott geben, dass uns daraus einmal unsere blaue Blume erwächst. – Dein Mann.«[357]

Im Oktober 1945 wurde es konkreter in Sachen Reemtsma. Der von Senator Harley M. Kilgore geleitete Untersuchungsausschuss des US-Senats über das Nazi-Regime veröffentlichte eine Liste mit den Namen von 42 deutschen Großindustriellen, die beschuldigt wurden, an den Kriegsvorbereitungen des Dritten Reichs maßgeblich mitgewirkt zu haben. An oberster Stelle standen die Stahl- und Rüstungsproduzenten Friedrich Karl Flick und Alfried Krupp (statt seines erkrankten Vaters Gustav) sowie Georg von Schnitzler vom Chemiegiganten IG Farben. Auch Philipp F. Reemtsma war aufgeführt. Über die Kilgore-Liste wurde in den USA genau wie in Deutschland ausführlich berichtet. Die von den Siegermächten kontrollierten Radiosender und Zeitungen gaben die zentralen Feststellungen des Ausschusses wieder: 1. Deutsche Großindustrielle seien von Anfang an begeisterte Förderer des Nationalsozialismus gewesen. 2. Die Unterstützung von Schwerindustrie und Hochfinanz ermöglichte die ›Machtergreifung‹. 3. Die Umstellung der deutschen Industrie auf die Kriegswirtschaft erfolgte unter der unmittelbaren Leitung der deutschen Industriellen. – Am 11. Oktober erfuhr ›Zwei‹ im Lazarett von den Beschuldigungen. Sogleich schrieb er an Gertrud, er würde »als Kriegsverbrecher vor Gericht gestellt, mit 40 anderen der Großwirtschaft«.[358] Man merkte seinem Schreiben die Scham an, die seine Kriminalisierung auslöste: »Es tut mir zutiefst weh, dass Dir auch dieser Schmerz nicht erspart blieb. Bleib tapfer, mein liebes Herz. Und vergiss nie, dass Du das ganze Glück und die ganze Seligkeit meines Lebens warst.«

Allein dies klang nach Abschied, und wenige Tage später trat die Zerknirschung des Internierten noch deutlicher zutage: Er nahm an, nach Lüneburg vor ein britisches Gericht gebracht zu werden. Das war ihm recht, um überhaupt eine aktive Verteidigung und Entkräftung der Vorwürfe anzustreben, und er wollte es den Briten nicht zu leicht machen. Aus seinen pathetischen Worten sprach dabei Lebenswille und Fatalismus zugleich: »Wenn ich kämpfen werde um mein Leben und meine Freiheit, so geschieht es, um mit Dir wieder vereinigt zu sein, was ich zuversichtlich hoffe. Sollte uns das nicht beschieden sein, so weißt Du, dass mein Leben in Dir und Deiner Liebe seine Erfüllung fand.« Befürchtete Reemtsma möglicherweise die Todesstrafe, oder dachte er infolge einer Haftpsychose an Suizid, falls er eine dauerhafte Gefängnisstrafe antreten müsste? Die eigentümlichen und widersprüchlichen Formulierungen in seinen Briefen lassen vieles denkbar erscheinen.

Nüchterner befand der Unternehmer, er würde vor ein »politisches Gericht« gestellt, was gleichbedeutend mit einer Aburteilung sei: »Hier handelt es sich nicht um Rechtsprechung oder Rechtsfindung, sondern um einen Akt der Gewalt und der politischen Zweckmäßigkeit.« Deutlich war die bittere Empörung des deutschen Patrioten zu vernehmen, der jede nur mögliche Anklage gegen ihn als Willkürakt der Siegermächte verstand. Die in der Presse veröffentlichte Anklageschrift des internationalen Nürnberger Militärtribunals und die Resolution des US-Senats, die der Kilgore-Liste vorausgegangen war, bewertete Philipp F. Reemtsma nach intensiver Lektüre auch im Hinblick auf sich selbst. Er meinte, dass man ihn »mit diesen Rezepten, mit denen man die Betreffenden zu Verbrechern machen will«, nicht belangen könne. Mit deutlichen Worten kritisierte Reemtsma die Absicht der Amerikaner, eine Rechtsbasis dafür zu schaffen, Deutsche abzuurteilen, die seiner Auffassung nach in der Nazi-Zeit »den Gesetzen ihres Landes folgten«. Letztlich wollte der Unternehmer ein ökonomisches Motiv für seine Inhaftierung und die jetzt erfolgte Einreihung in die Gruppe der Kriegsverbrecher erkennen: »Nun ist die Tatsache leider nicht aus der Welt zu schaffen, dass ich plünderungswürdig bin. Das hält den Eifer, etwas zu finden, wach. Eigentlich eine prachtvolle Methode, die Betreffenden einzusperren, auf Eis zu legen und so wehrlos zu machen.«

Reemtsma glaubte, das Urteil gegen den in Nürnberg angeklagten Alfried Krupp würde »den Probefall für uns wirtschaftliche Großkopfete darstellen«. Doch trotz aller Verbitterung über seine Lage und die erwartete Konfrontation mit der Justiz der Sieger gab er sich gegenüber seiner Frau zuversichtlich: Es würde schwierig sein, ihm »Kriegsförderung oder ein wirtschaftliches Interesse am Krieg nachzuweisen. Dazu sind Cigaretten und Fische doch zu harmlos. Und der Partei habe ich wirklich nicht geholfen, zur Macht zu kommen.« Da man aber trotz der seiner Meinung nach fehlenden Tatbestände seinen Besitz beschlagnahmen konnte, wie mit Bahrenfeld und Haus Kretkamp geschehen, bedauerte er den persönlichen »Schwebezustand« als missliche Lage. Wieder einmal betonte Philipp F. Reemtsma, wie elementar für ihn das gemeinsame Leben mit seiner Frau war. Schonungslos offenherzige und pathetische Worte fand der Unternehmer im Anschluss an die Erörterungen über mögliche Anklagen, die er im Ratzeburger Lazarett zum Teil bei Kerzenlicht aufschrieb: »Wenn man vor 10 Jahren die Frage an mich gestellt hätte, ob ich bereit wäre, mein Leben nochmals zu leben, so würde ich ohne Zögern mit einem harten Nein geantwortet haben. Und heute? Um einen einzigen Tag mit Dir leben zu können, würde ich ohne Zögern 50 Jahre voller Leid auf mich nehmen.«

Offenbar war der Mann verzweifelt und mürbe, fünf Monate nach Beginn der Internierung. Wenige Tage zuvor hatte er mit Bezug auf eine Nachricht seines Bruders Alwin aus Neumünster geschrieben, dass »die armen Kerle im Lager … noch mehr der Gefangenenpsychose als wir« unterlägen. Auch auf Philipp F. Reemtsma wirkten die Umstände der Internierung, selbst wenn er geradezu privilegiert in einem Krankenhaus untergebracht war. Doch deutlich wird an seinen Äußerungen erkennbar, wie intensiv Zorn und Gefühle aus ihm herausdrängten. Den Zorn versuchte er reflektierend zu bändigen, was ihm meistens gelang. Den Gefühlen ließ er aber Gertrud gegenüber freien Lauf. Er äußerte sich in einer Weise, wie es aus seinem geschäftlichen Umfeld niemand erwartet hätte. Ein bis vor Jahresfrist mächtiger Geschäftsmann, der seinen bisherigen Lebensweg infrage stellte – bis auf den persönlichsten Bereich der Liebe zu seiner zweiten Frau? Hier brach sich vieles Bahn, möglicherweise gerade weil Reemtsma in der Untätigkeit des Lazarettalltags Zeit zum Nachdenken hatte, Zeit, die dem Unternehmer normalerweise fast völlig abging. Bewusst wurde ihm in dieser Zwangslage auch der alltägliche Nutzen seines auf Zigaretten basierenden Vermögens. So schrieb er Ende Oktober 1945 an seine Frau, es sei zwar keine Schande, arm zu sein, doch der Besitzende würde immer mehr Freunde und Unterstützung finden. »Der Reichtum hinter Stacheldraht wird durch Cigaretten, Alkohol und ähnliches repräsentiert.« Zweifellos war dieser Reichtum von Nutzen, etwa für die Bezahlung von Botendiensten. Aber Philipp F. Reemtsma musste mehrfach registrieren, dass seine Autorität nicht über den Zaun des Lazaretts hinausreichte, denn oft erhielt Alwin keine oder nur wenige der Zigarettenschachteln, die sein Bruder geheilten Ratzeburger Patienten bei der Rückverlegung nach Neumünster mitgegeben hatte. Da war es schon eine positive Ausnahme, wenn Alwin Reemtsma von zehn Päckchen zwei ausgehändigt bekam. Der Wert der Zigarette war einfach so groß, dass die Hemmschwelle der ›Kameraden‹ rapide verfiel.

Die eigene Unschuldseinschätzung Philipp F. Reemtsmas stand in krassem Gegensatz zum öffentlichen Bild. Vor allem in der sowjetischen Zone gab es eine extreme Berichterstattung. Die Zeitung *Das Volk* brachte am 20. Oktober einen langen Artikel, der den Aufstieg Philipp F. Reemtsmas von der Kaiserzeit bis zu Hitler als »Muster eines Großspekulanten« referierte und allerlei falsche Behauptungen enthielt: So sei der Unternehmer gemeinsam mit seinem Partner David Schnur Großaktionär der Deutschen Bank gewesen. Tatsächlich war Reemtsma einer der bedeutendsten Kreditnehmer dieses Kreditinstituts, aber infolge der Bankenkrise von 1931 nur in überschaubarem Maße Aktionär. Damals hatte er Papiere im Wert

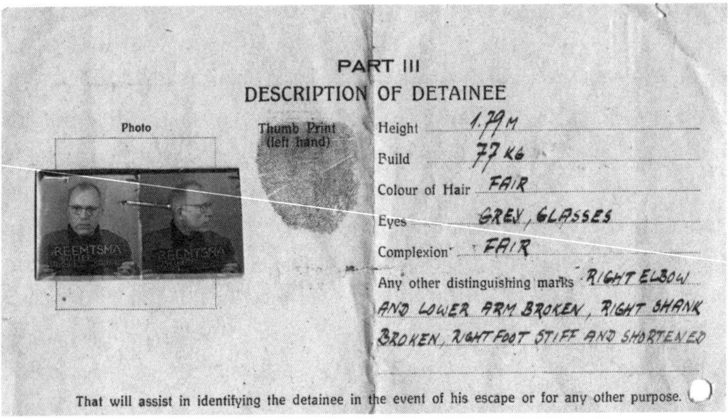
PART III
DESCRIPTION OF DETAINEE

Photo

Thumb Print (left hand)

Height 1.79 M
Build 77 KG
Colour of Hair FAIR
Eyes GREY, GLASSES
Complexion FAIR
Any other distinguishing marks RIGHT ELBOW AND LOWER ARM BROKEN, RIGHT SHANK BROKEN, RIGHT FOOT STIFF AND SHORTENED

That will assist in identifying the detainee in the event of his escape or for any other purpose.

Interniert im Lager Neumünster: Philipp F. Reemtsmas Meldebogen, Oktober 1945

von 8 Millionen Mark übernommen. Auch hatte er während des Krieges kein Einkaufsmonopol für Rohtabak auf dem Balkan und in der Ukraine gehabt, wie das Blatt behauptete. Nicht die Unterstellungen im Einzelnen erscheinen von Bedeutung, sondern der aktuelle Bezug der Schlussfolgerung: »Wenn Philipp Reemtsma jetzt von einem Ausschuss des USA-Senats in die Liste der Kriegsverbrecher eingereiht worden ist, so trifft damit einen Mann die gerechte Strafe, der nicht nur einer der größten Geldgeber Hitlers gewesen ist, sondern ihn auch im Vierjahresplan – durch Ausrüstung einer Walfangflotte – und im Kriege – durch intensive Förderung der für die Massenstimmung von Goebbels als äußerst wichtig erkannten Zigarettenproduktion – durch dick und dünn unterstützt hat.« In ähnlichem Duktus widmete der Sender Berlin sein viertelstündiges *Zeitecho* dem Unternehmer. Philipp F. Reemtsma wurde in dem Beitrag als antisemitischer »Steuerschieber« und Verursacher der ungeliebten Einheitszigarette von 1944 vorgestellt. Durch seine monopolartige Stellung sei das Volk von ihm geschröpft und »ausgesogen« worden. Diktion und Inhalte dieser Art waren über Jahre typisch für die ostdeutsche Behandlung des Themas Reemtsma.

Im Oktober 1945 wurde ›Zwei‹ ins Lager Neumünster verlegt, wo man ihn frontal und im Profil mit einer Tafel vor der Brust fotografierte: »Reemtsma, Philipp, 110089«. Der wie ein Krimineller Porträtierte mit der Interniertennummer, der mit schwarzer Farbe den Abdruck des linken Daumens auf seinen Meldebogen stempelte, blickt mit einem aufmerksamen und verwunderten Gesichtsausdruck in die Linse der Kamera, so als könne er all dies nicht recht glauben. Ein Herr im Sakko mit dunklem Rollkragenpullover, 77 Kilo schwer bei einer Körpergröße von 1,79 Metern. Das im Hungerjahr 1945 beträchtliche Gewicht lässt darauf schließen, wie gut ihm das Lazarett bekommen war. Reemtsma musste sich in Neumünster einer äußerlichen medizinischen Untersuchung unterziehen. Der Medical Officer notierte als akuten Befund: Osteomyelitis im rechten Bein – Knochenmarkentzündung. Sie war in Ratzeburg trotz der intensiven Bemühungen des behandelnden deutschen Arztes nicht ausgeheilt.

In Neumünster waren Besuche nicht möglich, aber Briefe und Hilfspakete kamen über einen offiziellen Weg ins Lager: Boten oder Angehörige gaben Päckchen für die Internierten am Eingangsgebäude ab. Dort rutschten die Sendungen über ein Brett in einen Kellerraum, wo sie von den britischen Wachmannschaften überprüft und an die Internierten weitergeleitet wurden. Die Wachen hielten ausländische Lebensmittel wie Cornedbeef oder amerikanisch-englische Zigaretten zurück. Alles, was erkennbar aus ausländischer Produktion oder Militärbeständen stammte, wurde beschlagnahmt. Damit wollten die Briten die Verbreitung von Schwarzmarkt- oder Schmuggelwaren einschränken. Deutsche Zigaretten jedoch, die weiterhin in der Notpackung erhältlichen Einheitszigaretten, konnten ohne weiteres ins Lager geschickt werden. Wie Philipp F. Reemtsma noch in Ratzeburg von Alwin erfahren hatte, waren bei diesem alle offiziell an ihn gesandten Pakete angekommen. Es war allerdings zu befürchten, dass die Bestimmungen über die Inhalte von Hilfspaketen wieder verschärft wurden, sodass dies nur als ein unsicherer Weg galt. Daher bat Philipp seine Frau, ihn und Alwin aus Hamburg so schnell wie möglich noch vor einer möglichen Sperre mit Zigaretten zu versorgen.

Darüber hinaus übermittelte ›Zwei‹ einen Auftrag an Kurd Wenkel in der Firmenleitung: Der Tabakchef sollte dafür Sorge tragen, dass auch einige Bekannte von Reemtsma im Lager Zigaretten, Zigarren und Tabak erhielten. Sogar für einen Prominenten wurde ein Wunsch aufgegeben: »etwas Tabak an Karl Kaufmann«.[359] Der mit anderen Hamburger Nazis in Block B einsitzende ehemalige Gauleiter sollte also ein Geschenk bekommen. Dies lässt – selbst sechs Monate nach Kriegsende – auf eine positive, persönliche Beziehung zwischen den beiden Herren schließen. Dazu passte, dass Philipp F. Reemtsma noch aus Ratzeburg die Schilderung eines Internierten übermittelt hatte, derzufolge Kaufmanns »untadelige Haltung« im Lager Neumünster beeindruckend gewirkt habe.[360] Offenbar ging hier Männerfreundschaft über Nazi-Politik, oder der Unternehmer sah keinen Grund, sich vom Gauleiter fernzuhalten.

Auch in Neumünster aktivierte Reemtsma den inoffiziellen Postweg. ›K.‹ und Schwester Ursula waren nur in Ratzeburg von Nutzen gewesen. Nun fand er einen Engländer, der hin und wieder seine Frau im 60 Kilometer entfernten Othmarschen aufsuchen konnte, um etwas ins Lager zu schmuggeln. Philipp informierte Gertrud Mitte November, dass dieser Bote stattliche 250 Zigaretten für seinen ersten Weg nach Hamburg verlangte. Dann wollte er dort ein »Souvenir« erhalten und als Gegenleistung Post und kleinere Tabakwarensendungen für Philipp und Alwin Reemtsma mitnehmen. Dass man so für alle Fälle abgesichert war, ließ den hohen Zigarettenpreis als gerechtfertigt erscheinen. Ein wichtiger Aspekt der Versorgung Alwins war, dass die Sucht des Kettenrauchers durch den ständigen Zufluss über die Familie und über seinen auch in Neumünster internierten Freund Heinz Gehrckens gestillt werden konnte. Der Nichtraucher überließ ihm wie ein weiterer Kamerad regelmäßig die Zigarettenration. Derart unterstützt bewahrte der schwerhörige Ex-SS-Standartenführer die Fassung, wie sein Bruder bemerkte.[361]

Mittels der Zigaretten verbesserte Philipp F. Reemtsma seine Lage in mancherlei Hinsicht, aber eins gab es in dem Massenlager Neumünster nicht: Ruhe. Den Unternehmer belastete das völlige Fehlen der Möglichkeit, »mit sich und seinen Gedanken allein zu sein«. Ihm war schon in Ratzeburg aufgefallen, dass Internierte, die aus Neumünster kamen, eine »unwirkliche und gleichzeitig uniforme Mentalität« angenommen hatten.[362] Sich hiervon abzugrenzen und vor dem Lagerkoller zu schützen blieb ein strapaziöses Unterfangen. Nicht uninteressant ist dabei, dass Philipp F. Reemtsma im Herbst 1945 die Konstellation der Sterne beachtete. Negativ aufgeladen war für ihn das Sternbild Skorpion, von dem er sich »dieses Mal« nicht unterkriegen lassen wollte, wie er ominös an Gertrud schrieb. Am 22. November begann der Schütze, danach folgte der Steinbock. Von beiden meinte er, sie würden ihn in ihren Schutz nehmen. Schließlich hatten Gertrud und Philipp just an dem Tag im Dezember 1939 geheiratet, als diese beiden Sternzeichen sich berührten. Derartig eingestimmt, hoffte ›Zwei‹ auf seine Entlassung zur Weihnachtszeit, zumal er in Neumünster vom deutschen und englischen Lagerarzt für »haftunfähig« erklärt worden war.[363]

Möglicherweise veranlasste die Kilgore-Kriegsverbrecherliste einen älteren Herrn in New York dazu, den Notar Rochelle Lewis aufzusuchen: Am 29. Oktober gab Eugen Garbáty eine eidesstattliche Erklärung ab, die unter anderem schwere Anklagen gegen Philipp F. Reemtsma und Jacob Koerfer beinhaltete. Koerfer hatte fast auf den Tag genau sieben Jahre zuvor die Pankower Garbáty KG ›arisiert‹. Eugen Garbáty, inzwischen amerikanischer Staatsbürger, bezifferte den infolgedessen entstandenen finanziellen Verlust seiner Familie auf »annähernd 100 Millionen Reichsmark«.[364] Philipp F. Reemtsma habe die Firma Garbáty Anfang 1938 schwer geschädigt und sei als »intimer Freund Görings« mit guten Beziehungen zu Hitler ein allseits gefragter Experte in wichtigen Wirtschaftsfragen gewesen. Darüber hinaus habe er als Aufsichtsratsmitglied der Deutschen Bank und der Reichsbank sowie anderer Gesellschaften, »von denen viele zweifellos große Bedeutung für die Vorbereitung des Krieges hatten«, Einfluss geltend gemacht. Die mehrere Seiten umfassende detailreiche Darstellung Eugen Garbátys war zum Teil sachlich falsch. Gerade die Bezifferung des finanziellen Verlusts von 1938 war drastisch überhöht, denn die Pankower Zigarettenfabrik war im Jahr vor ihrem unter Zwang erfolgten Verkauf auf rund 30 Millionen Mark bilanziert worden. So oder so erhielten amerikanische Ermittler und letztlich auch die Briten hierdurch von einem Brancheninsider Informationen über die Nähe Philipp F. Reemtsmas zu Spitzen des Nazi-Regimes.

Intimer Freund Görings, veritabler Geldgeber Hitlers und wichtiger Faktor der Kriegswirtschaft, wie es auch wiederholt in den Zeitungen gestanden hatte? Stimmte das? Um das zu klären, erschienen im Dezember 1945 zwei amerikanische Offiziere in der Reemtsma-Zentrale in Wandsbek. Sie konfrontierten die Geschäftsführer Lose und Ahrends mit der Frage nach einer vollständigen Aufklärung über die Zahlungen an Göring bzw. an das von ihm geleitete Preußische Staatsministerium. Das Faktum war den Ermittlern bekannt, nicht aber die genaue Höhe der Millionenzahlungen. Auch ›Zwei‹ wurde im Internierungslager ausführlich zu sämtlichen Spenden an Nazis und Parteigliederungen vernommen. Als er am Ende den ›Interrogator‹ fragte: »Was haben Sie mir vorzuwerfen?«, erhielt er die Antwort: »Nichts.«[365] So wurde er weiterhin im Unklaren darüber belassen, ob es zu einer Anklage gegen ihn wegen dieses Spendenkomplexes oder wegen anderer Tatbestände kommen würde. Der Internierte vermutete, dass die unteren Chargen und natürlich auch die Wachen keine Ahnung hatten, »wie lange man uns schmoren lässt, damit wir schön weich und gefügig werden«. Reemtsma glaubte mittlerweile, dass bei den meisten Internierten aufgrund der Rechtslage keine Anklage entstehen konnte. So schloss er seinen Brief an Gertrud mit einer sarkastischen Wendung: »Wenn mich nicht jeder Tag Trennung von Dir so bitter schmerzen würde, wäre das alles ganz interessant.«

Während Alwin und Philipp wenige Wochen nach Kriegsende in die Mühlen der britischen Internierungspolitik geraten waren, hatte Hermann F. Reemtsma unbehelligt weiterleben und an dem Wiederaufbau der Firma indirekt mitwirken können. Dass er aus seinem herrschaftlichen Haus ausziehen musste, war im Vergleich zur Lage der Brüder eine Petitesse. Doch es blieb nicht dabei. Auf seinem Bauernhof in der Lüneburger Heide waren zahlreiche Flüchtlinge aus dem Osten einquartiert. Der 10-jährige Sohn Hermann-Hinrich ging im Herbst 1945 hin und wieder mit einem von ihnen, einem Pastor, über die Felder spazieren. Der Pastor nannte sich Otto und dozierte über theologische Fragen. Ende November fuhr ein Jeep der britischen Militärpolizei vor. Die ›Rotkäppchen‹ holten ›Otto‹ ab, denn er war kein Geistlicher, sondern ein untergetauchter SS-Mann. Gleichzeitig inhaftierten die Briten Hermann F. Reemtsma unter dem Vorwurf, er habe dem Soldaten wissentlich Unterschlupf gewährt. Gertrud Reemtsma erwähnte in einem später abgefassten Schreiben, dass unter den Flüchtlingen auf dem Hof sogar noch ein zweiter SS-Angehöriger entdeckt wurde, weshalb die britischen Militärs Hermann F. Reemtsma mangelnde Sorgfalt vorhielten.[366]

Während der ersten Nachkriegsweihnacht waren somit die drei Reemtsma-Brüder im Gewahrsam der Briten, und ihre Familienangehörigen in Hamburg blickten in eine völlig ungewisse Zukunft. War dieses traurige Weihnachtsfest – wie es der Journalist Theo Sommer 60 Jahre später mit Blick auf die Deutschen überhaupt beschrieb – »der Tiefpunkt ihres ganzen Lebens«?[367] Vielleicht. Bitter war die Zerstörung der Betriebe, die Requirierung der Häuser, der Verlust der während des Krieges umgekommenen Kinder von Philipp und der beiden gefallenen Söhne von Elisabeth Fiedler. Schließlich sorgte man sich auch um den Gesundheitszustand und die psychische Verfassung von Philipp und Alwin im brechend vollen Internierungslager. Verschiedentlich hatten die Hamburger Familienangehörigen mit den leitenden Angestellten der Firma »Kriegsrat« gehalten und auch die Abstimmung mit ›Zwei‹ gesucht, solange dieser in Ratzeburg für Briefe und seinen Anwalt Dr. Fischer erreichbar gewesen war. Dabei hatte man eine wichtige Entscheidung getroffen, um das Ansehen der Firma zu verbessern: Alwin Reemtsma war seit Herbst 1933 Mitglied der SS gewesen. Er hatte demnach fast über die gesamte Dauer der Nazi-Zeit einer mittlerweile als verbrecherisch deklarierten Organisation angehört. Der deswegen am stärksten belastete Reemtsma musste Ende des Jahres 1945 als Kommanditist aus der Reemtsma KG ausscheiden und sich auf eine Funktion als stiller Teilhaber zurückziehen. Der dazu herbeigeführte Beschluss der Gesellschafterversammlung bedurfte der Genehmigung durch die britische Militärregierung. Hiermit war eine bewusste Trennung des Geschäfts von ›Drei‹ vollzogen. Sie blieb unumkehrbar. Überspitzt könnte man dies als erste firmeninterne Entnazifizierung bei Reemtsma bezeichnen.

Verhöre in Bad Nenndorf und Frankfurt

Der Kommandant des Interniertenlagers Neumünster hatte den weiterhin kranken Philipp F. Reemtsma auf die dem Secret Service eingereichte Entlassungsliste gesetzt, doch das wurde abschlägig beschieden. Am 31. Dezember wurde der Unternehmer nach Bad Nenndorf in das Gefängnis des britischen Militärgeheimdienstes überführt, wo eine neue, ernstere Phase der Haftzeit anbrach. Das Gefängnis war im Unterschied zu den großen Internierungslagern eine kleine Einrichtung für weniger als 500 Insassen. Drei Monate nach Kriegsende hatten die Briten den südwestlich von Hannover gelegenen Ort von der US-Armee übernommen und sogleich mit Stacheldraht im Ortskern eine Sperrzone eingerichtet. Das Badehaus aus der Kaiserzeit war mit einigem baulichen Aufwand in ein Verhörzentrum mit Zellen und stählernen Türen umgewandelt worden. Nach und nach transportierten die Briten bedeutendere Nazi-Funktionäre, Diplomaten, Geheimdienstoffiziere, SS-Angehörige und mutmaßliche Spione heran, die als eine Gefahr für die Sicherheit angesehen wurden. Sie sollten im Nenndorfer Combined Services Detailed Interrogation Centre verhört werden.

Die Insassen wurden gemäß der Anweisung des Kommandanten Colonel Robin Stephens hart angefasst. Wiederholter Schlafentzug, stundenlanges Stehen in der Winterkälte und unzureichendes Essen gehörten zu den schikanösen Praktiken. Darüber hinaus wurden etliche Insassen von den meist jungen Wachsoldaten wiederholt mit Tritten traktiert, geschlagen, gepeitscht und einige sogar mit erbeuteten Gestapo-Folterinstrumenten gequält. Sogar Todesfälle infolge von Unterernährung und ausbleibender medizinischer Behandlung kamen in dem Geheimdienstgefängnis vor.[368] Philipp F. Reemtsma zählte nicht zu den Unglücklichen, die im Verhör oder von sadistischen Wachen misshandelt wurden; er wusste, dass Colonel Stephens für die Härte verantwortlich war. Reemtsma erfuhr auch, dass die meisten Verhörspezialisten dessen Methoden ablehnten. Sie hatten keine Möglichkeit, etwas daran zu ändern. Von den 20 Interrogators waren die meisten Briten. Es gab aber auch einige jüdische Emigranten aus Deutschland unter ihnen. Wer Reemtsma verhörte, ist nicht überliefert, doch wer auch immer es war, er schien Verständnis für sein Gegenüber in Sträflingskleidung aufzubringen.

›Zwei‹ erfuhr, dass in Bad Nenndorf einige ihm bekannte Unternehmer und Repräsentanten der Wirtschaft verhört wurden. Der britische Geheimdienst begann auf Ersuchen der Amerikaner mit der systematischen Vernehmung von Bankleuten, was auch Reemtsma betraf. Mitte Januar wurde er von Bad Nenndorf unter Bewachung nach Frankfurt überstellt. Zur Vorbereitung eines großen Bankenprozesses ließ die Finanzabteilung der amerikanischen Militärregierung, OMGUS FINAD, im Rahmen einer regelrechten Verhaftungswelle sämtliche greifbaren Vorstände und Aufsichtsräte von Großbanken festnehmen. Dazu gehörte jetzt auch Hermann J. Abs, den die Briten am 17. Januar 1946 in Hamburg in »Automatical Arrest« nahmen, nachdem sie ihn seit der Kapitulation in ihrer Zone im Hintergrund bei der improvisierten Leitung der Deutschen Bank hatten mitwirken lassen.

Offensichtlich kannten die FINAD-Ermittler anfangs nicht den Kompetenzbereich eines Aufsichtsrats deutscher Aktiengesellschaften, denn im Gegensatz zum Board eines amerikanischen Unternehmens übte der Aufsichtsrat einer deutschen AG keine Leitungsfunktion aus. Während intensiv zur Rolle der deutschen Finanzwirtschaft ermittelt wurde, war Philipp F. Reemtsma wegen seiner Zugehörigkeit zum Aufsichtsrat der Deutschen Bank und seiner Mitwirkung in dessen Arbeitsausschüssen in die Mühlen des amerikanischen Ermittlungsverfahrens geraten. Über mehrere Tage wurde er von einem gut informierten Interrogator namens Saul Kagan vernommen. Dabei mussten detaillierte Angaben zu den geschäftlichen Verbindungen der Reemtsma KG zur Deutschen Bank, zu Hermann J. Abs, zu Garbáty und eventuellen ›Arisierungen‹ gemacht werden. Hierzu gab Reemtsma an, lediglich die Beteiligung seines Geschäftspartners David Schnur übernommen und ihn angemessen entschädigt zu haben. Es wurde auch abgefragt, wie sich das Verhältnis zu Hermann Göring gestaltet hatte und wie die Tabaktransaktionen auf der Krim, dem Balkan und in der Türkei abgewickelt worden waren. Während der Vernehmungen erhielt Reemtsma keine Auskunft darüber, welcher Stellenwert seinem Aufsichtsratmandat beigemessen wurde und ob er persönlich deswegen zur Verantwortung gezogen werden sollte. Andere Verhörte, mit denen er zusammentraf, hatten dagegen maßgeblichere Positionen in der Finanzwirtschaft innegehabt, so etwa der 1944 aus dem Vorstand der Dresdner Bank ausgeschiedene Hans Pilder. Neben diesem alten Bekannten wurden nur wenige Personen aus Philipp F. Reemtsmas Netzwerk von den Amerikanern verhört. Nach einiger Zeit flaute ihr Interesse an ihm ab. Im Bankwesen war er schließlich nur eine Randfigur gewesen. Seine wirtschaftliche Betätigung hielt er generell für unkritisch, da sie »so abseits der Kriegsproduktion« gelegen habe.[369] Daraus, schrieb er Gertrud, würde man sicherlich keine Anklage entwickeln können.

Die Verhöre fanden im gediegenen Frankfurter Gebäude der Dresdner Bank an der Gallusanlage statt. Untergebracht waren der Hamburger Unternehmer und andere Inhaftierte allerdings im Allgemeinen Zuchthaus Darmstadt. Die Verpflegung und Behandlung bezeichnete Reemtsma gegenüber Gertrud als »durchaus korrekt«. Er freute sich, warm baden zu können und die Wäsche gewaschen und gebügelt zu bekommen. Allerdings hatte sich sein Gesundheitszustand verschlechtert, sodass die Osteomyelitis behandelt werden musste. Davon hatte Gertrud einen direkten Eindruck erhalten, als sie Philipp in Frankfurt persönlich aufsuchen durfte. Ihr erschien er »schrecklich abgemagert und mit allen Zeichen der hinter ihm liegenden harten Zeit«.[370] Aber ihr Mann genoss ihren Besuch, auch weil hinterher Mithäftlinge verschiedensten Alters von ihm überzeugt werden mussten, dass Gertrud »weder meine Tochter noch meine Freundin, sondern meine ganz regelrechte Frau« sei.[371]

Gertrud Reemtsma erhielt von einem der Inhaftierten Informationen über ihren Mann: Der langjährige Reemtsma-Beirat Dr. Pilder teilte ihr Anfang Februar 1946 mit, dass ihr Mann mehrmals zu Vernehmungen in Frankfurt gewesen sei und sich unter den Bankiers im Darmstädter Gefängnis – »im Kreise der Herren dort« – sehr wohlgefühlt habe. Danach sei er nach Nenndorf zurückgebracht worden: »Wir alle haben mit schwerem Herzen von ihm Abschied genommen und wünschen ihm von Herzen das Beste.«[372]

Philipp F. Reemtsma hatte die guten Wünsche wahrhaft nötig. Einem seiner Briefe aus Darmstadt ist deutliche Verunsicherung anzumerken. Weiterhin waren zentrale Fragen nicht geklärt: Die Haftdauer? Eine Anklage? Er konnte nicht einschätzen, was ihm in nächster Zukunft bevorstand und wie er sich dagegen verteidigen sollte. Dennoch versuchte er, Gertrud zu beruhigen: »Ich habe gelernt, in Geduld eine der stärksten Eigenschaften der Tapferkeit zu sehen.«[373] Deutlich erkannte Philipp F. Reemtsma während seiner Haft die »riesengroße« Gefahr, dass »auch ich mich fallen lasse«, wie er notierte.[374] Deshalb half es ihm, Englisch selbst unter Haftbedingungen zu lernen. Das war in Ratzeburg möglich gewesen, aber bei der Einlieferung in Nenndorf hatte man ihm die Grammatik- und Vokabelhefte kurzerhand abgenommen. Trotz wiederholter Bitten erhielt er sie erst Anfang März zurück. Das Englischlernen erwies sich aus der Sicht des Unternehmers als die wertvollste Unterstützung »gegen das langsame Auseinanderfallen«.

Lichtblick Rotenburg

Die beunruhigende Atmosphäre des Bad Nenndorfer Gefängnisses und die andauernden Verhöre verschlimmerten den Gesundheitszustand von ›Zwei‹, dem jetzt auch noch klaustrophobische Zustände zu schaffen machten. Seit dem Transport nach Frankfurt war die Entzündung im rechten Bein wieder akut; jetzt war Reemtsma ernstlich krank. Hinzu kamen die mangelhafte Ernährung und die Kälte in der Zelle. Inständig hoffte er auf seine Entlassung als chronisch Kranker oder auf die Beendigung der belastenden Vernehmungen. Aber der Secret Service wollte ihn nicht freigeben.

Innerhalb von sieben Wochen nach der Rückkehr aus Frankfurt nahm Reemtsma dreizehn Kilo ab. Wohl auch deshalb überwies man ihn in das britische Interniertenhospital in Rotenburg an der Wümme. Ende März gelangte Philipp F. Reemtsma gemeinsam mit einem erkrankten U-Boot-Offizier dorthin. Diesmal allerdings transportierte man ihn nicht mit drei Mann Bewachung, sondern »mit Chauffeur und einem Begleitoffizier«, wie er gegenüber Gertrud bemerkte.[375]

Im Krankenhaus der nahe von Bremen gelegenen Kleinstadt Rotenburg setzte eine deutliche Besserung der körperlichen Verfassung und der inneren Befindlichkeit Philipp F. Reemtsmas ein. In dem Hospital war, verglichen mit den vorherigen Stationen der Haftzeit, alles offener und menschlicher organisiert. Die Internierten waren hier vorrangig Patienten, die von deutschen Ärzten, Sanitätern und Diakonissen behandelt wurden. Den krassen Gegensatz zur Zellenhaft konnte Reemtsma kaum fassen. Hier musste er nicht um halb sechs aufstehen, hier gab es keine Wachen vor den Krankenzimmern und Stuben. Stattdessen erfreute er sich an Heizung, warmem Wasser, einem gefederten Bett, mehr Essen und Lektüre.

Über einen Vertrauten, den Reemtsma als ›B.‹ bezeichnete, erhielt seine Frau eine regelrechte Wunschliste von ihm, da er »arm wie eine Kirchenmaus«, nur mit Rasierzeug und Nagelbürste von Bad Nenndorf nach Rotenburg verlegt worden war.[376] Er bat um einen einfachen Koffer oder Karton, um seine Sachen darin unterzubringen und bei der Rückverlegung nach Nenndorf transportieren zu können. Die Wünsche umfassten Waschlappen, Haarbürste, Seife, Rasierklingen, Toilettenpapier, Kleidung, Schreibmaterial, Briefmarken und Spielkarten. Zu diesen praktischen Dingen sollten noch 1500 Zigaretten, Zigarettenspitzen und Streichhölzer kommen. Philipp war wählerisch; er wollte am liebsten 500 Stück der seit Jahren nicht mehr produzierten *Erste Sorte*, sofern das möglich war. Demzufolge hoffte er auf einen Restvorrat der eingelöteten versteckten Zigaretten. Zudem wünschte er sich etwas Geld und Lebensmittel. Er teilte Gertrud mit, dass die Internierten im Rotenburger Hospital wöchentlich ein Paket empfangen und Dinge bei den Angehörigen anfordern durften.

Gertrud tat, was sie konnte, und schickte reichhaltige Pakete nach Rotenburg. Wäsche, Knäckebrot, eine Flasche Wein und 860 Zigaretten erhielt er zu Ostern über einen Mittelsmann. Damit konnte er sein Körpergewicht weiter aufpäppeln, denn gegen Zigaretten ließ sich der Nachschlag bei der Essensausgabe und anderes erkaufen. Philipp schrieb Gertrud, dass er das Knäckebrot genoss, während er Fotos von ihr betrachtete und ihren Brief »ein dutzendmal« las – bis er ihn verbrannte. Das Vernichten der Briefe war eine seiner Sicherheitsmaßnahmen; er wollte offenbar die für ihn bestimmten Informationen vor jedem Zugriff durch Dritte bewahren.

Im April wurde genehmigt, dass Gertrud Reemtsma ihren Mann besuchte. Vorab hatte er den Wunsch geäußert, sie möge Blumen mitbringen, um die Tristesse seines Krankenzimmers zu mildern. Sie erfreute ihn nicht nur mit einem Topf Himmelsschlüssel, sondern sogar mit einem Strauß Tulpen, den er an das Fenster stellte. Der Gegensatz zur halbdunklen Nenndorfer Zelle hätte kaum größer sein können. Darüber hatte er seiner Frau geschrieben: Dort sei er im »stündlichen Ringen um Selbstbehauptung gegen Hunger und Kälte ... geistig, seelisch und körperlich« stumpf geworden, sodass die Realität weit entfernt schien.[377] Und nun, wenige Wochen später, erlebte er die Zeichen des Frühlings in vollem Bewusstsein: Amseln und Finken zwitscherten, die Kastanienknospen entwickelten sich, und er bedauerte lebhaft, dass sie erstmals seit 1939 – dem Frühling, in dem sie sich ineinander verliebt hatten – nicht ihren gemeinsamen Osterspaziergang in Trenthorst machen konnten. Sentimental schloss der Unternehmer mit einem Mephisto-Zitat: »Wie schön ist die Natur, wie hässlich ist die Menschheit. ›Ein wenig besser würd er leben, hättst Du ihm nicht den Schein des Himmelslichtes gegeben. Er nennt's Vernunft und braucht's allein, nur tierischer als jedes Tier zu sein.‹ – Welch großer Geist ist doch Goethe.«

Die Ernährungslage war jetzt gut, die Bemühungen der Ärzte und Schwestern zeigten Wirkung. Im rechten Fuß vermutete der deutsche Arzt weiterhin Streptokokken. Reemtsma lobte diesen Mediziner, der sich »rührend« um ihn kümmerte und sogar nachts auf der Krankenstation im Haus IV nach ihm sah. Positiv vermerkte Reemtsma, dass der britische Arzt aus Bad Nenndorf die Beurteilung des deutschen Kollegen bestätigte. Dies war ihm wichtig, denn er wollte »mit allen Mitteln« darum kämpfen, in die Kategorie der chronisch Kranken zu kommen. Das, so hoffte er, würde seine Chance, entlassen zu werden, wesentlich erhöhen. Dem Briten, der zur Inspektion sämtlicher Nenndorfer Häftlinge nach Rotenburg gekommen war, berichtete Reemtsma ausführlich, er habe vor drei Tagen eine Nierenkolik gehabt, und der letzte Anfall der Osteomyelitis liege zwei Wochen zurück. Dieser Arzt habe ihn erstmals nicht in »Sträflingskleidern, sondern wohlhabend in einem blauseidenen Morgenrock gehüllt« gesehen, und er sei sogleich etwas unsicher im

Umgang geworden. Am Schluss sagte ihm Reemtsma »kurz und kühl«, dass er im Hospital keine Heilung erwartete, denn das, was seit seiner Kriegsverletzung in 28 Jahren nicht ausgeheilt sei, könne unter den Haftumständen nicht einfach verschwinden. Diese Äußerungen waren sicherlich objektiv, aber sie waren im Kern vor allem taktisch. Seine allgemeine, äußerliche Verfassung machte jeden Tag Fortschritte. Als Kranken würde man ihn nicht ins Geheimdienstgefängnis zurückverlegen. Bad Nenndorf war sein Albtraum. Da stimmte es ihn hoffnungsvoll, dass die Interrogators zur Fortsetzung der Verhöre nach Rotenburg kamen. Musste er vielleicht wirklich nicht mehr zurück?

Philipp F. Reemtsma erkannte seine bevorzugte Lage. Im Gegensatz zu den anderen Internierten erhielt er seine Päckchen rasch zugestellt, das heißt, der Botendienst über ›B.‹ benötigte nur wenige Tage, oder Gertrud gab die Päckchen persönlich ab. Daher waren die Lebensmittel frisch, wie beispielsweise in Flaschen abgefüllte Hühnerbrühe. Andere Häftlinge bekamen ihre Pakete über den offiziellen Postweg, der »via Bonn« zu adressieren war und damit eine intensive Geheimdienstsichtung durchlief, was bis zu sechs Wochen Verspätung einbrachte. Zudem fehlte in der Regel das eine oder andere in diesen Sendungen. Reemtsma teilte eine Flasche Brühe mit seinen »Kameraden«, und sie genossen diese mit Aal in Aspik – aus Heeresbeständen – und Kartoffeln. Das Nahrungsmittelangebot hier im Rotenburger Lazarett übertraf die Tagesration der deutschen Bevölkerung, die im ersten Jahr der Besatzungszeit bei etwa 1200 Kalorien lag. Das war dem Unternehmer auch bewusst, denn er bemerkte, niemand »außer den Selbstversorgern und Schwarzmärktlern« werde so gut verpflegt wie die Patienten seines Hospitals.[378]

Trotz der Internierung an verschiedenen Orten erfuhren die Brüder Reemtsma etwas voneinander, etwa durch Briefe von ihren Hamburger Angehörigen oder über Mittelsmänner, die Informationen weitergaben. So hatte ›Zwei‹ am 22. Januar 1946 aus Frankfurt an Gertrud schreiben können, es gehe seinem Bruder Hermann im Internierungslager gut, sodass Schwägerin Hanna sich keine Sorgen zu machen brauche. Einige Wochen später in Rotenburg hörte Philipp, dass der in Westertimke nordöstlich von Bremen einsitzende Hermann noch vor Ostern freikommen sollte. Er war sehr froh darüber, »vor allem, wenn er deblockiert wird. Es ist ja sonst nichts anderes mehr von der Familie übrig geblieben.«[379] Allerdings fügte er einen kritischen Satz an, der erneut unterstrich, dass das Verhältnis zu seinem Bruder spannungsgeladen war: »Er wird jetzt wohl auch etwas menschlicher werden und von seiner Gottähnlichkeit herunterkommen.« – Welchen Gott meinte Philipp F. Reemtsma? Spielte er möglicherweise indirekt auf sich an, den Kopf des Hauses Reemtsma, dem der ältere Bruder in der Unternehmensführung nacheiferte? Die firmenpatriarchalischen Züge an Hermanns Auftreten allein werden es kaum gewesen sein, die hier als »Gottähnlichkeit« bitter ironisiert wurden. Im Laufe der Haft aber war ›Zwei‹ wiederholt ungehalten, wenn die Rede auf Hermann kam. – Die Bereitstellung von Zigaretten für ihn sollte der nach fast fünfmonatiger Haft freikommende Bruder, der gesundheitlich mitgenommen war, endlich von sich aus in die Wege leiten. »Unerträglich« schien Philipp der Gedanke, dass seine Frau auf seinen Wunsch hin immer wieder »um etwas bitten und betteln« müsse, was er »noch immer als mein Recht, zum wenigsten moralisch«, empfand.[380]

Vielleicht störte sich Philipp F. Reemtsma auch daran, dass der kunstsinnige Bruder im Frühling 1946 erstmals seine Barlach-Skulpturen ausstellte. Damals waren weiterhin zahlreiche Flüchtlinge auf seinem Hof in der Lüneburger Heide einquartiert. Und nun begann dort unter Mitwirkung des Bildhauers Hugo Körtzinger die Präsentation der vor kurzem noch verfemten Kunst Ernst Barlachs. Eigens dafür wurde ein Gästebuch ausgelegt, in dem Körtzinger die erste Eintragung vornahm. Schließlich war er derjenige gewesen, der Hermann F. Reemtsma auf Barlach aufmerksam gemacht hatte. Die Huldigung hoher Kunst auf dem Landgut kontrastierte mächtig mit dem Interniertenschicksal der Brüder Alwin und Philipp. Aber hätte Hermann diesen Schritt zur Würdigung Barlachs unterlassen sollen? War dies gerade in der Nachkriegstristesse nicht ein gutes Signal zur Rückkehr ins normale Leben?

Während die eine Familienseite in die Welt der Kultur vordrang, blieb die Lage der internierten Brüder verfahren, und sie brachte immer neue Schroffheiten mit sich. So führte die Vermögenskontrolle durch die Briten zu besonderen Härten. Eine davon stieß Gertrud und Philipp F. Reemtsma vor den Kopf: Das 1944 auf dem Friedhof in Hamburg-Nienstedten von Bildhauer Richard Scheibe und Martin Elsaesser gestaltete Grabmal der Familie war kriegsbedingt unfertig geblieben. Die Reemtsmas beantragten die Freigabe eines Geldbetrages für das Grab der drei Söhne, aber Property Control verweigerte dies kategorisch.

In den Briefen und Mitteilungen von Philipp F. Reemtsma aus der Internierungszeit wird deutlich, wie stark die Sorgen um seine Frau auf ihm lasteten. Ihre Gesundheit, Ernährung, Unterkunft und auch das Verhalten der Verwandtschaft ihr gegenüber sprach Philipp wieder und wieder an. Die Briefe stellten zweifellos eine existenzielle und vitale Verbindung zwischen den Ehepartnern dar, aber auch damit konnte er keine wirkliche Hilfe für sie leisten. Die völlige Beschränkung seines Wirkungskreises war eine ungekannte, bittere Erfahrung für den sonst so einflussreichen und sich seiner Autorität bewussten Unternehmer.

Seit Mitte April ging es Philipp F. Reemtsma wesentlich besser. Äußerlich war er nach einigen Wochen in Rotenburg fast wieder auf dem Stand vom vorigen Herbst. Trotz der guten medizinischen Versorgung, der ausreichenden Ernährung und des Freigangs in den Hof war auch das militärisch bewachte, überfüllte Rotenburger Krankenhaus ein belastender Ort. Hier lebten Hunderte erkrankter Internierter auf engem Raum in Stuben oder Krankenzimmern. Reemtsma litt wie die anderen Internierten unter einer Wanzenplage, die so »schrecklich« wurde, dass er zeitweise nicht mehr schreiben konnte. Als dann der Kammerjäger Zimmer für Zimmer vom Befall befreite, mussten die Insassen einige Zeit lang zusammengepfercht auf einem Stockwerk ausharren. Philipp klagte gegenüber Gertrud, dass »doch sehr viel labile Menschen« darunter waren, »moralisch, geistig und auch charakterlich angeschlagen«. Er müsse »ununterbrochen seelisch abstützen«, da viele »krank und siech einem ausweglosen Schicksal« entgegensähen.

In keinem Haus seines Zwangsaufenthaltes duldete Philipp F. Reemtsma Unfrieden, sonst wäre die Enge unerträglich geworden. Konflikte entzündeten sich aber immer wieder, denn unter den 600 bis 700 Kranken in Rotenburg gab es eine deutliche Zweiteilung: Knapp die Hälfte von ihnen stammte aus den Westzonen Deutschlands, und allein sie bekamen Briefe und Pakete von zu Hause. Die Übrigen waren von diesem wesentlichen Kontakt zur Familie abgeschnitten, denn aus dem Osten kamen keine Zusendungen. Letztlich war jede Schwester und jeder Sanitäter in den inoffiziellen Postverkehr eingebunden, was wegen der Gefälligkeitszahlungen an diese Boten die Beliebtheit der internierten Postempfänger zwangsläufig steigerte. Die aus dem Osten stammenden Kranken hatten es daher doppelt schwer, denn ihnen fehlten zusätzliche Nahrungsmittel. Daher gab es Missgunst unter den Internierten. Einer von ihnen entwendete Philipp F. Reemtsma den von Gertrud zugesandten kleinen Koffer mitsamt Inhalt. Hier wurde der empörte Unternehmer überaus energisch. Schnell konnte er ermitteln, wer ihn bestohlen hatte. Gemeinsam mit einem Kameraden suchte er den Dieb auf und filzte dessen Habseligkeiten. Von den gestohlenen Dingen fand Reemtsma allerdings nur einen Teil. Die neue Zahnbürste hatte der Mann schon benutzt, daher ließ Reemtsma sie ihm zurück, aber die Odolflasche, Zahnseife, Waschpulver, zwei Handtücher, ein Langenscheidt-Wörterbuch und einen Napoleon-Roman nahm er wieder an sich. Von den Lebensmitteln hatte der Dieb das Trockenobst an andere Internierte verteilt und die Butter persönlich verspeist.

Da der Koffer verschwunden blieb, gab Reemtsma dem Täter »eine Nachfrist«: Wenn der Koffer nicht unverzüglich wieder in seinen Besitz gelange, werde er den Diebstahl dem Chefarzt melden, drohte er, und das würde für den Dieb sicherlich die Rückverlegung ins Internierungslager bedeuten. Nachdruck verlieh der Unternehmer seiner Forderung, indem er den Überführten »vor versammelter Mannschaft« ohrfeigte.[381] Hier kannte Reemtsma kein Pardon. Diese eklatante Verletzung der persönlichen Sphäre, die sich unter den Verhältnissen des Internierten auf den Inhalt eines Koffers und des Spindfaches beschränkte, brachte ihn in Rage. An diesem Ereignis wird erkennbar, wie gedemütigt sich Philipp F. Reemtsma fühlte. Seiner Ansicht nach war er unberechtigterweise interniert, man erhob keine Anklage gegen ihn, sondern führte nur Verhöre durch, und dann musste er gegenüber einem Fremden solch alltägliche

Dinge wie Wäsche, Zahnbürste und Bücher verteidigen. Hier die Fassung – die Integrität – zu bewahren war eine harte Prüfung. Vielleicht verbrannte Philipp auch wegen seiner ›Kameraden‹ Gertruds Briefe nach der Lektüre, denn einen voyeuristischen Einblick hätte er sicherlich als Schändung seiner für ihn lebenserhaltenden Privatsphäre angesehen.

Fast ein Jahr war Philipp F. Reemtsma bereits in Haft, als ihm Gertrud brieflich die Frage stellte, ob sie in Absprache mit der Führungsspitze der Firma und der Familie den Kontakt zu Emigranten aufnehmen solle, die ihn in positiver Erinnerung behalten haben dürften. Schließlich gab es eine ganze Reihe von ›nichtarischen‹ Führungskräften aus der Zigaretten- und Tabakbranche, die von Reemtsma während der Nazi-Zeit weiterbeschäftigt oder auf ihrem Weg in die Emigration finanziell unterstützt worden waren. Die Emigranten besaßen mittlerweile zumeist die britische oder amerikanische Staatsbürgerschaft, und sofern sie positive Handlungen und Verhaltensweisen Philipp F. Reemtsmas dokumentierten, konnte dies vor den alliierten Ermittlungsbehörden entlastend wirken. Das musste sich beileibe nicht nur auf frühere leitende Mitarbeiter der Reemtsma KG beziehen, infrage kam auch ein über die Firma hinausgehender Kreis. Gertrud fragte ihren Mann, ob er darin irgendein Risiko sähe. Er verneinte dies.

In Rotenburg beschränkten sich Reemtsmas Briefe nicht mehr auf Versorgungswünsche und zärtliche Worte für Gertrud, neben sie traten auch politische Betrachtungen und konkrete Fragen nach der Lage des Zigarettenunternehmens. Man merkte, dass ›Zwei‹ voller Unruhe die Fäden zusammensuchte, die ihm zu Beginn der Internierungszeit aus der Hand geschlagen worden waren. Bereits im Februar hatte er mithilfe seines Nenndorfer Interrogators einen Brief an die BATC-Zentrale in London geschickt. In der Überzeugung, sein in der Vergangenheit gegenüber der Dresdener BATC-Tochterfirma Haus Bergmann praktiziertes faires Konkurrenzverhalten habe sich in einer positiven Einstellung zu seinen Gunsten erhalten, hatte er dem internationalen Konzern bezüglich des umfassenden Wiedereinstiegs ins deutsche Geschäft offeriert, seine Firma werde Zugeständnisse im Markt einräumen. Davon hatte sich Phi-

David Schnur (1882–1948)

lipp F. Reemtsma eine Förderung seiner Entlassungsbestrebungen erhofft. Allerdings war sein Schreiben unbeantwortet geblieben.

Nun wollte Gertrud Reemtsma als Erstes eine Bitte an Julius Orlow in Zürich richten. Dieser hatte bereits im Februar den brieflichen Kontakt aufgenommen.[382] Der Schwager des früheren Reemtsma-Gesellschafters David Schnur sollte um ein entlastendes Schreiben – ein ›Affidavit‹ – gebeten werden. Kurzerhand schickte Gertrud ihrem Mann den Entwurf eines detailreichen Briefes für Orlow. Dem Text war anzumerken, wie tief sich Gertrud Reemtsma in die Materie der Zigarettenfirma Reemtsma und in die Vorgänge eingearbeitet hatte, die schon einige Jahre vor dem Beginn ihrer Liebe zu Philipp abgelaufen waren. Sie war schließlich erst seit 1939 die Frau an seiner Seite, einer Zeit, in der Schnur, Orlow, Heldern wie fast alle

›Nichtarier‹ der Branche Deutschland längst verlassen hatten. Philipp sah die Ausführungen durch und verfasste kurzerhand einen erweiterten Entwurf für das Orlow-Schreiben. Im Hospital hatte sich Reemtsma eigens dafür eine Schreibmaschine ausgeliehen, um die komplexen Sachverhalte und Gertruds Fragen akribisch abzuarbeiten und gleichzeitig ihre Augen zu schonen. Er war sich bewusst, dass seine handschriftlichen »Hieroglyphen« allzu oft eine Pein für die Leserin waren. Philipp gab Gertrud freie Hand, den Brief so abzuändern, wie es ihr beliebte. Er wies aber auf die seiner Meinung nach wichtigsten Aspekte dieses und ähnlicher Schreiben hin: »Zunächst müssen die Leute so viel von den geschaeftlichen Dingen erfahren, dass sie einen gewissen Ueberblick erhalten, aber gleichzeitig die Ueberzeugung, dass noch etwas Interessantes uebrig geblieben ist. Sie muessen ferner erkennen, dass ich selbst und … ihre eigenen Interessen in Not sind, gleichzeitig aber wissen, dass ich persoenlich noch intakt bin.«[383]

Bemerkenswert war eine Anmerkung Philipp F. Reemtsmas zu David Schnur, von dem persönlich seine Familie noch nichts gehört hatte: »Ich habe sehr viel für Herrn Schnur getan, und ein erheblicher Teil der Unannehmlichkeiten, die ich heute habe, rührt unmittelbar von den Opfern her, die ich gebracht habe, um die Auswanderung von Herrn Schnur zu den damaligen Bedingungen zu erreichen. In der Not ist man letzten Endes immer allein, und damit habe ich mich abgefunden.« Ohne Zweifel spielte Reemtsma hier auf seine umfassenden Spenden an Göring und die Parteigliederungen an. Auch in einer Vernehmung hatte er es so dargestellt, als habe er die Geldzuwendungen zur Ebnung der Emigration seines Partners David Schnur veranlasst, woraus dann die alljährliche millionenschwere ›Spende‹ für Jagd und Theaterförderung entstanden sei. Hier vermischte ›Zwei‹ die Ebenen seiner Einflussnahme des Jahres 1933/34 allerdings in fragwürdiger Weise, denn das Herantreten an Göring war vorrangig geschehen, um die Firma vom sogenannten Korruptionsverfahren und von den SA-Attacken zu befreien. Erst Ende 1934 hatte Reemtsma mit David Schnur wegen dessen Auswanderung Beraterverträge abgeschlossen, die seitens der Reichsstelle für Devisenbewirtschaftung im Wirtschaftsministerium befürwortet werden mussten, was einige Bemühungen von ›Zwei‹ erforderte. Dies war ein Nebenschauplatz in Bezug auf Reemtsmas Spendenpolitik und Annäherung an Vertreter des Nazi-Regimes im Jahre 1933. Tatsächlich übernahm Gertrud den von ihrem Mann geschilderten Aspekt im Brief an Julius Orlow, in dem sie schrieb, ihr Mann habe Ende 1933 Göring zur Unterstützung der Auswanderung Schnurs das Zugeständnis machen müssen, »jährlich eine bestimmte Summe zu leisten«.[384]

Daneben übermittelte Philipp F. Reemtsma seiner Frau skeptische Worte über die Verfassung des Unternehmens, die sie angesprochen hatte. Mittlerweile hatten auf Anweisung der westlichen Besatzungsbehörden die schwer beschädigten Werke Wandsbek und Hannover in der britischen Zone, das amerikanisch kontrollierte Münchener Werk sowie die Fabriken in Baden-Baden, Merzig und Trier in der französischen Zone die Produktion auf beschränktem Niveau wieder aufgenommen. Das gravierendste Problem bestand in der erschöpften Tabakversorgung. Dass Wandsbek »in geringem Umfange« arbeitete, war für ›Zwei‹ kein Grund zur Freude, vielmehr äußerte er sich kritisch »über den verbliebenen müden Laden« und die zusammengeschrumpfte Führungsmannschaft der ehemals großen Firma Reemtsma: Lose, Schlickenrieder, Ahrends und Wenkel seien nur »sogenannte Leiter«, schrieb der Chef. »Keiner von ihnen ist Vollkaufmann, wie es ja überhaupt das Verhängnis jedes übergroßen Betriebes ist, zwar gute Spezialisten, aber keine Allroundkaufleute heranziehen zu können. Das lebendige kaufmännische Element des Betriebes lag stets auf zwei Schultern, im Einkauf bei Herrn Schnur, und im Verkauf und der Gesamtsteuerung bei Deinem Mann. Die Frage ist vollkommen berechtigt, ob das für die Zukunft ausreichen wird, noch einmal den Betrieb aufzubauen.« – Die Beschäftigung der Direktoren Lose und Wenkel erwies sich für Reemtsma als nicht unproblematisch, denn beide waren 1945/46 wegen ihrer Auslandstätigkeit im Krieg kurzzeitig in die Internierung geraten. Otto Lose war während einer Reise zum Trierer Werk verhaftet worden.[385] Während er für zwei Monate interniert blieb, saß Kurd Wenkel etwas länger. Der Grund bei ihm lag in seiner Arbeit als Lenkungsbeauftragter der Reichsstelle für Tabak auf dem

Kurt Heldern (1895–1953)

Balkan. – Nüchtern schätzte Reemtsma das Potenzial der Firma als begrenzt ein und warf die Frage auf, ob es nicht besser sei, statt der Bewältigung der Probleme in Deutschland nach Ausweichmöglichkeiten zu suchen. Konkret erwähnte der Unternehmer Holland, wo er, um seine und Gertruds Existenz zu retten, in der Tabakbranche arbeiten könnte. Möglicherweise ließe sich mit David Schnurs Tabakhandelsgesellschaften kooperieren.

Gertrud Reemtsma hatte auch mitgeteilt, dass von Kurt Heldern aus Australien ein notariell beglaubigtes Protokoll über das »politische Verhalten« der Firma und über Philipp F. Reemtsma bei der britischen Militärregierung eingereicht worden war. Außerdem bot Heldern an, umgehend nach Deutschland zu kommen, wenn ›Zwei‹ angeklagt würde. Er wollte als Zeuge zur Verfügung stehen. Dieses bemerkenswerte Angebot tat der Internierte jedoch als derzeit ungeeignet ab, denn sein früherer engster Vertrauter könne ihm nicht helfen, da ja noch nicht einmal Anklage gegen ihn erhoben worden sei. Weiterhin rätselte er darüber, was man ihm konkret vorwerfe. Er meinte, eine Anklage wäre höchstens wegen seiner Zugehörigkeit zum Aufsichtsrat der Deutschen Bank und der daraus herleitbaren Verbindung zur »Vorbereitung der Kriegsfinanzierung« denkbar.

Kriegsverbrecher Reemtsma?

Etwas mehr Konturen erhielten die Hintergründe der Vorwürfe gegen Reemtsma, als Hermann Göring Mitte März 1946 in Nürnberg vor Gericht stand. Der US-Hauptankläger Robert H. Jackson stellte dem ehemaligen Reichsmarschall eine Suggestivfrage: Hatte er persönlich den Eingang von Reemtsmas 7,276 Millionen Reichsmark quittiert? – Weder lag eine Quittung über diese Summe vor, noch wussten die Amerikaner, ob Philipp F. Reemtsma genau diesen Betrag gezahlt hatte. Jackson wollte auf diese Weise dem Angeklagten substanzielle Details entlocken. – Göring verneinte die Frage und erklärte, die hohen Spenden Reemtsmas seien ein Teil der von der Wirtschaft zu leistenden Adolf-Hitler-Spende gewesen. Der Zigarettenunternehmer habe ihm einige Beträge ausgehändigt, die er daraufhin für Staatstheater, »für den Ausbau der Kunstsammlungen und andere kulturelle Ausgaben« eingesetzt habe.[386] Der Frage Jacksons lagen die Erkenntnisse der US-Untersuchungsoffiziere zugrunde, die im Dezember 1945 im Wandsbeker Reemtsma-Werk von Ahrends und Lose vollständige Angaben über die Zahlungen an Göring bzw. an das Preußische Staatsministerium verlangt hatten. Daraufhin hatte Jackson Kenntnis von den Millionenzahlungen und Kopien der von Staatssekretär Körner ausgestellten Quittungen erhalten.

Diese Informationen zu Reemtsma aus dem Göring-Prozess fanden über eine von der BBC London verbreitete Aufnahme des Verhörs auch Eingang in Zeitungsartikel der deutschen Presse. Natürlich wurde der Sachverhalt, dass Reemtsma dem Nazi-Führer mehrere Millionen übergeben hatte, nicht nur kritisch wiedergegeben, sondern auch zur Polemik genutzt. Gerade Zeitungen der sowjetischen Zone, allen voran die in Berlin erscheinende *Tägliche Rundschau* vom 5. April 1946, denunzierten die Reemtsmas als kriminelle Monopolisten, die mittels der kriegswichtigen Zigarettenproduktion alles getan hätten, »um die Faschisten zu unterstützen«. Reemtsma nahm diese Schmähungen recht gelassen hin. Er empfand die Artikel als »unangenehm, aber auch nicht mehr«.[387] Warum? Göring hatte seiner Meinung nach bestätigt, »dass die empfangenen Spenden den Zwecken zugeführt wurden, für die sie gegeben wurden, und nicht in die eigene Tasche geflossen sind. Das ist niemals Korruption.« Wenn man Görings Aussage als glaubwürdig ansah, dann konnte man sich so beruhigen, wie Philipp F. Reemtsma es tat. Aber wer wollte den Worten des Nazis, die ihn selbst entlasteten, ohne weiteres Glauben schenken?

Das Presseecho auf die im Nürnberger Prozess zutage getretene finanzielle Göring-Reemtsma-Beziehung war erstaunlich vielschichtig. Die Presse in West und Ost ging nicht allein auf die Spenden-Unterstützung durch das mit Philipp F. Reemtsma gleichgesetzte Hamburger Unternehmen ein. Vielmehr wurde ein ganzer Themenfächer ausgebreitet, der die typischen Anti-Reemtsma-Vorwürfe aus den späten zwanziger Jahren genauso enthielt wie Elemente der nationalsozialistischen Diffamierung von 1933 und Aspekte der Kriegs-Planwirtschaft der Zigarettenindustrie, die man Reemtsma anlastete. Ein Beispiel aus der Provinz verdeutlicht dies: Die *Frankenpost* aus Hof brachte am 20. April 1946 den Artikel »Kriminalroman der Zigarette – Philipp Reemtsma und seine Brüder«. Darin wurde behauptet, Reemtsma habe im Konkurrenzkampf 600 Fabriken ruiniert. Eine Woche später zitierte die *Tägliche Rundschau* den Betriebsrat der unter Treuhandverwaltung des Berliner Magistrats stehenden früheren Reemtsma-Fabrik Josetti. Dieser verkündete in Bezug auf die Reemtsmas: »Das einzige Interesse, das wir an diesen schiebenden und gaunernden Erzhalunken noch haben, ist die Erwartung, dass diesen Kriegsverbrechern die gerechte Strafe zuteil wird.«

Die Reemtsma-Geschäftsleitung kannte seit den ausgehenden zwanziger Jahren heftige Pressepolemiken gegen die Firma und ihre Gesellschafter, aber die nun in den Zeitungen erhobenen Vorwürfe waren massiver als je zuvor. In der aufgewühlten Nachkriegssituation verstärkten sie den Unwillen in der Öffentlichkeit gegenüber der Familie und ihren wirtschaftlichen Interessen. Schließlich ließ sich die Möglichkeit nicht von der Hand weisen, dass ein Teil dieser Behauptungen und Unterstellungen ihren Ursprung in den Ermittlungsakten der Alliierten hatte. Das Perfide an den Anschuldigungen gegen die Familie und an erster Stelle gegen Philipp F. Reemtsma war, dass auch unberechtigte Vorwürfe aus dem Korruptionsverfahren von 1933 übernommen und instrumentalisiert wurden. Was sollte man auf die Unterstellungen entgegnen? In welchem Medium? Vor welchem Gericht? – Es gab 1946 keine andere Möglichkeit, als die Polemiken zu ignorieren. Doch sie perlten nicht ab. Es setzte sich die Erkenntnis fest, dass die Reemtsmas veritable Förderer und Protegés des Nazi-Regimes gewesen waren.

Wenn die britische Militärregierung darin hinreichende Gründe für eine fortgesetzte Internierung von Philipp F. Reemtsma erkannte, so erstaunte es den Unternehmer umso mehr, Ende April davon zu hören, dass der in der Finanzwirtschaft des Dritten Reiches maßgeblich involvierte Deutsche-Bank-Vorstand Hermann J. Abs freigelassen worden war. Abs ging nach seiner dreimonatigen Internierung in Altona und Bad Nenndorf in die französische Zone, wo er auf seinem Landgut Bentgerhof bei Remagen eine Wartestellung bezog.[388] Reemtsma wunderte sich angesichts des beneidenswerten Geschehens in einem Brief an seine Frau: »War Abs eigentlich in Frankfurt? Und weiß man, unter welchen Bedingungen er entlassen ist?«[389] – Aber Gertrud Reemtsma brachte in der Sache nichts in Erfahrung, was ihrem Mann hätte nützlich sein können. Er verbrachte weitere Wochen und Monate in Rotenburg, aber er blieb stabil in dieser Zeit. Nach Pfingsten beispielsweise hatte er Gertrud seine Zuversicht mitgeteilt: »Ich bin vollkommen in Ordnung und habe bestimmt gelernt, wenn ich einmal draußen sein sollte, mit weniger auszukommen als andere ohne Training. Vielleicht geht unsere 32 qm Barackensehnsucht einmal in Erfüllung.«[390] – Das Holzhaus als Zufluchtsidee des Paares war eben noch nicht verwirklicht und auch noch nicht vom Tisch.

Mehr als 100 Briefe schrieb Philipp F. Reemtsma an seine Frau aus der britischen Internierung. Dies konnten kleine Zettel sein, aber auch bis zu 16 Seiten lange Lesestücke mit erstaunlich breit gefächertem Inhalt. Auffallend ist, dass deutsche Kriegsschuld oder Verbrechen des Dritten Reiches darin nicht vorkamen. Kein Wort wurde über die eigentlichen Verursacher von Not und Chaos geäußert. Die von Deutschland ausgegangenen und vom deutschen Militär in fast alle Staaten Europas getragenen katastrophalen Zerstörungen und Verbrechen blieben ausgeblendet. Nur am Rande fand das Leid der Entwurzelten und Flüchtlinge Eingang in die Korrespondenz oder das Schicksal deutscher Kriegsgefangener, so in einem nach Ostern 1946 verfassten Brief: »Auch mir ist jede Stunde des Eingesperrtseins ein sinnloser Raub an unserem gemeinsamen Leben. Aber ich denke dann an die vielen, vielen Soldaten, die überall in der Welt zu Arbeitsbataillonen zusammengestellt werden, statt nach der langen Kriegsgefangenschaft zu den Ihren zurückkehren zu können, gar nicht zu reden von den Unzähligen, die für unabsehbare Zeit in die Endlosigkeit der russischen Steppen verschleppt werden. Auch ich bin es satt, so grenzenlos satt, immer mit gleichgültigen Menschen zusammen zu sein, die Tage verrinnen zu sehen und kein Ende zu sehen. Aber ich habe es doch viel viel besser als all diese tapferen Soldaten und wir beide als die zahllosen Flüchtenden und heimatlosen Menschen.«[391]

Eigentümlich mutet in der Korrespondenz aus der Internierungszeit an, dass Philipp und Gertrud wiederholt zum Ausdruck brachten, als wie ungerechtfertigt und willkürlich sie die Behandlung durch die Siegermächte wahrnahmen. So vermutete Gertrud Reemtsma als Motiv für die Internierung der Reemtsma-Brüder ein wirtschaftliches Ziel der Sieger. Im Falle Hermann F. Reemtsmas, der wegen der zwei auf seinem Hof untergetauchten SS-Männer verhaftet worden war, hielt sie es für denkbar, dass hier nur ein Anlass gesucht worden sei, »um die Firma endgültig eines Chefs zu berauben«.[392] De facto hatten die Besatzungsbehörden Treuhänder in die Verwaltung der wieder arbeitenden Zigarettenwerke eingesetzt. Sie leiteten letztlich die Reemtsma-Betriebsteile unabhängig voneinander. Konnte dahinter eine Strategie stecken, die möglicherweise auf Konkurrenzinteressen ausländischer Zigarettenkonzerne basierte? Gertrud Reemtsma stellte diesen Verdacht gegenüber Julius Orlow in den Raum und spekulierte zum Schicksal ihres Mannes: »Da er keine Kriegsverbrechen begangen hat, der Partei oder ihren Gliederungen nicht angehörte, rechnen wir … damit, dass man ihn festhalten wird, um in seiner Abwesenheit die Firma zu zerreißen und zu zerstückeln.« Das fügte sich nahtlos an eine Formulierung Philipp F. Reemtsmas. Als im Herbst 1945 die Kriegsverbrecherprozesse in Nürnberg und vor dem britischen Militärgericht in Lüneburg begannen, kommentierte er, es würde nunmehr »die große Hatz gegen alles was deutsch ist« gestartet. »Nach meiner Schätzung werden die Tommies in dieser Zeit, in der keine mitleidige Hand sich für Deutschland rühren wird, den geplanten Raub aller sie interessierenden Werte in Deutschland vollenden.«[393]

Diese Ansicht wurde nicht nur vom Zigarettenunternehmer Reemtsma, sondern auch von anderen internierten deutschen Wirtschaftlern und Führungskräften vertreten. So berichtete Reemtsma über die Lektüre einer von unbekannten deutschnationalen Urhebern im Wortlaut veränderten und damit gefälschten Predigt des Grafen von Galen, die im April 1946 in Rotenburg »von Hand zu Hand« ging und starken Zuspruch fand. Anlässlich seiner Erhebung zum Kardinal hatte der bisherige Bischof von Münster am 17. Februar in Rom eine Predigt gehalten, in der er die Vertreibung von Deutschen aus dem Osten, die dauerhafte Kriegsgefangenschaft deutscher Soldaten, den Umfang der Entnazifizierungsmaßnahmen und die Kollektivschuldthese kritisierte. In der verfälschten Version unter dem Titel *Rede des Kardinals Graf v. Galen in Rom* war dies zuspitzend in einen scharfen Angriff auf die Politik der Siegermächte umgemünzt worden. Philipp F. Reemtsma empfand den Text, dessen eigentliche Predigtfassung er nicht kennen konnte, als »erschütternd in ihrer Männlichkeit und ihrer Klarheit«.[394]

Was immer wieder zur Verwirrung der Internierten führte, war die undurchschaubare Linie der Militärbehörden. Hin und wieder entfaltete sich »ein schrecklicher Trubel« in Rotenburg, als Entlassungen ohne erkennbares System vorgenommen wurden. Dies konnte regelrechte Nazis wie einen erkrankten Staatssekretär (»Ressort Rassenfragen«) im Rang eines SS-Brigadeführers oder auch NSDAP-Ortsgruppenleiter betreffen.[395] Hier entstand Empörung bei denen, die nicht einmal Mitglied der Partei gewesen waren. Solche Asymmetrien schadeten der Akzeptanz der Besatzungspolitik. Die internierten Patienten konnten Radio hören und Zeitungen lesen. Sie wussten um die gegenwärtige Lage und von der anstehenden Aufspaltung Deutschlands in getrennte Wirtschaftszonen. Die Reden des Sozialdemokraten Kurt Schumacher, das Entnazifizierungsgesetz und Entwürfe neuer Steuergesetze beunruhigten nicht nur Reemtsma. Er sah es so, dass das deutsche Wirtschaftsleben »auf das Äußerste« erschwert würde, was die Siegermächte offenbar beabsichtigten.[396]

Schon vor Himmelfahrt war Philipp F. Reemtsma von seiner Frau mitgeteilt worden, »man« arbeite an seiner Entlassung. Dazu sollten auch einige Affidavits eingereicht werden. Besorgt hatte der Unternehmer daraufhin geantwortet, er würde solche positiven Bescheinigungen für die Zeit nach der Haft benötigen. Gleichzeitig wollte er nicht, dass sein Bruder Hermann mittels der Affidavits »das Feld für sich allein abgrast«. ›Zwei‹ glaubte fest daran, dass es ihm in Freiheit ein Leichtes wäre, alles Notwendige in Bewegung zu setzen, »aber hier bin ich ein toter Mann, und Tote müssen schon vernehmlich schreien, um die Erdschicht zu durchdringen, die sie vom Leben abschließt«. Reemtsmas Nerven lagen blank, im Sommer aber gab es endlich die ersehnte Wendung. Er wurde im August aus gesundheitlichen Gründen nach fünfzehnmonatiger Internierung entlassen. Dafür hatten die britischen Stellen auch die Einwilligung der amerikanischen Militärregierung eingeholt. Allem Anschein nach war dies den wiederholten Bemühungen seiner Frau und den Mitstreitern aus Familie und Firma zu verdanken.

Als Gertrud Reemtsma ihren geliebten Mann vom Lager abholte, traf sie auf einen aufgeräumten Menschen, der trotz aller Belastungen die ihm eigene geistige Frische bewahrt hatte. Seine Auffassungsgabe demonstrierte er sogleich, als das Paar an einem Bahnübergang warten musste. Philipp bat Gertrud, die Waggonnummern des langsam vorbeifahrenden Zuges zu notieren. Er merkte sich die unregelmäßigen Zahlen und sagte sie in korrekter Reihenfolge wieder auf. Sein funktionierendes Gedächtnis hiermit unter Beweis gestellt zu haben freute ihn sichtlich.[397] Philipp F. Reemtsma, der hier an einer Schranke stand, in der zurückliegenden Internierung weder angeklagt noch rehabilitiert, wollte zurück ins Leben. Die Schranke öffnete sich – allerdings, was keiner ahnte, nur für einige Monate. Erst einmal ging es in den Klein Flottbeker Weg, in Alwins Haus, nicht zu Hermann. Die Zigarettenbetriebe liefen, wenngleich auf mäßigem Niveau. Im Herrschaftsbereich der Engländer verfügte die Firma über die größten Kapazitäten. Entsprechend konnte Kurd Wenkel einem Wirtschaftsjournalisten mitteilen, dass Reemtsma mit seinen norddeutschen Werken im August 1946 einen Marktanteil von etwa 58 Prozent in der britischen Zone erlangt hatte.[398]

»Wir werden ja noch durch mancherlei Gestrüpp hindurchgehen müssen, und dafür ist jede Äußerung besonders willkommen.«

HERMANN F. REEMTSMA, 24. AUGUST 1946

Unter Anklage

Affidavits – Ehrenerklärungen

In der frühen Nachkriegszeit hatte die Justiz der Siegermächte alle Hände voll zu tun, Kriegsverbrechen und andere Vergehen aus der Nazi-Zeit zu verfolgen und zu ahnden. Dabei nutzten die Alliierten ihre uneingeschränkten Machtmittel, deutsche Militärangehörige und Zivilisten anzuklagen. Wegen der Masse der zu bearbeitenden Fälle wurden allerdings auch aus Deutschen rekrutierte Gerichte eingesetzt. Sie führten Tausende von Verfahren gegen internierte Angehörige der SS und anderer von den Alliierten als kriminell eingestufter Gliederungen des Dritten Reiches durch. Für die Besatzungsbehörden war es überaus schwierig, genügend unbelastete und geeignete deutsche Berufsjuristen ausfindig zu machen, die als Vorsitzende in den Spruchgerichtsverfahren tätig werden und über Nazi-Täter oder -Mitläufer entscheiden konnten. Im Zuge der Entnazifizierung hatten diese Spruchgerichte über minder schwere Fälle zu befinden und konnten Strafen bis zu zehn Jahren verhängen. Dagegen kamen mutmaßliche Hauptschuldige und Verantwortliche für Verbrechen gegen die Menschlichkeit vor eigens eingesetzte alliierte Militärgerichtshöfe. Vor einem britischen Militärgericht wurden in Hamburg der KZ-Kommandant Max Pauly und zehn andere Neuengammer Angeklagte zum Tode verurteilt.

Die Briten hatten Philipp F. Reemtsma während seiner Internierung zwar nicht vor Gericht gebracht, doch ein Verfahren lag wegen seiner Stellung in der Kriegswirtschaft in der Luft. Im Laufe des Jahres 1946 stellte Oberstaatsanwalt Dr. Gerhard Kramer vom Hamburger Landgericht aufwendige Nachforschungen an. Er recherchierte in den Untersuchungsakten der Briten und Amerikaner, die zur Firma und zu Philipp F. Reemtsma angelegt worden waren. Gleichzeitig sorgte der engste Kreis des Unternehmers für detaillierte Aufstellungen aller möglichen Fakten und Zeugen, die zur Entkräftung von Vorwürfen geeignet schienen. Justiziar Theophil Ahrends sammelte Ende 1946 gezielt Unterlagen für den als Reemtsmas Verteidiger vorgesehenen Rechtsanwalt Herbert Fischer. Wegen des Bombenangriffs vom 8. März 1945 fehlten diverse Akten, so auch die der Rohtabakabteilung aus der Zeit vor 1940, weshalb die judenfreundliche Geschäftspolitik, wie die Weiterbeschäftigung David Schnurs beim Tabakeinkauf in den Niederlanden nach dessen Emigration, nicht mehr dokumentiert werden konnte.

Ahrends und andere enge Vertraute um Philipp F. Reemtsma und seinen Bruder Hermann machten sich Gedanken, was die Gegenseite möglicherweise an Vorwürfen ins Feld führen könnte. Dabei wurden gleich mehrere problematische Bereiche notiert: Die Ebene Göring stand an der Spitze, denn die umfassenden ›Spenden‹ der Firma Reemtsma waren von den Alliierten bereits ermittelt und durch die Medien öffentlich bekannt gegeben worden. Auch der Hamburger Reemtsma-Treuhänder Dr. Karl Spiegelberg von der Buchprüfungs- und Treuhand-Gesellschaft ›Habetreu‹ hatte daran seinen Anteil. Schließlich war von ihm im März 1946 eine Aufstellung über die Spendenaktivität des Zigarettenunternehmens im Zeitraum 1939 bis 1944 an die britische Militärregierung gegangen: Über 10 Millionen Mark hatten karitative Einrichtungen wie das Rote Kreuz und das Winterhilfswerk bekommen. Etwas weniger, nämlich weitere 8 Millionen, waren verschiedenen Nazi-Gliederungen, Gauleitern und Ministern zugegangen. Die Summe entsprach immerhin 2,5 Prozent des Firmengewinns aus den sechs Kriegsjahren.[399] Die im Dritten Reich erworbenen Besitztümer von ›Zwei‹, also die Landsitze Trenthorst-Wulmenau, Primkenau und Puchhof sowie die Gemälde niederländischer Provenienz in seiner Sammlung boten weitere Anknüpfungspunkte für eine Anklage.

Die Ebene der wirtschaftlichen Betätigung Reemtsmas dagegen wurde als nebensächlich eingeschätzt, denn der Aufstieg der Zigarettenfirma war vor 1933 abgeschlossen, an ›Arisierungen‹ war sie direkt nicht beteiligt gewesen, und die Fusion mit Haus Neuerburg im Jahre 1935 stellte auch kein anrüchiges Geschäft dar. Die Tätigkeitsfelder im Vierjahresplan, das heißt vorrangig Fisch-, Lebensmittel- und Holzwirtschaft, hielten die Reemtsma-Mitstreiter ebenfalls für unkritisch, denn man hatte nicht an Rüstungsprojekten oder Ähnlichem mitgewirkt. Auch die Aufsichtsrats- oder Beiratsmandate von ›Zwei‹ im Bankwesen, bei der Vereinigten Glanzstoff und bei Henkel wurden als unbelastend bewertet. Auf der Gegenseite der möglichen Entlastungstatbestände gab es eine ganze Reihe von günstigen Aspekten. Schließlich hatte die Firma auf Betreiben der Inhaberfamilie zahlreichen ›Nichtariern‹ zur Seite gestanden und bei deren Weg ins rettende Ausland mit Devisen und Abfindungen eine Haltung an den Tag gelegt, die alles andere als antisemitisch gewesen war.

Der Kreis zur Verteidigung Philipp F. Reemtsmas bemühte sich, Affidavits einzuholen. Konkret waren mehrere Dutzend Adressaten von Gertrud Reemtsma, ihrem Schwager Hermann, leitenden Mitarbeitern der Firma und Philipp F. Reemtsma selbst nach seiner Freilassung aus der Internierungshaft um Unterstützung gebeten worden. An der Ermittlung geeigneter Fürsprecher war auch der Leiter der Reemtsma-Werbeabteilung Julius Dirk Domizlaff beteiligt. Schon im Mai 1946 hatte er eine Liste von Juden, ›Nichtariern‹ und Nazi-Gegnern angelegt.[400] Vorzugsweise jüdische Emigranten aus Deutschland sollten erklären, in welcher Weise sie Reemtsma in den Jahren vor dem Krieg erlebt hatten und was sie ihm verdankten. Von derartigen Beurteilungen versprachen sich die Hamburger die beste Wirkung in einem Gerichtsverfahren. Aber auch deutsche Angehörige der Zigarettenbranche, ausländische Geschäftspartner, Ministerialbeamte und Politiker wurden angeschrieben.

Nach und nach gingen briefliche Stellungnahmen ein: aus den Niederlanden, der Schweiz, England und den USA von den vielfach als englische oder amerikanische Staatsbürger naturalisierten ehemaligen Deutschen. Einige der Briefe waren formlos und schlicht gehalten, andere hatte ein Notar beglaubigt. Eines der ersten Affidavits hatte Kurt Heldern aus Australien übersandt, doch er war ein ehemaliger Angestellter der Firma, was möglicherweise den Wert seiner Aussage vor Gericht minderte. Als erstrangig konnten daher die Zeugnisse von Verfassern gelten, die zeitlebens wirtschaftlich und persönlich unabhängig von Reemtsma gewesen waren. Sonst liefen die Bekundungen Gefahr, zu ›Persilscheinen‹ herabzusinken, die auf Abhängigkeiten und gegenseitigen Gefälligkeiten beruhten. Darin übten sich die Deutschen der Nachkriegszeit zigtausendfach mit dem Ziel, die braun befleckten Westen weißzuwaschen.

Reemtsma hatte Glück, eine ganze Reihe von Juden attestierte ihm Entlastendes. Zu den ausführlichsten Schreiben gehörte das von Dr. Leo Blum. Er hatte vor dem Krieg als Garbáty-Betriebsleiter gearbeitet und war in die Niederlande gelangt. Mitte Oktober 1946 gab er eine Beurteilung der Tätigkeit und Persönlichkeit Philipp F. Reemtsmas ab, deren Quintessenz lautete: Der Unternehmer sei ein außergewöhnlich befähigter Geschäftsmann, der in den zwanziger Jahren die deutsche Zigarettenindustrie saniert und damit den Reichsfinanzen zugearbeitet habe. Als Demokrat habe er die Politik der NSDAP abgelehnt; entsprechend seien die Spenden an hoch gestellte Nazis eine Art »Notwehr« gewesen. Gegenüber Juden in der Branche habe er unvoreingenommen und niemals antisemitisch agiert, wofür vor allem die Unterstützung bei der Emigration der Verfolgten als Beleg gelte.[401]

Ähnlich positive Schilderungen gaben die jüdischen Unternehmer Ernest M. Feist und Hermann Lane (ehemals Lewin) sowie David Schnur, dessen in London lebende Schwester Therese Orlow und ihr in Zürich als Chef der Zigarettenfabrik Sullana tätiger Mann Julius Orlow ab. Der mittlerweile 64-jährige Schnur war von Hermann F. Reemtsma indirekt über seinen Schwager Orlow um ein Affidavit gebeten worden, wobei es geheißen hatte: »Wir werden ja noch durch mancherlei Gestrüpp hindurchgehen müssen, und dafür ist jede Äußerung besonders willkommen.«[402] Schnur erklärte aus der Position des Verfolgten, dass Philipp F. Reemtsma »kein Nazi« gewesen sei.[403] Hinzu kamen die Tabakhändler Charles Spierer aus Genf, Sabri Tüten aus Istanbul und Michel Boyadjoglou aus Thessaloniki. Sie wussten zu berichten, dass Reemtsma, solange es der Firma möglich gewesen war, jüdische Händler auf dem Balkan einbezogen, die Besatzungsbestimmungen in Griechenland abgemildert und während der Nazi-Zeit generell anständige Geschäftspraktiken gepflegt hatte. Auch Industrieverbandsrepräsentanten und Ministerialbeamte aus den obersten Wirtschafts- und Finanzbehörden sowie jüdische oder nach Nazi-Jargon ›jüdisch versippte‹ freie Reemtsma-Mitarbeiter sprachen sich in positivem Sinne für den Unternehmer aus.

Einige der Affidavits behandelten die politischen Verhältnisse der ausgehenden Weimarer Republik und stellten heraus, dass Philipp F. Reemtsma für die demokratischen Kräfte um Reichskanzler Brüning als Spender aktiv gewesen war: Bruno Behr, der Geschäftsführer von Haus Neuerburg, erklärte, er habe Reemtsma Ende der zwanziger Jahren mit den Politikern Gottfried Reinhold Treviranus und Heinrich Brüning zusammengebracht, woraus finanzielle Förderungen erwachsen waren. Beide hatten es nach dem Scheitern der Weimarer Republik geschafft, in die USA zu emigrieren. Auf Vermittlung Behrs erhielt der frühere Reichsminister Treviranus Mitte November 1946 Kenntnis von Reemtsmas Lage und schrieb ihm aus Monroe in Michigan, wo er in der Leitung einer Papier- und Maschinenfabrik arbeitete. Treviranus hatte 1929 die DNVP aus Protest gegen Alfred Hugenbergs rechtsnationalen Kurs verlassen und die Volkskonservative Vereinigung gegründet. Reemtsma hatte die Arbeit dieser konservativen Splitterpartei finanziell unterstützt und eine Reihe von politischen Publikationen ermöglicht.

Der Kreis der potenziellen Fürsprecher war gut gewählt, doch nicht in jedem Fall erbrachten die Stellungnahmen die erhofften Aussagen. Im Mai 1946 hatte Gertrud Reemtsma den Bankier Max Warburg in New York angeschrieben. Dabei hatte sie ihm von der Internierung ihres Mannes berichtet und ihre Verwunderung darüber betont, dass er wie ein Krimineller behandelt würde: »Haben nun nicht auch Männer in Amerika und England oder sonst in der Welt Ähnliches geschaffen, ohne deshalb für strafwürdig gehalten zu werden oder in der Achtung ihrer Mitmenschen zu sinken?«[404] – Gertrud Reemtsma war Max Warburg nie begegnet, und doch schrieb sie dem enteigneten Bankier in dieser Weise. Sie erwähnte Reemtsmas aus ihrer Sicht unzweifelhaft für Kulturzwecke genutzte

Göring-Spenden und einen Solidaritätsbesuch ihres Mannes bei Warburg am Tag des SA-Judenboykotts am 1. April 1933. Die Antwort des arrivierten Bankiers fiel ablehnend aus: Er wisse nichts von diesem Besuch in seiner Bank; außerdem sei er an dem kritischen Tag gar nicht in Deutschland gewesen. So führte Max Warburg lediglich aus, dass Reemtsma seiner Erinnerung nach bis zu seiner Emigration im Jahre 1938 »dem Nationalsocialismus nicht freundlich gegenüber stand«.[405] Da ihm dies als wenig substanziell erschien, wollte der Bankier kein Affidavit ausstellen. Kategorisch beschied er, sich nur zu Dingen zu äußern, die tatsächlich vorgekommen seien, und die von Gertrud Reemtsma angegebene Solidaritätsbekundung von 1933 sei für ihn nicht nachvollziehbar.

Ein weiterer negativer Affidavit-Fall hing mit den Bekundungen eines Garbátys zusammen. Anfang Juni 1946 hatte Hermann F. Reemtsma über Mittelsmänner einen Brief an den in den USA lebenden Moritz Garbáty gesandt. Dieses ausführliche und auch das Schicksal des emigrierten Juden ansprechende Schreiben an den ehemaligen Garbáty-Gesellschafter enthielt die explizite Bitte um eine Erklärung zugunsten des Bruders. Von Hermann F. Reemtsma war ausgeführt worden, dass Philipp in einem Interniertenlazarett sei und erstaunlicherweise auf einer amerikanischen »Kriegsverbrecherliste« stehe, wobei man ihn beschuldigte, dem Nazi-Regime »zur Macht verholfen« zu haben.[406] Er sei doch aber »immer demokratisch« gewesen und habe »bis zuletzt mit seinen Kräften gegen die Machtergreifung« gearbeitet. »Gewisse Zahlungen« für »Theater, Opern und Jagdzwecke« seien zur Abwehr der heftigen Angriffe gegen die Firma Reemtsma geleistet worden, mehr nicht. Seinem Brief hatte ›Eins‹ die Abschrift der bereits vorliegenden Stellungnahme Kurt Helderns beigefügt, die inhaltliche Anregungen geben sollte.

Im November 1946 antwortete der sich nunmehr Maurice Garbáty nennende Emigrant, den die Anfrage erst nach einigen Irrwegen erreicht hatte. Der in Scarsdale im Staate New York lebende jüngere der Garbáty-Brüder hatte mit David Schnur über eine Erklärung zugunsten von ›Zwei‹ gesprochen. Das dann abgefasste und notariell beglaubigte Affidavit war unzweifelhaft positiv gemeint. Maurice Garbáty betonte, er habe zwischen 1928 und seiner Emigration im

November 1938 den Eindruck gewinnen können, dass Philipp F. Reemtsma niemals antisemitische Haltungen eingenommen und dass er jüdische Mitarbeiter seiner Firma unterstützt habe, die unter den Nürnberger Gesetzen gelitten hatten. Solange er in Deutschland gelebt habe, sei Reemtsma – »as far as I know« – kein NSDAP-Mitglied gewesen.[407] Weitere Ausführungen machte der Emigrant nicht, aber in seinem Begleitschreiben bekundete er seine Anteilnahme an dem »Unglück, das Sie als Vater betroffen hat«. Es habe dieselben Wurzeln »wie die vielen grausamen Schicksale und die Vernichtung so vieler meiner Freunde und Glaubensgenossen«.

Kurz nach dem Eingang dieses Affidavits in der Firmenzentrale antwortete Philipp F. Reemtsma dem früheren Pankower Geschäftspartner. Seine Antwort war streng im Ton, und er äußerte unverhohlen seinen Unwillen darüber, dass die anderthalbseitige Stellungnahme so wenig Positives enthielt. Reemtsma monierte, es könne irreführend wirken, wenn der Verfasser darauf hinweise, »dass diese Erklärung alles enthält, was Sie mit gutem Gewissen über mich aussagen können«.[408] Daher wollte er das Affidavit nicht zu seiner Verteidigung nutzen und sandte es zurück. Konnte der Unternehmer mehr erwarten? Seine anspruchsvolle Einstellung mag vor dem Hintergrund ausführlicher Entlastungsschreiben entstanden sein, aber dennoch hatte es einen schalen Beigeschmack, dass die Hilfe eines ›Arisierungs‹-Opfers erst bemüht und dann zurückgewiesen wurde. War dies klug in der prekären Lage im Spätherbst 1946?

In Einzelhaft

Dank der Betreuung durch seinen langjährigen Hausarzt Dr. Fritz Meyran erholte sich Philipp F. Reemtsma nach seiner Entlassung Schritt für Schritt. Am 5. Januar 1947 schrieb er an einen ihm bekannten Häftling des Internierungslagers Ludwigsburg: »Es geht mir gesundheitlich nicht allzu schlecht, wenngleich ich die Folgen der Inhaftierung natürlich noch nicht überwunden habe. Im neuen Jahr werde ich damit beginnen, meine Rehabilitierung zu betreiben. Einstweilen kann ich noch nicht arbeiten. Mein Vermögen ist blockiert, und meine Betriebe werden durch Treuhänder verwaltet.«[409]

Einen Tag darauf wurde Reemtsma verhaftet, denn das Hamburger Amtsgericht hatte am 3. Januar einen Haftbefehl erlassen: Wegen der fortgesetzten Bestechung von Hermann Göring und weiteren Beamten, die Anfang 1934 zur rechtswidrigen Niederschlagung des Ermittlungsverfahrens gegen Reemtsma und andere Zigarettenindustrielle geführt habe, sollte er angeklagt werden. Das Amtsgericht hatte Untersuchungshaft verhängt, da der Beschuldigte als »im Hinblick auf die zu erwartende Strafe fluchtverdächtig« eingeschätzt wurde und »Verdunkelungsgefahr« bestand.[410] Die Schwere der nicht verjährten Tat mache zudem Einzelhaft erforderlich. Reemtsma wurde in das Gefängnis am Holstenglacis eingeliefert. Nun begann für ihn eine weitere Phase in Haft, aber im Gegensatz zur britischen Internierung war absehbar, dass es zu einem Prozess kommen würde. Der Haftbefehl führte schwerwiegende Bestechungstatbestände aus dem Strafgesetzbuch auf.[411] Im Fall einer Verurteilung drohte möglicherweise eine Gefängnisstrafe für Reemtsma, doch der Kreis seiner Vertrauten und Anwälte konnte die konkreten Vorwürfe prüfen, um eine Abwehrstrategie zu entwickeln. Die Fronten hatten sich formiert.

Die Nachricht von der erneuten Verhaftung des bedeutendsten deutschen Zigarettenindustriellen machte in Deutschland die Runde. Tageszeitungen in allen Zonen, die von den Briten gesteuerte *Welt*, die kommunistische *Hamburger Volkszeitung*, das CDU-Parteiblatt *Hamburger Allgemeine Zeitung*, der liberale Berliner *Tagesspiegel* und natürlich zahlreiche Blätter der russischen Zone, berichteten darüber. Das sozialistische *Neue Deutschland* nahm in einem Artikel am 10. Januar die Gelegenheit wahr, eine weiter ausstehende »Säuberung der Konzerne und Großunternehmungen« in der deutschen Wirtschaft anzumahnen und dabei die im Dritten Reich schamlos ausgenutzte »Monopolstellung« des Hamburger Zigarettenherstellers hervorzuheben. Illustriert wurde dies mit einem Foto: »Kriegsverbrecher Hand in Hand« hieß die Überschrift zu der Aufnahme von Görings Besuch des Bahrenfelder Werks im Juni 1936, als Philipp und Hermann F. Reemtsma den Reichsmarschall ehrerbietig begrüßten. Diese Polemik entsprach der Linie aus dem Vorjahr. Am ausführlichsten widmete sich der Verhaftung das neue, gerade zum ersten Mal erscheinende Hannoveraner Magazin *Der Spiegel* am

11. Januar 1947 unter dem Titel »Ein gewiegter Steuer-Mann«. Die Redakteure des Blattes hatten gut recherchiert und stellten den schnellen Aufstieg der Firma sowie die Korruptionsvorwürfe von Levita und Verleumdungen von Tetens detailliert dar. Auch die Ausführungen der kommunistischen *Täglichen Rundschau* vom April 1946 zu »abenteuerlichen Skandalen« rund um Reemtsma wurden zitiert, doch der *Spiegel* irrte sich in einem zentralen Punkt: Reemtsma habe die Millionen an Göring gezahlt, »um eine Steuererleichterung zu erreichen«. Das war eine völlig verzerrte Darstellung, die, genau wie der Abschluss des Berichts – »... noch ist nichts bewiesen worden. Man konnte oder wollte ihm noch nie etwas beweisen« –, gewissermaßen den Stab über Reemtsma brach. Der *Spiegel* hob noch hervor, wie unprätentiös der Industrielle als ruhig sprechender, »dezent gekleideter älterer Mann am Stock« bei seiner Vernehmung im Untersuchungsgefängnis gewirkt hatte. Diese Diskrepanz zwischen seiner offenkundigen Bedeutung und seinem Auftreten irritierte manchen Beobachter.

Umgehend nach der Verhaftung wandten sich einige Freunde und Bekannte an die Reemtsmas und gaben ihrer Bestürzung Ausdruck. Hermann F. Reemtsma schrieb sich in seinen Antworten mitunter die Empörung von der Seele, indem er das Vorgehen der Justiz als »vollkommen unverständlich« kritisierte.[412] Gleichzeitig aber zeigte er die Zuversicht, sein Bruder werde »auch auf dieser neuen Station seines schweren Weges mit aller seiner Kraft klar und eindeutig seinen Mann« stehen. Einige der Korrespondenzpartner baten Gertrud Reemtsma, Grüße an ihren Ehemann zu übermitteln und ihm ihre Hilfe anzubieten. Die weiterhin bei Irmgard Reemtsma lebende junge Frau erfreute diese Unterstützungsbereitschaft, und sie spürte, dass ihr, anders als in der Internierungszeit, eine ganze Anzahl von Mitstreitern zur Seite stehen würde. Und es gab ja Beispiele aus dem Bekanntenkreis, dass eine Entnazifizierung möglich war. So beglückwünschte Gertrud den Münchener Reemtsma-Verkaufschef Edmund Janich zu seiner »Entbraunung«, da er durch die Einstufung in die Klasse IV als NSDAP-Mitläufer entlastet galt.

Wie angespannt Gertrud Reemtsma in dieser Phase war, zeigt eine unübersehbare Verstimmung zwischen ihr und Hans Domizlaff.

Dieser hatte umgehend nach der Verhaftung seine Anhänglichkeit an die Unternehmerfamilie betont und in dem Vorgehen der Hamburger Justiz »eine schwere Ungerechtigkeit« gesehen.[413] Die Adressatin reagierte reserviert, worauf Domizlaff erneut schrieb und eine »Pressekampagne« gegen das Unrecht und die Beauftragung einer als »Nazigegnerin« bekannten Rechtsanwältin vorschlug. Der Werbefachmann war überzeugt, dass ›Zwei‹ den Angriff parieren könne: »Sobald sich Ihr Herr Gemahl im Gefecht befindet, stehen ihm auch sofort alle Energien zu Gebote, über die er in einem so reichen Maße verfügen kann.«[414] Nun mutmaßte Domizlaff, es sei eine langsame Entfremdung zwischen ihm und Philipp F. Reemtsma eingetreten. Er nahm an, dem Chef des Hauses sei »nur ganz selten« zu Bewusstsein gekommen, »wer eigentlich in den Jahren seiner großen Erfolge sein schöpferisches Vermögen gestärkt und angeregt hat«. Ihn störte, dass Reemtsma seine immense Leistung immer wieder schnell vergessen habe. – Das mochte in gewissem Grade stimmen, aber was sollte eine solche Anmerkung jetzt in Anbetracht der Inhaftierung?

Domizlaff befürchtete ein unberechtigtes Misstrauen: »Es sollte nicht die Aufgabe einer Ehefrau sein, zum intellektuellen Partner zu werden, und ich glaube auch nicht, dass Sie jemals dieses Ziel hatten, aber die Unentbehrlichkeit der Frau in unserem männlichen Dasein beruht in ihrem Instinkt, und es ist für mich immer schmerzlich gewesen, dass offenbar in den Beziehungen zwischen Ihnen und mir Ihr Instinkt nicht positiv zur Geltung kam. Zweifellos wäre es möglich gewesen, viele Missverständnisse zwischen der Natur Ihres Herrn Gemahls und meiner immer noch nicht richtig gedeuteten Mitarbeit auszugleichen.« Gertrud Reemtsma ließ nach diesen psychologisierend-chauvinistischen Worten ihr Visier noch tiefer herunter. Es war bereits eine ganze Menge Porzellan zwischen dem Ehepaar Reemtsma und Hans Domizlaff zerschlagen. Bei dem sich anbahnenden Gerichtsverfahren wurden seine Vorschläge ignoriert.

Justiziar Ahrends nahm bei der Vorbereitung der Verteidigung von ›Zwei‹ eine wichtige Rolle ein. Im Frühjahr 1947 korrespondierte er über das zu erwartende Strafverfahren wiederholt mit Dr. Herbert Fischer und dem Fachanwalt Dr. Philipp Möhring. Letzterer war eine Koryphäe für Industrierecht und gewerblichen Rechtsschutz, und er hatte bereits 15 Jahre zuvor als Anwalt Reemtsmas im Verfahren gegen Carl von Ossietzky und Tete H. Tetens wegen dessen verleumderischer *Weltbühne*-Artikel mit Erfolg agiert. Darüber hinaus sah Möhrings Vita ambivalent aus: Im Krieg hatte man ihn zum Rechtsberater der Reichswerke Hermann Göring kommandiert, doch wegen sachlicher Differenzen war das Parteimitglied kaltgestellt worden. Die letzten anderthalb Kriegsjahre hatte Möhring praktisch keine Beschäftigung als Anwalt gehabt. Nun, nachdem er von Berlin nach Hamburg ausgewichen und für die Commerzbank tätig war, beriet er die Reemtsma-Führungsriege und stellte nützliche Kontakte her.

Die Anwälte und der Vertrautenkreis kamen überein, dass sie offensiv vorgehen und die Inhaftierung Philipp F. Reemtsmas infrage stellen wollten. Drei Wochen nach der Festnahme wandte sich Rechtsanwalt Fischer an den Generalstaatsanwalt beim Oberlandesgericht Hamburg, Dr. Klaas. Er übersandte ihm eine Abschrift des Göring-Vernehmungsprotokolls aus dem Nürnberger Prozess gegen die Hauptkriegsverbrecher, worin die Beziehung zu Reemtsma lediglich eng begrenzt geschildert war. Weiterhin teilte Fischer mit, der amerikanische Ankläger Robert W. Kempner habe ihm in einem Gespräch im Sommer 1946 erklärt, die Anklagebehörde des Internationalen Militärgerichtshofs habe an Reemtsma »kein Interesse«.[415] Die Strategie war leicht erkennbar: Görings Aussage stellte die Millionenzahlungen als Spende für Zwecke der Allgemeinheit dar, und nicht einmal Kempner beabsichtigte, den Unternehmer anzuklagen. Wieso sollte da ein deutsches Gericht einen Strafprozess führen? Doch die Hamburger Justiz blieb bei ihrem Entschluss. Der vor allem aufgrund der psychischen Belastung der Haft erneut erkrankende Industrielle wurde weiterhin in einer Einzelzelle gehalten. Währenddessen ging der ehrgeizige Oberstaatsanwalt Kramer energisch zu Werk und arbeitete mit großem Aufwand an der Anklageschrift. Emsig recherchierte die Anklagebehörde die Geschichte des Aufstiegs von Reemtsma zum beherrschenden Faktor der Zigarettenbranche, wobei auch nach illegalen Machenschaften gesucht wurde. Dadurch kamen die zahlreichen gegen Philipp F. Reemtsma gerichteten Beschuldigungen aus den späten zwanziger Jahren wieder auf den Tisch. Kramer zog sogar Akten aus dem Karlsruher Levita-Verleumdungsprozess von 1932 und Ermittlungsakten des nationalsozialistisch inspirierten Korruptionsreferats von 1933/34 heran.

Auf der anderen Seite bemühten sich die Reemtsma-Mitstreiter um Affidavits, die das wirtschaftliche Gebaren von ›Zwei‹ als über jeden Zweifel erhaben darstellten. Dem entsprach die Erklärung des Hapag-Aufsichtsratsvorsitzenden Dr. Heinrich Riensberg über Reemtsmas uneigennützigen Einsatz bei der Privatisierung der Hapag-Aktien aus Reichsbesitz im Interesse der Hamburger Wirtschaft im Jahre 1940. Und auch der von den Briten kaltgestellte Hermann J. Abs übersandte ein Schreiben, in dem er darlegte, Reemtsma habe 1938 bei der von Görings Umfeld befürworteten Manipulation der niederländischen AKU-Zertifikate in verdienstvoller Weise bremsend gewirkt.[416] Daneben listeten die Reemtsma-Vertrauten für Rechtsanwalt Fischer die Bereiche aus der Unternehmensentwicklung auf, die vor Gericht belastend ins Feld geführt werden konnten. So erfuhr Fischer von Ahrends unter anderem, dass Tetens Schweigegelder bekommen hatte.

Nach zwei Monaten in Untersuchungshaft notierte der Anstaltsarzt, man habe Philipp F. Reemtsma im Lazarett des Gefängnisses an chronischer Osteomyelitis, Myokarditis und Nierensteinleiden mit Koliken behandelt. Da er noch nicht geheilt war, bedurfte Reemtsma weiterer ärztlicher Behandlung. Dennoch wurde er am 6. März an die US-Militärpolizei ausgeliefert und nach Nürnberg zum amerikanischen Militärgerichtshof überstellt. Der Hintergrund? Die Amerikaner führten hier seit Dezember 1946 die Nürnberger Nachfolgeprozesse gegen 185 führende SS- und Gestapo-Angehörige, Ministerialbeamte, Ärzte, Juristen und Unternehmer durch. Aufsehen erregten davon vor allem wegen prominenter Angeklagter die Verfahren gegen Alfried Krupp und die IG-Farben sowie der »Wilhelmstraßen-Prozess«, in dem sich auch Görings Intimus Paul Körner verantworten musste. Die Amerikaner wollten die Angeklagten unter anderem für ihre Beteiligung an der ›Arisierung‹ jüdischen Eigentums, für die Mitwirkung an der Vorbereitung und Führung eines Angriffskrieges, für die wirtschaftliche Ausplünderung besetzter Gebiete und für die Ausnutzung von Zwangsarbeitern zur

Rechenschaft ziehen. Dabei hatte die Wirtschaftsabteilung der US-Anklagebehörde Philipp F. Reemtsma als Zeugen für Verfahren gegen deutsche Industrielle angefordert.

Als der Hamburger nach Nürnberg gebracht wurde, lief bereits der »Fall 4« gegen das SS-Wirtschafts-Verwaltungshauptamt mit Oswald Pohl als Hauptverantwortlichem, und der »Fall 5« gegen Friedrich Flick stand kurz bevor. Anfangs kam Reemtsma in der sogenannten Zeugenvilla in der Novalis-Straße unter, wo der Unternehmer »in steigender Zahl bekannte Gesichter« antraf, wie er seiner Frau schrieb.[417] Als die Amerikaner bemerkten, dass in der Villa ein reger Informationsaustausch zwischen den Zeugen herrschte, von denen etliche andernorts angeklagt waren, wurde Reemtsma zur Isolierung in das Gefängnis des Militärgerichtshofes verlegt. Gegenüber den privilegierten Verhältnissen in der Novalis-Straße herrschte dort ein strenges Regiment.

Ende März reiste Oberstaatsanwalt Kramer nach Nürnberg, um für das Hamburger Verfahren Ermittlungen durchzuführen. Das nahm der Angeklagte argwöhnisch zur Kenntnis. Er mutmaßte, Kramer würde sich festrennen; doch dieser stellte fest, dass die Reemtsmas 12,375 Millionen Mark »Geschenke« an Göring gezahlt und für Staatssekretär Körner ein Sparkonto für dessen Beiratstantieme eingerichtet hatten. Weiterhin erhielt Kramer Einsicht in die Erklärung Eugen Garbátys vom 29. Oktober 1945 mit ihren massiven Vorwürfen gegen Reemtsma. Zur gleichen Zeit teilte Gertrud Reemtsma ihrem Mann mit, dass Robert W. Kempner in einem Zeitungsinterview nun doch von einer möglichen Anklage Reemtsmas vor dem Nürnberger Gerichtshof gesprochen hatte. Daher dachte ›Zwei‹ über seine Verteidigungsstrategie nach und erklärte den Hamburgern, er wünsche für den Fall eines Prozesses keinen ausgewiesenen Strafverteidiger. Ihm schwebte eher jemand vor, der im amerikanischen Recht und in der »technischen Beherrschung der Verfahrensform hier« erfahren war.[418] Generell vertraute er Dr. Fischer, zumal es seiner Einschätzung nach nicht so sehr auf den Verteidiger als vielmehr auf die Zeugenaussagen und die Vorgänge an sich ankäme. Es sei eine Frage des Fleißes, das alles korrekt und in der richtigen Reihenfolge darzustellen. Darum bemühte er sich mittels detaillierter Niederschriften, die er in seiner Zelle anfertigte. Gleichzeitig sorgte ihn aber die Frage, wie die wachsenden Anwaltskosten beglichen werden sollten, denn die Konten der Familie und die ihrer meisten Freunde waren von den Alliierten blockiert. Daher schlug Reemtsma Justiziar Ahrends vor, bei Hans Domizlaff oder Hugo Henkel in Düsseldorf um eine Leihgabe zu bitten.

All dies bedeutete Bedrückungen, Stress und Schamgefühle, was bei Reemtsma Ende März, also etwa zwei Jahre nach dem Soldatentod seines Sohnes Jochen, zu einer entsetzlich deprimierten Bemerkung gegenüber seiner Frau führte: »Ich bedaure in diesen Tagen zum ersten Male nicht, dass unsere Jungen nicht mehr am Leben sind. Dass ich diesen Kummer über Dich bringen musste, ist mein größter Schmerz.«[419] Die in Freiheit verbrachten letzten Monate des Jahres 1946 erschienen dem Unternehmer nunmehr »wie ein seltsamer Traum«, aber er hatte das kurze Zusammensein mit Gertrud »bewusst und mit tiefer Dankbarkeit« erlebt. Das bewahrte ihn dennoch nicht vor depressiven Abstürzen, wie seine krassen Worte über den Tod der geliebten Söhne erkennen lassen. Letztlich zweifelte Reemtsma sogar, ob er je wieder in Ruhe und Frieden mit Gertrud zusammensitzen könne. Gesundheitlich ging es mittlerweile wieder einigermaßen. Zudem gab es in Nürnberg erträgliche Haftbedingungen mit angemessener Verpflegung, eigener Kleidung und Literatur für den gehobenen Anspruch. Das war in den Augen des Inhaftierten »ein Klassenunterschied zu Nenndorf unseligen Angedenkens«.[420]

Die belastete Gemütsverfassung Reemtsmas verschlechterte sich weiter, als er vom Schicksal Martin Hesselmanns erfuhr. Bis Kriegsende hatte der Oberst das Offiziersgefangenenlager auf der Festung Königstein bei Dresden kommandiert. Einer der gefangenen französischen Generale, Maurice Mesny, war am 19. Januar 1945 während der Verlegung nach Colditz von seinen Bewachern hinterrücks erschossen worden. Den in Berlin von höchsten Stellen geplanten Mord hatte Hitler persönlich angeordnet. Infolge späterer Ermittlungen verdächtigten die Franzosen Hesselmann, an der Bluttat mitgewirkt zu haben, sodass sein Name auf eine Kriegsverbrecherliste kam.[421] Ein direkter Bezug hat sich allerdings nie belegen lassen.

Anfang Februar 1947 wurde Hesselmann in Bielefeld auf Betreiben französischer Stellen von englischen Militärs verhaftet.

Nach mehrfachem Verhör in der französischen Militärmission in Bad Salzuflen transportierte man den mittlerweile an Magenblutungen leidenden Gefangenen auf einem offenen Lastwagen ins französische Militärhospital Wittlich. Christel Hesselmann schaffte es, als angebliche Krankenschwester an das Krankenbett ihres Mannes vorzudringen. Dort wurde sie aber von den Wachen vertrieben, als man in ihr die Ehefrau erkannte. Am 22. März verstarb Martin Hesselmann; ein Geschwür am Zwölffingerdarm war ihm zum Verhängnis geworden. Der verzweifelten Schwester von Gertrud Reemtsma blieb nur noch, den Leichnam ihres Mannes in einer unwürdigen Odyssee nach Hamburg zu bringen: Die mit Zigaretten bezahlten Fuhrleute luden einfach den Sarg auf der Landstraße nahe der französisch-britischen Zonengrenze ab und ließen die Frau in der Nacht stehen. Als Philipp in Nürnberg von dem Verlust hörte, schrieb er Gertrud, ihr Schwager sei sinnlos gestorben und man müsse sich um die Witwe und ihre drei Kinder sorgen. Konsterniert formulierte er im Anschluss einen eigenartigen Satz: »Über Deutschland liegt das unvermeidliche Schicksal, dass 10 Millionen noch sterben müssen, damit der Rest leben kann.«[422] Dies spiegelte nicht nur massive Kritik an der Besatzungsherrschaft wider. Offenbar fürchtete Reemtsma, die Deutschen würden systematisch ausgehungert und dezimiert.

Am 8. April wurde Reemtsma vom Ankläger Kempner wegen Göring vernommen. Dabei spielte ein Bericht des in der Zigarettenindustrie tätigen Bankiers Georg Eidenschink eine wichtige Rolle. Er hatte im Krieg als Aufsichtsrat der Wiener Austria Tabakwerke mitgewirkt und war Inhaber der Züricher Zigarettenfabrik Memphis AG. Im Zuge der OMGUS-Ermittlungen gegen die Deutsche Bank hatte er über Philipp F. Reemtsma unter anderem zu Protokoll gegeben, dieser habe intensive Kontakte »mit maßgebenden Leuten des Dritten Reiches« aufgebaut, insbesondere mit Hermann Göring, Baldur von Schirach und Heinrich Hoffmann.[423] Eidenschinks Beobachtung zufolge gab es keine Nazis in der Führungsetage der Reemtsma KG, doch die meisten hätten es verstanden, »gute Beziehungen zu führenden Persönlichkeiten der Partei zu schaffen«. Ob-

Ernst Friedrich Gütschow (1869–1946)

wohl diese Darstellung auch Entlastendes enthielt, waren für die Ermittler zahlreiche negative Sachverhalte in Bezug auf Reemtsma ans Licht getreten.

Dem schloss sich die eidesstattliche Aussage Eugen Garbátys an. Ihre gravierenden Bezichtigungen hatten ein starkes Gewicht. Schließlich war Reemtsma von dem jüdischen Zigarettenindustriellen als glühender Nationalist bezeichnet worden, der ein Freund Görings gewesen sei und im Aufsichtsrat der Deutschen Bank und anderer Gesellschaften Einfluss genommen hatte, die nach Garbátys Ansicht eine große Bedeutung bei der Kriegsvorbereitung hatten. Dies setzte Reemtsma in Nürnberg wie schon ein Jahr zuvor bei der Frankfurter OMGUS-Vernehmung mächtig unter Druck, aber er konnte diese Vorwürfe und die Behauptung ausräumen, er habe die Firma Garbáty im Frühjahr 1938, womöglich antisemitisch motiviert, geschädigt. Daraufhin deutete Kempner an, es sei nicht beabsichtigt, gegen Reemtsma einen Prozess in Nürnberg anzustrengen. Auch in Hamburg gab es positive Neuigkeiten. Dr. Ahrends konnte mitteilen, dass Schlickenrieder Herbert Gütschow um einen höheren Geldbetrag gebeten hatte, der für die Anwaltshonorare benötigt wurde. Umgehend hatte der Sohn des vor Jahresfrist verstorbenen Ernst Friedrich Gütschow seine Bereitschaft zur Finanzhilfe erklärt und dies auch gegenüber ›Eins‹ bestätigt. Die Reemtsmas freuten sich sehr über diese spontane entgegenkommende Haltung, die den jungen Gütschow von seinem Vater unterschied.[424]

Bis zum 11. April 1947 blieb Philipp F. Reemtsma in Nürnberg, dann wurde er nach Hamburg entlassen. Als er drei Tage später dort eintraf, beurlaubte ihn die Staatsanwaltschaft nach Hause, allerdings durfte er sich lediglich auf dem Grundstück am Klein Flottbeker Weg aufhalten. Als er Ende April in der Stadt gesehen wurde, hatte dies die neuerliche Vollstreckung des Haftbefehls zur Folge. Jetzt wollten seine Verteidiger die in Fülle vorliegenden Affidavits und ein Gutachten des Hamburger Professors für Strafrecht Ottokar Tesar nutzen, um die dauerhafte Entlassung aus der Untersuchungshaft zu betreiben. Die engzeilig getippte 19-seitige Ausarbeitung behandelte vorwiegend die demokratische Einstellung Reemtsmas, den Komplex des Korruptionsverfahrens von 1933 und die angebliche Beamtenbestechung. Tesar führte unumwunden aus, dass Reemtsma dem preußischen Ministerpräsidenten zwar nichts angeboten hatte, von diesem aber ab 1934 laufend finanzielle Forderungen genannt bekommen hatte, die erfüllt werden mussten, wenn der Unternehmer »nicht Gefahr laufen wollte, des politischen Schutzes Görings verlustig zu gehen«.[425] Das Amtsgericht Hamburg beschloss Haftverschonung und entließ den Unternehmer am 12. Mai. Im Haus von Alwin Reemtsma pflegte ihn seine Frau. Er kurierte sich aus und bereitete seine Verteidigung systematisch vor. Dabei half ihm, dass Kurt Heldern mittlerweile aus Sydney nach Hamburg gekommen war. Einige Tage vor der Freilassung seines früheren Chefs hatte der Emigrant vor dem Notar eine neunseitige Erklärung abgegeben. Darin beschrieb er ausführlich, wie er Philipp F. Reemtsma in den Jahren 1927 bis 1938 kennengelernt hatte, und versicherte, dass dessen Geschäftspraktiken von Lauterkeit und Fairness bestimmt gewesen seien.

Am 15. Juni präsentierte die Staatsanwaltschaft ihre Anklageschrift gegen Philipp F. Reemtsma. Der Oberstaatsanwalt beim Landgericht Hamburg hatte eine enorme und in der Form überraschende Arbeit geleistet: Die Anklageschrift war eine großformatige Broschur im Umfang von 65 Seiten mit sechsseitigem Personen- und Sachregister. Angesichts der von jedweder Materialknappheit geprägten Nachkriegszeit war dies ein sonderbarer Zuschnitt. Aber Oberstaatsanwalt Kramer holte so weit aus, dass er mit der Anklage das gesamte Berufsleben Reemtsmas abdeckte: Der Lebenslauf allein umfasste zweieinhalb Seiten. Dann folgte die Schilderung der Konzentrationsphase der Zigarettenindustrie in den zwanziger Jahren mit der Wiedergabe zahlreicher kritischer Vorfälle wie auch der Unterstellungen von Levita und Tetens. Dem schloss sich die eigentliche Behandlung der Nazi-Zeit mit den Bestechungsvorwürfen sowie die Einbindung Reemtsmas in den Vierjahresplan und die Kriegswirtschaft an. Letztlich verfolgte die Anklage das Ziel, Philipp F. Reemtsma ein andauerndes unseriöses Agieren in der Zigarettenbranche nachzuweisen. Den Aufstieg seiner Firma aus dem Nichts habe er ab Mitte der zwanziger Jahre unduldsam und mittels dubioser bis krimineller Machenschaften erwirkt, zum Nachteil der Konkurrenten, der Raucher und des Fiskus. Intensives Aktenstudium und die Vernehmung zahlreicher Zeugen hatten Kramer zu einem gut informierten Ankläger werden lassen. Die Fülle der mutmaßlich justiziablen Vorwürfe und inkriminierten Verhaltensweisen war beträchtlich, aber in toto schoss die Anklage über den eigentlichen Gegenstand hinaus: Zum einen wurde der Eindruck erweckt, man habe es bei Reemtsma mit einem verantwortungslosen, ja gefährlichen Wegbereiter und Profiteur des Nationalsozialismus zu tun. Zum anderen erschien es, als sollte er stellvertretend für weite Kreise der deutschen Wirtschaft angeklagt werden.

Intention und Wortwahl der Anklageschrift gingen in Anbetracht der Tatsache, dass nicht etwa ein Rüstungsindustrieller, sondern ein Genussmittelproduzent vor Gericht stand, erstaunlich weit: Die Anklage würde »die wesensmäßige Verbundenheit zwischen nationalsozialistischem Faschismus und monopolistischem Kapitalismus« behandeln.[426] – Die Nazi-Bewegung habe die ihr zugewandten monopolorientierten Wirtschaftskreise als »Steigbügelhalter« benutzt und diese wie das gesamte Volk »verknechtet«. Daher hätten die Wirtschaftsführer genau wie die politischen Machthaber »die tiefe Unsittlichkeit« des Dritten Reiches zu verantworten. Auch Reemtsma, dessen Straftaten in seinem »Streben nach schrankenloser wirtschaftlicher Machtentfaltung« wurzelten, sei an dieser Unsittlichkeit gescheitert. Ihm sei vorzuwerfen, dass er sich nicht gescheut habe, »in engste Verbindung mit den hemmungslosen, an keine Regel des Rechtes, des Herkommens und der Sitte gebundenen Mächten des verbrecherischen Systems zu treten«. Dabei sei es zur fortgesetzten Beamtenbestechung gekommen. Allerdings hatte die Anklage keine Anhaltspunkte für »strafbare Handlungen gegen Frieden und die Sicherheit anderer Völker« gefunden, die Reemtsma zur Last gelegt werden konnten. Die aufgeführten Gesetzesverletzungen betrafen lediglich die gegen die deutsche Rechtsordnung verstoßenden und in Deutschland wirksam gewordenen Aktionen des Industriellen.

Diese massiven Vorwürfe belasteten die Familie Reemtsma und den Helferkreis gleichermaßen, denn keines der Affidavits entkräftete den Bestechungsvorwurf. Es war ja unstrittig, dass Göring und sein Umfeld exorbitante Zahlungen von Reemtsma erhalten hatten. Wohl dieser Sachlage folgend kontaktierten Reemtsmas Helfer auf Vermittlung von Dr. Möhring den Berliner Strafrechtler Eduard Kohlrausch mit der Bitte um ein Gutachten. Auch er sollte neben Professor Tesar zum Ziel der Einstellung des Verfahrens herangezogen werden, doch im Juli winkte Kohlrausch ab. Der bereits 73-jährige Nestor des deutschen Strafrechts war überarbeitet, und zudem bestand, wie Möhring Ahrends mitteilte, »wegen einiger Veröffentlichungen nach 1933« ein »politisches Handicap«: Erst kürzlich hatte der Professor eine Art Ehrenratsverfahren der Kollegen Gustav Radbruch, Karl Geiler und Hans Peters über sich ergehen lassen zu müssen.[427] Dabei war der im Mai 1933 als Rektor der Berliner Universität zurückgetretene Kohlrausch zwar rehabilitiert worden, doch er wollte sich nicht sogleich mit einer Reemtsma-Verteidigungsschrift exponieren. Daher bat Möhring den Göttinger Professor Eberhard Schmitt um ein Gutachten in der Strafsache Reemtsma.

Der herzkranke SS-Standartenführer Alwin Reemtsma befand sich seit Juni 1945 in britischem Gewahrsam. Von Neumünster war er nach Paderborn ins Lager Eselheide, das ehemalige Kriegsgefangenenlager Stukenbrock, verlegt worden. Im Frühjahr und Sommer 1947 führte das Bielefelder Spruchgericht Ermittlungen im Hinblick auf seine SS-Mitgliedschaft durch. Da die SS mittlerweile als verbrecherische Organisation eingestuft worden war, mussten sämtliche Angehörige individuelle Überprüfungen und Gerichtsverfahren über sich ergehen lassen. In Hamburg war Irmgard Reemtsma aktiv, um Unterstützung zu mobilisieren. Auf ihren Wunsch gaben Lose und Schlickenrieder am 12. April eine Erklärung ab, in der Alwin Reemtsma charakterisiert wurde. Beide schienen dazu berufen, denn sie hatten ›Drei‹ in langen Jahren aus der Nähe in der Geschäftsleitung erlebt. Sie spielten in ihren Ausführungen auf einer bedenklichen Klaviatur, denn der Unternehmer wurde hinsichtlich seiner Bedeutung und Fähigkeiten stark abgewertet: Für Lose und Schlickenrieder stand Alwin Reemtsma ständig im Schatten seiner erfolgreichen Brüder. Dies lag nicht etwa daran, dass ihm lediglich ein »beschränktes, nicht sehr bedeutungsvolles Arbeitsgebiet zugewiesen« worden war.[428] Vielmehr sei er »in Bezug auf unternehmerische Fähigkeiten und auch als Persönlichkeit erst in weitem Abstand hinter seinen Brüdern« einzuordnen. Daher habe Alwin »Komplexe« entwickelt, die er unter anderem durch Reserveübungen zu kompensieren suchte. Dies habe er als Wirkungsstätte angesehen, in der er »ohne Bevormundung« der beiden Älteren reüssieren konnte. Und da der liebenswürdige, hilfsbereite Herr kaum einmal Nein habe sagen können, sei es ein Leichtes gewesen, ihn für die SS zu werben.

Hier wurde einiges chronologisch nicht ganz sauber dargestellt, denn Alwin Reemtsma war im November 1933 in die SS eingetreten, und eine Reserveübung bei der Wehrmacht hatte er erst 1936 absolviert. Von dieser Ungenauigkeit abgesehen, scheint die psychologische Deutung stimmig zu sein: Der jüngste der drei Brüder hatte einen Geltungsdrang gehegt, den er innerhalb des Unternehmens nicht befriedigen konnte. Da war ihm die Ebene der elitären Uniformträger zupass gekommen. Von den verbrecherischen Zielen der SS, so Lose und Schlickenrieder, habe sich Alwin Reemtsma bei seinem Eintritt keine Vorstellung machen können. Damit hatten die beiden gut informierten Beobachter aus der Geschäftsleitung sicherlich recht. Doch war das wirklich alles? Konnte man beinahe zwölf Jahre in der SS Karriere machen, Mitglied des Lebensborn sein und den Ehrendegen von Himmler verliehen bekommen, ohne der Nazi-Ideologie zu entsprechen? Wohl kaum. Und weil das so schwer erklärbar war, versuchten die beiden mittels ihrer Darstellung, ›Drei‹ nicht einmal als zweitrangigen Unternehmer zu bewerten. Schließlich las sich die Erklärung streckenweise geradezu rufschädigend. Dies war Teil einer Verteidigungsstrategie, die Jan Berend Reemtsma zufolge unabhängig von Irmgard verfolgt wurde: Man war bemüht, Alwin Reemtsma so gutgläubig und naiv wie möglich erscheinen zu lassen, um damit seine Verurteilung zu verhindern. Harmlos, unpolitisch, unwissend und komplexbeladen? Das wirkte Mitleid heischend, und was außer seiner bloßen SS-Mitgliedschaft war ihm denn überhaupt vorzuwerfen?

Weitere Fürsprecher traten hinzu, die dem Internierten vor allem eines bescheinigen wollten: dass er in keiner Form der Nazi-Ideologie anhing. Kurd Wenkel versicherte an Eides statt, Alwin Reemtsma habe niemals etwas gegen jüdische und ›jüdisch versippte‹ Mitarbeiter der Firma unternommen, und auch die Tabakhandelsfirmen mit jüdischen Inhabern seien von ihm toleriert worden. Pastor Johannes Nagel erklärte, Alwin Reemtsma sei 1943 nach dem ›Feuersturm‹ aus der Kirche ausgetreten, da er in dem schrecklichen Bombeninferno ein Indiz für ihr weltweites Versagen erkannt habe. Politischer oder ideologischer Druck – etwa durch die SS – sei nicht das Motiv zu diesem Schritt gewesen. Nagel fügte an, im Frühjahr 1943 seien die beiden Söhne von Irmgard und Alwin von ihm konfirmiert worden, und im Vorfeld habe der Vater keine Gegnerschaft der Kirche gegenüber durchblicken lassen. Der Pastor empfand Alwin Reemtsma als einen Mann, »der unedler Handlungen nicht fähig ist und alles, was er will und tut, aus Überzeugungstreue wachsen lässt«.[429] Kurt Ladendorf, der Alwin Reemtsma zum Eintritt in den Motorsturm der Altonaer SS bewegt hatte, meldete sich im Juni 1947 mit einer eidesstattlichen Versicherung aus einem amerikanischen Internierungslager in Darmstadt. Der ehemalige Untersturmführer der Waffen-SS meinte, sein Freund sei Anfang 1944 vom geltungssüchtigen Grafen Bassewitz-Behr lediglich aufgrund erhoffter persönlicher Vorteile zum Referenten berufen worden.[430]

Im August 1947 wurde Alwin Reemtsma im Lager Eselheide vernommen. Im Zuge seiner Aussagen vor dem Staatsanwalt benannte er verschiedene Zeugen, die über sein Verhalten im Dritten Reich und speziell über seine Aufgaben innerhalb der SS während der Kriegszeit Auskunft geben könnten. Darunter waren sein im Kriegsverbrecherlager Fischbek nahe Hamburg internierter Ex-Chef Bassewitz-Behr, Standartenführer Fromm sowie in Eselheide einsitzende SS-Männer. Daneben schlug Alwin Reemtsma noch den früheren Generalmajor der Polizei Walter Abraham und andere Führungskräfte der Hamburger Polizeibehörden vor, denn diese konnten seiner Meinung nach die Konflikte zwischen ihm und seinem Vorgesetzten wiedergeben. Wie glaubwürdig würden die Aussagen von internierten SS-Mitgliedern sein, die zum Teil selbst ein Gerichtsverfahren erwartete? Deren Darstellungen ließen sich nicht unter den Teppich kehren, aber der Wahrheitsgehalt ihrer Aussagen musste intensiv überprüft werden, denn schließlich war es denkbar, dass hier alte Seilschaften füreinander bürgten. Graf Bassewitz-Behr selbst wäre kein guter Entlastungszeuge gewesen, denn er wurde just zu dieser Zeit in Hamburg vor einem britischen Militärgericht des Mordes an 50 ausländischen Häftlingen aus dem Polizeigefängnis Fuhlsbüttel angeklagt. Den Befehl hatte angeblich der Hamburger SS-Chef kurz vor Kriegsende erteilt, doch dem Grafen konnte eine direkte Verantwortung nicht nachgewiesen werden, sodass er schließlich freigesprochen wurde. Daraufhin stand Bassewitz-Behrs Auslieferung an die Sowjetunion an, denn während seiner Tätigkeit als SS- und Polizeiführer im Raum Dnjepropetrowsk waren 45 000 Zivilisten ermordet worden.[431]

Um einen Überblick über die geschäftliche und persönliche Tätigkeit Alwin Reemtsmas zu bekommen, wandte sich das Spruchgericht mit gezielten Fragen direkt an die Geschäftsleitung der Reemtsma KG, worauf für diese Lose und Schlickenrieder antworteten: In der Firma habe ›Drei‹ keine herausragende Stellung besessen, sondern Grundsatzfragen des Sachgebiets Zoll und Verbrauchssteuern sowie Bilanzbuchhaltung erledigt. Nach dem Beschluss der Gesellschafter der KG war Alwin Reemtsma Ende Dezember 1945 aus dem Kreis der Kommanditisten ausgeschieden; am Gewinn und Verlust der Firma sei er mit 4 Prozent beteiligt, und sein Vermögen unterliege der Vermögenskontrolle durch die Militärregierung. Die Geschäftsführer erklärten bei der Gelegenheit, die Firma habe niemals Kriegsgefangene oder Juden zwangsweise eingesetzt. Hingegen habe Alwin Reemtsma gebilligt, dass jüdische oder ›nichtarische‹ Mitarbeiter im Unternehmen tätig gewesen waren, und zudem »in keinem Falle versucht, irgendeine politische Propaganda zu betreiben oder Parteimitglieder in den Betrieb hineinzubringen«.[432] Überhaupt habe die Leitungsebene der Reemtsma KG unter den acht Mitgliedern der Geschäftsleitung und den 13 Prokuristen nur vier »Mitläufer« gehabt, das heißt, der Anteil der NSDAP-Mitglieder sei nicht maßgeblich gewesen.

Alwin Reemtsma war der Ansicht, er gehöre nicht vor ein Spruchkammerverfahren, da er lediglich ein unbescholtener Angehöriger der Allgemeinen SS gewesen sei, eingezogen zur Wehrmacht während des ganzen Krieges. Seiner Beobachtung nach würden die Engländer solche Personen ständig entlassen. Doch die SS-Laufbahn sah in Teilbereichen anders aus: Durch den von Heinrich Himmler befohlenen Übertritt in die Waffen-SS, den Reemtsma am 29. April 1942 im Dienstgrad eines Sturmbannführers vollzogen hatte, besaß er einen nicht gerade so harmlosen Status, wie er es glauben machen wollte. Zudem war man davon überzeugt, dass er als persönlicher Referent des Höheren SS- und Polizeiführers in Hamburg Befehle gesehen und weitergeleitet hatte, die das KZ Neuengamme oder etwa die Bestrafung von ›Ostarbeitern‹ in der Hansestadt betrafen. Im Verhör verneinte Reemtsma beständig, Anordnungen dieser Art gesehen, aus dem Fernschreiber genommen oder weitergegeben zu haben. Er habe lediglich den Terminkalender geführt, die Postverteilungsstelle geleitet und daran mitgewirkt, einen Organisationsplan für den Fall einer Feindlandung zu erarbeiten. Derartig stellte er sich als Ahnungslosen dar, der beim Hamburger SS-Chef eigentlich nichts Entscheidendes zur Kenntnis genommen hatte. Dies wurde ihm in der Vernehmung nicht recht geglaubt. Man befragte ihn daher nach seiner Stellung in der Firma Reemtsma, wobei er sich als befähigter Organisator des Büros darstellte. Die Frage, ob das Büro Bassewitz-Behrs genauso gut organisiert gewesen sei, verneinte Reemtsma. Damit wollte er plausibel machen, dass ihm keine Vorgänge zur Kenntnis gelangt waren, die den Tod von Zwangsarbeitern und KZ-Insassen hatten bedeuten können. Symptomatisch ist ein unglaubwürdiger Satz gegenüber dem Staatsanwalt: »Ich habe auch nicht gerüchteweise von den Grausamkeiten der KZ Lager erfahren.«[433]

Diese vom Bielefelder Spruchgericht angestrengten Ermittlungen führten nicht zu einem Gerichtsverfahren gegen Alwin Reemtsma. Er wurde in das Internierungslager Neuengamme verlegt, bis man ihn am 25. März 1948 im Zuge der sogenannten Robertson-Aktion, die der stellvertretende Militärgouverneur Sir Hubert Brian Robertson durchgesetzt hatte, wie zahlreiche andere Internierte entließ. Seine Frau erkannte den von der Haft und andauernden Erkrankungen schwer gezeichneten Mann kaum wieder, denn er hatte sein Körpergewicht halbiert. Ihn aufzupäppeln war eine besondere Aufgabe für Irmgard Reemtsma, denn nach wie vor hielt Property Control die Hand auf den Konten und Vermögenswerten der Familie. Das Geld reichte gerade für das Nötigste. In dieser Situation war es hilfreich, dass die 1935 in die USA emigrierte Frau Baum wiederholt Care-Pakete schickte. Sie enthielten unter anderem Zigaretten wie *Chesterfield*, von denen sich natürlich auch die Söhne bedienten. Wegen des gegenüber den Tabakmischungen deutscher Produktion überaus starken Virginia-Tabaks hauten diese Zigaretten den jugendlichen Jan Berend Reemtsma geradezu um. Aber das Privileg, derart ›Reelles‹ rauchen zu können, verschaffte ein Gefühl der Befriedigung. Das war selten, denn der behördlich bestellte Vermögenstreuhänder gab für Jan Berends Forstgehilfenausbildung lediglich 80 Mark pro Monat vom Vermögen des Vaters frei. Da dem Lehrherrn, einem Förster bei Alfeld, die Hälfte des Betrages für das Logis gezahlt werden musste und täglich noch für den kargen Mittagstisch eine weitere Mark, war der junge Mann nahezu mittellos. Daher magerte er in seiner Lehrzeit ähnlich ab wie sein Vater im Internierungslager.[434] Die Abhängigkeit von der Haltung der britischen Militärbehörden brachte die Familie Alwin Reemtsmas auf diese Weise in manche belastende Situation.

Industriepolitik und Haftmanöver

Unabhängig von der Anklage gegen Philipp F. Reemtsma betrieben die Besatzungsmächte die Zerlegung der Reemtsma KG. Ihre Handhabe dazu waren die Bestimmungen zur Dekartellisierung mit dem Ziel, die deutsche Wirtschaft neu zu ordnen. Schließlich hatten sich im Dritten Reich mächtige Konzerne und staatseigene Firmen gebildet, die die Alliierten als eine Basis des deutschen Hegemonialstrebens betrachteten. Ein Synonym dafür war die in Frankfurt ansässige IG Farben, deren Zerschlagung weitreichende Bedeutung zukam. Im Sommer 1947 beschloss die amerikanische Militärregierung eine Direktive, die Kartelle verbot, die Entflechtung von Großunternehmen vorschrieb und darüber hinaus Gewerkschaften, Betriebsräte, Genossenschaften und Tarifverträge zuließ. Zwar wurden die privatwirtschaftlichen Besitzverhältnisse, anders als in der sowjetischen Besatzungszone, nicht angetastet, aber die Dekartellisierung hatte gravierende Folgen für eine ganze Reihe von Unternehmen. Die Amerikaner gingen dabei am entschiedensten vor und ordneten unter anderem die Dezentralisierung der Großbanken an. Auf diese Weise wurde die Reichsbank liquidiert, woraus die Landeszentralbanken entstanden. Schritt für Schritt wurden dann die Deutsche Bank, die Dresdner Bank und die Commerzbank in regionale Kreditinstitute aufgespalten.

Wenn wirtschaftspolitisch derart weitreichende Maßnahmen von den Westalliierten durchgesetzt werden konnten, dann war die Entflechtung der Reemtsma KG eine Nebensache. Ihre Zerlegung stand an, da die Besatzungsbehörden kein beherrschendes Unternehmen der deutschen Zigarettenindustrie beibehalten wollten. Dabei wurde sowohl die Branche als auch die Hamburger Unternehmerfamilie im Unklaren darüber gelassen, was getrennt oder gar zwangsverkauft werden sollte und wer als potenzieller Nutznießer infrage kam. In

Stuttgart wurden Spekulationen laut, es könne zur Wiedererrichtung der 1929 liquidierten Waldorf Astoria AG kommen, die Reemtsma erworben und geschlossen hatte, worauf gut gehende Markenzigaretten des Herstellers im Münchener Reemtsma-Werk produziert worden waren. Sofern die Entflechtung von Reemtsma stattfand, hielt man den selbständigen Neubeginn für denkbar, was in Stuttgart hinsichtlich der Arbeitsplätze und Gewerbesteuern von Bedeutung schien. Gleichzeitig entstanden auch unseriöse Begehrlichkeiten aufseiten früherer Konkurrenten. Friedrich Georg Schlickenrieder erfuhr in Hamburger Geschäftskreisen, dass die amerikanische Zigarettenfirma Standard Commercial stark an der Reemtsma-Zerlegung interessiert war. Angeblich gab es gemeinsame Absichten der Amerikaner und des früheren Direktors des Bremer Zigarettenherstellers Lesmona, der belastendes Material gegen Reemtsma aus der Zeit vor 1933 in der Schublade hatte. Schlickenrieder hörte, dies ginge möglicherweise so weit, dass die französische Militärregierung wegen der 23 Jahre zurückliegenden Banderolenhehlerei im Reemtsma-Werk Düsseldorf-Reisholz gegen das Unternehmen in Stellung gebracht werden könnte. Derart phantasievolle Konkurrenzmanöver wurden diskutiert, aber der in die Gespräche einbezogene 76-jährige Hans Rinn, der Seniorchef des Zigarrenherstellers Rinn & Cloos, konnte in kollegialer Verbundenheit zu Reemtsma den ehemaligen Lesmona-Geschäftsführer zur Räson bringen. Das beendete freilich nicht die Entflechtung des Hamburger Zigarettenherstellers, die in erster Linie auf eine Trennung von Haus Neuerburg hinauslief. Eine Teilung der 1935 verschmolzenen Firmen bahnte sich unweigerlich an. Dagegen konnten die Reemtsma-Brüder nichts unternehmen. Da ihre Firma unter Treuhandverwaltung stand, waren sie lediglich Statisten des Prozedere.

Auf einer anderen Ebene lief das Geschäftsleben in erfreulicheren Bahnen. Gertrud Reemtsma war an der Reederei C. Andersen beteiligt, die den letzten noch verbliebenen Fischkutter *Reemt* betrieb. Aus dem Gewinn des Jahres 1946 in Höhe von 148 000 Mark erhielt Frau Reemtsma einen Anteil zugewiesen. Und im September 1947 ging ihr eine Einladung der Deutschen Bank zur Hauptversammlung der bremischen Hansa-Reederei zu, da sie für über 500 000

Mark Aktien dieser Linie besaß. Hier zeigte sich, dass die 31-jährige Frau des Unternehmers von diesem über Aktienbesitz und Beteiligungen in Geschäfte außerhalb der Zigarettenindustrie eingebunden worden war, was nunmehr ihrer Stellung und finanziellen Lage zugute kam.

Im September befand sich Philipp F. Reemtsma schon wieder im Untersuchungsgefängnis. Der mit Hochdruck an der Vorbereitung seines Prozesses arbeitende Oberstaatsanwalt Kramer argwöhnte, der Angeklagte könnte flüchten. Andererseits vermutete der Ankläger, mögliche Entlastungszeugen würden von Reemtsma und seinem Verteidigerkreis durch Gespräche, Akteneinsicht und Vorlage der Anklageschrift intensiv präpariert. Dem wollte er durch die Haft in gewissem Grade vorbeugen. Doch die Anklagebroschur kursierte selbst in Pressekreisen. So lagen Anwalt Fischer Ausschnitte aus der New Yorker Emigrantenzeitung *Der Aufbau* vor, in der die Schrift zitiert wurde. In der Ausgabe des deutschsprachigen jüdischen Blattes vom 29. August wurde kritisch über Philipp F. Reemtsma als »typisches Produkt der Zeit« berichtet, der erst die Arbeit der DVP mitfinanziert, dann in Nazi-Zeitungen inseriert und Göring Millionen gespendet hatte, was ihn als erfolgreichen Unternehmer zu einem veritablen »Nutznießer des Regimes«, nicht aber zum Nazi gemacht habe. Letztlich wurde auch Reemtsmas Hilfe für ›nichtarische‹ Mitarbeiter erwähnt, doch der Autor mit dem Kürzel C. M. wertete diese verzerrend ab: »Vorm Feuerofen« habe er niemanden schützen können. Dieses Urteil war verfehlt, denn von keinem der Geschäftspartner und Mitarbeiter aus der Branche, denen Reemtsma half, ist bekannt, dass sie im Holocaust umkamen. Gleichwohl gab es auch Todesopfer aus dem Kreis deutsch-jüdischer Zigarettenunternehmerfamilien, die nicht rechtzeitig emigriert waren, weil sie in Deutschland bleiben wollten oder kein rettendes Einreisevisum erhielten.[435]

Mitte September reichte Dr. Fischer eine 49-seitige Haftbeschwerde ein, die vor allem die Anschuldigungen bezüglich eines Sonderverhältnisses zwischen Göring und Reemtsma zu zerstreuen suchte. Der Reichsmarschall, so Fischer, habe schließlich mit zahllosen Unternehmern enge Kontakte gepflegt. Ganz so einleuchtend fand der Haftrichter diese Argumentation aber offenbar nicht, denn er ließ nicht von der Haft ab. Philipp F. Reemtsma selbst schrieb seiner Frau, sie müsse sich keine Sorgen machen, denn sie kenne ihn ja. Da er den »Kampf« ruhig und »in Haltung« aufnehme, möge sie ihm auch in dieser Art ganz entsprechen und allen Schicksalsschlägen »ein Höchstmaß an Gelassenheit« entgegensetzen.[436] Gertrud sorgte auf ihre Art für ihn, indem sie ihm Briefe und blütenweiße Wäsche ins Gefängnis schickte, was er mit zärtlichen Lobesworten quittierte. Anfang Oktober strebte Reemtsmas Helferkreis an, den Chef über eine Kaution endlich aus der Untersuchungshaft auszulösen. 1,5 Millionen Mark waren im Gespräch, die der schwerreiche Angeklagte zwar besaß, über die er aber wegen der Blockierung seines Vermögens durch Property Control nicht verfügen konnte. Justiziar Ahrends erreichte, dass die Hamburger Filialen der Commerzbank, der Deutschen Bank und der Dresdner Bank eine Konsortialbürgschaft leisteten. Dafür hafteten die leitenden Angestellten der Reemtsma KG einschließlich des Betriebsratsvorsitzenden Emil Knüppel mit ihrem Vermögen und Grundbesitz.

Mittlerweile wurde intensiv an der neuen Wirtschaftsordnung der britisch-amerikanischen ›Bizone‹ gearbeitet. Vor allem wegen ihrer fiskalischen Bedeutung spielte dabei auch die Zigarettenindustrie eine Rolle, obgleich sich die Versorgungsverhältnisse mit den weiterhin rationierten Raucherwaren noch schlechter darstellten als zu Kriegsende. Die produzierten Zigaretten und Rauchtabake waren 1947 in ihrer Qualität und Quantität derart beschränkt, dass ein großer Teil des Bedarfs über eingeschmuggelte amerikanische Zigaretten – zu horrenden Preisen – gedeckt wurde. Oder die Raucher bauten im eigenen Garten Tabak an, den sie auf dem Küchentisch schnitten, trockneten und ›rauchbar‹ machten. Dabei kam mitunter auch der kaffeemühlengroße Handtabakschneider zum Einsatz, den der aus Dresden nach Hamburg übergesiedelte Universelle-Ingenieur Kurt Körber entwickelt hatte. Das half vielleicht im Kleinen, für die generelle Verbesserung wurde jedoch Expertenwissen benötigt. Dafür setzten sich Führungskräfte von BATC, Brinkmann und Reemtsma schon seit mehr als einem Jahr im Advisory Committee for Cigarette Industry ein. Nun wandte sich die Finanzleitstelle des im Juni 1947 zusammengetretenen Frankfurter Wirtschaftsrates an die führenden Unternehmen der Zigarettenindustrie und forderte diese auf, einen Vorschlag zur Gestaltung der Tabaksteuer nach der im folgenden Jahr geplanten Währungsreform zu unterbreiten. Um die für die gesamte Industrie in den Westzonen existenziell wichtige Steuerfrage sachgerecht zu verhandeln, wollte Justiziar Ahrends, der wenige Monate zuvor vom Präses der Handelskammer Hamburg als Vertreter der Hansestadt in den bizonalen Rechtsausschuss der Vereinigten Handelskammern berufen worden war, seinen inhaftierten Chef befragen. Dies gestattete Oberstaatsanwalt Kramer, sodass Ahrends ohne Aufsicht im Gefängnis mit ›Zwei‹ sprechen durfte. Nach wie vor war Philipp F. Reemtsma eben eine, wenn nicht gar *die* zentrale Figur der deutschen Zigarettenindustrie, und an der Hamburger Firma kam niemand vorbei, ob sie nun infolge der Dekartellisierung zerlegt würde oder nicht.

Ende Oktober 1947 wurde Reemtsma aufgrund der Bürgschaften endgültig aus der Untersuchungshaft entlassen, sodass er sich erholen konnte, unter anderem in der Weihnachtszeit auf Gut Trenthorst.[437] Die über 50 Affidavits aus dem Ausland und von Deutschen vermitteln den Eindruck, dass Reemtsma bis zur ›Machtergreifung‹ der Nazis demokratisch orientiert gewesen war und danach oftmals menschlich integer gehandelt hatte. Dass leitende Angestellte seiner Firma zu ihm standen und mit ihrem Vermögen für ihn hafteten, war ein besonderer Ausweis von Firmenloyalität und persönlicher Verbundenheit. Die Presse äußerte sich, je nach politischer Orientierung, reserviert, kritisch oder polemisch-anklagend. In der Öffentlichkeit hatte Reemtsma kaum Fürsprecher, und die Tatsache, dass er als Göring-Großspender »in Nürnberg« von Robert W. Kempner vernommen worden war, belastete seinen angeschlagenen Ruf noch mehr. Im Vergleich zu den zahlreichen Nazi-Gerichtsverfahren, die in Deutschland angestrengt wurden – gerade die Nürnberger Nachfolgeprozesse des Jahres 1947 gegen das SS-Wirtschafts-Verwaltungshauptamt sowie gegen Flick, Krupp und die Verantwortlichen der IG-Farben waren ein großes Thema –, erschien Philipp F. Reemtsma als kleinerer Fisch. Doch das musste nicht heißen, dass ihm ein Freispruch sicher war. Oberstaatsanwalt Kramer wollte anhand des ›Systems Reemtsma‹ die Korrumpiertheit deutscher Unternehmer im Dritten Reich vor Augen führen und einen von ihnen zur Rechenschaft ziehen. Die Reputation des Hamburgers war schlecht, und es lagen notariell beglaubigte Anschuldigungen vor wie die in die Anklageschrift eingeflossene von Eugen Garbáty. Es war abzusehen, dass eine Widerlegung all der darin enthaltenen mutmaßlichen Straftaten und Beschuldigungen ebenso wie die Beweisführung aufwendig sein würde.

Der Chirurg der Zigarettenwirtschaft

Der Strafprozess gegen Philipp F. Reemtsma in Hamburg begann am 24. Mai 1948 im Hamburger Landgericht. Übergroß war anfangs der Andrang. Aus ganz Deutschland reisten Journalisten an. Das Wort vom Skandalprozess machte die Runde, und das Verfahren schien Enthüllungen in Fülle zu versprechen. Am ersten Prozesstag stand eine ausführliche Beschreibung des beruflichen Aufstiegs von Philipp F. Reemtsma. Der *Niederdeutschen Zeitung* zufolge füllte schon nach kurzer Zeit dicker Zigarettenrauch den Saal, stiegen doch in den Schilderungen »all die alten Zigarettenmarken auf, die damals unsere Lungen erfreuten: *Manoli-Privat, Juno-rund, Konstantin 3, Delta, Greiling, Garbáty, Haus Neuerburg, Eckstein* …«[438] Der Angeklagte, der sich als erfolgreicher Chirurg der Zigarettenwirtschaft bezeichnete, habe es innerhalb weniger Jahre verstanden, 15 größere Konkurrenten seinem Imperium einzuverleiben. Da diese Sachverhalte durch das Verlesen konvolutstarker Aktenstücke dargestellt wurden, entwickelte sich das Verfahren zu einem streckenweise überaus ermüdenden »Bandwurmprozess«.[439] Er sollte 57 Verhandlungstage in Anspruch nehmen und ein bemerkenswertes Defilee von über 150 Zeugen in den Gerichtssaal führen: Beamte, Juristen, Politiker, Sekretärinnen, hochrangige Nazi-Funktionäre, Generale und sogar ein bereits zum Tode Verurteilter wurden zur Aussage herangezogen.

Die Anklage suchte einen wichtigen Ereignisablauf nachzuvollziehen, der mit der spektakulären Übernahmeaktion vom Frühjahr 1929 einsetzte: Reemtsma hatte die Baden-Badener Firma Batschari erworben, worauf die Steuerschulden des Unternehmens vom Staat erlassen worden waren. Dabei, so Staatsanwalt Kramer, habe Reemtsma in mehrfacher Hinsicht nicht kaufmännisch korrekt gehandelt. Die anschließende Verleumdung durch Levita und der gegen den Erpresser 1932 in Karlsruhe geführte Prozess habe dazu geführt, dass Reemtsma einen Meineid geleistet hatte. Ähnlich die Grenzen des Erlaubten überschreitend sei der geheim gehaltene Ankauf des 40-prozentigen Aktienpakets der Greiling AG gewesen. Der Angeklagte habe dabei Richard Greiling zur handelsrechtlichen Untreue gegenüber seinem Mehrheitsgesellschafter Anastassiadi angestachelt.

Einen weiteren Beleg für illegale Geschäftspraktiken Philipp F. Reemtsmas sah Kramer in der Banderolenhehlerei im Jahr 1924. Der damals eine zwielichtige Rolle spielende Zollinspektor hatte nach seinem Ausscheiden aus dem Staatsdienst hohe Zahlungen von Reemtsma erhalten, mindestens 140 000 Mark, die als Honorierung seines Verhaltens in der Düsseldorfer Affäre gedeutet wurden.[440] Die Summe all dessen rechtfertigte aus Kramers Sicht das sogenannte Korruptionsverfahren von 1933: Die gegen Reemtsma eingeleitete Voruntersuchung sei keine politisch motivierte Willkürmaßnahme der Nazi-Justiz, sondern sachlich berechtigt gewesen. Wenn Kramer mit seiner Darstellung richtiglag, dann hatte Reemtsma mittels der gezielten Bestechung die gerichtliche Voruntersuchung im Frühjahr 1934 erfolgreich torpediert. Selbst wenn die ursächlichen Vorgänge um Reisholz, Batschari und Greiling etwa zwei Jahrzehnte zurücklagen, konnte der Eindruck entstehen, Philipp F. Reemtsma habe seinen Aufstieg vor 1933 illegalen Manövern verdankt. Da passte eine Bestechungsofferte gegenüber Göring perfekt ins Bild. In diesem Zusammenhang gilt es, einen wesentlichen Punkt zu betonen: Zu den massiven Unterstellungen gegen Reemtsma aus den Jahren 1929 bis 1934 hatten seinerzeit weder die publizistischen Kritiker des Unternehmers noch die Berliner Staatsanwaltschaft stichhaltige Beweise vorlegen können. Und das gelang auch Oberstaatsanwalt Kramer nicht.

Reemtsma hatte seine Verteidigung zwischenzeitlich um Dr. Alexander Lifschütz erweitert. Dies war ein geschickter Zug, denn Lifschütz, der 1934 wegen der antisemitischen Verfolgung emigriert war, fungierte inzwischen als Bremer Senator für »politische Befreiung«, das heißt, er war seit knapp einem Jahr für die Entnazifizierung zuständig. Nun strebte die Verteidigung an, das Ansehen und die politisch-demokratische Betätigung des Angeklagten positiv darzustellen. Dabei kamen Aussagen zupass, die Reemtsma sozial verantwortliches Unternehmertum bescheinigten. Der nunmehr als Hamburgs Erster Bürgermeister amtierende Max Brauer bestätigte, Reemtsma habe der 1931/32 zahlungsunfähigen Stadt Altona Geld geliehen und sie damit in die Lage versetzt, die Gehälter auszuzahlen. Diese Stützung einer sozialdemokratisch regierten Kommune und die von Heinrich Brüning und Gottfried Treviranus bezeugte Förderung konservativer Kräfte ließen Reemtsmas politische Orientierung unbestreitbar in einem guten Licht erscheinen. Doch was war nach der ›Machtergreifung‹ geschehen? Wie ließ sich der zügige Umschwung zur klaglosen Anpassung an das jeglichem Demokratieverständnis hohnschreiende Regime erklären? Hier waren auch die massiven Anzeigenaufträge an die Nazi-Presse von Belang, die schon zu Beginn des Jahres 1932 eingesetzt hatten. Um etwas Licht in diese Ebene zu bringen, wurde Edgar Brinkmann zur Vernehmung aus dem Internierungslager Neuengamme herbeigeholt. Der frühere Verleger des *Hamburger Tageblatts* sollte sich unter anderem zu Reemtsmas Hilfeleistungen äußern. Es war aktenkundig, dass die Firma dem Verleger des finanziell daniederliegenden Nazi-Blattes bereits ab Januar 1932 regelmäßig Geld für »soziale Zwecke« überwiesen hatte, was sich bis April 1933 auf 65 500 Mark summierte.[441]

Um weitere Informationen zum Kontext der Presseanzeigen zu erhalten, war es notwendig, Max Amann als Chef des parteieigenen Franz Eher Verlags zu vernehmen. Daher wurde die Gerichtsverhandlung Ende Juli für einige Tage nach Lauf bei Nürnberg verlegt, denn der in München einsitzende Amann und eine Reihe anderer in Nürnberg und in nahe gelegenen Internierungslagern inhaftierter Nazis sollten im Reemtsma-Verfahren aussagen. Die bekanntesten von ihnen waren der Hitler-Intimus Heinrich Hoffmann, Erich Gritzbach und Paul Körner aus Görings Entourage, der kurzzeitige Gestapo-Chef Rudolf Diels sowie die SS-Generale Oswald Pohl und Hans Jüttner. Bei der Vernehmung Amanns kam auch die im Juli 1932 geführte Unterredung Reemtsmas mit Hitler und Heß im Hotel

Kaiserhof zur Sprache, bei der der Zigarettenunternehmer ›fürs Erste‹ eine halbe Million Mark an Anzeigenaufträgen zugesagt hatte. Die in der Folgezeit erscheinenden großformatigen Inserate im *Völkischen Beobachter* und anderen radikal antisemitischen NSDAP-Zeitungen standen in schrillem Kontrast zu der gleichzeitigen Förderung der republikanischen Seite. Offenkundig suchte Reemtsma in den beiden großen politischen Lagern nach Absicherung durch finanzielle Gefälligkeiten. Und als Reichskanzler Brüning ins Abseits geriet, wandte sich Reemtsma der erfolgreicheren politischen Bewegung – dem Nationalsozialismus – zu, nicht als deren weltanschaulicher Parteigänger, sondern als potenter Anzeigenkunde und Spender.

Ab Mitte 1932 half die Zigarettenfirma den Feinden der Demokratie, aus ökonomischen Gründen, denn das Millionenheer an Nationalsozialisten unter den Rauchern sollte nicht einfach der Firma Sturm überlassen bleiben. Der einen Gefälligkeit gegenüber den Nazis folgten zahllose andere, das brachte der Prozess zutage. Und als Oswald Pohl in den Zeugenstand trat, kamen sogar eigenwillige Wirtschaftsaspirationen der SS zur Sprache. Am 3. November 1947 war Pohl im Nürnberger Verfahren um das SS-Wirtschafts-Verwaltungshauptamt vom amerikanischen Militärgerichtshof zum Tode verurteilt worden. Nunmehr befragte man ihn zu geschäftlichen Beziehungen der SS mit Philipp F. Reemtsma. 1937 hatte der damalige SS-Gruppenführer Pohl den solventen Unternehmer in Bahrenfeld wegen eines 150 000-Mark-Darlehens für die mit der SS verbundene Deutsche Briefkastenreklame GmbH aufgesucht. Da das Projekt einige Jahre später scheiterte, wurde das Darlehen im Krieg in eine fiktive Spende Reemtsmas für die »Gesellschaft zur Förderung und Pflege deutscher Kulturdenkmäler« umgewidmet.[442] Hätte sich Reemtsma dem Ersuchen der SS entziehen können? Wohl kaum, da er bereits im ersten Jahr der Nazi-Herrschaft stattliche Beträge an hochrangige SS-Offiziere und -Gliederungen gezahlt hatte. Bedeutender war die Angelegenheit mit dem österreichischen Steyr-Konzern. Pohl hatte im Juli 1942 Himmler darüber in Kenntnis gesetzt, dass die 51-prozentige Aktienbeteiligung der Reichswerke Hermann Göring am österreichischen Unternehmen für 31 Millionen Mark an Reemtsma gehen sollte. Persönliche Beziehungen zwischen Göring und Reemtsma spielten bei der Überlegung angeblich eine ausschlaggebende Rolle. Dazu befragt, konnten sich die beiden Kriegsverbrecher Pohl und Jüttner an nichts erinnern, obwohl sie über den letztlich nicht vollzogenen Transfer korrespondiert hatten.[443]

Weiterhin wurde auch der ehemalige Leiter des Geheimen Staatspolizeiamts Rudolf Diels bezüglich der Verhandlungen Reemtsmas mit dem Reichsmarschall vernommen. Diels hatte Ende Februar 1933 die Verhaftung der Journalisten Egon Erwin Kisch, Carl von Ossietzky und Erich Mühsam veranlasst; die beiden Letzteren starben im KZ. Nun berichtete er im Reemtsma-Strafprozess über eine im August 1933 anberaumte Besprechung Görings mit dem Unternehmer im Palais des Reichstagspräsidenten, zu der er hinzugerufen worden war. Diels hatte damals angenommen, er solle Reemtsma verhaften, doch dazu war es nicht gekommen. Er erinnerte sich daran, dass Reemtsma als »geschickter Mann« mit seinem Gegenüber »vernünftig reden konnte« und seine Sache in Ordnung brachte.[444] Von der laut Reemtsmas Darstellung Anfang 1934 erhobenen Millionenforderung Görings wusste Diels nichts, aber er hielt die Schilderung für plausibel, da er den Reichsmarschall und sein Auftreten oftmals erlebt hatte. Es war ihm bekannt, dass Göring Unternehmer zur Kasse bat und gelegentlich, sich auf die Schenkel klopfend, ausrief: »Die Pfeffersäcke sollen nur zahlen …«

Für die Anklage nahm der Komplex Göring die Schlüsselstellung ein. Hatte Reemtsma mit der aktiven Bestechung des zweiten Mannes im Nazi-Staat ein Entreebillet in die einträgliche Wirtschaftswelt des ›Großdeutschen Reiches‹ gelöst? War daraufhin nicht die Berufung in die Aufsichtsräte von Deutscher Bank, Henkel und Glanzstoff sowie in den Beirat der Reichsbank erfolgt? Hatte dies die Ernennung zum Wehrwirtschaftsführer und die Entwicklung zum Aktivposten im Vierjahresplan ermöglicht? Großgrundbesitzer, Gemäldesammler, Großaktionär der Schifffahrtslinien, Hamburger Ratsherr, Mitglied des Reichsjagdrats … Die Liste ließe sich fortsetzen. Schien nicht all dies mit der Protektion des skrupellosen Machtpolitikers Göring zusammenzuhängen, der als korrupter Beamter Philipp F. Reemtsmas Potenzialen Tür und Tor geöffnet hatte? Die dazu im Prozess zutage geförderten Details waren nach dem

Geschmack des Publikums und der Presse: Der mürrisch antwortende, bereits zu zehn Jahren Arbeitslager verurteilte Fotograf Heinrich Hoffmann sagte aus, er habe im Herbst 1933 ein an Hitler adressiertes Hilfsgesuch der Reemtsmas von Otto Lose erhalten mit der Bitte, das Schreiben unter Umgehung aller anderen Stellen dem Reichskanzler persönlich auf dem Obersalzberg zu übergeben. Hitler habe daraufhin Göring im Beisein Hoffmanns aufgefordert, die staatsanwaltschaftlichen Ermittlungen und Sturm-Drangsalierungen Reemtsmas abstellen zu lassen, denn es sollte keine Firma mit 10 000 Arbeitern systematisch kaputt gemacht werden.[445]

An dieser Darstellung stimmte einiges nicht. Offenbar schmückte Hoffmann seine Rolle gehörig aus, und seine Erinnerung war trügerisch. Philipp F. Reemtsma korrigierte ihn direkt in der Verhandlung. Direktor Lose habe Hoffmann ein Exposé für Göring übergeben, das dann wohl von Göring an Hitler weitergereicht worden sei. Unstrittig war der Kontakt von Lose zu Hoffmann, der wegen der Produktion der Nazi-Sammelbilderserien bestanden habe, genutzt worden, um Göring zu erreichen. Dass Hoffmann von Reemtsma im Laufe von Jahren das erstaunlich hohe Honorar von 500 000 Mark für den Abdruck seiner Fotos in den Alben erhalten hatte, ließ sich als Indiz für eine enge Beziehung der Hamburger zum Intimus der Nazi-Größen interpretieren.

Bei der Vernehmung Paul Körners erfuhr die Öffentlichkeit, dass Reemtsmas regelmäßige Millionenzahlungen in Görings pompösen Landsitz Karinhall geflossen waren. Der Politiker frönte also seiner Repräsentationssucht zum Teil auf Kosten des Hamburger Unternehmens, und wie im Gegenzug wurden in seinem Arbeitsbereich Reemtsma-Zigarettenmarken angeboten, womit demonstriert wurde, dass der Reichsmarschall zu Reemtsma stand. Der Angeklagte selbst schilderte ausführlich, wie es bei den verschiedenen Treffen mit Göring zu der autoritären Spendenaufforderung gekommen war. – Konnte man ihm Glauben schenken? Göring hatte in seinen Nürnberger Verhören eingestanden, Gelder von Reemtsma erhalten und diese für Forst, Wildbestand und Theater weitergeleitet zu haben. Am 15. Oktober 1946 hatte er sich seiner Hinrichtung durch Selbstmord entzogen, woraufhin das Gericht eine stattliche Zahl von Zeugen aus der Umgebung des einstigen Reichsmarschalls wie auch aus den ehemaligen Nazi-Justizbehörden befragte.

Ausführlich ließen sich die einstigen Staatsanwälte Gerhard Wulle, Ernst Lautz und Dr. Karl Krug über die Niederschlagung des Korruptionsverfahrens durch Ministerpräsident Göring aus. Dabei wurde der Anschein vermittelt, die Ermittlungen seien nach Recht und Gesetz durchgeführt worden. Doch wie glaubhaft waren diese Aussagen von Juristen, die im Dritten Reich Karriere gemacht hatten? Lautz hatte es bis zum Oberreichsanwalt am Volksgerichtshof gebracht und war gerade im Nürnberger Juristenprozess zu zehn Jahren Gefängnis verurteilt worden. Ein weiterer zweifelhafter Zeuge war der Schleswig-Holsteiner Gauleiter Hinrich Lohse. Er erklärte sein Verhalten beim Erwerb des Landgutes Trenthorst-Wulmenau durch Reemtsma damit, dass erst eine Intervention von Staatssekretär Körner seinen Widerstand gegen die benötigte Zustimmung gebrochen hatte.[446] Hier wurde der offenkundige Nutzen der Verbindung Reemtsma–Göring sichtbar.

Die Verteidigung erkannte die Gefahr, die aus diesen Darstellungen erwuchs. Daher wurden verschiedenste Zeugen ins Feld geführt, deren Schilderungen erkennbar machten, wie angefeindet die Firma Reemtsma und ihr Kopf in den obersten Reichsbehörden und Ministerien gewesen waren. Dr. Viktor Kolbe, ehemals Ministerialrat im Tabaksteuerreferat, sowie der Staatssekretär im Finanzministerium Fritz Reinhardt und sein Amtskollege Ministerialdirigent Siegfried Jahr sagten aus, dass Reemtsma immer wieder befehdet und mit unsachlicher Kritik an seinen Vorschlägen für die Tabakwirtschaft ins Visier genommen worden war.

Wiederholt wurde Philipp F. Reemtsma selbst zu den strittigen Sachverhalten befragt. Eine wesentliche Vorhaltung der Anklage war, er habe es infolge der beherrschenden Stellung seines Unternehmens vermocht, die Konkurrenten und den Handel systematisch und unter Einsatz unlauterer Mittel zu drücken, um den eigenen Profit und Marktanteil zu maximieren. Solchen Vorwürfen trat der Unternehmer mit einer plausiblen Erklärung entgegen: »Ich bin der einzige Zigarettenfabrikant gewesen, dessen eigenes Geschäft einen vollkommenen Querschnitt durch die gesamte Branche lieferte, der einzige Fabrikant, der überhaupt die Möglichkeit hatte, eine Hauspolitik zu verfolgen, die nicht von den Interessen des Durchschnitts der Gesamtindustrie abwich.«[447] Haus Neuerburg? Machte überwiegend höhere Preislagen. Eckstein und Halpaus? Da dominierte das Konsumpreisniveau. »Meine Firma war in jeder Preislage von unten bis oben gleichmäßig und fast im Verhältnis des Reichsverbrauchs beteiligt. Es gab keine Frage, die ich fachlich zu beantworten hatte, bei der meine Beantwortung nicht zwangsläufig dem Gewicht der Verteilung der Gesamtproduktion innerhalb der Industrie entsprechen musste.« Selbstbewusst führte der Angeklagte diesen Gedanken zu Ende: Nur er sei befähigt gewesen, durch seinen Rat der Gesamtindustrie zu dienen. Und genau das habe seinen eigenen Zielen entsprochen.

Stolz schwang bei solchen Ausführungen mit, und es schien, als nutzte der Industrielle nach langwieriger Haft und Internierung in entwürdigenden Verhältnissen das Podium vor Gericht, um seinen dezidierten Standpunkt mit analytischer Schärfe und tiefer Sachkenntnis zu präsentieren. Unverkennbar war Reemtsma eingenommen von seiner Leistung, die deutsche Zigarettenindustrie in der Endphase der Weimarer Zeit saniert zu haben, wie er und seine rechte Hand Kurt Heldern es bezeichneten. Für die Firmenübernahmeaktion von 1929 hatte er sukzessive 50 Millionen Mark aufgewendet, die zum größten Teil aus Eigenmitteln bestritten wurden. Zehn bis zwölf Millionen »hatten wir immer zur Hand«, rief Reemtsma in den Gerichtssaal und nannte dies »eine Liquidität ersten Ranges«. Man merkte deutlich, hier kämpfte ein Kaufmann um seine Ehre, die über die Jahre von vielen Seiten angegriffen und seit Kriegsende tief verletzt worden war.

Während des gesamten Prozesses gegen Philipp F. Reemtsma gab es eine breite Presseberichterstattung, die kritisch, oft sogar feindselig mit dem Angeklagten umging. Als dann die Beweisaufnahme am 10. September mit der Vernehmung von Hermann F. Reemtsma, Justiziar Ahrends und dem Firmentreuhänder Dr. Spiegelberg – als den letzten der über 150 Zeugen – beendet wurde, erschien in *Die Neue Zeitung*, einem in München und Frankfurt von den Amerikanern herausgegebenen deutschsprachigen Blatt, ein längerer Artikel zum »Monsterprozess«.[448] Darin wurde Philipp F. Reemtsma als eine der »typischen ›Größen‹ der hinter uns liegenden Zeit« bezeichnet; das Verfahren illustriere dem breiten Publikum »ein Musterbeispiel für wirtschaftliches Machtstreben« im Dritten Reich. Unstrittig sei, dass er vor 1933 Schweigegelder an seine Verleumder gezahlt und danach Millionen an Nazi-Führer gespendet habe. Wenn es diesen Zuwendungen zu verdanken sei, dass die Firma im Geschäftsjahr 1939 einen steuerpflichtigen Gewinn von 115 Millionen Mark gemacht und damit ihren Ertrag innerhalb von fünf Jahren mehr als verdoppelt habe, dann hätten sich die an Göring gezahlten »Versicherungsprämien« sehr wohl rentiert. *Die Neue Zeitung* zeigte die Spannweite auf: Zu Beginn seines Berufslebens im Ersten Weltkrieg verdiente Reemtsma 120 Mark monatlich, aber nun, zum Stichtag der Währungsreform, belaufe sich das blockierte Vermögen des »Zigaretten-Königs« auf 160 Millionen Reichsmark. Unter dem Strich blieb der Eindruck zurück, der Angeklagte sei ein atemberaubend erfolgreicher Profiteur, der die wirtschaftlichen und politischen Verhältnisse jederzeit zu nutzen wusste.

Viele Presseartikel lagen auf dieser Linie, die dem Tenor des staatsanwaltlichen Plädoyers entsprach. Nach zehnstündigen, auf zwei Verhandlungstage verteilten Ausführungen forderte Gerhard Kramer wegen der aus seiner Sicht bewiesenen Bestechung anderthalb Jahre Gefängnis. Dabei erklärte der Ankläger, jede auch noch so geringe Verurteilung Philipp F. Reemtsmas stelle bei dessen Persönlichkeitsstruktur eine außerordentliche Strafe dar. Ob es nun lediglich einen Tag Gefängnis oder 1 Mark Geldstrafe gebe, mache dabei keinen Unterschied, denn das Wesentliche sei das gesellschaftliche Werturteil. Rechtskräftig verurteilt? Dies bedeutete Schande, und genau das wollte Reemtsmas Verteidigerkreis auf jeden Fall verhindern. Das lange Plädoyer Kramers wusste Verteidiger Fischer noch zu überbieten. Seine Darlegung dauerte elf Stunden. Er beantragte Freispruch mangels Tatverdachts, da es bei der angeblichen Bestechung seiner Auffassung nach keinen Geschädigten gegeben hatte. Und auch der zweite Mann der Verteidigung, Alexander Lifschütz, hob zu einem »formvollendeten und geistvollen Plädoyer« an, wie die *Welt* berichtete.[449] Er argumentierte unter Berufung auf ein

Rechtsgutachten verschiedener Professoren, Göring sei kein normaler Beamter eines Rechtsstaates, sondern ein Usurpator gewesen, und man könne nicht von einer Beamtenbestechung sprechen.

Am Vormittag des 2. Oktober verkündete Landgerichtsdirektor Herbert Wulff nach zweistündiger Verlesung das Urteil: Philipp F. Reemtsma sei nicht schuldig im Sinne der »Anstiftung zur Rechtsbeugung und nicht der Anstiftung zur Begünstigung im Amt«.[450] Die Beamten, die im Februar 1934 die Niederschlagung des Korruptionsverfahrens erwirkten, hätten keine strafbare Rechtsbeugung nach § 336 StGB begangen. Der preußische Ministerpräsident habe die Absicht gehabt, die Ermittlungen aus »wirtschaftspolitischen Gründen außergerichtlich zu beenden«. Zudem habe er sich offenkundig an Reemtsma bereichern wollen. Göring sei Staatsdiener gewesen, unabhängig davon, ob er durch einen »revolutionären oder usurpatorischen Akt« in diese Stellung gekommen sei. Deswegen stelle die Millionenzahlung einen Vorteil im Sinne des § 333 StGB dar, den es zu ahnden gelte. Das Gericht sah es als charakteristisch für Reemtsma an, »seine Interessen mit Hilfe von Geld durchzusetzen«. Daher sei es für den Unternehmer wenig überraschend gekommen, als Göring Gegenleistungen forderte. Dr. Wulff konstatierte treffend: »Man kann fast sagen, es war eine gewünschte Erpressung.«

Reemtsma habe rechtswidrig und schuldhaft gehandelt, da er Göring in einer kritischen Lage kontaktierte und sich einen erheblichen Nutzen davon versprach, den Politiker zu bezahlen. Diese Beamtenbestechung von 1934 sei gemäß der am 23. Mai 1947 ergangenen Verordnung zur Beseitigung nationalsozialistischer Eingriffe in die Strafrechtspflege nicht verjährt. Dieser Verordnung entsprechend konnten Taten aus der Zeit des Dritten Reiches juristisch verfolgt werden, wenn die Gerechtigkeit »die nachträgliche Sühne verlangt«. Nach Auffassung des Gerichts betraf die Bestechung »den Repräsentanten Preußens und einen der erfolgreichsten Industriellen Deutschlands«. Daher sei der Vorgang »in der Rechtsgeschichte Deutschlands ohne Beispiel«. Das Strafmaß hätte bis zu fünf Jahren Gefängnis lauten können, aber das Gericht billigte dem Angeklagten mildernde Umstände zu: Das Korruptionsverfahren gegen ihn sei unter anderem auch aus politischen Gründen geführt worden, und durch Görings Person sei die »geschützte Amtsreinheit« des Ministerpräsidenten »entwertet« gewesen. Eine wesentliche Erkenntnis des Gerichts war, dass man Reemtsma keine strafbaren Handlungen aus der Zeit vor 1933 nachweisen konnte. Und noch zwei weitere Bereiche hatten strafmildernde Wirkung: Als Reemtsma die ersten Millionen an Göring zahlte, habe er sich wegen seiner jüdischen Mitarbeiter in einer angefeindeten Lage befunden und zudem bei der Tat auch an die berufliche Existenz der Belegschaft seiner Firma gedacht. Die durch vielfältige Affidavits und Ehrenerklärungen dokumentierte Haltung erkannte das Gericht ebenso an und schloss die Auflistung der mildernden Umstände mit dem Hinweis ab, »dass seine Persönlichkeit als bedeutender Industrieführer, sozialer Arbeitgeber und hilfsbereiter Mensch von Zeugen dem Gericht geschildert worden ist.«Aufgrund dessen und da man Philipp F. Reemtsma die Möglichkeit nicht verschließen wolle, »seine außerordentlichen Fähigkeiten und Kenntnisse« in der Wirtschaft erneut einzusetzen, sehe man von einer Gefängnisstrafe ab.

Doch welches Strafmaß wurde nun gewählt? Die höchste Geldstrafe konnte nach § 27 StGB 10 000 Mark betragen. Das aber, so das Gericht, sei keine wirkliche Strafe für den sehr reichen Verurteilten. Doch der § 27 c Abs. 3 gestatte eine Überschreitung, »um eine angemessene Sühne zu finden«. Daher wurde eine Geldstrafe von 10 Millionen Mark verhängt. Das war exorbitant, denn das Verrechnungsverhältnis der Reichsmark zur gerade nach der Währungsreform eingeführten Deutschen Mark lag bei 100 : 6,5. Angemessen und notwendig sei diese Sühneleistung, hieß es in der Urteilsverkündung, aber im gleichen Zuge wurde die Geldstrafe reduziert. Als »Ersatzleistung« wären zehn Monate Gefängnis infrage gekommen; da Philipp F. Reemtsma bereits fünf Monate in deutscher Untersuchungshaft verbracht hatte, wurden ihm 5 Millionen Mark erlassen. Der Vorsitzende Richter Herbert Wulff schloss seine Ausführungen mit einem persönlichen Wort, das aufzeigt, welch gebildet-gelehrter Diktion sich die Beteiligten zeitweise befleißigten: »Einer der Herren Verteidiger hat sein Plädoyer mit einem Vers aus dem Prometheus von Goethe beendet. Ich möchte das Zitat nicht unerwidert lassen, weil es sich da um eine Verschiebung der Ebene handelt. Für den Angeklagten gilt nicht das Wort Goethes, sondern das Wort Machiavellis: Mit dem geht es gut, der in seiner Handlungsweise mit dem Geist der Zeit zusammentrifft. Darin liegt die große Fähigkeit, die Bedeutung des Angeklagten und seine Grenze. Die Sitzung ist geschlossen.«

Mittags um 12 Uhr konnte Philipp F. Reemtsma den Gerichtssaal in Begleitung seiner Anwälte verlassen. Der Unternehmer war verurteilt, das wog schwer. Nicht wenige Prozessbeobachter hatten einen guten Eindruck von Reemtsma gewonnen, so auch der Senior Control Officer H. J. R. Macintosh von Property Control. Er entschied wenige Tage später, Reemtsmas Vermögen freizugeben, damit er seine Firma wieder selbständig in die Hand nehmen konnte. Dies war zwar nur vorläufig, da die nötige Entnazifizierung noch ausstand, aber augenscheinlich wollte hier niemand wertvolle Zeit verlieren. Auch die Briten betrachteten die Freigabe angesichts der allgemeinen wirtschaftlichen Lage als dringend erforderlich für die Entwicklung in den Westzonen, wobei sie vorwiegend an die Zigarettenversorgung dachten.

Nach der Urteilsverkündung rieben sich nicht wenige Journalisten die Augen, denn sie hatten ein anderes Strafmaß erwartet. Deutschlandweit wurde die Nachricht von der Verurteilung durch die Presse bekannt gemacht. Am sachlichsten berichtete die *Hamburger Allgemeine Zeitung* der CDU über die Gerichtsentscheidung und den schwierigen Weg Reemtsmas in den vergangenen zwei Jahrzehnten.[451] Aber zahlreiche Artikel und auch Leserbriefe ließen ihrem Spott über die Geldstrafe freien Lauf. In der Hamburger *Welt* berichtete ein Kolumnist mit dem Namen »Relator«, Reemtsma habe von seiner Zehn-Millionen-Geldstrafe durch fünf Monate Untersuchungshaft die Hälfte abgebüßt. Darüber mokierte sich der Autor mit prägnanter Arithmetik: »Ich hätte über das Wochenende schon ein ganzes Regiment von Leuten aufstellen können, die gern für den zehnten Teil dieser Summe je einen Monat ins Gefängnis gehen würden.«[452] – Zudem rechne man dem Normalbürger lediglich 5 Mark pro Gefängnistag an; bei Reemtsma hingegen liege der Tagessatz bei stattlichen 33 333 Mark. Pro Minute also 23,14 Mark. Dafür müsse ein Arbeiter eine halbe Woche arbeiten! – »Und wenn Herr Reemtsma acht Stunden täglich schläft, so kann er sich jeden Morgen fröhlich blinzelnd vorrechnen, dass er wiederum 11 111 DM ›erschlafen‹ hat.« Ungerührt von dieser Berichterstattung zeigten sich die Staatsanwaltschaft und der Verurteilte mit dem Urteil nicht einverstanden. Beide Seiten beantragten umgehend Revision.

Alwin Reemtsma vor der Spruchkammer

Ende Juni 1948 legte der öffentliche Ankläger bei dem Spruchgericht Bergedorf eine Anklageschrift gegen den ehemaligen Standartenführer Alwin Reemtsma vor. Staatsanwalt Walter hatte die militärischen Stationen Reemtsmas akribisch nachvollzogen. Er versuchte ihm nachzuweisen, dass er von Verbrechen der SS gewusst habe. Dabei spielte eine Rolle, dass ›Drei‹ »in engerem Kreise über Massenexekutionen und Erziehung von SS-Männern zu Kraftproben bei derartigen Exekutionen« erzählt habe.[453] Diese Annahme verdankte die Spruchkammer einer Aussage von Anni Dröge. Die Sekretärin Hans Domizlaffs hatte in einer Vernehmung geschildert, ihr Chef habe nach einer geschäftlichen Besprechung in Bahrenfeld von solchen Exekutionen berichtet. Dies führte das Gericht auf Schilderungen Alwin Reemtsmas über die Erschießung von Juden in Riga oder Lettland allgemein zurück.

Doch hatte ›Drei‹ tatsächlich davon gesprochen, oder hatte Domizlaff dies von anderer Seite erfahren? Das war ein entscheidender Punkt, denn hätte der Angeklagte Kenntnis von den Morden durch SS-Kommandos gehabt, wäre ein Straftatbestand bestätigt gewesen. Hatte Hans Domizlaff seiner ›halbjüdischen‹ Sekretärin nach dem Besuch in der Zentrale einige Gesprächsfetzen mitgeteilt? Diesen Anschein erweckte die von Dröge zu Protokoll gegebene Aussage. Doch nun in der Bergedorfer Verhandlung relativierte der Werbeexperte die Darstellung seiner Sekretärin: Er habe diese Geschichte seinerzeit in der Firma gehört, nicht aber direkt von Alwin Reemtsma. Dieser selbst führte dazu aus: »Wenn ich mich mit Herrn Domizlaff unterhalten habe, habe ich von einer Beteiligung der SS an lettischen Judenpogromen nichts erzählt.«[454] Durch diese sich ergänzenden

Aussagen wurde die recht konkrete Darstellung der Sekretärin gewissermaßen überstimmt, was auf eine Entlastung in dem kritischen Punkt hinauslief.

Weiterhin hatte die Anklage ermittelt, dass der Standartenführer mit den KZ-Kommandanten von Bergen-Belsen und Neuengamme 1944 »gelegentlich dienstlich in Berührung« gekommen war, da die beiden bei Bassewitz-Behr vorsprachen. Wenn diese Kommandanten im Vorzimmer auf ihren Termin warteten, musste es mehrere Gelegenheiten gegeben haben, über die KZ zu sprechen. War es nachvollziehbar, dass ein alerter, intelligenter Mann wie Alwin Reemtsma nichts von dem Schrecken der Lager mitbekam? Weltfremd war er ja nicht, wie ihm sein Vorgesetzter Adolf Prützmann 1940 in einem Beförderungsattest bescheinigt hatte.[455]

Der Ankläger kam zu dem Schluss, dass sowohl Zeugenaussagen als auch Leumundszeugnisse ein harmlos-günstiges Bild des Beschuldigten ergaben. Er sei sicherlich kein SS-Fanatiker gewesen, aber seine Mitgliedschaft in der SS und seine Kenntnisse von ihrer verbrecherischen Betätigung machten ihn »im Sinne der Anklage schuldig«.[456] Konnte man Reemtsma beweisen, dass er Kenntnis von den Verbrechen gehabt hatte? Sein Anwalt Stegemann reichte Mitte August eine umfangreiche Verteidigungsschrift beim Spruchgericht ein. Darin wurde der dauerhaft schlechte Gesundheitszustand Reemtsmas während der Zeit zwischen September 1941 und Ende 1943 geschildert. Angina pectoris, Gleichgewichtsstörungen und zunehmende Schwerhörigkeit hätten geradezu eine Dienstunfähigkeit herbeigeführt. Auch auf die Fälle Blohm und Spierer machte der Verteidiger aufmerksam. Diese Hilfestellungen sollten belegen, wie wenig regimetreu der Angeklagte eingestellt gewesen war.

Alwin Reemtsma bestritt in seiner Verteidigungsschrift konsequent, von den SS-Mordaktionen im Osten und der Tötungsmaschinerie in den KZ gewusst zu haben. Sein Fazit: »Die Gründe für meine fehlende Kenntnis an etwaigen Verbrechen der SS liegen im Wesentlichen in mir selbst begründet. Ich habe an die Anständigkeit des deutschen Volkes und an die Anständigkeit der SS geglaubt. Mein ganzes Erleben während des Krieges war von der Sorge um die militärische Lage, die ich zum Mindesten seit dem Jahre 1942/43 als hoffnungslos ansah, bestimmt.«[457] Eine interessante eidesstattliche Erklärung gab der ehemalige Adjutant des SS-Oberabschnittführers Werner Lorenz im Juli 1948 ab: Ihm zufolge habe der Zigarettenindustrielle 1936 nach seiner ersten Wehrmachtsübung gesagt, er plane den Austritt aus der SS, da er sich unter anderem wegen seines Alters dort nicht wohlfühle und lieber ausschließlich in der Wehrmacht tätig sein wolle. Der Adjutant habe Reemtsma seinerzeit davor gewarnt. Seiner Auffassung nach hätte dies ernste Konsequenzen zur Folge gehabt, denn schließlich sei Alwin Reemtsma auf Veranlassung Himmlers von der Hamburger SS-Motorstandarte als SS-Führer vorgeschlagen worden.[458]

In der zweiten Oktoberhälfte 1948 kam es in Bergedorf zur Verhandlung. Eine ganze Reihe von Zeugen wurde dabei vom Spruchgericht vernommen. Ernst August Ludwig Thienger, der schon 20 Jahre bei Reemtsma arbeitete und Prokurist in der Hauptbuchhaltung war, wusste zu berichten, Philipp F. Reemtsma habe gewünscht, dass sein jüngerer Bruder »nicht so sehr mit geschäftlichen Dingen« befasst sein sollte.[459] Dies habe bei seinem Mangel an Persönlichkeitsprofil und einem gleichzeitigen starken Geltungsbedürfnis zur Ausübung von »Privatpassionen« geführt, womit auch die SS-Mitgliedschaft umschrieben wurde. Alwin Reemtsma war für Thienger »innerlich nobel, jederzeit hilfsbereit, uneigennützig und sehr gutmütig«, woraus der Prokurist in sonderbarer Logik abzuleiten suchte, es sei ausgeschlossen, dass er von Verbrechen Kenntnis gehabt haben könnte. Auch der hilfreiche Nachbar Kurt von Storch sagte zugunsten Alwin Reemtsmas aus. Der Margarinefabrikant hielt den Angeklagten für »einen gutmütigen unbedeutenden Menschen«, der in der Firma keine wesentliche Rolle gespielt habe. Der Eintritt in die SS sei seinem Geltungsstreben geschuldet gewesen. Storchs Tenor deckte sich nahezu mit dem von Thienger, und wie dieser wollte er dem Unternehmer nicht einmal »Kenntnisse von Greueltaten« zutrauen. Doch der Nachbar beließ es nicht bei dieser ›Persilschein‹-Aussage, sondern fügte noch hinzu: »Der Angeklagte ist wegen seiner Gutgläubigkeit von vielen Menschen ausgenutzt worden. Nach meiner Überzeugung hat die SS ihn als [zu] melkende Kuh behandelt.«

Auch Gretchen Röhr, die Malerin aus Dägeling, machte eine entlastende Aussage wegen Reemtsmas Hilfe für den Bildhauer Blohm. Kurt Ladendorf, der Gründer des Altonaer SS-Motorsturms, führte aus: »Ich kenne wenig Menschen, die sich so ruhig und vornehm verhalten haben.« Dies schwang in den meisten Zeugenaussagen mit: Alwin Reemtsma, ein feiner Herr, dem Stil und Tonfall der Herrenmenschentruppe nicht gelegen hätten, der ihr aber fatalerweise nicht den Rücken habe kehren können. Eine andere Ebene behandelten die Funktionsträger in der SS- und Polizeihierarchie, die am selben Oktobertag in Bergedorf vernommen wurden. Der ehemalige Generalmajor der Polizei in Hamburg, Walter Abraham, beschrieb das Verhältnis zwischen Reemtsma und Graf Bassewitz-Behr als »ausgesprochen schlecht«, denn der SS-Chef habe sich ihm gegenüber sehr abfällig über den als Defätisten eingeordneten Standartenführer geäußert.

Ein Ingenieur, der im Juli 1941 genau wie der Angeklagte zum Stab Prützmanns in Riga gehört hatte, gab zu Protokoll, er habe dort keine Judenerschießungen mitbekommen. Daher hielt er es für ausgeschlossen, dass Reemtsma etwas davon hatte erfahren können. Dem entsprach auch die Schilderung Otto Loses, der den jüngsten der Reemtsma-Brüder Anfang August 1941 in Riga getroffen hatte. Dabei seien ihm Morde von Deutschen an Juden nicht bekannt geworden, sodass er auch nicht annahm, Alwin Reemtsma sei Derartiges zu Ohren gekommen.

Der Angeklagte selbst schilderte seine Aufgaben als Wirtschaftsreferent in Riga streckenweise sehr offen. Den Mord an lettischen Juden schrieb er ausschließlich Letten zu, und nach einiger Zeit hätten deutsche Truppen diese Pogrome unterbunden. Von den systematischen Mordaktionen deutscher Einsatzgruppen oder SS- und Polizeieinheiten wusste Alwin Reemtsma nach eigener Aussage nichts, obwohl er Waffen gerade für Polizeibataillone beschafft hatte. Da bestand ein Zusammenhang, den er geflissentlich verschwieg, und so gab er mithilfe von Entlastungszeugen vor, nichts von deutschen Mordaktionen an Juden gehört zu haben. Schwer vorstellbar, denn er hielt sich just in jener Zeit der Massenmorde in Riga auf, in unmittelbarer Nähe des schrecklichen Geschehens.

Dass ihm die Gräuel bekannt waren, die in Lettland Stahleckers Einsatzgruppe und SS-Einheiten an der jüdischen Bevölkerung im Spätsommer 1941 verübten, erachtete das Gericht letztlich als nicht beweisbar. Das Nichtwissen ist aber kaum glaubhaft, denn Alwin Reemtsma hatte direkten Kontakt zu mindestens einem von Stahleckers Leuten, mit dem er gemeinsam im September 1941 nach einem geeigneten Ort für ein KZ bei Riga suchte. Laut Stahlecker sollte ein erweitertes Polizeigefängnis, das heißt ein »Konzentrationslager«, errichtet werden.[460] Wenn Alwin Reemtsma an der Bestimmung des Areals für das im Winter 1941/42 angelegte Lager Salaspils beteiligt war, hatte er sicherlich Kenntnis von der Behandlung der in Riga ghettoisierten Juden durch die Deutschen. Aber davon wiederum konnte das Spruchgericht nichts wissen, denn Stahleckers Fernschreiben an das Reichssicherheitshauptamt, in dem Reemtsmas Mithilfe bei der Suche nach einem geeigneten Lagerareal erwähnt wurde, gelangte in die Hände der Russen, die das belastende Papier in einem Moskauer Archiv verwahrten.

Alwin Reemtsma war gewiss kein schneidiger SS-Karrierist gewesen, der nach soldatischer Bewährung gestrebt hatte. Vielmehr erscheint er als im Hintergrund wirkender, kaufmännisch denkender und handelnder Funktionär, der mitunter zupackte, aber ohne Waffengewalt und ohne das Ziel, jemandem zu schaden. Dafür war das SS-Umfeld aber der denkbar unpassendste Ort während des Krieges. Otto Lose urteilte über ›Drei‹, er sei mehr oder minder ein Spielball der SS gewesen. Dieser Reemtsma wurde hin und wieder als ein schmückendes Ornament angesehen, mit jeder Menge Zigaretten und Spendenmitteln in der Hand, aber man schien ihn nicht zu brauchen. Sein Dienstrang und die dienstliche Funktion blieben eigentümlich nebensächlich, was auch mit den langwierigen Erkrankungen zusammenhing.

Nach zwei Verhandlungstagen schloss das Bergedorfer Spruchgericht das Verfahren ab. Während Staatsanwalt Graf Westarp 20 000 Mark Geldstrafe forderte, plädierte die Verteidigung auf Freispruch. Das dann unter dem Vorsitz von Landgerichtsdirektor Dr. Roscher gefällte Urteil lautete auf »schuldig«. Der »Mitläufer« Alwin Reemtsma wurde wegen Zugehörigkeit zur verbrecherischen Organisation der SS zu einer Geldstrafe von 20 000 Mark verurteilt, ohne Anrechnung seiner Internierungshaft. Er musste die Verfahrenskosten tragen.[461] Zuvor hatte das Finanzamt Hamburg-Altona eine Auskunft über die Vermögensverhältnisse Alwin Reemtsmas übermittelt, woraus hervorgegangen war, dass sich sein Besitz auf etwa drei Millionen Mark belief. Seine in der sowjetischen Zone enteigneten Werte in Höhe von einer Million Mark und der beschlagnahmte Besitz in den Westzonen waren dabei unberücksichtigt geblieben. Die Urteilsbegründung ist aufschlussreich, denn sie ging explizit auf den KZ-Terror und die SS-Beteiligung ein: »Die Einlassung des Angeklagten, dass er von alledem nichts gewusst habe, ist unglaubwürdig. Wenn er auch ein unpolitischer Mensch ist, so stand er doch nicht nur durch seine geschäftliche Tätigkeit der Firma Reemtsma, sondern auch durch seine jahrelange Verbundenheit mit der SS, namentlich während des Krieges, diesen Dingen viel näher als ein anderer. Es würde daher jeder Lebenserfahrung widersprechen, wenn der Angeklagte von dem oben gekennzeichneten System nichts gehört haben sollte.« Ferner erkannte das Gericht darauf, dass Alwin Reemtsma »nach seinem Bildungsstand und seiner Intelligenz« ein Bewusstsein für die Rechtswidrigkeit des Handelns der SS gehabt haben müsse. Daher und weil er kein Geständnis abgelegt habe, sei er zu verurteilen. Da ihn das Gericht als »persönlich völlig einwandfrei« einschätzte und als menschlich »sympathisch« erlebt hatte, wurde trotz seines hohen Dienstranges keine Freiheitsstrafe verhängt.

Eine Passage aus der Urteilsbegründung verdient besondere Aufmerksamkeit: Die Firma Reemtsma habe keine Zwangsarbeiter, Kriegsgefangene oder Juden in ihren Betrieben eingesetzt. – Das war eine merkwürdige Schlussfolgerung, denn zumindest in den Erklärungen von Lose und Schlickenrieder, also Mitgliedern der Geschäftsleitung, war gegenüber dem Spruchgericht ausgeführt worden, dass man »Fremdarbeiter« in Hannover, Dresden und München beschäftigt hatte.[462] Das Bergedorfer Spruchgericht hatte dies übersehen, genau wie die Tatsache offenbar unbekannt blieb, dass das Werk Bahrenfeld ein Jahr vor Kriegsende unter den 706 Arbeitskräften 44 Ausländer beschäftigt hatte und auf dem zum Werk Wandsbek gehörenden Gelände am Kesslersweg ein Arbeitskommando italienischer Militärinternierter einquartiert worden war.[463] Hätte eine solche Information eine Verschärfung der Strafe gegen Alwin Reemtsma als früheren Kommanditisten der Zigarettenfirma zur Folge haben können?

Die ausschließlich von Deutschen betriebenen Spruchgerichte waren bei ihren Verurteilungen eher zurückhaltend, was das Strafmaß anging. Insgesamt 24 154 Verfahren schlossen sie ab, wobei mehr als die Hälfte der Angeklagten frühere SS-Angehörige waren. Bei 12 748 Urteilen hatte man immerhin 5600 Gefängnisstrafen verhängt. Gauleiter Hinrich Lohse etwa bekam zehn Jahre Haft.[464] Weite Teile der Öffentlichkeit sahen die Entnazifizierung, zu der die Spruchgerichtsverfahren gehörten, kritisch und ablehnend als politische Strafaktion an, die die Alliierten den Deutschen aufzwangen. Mehr als 90 Prozent der in den Spruchgerichten behandelten Fälle liefen auf die Einordnung der Angeklagten als Mitläufer (Kategorie IV) und Entlastete (Kategorie V) hinaus. Alwin Reemtsma zählte somit, trotz seines hohen SS-Dienstgrads, zu dem Kreis derer, denen man so gut wie keine Mitschuld an den Verbrechen des Dritten Reiches zuschrieb.

Nach Abschluss des Bergedorfer Verfahrens blieb Alwin Reemtsma in Freiheit. Aber wie für seinen Bruder Philipp wirkte das Urteil auch für ihn nicht befreiend. Sein Ruf war öffentlich beschädigt, da man ihn abgeurteilt und überdies im Verfahren als naive Randfigur charakterisiert hatte. Wie die *Welt* am 21. Oktober berichtete, hatten ihn die Zeugen »ausnahmslos als äußerst gutmütigen und politisch völlig indifferenten Menschen« dargestellt, der von der SS als reicher und freigebiger Motorsportfreund aufgenommen worden war. Dies war die Kehrseite seiner erfolgreichen Verteidigungsstrategie. In der Presse wurde sein Fall kaum beachtet, was wiederum seinen Status als die Nummer drei der Reemtsma-Brüder dokumentierte. Er war schwerhörig, chronisch krank und gezeichnet und rauchte, so die *Welt*, nach eigenen Angaben hundert Zigaretten täglich, aber er hatte das Verfahren überstanden, und seine Familie war intakt. Dies war sein persönliches Glück in dieser schwierigen Zeit. Und das Leben nahm langsam wieder normale Formen an, auch wenn man vorsichtig blieb, was beispielsweise das Studium von Jan Berend anging. Sein Vater empfahl ihm, die Universität Freiburg wie die französische Zone insgesamt zu meiden, denn möglicherweise hatten die Franzosen mit Reemtsma noch eine Rechnung, wegen der 24 Jahre zurückliegenden Banderolenhehlerei im Werk Reisholz, zu begleichen.[465]

»Wir sind heute in der Situation, dass der Kapitän,
die Schiffsoffiziere und Ingenieure eines großen Dampfers
fast ohne Mannschaft auf ein kleines Schiff
zusammengedrängt sind.«

PHILIPP F. REEMTSMA, 2. DEZEMBER 1949

Marktverschiebung und Wiederaufbau

Zwischen Orient und American Blend

Nur wenige Tage nach dem Prozessende mussten die Brüder Hermann und Philipp F. Reemtsma vor einem Hamburger Wirtschafts-Entnazifizierungsausschuss erscheinen, der schon vor Beginn des Strafverfahrens Ermittlungen durchgeführt hatte. Einige seiner Mitglieder gehörten zu den aufmerksamen Prozessbeobachtern, sodass der Ausschuss im Bilde war, was an be- und entlastenden Tatbeständen vorlag. Den Reemtsmas kam zugute, dass bei der Firma in Wandsbek ein eigener »Beratungsausschuss für die Entnazifizierung« eingesetzt worden war. Dessen Vorsitzender Ernst Dubbert, der seit 1933 als Buchhalter im Betrieb gearbeitet und im Krieg als Soldat gedient hatte, überreichte dem Entnazifizierungsausschuss einen Bericht über die Abläufe innerhalb der Firma nach 1933. Darin wurde besonderes Augenmerk auf die wenig entwickelte Parteilinie gelegt: NSBO, Kraft durch Freude und Schönheit der Arbeit wie auch das NSKK hätten im Unternehmen nicht recht Fuß fassen können. Einstellungen und Beförderungen »nach dem Parteibuch« seien nicht vorgekommen.[466] Weiterhin habe die Aufmachung von Betriebsappellen gerade noch eben den Erfordernissen des üblichen »Nazi-Klimbims« mit Fahneneinmarsch, ›Führer‹-Bild und drapiertem Rednerpult genügt. Bei den selten angesetzten und kurzen Appellen seien Philipp F. Reemtsma und sein Bruder Alwin kaum in Erscheinung getreten. Dagegen habe ›Eins‹ als Betriebsführer zu Kriegsbeginn eine ernste Rede gehalten, wodurch in der Belegschaft keinerlei Kriegsbegeisterung geweckt worden sei. Eine regelrechte

Agitation für die Partei habe die Inhaberfamilie niemals betrieben. Ähnlich vorbehaltlos stellte sich auch der Wandsbeker Betriebsrat hinter die Reemtsmas und verlangte deren Rehabilitierung.

Innerhalb mehrerer Wochen wurden ›Eins‹ und ›Zwei‹ von dem Ausschuss angehört. Dabei mussten sie die Vorgänge im Zusammenhang mit der Zigarettenfabrik Sturm schildern oder aber die Anzeigenaufträge für die Nazi-Presse erklären. Ende Oktober sagte Hermann F. Reemtsma aus, das hetzerische Sammelbilderwerk *Raubstaat England* von 1940 habe seine Firma ideologisch nicht beeinflussen können, denn es sei vom Bilderdienst, also einem Ringunternehmen verschiedenster Zigarettenfabriken, hergestellt worden. Das war freilich eine irreführende Darstellung, denn Reemtsma dominierte den Bilderdienst, aber glauben konnte man ›Eins‹, dass er – laut Protokoll des Entnazifizierungsausschusses – »das Kotzen gekriegt« habe, als er die Bilderserie erstmals sah.[467] Sein Bruder stellte das Album plausibel als mit starkem Druck durchgesetztes Werk des Propagandaministeriums dar. Der Vorsitzende des Entnazifizierungsausschusses für Wirtschaftsfragen war der Betriebsratschef der BATC. Offenbar wollten sich weder er noch die anderen Mitglieder des Gremiums lange mit der Sache aufhalten. So wurde den Reemtsma-Brüdern in der ersten Novemberwoche mitgeteilt, sie seien einstimmig als Entlastete eingestuft worden.[468] Diese unterste Kategorie der Entnazifizierungsbeurteilung hatte Gertrud Reemtsma vor Jahresfrist treffend »Entbraunung« genannt. Nun wurde sie ihrem Mann und dem Schwager zuteil. Dies sah nach Rehabilitierung aus, was vor allem in wirtschaftlicher Hinsicht von übergeordneter Bedeutung war, weil damit das Ende der Treuhandverwaltung der Firma einherging. Ein entlasteter Unternehmer konnte wieder selbständig tätig werden! Somit legte der Treuhänder in der britischen Zone sein Amt nieder, und die Familie nahm am 9. November 1948 die Führung der Reemtsma KG endlich wieder in ihre eigenen Hände, was vor allem wegen der Rückkehr von ›Zwei‹ zu großem Aufatmen im Betrieb führte.

Die Firma selbst hatte gezielt auf diesen außerordentlichen Moment hingearbeitet: Am 8. November brachte sie unter dem westlich-amerikanisch klingenden Markennamen *Collie* eine neue Zigarette heraus, just zu dem Zeitpunkt, als die Besteuerung von Tabakprodukten auf 60 Prozent des Verkaufspreises abgesenkt wurde. Die unter dem Herstellernamen der Tochterfirma Waldorf-Astoria produzierte Zigarette enthielt eine American-Blend-Tabakmischung. Sie bestand zu drei Vierteln aus US-Tabaken, was für Reemtsma ein Novum war. Mit Bedacht hatte man für die erste ›richtige‹ Nachkriegszigarettenmarke der Hamburger Firma keinen bekannten, sondern einen neuen Markennamen gewählt. Es schien nicht opportun, bereits jetzt eine Traditionsmarke des Hauses ins Rennen zu schicken und bei den unkalkulierbaren Marktverhältnissen möglicherweise zu verheizen, wie sich Hermann-Hinrich Reemtsma erinnert.[469]

Hans Domizlaff beeilte sich, Philipp F. Reemtsma herzliche Glückwünsche zum Tage seines »neuen Regierungsantritts« zu übermitteln.[470] Der Werbestratege bezeichnete den 9. November als »Erlösungstag«, denn genau zwei Jahre zuvor war die für ihn unerträgliche Blockierung seines Vermögens aufgehoben worden. Nun hoffte er auf ein zügiges Voranschreiten bei Reemtsma, wobei er natürlich einbezogen werden wollte. In der Tat ging es mit der geschäftlichen Entwicklung Schritt für Schritt voran. Noch im selben Monat brachte Reemtsma mit der *Fox* zu 12,5 Pfennig eine weitere Zigarette amerikanischer Geschmacksrichtung auf den Markt, die allerdings ebenfalls nicht den Herstellernamen Reemtsma, sondern Manoli trug. Man war vorsichtig, um den Ruf der Firma nicht mit einer dieser als »Übergangsmarken« verstandenen Produkte zu gefährden, denn wirkliche Qualitätszigaretten ließen sich noch nicht herstellen. Dem Konsumenten wurde aber endlich etwas Attraktiveres zu einem günstigen Preis geboten. Grund genug für das erste Nachkriegsbetriebsfest bei Reemtsma in Wandsbek, aber dennoch bereitete die Lage Sorgen: Man verfügte weder über größere Mengen Überseetabak noch über ausreichend Rohtabake vom Balkan, sodass die Vorräte nur kurze Zeit reichen würden. Und durch die Währungsreform waren die Reichsmarkguthaben auf 6,5 Prozent des früheren Wertes zusammengeschmolzen. Die Unternehmer waren entsprechend klamm.

Die altbekannte Konkurrenz trat Anfang 1949 mit American-Blend-Mischungen in der gleichen Preisklasse wie *Collie* an: Brinkmann brachte *Texas*, BATC bot *Old Joe* an, wenn auch zunächst allein in der US-Zone. Beide Hersteller hatten sich etwas Besonderes ausgedacht, um dem Kunden mehr Rauchgenuss zu bieten: *Texas* war 4 Millimeter länger als *Collie*, *Old Joe* hatte einen größeren Durchmesser. Im Sommer des Jahres folgte Kyriazi mit der Virginia-Zigarette *Red Rock* in einer amerikanisch anmutenden Packung. Mit den Formatvergrößerungen, aufwendigeren zellophanierten Verpackungen und der an amerikanischem Design orientierten Gestaltung setzten sich die deutschen Hersteller gegenseitig unter Druck. Wie hatte man überhaupt bei all dem Mangel die ersten American-Blend-Zigaretten im Westen Deutschlands produzieren können?

Dies hing unmittelbar mit dem Marshallplan zusammen: Im Januar 1948 war der amerikanische Dampfer *Pioneer Lake* mit 1769 Fässern Virginiatabak in Bremen eingetroffen.[471] Diese erste Lieferung leitete den Abschied von der Orientzigarette ein. So ungewohnt der Umgang mit den 500 Kilo schweren Tabakfässern für die Hafen- und Speditionsarbeiter war, so vertraut war den Rauchern in der kurzen Zeit seit Kriegsende die amerikanische Zigarette geworden. Die in Jute genähten Tabakballen vom Balkan und aus der Türkei gerieten unweigerlich ins Hintertreffen, aber man benötigte sie dennoch, denn auch American-Blend-Zigaretten enthielten Orienttabakanteile. Ab 1949 konnte erstmals wieder Orienttabak in der Türkei selbständig von deutschen Firmen erworben werden. Ganz ohne behördliche Bestimmungen ging der Import allerdings nicht vonstatten, denn für türkische Tabake durfte lediglich 1 Dollar pro Kilo ausgegeben werden. Dafür aber bekamen die deutschen Einkäufer nur mittlere Qualitäten aus den Regionen Schwarzmeer und Smyrna.

Wegen des Bürgerkriegs in Griechenland war der dortige Tabakanbau teilweise vernachlässigt worden und der Preis entsprechend hoch, sodass Reemtsma nicht die für die Beimischung benötigten Maxoultabake bezahlen konnte. Das war ein Handicap, das Philipp F. Reemtsma gegenüber Hans Domizlaff zu der sorgenvollen Bemerkung veranlasste: »Eine Orientcigarette, wie wir sie gewohnt sind, kann es nicht werden.«[472] In kurzer Zeit erwarben deutsche Firmen 10 000 Tonnen für den westdeutschen Markt, wobei sie die Hoffnung hegten, der Raucher würde wieder zur gewohnten Orientzigarette der Vorkriegszeit zurückfinden. Reemtsma kaufte in großem Stil. Über 6500 Tonnen Orienttabake kamen in der ersten Jahreshälfte 1949 auf dem Schiffsweg an. Im Sommer folgten 1400 Tonnen Virginia und Burley aus den USA.[473]

Dies ermöglichte den Wiedereinstieg des Hamburger Unternehmens in das Marktgeschehen. Symptomatisch für die Zigarettenindustrie der Nachkriegszeit war aber in den westlichen Besatzungszonen der Abschied der Raucher vom ›Orient‹. Der Zigarettentypus der Sieger galt nun als Ideal, sodass Tabakmischungen amerikanisch-englischen Geschmacks stetig steigenden Absatz fanden. Das verursachte massive Probleme, denn die meisten zuvor fast völlig auf Orientzigaretten fixierten deutschen Hersteller besaßen keine fundierten Kenntnisse für die Umstellung der Produktion auf American-Blend-Zigaretten. Lediglich BATC in Hamburg-Bahrenfeld und die Brinkmann AG hatten langjährige Erfahrungen auf dem Gebiet der Überseetabake gemacht.

Die Orientzigarette verdankte ihr Aroma einerseits natürlichen Prozessen wie dem jahrgangsspezifischen Wachstum und der Fermentierung des Tabaks, andererseits der Mischung verschiedener Provenienzen. Die American-Blend-Tabake erhielten durch künstliche Aromatisierungsprozesse ihren charakteristischen, stets gleichen Geschmack. Hierbei setzte man dem Tabak Aromen – sogenannte Soßen, Casings und Top Flavorings – zu. Deren Rezeptur hüteten die amerikanischen und britischen Herstellerfirmen wie ihren Augapfel, und die Experten auf diesem Gebiet waren rar. Die Reemtsma-Brüder kannten sich damit nicht aus. Immerhin aber hatte Friedrich Georg Schlickenrieder während seiner Tätigkeit für Haus Bergmann und bei der Rauchtabakproduktion erhebliche Kenntnisse in der Behandlung von Überseetabaken gewonnen. Darüber hinaus half ein Zufall weiter: Als in Wandsbek Mitte des Jahres 1948 intensiv an der Entwicklung der Flavor-Rezeptur für *Collie* gearbeitet wurde, erschien unangekündigt ein Amerikaner namens Cheatham und bot seine Mitarbeit an.[474] Offenbar hatte ihn eine amerikanische Tabakfirma entsandt. Die Hamburger holten daraufhin die Genehmigung des Landwirtschaftsministeriums in Washington ein, dass Cheatham über einen gewissen Zeitraum mitwirken konnte. In der Erwartung, dass Reemtsma auch in Zukunft größter deutscher Zigarettenhersteller und damit ein wichtiger Abnehmer amerikanischen Tabaks sein würde, schien den Amerikanern diese Starthilfe opportun.

Beim Einkauf in den USA bestand allerdings aufgrund der rigiden Bedingungen der Devisenbewirtschaftung von Beginn an eine eklatante Dollarknappheit. Wollte die Firma Reemtsma bei einem Tabakhändler eine ausgewählte Partie erwerben, konnte diese nicht einfach gekauft, sondern musste erst vorbehaltlich der behördlich gesteuerten »Dollarzuteilung« reserviert werden. Mitunter verging über ein halbes Jahr, bis die benötigte Dollarsumme bereitstand. Infolgedessen waren die Reemtsmas und andere deutsche Abnehmer bei den amerikanischen Händlern unbeliebt. Zudem erhielten direkt bezahlende US-Konkurrenten günstigere Konditionen als die in ihrer finanziellen Disposition eingeschränkten deutschen Einkäufer. Dieser chronische Dollarmangel war allerdings ein internationales Phänomen, unter dem generell auch all die Wirtschaftszweige in England, Frankreich und Japan litten, die auf US-Rohstoffimporte angewiesen waren.

Den ersten größeren deutschen Tabakeinkauf vom Sommer 1948 subventionierte das US-Landwirtschaftsministerium mit einem Drittel des Preises. Pro Kilo waren daher nur 0,44 Dollar aufzuwenden. Infolge des Marshallplans standen Dollarbeträge zur Verfügung, mit denen deutsche Tabakimporte insbesondere aus den USA finanziert wurden. Für den Tabakankauf erhielten die drei Westzonen von 1948 bis 1951 insgesamt 84,7 Millionen Dollar. Gewiss, das war nur ein Bruchteil der in diesem Zeitraum nach Deutschland geflossenen 1,3 Milliarden Marshallplan-Dollars, aber daraus ergab sich die dauerhafte Verwestlichung der Zigarettenindustrie in der Bundesrepublik Deutschland. Der Anteil von Reemtsma an den Tabakgeldern und den durch sie eingeführten Virginia- und Burley-Provenienzen lag anfangs bei 45 Prozent. Nach der Zulassung zahlreicher neuer Zigarettenfabriken und der quotenmäßigen Zuteilung entsprechend der verarbeiteten Tabakmengen sank dieser Anteil auf 33 Prozent.

Das stark regulierte Tabakeinkaufssystem war instabil. So trat eine schwere Störung ein, als innerhalb kurzer Zeit der Preis des Rohtabaks auf ein Mehrfaches anstieg. Ab Sommer 1950 kam es zu deutlichen Teuerungen wegen des Koreakriegs. Da die deutsche Zigarettenindustrie nicht in der Lage war, die höheren Preise fristgerecht zu zahlen, musste die bundesdeutsche Regierung eingreifen. Unter Beteiligung des Tabakreferats im Bundeswirtschaftsministerium wurde die Bereitstellung des Devisenbedarfs geregelt: Von den für das Steuerjahr 1951/52 benötigten 36 Millionen Dollar wurden 4 Millionen über die Industrie selbst geleistet. Knapp die Hälfte finanzierten die Bank Deutscher Länder und die Export-Import-Bank, während aus US-Mitteln 15 Millionen eingingen. Infolgedessen konnte der Tabakeinkauf in den USA relativ krisensicher betrieben werden. Und dies war auch dringend nötig, denn die Rauchernachfrage stieg massiv an. Hatte man 1949 im Bundesgebiet noch 22 Milliarden Zigaretten versteuert, waren es zwei Jahre später schon über 28 Milliarden Stück, was dem Fiskus erhebliche Einnahmenzuwächse garantierte.[475]

Aus wirtschaftlichen Erwägungen drängte aber gleichzeitig das Wirtschaftsministerium darauf, mehr Orienttabak zu verwenden. Reemtsma kam dem entgegen: Die Firma produzierte verstärkt mildere American-Blend-Mischungen. Dabei wurde der Anteil amerikanischer Tabake auf unter 45 Prozent vermindert, zugunsten des Orienttabaks. Die Südosteuropa-Experten im Ministerium begrüßten die eindeutige Bilanz: Hier wurden Dollars eingespart und die Handelsbeziehungen mit den Orienttabakländern intensiviert. Reemtsma bezog im Winter 1951/52 stattliche 7000 Tonnen Orienttabak, vorwiegend aus Griechenland. Damit war die Hamburger Firma wieder der größte Einzelkäufer des durch die italienisch-deutsche Besetzung und den folgenden Bürgerkrieg zerrütteten Landes geworden. Die mildere Linie hatte aber auch noch einen anderen Effekt: Verwendung fanden hierbei vorwiegend nikotinärmere Blätter des Virginiatabaks, was dazu führte, dass in Deutschland zu einem großen Teil leichtere Zigaretten als die originalen ›Amis‹ und ›Virginias‹ englischer Provenienz geraucht wurden. Hiermit war der Weg zum ›German Blend‹ eingeschlagen, einer nahezu paritätischen Mischung aus Orient- und Überseetabaken, aber das Charakteristikum dieses Geschmackstyps blieb amerikanisch. Dies geschah ungeachtet der Tatsache, dass den Reemstma-Brüdern der Abschied von der Orientzigarette nicht behagte.

Wer auf dem sich von Grund auf wandelnden westdeutschen Rauchermarkt bestehen wollte, musste bei der Schaffung neuer Marken Lehrgeld zahlen. Aber würde der Raucher Flops tolerieren? Würde es gelingen, neue Produkte erfolgreich und ausbaufähig zu entwickeln, um damit der Konkurrenz aus England und Übersee zu trotzen? Auf welche Erfahrungswerte sollte man hierbei setzen? Tabakeinkauf, Produktion und Werbung mussten komplett umgestellt werden, wenn die Kundschaft mehrheitlich bei ihrer sich abzeichnenden Westorientierung blieb. Das war aber längst nicht alles, denn schließlich musste auch die Produktionstechnik, von der Tabakbearbeitung bis hin zur Zigarettenschachtel, angepasst werden: Für den Überseetabak brauchte man beispielsweise Entrippungsmaschinen, Rippenwalz- und -abschlagwerke und dem Fasstabak angepasste Befeuchtungsanlagen, also maschinelle Ausstattungen, die bislang beim Orienttabak nicht benötigt worden waren. Und da nun selbst der Stil der Verpackung ›amerikanischer‹ wurde, mussten sogar andere Maschinen für die Kartonagen eingesetzt werden. Diese komplexe Technik konnte größtenteils in Deutschland weder hergestellt noch gekauft werden. Auf diesem Wege kamen englische Maschinenhersteller mit den deutschen Produzenten ins Geschäft. All dies bei Reemtsma im großen Maßstab zu planen, zu finanzieren und zum gewohnt hochleistungsfähigen Apparat zusammenzuführen war eine Herkulesaufgabe.

Philipp und Hermann F. Reemtsma gingen beherzt ans Werk. Sie taten dies ohne Konkurrenzgefühle, denn zweifellos bedurfte es des gemeinsamen Sachverstandes, um die Firma wieder nach oben zu bringen. Wichtig war vor allem, dass die Betriebe wieder Gewinne abwarfen. In den Geschäftsjahren 1945 und 1946 hatte es Verluste in Höhe von 32 Millionen Mark gegeben. Dann ging es jedoch, parallel zum anwachsenden Zigarettenumsatz, schrittweise aufwärts. Das Hamburger Unternehmen erwirtschaftete bis zur Währungsreform vom 20. Juni 1948 bereits 13,7 Millionen Reichsmark Überschüsse. Mit Beginn der D-Mark-Zeit setzte sich diese Entwicklung fort. So wurden im zweiten Halbjahr 1948 und im Geschäftsjahr 1949 – in dem der Absatz immerhin schon bei 717 Millionen Zigaretten monatlich lag – über 7 Millionen DM Gewinn gemacht. Davon profitierten die Firma, die ihren Neustart mitfinanzieren konnte, aber auch die Gesellschafter, und leitende Mitarbeiter verdienten erstmals wieder. So erhielt Hans Domizlaff entsprechend seinem Angestelltenvertrag von 1936 erstmals seit Kriegsende wieder Tantiemen.

Das Private und die Industrieentwicklung

Persönlich hatten sich die Reemtsmas gefangen, wenn auch ihre äußerlichen Verhältnisse weit unter dem Niveau lagen, das sie vor Kriegsende erreicht hatten. Hermann F. Reemtsma ging es am besten, denn er wohnte mit seiner Familie in annehmbaren Verhältnissen im Gartenhaus auf dem eigenen Grundstück. Nachdem bereits 1947 Hermanns Anwesen von den Briten freigegeben worden war, hatte die Villa zwei Jahr lang als Gästehaus des Hamburger Senats gedient. Schon im Oktober 1946 war der spätere Hamburger Bürgermeister Max Brauer hier auf Betreiben seines Pressechefs Erich Lüth und Erich Klabundes nach der Rückkehr aus dem Exil erstmals mit Journalisten zusammengetroffen.[476] Hermann und Hanna Reemtsma benötigten die Villa nicht mehr, denn die beiden älteren Töchter waren seit einigen Jahren verheiratet, während der Sohn Hermann-Hinrich mittlerweile das Internat Luisenlund besuchte. Die jüngste Tochter Heike folgte ihrem schon im Herbst 1945 geäußerten Berufsziel und lernte Theaterschauspielerin. Sie trat auf verschiedenen niederdeutschen Bühnen auf, allerdings unter dem Nachnamen einer ihrer Urgroßmütter: Um unabhängig vom prominenten Familiennamen zu arbeiten, nannte sie sich Heike Vandettum.

Philipp F. Reemtsma störte es mittlerweile, bei Alwin in zwei Zimmern logieren zu müssen, und er suchte mit Gertrud etwas Eigenes in der Nähe. Obwohl die Holzhaus-Idee der Internierungszeit nicht mehr zur Sprache kam, hielten sie an dem Wunsch fest, auf sich bezogen zu sein. Daher erwarben sie ein reetgedecktes Haus in Blankenese, das den neuen Lebenszuschnitt widerspiegelte. Es reichte, dass Gertrud Hilfe von einem Hausmädchen bekam, und die Korrespondenz erledigte Philipps langjährige Sekretärin Marie Luise Nüsslin, die regelmäßig vorbeischaute. Trotz dieser im Vergleich mit dem vorherigen Lebensstil überschaubaren Verhältnisse war das Ehepaar nach dem Ende des Prozesses von Aufbruchstimmung beflügelt. Endlich fanden sie wieder zur lang ersehnten Zweisamkeit zurück und reisten zur Erholung in die Voralpen. In dieser Zeit stellte sich etwas außerordentlich Schönes ein: Die 31-jährige Gertrud Reemtsma wurde im Dezember 1948 schwanger. Ihr 23 Jahre älterer Mann sollte also nochmals Vater werden!

Zu Neujahr tauschten Hans Domizlaff und Philipp F. Reemtsma Briefe aus, ganz wie früher. Domizlaff hob dabei hervor, er sei der dienstälteste Mitarbeiter des Hauses Reemtsma. Für ›Zwei‹ habe er als »psychologischer Fachberater« viel bewegt und erreicht, weshalb er nun darauf hoffe, Reemtsma möge im neuen Jahr das berufliche Vertrauen zu ihm zurückgewinnen.[477] Der Unternehmer erwiderte freundlich, die gegenwärtigen Branchenverhältnisse erinnerten ihn an die Lage von 1921, als die Firma zur AG umgewandelt worden war und ihren Eroberungszug begonnen hatte. Die nunmehr zu erwartende Marktentwicklung und Konzentration in der Branche würden allerdings viel rascher ablaufen als damals. Reemtsma versicherte, er habe das fachliche Vertrauen in Domizlaff nie verloren, sodass der Zusammenarbeit nichts im Wege stehe. Domizlaff sollte weiterhin als Berater arbeiten und Teile der Produktwerbung des Hauses Reemtsma betreuen. Das Verhältnis der beiden in ihrem jeweiligen Fachgebiet überaus bedeutenden Männer war augenscheinlich von gegenseitigen Erwartungen und Vertrauen geprägt, und Reemtsma hatte schon im Dezember des Vorjahres seiner Haltung Ausdruck verliehen, indem er seine Buchhaltung angewiesen hatte, dass Domizlaff sein Gehaltskonto bei der Firma überziehen konnte. Infolge der Währungsreform hatte der Werbeberater einen Großteil seiner Bankguthaben verloren, und der Neustart in der Zigarettenwerbung war mit Kosten verbunden, denn Domizlaff stellte auf eigene Rechnung ein größeres Team zusammen, das in seinem Haus an der Elbchaussee arbeiten sollte.

Hans Domizlaff war wieder an Bord und wurde sogleich mit Gestaltungsaufträgen betraut. Schon nach kurzer Zeit diskutierten er und Philipp F. Reemtsma die mit einem Seefahrtsmotiv gestalteten Entwürfe der schwarzen Zigarette *Pilot* im Detail. Domizlaff erklärte, »in jede Packung etwas ›Seelisches‹ bringen« zu wollen, und Reemtsma selbst merkte an, er würde auf dem Verschlussetikett gern ein Segelschiff sehen, das Mittelmeerimpressionen vermittle.[478] Der Chef des Hauses vertiefte sich mit Leidenschaft in die Details des Erscheinungsbildes von Zigarettenmarken, womit er wiederholt in Domizlaffs Revier eindrang. Da hatte sich gegenüber den frühen dreißiger Jahren nichts geändert. Der Werbeexperte vertrat seinen Standpunkt gegenüber dem Firmenchef sehr selbstbewusst. Beispielsweise bezeichnete er seine Konzeption der neuen *Laferme* als »die interessanteste Zigarettenpackung ... die jemals herausgebracht wurde«.[479]

Ein wichtiger Schritt der Nachkriegsneuordnung des Hamburger Unternehmens war die Gründung der Reemtsma Cigarettenfabriken GmbH, die zum 1. März 1949 erfolgte. Die GmbH pachtete und kaufte von der Kommanditgesellschaft H.F. & Ph.F. Reemtsma sämtliche Betriebsanlagen, während die auch künftig fortbestehende KG ihre Geschäftstätigkeit im Tabakgewerbe einstellte. Das Motiv dafür war die – wie Philipp F. Reemtsma es bezeichnete – »kontributive Besteuerung« von Personengesellschaften, die den Betrieb des Zigarettengeschäfts in Form einer KG unrentabel machte.[480] So wurde die ›Selbstentflechtung‹ des großen Unternehmens eingeleitet, die im Folgejahr mit der Trennung von Reemtsma und Haus Neuerburg zum Abschluss kam. Damit endete die Ehe der einst marktbeherrschenden deutschen Zigarettenproduzenten nach 15 Jahren. Zur Reemtsma GmbH gehörten fortan die Produktionsstätten in Hamburg-Wandsbek, Hannover und München sowie sämtliche Fabriklager. Das Werk Bahrenfeld wurde aber weiterhin von den Briten als Kaserne genutzt. Philipp F. Reemtsma begann seine geschäftlichen Verbindungen aufzufrischen. So reiste er Anfang Mai für eine Woche nach London und Southampton, wobei Gespräche mit der Geschäftsleitung der BATC und Besuche bei britischen Maschinenherstellern anstanden.

Die Absatzmärkte der Zigarettenhersteller hatten sich infolge der Teilung Deutschlands in zwei Staaten und durch den Verlust der Ostgebiete völlig verändert. Hinzu kam die Unsicherheit, was der Konsument in der Bundesrepublik favorisierte. Daher führte das Institut für Demoskopie in Allensbach im Frühjahr 1949 im Auftrag von Reemtsma eine Untersuchung der Raucherstruktur und -vorlieben durch. Das Ergebnis war in zweierlei Hinsicht interessant: 63 Prozent der männlichen Befragten und 37 Prozent der weiblichen waren ständige Zigarettenraucher. Bei den unter 30-Jährigen lag der Anteil höher, nämlich bei 68 Prozent der Männer und sogar 54 Prozent der Frauen. Daraus leitete die Firma einen künftig steigenden Zigarettenkonsum ab, denn, so ihre Prognose, die nachwachsende Generation würde stärker rauchen als die ältere. Die zweite wesentliche Erkenntnis war, dass nur jeder fünfte Raucher auf die ›Virginia‹ schwor, während mehr als die Hälfte der Befragten »eindeutig« für ›Orient‹ plädierte.[481]

Aufgrund des Befundes und wegen der schlichten Überzeugung, die Orientzigarette sei nach wie vor das eigentliche Produkt für den deutschen Markt, brachten die Reemtsmas zwischen Sommer und Jahresende 1949 in einer kleinen Offensive drei Zigaretten mit Orientmischungen: *Laferme, Abdulla* und *Salem rund*. Der Markenname *Laferme* stammte aus Dresden und war bereits über 60 Jahre alt, aber dies war, wie auch die anderen beiden Neueinführungen, keine eigentliche Reemtsma-Marke. *Salem* stammte von Yenidze und hatte über mehr als anderthalb Jahrzehnte vor allem in Süddeutschland starken Zuspruch gefunden, bis sie im Krieg eingestellt worden war. Die Hamburger Firma bediente sich hiermit sogenannter Friedensmarken, die einen guten Ruf besaßen. Traditionelle Reemtsma-Zigaretten wie *R6* oder *Ernte 23* wurden in dieser Phase auf Anraten Domizlaffs nicht produziert, da man deren ›Goodwill‹ bei den unklaren Marktverhältnissen nicht leichtfertig aufs Spiel setzen wollte.

Für die neuen Orientmarken hatte man kräftig in die Technik investiert, um den neuen Anforderungen gerecht zu werden. Gleichzeitig hielten die Reemtsma-Brüder in ihrer um mehr als die Hälfte des früheren Produktionsvolumens verkleinerten Firma die bewährten Führungskräfte, zu denen auch wieder der in seine Firmenbeteiligung eingesetzte Kurt Heldern gehörte. Der unverändert hoch angesehene Verkaufsstratege übernahm die Leitung des Außendienstes. Man hoffte auf ein wachsendes Geschäft, das diese Altgedienten ausfüllen könnten. Darüber hinaus rief man auch frühere Mitarbeiter des hauseigenen Werbeateliers zusammen und knüpfte Kontakte zu den freien Gestaltern, die seit der zweiten Kriegshälfte und in der werbungsfreien Nachkriegszeit völlig aus dem Blickfeld geraten waren.

Bei den Entwürfen künftiger Zigarettenmarken und Werbemittel setzten die Reemtsmas auf ganz verschiedene Köpfe. Neben den renommierten Packungsgestaltern Domizlaff und Hadank und anderen Grafikern und Künstlern waren einige Kreative tätig, die schon Jahre zuvor für die Firma gearbeitet hatten: W. von Scheven – der wegen seiner ›nichtarischen‹ Ehefrau aus der Reichskulturkammer ausgeschlossen und von Reemtsma ab 1936 hin und wieder beschäftigt worden war – hatte bereits 1943 den Auftrag ausgeführt, ein Schachteldesign für eine Virginia-Zigarette zu entwerfen, auf das man jetzt zurückgriff.[482] Max Pauli, der vor dem Krieg die *Eckstein No. 5* betreut hatte, übernahm die *Collie*-Werbung, und aus russischer Gefangenschaft kehrte ein Grafiker an den Arbeitsplatz im firmeneigenen Werbeatelier zurück.

Dies war Konkurrenz für Hans Domizlaff, der natürlich nicht nur auf Gestaltungsaufträge wartete. Mitunter ergriff er selbst die Initiative und machte Vorschläge für neue Markennamen. Vier Jahre nach Kriegsende tüftelte er an Entwürfen für eine erste wirkliche Reemtsma-Zigarette. Wie er Philipp F. Reemtsma mitteilte, arbeitete er intensiv an deren markentechnischen Grundlagen. Sein Namensvorschlag lautete *V9*, womit er tatsächlich eine Assoziation mit der deutschen V2-Raketentechnik oder aber einen Anklang an den kraftstrotzenden Ford-V8-Motor erzeugen wollte. Er hielt *V9* für »phonetisch bequem, optisch sehr einprägsam«, und zudem bestehe eine »Stilreminiszenz« zur früheren *R6*.[483] Daneben analysierte Domizlaff die »psychische Situation des Marktes«, von der er unter anderem treffend meinte, es gebe ein »Bedürfnis nach kollektivistischer Überwindung des Minderwertigkeitskomplexes« in Deutschland. Der Konsument sei sparsam, sehne sich nach Qualität, Innovation und Neuanfang. Das gehe einher mit starkem Misstrauen gegen traditionelle Werbeargumente und einer Stumpfheit gegenüber Vergangenheitswerten. Domizlaff hielt den Raucher für unentschieden, was die Wahl von »Orient oder amerikanisch« anging. Generell favorisierte er eine Werbelinie, die möglichst neu und unbelastet anmutete, um »genießerische Entdeckerfreuden« anzusprechen.

Anfang Dezember 1949 informierte Philipp F. Reemtsma seinen Werbeberater Domizlaff in ausführlicher Form über seine Beobachtung der Marktentwicklung: Die Einführung von *Salem* in Süddeutschland gestaltete sich seiner Auffassung nach problemlos. Zu einem späteren Zeitpunkt wolle er in Norddeutschland *Juno* folgen lassen, da dorthin Hunderttausende von Ostpreußen geflüchtet seien, und bei diesen habe die *Juno* große Beliebtheit besessen. Reemtsma wollte mit der Einführung dieser Marke und der *Eckstein* im Norden abwarten, bis die Festlegung des Rauchergeschmacks eindeutig war. Schließlich, schrieb er, könne man beide Marken als Orient oder American Blend anbieten, und der »noch bestehende starke Goodwill« der Marken solle nicht gefährdet werden.[484] Für die sogenannten Ausweichmarken ließ Philipp F. Reemtsma Druckstöcke für Packungen, Inserate und Plakate vorbereiten, um, wenn nötig, schnellstens auf dem Markt sein zu können. Reemtsma ging bei der Gelegenheit mit Domizlaff hart ins Gericht: Statt mit seinen Werbeeinschätzungen den Konsumentenstimmungen immer einige Jahre voraus zu sein, schwebe er »zwischen Vergangenheit und Zukunft«. Wohl deshalb sei Domizlaff zum Teil auf Hinweise von ihm nicht eingegangen. Bereits Anfang des Jahres 1949 hatte Philipp F. Reemtsma den Einsatz »echter Marken« favorisiert, denn seiner Auffassung nach sehnte sich der Raucher nach Zigaretten in »Friedensausstattungen«. Das aber hatte Domizlaff bestritten. Nun bereute die Firma, dass sie der Argumentation des Werbeberaters gefolgt war und weder *Ova* noch *Gelbe Sorte* oder *R6* genügend Durchsetzungspotenzial zugetraut hatte.

Reemtsma stellte die kategorische Forderung nach schnell einsetzbaren Markenentwicklungen: »Die Zeit ist nicht geeignet, um in einem Augenblick höchster Labilität nur zu säen in der Hoffnung, dass in späteren Jahren diese Saat aufgeht. Ein Unternehmen, das um seinen Bestand kämpft, muss der Gegenwart Rechnung tragen und das bieten, was der Augenblick erfordert.« Dies müsse nicht heißen, dass man nicht anschließend Vorbereitungen für die Zeit treffe, in der der »augenblickliche Sehnsuchtskomplex der Konsumenten« nicht mehr trage. Man dürfe aber nicht die Gegenwart zugunsten von Fernzielen preisgeben. Die Betriebe und die Unternehmensorganisation brauchten Umsatz, und zwar jetzt!

Philipp F. Reemtsma klagte, er stehe vor kaum lösbaren Aufgaben, denn die Firma habe »ihren ganzen Stab leitender und höchstbezahlter Mitarbeiter« gehalten. Das frühere große Geschäft des Unternehmens hatte die Führungskräfte mühelos tragen können. Gegenwärtig aber arbeitete man in drei statt 15 Werken, wobei nur die Hälfte der Kapazitäten ausgelastet war. Dadurch konnten die hohen Personalkosten nicht gedeckt werden. Das Unternehmen war chronisch unterfinanziert, auch weil es ständig hohe Zahlungen für die durch die Währungsreform auf 6,5 Prozent des ursprünglichen Betrags abgewerteten Pensionsrückstellungen leisten musste, um wieder das Deckungskapital zu erreichen und die vertraglich zugesicherten Pensionen zahlen zu können. Reemtsma warnte: »Gelingt es uns daher nicht, den Umsatz auszuweiten, so muss sich das in einer Herabdrückung des Lebensstandards jedes Einzelnen auswirken. Wir sind heute in der Situation, dass der Kapitän, die Schiffsoffiziere und Ingenieure eines großen Dampfers fast ohne Mannschaft auf ein kleines Schiff zusammengedrängt sind. Da muss jeder Einzelne anpacken, wo Not am Mann ist, auch wenn dies nicht seinem früheren Dienstrang entspricht. Da muss notfalls der Erste Ingenieur zum Heizer werden.«

›Zwei‹ übernahm Tätigkeiten, die er 20 Jahre zuvor abgegeben hatte. Seinem Beispiel bei der neuen Arbeitsverteilung folgte allerdings keiner von den Führungskräften ohne Murren. Ihnen mangelte es an der Bereitschaft zur Selbstüberwindung, so der Chef: »Jeder empfindet die Verringerung des Geschäftsvolumens als persönliche Kränkung statt als einen selbstverständlichen Ansporn, da anzupacken, wo es notwendig ist. Und niemand sieht, dass er damit zwangsläufig früher oder später sich selbst begräbt.« Philipp F. Reemtsma wollte keinen seiner leitenden Mitarbeiter zu Tätigkeiten zwingen, die sie für unter ihrer Würde hielten, doch legte er es darauf an, jeden Einzelnen mit der Frage nach der Einsatzbereitschaft zu konfrontieren. Die künftige Zusammenarbeit machte er von der jeweiligen Antwort abhängig. Das allein war schon ein kräftezehrender Teil der Herkulesarbeit, die in der Chefetage der Hamburger Firma geleistet wurde.

Der wichtigste an Hans Domizlaff gerichtete Satz des sechsseitigen Briefes von Philipp F. Reemtsma reklamierte Unterordnung und Gefolgschaft. Anknüpfend an ein 15 Jahre zurückliegendes Werbeproblem der *Salem*, in dessen Zusammenhang die beiden Männer aneinandergeraten waren, schrieb Reemtsma: »Die letzte Entscheidung kann nur von einem Einzigen gefällt werden.« Dieses selbstverständliche Recht des Firmenoberhaupts betonte er gegenüber dem Werbeberater, und zwar unabhängig davon, ob dieser mit seiner Beurteilung richtiglag oder nicht. Dies musste Domizlaff akzeptieren. Offenkundig gefielen dem Chef die Empfehlungen seines renommierten Mitarbeiters nicht, sodass er in aller Deutlichkeit klarstellte, wer in den Fragen der Markenentwicklung und -einführung das Heft in der Hand hielt. Reemtsma erinnerte daran, dass er in jeder Unterhaltung der letzten Monate »immer wieder die Forderung des Marktes nahezubringen versucht« hatte. Aber Domizlaff sei auf seine Bitte, die *Gelbe Sorte* »aufzufrischen und mit ihr die psychologische Vorbereitung für die Wiederkehr des Namens Reemtsma« bei den Konsumenten zu schaffen, nicht eingegangen. Daher ordnete Philipp F. Reemtsma an, dass die *Gelbe Sorte* als Zigarette für 8,3 Pfennig pro Stück vorbereitet werden sollte. Hermann F. Reemtsma ließ Modelle für eine Zwölferschachtel und eine für 24 Zigaretten vorbereiten, was einen Ladenpreis von einer bzw. zwei Mark ergab. Hans Domizlaff sollte Werkzeichnungen für diese Zweilagenschachteln anfertigen, damit die Packungen alsbald gedruckt werden konnten.

In den Weihnachtstagen des Jahres 1949 ging in Wandsbek der Bewilligungsbescheid der westlichen Alliierten für den Entflechtungsvertrag der Firmen Reemtsma und Haus Neuerburg ein. Dadurch war der Fortbestand der Reemtsma GmbH gesichert. Infolgedessen wurden auch die Verträge der KG mit den Führungskräften hinfällig. Unter anderem wegen der an die Personengesellschaft gekoppelten Tantiemeregelungen mussten neue Vereinbarungen getroffen werden. Als die Firma die Verträge kündigte, zeigten alle Betroffenen Verständnis, außer Hans Domizlaff. Er fasste die Kündigung des mit ihm im Jahre 1936 geschlossenen Vertrags zum 31. Dezember 1950 geradezu als Rausschmiss auf, obwohl Philipp F. Reemtsma Gespräche über eine Revision des Vertrags vorgeschlagen hatte. Offenkundig hegte der sensible Werbeberater ein nicht unbeträchtliches Misstrauen, was den Umgang mit ihm betraf. Verletzt und selbstbewusst zugleich antwortete er, sein Dasein werde seit bald drei Jahrzehnten »von der Sorge an unserem Unternehmen beherrscht«.[485] Da wolle er sich nicht einfach hinausdrängen lassen, zumal er nicht glaubte, dass ›Zwei‹ und die Firma ohne seine Mitarbeit – »und zwar in einer erheblich intensiveren Form als bisher« – auskommen könnten. Seiner Erinnerung nach hatte Philipp F. Reemtsma den Vertrag als unkündbar bezeichnet, da er einen Ersatz für Domizlaffs vorherige Beteiligung an der Firma darstellte, die dieser 1935 an ›Zwei‹ übergeben hatte.

Es ging je nach Betrachtungsweise um 1 bis 1,2 Prozent an der Gesellschaft, die der Werbeberater über Aktien der Caland-Holding gehalten hatte. Diese Beteiligung hatte die Firma seinerzeit in Domizlaffs beträchtliche Tantiemebezüge umgewandelt, die zur Hälfte an Philipp F. Reemtsmas Gewinnanteil gekoppelt waren. Aufgrund dessen hatte Hans Domizlaff in den ertragstärksten Jahren 1940 bis 1943 jeweils über eine Million Mark kassiert. Diese goldenen Zeiten waren vorbei. Musste die Firma Reemtsma dem Werber nun durch einen Federstrich die Möglichkeit einer einträglichen Zukunft nehmen? So interpretierte Domizlaff die Vertragskündigung. Er sperrte sich und wollte den neuen Vorschlägen nicht folgen. Das wiederum führte zu einer deutlichen Verstimmung bei Philipp F. Reemtsma, der sich gezwungen sah, in seitenlangen Briefen den Standpunkt und die wirtschaftlichen Aussichten der Firma darzulegen. Da Domizlaff seine Tantieme als Ausgleich für die frühere Beteiligung am Unternehmen erachtete, erinnerte ihn Philipp F. Reemtsma daran, dass er nicht wie die Gesellschafter an den Verlusten des Unternehmens beteiligt gewesen war, die sich in den vergangenen Jahren »in überreichlichem Maße« summiert hatten.[486]

Der Schlagabtausch in der misslichen Vertragssache ging über Monate in geschliffenen Briefen weiter. In die Auseinandersetzung um aktuelle Details der Markengestaltung und der Marktentwicklung wurde immer wieder gegenseitige Kritik eingeflochten, wobei Reemtsma auf seinem Führungsanspruch beharrte. Dabei konnte er gegenüber Domizlaff gleichzeitig austeilen und fordern: »Abstraktes Denken ist immer der Antipode des konkreten Handelns. Sie haben mit Ihrem Instinkt, auf den Sie stolz sind, ebenso oft unrecht wie recht gehabt. Ich will nicht von Büchern oder von Lebensweisheiten hören, ich will auch nichts von Flügelschlägen kommender Geschehnisse wissen, sondern ich möchte eines wissen: ob ich im gegenwärtigen Augenblick noch auf Sie setzen und mich auf Sie verlassen kann oder nicht. Nur um diese Frage geht es.«[487] Unter dem Strich allerdings wollte Reemtsma seinen qualifiziertesten Werbemann behalten. Das brachte er wiederholt zum Ausdruck, beispielsweise durch die Idee, eine Agentur zu finden, die Domizlaff als »geistigen Schöpfer und Inaugurator der Werbung« akzeptierte.

Hans Domizlaff blieb hartnäckig. Er bestand darauf, nicht mit der Firma, sondern ausschließlich mit Philipp F. Reemtsma um seinen neuen Arbeitsvertrag zu verhandeln. In einem Entwurf vom Dezember 1950 erinnerte er an den Wert seiner aufgegebenen Beteiligung und den Verlust seiner Bar-Reserven durch die Währungsreform. Daraufhin schlug er vor, nach seinem Ausscheiden aus der aktiven Arbeit für die Zigarettenfirma lebenslang 60 000 Mark Pension jährlich sowie weitere 40 000 Mark pro Jahr als Abgeltung seiner Besitzrechte zu erhalten. Zusätzlich forderte er einen Fahrer mit Wagen, eine Sekretärin, ein Privatbüro und monatlich 3000 Zigaretten – Domizlaffs täglicher Konsum lag bei etwa 100 Stück.[488] Reemtsma wollte diesen Wünschen nicht nachkommen. Er erkannte einen Beteiligungsanspruch Domizlaffs am Unternehmen an und schlug ihm vor, diesen in eine echte Beteiligung umzuwandeln, wohl wissend, dass die dafür benötigten Mittel nicht zur Verfügung standen. Gleichzeitig regte ihn auf, dass Domizlaff um die Erhöhung seiner Pensionsansprüche kämpfte. Diese lagen bereits auf dem höchsten Niveau bei den Reemtsma-Führungskräften, und das trotz der durch den Währungsschnitt geleerten Pensionskasse. Die leidige Vertragsfrage blieb ungeklärt und belastete die weitere Zusammenarbeit. Philipp F. Reemtsma verlangte mehrfach nach einer Klärung der Verhältnisse, aber Hans Domizlaff ließ sich nicht auf dessen Vorschläge ein. Kaufmännische Härte traf auf das Verlangen des Sensiblen nach Anerkennung seines Standpunktes. – Ein lästiger Dauerkonflikt war entstanden.

Seit Mitte März 1949 lag die schriftliche Fassung des Urteils gegen Philipp F. Reemtsma beim Hanseatischen Oberlandesgericht vor, das über die Revision zu entscheiden hatte. Nachdem die Richter die 145 Schreibmaschinenseiten des Urteils durchgesehen hatten, ließen sie die Revisionsverhandlung zu. Das schien aussichtsreich, und die Stimmung in der Familie Reemtsma besserte sich, auch wegen eines Bescheids, der Alwin Reemtsma zuging. Am 1. Juni hatte die Hamburger Berufungszentralstelle seinem Antrag stattgegeben und die Berufsbeschränkung sowie die Konten- und Vermögenssperre des nunmehr als Mitläufer eingestuften ehemaligen SS-Offiziers aufgehoben. Zudem entfiel die im Bergedorfer Spruchgerichtsverfahren festgesetzte Geldbuße.

Sechs Wochen später kam es vor dem Strafsenat des Oberlandesgerichts zur erneuten Verhandlung des Verfahrens von Philipp F. Reemtsma. Gleich am ersten Verhandlungstag provozierte Verteidiger Dr. Fischer einen Zwischenfall: Er beschuldigte den Vorsitzenden der Erstinstanz, Landgerichtsdirektor Herbert Wulff, im Dritten Reich eine üble Rolle gespielt zu haben. Konkret behauptete Fischer, Wulff habe als Vorsitzender einer Strafkammer an sogenannten Rassenschande-Prozessen maßgeblich mitgewirkt. ›Rassenschande‹ – das betraf intime Beziehungen zwischen Juden und Deutschen, die nach dem § 2 des ›Blutschutzgesetzes‹ von 1935 strafbar waren. Richter Wulff hatte durch die antisemitische Rechtsprechung den infamen Nürnberger Gesetzen zur Geltung verholfen. Das brachte in den Augen des Reemtsma-Verteidigers den gesamten Prozess und letztlich das Urteil vom Oktober 1948 in Misskredit. Fischer argumentierte weiter, das Gericht habe im Verfahren gegen den Zigarettenindustriellen Vorgänge, die 20 Jahre zurücklagen, so ausführlich erörtert, dass sich der Angeklagte vorgekommen sei »wie eine zentimeterweise abgeklopfte Wand«.[489] Darin wollte der Verteidiger eine gezielt Reemtsma-feindliche Haltung der von Dr. Wulff geleiteten Strafkammer erkennen. Für inakzeptabel hielt er, dass der Strafsenat des Oberlandesgerichts das Verfahren zur Neuverhandlung an denselben Richter zurückverwies. Da er Wulff für befangen hielt, beantragte er die Übernahme des Verfahrens durch eine andere Strafkammer.

Während diese Enthüllung für großes Aufsehen sorgte, distanzierte sich Philipp F. Reemtsma vom überraschend offensiven Vorgehen seines Verteidigers, indem er öffentlich erklärte, nicht vorab darüber informiert worden zu sein. Er bedauerte den Vorfall und forderte, den Antrag zu ignorieren. Zudem führte er aus, ihm als Angeklagten stehe es nicht zu, »Kritik an der Person eines Hamburger Richters« zu üben.[490] Wulff hingegen wehrte sich mit der Bemerkung, er sei lediglich gezwungenermaßen Beisitzer einer Strafkammer gewesen, die die ›Rassenschande‹-Prozesse geführt hatte. Der Richter erhielt Schützenhilfe von vorgesetzter Stelle. Oberlandesgerichtspräsident Sommerfeld berief eine Pressekonferenz ein, in der er klarstellte, der Richter sei zwar 1933 in die NSDAP eingetreten und habe an etwa fünfzehn ›Rassenschande‹-Urteilen mitgewirkt, besitze aber dennoch einen Ruf als »tadelloser und besonders begabter Richter«; dementsprechend hatte man ihn 1945 als »Entlasteten« entnazifiziert und in das Richteramt wiedereingesetzt, ohne jedwede Einschränkung.[491]

Dr. Lifschütz als zweiter Verteidiger Reemtsmas forderte dessen Freispruch, da Göring seinen Mandanten erpresst habe. Tatsächlich hob das Oberlandesgericht das gegen den Unternehmer gefällte Urteil auf, da es Verfahrensfehler festgestellt hatte. So war die Bestechung Görings nicht zweifelsfrei bewiesen worden. Und auch die Formulierung der Urteilsbegründung, Reemtsma habe eine Erpressung durch Göring »gewünscht«, wurde kritisiert. Eine strafrechtliche Relevanz habe dies nicht besessen. Darüber hinaus überstieg das hohe Bußgeld die gesetzliche Höchststrafe von 10 000 Mark. Folglich verwies das Gericht die Strafsache zur erneuten Verhandlung zurück an das Landgericht, das heißt zu Dr. Wulff. Der Antrag, das Verfahren einer anderen Strafkammer zu übergeben, wurde abgelehnt. Daraufhin legte Dr. Fischer sein Mandat nieder, was ein

Ausdruck starker Verstimmung zwischen Reemtsma und seinem Verteidiger war.

Die Anordnung, den Prozess neu aufzurollen, stimmte den Unternehmer positiv, denn möglicherweise ließen sich mit der Zeit seine Verstrickungen unter dem Nazi-Regime neu bewerten. Aber mit seinen Gedanken war Philipp F. Reemtsma in diesen Tagen woanders. Seine Frau stand kurz vor der Entbindung. Als am 8. August die Wehen einsetzten, ging Gertrud in das Blankeneser Tabea Krankenhaus. Dort verlief die Geburt mit starken Komplikationen. Das dann überaus geschwächt geborene Mädchen starb wenige Stunden später, während die Mutter diese Tragödie überstand. Das auf den Namen Cornelie Gertrud Fürchtegott Reemtsma getaufte Mädchen wurde in Nienstedten im Familiengrab neben den Söhnen bestattet. Das familiäre Glück hätte perfekt sein können, aber stattdessen setzte sich das persönliche Drama im Leben des Ehepaars fort. Schon der Tod der Söhne hatte Philipp F. Reemtsma verändert. Die Last der Internierungszeit und des Strafprozesses hatte ihn vielen, die ihn kannten, fremd werden lassen. Und nun der Verlust eines gemeinsamen Kindes mit seiner zweiten Frau! Als er ihr 1939 seine Liebe offenbarte, hatte er mit dem Altersunterschied gehadert und von ihren Opfern – der Kinderlosigkeit – bei einer Ehe mit ihm gesprochen. Zehn Jahre später war dem Paar mit dem Tod der Neugeborenen eine weitere Freude genommen, und das Schlimmste war, dass dies durch Fehler bei der Geburtshilfe verschuldet schien.

Erfüllung fand Philipp F. Reemtsma nur in der starken Liebe zu seiner Frau. Sonst war sein Leben Kampf: gegen die Konkurrenz, gegen die Widrigkeiten der Zigarettensteuergesetzgebung, gegen die Ansprüche von Wegbegleitern und nicht zuletzt gegen Restitutionsforderungen enteigneter Juden wie der Familien Schnur und Garbáty. Der Druck, der auf ihm lastete, wich nicht, er verringerte sich nur hier und da eine Zeit lang und nahm dann wieder zu. Dennoch blieb ›Zwei‹ für sein enges Umfeld in der Firma eine charismatische Führungsfigur. Seine Ambitionen und sein Durchsetzungsvermögen waren beachtlich. Das fand Anerkennung im eigenen Hause und über weite Strecken auch in der Branche, sodass man ihn in den Beirat des 1948 neu gegründeten Verbands der Cigarettenindustrie in

Hamburg wählte. Dies korrespondiert mit einer Bemerkung Heinrich Brünings vom Herbst 1950. Er schrieb Gottfried Treviranus, wohl nach einem Treffen mit dem Zigarettenindustriellen im größeren Kreise, die lange Haft habe Reemtsma »sehr weise gemacht. – Wenn die Politiker nur etwas davon hätten!«[492]

Markenoffensiven

Philipp F. Reemtsma war ein versierter Kenner des Marktes, aber mit einem Teil seiner Analyse lag er falsch. Die Markensituation blieb nicht nur schwierig, sie brachte auch herbe Rückschläge. Die auf anspruchsvolle Raucher abzielende *Laferme* und die *Abdulla* erwiesen sich schon wenige Monate nach der Einführung als Flops und auch die vielversprechend gestartete *Salem rund* brach etwas später schlagartig ein. Die mittels Umfragen fundierte Einschätzung, der Orientzigarette stehe ein erneuter Siegeszug bevor, erwies sich als fataler Trugschluss. Es war unverkennbar, dass dieser Zigarettentyp nicht mehr dem Massengeschmack entsprach, sondern nur noch einen kleinen Teil der Nachfrage abdeckte. Der Markt für Orientzigaretten brach 1950 endgültig zusammen. Nun saß die Hamburger Firma auf großen Mengen Orienttabak von teilweise minderer Qualität, die in absehbarer Zeit kaum zu verarbeiten waren. Daher verkaufte man 1200 Tonnen weiter, die größtenteils in die DDR gingen. Nach dieser negativen Erfahrung erwarb Reemtsma fortan Tabakquantitäten nur noch nach sorgfältigster Kalkulation. Zudem wurden ausschließlich Orienttabake beschafft, die unter Garantie als Beimischung zu American-Blend-Zigaretten passten.

Im Februar 1950 zog ›Zwei‹ eine kritische Bilanz: Die vor allem bei Arbeitern, Kumpeln und der bäuerlichen Bevölkerung beliebte *Collie* aus dem eigenen Haus hatte in Norddeutschland und in der britischen Zone die Marktführerschaft erkämpft, aber eben nur dort. In Süddeutschland dagegen wurde der Markt von Zigaretten amerikanischer Firmen überschwemmt. Zudem produzierten deutsche Hersteller preiswerte Surrogate der beliebten ›Amis‹ und drängten damit die *Collie* in Ballungsräumen wie Frankfurt zurück. Haus Neuerburg wollte in Kürze mit *Onkel Tom* eine neue Marke lancieren, die dank des guten Rufs des Herstellers starken Zuspruch erwarten ließ. Auch die BATC hatte eine Marke namens *Gold Dollar* in den Startlöchern. Dies war die einzige wichtige schon vor 1939 verbreitete American-Blend-Zigarette in Deutschland gewesen. Da die schärfsten Konkurrenten ihre Neuentwicklungen noch nicht gestartet hatten, wollte Reemtsma die Zeit nutzen, denn jedem Vorsprung im Kampf um die Gunst der Konsumenten konnte entscheidende Bedeutung zukommen. Daher wurde geplant, eine American-Blend unter dem Namen Reemtsma herauszubringen. Einen Packungsentwurf hatte Philipp F. Reemtsma bereits auf dem Tisch, allerdings nicht von Domizlaff, sondern von dem Gestalter Professor Oskar Hermann Werner Hadank. Allein der Markenname fehlte noch. Es sei dringend notwenig, schrieb Philipp F. Reemtsma seinem Werbeberater Hans Domizlaff, eine von Anfang an erfolgreiche »Kampfmarke« zu schaffen, die schnellstens Verbreitung fände.[493] »Zwei Monate Zeitgewinn sind entscheidend über Erfolg und Nichterfolg«, konstatierte er und fügte an, die von Domizlaff gestalterisch betreute *Laferme* sei ein Vierteljahr zu spät gekommen und deshalb gescheitert. Vor diesem Hintergrund forderte der Firmenchef in seiner kühlen Art zum Einsatz »mit letzter Leidenschaftlichkeit« auf. Könne dieser nicht geleistet werden, sehe er eine künftige Mitwirkung Domizlaffs, dessen Arbeitsvertrag immer noch nicht ausgehandelt war, infrage gestellt.

Die Lage schien prekär für alle Beteiligten. Philipp F. Reemtsma wollte zunächst sein Haus bestellen, bevor er sich mit Fernzielen befasste, und ihm war jeder recht, der ihm dabei half. Allerdings lieferten ihm seine Mitarbeiter nicht wirklich vielversprechende Lösungen, sodass er notgedrungen eine Reihe von Produktideen in der Hoffnung erproben ließ, darunter sei vielleicht »ein Treffer«.[494] Unter Hochdruck wurde unter Einbindung eines weiteren Werbeberaters an der *Astor* im Kingsize-Format mit Korkmundstück gearbeitet. Sie ging Ende Mai 1950 für 12,5 Pfennig pro Stück als Waldorf-Astoria-Produkt in höherwertiger und zellophanierter Zwanzigerpackung in den Verkauf. Mit der im Münchener Werk hergestellten *Zuban Nr. 22* lieferte Reemtsma kurz darauf eine weitere American-Blend-Zigarette für den Markt Südwestdeutschlands aus. Die in

München produzierte *Zuban* hatte eine rote Packung mit weißer Schrift, womit sie äußerlich der erfolgreichen amerikanischen *Pall Mall* ähnelte. Aber nicht nur Reemtsma, sondern auch die Konkurrenz brachte rote Packungen, um ihre Produkte mit dem Signal ›Ami-Zigarette‹ zu versehen. Selbst die alte Berliner Marke *Juno*, die bei ihrem Neustart im September 1951 mit einer American-Blend-Mischung produziert wurde, adaptierte ein ausländisches Vorbild: Ihre Packungsgestaltung ähnelte der *Chesterfield*.

Die Reemtsmas wussten, dass die Neuerburgs den Neustart einer starken Marke unter dem Namen ihres Hauses vorbereiteten: Die altbekannte *Overstolz* stand vor der Tür. Ihr wollten die Hamburger möglichst zuvorkommen, sodass Hans Domizlaff den Auftrag erhielt, die erste Reemtsma-Zigarette der Nachkriegszeit aus dem traditionellen Markenbestand zu gestalten. Er wählte den schon 1927 eingeführten Namen *Ova*. Die Orientzigarette »im Araberformat« hatte sich damals innerhalb weniger Jahre zur umsatzstärksten Zigarette des Unternehmens und zu einer der bekanntesten Marken Deutschlands entwickelt. Da sie bereits im ersten Kriegsjahr, also vor der Verschlechterung der Tabakqualität, aus dem Sortiment genommen worden war, besaß ihr Name beim Kunden einen unbelasteten Erinnerungswert. Als die *Ova* im Juni 1950 herausgebracht wurde, verlief ihr Absatz zufriedenstellend, außer in Bayern und Berlin, wo sie schon zwei Jahrzehnte zuvor nicht angekommen war.

Bei der Markteinführung hatte man etwas Wichtiges beobachtet: Obwohl der Handel zumeist nicht erfreut war, noch eine weitere neue Zigarette ins Sortiment aufzunehmen, zeigte er angesichts der *Ova* Befriedigung darüber, endlich wieder eine Marke des zugkräftigen Namens Reemtsma anbieten zu können. Diese Umsatzgaranten hatten dem Handel seit Mitte 1943 gefehlt. Weiterhin blieb der Zigarettenmarkt von regionalen Vorlieben geprägt, was das Geschäft der Hersteller schwer kalkulierbar machte. Dies hatte sich gegenüber der Epoche der Orientzigarette nicht geändert. Haus Neuerburgs *Overstolz* aber erwies sich als stärker. Mit dem Erfolg der Zigarette der ehemaligen Partner aus Köln konnte *Ova* nicht mithalten, wenngleich im ersten Jahr über 140 Millionen Stück pro Monat verkauft wurden. Damit überrundete *Ova* die Marke *Astor* um das Dreifache, war aber dennoch bei weitem nicht so umsatzstark wie *Zuban Nr. 22* oder *Collie*. Noch hatte die Reemtsma GmbH in der Wiederaufbauphase keinen wirklichen, substanziellen Coup gelandet, weshalb ihr Ertrag schwach blieb. Aber sie war wieder einer der großen Mitspieler in der deutschen Zigarettenindustrie.

Von Dominanz konnte jedoch keine Rede mehr sein. In der Züricher *Weltwoche* wurde Philipp F. Reemtsma entsprechend als »einstiger Napoleon der deutschen Industrie« bezeichnet. Der Unternehmer selbst erschien wie die überlebte Figur einer vergangenen Epoche. Er hielt sich für »altmodisch«, da er persönlich weiterhin die Orientzigarette bevorzugte, genauso wie er lieber einen Sherry als einen Cocktail trank. »Natürlich arbeite ich weiter. Was könnte ich sonst tun? Ich muss versuchen, mich umzustellen, ungefähr so, wie meine Kunden, die Zigarettenraucher, sich umgestellt haben.« – Mit diesen Worten umschrieb ›Zwei‹, dass das von ihm geführte Haus kämpfte, wieder einmal und unter ganz anderen Voraussetzungen und gegen andere Kontrahenten als in den zwanziger Jahren. »Kampf um Kampf«, das sei sein Leben, hatte Philipp F. Reemtsma seiner Frau aus dem Ratzeburger SS-Lazarett im Sommer 1945 übermittelt. Daher war er ein Mann in seinem Element – unlösbar mit der Liebe zum Tabak und der »Feinnervigkeit des Tabakgeschäfts« verbunden.[495] Und was hinzukam, war die weiterhin große Liebe, die ihn mit Gertrud verband.

Wiedergutmachungsforderungen

Für die Wiederaufnahme der Zigarettenproduktion und die Einführung neuer Marken musste bei Reemtsma ohne Unterlass gearbeitet und improvisiert werden. Machte diese Arbeit Freude, brachte sie Erfüllung? Nein, in dieser Frühphase war die Last so groß wie der Mangel an Ressourcen, sodass man eher von einem Feld zum anderen hastete, als aus einer soliden Position heraus an unternehmerischen Strategien und Gestaltungsentwürfen zu feilen. Da erging es Reemtsma nicht anders als anderen deutschen Herstellern in dieser Zeit. Neben ›Zwei‹ und ›Eins‹ waren Schlickenrieder, Lose und Wenkel von hoher Bedeutung in der Firmenleitung, und auch Justiziar Ahrends blieb über die Maßen beschäftigt. Über seinen Schreibtisch gingen mehrere Restitutionsangelegenheiten emigrierter jüdischer Unternehmer. Diese Vorgänge waren belastend für die Firma, denn daraus konnten sich massive Störungen ergeben. Es handelte sich um voneinander getrennte Komplexe, die vorwiegend Schnur, Lande und Garbáty betrafen.

Im März 1948 war der frühere Reemtsma-Gesellschafter David Schnur in New York an Krebs gestorben. Deutschen Boden hatte er seit seiner Emigration im Jahre 1935 nicht wieder berührt, aber er war Ende 1945 in brieflichen Kontakt mit den Reemtsma-Brüdern getreten und hatte den Wunsch geäußert, wieder in seine früheren Rechte am Unternehmen eingesetzt zu werden. Er war davon überzeugt, Philipp F. Reemtsma habe seinen Firmenanteil nach der Emigration treuhänderisch verwaltet, sodass er ihm nunmehr rückübereignet werden könne. Den aktuellen Wert des durch den Krieg arg gebeutelten Unternehmens hatte Schnur wohl kaum vor Augen. Vielmehr schien er zu glauben, dass die Firma in naher Zukunft wieder eine führende Rolle in der Zigarettenbranche spielen würde. Der Tod des Tabakexperten setzte diesen Wiederbeteiligungswünschen kein Ende. Vielmehr traten nun seine Erben gemeinschaftlich als ›Nachlass David Schnur‹ auf und betrieben eine Regelung in dem vom Verstorbenen vorgedachten Sinne. Die Reemtsmas stimmten zu, sodass es im November 1949 zu einem Wiedergutmachungsvergleich kam, durch den alle Ansprüche gegen die Firma und die drei Brüder abgegolten wurden: Reemtsma übertrug den Erben Schnurs nach Abzug einer Treuhandgebühr einen Geschäftsanteil von 24 Prozent des Stammkapitals, was 5 Millionen Mark entsprach.

Während im Fall Schnur eine außergerichtliche Einigung zu keiner Zeit in Frage stand, deuteten bei Garbáty alle Zeichen auf Konfrontation. Das eigentümliche Dreiecksverhältnis zwischen den Garbáty-Brüdern, Reemtsma und Koerfer verlangte nach einer Klärung, aber wer war hier der Verantwortliche? Wer war in welchem Maße geschädigt? Die Firma Reemtsma hatte bis zum Verkauf im Oktober 1938 eine fünfzigprozentige Beteiligung an dem Pankower Betrieb gehalten, die dann nolens volens auf Weisung der ›Arisierungsstelle‹ an Dr. Koerfer weiterveräußert worden war. Dieser hatte an die Garbátys und Reemtsma effektiv 11,7 Millionen Mark gezahlt, aber das Deutsche Reich und korrupte Nazi-Beamte hatten sich an den jüdischen Brüdern bereichert. Und jetzt? Rechtsanwalt Koerfer lebte aus guten Gründen in der Schweiz, das Stammhaus lag im russischen Sektor, und in Bronnbach an der Tauber gab es eine im letzten Kriegsjahr geschaffene Zweigniederlassung der Firma, die zum 1. April 1945 Hans Koerfer, einem Bruder des Geschäftsführers, überschrieben worden war. Die Produktion ruhte, aber möglicherweise konnten Garbáty-Zigaretten wie die *Kurmark* erneut auf den Markt gebracht werden. Ende 1947 hatte Philipp F. Reemtsma dem ›Arisierer‹ Koerfer in Sachen Garbáty Geduld empfohlen. Er vermutete, das in der US-Zone erlassene Restitutionsgesetz würde selbst den »Erwerber« eines ehemals jüdischen Unternehmens nicht »schutzlos jedem Wiederherstellungsanspruch« aussetzen.[496]

Noch während des Bestechungsprozesses gegen Philipp F. Reemtsma hatte Eugen Garbáty verlauten lassen, dass seine Verhandlungen mit der Firma Reemtsma nur für ihn und nicht für seinen Bruder Maurice galten, womit die geschäftliche Trennung der beiden Halbbrüder offenkundig wurde. Beide wandten sich nun unabhängig voneinander an Koerfer und stellten Restitutionsansprüche. Vor seiner Verurteilung vom Oktober 1948 hatte Philipp F. Reemtsma in der Sache lediglich die Rolle »eines loyalen Mittlers« zwischen den Parteien einnehmen wollen. Nach der Entnazifizierung und der damit zurückgewonnenen Geschäftsfähigkeit wurde er entschiedener im Ton. Gegenüber Eugen Garbáty stellte der Hamburger klar, einen Restitutionsanspruch gegen die Koerfer-Gruppe könne eigentlich nur die Firma Reemtsma reklamieren, denn sie sei durch den vom Wirtschaftsministerium betriebenen Zwangsverkauf der Beteiligung an Koerfer geschädigt worden. Als sich ein Prozess zwischen Eugen Garbáty und Jacques Koerfer abzeichnete, schrieb Reemtsma in die Schweiz: »Es wird sehr schwer sein, mit Herrn Garbáty zu einer Einigung zu kommen, nicht aber schwer sein, einer Restitutionsklage zu begegnen.«[497] Diese folgte vor Gerichten in der amerikanischen Zone, aber Eugen Garbáty wurde abgewiesen. Der Grund? Er war seit 1929 nicht mehr Gesellschafter der Pankower Firma gewesen, sondern hatte lediglich als Strohmann für Reemtsma die Beteiligung nach außen gehalten. Jacques Koerfer und Maurice Garbáty schlossen vor dem Schlichter für Wiedergutmachungssachen beim Amtsgericht Mannheim Ende 1952 einen Vergleich, der darauf hinauslief, dass in mehreren Raten 4,25 Millionen Mark zu zahlen waren. Infolge dessen wurde Jacques Koerfer ermächtigt, die Warenzeichen von Garbáty in der Bundesrepublik zu verwerten. Der frühere Fünfzig-Prozent-Inhaber Maurice Garbáty wollte nicht wieder in die deutsche Zigarettenbranche zurückkehren.

Sein streitbarer Bruder Eugen gedachte der Firma Reemtsma eine andere Rolle als die des Vermittlers zu. Er verklagte sie. Der Streitgegenstand war die fristlose Kündigung seines Beratervertrags im November 1938. Vor dem Hamburger Landgericht wollte Garbáty einen Ausgleich für Tantiemevergütungen erhalten, die ihm seiner Ansicht nach bis zum Jahresende 1943 zugestanden hätten. Es ging um 500 000 Mark. Nun war die Zeit der freundlichen Gespräche der beiden Herren vorbei; die Anwälte sollten eine Regelung im Interesse Reemtsmas erkämpfen.

Eugen Garbáty spielte ein zum Teil bizarres Spiel: Der amerikanische Staatsbürger gab vor, den geforderten Vorschuss für die Gerichtskosten nicht aufbringen zu können, weshalb er die Firma Reemtsma über seinen Anwalt Dr. H. G. Kleinwort – also seinen Prozessgegner – bitten ließ, ihm die Summe von 2580 Mark vorzustrecken. Der Kläger sei Kleinwort zufolge »nicht in der Lage, ohne Gefährdung seines standesmäßigen Unterhalts aus Devisenbeständen diesen Betrag zu bezahlen. Ich müsste also für Herrn Garbáty um das Armenrecht für diesen Prozess nachsuchen. Diese Tatsache allein dürfte doch wohl genügen, um den Konzern, dem er lange Jahre diente, zu veranlassen, dass dieser Schritt nicht gegangen zu werden braucht.«[498] Die Firma zahlte, obgleich man nicht daran zweifelte, dass der in der New Yorker Park Avenue lebende Garbáty wohlhabend war. Trotz des anstehenden Gerichtsverfahrens wollte man bei Reemtsma entgegenkommend sein. In der Sache hart, in den Formen höflich-verbindlich, das war schließlich eines der Prinzipien Philipp F. Reemtsmas.

Der folgende Rechtsstreit zog sich über mehrere Jahre hin. Nachdem beide Parteien gegen das erstinstanzliche Urteil von 1950 in Berufung gegangen waren, kam das Hanseatische Oberlandesgericht zu einem Urteil, das Eugen Garbáty nicht zusagte. Er brachte die Streitsache vor den Bundesgerichtshof in Karlsruhe. Im Oktober 1952 gab der II. Zivilsenat des BGH den Fall zur Neuverhandlung zurück an das Oberlandesgericht, doch dieses wies die Klage endgültig ab. Das Gericht beschied, ab November 1938 sei an eine Fortsetzung der Beratertätigkeit Eugen Garbátys nicht mehr zu denken gewesen, weshalb es die Vertragskündigung durch Reemtsma als rechtens erachtete.[499] Als Zeichen des Entgegenkommens übernahm der Prozessgegner die dem Kläger auferlegten Gerichtsgebühren und einen Teil der Anwaltshonorare. Mittels dieser Geste sollte etwaigen weiteren juristischen Schritten Eugen Garbátys vorgebeugt werden. Die beteiligten Anwälte sprachen es offen aus: Philipp F. Reemtsma wollte einen »Vergleich« oder auch nur eine direkte Konfrontation mit seinem alten Kontrahenten vor Gericht unter allen Umständen vermeiden. Das hatte er auch in den zurückliegenden Verhandlungen geschafft. Nur einmal war Reemtsma zur Aussage im Gerichtssaal erschienen, da der Kläger und der Gerichtsvorsitzende darauf Wert gelegt hatten. Es war dem Hamburger Industriellen ein Gräuel, vor Gericht über seine Handlungen Rechenschaft ablegen zu müssen.

Weniger prekär verlief die Auseinandersetzung um eine andere Restitutionsforderung, aber auch hier waren finanzielle Belastungen zu befürchten. Bei der Firma Lande war Reemtsma erst drei Jahre nach der ›Arisierung‹ durch Karl Geissinger stützend eingestiegen, hatte Darlehen gewährt und eine Fünfzig-Prozent-Beteiligung an dem Dresdener Unternehmen erworben. Die große Fabrik war beim Bombenangriff Anfang Februar 1945 weitgehend zerstört worden. Nun meldeten die in New York lebenden Cäcilie Lande, Wolf William (ehemals Wilhelm) Lande sowie dessen Sohn Julius Martin Lande gegen die Erben von Karl Geissinger und gegen die Firma Reemtsma Rückerstattungsansprüche an. Im September 1950 wurde vor der Wiedergutmachungsbehörde in München ein Vergleich abgeschlossen. Reemtsma war hier als Komplementär der Karl Geissinger KG betroffen. Durch Gesellschafterbeschluss wurde das Vermögen dieser Firma mit allen Aktiven und Passiven auf die Landes übertragen, und Reemtsma zahlte als »Nutzungsausgleich« für den Zeitraum von 1936 bis Kriegsende 40 000 Mark an die Antragsteller. Gleichzeitig übernahmen die Hamburger die Kosten des Wiesbadener Lande-Anwalts Dr. Gerhard Hempel.[500]

Dieser Entschädigungsfall war damit keineswegs beendet. Im Vergleich hatte Reemtsma erklärt, den Landes bei der Verfolgung ihrer weiteren Ansprüche unter anderem mit Akten zu helfen. Was hier in kollegialem Einverständnis begann, sollte sich über mehr als 50 Jahre hinziehen. Auf Wunsch der Lande-Erben und auf Empfehlung der Reemtsma-Geschäftsleitung beantragte Jan Philipp Reemtsma 1972 beim Lastenausgleichsamt Hamburg-Altona als einer der Rechtsnachfolger der von der DDR enteigneten Karl Geissinger KG Entschädigung nach dem Lastenausgleichsgesetz.[501] Den Anspruch wegen der Kriegssachschäden und der Enteignung nach 1945 hätten die Landes als amerikanische Staatsbürger nicht verfolgen können. Den Juristen der Reemtsma GmbH war aber bewusst, dass die Lande-Erben durchaus noch im Jahr 1972 Schadenersatzforderungen gegen die Reemtsmas geltend machen könnten, wenn diese nicht in ihrer Eigenschaft als Erben der Geissinger-KG-Gesellschafter Entschädigungsansprüche anmeldeten. Die Landes erhofften sich davon letztendlich Kompensationszahlungen über die Familie Reemtsma. Die Ermittlung von Rechtsnachfolgern teilanspruchsberechtigter Erben ist ein langwieriges Prozedere, sodass das Lastenausgleichsamt selbst bis 2006 noch keine endgültige Entscheidung in der Sache Lande-Geissinger-Reemtsma fällen konnte.

Von alldem waren Hermann und Philipp F. Reemtsma in den fünfziger Jahren weit entfernt. Sie bemühten sich um einen sachlichen und entgegenkommenden Umgang mit den früheren jüdischen Zigarettenunternehmern, die in toto nicht wieder nach Deutschland zurückkehrten. Die Vergleiche mit den Firmen und die von Seiten der Bundesrepublik geleisteten Restitutionszahlungen stellten eine gewisse Kompensation für die durch Antisemitismus, Boykott und Enteignung vertriebenen Unternehmerfamilien dar. Sie war von finanziellem und symbolischem Wert, aber dadurch ebnete man niemandem erneut den Weg in einen Zweig der Genussmittelbranche, den gerade Juden in Deutschland mitgeprägt hatten. Wie unter anderem der Vergleich mit Lande belegt, war der Ruf der Reemtsmas nicht durch Firmen-›Arisierungen‹ belastet, obgleich das Hamburger Unternehmen wegen seiner zentralen Position oftmals konsultiert worden war, und sei es als geschäftsführende Firma der IG. Eines aber fiel bei der Auseinandersetzung mit Garbáty auf: Philipp F. Reemtsma sah sich selbst als Geschädigten eines ›Arisierungs‹-Falles. Das brannte ihm immer noch auf der Seele, und Jacques Koerfer sollte es zu spüren bekommen.

Diese Altlasten der dreißiger Jahre waren in den Augen der Reemtsmas eine Bürde. Das allein und die Angelegenheit Domizlaff hätten schon über die Maßen gereicht, doch dann kam noch ein überraschender Fall hinzu: Tete H. Tetens reichte im Oktober 1951 eine Klage gegen die Reemtsma Cigarettenfabriken ein. Der in Coopers Town im Staate New York lebende Schriftsteller meinte, Reemtsma habe seine berufliche Existenz seit 1934 »in der skrupellosesten Weise« geschädigt. Die gegen ihn gerichteten Angriffe der Firma seien 1948 sogar so weit gegangen, dass man ihn in den USA als »Kommunisten« denunziert habe, was dort eine gravierende Beeinträchtigung bedeutete.[502] In Hamburg wollte man es nicht recht wahrhaben, doch der Journalist, der 20 Jahre zuvor in der *Weltbühne* und in der *Deutschen Tabakzeitung* gegen Reemtsma geschrieben, Reemtsmas Schweigegelder angenommen hatte und letztlich in den Dienst von Sturm eingetreten war, dieser Gegner ließ plötzlich wieder von sich hören. Nach Neujahr 1952 schrieb Rechtsanwalt Fischer an Justiziar Ahrends konsterniert und ermüdet zugleich, er habe »die Muße der Feiertage dazu verwandt«, eine Erwiderung auf Tetens' Klage zu diktieren.[503] Was folgte, war ein von dem Schriftsteller angestrengtes Gerichtsverfahren, das sich bis 1954 hinzog. Philipp F. Reemtsma hatte einmal gesagt, wer sich mit dem Tabakgeschäft einlasse, der komme davon nicht mehr los. Auf die Reemtsmas persönlich bezogen stimmte das zweifellos, aber genauso musste man sich der Erkenntnis beugen, dass einen die Widersacher nicht losließen. Sie hatten einen erstaunlich langen Atem.

Loslassen musste Philipp F. Reemtsma im persönlichen Bereich. Von seinem Privatbesitz war einiges schon bei Kriegsende verloren gegangen, wie das Waldgebiet Primkenau, denn dies lag in Polen.

Auf juristischem Wege verloren die Reemtsmas den bayrischen Landsitz Puchhof. Amerikanische Militärs hatten die Gemäldesammlung in ihre für Kunstwerke hergerichteten Collecting Points gebracht, da gestohlene oder enteignete Kunstwerke unter ihnen vermutet wurden. Letztlich ging das Anwesen per Restitution an Gräfin Czichy, eine Tochter des Anfang 1951 in Buenos Aires verstorbenen Vorbesitzers Fritz Thyssen. Da sie ihren Wohnsitz in Argentinien hatte, bezog Thyssens Witwe das Schloss.[504]

Die Langwierigkeit von persönlich bestimmten geschäftlichen Auseinandersetzungen war typisch für Philipp F. Reemtsma. Sie begleiteten ihn dauerhaft, auch durch die fünfziger Jahre. Tetens klagte, Garbáty bot weiterhin Anlass zum Ärger, Domizlaff sperrte sich zunehmend, und auch ›Arisierungen‹ wie von Lande spielten noch immer eine Rolle. Mitte 1952 echauffierte sich ›Zwei‹ lebhaft, als er von Absichten hörte, Jacques Koerfer wolle nach seinem Vergleich mit Maurice Garbáty die ihm zur Nutzung überlassenen Garbáty-Markenrechte per Lizenzvertrag an die Martin Brinkmann AG abgeben. Koerfer hatte unbedarft bei Reemtsma angefragt, ob Professor Hadank an der Gestaltung von Zigarettenpackungen mitwirken könnte. Doch dies war von Reemtsma schroff als unstatthaft abgewiesen worden, denn schließlich sei Brinkmann einer der »wesentlichsten Konkurrenten« des Hamburger Herstellers.[505] Diese Haltung irritierte Koerfer, da er nicht verstand, wieso Reemtsma einer Lizenzvergabe der nicht einmal mehr produzierenden Garbáty überhaupt Bedeutung beimaß. Kritisch fügte der Jurist an: »Es liegt selbstverständlich bei Ihnen, ob Sie durch eine Geste den Fortbestand einer alten Firma Ihrer Industrie für wünschenswert erklären wollen oder nicht.«[506] Nun, den Hamburger Unternehmer schien nicht etwa die in der Bundesrepublik lediglich auf dem Papier existierende Firma Sorgen zu bereiten, sondern vielmehr die Möglichkeit, dass Brinkmann einen Trumpf in die Hände bekommen könnte. In Philipp F. Reemtsmas Augen beabsichtigte der Bremer Tabakproduzent mit seiner Zigarettensparte lediglich, »die Cigarettenindustrie in toto zu schwächen«.[507] Die Ritters als Brinkmann-Inhaber wollten angeblich »mit allen Mitteln« das allgemeine Zigarettengeschäft klein halten, um die Konsolidierung der Industrie zu verhindern. Daher sah ›Zwei‹ in den Bremern den Gegner all jener Firmen, die ein reelles Geschäft anstrebten.

Als Koerfer im Sommer 1953 einen Lizenzvertrag mit BAT über die wichtigsten Garbáty-Marken abschließen wollte, erhob Philipp F. Reemtsma Einspruch. Seine Firma, argumentierte er, sei bei der Garbáty-›Arisierung‹ geschädigt worden, und nun würde sie weiteren Schaden nehmen, wenn Koerfer die von BAT-Geschäftsführer Dr. Günther Buch vor allem geschätzte *Kurmark* abgäbe. Diese Marke hatte in den dreißiger Jahren in Südwestdeutschland Erfolge verzeichnet. Hier wurde es Koerfer zu bunt. Den Protest aus Hamburg quittierte er mit einem geharnischten Schreiben, in dem er aufgrund der gemeinsamen Korrespondenz von 1938 feststellte, Reemtsma habe den Verkaufspreis damals als angemessen angesehen. Dann fügte er provokant hinzu: »Im übrigen werden weder Sie noch Ihre Firma zu den vom 30.1.1933 bis 8.5.1945 diskriminierten Verfolgten gerechnet werden können, noch haben Sie selbst diese rechtliche Vorzugsstellung bisher für sich in Anspruch genommen.«[508] Reemtsma schoss ähnlich drastisch und voller Unverständnis zurück: »Wir besaßen einen Rechtsanspruch auf Erwerb des Geschäftsanteils Moritz Garbáty und hatten es abgelehnt, diese Option an Sie abzutreten. Daraufhin haben Sie eine Intervention des Reichspropagandaministeriums an das Judenreferat des Reichswirtschaftsministeriums durchgesetzt, sodass wir angewiesen wurden, unseren Einspruch gegen die Verletzung unserer Rechte fallen zu lassen.«[509] Auf diese Weise habe Koerfer Garbáty erwerben können, und der von ihm gezahlte Preis sei nicht korrekt gewesen. Besonders empörte den Hamburger die Behauptung Koerfers, die Reemtsma KG habe im Dritten Reich nicht zu den Verfolgten gehört. Er meinte, durch die Drangsalierung und Vertreibung der Mitgesellschafter Heldern und Schnur sei natürlich auch sein Unternehmen beeinträchtigt worden.

Nach Auffassung von ›Zwei‹ verfügte Koerfer mit dem *Kurmark*-Lizenzvertrag, der eigentlich »ein getarnter Verkauf« an BAT sei, über ihm nicht gehörende Werte. Kämpferisch fügte der Hamburger an, im Falle von Greiling und Garbáty habe sein Unternehmen nichts gegen eine befristete Ausnutzung der Lizenzrechte für die Dauer der deutschen Teilung einzuwenden. Das könne aber nicht für die Zeit nach der Wiedervereinigung gelten. Daher wiederholte er seinen Einspruch gegen die seinem Empfinden nach »ungesetzliche Handlung« der Rechteübertragung an BAT. In Jacques Koerfer hatte Philipp F. Reemtsma einen ungleichen, aber doch geschickt argumentierenden Widerpart gefunden. Dieser erinnerte daran, dass die Firma Garbáty Ende 1938 von Philipp F. Reemtsma persönlich als liquidationsreif bezeichnet worden war. Daher könne er heute nicht legitim einen angeblich hohen Goodwill und damit einen Verkauf unter Wert ins Feld führen. Passend konfrontierte Koerfer den Hamburger mit dessen damaligen Ausführungen, aus denen hervorging, dass die technischen Mittel Garbátys 1939 überholt und die Tabake qualitativ eher minderwertig gewesen seien.

Dieser Hieb im Duell der beiden Kombattanten zeigte Wirkung. ›Zwei‹ ließ seinen Säbel sinken. Er schrieb Koerfer, er wolle ihm »kein Unrecht tun«, und bat um Abschriften der Briefe, da seine Unterlagen verloren gegangen seien, sodass er nur noch auf Aktennotizen zurückgreifen könne.[510] – Das stimmte freilich nicht, da die Garbáty-Vorgänge in großer Ausführlichkeit bei der Firma Reemtsma dokumentiert waren und sogar bis in die Gegenwart überdauerten. – ›Zwei‹ wollte die strittigen Sachverhalte mittels der Unterlagen aus Koerfers Hand prüfen. Als die Kopien der zitierten Schreiben aus Bern Mitte Oktober 1953 in Hamburg eingingen, brach Reemtsma die Korrespondenz ab. BAT konnte im Herbst die *Kurmark* in Baden-Württemberg unter dem Herstellernamen Garbáty etablieren. Das störte das Geschäft der neuen Reemtsma-Marken nur punktuell, doch die Episode zeigt, mit welch harten Bandagen der knapp 60-jährige Hamburger Unternehmer gegen auch noch so kleine Markenentwicklungen vorging. Er schenkte niemandem etwas. Erkennbar ist auch seine deutliche Verletztheit, die aus der ›Arisierung‹ von Garbáty herrührte. Die Angelegenheit war symptomatisch: Philipp F. Reemtsma hatte noch jahrelang mit ›Arisierungs‹-Folgen der Industrie zu tun, wobei er Stellung bezog oder seinen Einfluss geltend machte. Während sein Bruder Hermann unbehelligt blieb und sich um die inneren Betriebsverhältnisse kümmerte, musste ›Zwei‹ an der äußeren Front bestehen und kämpfen. Da war es wieder, das Prinzip

›Kampf um Kampf‹ statt irgendwelcher Konzessionen. Dieses Naturell war für ihn charakteristisch, aber es zehrte immer wieder an seiner Kraft und Konzentration, was zwangsläufig auf anderen Ebenen zu Defiziten führte und möglicherweise auch seine Gesundheit beeinträchtigte.

»Dieses Kind ist uns allen geschenkt worden.«

FRITZ SCHRADER NACH DER GEBURT JAN PHILIPP REEMTSMAS, 1. DEZEMBER 1952

Wirtschaftswunder und Weichenstellungen

Ein Sohn als Familien- und Firmenglück

Für die Entwicklung der Familie Reemtsma in der Nachkriegszeit hatte das Geschäftsjahr 1952/53 eine besondere Bedeutung. In dessen Verlauf zeichnete sich ab, dass die harte Arbeit in der Aufbauphase zur Erneuerung der leistungsfähigen Struktur der Firma führte. Nunmehr hatte Reemtsma den kurzzeitigen Rückstand gegenüber Brinkmann und BAT aufgeholt. Noch im Mai 1950 waren die beiden Hauptkonkurrenten mit einem Monatsabsatz von 550 bzw. 480 Millionen Stück den Hamburgern überlegen gewesen. Nun aber, zwei Jahre später, verkaufte Reemtsma eine Milliarde Zigaretten monatlich, was einem Marktanteil von 35 Prozent entsprach. Doch trotz der beachtlichen Steigerung befand man sich damit erst auf dem Niveau von 1928.[511] Die größeren Betriebe bestimmten das Geschehen und das Markenangebot, und Reemtsma stand an der Spitze der Führungsriege, zu der BAT, Brinkmann, Haus Neuerburg, Kristinus und Kyriazi gehörten. Diese fünf Hauptkonkurrenten zusammen überragten Reemtsma, sodass die einst völlig herausgehobene Stellung des Hamburger Unternehmens unwiederbringlich dahin war. Tempi passati!

Der Publizist Kurt Pritzkoleit, der mit Büchern wie *Das Reich zerfiel, die Reichen blieben* oder *Männer, Mächte, Monopole* ein publizistisches Trommelfeuer auf die deutsche Nachkriegswirtschaft richtete, schrieb einer »Wunderkonjunktur« zu, dass Philipp F. Reemtsma der Wiederaufbau überhaupt gelang.[512] Doch Konjunktur war nicht alles, die Steuer musste mitspielen. Sie war entscheidendes Ventil des Zigarettenabsatzes. Schraubte der Staat die Besteuerung höher, sank der Konsum. Reduzierte er sie, fürchtete der Finanzminister um seine fest verplanten Einnahmen. Zu Beginn der fünfziger Jahre blieb der Gesamtkonsum für die Hersteller unbefriedigend, denn für den Raucher war die gängige Konsumzigarette mit 10 Pfennig pro Stück einfach noch zu teuer. Auf den Schub einer wiederholt angekündigten Senkung der Steuer wartete die Industrie voller Ungeduld, doch die Beratungen in Bonn zogen sich hin. Daher fuhren Philipp F. Reemtsma und sein Verhandlungsspezialist Kurt Heldern ab Frühjahr 1952 öfter nach Bonn und nahmen an Besprechungen im Finanzministerium teil. Sie rechneten Minister Fritz Schäffer und seinen Beamten vor, dass die steuerbedingte Verbilligung der Konsumzigarette auf 8,3 Pfennig wachsende Umsätze und höhere Erträge für die Industrie brächte, denn Zwölferschachteln für eine Mark oder Sechserpackungen für fünf Groschen würden den Verkauf ankurbeln. Diese Prognose garantierte auch eine Steigerung der Steuereinnahmen. Unter dem Strich würde sich die Reduzierung für den Fiskus auszahlen. Dafür bürgte Reemtsma.

Im Juli 1952 kam es zu einer weiteren Runde in dem Vertragskonflikt mit Hans Domizlaff. Der passionierte Segler verbrachte den Sommer auf seiner Jacht, sodass ihn Philipp F. Reemtsma über die Lotsenstation an der Mündung der Schlei bei Kappeln anschrieb. Er fiel gleich mit herber Kritik ins Haus: Der Einzige unter seinen heutigen oder früheren Partnern, der nicht anerkenne, dass er, Reemtsma, bestehende Ansprüche »in der peinlichsten Weise« zu erfüllen suche, sei Hans Domizlaff.[513] Jeder aus diesem Kreis, fuhr der Firmenchef fort, sei von seiner Redlichkeit überzeugt, und er habe stets das bedingungslose Vertrauen seiner Partner erwerben wollen. Nur bei dem Werbeberater scheine dies unmöglich zu sein. Da Domizlaff kein Geschäftsmann sei, habe Reemtsma von Anfang an »außerordentlich ungern« mit ihm über wirtschaftliche Fragen gesprochen. ›Zwei‹ hatte den Eindruck, Domizlaff wolle von der Firma ein steuerfreies Einkommen erhalten, aber das ginge nicht. Durch die »kontributive Einkommensbesteuerung« sah Reemtsma die Lebenshaltung belastet, und daher hatten sein Bruder Hermann und er energische Anstrengungen unternommen, die Rentabilität der Betriebe im Interesse aller Mitarbeiter wieder emporzuführen. Nun stellte ›Zwei‹ die ultimative Frage, ob Domizlaff am weiteren Wiederaufbau des Unternehmens mitwirken wollte und konnte. Mit dieser persönlichen Entscheidung sah er die Leistungsfähigkeit verknüpft, »denn auch das Können hängt nicht nur von objektiven Tatbeständen, sondern auch von der subjektiven Einstellung ab. Ohne Freude an der Gestaltung der Dinge kann nichts gedeihen.« Eindringlich wies er Domizlaff darauf hin, dass dieser die Unabhängigkeit seines Lebens der Mitarbeit in der Zigarettenfirma verdanke, und das kostbare Gut der persönlichen Freiheit solle er nicht aufs Spiel setzen. Domizlaff sei weisungsgebundener Angestellter und eigensinnige, hoch verdiente Koryphäe zugleich. Das lasse sich nicht einfach in ein Vertragsverhältnis pressen.

Persönlich hatte sich bei Hans Domizlaff einiges verändert. Nach der Trennung von seiner Frau hatte er erneut geheiratet und innerhalb weniger Jahre drei Kinder bekommen. Nun suchte er nach einer Möglichkeit, etwas von der großen Lebensleistung in Form von Pensionsgarantien zugunsten seiner Familie festschreiben zu lassen.

Als Hermann F. Reemtsma am 29. Oktober 1952 seinen sechzigsten Geburtstag beging, nutzte Hans Domizlaff die Gelegenheit, um die angespannte Lage zu verbessern. Brieflich gratulierte er dem Jubilar, dem er ein »ungewöhnlich reiches Leben« attestierte, sowohl in ideellem als auch materiellem Sinne.[514] Er erinnerte an gemeinsame Entwicklungen wie die Orientmarken *R 6, Senoussi* und *Ova* sowie an die 31-jährige Zusammenarbeit. Der Werbeberater drückte gleichzeitig seine Enttäuschung darüber aus, dass er an der als Festschrift konzipierten Reemtsma-Firmenchronik nicht hatte mitwirken dürfen. An dem voluminösen Werk, das nur familien- und firmenintern verbreitet wurde, hatten nahezu alle Führungskräfte des Unternehmens mitgeschrieben, sodass sein Fehlen in der Autorenrunde das eisige Verhältnis mit den Inhabern augenfällig dokumentierte. Auch zum Geburtstagsfest selbst war Domizlaff nicht geladen, was ihn kränkte. Schließlich betrachtete er sich als ältesten Mitarbeiter des Hauses und erklärte Hermann F. Reemtsma unumwunden, er gehöre »zu den Grundpfeilern Ihrer Daseinsgestaltung«.

›Eins‹ zeigte sich Domizlaff gegenüber umgänglicher als sein Bruder Philipp, und dieser suchte der Möglichkeit vorzubeugen, dass dem Werbemann Zugeständnisse gemacht wurden. Daher setzte er für Hermann eine detaillierte Aktennotiz auf, die die virulenten Sachverhalte aus seiner Sicht schilderte. Mittlerweile hatte Domizlaff angedeutet, die Klärung seiner Vertrags- und Pensionsansprüche vor Gericht anzustreben. Erst danach beabsichtigte er zu entscheiden, ob und unter welchen Voraussetzungen er weiter für die Firma tätig sein wollte. Das brachte Philipp F. Reemtsma in Rage. Schließlich wollte man nicht weiter warten, »den Fundus des Namens Reemtsma, für den wir sehr viel Geld in der Vergangenheit ausgegeben haben«, auszuwerten.[515] Da Domizlaff der Experte der Reemtsma-Markenführung war, bestand eine Blockade. In den Augen von ›Zwei‹ verhielt sich Domizlaff illoyal.

Die schwere Verstimmung fiel gerade in eine geschäftlich kritische Phase, in der Entscheidungen getroffen werden mussten. Erste Filterzigaretten waren von der Konkurrenz auf den Markt geworfen worden. Sie machten zwar bislang nur überschaubare Umsätze von 100 Millionen Stück pro Monat, was in etwa einem Marktanteil von 5 Prozent entsprach, doch diese von anspruchsvolleren Rauchern bevorzugten neuen Zigaretten verlangten nach Reaktionen. Jeder Zeitverzug war schädlich. Hermann F. Reemtsma teilte seinem Bruder mit, dass er mit Domizlaff persönlich gesprochen hatte und zwischen den beiden vermitteln könne, wenn ›Zwei‹ dies akzeptierte. Bei der Gelegenheit habe er festgestellt, dass Domizlaff laufend und vielversprechend an der Vorbereitung zum Neustart der *R6* arbeite. Mit einer derartigen Mitteilung suchte ›Eins‹ die verfahrene Lage zu entspannen.

Die kompromisslose Härte, die Philipp F. Reemtsma in der Sache Domizlaff über weite Strecken an den Tag legte, stand in krassem Kontrast zu der gleichzeitigen freudigen Erwartung im eigenen Hause: Gertrud war im neunten Monat schwanger! Diesmal wollten die werdenden Eltern bei der Geburt sichergehen, in besten ärztlichen Händen zu sein. Schließlich stand ihnen der tragische Verlust der Tochter Cornelie drei Jahre zuvor noch allzu frisch vor Augen. Gertruds in Bonn lebende Schwester Lilli-Dore Hecker empfahl einen dort tätigen Arzt als zuverlässigen Geburtshelfer, sodass Gertrud Reemtsma in Begleitung ihres Mannes Mitte November per Bahn an den Rhein reiste.

Philipp F. Reemtsma fuhr nach einigen ereignislosen Tagen zurück nach Hamburg. Er war voller Anspannung und bedauerte lebhaft, nicht bei Gertrud bleiben zu können. So schrieb er ihr täglich lange Briefe, in denen er seine Gemütsverfassung zum Ausdruck brachte: »Ich diktiere, spreche und verhandle wie eine Marionette, und das ist nicht die Folge der schlaflosen Nacht, sondern das Bewusstsein, dass ich nicht hierhin gehöre. Ich liebe Dich unendlich.«[516] Das Geschäft lief weiter, und ›Zwei‹ war in seiner Position unentbehrlich – oder er hatte sich dazu gemacht. Daher erlebte er die Geburt seines Sohnes am 26. November nicht aus der Nähe. In der Freude allerdings eiferte er mit seiner Frau um die Wette. Er lobte Gertrud als »Prachtfrau« und bekannte in ungewohntem Überschwang: »Ich bin so selig.«[517]

Die Geburt des Sohnes war nicht nur für die Eltern ein herausragendes Ereignis. Philipp schilderte seiner Frau mit Wonne einige »Histörchen« von der ersten Welle der Gratulationen an der Elbe. So hatte ihm eine Reinemachefrau in der Wandsbeker Firmenzentrale gesagt: »Ich gratuliere Ihnen, Herr Reemtsma, zu unserem Jungen.« Das ›unserem‹ unterstrich er, um hervorzuheben, wie das Kind im Betrieb gesehen wurde. Auch der Prokurist Fritz Schrader schlug in diese Kerbe, als er in seiner ihm eigenen wohlabgewogenen Art sagte: »Dieses Kind ist uns allen geschenkt worden.« Und selbst der sonst mit Emotionen zurückhaltende Schwager Hermann hatte überbordende Freude gezeigt. Er war bei Herbert Gütschow zu Besuch, als er per Telefon von Philipp die Nachricht von der Geburt des gesunden Kindes erhielt, woraufhin er voller Begeisterung ein Weinglas in den Kamin warf. Er wollte Gertrud eine Scherbe zur Erinnerung an diesen Moment übergeben. Philipp selbst fühlte sich, da Gertrud wenige Tage nach der Entbindung das Bett verlassen konnte und keinerlei Beschwerden hatte, »unverschämt gut«. Er suchte nach Gesprächspartnern in Hamburg, denen er in seligen Abendstunden von seinem Familienglück berichtete. Auch seine mittlerweile von Erfurt nach Düsseldorf übergesiedelte Schwester Elisabeth wollte ihn treffen. Das jüngste Mitglied der Familie Reemtsma musste schließlich ausgiebig gefeiert werden.

Kurt Pritzkoleit brachte 1961 ein Buch auf den Markt, das unter anderem die Reemtsmas ausgiebig behandelte: In *Auf einer Woge von Gold – der Triumph der Wirtschaft* widmete er den Trägern des bundesdeutschen Wirtschaftswunders breiten Raum, den er mittels der ihm eigenen Polemik gegen die seiner Auffassung nach überall durchbrechende Monopolisierung füllte. Großbanken, die Stahl- und Chemieindustrie, Robert Bosch, Max Grundig, Reinhard Mohn, Ludwig Erhard und letztlich auch das Brauwesen und die Tabakindustrie – alle bekamen ihr Fett weg. Im Kapitel »Zigaretten-Story« wurde Reemtsma unter die Lupe genommen. Darin unterlief Pritzkoleit ein grober Schnitzer: Er referierte den Tod der drei Söhne Philipp F. Reemtsmas im Krieg und stellte die rhetorische Frage, wofür dieser denn noch arbeiten solle, da doch scheinbar nichts seinem Leben noch »Sinn und Erfüllung« gebe.[518] Die wenige Zeilen später folgende Antwort lässt erkennen, wozu die gelebte Diskretion einer Unternehmerfamilie führen konnte: »Doch da geschah es, was beinah ans Wunderbare grenzte. Am 26. Nov. 1952 wurde dem 59-Jährigen noch ein Sohn, Jan Philipp, geboren. Nicht, wie es manchmal heißt, in zweiter Ehe, sondern von seiner Ehefrau Gertrud Fürchtegott geb. Zülch, die auch schon im 55. Lebensjahr stand: reichlich 25 Jahre nachdem sein letzter Sohn zur Welt gekommen war.« – Dass sowohl der Vorname als auch der Geburtsname der zwei Ehefrauen Philipp F. Reemtsmas identisch waren, konnte ein Außenstehender nicht ahnen. Es war erklärungsbedürftig. Doch wieso sollte jemand aus der Familie diese verzwickten Verwandtschaftsverhältnisse aufklären? Das in Blankenese lebende Ehepaar Reemtsma trat so wenig öffentlich in Erscheinung, dass beispielsweise der in der Nähe, am Falkensteiner Elbufer, wohnende Verleger Axel Springer und seine Frau Rosemarie eine Zeit lang annahmen, »Kulchen« – wie Gertrud genannt wurde – sei die Sekretärin des Reemtsma-Chefs, nicht aber seine Ehefrau.[519]

Sieben Jahre nach Kriegsende hatten die Briten die beschlagnahmte Villa in der Parkstraße freigegeben, doch wollten Philipp und Gertrud Reemtsma dort keinesfalls wieder wohnen. Die Nutzung des Anwesens als englischer Offiziersclub hatte das Haus als privates Domizil geradezu entweiht. Daher kam die Idee auf, die Gebäude zum Verwaltungssitz der Reemtsma GmbH umzuwandeln. Schließlich bestand im Wandsbeker Werk seit dem notgedrungenen Einzug im Sommer 1945 gravierender Platzmangel. Da konnte die Parkstraße effektive Abhilfe schaffen. Allerdings zauderten die Behörden, eine Genehmigung zu erteilen. In der feinen Wohngegend existierten keinerlei Verwaltungsbauten. Hier arbeitete man nicht, hier wurde gelebt! Die Reemtsmas lösten das Problem geschickt: ›Zwei‹ trat der Stadt einen Teil seiner Grünanlagen ab und ließ sie in einen öffentlichen Park umwandeln.[520] Daraufhin stand dem Umbau nichts mehr im Wege.

Kurz nach der Geburt Jan Philipps wurde die Elsaesser-Villa zur Großbaustelle. Anstelle der abgerissenen Gewächshäuser entstand ein neuer Verwaltungstrakt, und im Innern der Villa wurde manches genauso radikal ersetzt. Das Schwimmbad beispielsweise verwandelte man in einen Speiseraum für das Personal. Büro- und Konferenzräume entstanden dort, wo einst die fünfköpfige Familie gelebt hatte. Diese Bauarbeiten erweckten aber nur am Rande die Aufmerksamkeit von ›Zwei‹, der seiner Frau brieflich über die Fassadengestaltung mitteilte, sie sei »sehr nobel und unaufdringlich, aber von guter Haltung«. Er war überzeugt, Gertrud würde Gefallen daran finden. Am stärksten beschäftigte den Unternehmer die Rückreise seiner Frau mit dem Neugeborenen nach Hamburg. Dafür wollte er in der Nacht vom 13. auf den 14. Dezember gleich drei Schlafwagenabteile reservieren, aber diese standen nicht zur Verfügung. Daher schlug er seiner Frau vor, im Abendzug zwei Abteile erster Klasse zu nehmen: »Die Wagen sind sehr gut gefedert, die Bänke breit und die Fahrzeit erträglich.«[521]

Den Unternehmer störte ungemein, dass er telefonisch nicht zu Gertrud durchkam, weil sämtliche Leitungen wegen der Bundestagsdebatten von der Presse belegt waren. Daher musste er zu Papier und Füller greifen. Seine Reise nach Bonn stand unmittelbar bevor. Nun hatte sich allerdings Robert Pferdmenges in den Terminkalender gedrängt. Reemtsma erwog, ein von dem Bankier angeregtes gemeinsames Frühstück am Samstag in der Kölner Bank abzubiegen, da er Gertrud und seinen Sohn nicht weitere vier Stunden missen wollte. Aber der wegen seiner engen Verbindung zu Bundeskanzler Adenauer wichtige Pferdmenges hatte kurzerhand angeboten, ebenfalls nach Bonn zu kommen, um dort mit ›Zwei‹ zu sprechen. Das konnte Reemtsma nicht ausschlagen, worauf er gegenüber seiner Frau den knappen Kommentar »großer Mist« anfügte.[522]

Weiterhin verhandelte die Regierung die Tabaksteuerreform. Bei wiederholten Sitzungen des Verbands der Cigarettenindustrie hatten Philipp F. Reemtsma und Kurt Heldern eine einheitliche Linie der Industrie erreicht. Damit wurde erneut deutlich, dass man ›Zwei‹ die Führungsrolle in der Branche zugestand. Von der Verbilligung der Zigarette erwartete die Industrie Umsatzsteigerungen, die angesichts der ertragsschwachen Nachkriegsjahre dringend benötigt wurden. Das alles war von höchster Relevanz für die Firma, aber deren Chef hielt das momentan für »nicht so wichtig«. Er zählte die Stunden, bis er seine Frau wiedersähe, und freute sich auf den Tag, an dem sie den gemeinsamen Sohn »über die Haustürschwelle in sein Elternhaus« tragen würde.

Die Freude über den Sohn, die Ende November 1952 so unbändig aus Philipp F. Reemtsma herausgebrochen war, hielt weiter an, doch das anwachsende Geschäft und der Umbau der Villa zum Verwaltungssitz forderten seine volle Aufmerksamkeit. Am 1. April 1953 verstarb sein Weggefährte Kurt Heldern, der in Bonn als Wortführer der Zigarettenindustrie und Vorsitzender des VdC intensiv und letztlich mit Erfolg für die Reform der Zigarettensteuer geworben hatte. Damit trat ein weiterer Repräsentant der großen Epoche der Firma ab. Zu dieser Zeit erfolgte ein weitgehendes Revirement in Reemtsmas Chefetage, wobei ein Spitzenbeamter aus dem Bonner Wirtschaftsministerium in die Leitung der Verwaltung gelangte.

Auf Rudolf Schlenker war Philipp F. Reemtsma bei den Verhandlungen um die am 6. Mai 1953 erfolgte Steuersenkung aufmerksam geworden. Der nicht einmal 40-jährige Leiter des Referats für die Genussmittelwirtschaft hatte ihn durch seine kluge Argumentation beeindruckt. Schon mehrfach hatte Reemtsma besonders befähigte Juristen oder Beamte mittels lukrativer Dotierungen aus ihren bisherigen Stellungen abgeworben, selbst wenn diese für die Gegenseite zum Nachteil der Firma gearbeitet hatten. Als Schlenker von Reemtsma ein attraktives Angebot gemacht worden war, hatte er seinen Dienst in Bonn quittiert. Ein Kronprinz war gefunden, was angesichts des Alters von Philipp und Hermann F. Reemtsma angebracht schien, aber Schlenker hatte bislang lediglich in Steuerfragen mit der Zigarettenindustrie zu tun gehabt. ›Zwei‹ glaubte an Schlenkers Potenziale und beabsichtigte, ihn zum Chef der Verwaltung aufzubauen und in die Branchenverbände einzuführen.

Innerhalb der Familie schien es in naher Zukunft niemanden zu geben, der in die Führungsrolle hätte hineinwachsen können. Hermann-Hinrich Reemtsma begann seine Berufsausbildung bei der Zigarettenmaschinenfabrik »Hauni« in Hamburg-Bergedorf. Hauni, das stand für die Zigarettenmaschinenfabrik »Hamburger Universelle«, die der Dresdener Universelle-Ingenieur Kurt Körber gegründet hatte. ›Eins‹ schätzte den umtriebigen Tüftler nicht nur wegen der von ihm produzierten Maschinen als eminent wichtigen Zulieferer, sondern hatte auch begonnen, ihn persönlich kennenzulernen und für die Kunst zu begeistern. Man reiste auch zusammen in den Urlaub, etwa in Begleitung der Ehefrauen Annie Körber und Hanna Reemtsma nach Paris und Venedig.[523] Die derart verbundenen Männer waren übereingekommen, dass Hermann-Hinrich, der keine Neigung zum Universitätsstudium zeigte, bei Hauni eine Ausbildung als Schlosser machen sollte – keine gute Voraussetzung für den jungen Mann, um sich einst als Firmenchef zu etablieren. Womöglich aufgrund solcher Überlegungen hatte ›Zwei‹ den Entschluss gefasst, Rudolf Schlenker ins Unternehmen zu holen.

Hermann-Hinrich Reemtsma schätzte die Urteilsfähigkeit und Sachkenntnis seines Vaters sehr. So lernte er viel über die Eigenheiten der verschiedenen Zigarettenmarken und der auf sie eingeschworenen Raucher. Die 1953 erneut gestartete *Eckstein* in der traditionell grasgrünen Packung war zum Beispiel die »Kumpel-Zigarette«, die

Gemeinsam erfolgreich: Kurt Körber und Hermann F. Reemtsma bei der Eröffnung des Hauni-Zigarettenmaschinenwerks in Hamburg-Bergedorf, 1955

Zigarette von Bergleuten und Malochern. Sie schätzten das frische, auffällige Grün der Packung, doch daraus erwuchs ein Problem: ›Eins‹ schilderte seinem Sohn, dass bürgerliche Raucher die *Eckstein*-Packung nicht auf den Tisch legten, sondern sich ihre Zigaretten eher unter dem Tisch hervorholten. Wegen des Kumpel-Images wollten diese Raucher die Packung nicht zeigen, da sie sich eigentlich zu fein dafür waren, aber doch den Geschmack mochten. Hermann F. Reemtsma schaute genau hin, um herauszufinden, was die Leute rauchten. So erlebte sein Sohn, wie der Vater im feinen Hamburger Fischereihafenrestaurant nach dem Essen an die Tische der übrigen Gäste ging und einen Blick auf deren Zigaretten warf. Er betrieb auf diesem Weg eine »kleine Marktforschung«, so der Sohn, dem das eher peinlich war. Im besten Fall hatten manche Gäste den Eindruck, bei dem neugierigen älteren Herrn handelte es sich um den Inhaber des Restaurants, der prüfen wollte, ob alles in bester Ordnung war.[524]

In der Firma lief 1953 bei weitem nicht alles nach Plan, denn die Marken waren immer noch nicht stabil, und auch der Konflikt mit Hans Domizlaff wurde weiter ausgetragen. Noch immer versagte der Werbeberater dem neuen Anstellungsvertrag die Unterschrift. Ihm passte es nicht, dass in dem Papier seine Wünsche hinsichtlich einer Umsatzprämie nicht berücksichtigt worden waren. Domizlaff meinte, er arbeite Tag und Nacht daran, für die Reemtsma-Brüder sowie für die Familien der Gesellschafter Heldern, Gütschow und Schnur die »zuverlässigsten Vermögenswerte« zu schaffen, die es derzeit überhaupt gebe, »und das alles, ohne selbst von dieser Arbeit das Geringste an Lohn meinen Nachkommen zugute bringen zu können. Das verlangt einen Idealismus, den ich heute nicht mehr aufbringe.«[525] Die Steuer fraß seine Arbeitseinnahmen auf, sodass er nach eigenem Empfinden kein Vermögen bilden konnte. Eine Alternative zu Reemtsma sah Domizlaff nicht, denn seine Anfang der dreißiger Jahre aufgenommene Tätigkeit für Siemens betrachtete er als »ziemlich uninteressant«, da er auch dort keine Substanz bilden konnte, wie er es formulierte. Daher forderte er von Philipp F. Reemtsma eindringlich: »Geben Sie bitte endlich sich selbst und auch mir die Ruhe wieder. Das Herumgeistern in fremden Branchen liegt mir nicht … Ich möchte ohne solche geistige Zersplitterung auskommen und mich wieder konzentrieren können.« Das frostige Verhältnis war der Jahreszeit entsprechend, aber dennoch kam es nach einigem Lavieren beider Seiten Ende Januar zum Abschluss des Vertrags. Darin wurde der Werbeberater im Innenverhältnis den Vorstandsmitgliedern gleichgestellt. Dies war eher ein psychologisch motivierter Schritt, doch entschloss sich Philipp F. Reemtsma auch zu einer finanziellen Geste: Aus seinem Privatvermögen zahlte er Domizlaff eine nachträgliche Kompensation dafür, dass dieser 1934 seine 1,25 Prozent Caland-Aktien an Reemtsma verkauft hatte. Möglich, dass dies zur Klimaverbesserung beitrug, denn Domizlaff arbeitete intensiv an Werbemitteln, Zeitungsinseraten und Packungsentwürfen.

Taufe auf dem Land: Kinderschwester Elisabeth mit Jan Philipp Reemtsma und den Eltern in Reinfeld, Mai 1953

Der so überschwänglich begrüßte Sohn von Gertrud und Philipp war ein halbes Jahr alt, als die Familie zur Taufe einlud. Am 23. Mai 1953 wurde er auf die Vornamen Jan Philipp Fürchtegott – ein echter Reemtsma! – getauft. Nicht etwa in Hamburg, sondern in der Kirche der holsteinischen Gemeinde Reinfeld beim Gut Trenthof. Hermann und Alwin nahmen mit ihren Ehefrauen daran teil, auch Hermann-Hinrich, aber die Taufpaten kamen aus dem weiteren Familien- und Freundeskreis: So gehörte der 21-jährige Malte Hesselmann dazu, ebenso Gertruds Freundin Lotte Braun und der aus Erfurt stammende Dr. Walter Hoffmann. Heinz-Jörn Zülch, ein Onkel des Täuflings, trug bei dem Anlass einige Zeilen aus dem Tagebuch seines Vaters vor, Zeilen, die Georg Zülch 1916 nach der Geburt von Gertrud notiert hatte. Die sechs Geschwister Gertruds hätten sich damals verwundert gezeigt, dass noch ein Kind folge, denn ihre Mutter Lilli sei bereits 36 Jahre alt gewesen. Heinz-Jörn hob hervor, dass auch Gertrud nun im gleichen Alter ihr Kind bekommen hatte. Ihre Kindheit sei in die unruhige Zeit nach dem Zusammenbruch des Kaiserreichs gefallen, als Allenstein und gerade Georg Zülch als Oberbürgermeister der ostpreußischen Stadt in harten Auseinandersetzungen mit polnischen Nationalisten gestanden und die Inflation das Leben belastet habe. Damals hatte die Mutter kaum Zeit für Gertrud gehabt, weshalb Heinz-Jörn Zülch meinte, sie könne nun ihrem Sohn das geben, was sie selbst bei ihrer Mutter vermisst hatte. Sie habe in Bezug auf sich von »freudloser Jugend« gesprochen, doch in ihrem Mann Philipp die große Erfüllung gefunden. Ihnen beiden sei vom Schicksal nichts erspart geblieben, aber sie hätten es dank ihrer »starken Herzen, die einander zuschlugen« vereint getragen. Vor diesem Hintergrund bedeutete die Feier der Taufe Jan Philipps eine »Stunde schönsten und ungetrübten Glückes«, die die Anwesenden mit tiefem Dank an Gott erfüllte.

Heinz-Jörn Zülch, sein Bruder Karl Hermann und die anderen Geschwister schenkten Gertrud ein kleines Silber-Triptychon, das hinter Glas ein getrocknetes vierblättriges Kleeblatt enthielt. Es stammte von einem Glückskleetöpfchen, das eine Verwandte im Jahre 1916 nach der Geburt von Gertrud ihrer Mutter überreicht hatte. Heinz-Jörn hatte dieses Überbleibsel aus seiner Jugend in einem Herbarium gefunden, das er damals angelegt hatte. Der getrocknete Klee aus Gertruds Geburtsjahr sollte nunmehr das Leben ihres Sohnes begleiten.[526] Die Zülchs wünschten mit diesem Symbol, dass dem Sohn »jenes wohlabgewogene Verhältnis von Gutem, Schönem und Schwerem, unter dem sich der Mensch erst zu einer Persönlichkeit zu entwickeln vermag«, zuteil werde.

Anlässlich der Taufe hatte Philipp F. Reemtsma der Reinfelder Kirche eine mannshohe Glocke gestiftet. Das Geläut zeigte auf der einen Seite den Spruch »Ehre sei Gott in der Höhe« und auf der anderen die aus dem Jahre 1587 stammende friesische Reemtsma-Hausmarke mit dem Taufdatum des Sohnes. Die Feier hatte auf dem Trenthof stattgefunden, wo sich Philipp und Gertrud Reemtsma aufhielten, sooft es sich einrichten ließ. Beide schätzten die Landwirtschaft des Gutes, das mit Kühen, Schweinen, Pferden, Karpfenteich und Obstbäumen auch nach der Dreiteilung von Trenthorst-Wulmenau – ein Teil ging an den Verwalter ›Johann‹ und ein weiteres an die Max Planck-Gesellschaft – ein großer Betrieb war. 1953 errang das Obstgut Trenthof zur Freude Philipp F. Reemtsmas auf der Internationalen Gartenbauausstellung in Hamburg die Silbermedaille. So etwas war nach dem Geschmack des Besitzers, und er liebte es, den Dingen auf den Grund zu gehen, wie seine sonntäglichen Spaziergänge durch die Stallungen zeigten. Seit 1952 liefen zudem die Arbeiten an dem von Godber Nissen entworfenen neuen, äußerlich schlicht wirkenden Landhaus auf dem Gutsgelände, das zwei Jahre später bezogen werden konnte.

Ende des Jahres 1953 beging ›Zwei‹ seinen sechzigsten Geburtstag – und zwar in der Form, dass er jedweden Feiern gezielt aus dem Wege ging. Das hatte er bereits mehr als ein Jahr zuvor gegenüber Domizlaff angekündigt: Seine Mitarbeiter hatten ihm zum Vierzigsten eine Überraschungsfeier bereitet, ohne dass sie bedachten, wie wenig ›Zwei‹ so etwas lag. Daher war er auch an seinem Fünfzigsten nicht in Hamburg gewesen. Seine launig-abwehrenden Absichten für den runden Ehrentag am 22. Dezember 1953 formulierte Reemtsma wie folgt: »... und auch aus Anlass meines 60. Geburtstages wird niemandem eine Chance gegeben werden, hiervon Notiz zu nehmen.«[527] Ganz entziehen konnte er sich freilich nicht. So würdigte das *Hamburger Abendblatt* den Unternehmer als »glückhaftes Wikingerschiff«, was Reemtsma zu einem Schreiben an Axel Springer bewegte: Er dankte für »die gute Meinung«, die dessen Blätter über ihn verbreiteten.[528]

Der ambitionierte Verleger von *Hamburger Abendblatt* und *Bild* sowie der Zeitschriften *Hör Zu!* und *Kristall* hatte bereits seit Frühjahr 1949 mit wachsendem Erfolg um Inserate der Zigarettenfirma geworben. Er suchte gezielt den persönlichen Kontakt zu Reemtsma, in dem er nicht nur einen potenten Anzeigenkunden sah. Springer freute sich auch darüber, dass der Unternehmer während einer winterlichen Schiffsreise auf der *Italia* seinen Sohn Axel Springer junior kennengelernt und ihn als vielversprechend gelobt hatte. Der freibe-

Familienglück auf Reisen: Gertrud Reemtsma (1916–1996) mit ihrem Sohn und Ehemann an Bord der »Italia«, 1954

ruflich für Reemtsma tätige Werbedesigner Günther T. Schulz war mit an Bord gewesen, als Freund der geschiedenen zweiten Springer-Ehefrau Katrin, der Mutter von Axel junior. ›GTS‹, wie sich der Grafiker nannte, verstand nicht nur etwas von plakativer Zigarettenwerbung, er hatte auch die rote Marke der im Juni 1952 gestarteten Boulevardzeitung *Bild* entwickelt. Diese Überschneidungen waren keineswegs zufällig. Springer wollte seine Zeitungen zu Markenartikeln machen. Vor diesem Hintergrund bewunderte er die Markenschöpfungen der Firma Reemtsma. Daher suchte er die Unterstützung ihrer kreativen Köpfe, sei es der von Hans Domizlaff oder eben von Günther T. Schulz, wovon seine Zeitungen profitierten.

Ab Sommer 1954 erschien in der Illustrierten *Kristall* eine Artikelserie zur Geschichte der Zigarette. Auf Wunsch des Autors Robert Carpen übersandte die Redaktion zwei Ausgaben der Zeitschrift an Philipp F. Reemtsma. Der Pionier der amerikanischen Zigarettenindustrie, James Buchanan Duke, wurde in dem Artikel in durchaus ansprechender Art behandelt. Carpen firmierte hier als Mitarbeiter von *Kristall*, während das Copyright des Artikels bei der Hamburger Agentur Liepman lag, das heißt bei der Literaturagentin Ruth Liepman.[529] Deren Mann, Heinz Liepman, hatte bereits mehrfach, unter anderem in der *Weltwoche*, über Reemtsma geschrieben. Ein eigenwilliges Zusammenspiel, denn alsbald wurde bekannt, dass es sich bei Carpen um Gerhard Kramer handelte, den Hamburger Oberstaatsanwalt also, der durch das Reemtsma-Strafverfahren von 1947/48 mit der Zigarettenbranche in Kontakt gekommen war! Ausgerechnet dieser Mann tat sich nun als Kenner der Tabakbranche hervor und ließ dem Unternehmer, den er in Einzelhaft genommen und unnachgiebig angeklagt hatte, über den Axel Springer Verlag Belege seiner schriftstellerischen Ambitionen zukommen.

Ende 1954 erschien in *Kristall*, ebenfalls unter dem Namen Carpen, ein auf mehrere Nummern verteilter Artikel, der Philipp F. Reemtsma und seine Verstrickung in die Machenschaften des Nazi-Regimes behandelte. Unter dem Titel »Der Tabak wurde sein Schicksal« schaffte es der Autor, sowohl den hartnäckigen Ankläger des Strafverfahrens von 1948 in ein gutes Licht zu rücken als auch den Angeklagten ehrenhaft zu skizzieren, und zwar mit Zitaten des Oberstaatsanwalts aus dem Prozess.[530] Dies war ein psychologisch hochinteressantes Kunststück, dessen kruder Charakter sich allerdings nur den wenigen Informierten erschloss.

Zu denen gehörte Hans Domizlaff. Ihn beunruhigte, dass sein Name in dem Reemtsma-Artikel auftauchte, woraufhin ihn bei einem Senatsempfang wildfremde Leute ansprachen. Presseberichte über Reemtsma hatte es bislang in Fülle gegeben, aber dieser umfangreiche Text enthielt eigenartig apologetische Züge. Wollte der ehemalige Ankläger dem hart angefassten Zigarettenindustriellen möglicherweise Abbitte leisten? Schließlich war es etwas ungewöhnlich, dass man mit Reemtsma einen Wirtschaftsführer vor Gericht gestellt hatte, der nicht direkt an den schrecklichen Seiten der Kriegswirtschaft wie etwa der menschenverachtenden Ausbeutung von Zwangsarbeitern beteiligt gewesen war. Da hatten die Inhaber von Hamburger Werften und Rüstungsfirmen sowie die unzähligen kriegswichtigen Zulieferer in der Hansestadt eine ganz andere Bilanz aufzuweisen, und von ihnen war kaum einer zur Rechenschaft gezogen worden.

Domizlaff hatte sich mit dem Autor in Verbindung gesetzt und erfahren, dass die Serie als Buch erscheinen sollte, in dem Kramer die Gegnerschaft Reemtsmas gegenüber den Nazis noch stärker als in *Kristall* zu betonen gedachte. Diese Nachricht schreckte den Werbestrategen auf, denn solch »dilettantischer Versuch einer Beeinflussung der öffentlichen Meinung«, schrieb er Philipp F. Reemtsma, würde von den Lesern sicher als »bezahlte Arbeit« angesehen werden.[531] Reemtsma unterband eine mögliche Intervention Domizlaffs bei Kramer, indem er ihn bat, sich keinesfalls an den Autor zu wenden, der einen wirtschaftlichen Erfolg von seinem Werk erwarte. Er wolle weder direkt noch indirekt in die Veröffentlichung hineinreden, denn dadurch übernähme man »Mitverantwortung für den Inhalt des Buches«.[532] Der Unternehmer benötigte keinen PR-Berater, um zu dieser klugen Einsicht zu kommen.

Der Oberstaatsanwalt war inzwischen selbst prominent. Im Frühjahr 1950 hatte er im Hamburger Revisionsprozess des Nazi-Regisseurs Veit Harlan die Anklage vertreten – und erfolglos zwei Jahre Haft für den Schöpfer des Films *Jud Süß* gefordert. Zwei Jahre später war sein auf eigenem Erleben basierender kritischer Kriegsroman *Wir werden weiter marschieren* erschienen. Im Gefolge hatte die extrem rechte *Soldatenzeitung* den Autor verleumdet, worauf von der Hamburger Landesjustizverwaltung im Einvernehmen mit Kramer Strafantrag gegen das Blatt gestellt worden war. Jetzt bediente sich der Jurist des Pseudonyms Carpen. Die *Kristall*-Serie stellte einen Vorabdruck von Teilen seines 1955 publizierten Buches *Die weiße*

Kette – Roman der Cigarette dar. Den darin Reemtsma gewidmeten breiten Raum füllte er mit Material aus den Akten und Verhandlungsprotokollen von 1948, wobei er das Treffen mit Hitler und Görings Spendenforderung in den Mittelpunkt stellte. Unter dem Strich ist erkennbar, dass Kramer den Gegner von einst mittlerweile schätzte, wenn nicht gar bewunderte. Er suchte Reemtsma zu charakterisieren, indem er sich über die »zurückhaltende Höflichkeit seines Wesens« und die »klug abwägenden Formulierungen seiner leisen Sprache« erging.[533] Sollte diese Darstellung Balsam für die Seele des Industriellen sein? Wollte sich der Ankläger damit gleichzeitig selbst erhöhen? Dazu passt, dass Kramer einmal einen Strauß Rosen an die Hamburger Landungsbrücken bringen ließ, um damit Philipp F. Reemtsma zu erfreuen, der sich gerade einschiffte. Der Unternehmer war jedoch indigniert. Er ließ das Bukett des Schmeichlers wegwerfen, denn er konnte Kramer die Härten der Untersuchungshaft nicht verzeihen.[534] – Rosen vom Staatsanwalt? Eine Entgleisung.

Mittlerweile war Hans Domizlaff wieder engagiert für das Unternehmen tätig. Wie früher tauschten ›Zwei‹ und er Ansichten über die zu erprobenden Tabakmischungen aus. Reemtsma wollte eine Brücke zwischen American Blend und Orient schaffen, eine leichtere Zigarette für den Kenner. Allerdings, so betonte er, gehöre Mut dazu, eine naturreine Mischung zu bringen. Verzichtete man bei der Herstellung auf Saucierung und Rösten des Tabaks, könnte der Raucher »jede qualitative Unsauberkeit zehnfach« registrieren. Das bedeute beim Einkauf eine wesentliche Erschwernis, denn dafür müsse man jedes Fass Virginia einzeln aussuchen. Aber ›Zwei‹ war von der Mischung überzeugt. Schließlich seien es die Konsumenten »von jeher gewohnt … bei einer Reemtsma-Cigarette ein Kalb mit fünf Beinen zu bekommen. Sie sind besonders kritisch, da sie in der Vergangenheit immer verwöhnt waren, aber auch bereit, eine Sonderleistung anzuerkennen, die vollkommen abweicht vom Bekannten.«[535] Im Verlauf des Jahres 1954 schuf Domizlaff großformatige Zeitungsinserate für *Senoussi* und die *Gelbe Sorte* sowie Packungsentwürfe für *Ova* und *Ernte 23*. Philipp F. Reemtsma beobachtete den Arbeitsfortschritt aufmerksam und übermittelte auch seine Freude über das seinem Empfinden nach hundertprozentig gelungene Standardinserat für *Senoussi*.

Mitte 1954 war der Umbau der Villa in der Parkstraße zur Zentrale der Reemtsma Cigarettenfabriken abgeschlossen. Die neu errichteten Gebäudetrakte ergaben mit dem ehemaligen Haus Kretkamp einen ansprechenden Verwaltungskomplex in bürgerlicher Umgebung. Philipp F. Reemtsma beobachtete, dass die leitenden Mitarbeiter im Vergleich zu den vorher beengten Verhältnissen in Wandsbek produktiver arbeiteten. Die frische Motivation bezog Reemtsma auch auf sich persönlich, wie er Hans Domizlaff wissen ließ: »Ich arbeite hier trotz meines sehr belasteten Gesundheitszustandes leichter und besser.«[536] Erst kurz zuvor hatte sich der Unternehmer infolge einer Nierenbeckenentzündung einer mehrwöchigen strengen Liege- und Diätkur unterziehen müssen.

Mit Rupert auf den Weltmarkt

Bereits 1950 hatte Philipp F. Reemtsma den Südafrikaner Jan Rupert in Hamburg kennengelernt und durch ihn von der erst vier Jahre zuvor gegründeten Zigarettenfabrik seines älteren Bruders Anton in Stellenbosch erfahren.[537] Die Rembrandt Tobacco Corporation Ltd. vollzog in kürzester Zeit einen steilen internationalen Aufstieg, indem sie sich ganz auf Filterzigaretten konzentrierte. Rupert hatte ein überaus feines Gespür für Marktchancen und Marken. So gelang es ihm, die Ende 1953 übernommene britische Zigarette *Rothmans* im Kingsize-Format zur weltweit verbreitetsten Virginia-Filterzigarette auszubauen. Vor allem im englischsprachigen Raum brach der Südafrikaner in die Reviere der Großunternehmen ein, anfangs unter anderem mit den Marken *Pall Mall* und *Rembrandt*. In Südafrika, Australien und Neuseeland nahm er dem Marktführer BAT in Riesenschritten große Anteile ab. Auch in Kanada stieg er gegen BAT, MacDonald und Philip Morris in den Ring. Dann plante Rupert seinen Angriff auf den englischen und deutschen Markt, wofür Mitstreiter gesucht wurden. Brinkmann lehnte eine Partnerschaft ab. Darauf wandte sich Anton E. Rupert, im gleichen Jahr wie Gertrud Reemtsma geboren, nach Hamburg.

Philipp F. Reemtsma war skeptisch, was das Potenzial von Filterzigaretten anging. Er dachte, die Bundesrepublik sei noch nicht reif dafür. Noch Ende 1953 hatte er die Filterumsätze gegenüber Hans Domizlaff als »ein vollkommen bedeutungsloses Splittergeschäft« abgetan.[538] Diese Einschätzung war symptomatisch für einige deutsche Fabrikanten. So setzte BAT 1954 mit *HB* den Maßstab in Deutschland und verhalf dem Filtertrend zum Durchbruch, worauf Brinkmann 1957/58 mit *Lux Filter* ins Rennen ging. Paul Neuerburg zögerte zu lange, bis er die *Güldenring Filter* und *Overstolz Filter* startete. Die Folge waren große Verluste, die die Kölner Firma schon 1960 die Selbständigkeit kostete. Auch Philipp F. Reemtsma musste 1954 förmlich zu der Einsicht getragen werden, dass der Filterzigarette die Zukunft gehörte. Anton E. Rupert gelang dies trotz sprachlicher Verständigungsschwierigkeiten während eines langwierigen Gesprächs in Bad Gastein, wo der Hamburger Urlaub machte.[539] Dabei prognostizierte der 38-jährige Südafrikaner die enormen Chancen des Zigarettenfilters so überzeugend, dass Reemtsma ihm schließlich folgte. Seine Firma stieg anfangs ohne großen Wurf ins Filtergeschäft ein, aber wenigstens war sie mit von der Partie.

Philipp F. Reemtsma war schon über 60 Jahre alt, als er den internationalen Newcomer Anton E. Rupert kennen- und schätzen lernte. Und auch der Jüngere bewunderte den Älteren und dessen jahrzehntelang unter Beweis gestellten Sinn für Marken und Märkte. Darin waren sie sich sehr ähnlich, selbst wenn ihre Geschäftsfelder territorial weit auseinanderlagen. Für Anton E. Rupert war ›Zwei‹ eine lebende Legende, und dessen Neffe Hermann-Hinrich gewann den Eindruck, dass sich der Südafrikaner als einen Philipp F. Reemtsma im Weltmarktformat sehen wollte.[540] Vielleicht entdeckte der Hamburger bei Rupert einige seiner eigenen Entwicklungsschritte aus der 30 Jahre zurückliegenden Epoche, damals, als er die etablierte Konkurrenz in die Tasche gesteckt hatte. Möglicherweise dachte Reemtsma auch, so wie der Südafrikaner hätte einer seiner toten

Mann des Wirtschaftswunders: Philipp F. Reemtsma als Titelgeschichte, 1956

Der Aufstieg
Ansporn für Vorwärtsstrebende
Philipp Reemtsma
Gegen große Widerstände mußte sich der bedeutende Zigarettenfabrikant zur Wehr setzen. Sein Erfolg wurde ihm nicht leicht gemacht. Näheres im Tatsachenbericht.
Aus dem Inhalt: Können Sie auch Chef sein? · Kartelle
Sanierungskredite · Reisekosten · Makartstil · Seelenwanderung
Radar in der Schiffahrt · Das neue Thule · Und vieles andere
Oktober 1956
Postverlagsort Wiesbaden
Heft 1,50 DM
19/20

Söhne agieren können. Er wollte Mentor sein, und er hatte viel weiterzugeben. Daher entstand zwischen ihm und dem calvinistisch geprägten, gleichermaßen in Zahlen lebenden Anton E. Rupert in kurzer Zeit so etwas wie eine unternehmerische Vater-Sohn-Beziehung, die für beide Firmen Bedeutung gewann.

Im April 1956 wurde im Hamburger Hotel *Vier Jahreszeiten* die Gründung der Rupert Tobacco Corporation besiegelt. Die Firmen Rembrandt und Reemtsma hielten jeweils 50 Prozent der Geschäftsanteile, aber Reemtsma überließ Rupert freiwillig die Stimmrechte und damit die Aktionsfreiheit. Das neue partnerschaftliche Unternehmen sollte außerhalb der Grenzen Deutschlands bzw. Südafrikas tätig werden, während beide Firmen in ihrem Herkunftsland autonom blieben.[541] Somit erhielt Rupert veritable Unterstützung für seinen Schritt auf den australischen Markt durch den Partner Reemtsma, der Vertrauen und Loyalität in hohem Maße unter Beweis stellte. Aber die Kooperation reichte noch weiter. Ende Juli schrieb Philipp F. Reemtsma persönlich-vertraulich nach Stellenbosch. Sein Brief bezog sich auf Ruperts Absichten, in den Vorstand der US-amerikanischen Zigarettenfirma Lorillard einzutreten. ›Zwei‹ meinte, der Markt der USA sei gesättigt und das Engagement würde Rupert nicht viel bringen. In der Bundesrepublik dagegen gebe es hinsichtlich des Konsums Wachstumspotenziale. Die Firma Reemtsma besitze einen »sehr fest« begründeten Ruf, betonte der Unternehmer, und dann formulierte er eine entwaffnende Einladung: Hausmacht und Standing in der weltweiten Zigarettenindustrie könnten Rupert stärken, wenn er »als mein Nachfolger in den Vorstand der Firma Reemtsma eintreten« würde.[542]

Philipp F. Reemtsma hielt hiermit die Tür in einer Weise auf, die sein geschäftliches und persönliches Umfeld völlig überrascht hätte. Sein Bruder Hermann jedoch war eingeweiht. Rupert reagierte verhalten auf dieses enorme Angebot, das höchstes Vertrauen in ihn setzte. Telegrafisch signalisierte er Gesprächsbereitschaft. Daraufhin legte ›Zwei‹ noch einmal nach. Er skizzierte seine Vorstellungen von einem Einstieg des Südafrikaners, der sich auf eine rein unternehmerische Funktion konzentrieren könnte und ihm ein solides Fundament für sein internationales Geschäft böte. Allerdings sei eine Verankerung innerhalb der Firma Reemtsma reibungslos nur durchführbar, »solange mein Bruder und ich leben«.[543] Anfang September kam es zu einem Treffen in Hamburg, und dabei wurden Beschlüsse gefasst. Rupert sollte als »Trustee« – als Treuhänder – der Familie Reemtsma und als Berater der Firma nach dem Tod des Chefs tätig werden. Dieser schrieb Rupert wenig später, die Hamburger Firma verdiene solch einen persönlichen Einsatz und er glaube, »dass die Verfügungsgewalt über das Unternehmen und seine Organisation Ihnen im weiteren Ablauf eine gute Basis für Ihr eigenes Schaffen geben wird«.[544]

Ruperts Ziel, eine maßgebliche Position im weltweiten Zigarettengeschäft zu erringen, wollte Reemtsma hiermit fördern. Und er kündigte an, sein Testament entsprechend zu ändern. Wo führte dies hin? Rudolf Schlenker wurde als Kronprinz aufgebaut, und gleichzeitig bestimmte ›Zwei‹ einen neuen König für sein Reich? Die Brüder stellten sich Ämterteilung vor: Nach dem Ausscheiden von ›Eins‹ und ›Zwei‹ sollte Rupert im Vorstand an der Seite Schlenkers agieren, dem, so Philipp F. Reemtsma, »spezielle Erfahrung in Verkauf und Werbung« fehlte. Was dann durch Rupert ideal ergänzt würde, da dieser »das Cigarettengeschäft im Blut« hatte.[545]

Philipp F. Reemtsma suchte nach einem neuen Domizil, denn das Reetdachhaus in Blankenese war lediglich eine Zwischenlösung. Daher beauftragte er seinen mit den Umbauten in der Parkstraße und beim Neubau des Trenthorster Landhauses bewährten Architekten Godber Nissen im Jahre 1954, ein Haus am Blankeneser Krumdalsweg zu errichten. Das ›Landhaus Philipp Reemtsma‹ wirkte zwar mit seinem flachen Satteldach unprätentiös, doch hatte es vor allem wegen seiner bevorzugten Lage am Elbhang mit dem freien Blick auf den Strom etwas Besonderes. Das entsprach dem Stil der Zeit, in der eine ganze Reihe Hamburger Reeder und Großkaufleute weg von der immer lauter werdenden Elbchaussee nach Westen in Richtung Falkenstein und Rissen zogen, wobei ihre Häuser kleiner wurden, sich der Landschaft anpassten und mitunter nahezu im Grün verschwanden. Aus dem Interniertenlazarett hatte Reemtsma seiner Frau geschrieben, dass er denjenigen »totschlagen« wollte, der ihm »eine Wohnung mit getrennten Schlafzimmern anbieten würde«.[546] Nun aber, zehn Jahre später, realisierte Nissen das Übliche in Häusern solchen Zuschnitts: getrennte Schlafzimmer für die Eheleute. Zwei Diener, eine Köchin, ein Chauffeur und ein Gärtner sorgten für Haus und Herrschaft.

Die Erziehung Jan Philipps war streng. Ihm wurde beigebracht, dass es undenkbar war, sich gegenüber dem Personal irgendetwas herauszunehmen oder gar Frechheit zu erlauben. Er war das Kind und musste gehorchen.[547] Der Vater las dem Sohn regelmäßig vor, wobei griechische Götter- und deutsche Heldensagen Vorrang hatten, einmal aber verprügelte er den Junior sogar mit seinem Gehstock. Wenn Mutter und Sohn im Urlaub waren, schickte der Vater gelegentlich längere Briefe, die Gertrud vorlesen sollte. Sie handelten von der Stärkung des Selbstvertrauens, dem Überwinden von Ängsten und von Religion. In die Kirche gingen die Reemtsmas nicht, aber zum Essen und vor dem Schlafengehen wurde gebetet, allerdings nicht immer in religiösem Sinne. So zitierte der durch Schützengrabenerfahrung mitgeprägte Vater gern den einst im Kaiserreich populären Hamburger Dichter Gustav Falke, dessen *Gebet* in martialischen Zeilen gipfelt: »Herr, lass mich hungern dann und wann. Sattsein macht stumpf und träge. Und schick mir Feinde, Mann um Mann. Kampf hält die Kräfte rege.« Jan Philipp mochte dieses Pathos nicht, aber die Zeilen prägten sich ihm dauerhaft ein. Er lernte seinen Vater außerhalb des Schlafzimmers immer nur in korrekter Kleidung kennen, das heißt, Anzug und Krawatte waren obligat, legere Freizeitkleidung gab es für ihn nicht.

Der Sohn vermied ganz bewusst jedwede Kinderspiele, die seinen alten Herrn hätten in Verlegenheit bringen können, da dieser ja am Stock ging. Außerdem war der Vater häufig krank. Fast alljährlich brach die Streptokokkeninfektion im Bein auf, sodass starke Dosen Penicillin verabreicht werden mussten. Schwere Fieberschübe konnten bis zur Bewusstseinstrübung führen. Das alles, aber auch kuriose Begebenheiten erlebte der Junge: Während eines Sonntagsspaziergangs sah Philipp F. Reemtsma am Rand des Elbuferwegs ein leeres Zigarettenpäckchen, das von einem Konkurrenzunternehmen stammte. Sogleich beförderte es der Spaziergänger mit seinem Stock ins Gebüsch, sodass keiner der Passanten mehr die unerwünschte

Packung sehen konnte. Der erfolgreichste deutsche Zigarettenindustrielle konnte solche Kleinigkeiten am Wegesrand nicht links liegen lassen!

In seinem neuen Haus bevorzugte Reemtsma die Abgeschiedenheit. Nur wenige Angehörige waren in das Familienleben einbezogen, denn auch Geburtstage stellten keinen Anlass für Feste dar. Lediglich in die große Bibliothek, das Esszimmer und das Wohnzimmer mit Elbblick gelangten die seltenen Gäste, während der erste Stock privat blieb. Musik wurde weder gespielt noch gehört. Die Weltabgewandheit und Stille durchbrachen der Scotchterrier Mac und der Mischlingshund Ihlo. Letzterer tollte umher, warf einmal fast die Staffelei eines den Hausherrn porträtierenden Malers um und zeigte sich gelegentlich auch von seiner bissigen Seite.[548] Dem 1931 geborenen Sohn des so tragisch in französischer Haft umgekommenen Schwagers seiner Frau, Martin Hesselmann, half Philipp F. Reemtsma beim Studium. ›Zwei‹ hatte Philipp Möhring gefragt, welche Universität für das Jurastudim am besten sei, worauf er Malte die Hochschulen Tübingen und Heidelberg empfahl. Er studierte dann an der Eberhard-Karls-Universität Tübingen und erhielt nach dem Erfolg versprechenden Referendarsexamen von Philipp F. Reemtsma eine Schiffsreise ins westliche Mittelmeer geschenkt, die ihn bis nach Algier führte. Der Förderer des jungen Mannes hegte weiterführende Gedanken: Als Malte Hesselmann ein Disserationsthema suchte, machte ihn der Zigarettenunternehmer in der Art eines Doktorvaters auf seine Idee einer möglicherweise zweckdienlichen Gesellschaftsform aufmerksam: Der Doktorand sprang darauf an und erarbeitete eine Dissertation über die GmbH & Co. KG. Währenddessen lebte Hesselmann im Blankeneser Haus der Reemtsmas, wo er ständig mit seinem Mentor über das Thema debattierte. Das Resultat war eine zivilrechtliche und steuerrechtliche Analyse dieser Gesellschaftsform, die als *Handbuch der GmbH und Co. KG* bis zur Gegenwart 18 Auflagen erlebte.

Im Januar 1955 wurde das Unternehmen in »H. F. & Ph. F. Reemtsma GmbH & Co« umfirmiert. Als einen Grund für die neuerliche Umwandlung hatte Philipp F. Reemtsma die unbefriedigende Ertragslage der Geschäftsjahre bis zur Steuersenkung vom Mai 1953 bezeichnet.[549] Sein Bruder Hermann begründete die Absichten und Strukturvorteile in einem Vortrag: Bei der 1949 erfolgten Umfirmierung der KG zur Reemtsma Cigarettenfabriken GmbH sei die frühere Firma H.F. & Ph.F. Reemtsma als Vermögensverwaltung bestehen geblieben. Aus ihr habe man die GmbH & Co. gegründet, mit der Cigarettenfabriken GmbH als deren persönlich haftendem Gesellschafter. Die an der GmbH beteiligten Personen seien dabei auch Kommanditisten geworden. ›Eins‹ erklärte: »Träger der Verantwortung ist damit die GmbH, die auch das Sagen hat. Sie nimmt ihre Rechte durch den von ihr bestellten Vorstand wahr.«[550] Neben diesen trat ein Aufsichtsgremium unter Leitung Karl Klasens von der Deutschen Bank, dem unter anderem der am Bundesgerichtshof tätige Anwalt Philipp Möhring und ein Vertreter des Betriebsrates angehörten.

Ab Mitte der fünfziger Jahre schien Philipp F. Reemtsma einiges aufräumen zu wollen. Die Betriebe liefen auf immer höheren Touren, Umsatz und Marktanteile stiegen, und die Ertragslage besserte sich wesentlich. In der Verwaltung arbeiteten qualifizierte Kräfte, aber auch der eine oder andere Verwandte, der mitgezogen wurde. Einer davon war Feiko Reemtsma, ein Sohn von Alwin. Seitdem ›Drei‹ Ende 1945 aus der Reemtsma KG ausgeschieden war und nur noch die Position eines stillen Gesellschafters innehatte, betrieb er Korbweidenzucht bei Garstedt in der Nähe seines Salzhausener Anwesens. Der große Betrieb produzierte Strandkörbe und Korbwaren aller Art, wobei im Winter zum Schälen der Weiden zeitweise bis zu 250 Saisonarbeiter eingesetzt wurden. Der 1926 geborene Feiko wurde nicht dort, sondern in der Verkaufsabteilung der Zigarettenfirma tätig. Nach einiger Zeit war sein Onkel Philipp mit ihm und seiner Leistung derart unzufrieden, dass er ihn aus dem Unternehmen drängte. Feiko Reemtsma erhielt eine Abfindung gegen die Verpflichtung, nie wieder in die Geschicke der Firma einzugreifen.[551] Aufseiten der Zülchs dagegen gab es keine Probleme. Philipps Schwager Dr. Heinz-Jörn Zülch arbeitete auf der Leitungsebene in der Zentrale, wobei alles zur Zufriedenheit lief. Der Jurist sorgte neben seiner eigentlichen Tätigkeit dafür, dass bevorzugt musizierende Mitarbeiter eingestellt wurden, die er für die Reemtsma-Bigband verpflichtete. Mit Karl Zülch schließlich war ein Cousin von Gertrud als Leiter eines Auslieferungslagers beschäftigt. Somit ruhte die Last der Arbeitsverteilung bei der Familie Reemtsma selbst ausschließlich auf ›Eins‹ und ›Zwei‹. Einzig der Sohn Hermann-Hinrich konnte in absehbarer Zukunft in die Firmenleitung hineinwachsen. Bis Jan Philipp so weit war, würden noch zwei Jahrzehnte vergehen.

Anders als bei der Verdrängung Feikos kam es 1955 zu einer Personalentscheidung, die wirklich schmerzte. Die Arbeitsbeziehung zu Hans Domizlaff erreichte im Sommer einen schroffen Endpunkt. Noch zu Jahresbeginn hatte Domizlaff mit Reemtsma wegen des Carpen-Buches in regem Austausch gestanden. Hier trat er als psychologisch kluger Berater auf, indem er ›Zwei‹ folgenden Rat übermittelte: »Die Sage von Ihrem ungeheuren Reichtum ist nicht zu widerlegen, und bei reichen Leuten schlägt jede, aber auch jede öffentliche Behandlung negativ aus. Es gibt nur ein einziges Mittel der Abwehr: Schweigen und unauffällig sein. Reichtum wird niemals verziehen.«[552] Das sah noch nach gekitteten Verhältnissen und Anteil nehmendem Engagement Domizlaffs aus, aber im Laufe weniger Monate steuerte das Verhältnis auf den Eklat zu.

Es war Philipp F. Reemtsma, der unwilliger wurde und energischere Töne anschlug. Zu seiner Verstimmung trug bei, dass Domizlaff um Förderung des in Geldnöten befindlichen Deutschen Blocks (DBI) von Karl Meissner nachsuchte. Die nationalistische Partei hatte es bei den bayrischen Landtagswahlen von 1950 auf knapp ein Prozent der Stimmen gebracht und formierte sich jetzt neu. Das Ansinnen passte dem Unternehmer überhaupt nicht. Er hielt es für »ganz unmöglich«, diese rechtsorientierte Splitterpartei zu alimentieren, zumal in DDR-Zeitungen schon fälschlicherweise darüber berichtet worden sei, dass er mit Meissner in Verbindung stehe. Dabei spendete die Firma Reemtsma ausnahmslos an die demokratischen Parteien, und zwar in gleich hohen Beträgen, worüber sich vor allem die kleine FDP freute, der Philipp F. Reemtsma nahestand.[553]

Ernste Vorhaltungen machte Philipp F. Reemtsma seinem Werbeberater, weil er sich trotz seines Alters von über 60 Jahren weigerte, einen Nachfolger aufzubauen. Hier entstand eine Zwangslage, die zu Lasten der Firma und ihrer Werbung ging. Schließlich hatten die von Domizlaff betreuten Marken einen Anteil von 20 Prozent am Reemtsma-Umsatz. Dies stellte eine Gefahr dar, denn der etwa aus gesundheitlichen Gründen denkbare Ausfall des Markenstrategen konnte zu gravierenden Umsatzeinbußen führen. ›Zwei‹ bezeichnete es als seine Pflicht, die Planungssicherheit des Unternehmens auch über den eigenen Tod oder seine Arbeitsunfähigkeit hinaus sicherzustellen. Er schrieb Domizlaff eindringlich, ohne sich selbst zu schonen: »Hierbei spielt es keine Rolle, ob ich einen Sohn habe oder nicht. Niemand kann für einen Zeitraum von 30 Jahren im voraus planen und annehmen, dass Dinge, die er heute einleitet, auch dann noch Frucht tragen. Aber ein Unternehmer darf nicht nur an sich oder an seine eigenen Angehörigen denken. Er muss die Gesamtheit des Unternehmens vor Augen haben und alle Vorsorge dafür treffen, soweit dies überhaupt möglich ist.«[554] Daher empfahl ihm Reemtsma dringend, die Ausbildung eines Talents zuzulassen und zu übernehmen.

Diesen Appell schien Hans Domizlaff als persönlichen Affront aufzunehmen, worauf er in eine Blockade verfiel. Gegenüber dem Prokuristen Fritz Schrader bezeichnete er das persönliche Verhältnis zu Reemtsma als »entartet«.[555] Domizlaff befürchtete offenbar eine Kündigung, und er hatte diverse Unterlagen gesammelt, die er gegebenenfalls gegen die Firma einzusetzen gedachte. Er sei überzeugt, so Schrader, er könne Philipp F. Reemtsma durch eine Veröffentlichung des Materials »töten«. Schrader bekam noch mehr zu hören. Domizlaff echauffierte, dass Kurt Heldern Jahre zuvor einen fünfprozentigen Anteil am Unternehmen erhalten hatte, was er darauf zurückführe, dass sich der Vertraute des Chefs »auf erpresserisches Bedrängen besser verstanden« habe als er. Dies hatte ein zweifaches Nachspiel. Der Testamentsvollstrecker Helderns, Professor Möhring, fragte schriftlich bei Domizlaff an, was mit der Äußerung gemeint gewesen sei. Und Philipp F. Reemtsma regte sich derart auf, dass er sogar die Witwe Helderns darüber informierte.[556] Domizlaffs Antwortschreiben an Möhring enthielt keine Erklärung in der Sache. Vielmehr nutzte er die Gelegenheit, seine Rivalität mit ›Zwei‹ zu erklären: Es gehe um die Frage, wer sich berechtigt auf die Fahnen schreiben könne, das Unternehmen »markentechnisch« geschaffen zu haben.[557] Domizlaff war es unverständlich, dass der Firmenchef diese Lorbeeren für sich in Anspruch nahm.

Im Mai lud der von einer Urlaubsreise zurückgekehrte Hermann F. Reemtsma zu einem grundsätzlichen Gespräch in die Parkstraße ein, worauf ›Eins‹, ›Zwei‹ und Domizlaff zusammentrafen. Philipp führte das Wort, sein Bruder blieb passiv. Dabei wurden belastende Vorkommnisse aus den vergangenen 20 Jahren aufgetischt. Einer der wundesten Punkte war, dass Domizlaff auf Anordnung von ›Zwei‹ den zweiten Band seines *Lehrbuchs der Markentechnik* aufgrund inhaltlicher Differenzen über die Darstellung von Reemtsma-Marken 1941 hatte einstampfen müssen. Mit Erklärungen dazu schrieb im Nachgang der offenbar verzweifelte und sich gejagt fühlende Domizlaff an Möhring. Auf sieben engzeilig getippten Seiten schilderte er dem Rechtsanwalt, was aus seiner Sicht bei der *Markentechnik* passiert war und wie seine Leistungsbilanz für das Haus Reemtsma aussah. Möhring bewertete das komplexe Schreiben gegenüber ›Zwei‹ als »prima vista grotesk«. Er hatte ein mulmiges Gefühl hinsichtlich des Konfliktpotenzials aufseiten Domizlaffs und empfahl dringend, keine weiteren Briefe an den Kontrahenten zu schicken, denn diese könnte er womöglich als Belastungsmaterial benutzen. Philipp F. Reemtsma war zu dieser Zeit am Herzen erkrankt, weswegen er Ende Mai nach Bühlerhöhe fuhr. Der nicht minder mitgenommen erscheinende Domizlaff legte ein Attest vor, demzufolge er eine längere Erholung zur vollen Wiederherstellung seiner Arbeitsfähigkeit benötigte.

Längst wurden in der Geschäftsführung vertrauliche Vermerke zum Streit angelegt. Beispielsweise notierten Friedrich Georg Schlickenrieder, Fritz Schrader und weitere Mitarbeiter verächtliche, illoyale Kommentare des Werbechefs, die gegen ›Zwei‹ gerichtet gewesen waren. Schlickenrieder war die Bemerkung zu Ohren gekommen, das Unternehmen müsse eigentlich den Namen Domizlaff tragen, da Stil und Marken ausschließlich ihm zu verdanken seien. Der Geschäftsführer hielt diese Schmähungen für ein unerträgliches Problem, denn Domizlaff würde auch Nachwuchsführungskräfte verunsichern, wenn er über Philipp F. Reemtsma herzog. Von diesen Aktennotizen wurden beglaubigte Abschriften angefertigt. Man wappnete sich für eine arbeitsgerichtliche Auseinandersetzung. Möhring suchte Anfang Juli den immer noch in Bühlerhöhe in Behandlung befindlichen Firmenchef auf. Dieser wollte eine Trennung per Feststellungsklage einreichen, aber der Anwalt riet davon ab, auch in Anbetracht des Gesundheitszustandes von ›Zwei‹. Er empfahl Reemtsma, Domizlaff in Hamburg aufzusuchen und ihm das Ehrenwort abzunehmen, dass er sich künftiger Angriffe enthalten werde, da sonst die Ansprüche aus seinem Vertrag verwirkt seien.

Mitten in diesem Konflikt übermittelte Schlickenrieder eine Anweisung des Chefs an den Werbestrategen: Er sollte Entwürfe für die *Ernte 23* als Filterzigarette ausarbeiten! Domizlaff, der schon 1949 mit ersten Ideen zum Neustart der traditionsreichen Reemtsma-Marke als Filterlose beschäftigt gewesen war, legte vehementen Protest ein. In der unkalkulierbaren Marktsituation der Nachkriegsjahre hatte die Firma bewusst vermieden, die *Ernte 23* ins Rennen zu schicken. Sie galt als wichtige Markenreserve. Jetzt vertrat Domizlaff die Auffassung, der Name Reemtsma – »das wertvollste Markengut des Hauses« – müsse vor »Fehlassoziationen« geschützt werden. Die Filterzigarette als völlig neues Stilprogramm würde die klassischen Reemtsma-Marken nachteilig beeinflussen. Daher schlug er alternativ die Gründung einer Tochterfirma vor, die ausschließlich Filterzigaretten produzieren sollte. »Der Markt duldet keinen Anspruch, die besten Cigaretten der Welt herstellen zu können, wenn gleichzeitig die Behauptung aufgestellt wird, auch die besten Filter der Welt produzieren zu wollen. Der Markt verlangt Einseitigkeit und bestraft sehr schnell jede Überforderung oder Doppelgesichtigkeit.«[558] Überfordert waren hier möglicherweise beide Seiten. Domizlaff wollte den Neustart der 1940 eingestellten *Ernte 23* nicht mit Filter wagen, und die Firma konnte nicht mit einer so sperrigen Koryphäe arbeiten, wenn es um existenzielle Weichenstellungen im Kampf um Marktanteile bei den Filterzigaretten ging.

Schon einen Tag nachdem er die Anweisung des Chefs übermittelt hatte, telefonierte Schlickenrieder mit Domizlaff, um in Erfahrung zu bringen, ob er die *Ernte 23* in Angriff genommen hatte. Aber der Gestalter war untätig gewesen. Schlickenrieder wandte ein, es müsse daran gearbeitet werden, weil der Chef es wünsche, worauf

Domizlaff entgegnete, man könne von ihm nicht verlangen, »Quatsch« zu machen; Reemtsma solle es doch selbst versuchen. Das klang nach Provokation. Zudem äußerte der streitbare Kreative die Überzeugung, *Gelbe Sorte*, *Senoussi* und alle anderen künftigen Reemtsma-Marken würden unter der Filterzigarette leiden. Er sah die Gefährdung des von ihm geschaffenen Reemtsma-Stils durch die Filter kommen. Schlickenrieder gab diese Antworten an das Büro des immer noch erkrankten Chefs weiter. Chefsekretärin Nüsslin schrieb Domizlaff, auch ›Zwei‹ sei persönlich »kein Freund von Filtercigaretten« und habe sich nur mit »größtem Widerwillen« für eine Filtervariante der von ihm als wesentlich eingeschätzten Marke entschieden, aber es müsse geschehen.[559] Eine Woche später riss dann der Faden endgültig. Schrader hatte Domizlaff in seinem Atelier an der Elbchaussee aufgesucht, um über Mietvertragsangelegenheiten zu sprechen. Dabei brach nochmals alles aus dem Werbepsychologen hervor, was er bislang gegen Reemtsma vorgebracht hatte. Der Gipfel war dabei der Vorwurf, Philipp F. Reemtsma sei mitschuldig am Soldatentod seiner Söhne Uwe und Jochen, denn er habe nichts getan, sie aus den »Kriegsgefahren herauszulösen«.[560]

Das brachte das Fass zum Überlaufen. Dr. Kurt Mittelstein wurde als Rechtsberater der Firma beauftragt, ein Gutachten zu erstellen, ob sie das Recht hätte, Domizlaff »per sofort« zu kündigen. Der Jurist bejahte die Frage nach Analyse des Arbeitsvertrages vom 26. Januar 1953, der Domizlaff »im Innenverhältnis« mit den Mitgliedern der Geschäftsleitung gleichgestellt hatte.[561] Dass die Vorstandsmitglieder eine weitere Zusammenarbeit »als nicht durchführbar erklärt« hatten, reiche allein schon als ein Grund zur sofortigen Aufhebung des Dienstverhältnisses aus, denn das Zusammenspiel der Führungskräfte sei durch Domizlaff »grundlegend gestört«. Zusätzlich war dem Werbeexperten auf einer außerordentlichen Gesellschafterversammlung am 15. August 1955 explizit das Vertrauen entzogen worden. Dass Domizlaff sich bereit erklären wollte, gegen über seinen Vertrag hinausgehende »wertbeständige« Sonderleistungen den Nachfolger einzuarbeiten, bezeichnete Mittelstein als »Gipfel der Vertragswidrigkeit«. Daher reiche das vorliegende belastende Material »in jeder Richtung« aus, um eine sofortige Kündigung zu rechtfertigen. Zu diesem Schritt konnte sich die Firmenleitung dann aber doch nicht entschließen, denn sie fürchtete öffentliches Aufsehen.

Und noch etwas spielte eine wichtige Rolle: Im April hatte die Firmenleitung bei Experten eine Persönlichkeitsanalyse aufgrund einer Schriftprobe Domizlaffs angefordert. Die Befunde der vier konsultierten Psychologen und Grafologen waren vielschichtig, und sie skizzierten den Begutachteten als innerlich unstet und gehetzt. Auf der positiven Seite war zu lesen: von guter Vitalität, dynamisch, aktiv, zielgerichtet, intelligent, beweglich, künstlerisch, geistvoll, gewinnend im Umgang mit Menschen, rührig, leidenschaftlich, empfindsam, fachlich sattelfest, vielfältig versiert, Unternehmungssinn, starkes Selbstvertrauen, Siegesgewissheit. Als negativ wurde dagegen aufgeführt: intolerant, unleidlich, zuweilen ungemein querköpfig, süffisant, sich fremden Einflüssen ständig entziehend, bizarr, brüsk, zur Unterordnung unbrauchbar, unfähig zur Selbstkritik, nicht objektiv, sehr ich-bezogen, in seinen Verhandlungen rücksichtslos und skrupellos, Härte im Umgang, selbstgefällige Gesprächigkeit, unruhig, unberechenbar, überarbeitet, durch schwere Enttäuschungen belastet, entmutigt, Ruhe und Ausgelassenheit nur als Fassade, Großmannsallüren.

Es versteht sich von selbst, dass die bedenklichen Seiten des Multitalents Domizlaff bei der Bewertung im Vordergrund standen. Man wollte ihn nicht weiter beschäftigen, sondern loswerden. Nur wie, ohne viel Lärm zu veranstalten? Möhring wandte sich mit einem auf Trennung zielenden Schreiben an Domizlaff. Der antwortete so gefasst wie geschickt darauf: Vor drei Jahren sei er »nur sehr widerstrebend« der Bitte Reemtsmas gefolgt, am Wiederaufbau der Firma teilzunehmen.[562] Nun würde er sich »außerordentlich freuen … von der schweren Belastung mit der großen Markenverantwortlichkeit und den gleichzeitig unerträglichen Arbeitsbedingungen, die mich oft an den Rand der Verzweiflung gebracht haben, befreit zu werden«. Dies aber nur, sofern seine »Belange« in einer Vereinbarung »ausreichend respektiert werden«.

Nach eingehenden Beratungen der Juristen und der Geschäftsleitung wurde Hans Domizlaff bis zum Auslaufen seines Vertrags Ende

1957 bei vollen Bezügen von seiner Arbeit entbunden. Man fürchtete schließlich, es könnten nicht nur Drohgebärden sein, wenn Domizlaff äußerte, er würde das von ihm gesammelte Material gegen Reemtsma der juristischen Fakultät der Universität Hamburg »in Verbindung mit einem Preisausschreiben« zur Prüfung vorlegen. Das hatte er Professor Möhring am 25. August mit gewisser Süffisanz mitgeteilt. Und am Tag zuvor war der Hamburger Oberstaatsanwalt Gerhard Kramer in der Reemtsma-Chefetage mit dem Wunsch nach einer Unterredung wegen der ihm bekannt gewordenen Auseinandersetzungen mit Domizlaff vorstellig geworden.[563] Das hatte gerade noch gefehlt! Am 6. September wurde auf einer Vorstandssitzung, an der ›Eins‹, ›Zwei‹, Pauli, Schlenker, Schlickenrieder, Schrader, Ahrends, Busch und Lück teilnahmen, der Abschluss der nervenzehrenden Angelegenheit verhandelt.

In einem Ergänzungsvertrag verpflichtete sich Hans Domizlaff, keinerlei Schmähungen gegen das Unternehmen, die Gesellschafter und Mitarbeiter zu wiederholen. Nach seinem Ausscheiden durfte er für ein Konkurrenzunternehmen nicht ohne Einwilligung von Reemtsma tätig werden. Die Absichtserklärung, ihn bis zum Ablauf des Arbeitsvertrages Ende 1957 gegebenenfalls als Berater zu konsultieren, sei lediglich als Geste von Philipp F. Reemtsma gedacht. Tatsächlich dürfe eine Beratung »unter keinen Umständen« erfolgen. Domizlaff konnte bis zur Januar 1958 anstehenden Pensionierung weiterhin über Dienstwagen, Fahrer und Sekretärin verfügen. Auch der Mietvertrag für das Atelier lief weiter, obwohl die Firma es nicht mehr benötigte. Justiziar Ahrends wies darauf hin, dass alle Entwürfe und Arbeiten Domizlaffs aufgrund des Angestelltenverhältnisses Firmeneigentum von Reemtsma darstellten. Hier bestand eine Ablieferungspflicht. Letztlich wurde auch die Neuverteilung der bislang von Domizlaff betreuten Werbung beschlossen.[564]

Es war ein Gewaltakt, mittels dessen man den nach seinem eigenen Bekunden als Marktpsychologen, Gebrauchsgrafiker, Texter, Werbefachmann und Künstler wirkenden Hans Domizlaff aus dem Hause trug. Obwohl Hermann F. Reemtsma mehrfach versöhnliche Wege zwischen den Kontrahenten angeboten hatte, war es nie zu einem wirklichen Ausgleich gekommen. Beide neideten dem anderen etwas, und das über Jahrzehnte, obwohl sie miteinander zu hervorragenden Ergebnissen gekommen waren. Diese in ihrer professionellen Intensität und Tiefe der Verletztheit gleichermaßen außergewöhnliche wie tragische Beziehung zwischen Philipp F. Reemtsma und Hans Domizlaff hatte beide Männer überfordert. Juristen hatten den längst Zwiegespaltenen auseinanderhelfen müssen. Für die Reemtsmas persönlich und für die Firma, nicht zuletzt aber auch für Domizlaff und seine Familie war es absolut unabdingbar, die Angelegenheit zu einem Ende zu bringen. Trösten konnte dieser Ausgang keinen, aber die unter Qualen herbeigeführte Entscheidung sorgte für Erleichterung in der Chefetage.

Der Konkurrent Wolfgang Ritter bemerkte Mitte der fünfziger Jahre eine Markenkrise bei Reemtsma. Sie hatte auch, was nicht viele Außenstehende mitbekamen, mit dem Dauerstreit um Domizlaff zu tun. Das war nun vorbei. 1957 wurde die *Ernte 23* – mit Filter – auf den Markt gebracht. Philipp F. Reemtsma schrieb seiner Frau über einen Test der Marke im Großraum Frankfurt freudig erregt, wie gut diese dort aufgenommen werde und dass der BAT-Chef bei dem Angriff auf seine *HB* unsicher reagiere. ›Zwei‹ zufolge spürte der Konkurrent »die Lawine« kommen und war vollkommen ratlos.[565] Gertrud Reemtsma fand die *Ernte 23* attraktiver als die bislang von ihr bevorzugte *Gelbe Sorte*. Das entsprach genau den Hoffnungen, die man mit der neuen Marke verband. Bei Reemtsma hatte man fieberhaft daran gearbeitet, »einen neuen universalen Typ« für alle Rauchergruppen zu finden.[566] Dafür war die Mischung der *Ernte* konzipiert worden: Sie sollte Raucher von American Blend *und* Orient anziehen. Das Einzige, was ›Zwei‹ störte, war das Gefühl, dass die gelungene Tabakmischung der noch nicht neu gestarteten *R6* hätte zu neuem Glanz verhelfen können. Davon abgesehen brillierte das Haus Reemtsma wieder und stellte seine Stärke unter Beweis. Die neue *Ernte 23* ließ nichts zu wünschen übrig und bot der *HB* mit großem Erfolg die Stirn.[567]

Auch ohne Domizlaff stiegen Umsatz und Marktanteile weiter. Von ihm hatte sich die Firma emanzipiert. Ein Jahr nachdem hierdurch die Ära der Mitstreiter aus der ersten Aufbauzeit unwiederbringlich ihr Ende gefunden hatte, ließen die Brüder auf der Freifläche vor den Verwaltungsgebäuden in der Parkstraße eine Skulptur aufstellen. Sie wirkte wie ein Schlussstein der zweiten Aufbauphase: Im November 1956 enthüllte Max Brauer die *Sophrosyne* genannte Skulptur Richard Scheibes. Eine Frauengestalt, die die Besonnene, Bedächtige und weise Mäßigung verkörperte, zugleich jedoch voranschritt. Sahen sich die Reemtsmas so, oder wollten sie damit dem mancherorts durchbrechenden Überschwang des Wirtschaftswunders eine vornehme Mahnung entgegenstellen? Hermann F. Reemtsma, der dem von ihm seit Jahren verehrten Bildhauer Scheibe dezidierte Wünsche bezüglich der zu schaffenden Skulptur für »die geistige Zentrale unseres weitverzweigten Unternehmens« übermittelt hatte, sah seine Vorstellungen und die seines Bruders in dem Kunstwerk ideal umgesetzt.[568]

Anfang 1957 referierte ›Eins‹ vor dem Rotary Club Hamburg-Dammtor über seinen Werdegang und seine Arbeit. Der sogenannte Ego-Bericht enthielt auch eine kritische Selbsteinschätzung als Produzent von Zigaretten. Das vielfach wegen der Gesundheitsschädlichkeit ins Gerede gekommene Genussmittel Tabak bezeichnete der Redner als »Geschenk der Götter«, wobei er sich an Platon anlehnte. Dieser habe die Dinge Göttergeschenke genannt, die nicht der Beseitigung irgendeines existenziellen Bedürfnisses des Menschen dienten. Durchschnittlich rauche jeder Bundesbürger schon 1000 Zigaretten im Jahr. In England und der Schweiz seien es 50 Prozent mehr. In den USA liege der Konsum sogar bei mehr als dem Doppelten. Hermann F. Reemtsma bekannte, hin und wieder zu erschrecken, wenn er in den Werken seiner Firma die pausenlose Produktion der Maschinen beobachte, die jede für sich pro Sekunde 23 Stück herstellten, mehr als siebenmal so viel wie 1923, als man die ersten Excelsior-Maschinen in Bahrenfeld aufgestellt hatte! In solchen Fällen beruhige er sich mit einem Wort Oscar Wildes, der über die Zigarette gesagt habe: »Sie ist der vollendete Typ des vollendeten Genusses. Sie ist köstlich und lässt trotzdem unbefriedigt.«[569] Die Produzenten aber befriedige sie über die Maßen.

An jedem Arbeitstag produzierten die 152 bei Reemtsma eingesetzten Maschinen knapp 100 Millionen Zigaretten. Mit jeder einzelnen davon stelle man sich dem Urteil der Raucher, deren Wünsche sich oftmals änderten. Der Druck zur Anpassung an die Konsumentenwünsche begleite daher ständig die Arbeit der Firma. Politische und wirtschaftliche Krisen beeinflussten das Geschäft mit dem Tabak, da unvorhersehbare Preissteigerungen – wie infolge des Koreakriegs – die Kalkulationen immer wieder beeinträchtigten. 6300 Mitarbeiter arbeiteten in den Werken in Wandsbek, Hannover, München, Merzig und nun auch in der voll automatisierten, modernsten Fabrik Europas in Berlin-Wilmersdorf. Hinzu komme das ehemalige Bahrenfelder Werk, in dem nach der Rückgabe durch die Engländer eine Kartonagenfabrik mit Tief- und Offsetdruckerei sowie eine Fabrikation für Filtermundstücke eingerichtet worden sei.

Über 1,7 Milliarden Zigaretten monatlich oder einen Anteil am bundesdeutschen Umsatz in Höhe von etwas mehr als 40 Prozent mache all dies aus. Das sei ein beachtlicher Aufstieg, und der Finanzminister könne zufrieden sein. Schließlich stammten von den 3 Milliarden Mark, die dem Fiskus im Rechnungsjahr 1956/57 aus der Tabaksteuer zuflössen, nur etwa 300 Millionen Mark von der Zigarren- und Rauchtabakindustrie. Den Löwenanteil erbringe die weiter wachsende Zigarettenbranche. Hermann F. Reemtsma sah ein Gebot des Wachstums: Eigentlich habe die Firma nicht den Wunsch, ihren Marktanteil weiter zu erhöhen, aber für Reemtsma liege »der Zwang vor, uns bei steigendem Konsum diesen Anteil zu sichern«. Das sei ein hehres Ziel und steter Antrieb zur Umsetzung technischer Innovationen. Ausruhen auf dem Erreichten könne sich in dieser in Richtung weitgehender Automation voranschreitenden Branche niemand.

Abschließend betonte ›Eins‹ bei seinem Vortrag das unternehmerische Selbstverständnis der Familie: Die von ihm mitgeleitete Firma hätte nicht die Aufgabe, »den Konsum zu wecken oder zu erweitern«. Sie würde lediglich das vom Markt verlangte Quantum in guter Qualität liefern. Der Schlusssatz kam mit Emphase: »… und das tun wir gern, denn unsere Arbeit wird getragen von der Liebe zum Tabak.« Diese Darstellung war nicht überzeugend: Der Hinweis auf Platon war kein Argument dagegen, dass die Zigarette gesundheitsschädlich wirkte. Und wenn die Masse der produzierten Zigaretten dem Unternehmer gelegentlich zu denken gab, dann verschaffte auch ein feuilletonistisches Bonmot keine Beruhigung. Diese Abschweifungen offenbarten die mangelnde Fähigkeit des Zigarettenindustriellen, sein Produkt überzeugend zu legitimieren. Dem unternehmerischen Ehrgeiz war das Bestreben geschuldet, den erkämpften Marktanteil zu sichern, auch wenn der Konsum stieg. Daher musste zwangsläufig immer mehr produziert und verkauft werden. Die ›Göttergeschenke‹ wurden also von Reemtsma ständig vermehrt, da ja die Nachfrage der Konsumenten anstieg. Sehr wohl weckte und erweiterte die Firma den Konsum in Deutschland. Genau danach hatte sie ja mit ihrem Drängen auf Steuersenkung und die dann mögliche Preisreduzierung gestrebt. Dem Finanzminister war 1952 von Philipp F. Reemtsma steigender Konsum bei sinkenden Preisen prognostiziert worden. Und eine Marktsättigung war in der Bundesrepublik noch lange nicht in Sicht. Die Reemtsmas lieferten das verkaufbare Quantum in guter Qualität, aber die Frage der Risiken durch die steigende Zahl der gerauchten Zigaretten schnitten sie öffentlich nicht an. Beredtes Schweigen herrschte auf diesem Gebiet in der gesamten Branche. So wurde dem Einzelnen überlassen, wie viele der preiswerten Tabakprodukte er rauchte und in welchem Ausmaß er damit möglicherweise seine Gesundheit gefährdete oder gar ruinierte.

Die Reemtsma-Brüder liebten vor allem die Zigarette, mit der sie sich identifizierten. Jeder in der Familie rauchte, das war selbstverständlich. Die bevorzugte Marke von ›Eins‹ war ursprünglich die *Erste Sorte* gewesen, die teuerste. ›Zwei‹ hatte die *R6* gewählt. Sie war lange Zeit die gängigste Marke. Und ›Drei‹, der doppelt so viel wie seine älteren Brüder rauchte, täglich mehr als 100 Stück, hing an der *Gelben Sorte*, solange es sie gab. Beeinträchtigte das die Gesundheit der Brüder? Alwin hatte seit seiner Kindheit Lungenerkrankungen gehabt, wozu von den dreißiger Jahren an gravierende Herz- und Kreislaufprobleme kamen. Aber er war zäh und hatte trotz seiner Krankheit 34 Monate in Internierungslagern überstanden. Philipp wurde immer wieder von Fieberanfällen und Nierenkoliken heimgesucht. Das rührte nicht vom Rauchen her, sondern von den schweren Verletzungen aus dem Ersten Weltkrieg, die zur chronischen Streptokokkeninfektion geführt hatten. Und ›Eins‹? »Wenn Hermann einen Schnupfen hatte, musste die gesamte Familie mitleiden. Aber war er krank, erfuhr man nichts!«[570] Diese Erinnerung seines Neffen Jan Berend beschreibt die zwischen den Reemtsmas kultivierte Distanz, wenn es um ernstere Dinge ging.

Erfolg und Erbe Philipp F. Reemtsmas

1958 setzte das lange Sterben Philipp F. Reemtsmas ein. Er war hoffnungslos an Blasenkrebs erkrankt. Sein Haus hoffte er bestellt zu haben, und er beobachtete mit Zufriedenheit, wie sich Rudolf Schlenker entwickelte. Schon im Vorjahr hatte er seiner Frau mitgeteilt, der Diplomkaufmann wachse »mehr und mehr. Etwas weich, aber zäh und sehr klug.«[571] – Wegen des Gewichts der Firma wurde Schlenker auch zum Vorsitzenden des in einem Neubau an der Alster ansässigen Verbands der Cigarettenindustrie gewählt. Reemtsma traute seinen Vorständen die erfolgreiche Leitung der Firma zu. Seinen Bruder Hermann sah er nicht als Nachfolger in der Chefposition, denn dessen Kompetenz lag im Personalwesen und im Inneren der Betriebe, nicht in der Geschäftspolitik. In der ersten Phase der Krankheit entwickelte Philipp F. Reemtsma sentimentale Stimmungen. Die Briefe, die er seiner Frau in den Urlaub nachschickte, offenbarten seine romantische Seite, die er vor der Außenwelt verbarg, auch weil man sie möglicherweise als Schwäche beurteilt hätte. So schrieb Philipp Anfang 1958 nach St. Moritz, wo sich Gertrud mit Jan Philipp in den Skiferien aufhielt, was er draußen bei wolkenlosem Himmel sah: Der Schnee schmelze in der Märzsonne, »so wie es Gärtner und Bauer gerne haben«, während die Elbinsel Schweinesand von Schwänen bedeckt sei. Ein ruhiges Frühjahrsbild voller Farbigkeit.[572] Die Sehnsucht nach seiner Frau und seinem Sohn lastete spürbar auf ihm, weshalb er hoffte, dass sie gemeinsam mehr Zeit auf dem Trenthof verbringen konnten.

Trotz der Krankheit schonte sich Reemtsma nicht. Weiterhin war er in die relevanten Entscheidungen der Firma eingebunden, seien es Markeneinführungen, Werbung oder Pensionsregelungen. Es wurde alles getan, um das Leben so normal wie möglich zu halten, auch wenn der 65-Jährige wiederholt in die Klinik musste und unter heftigen Schmerzen litt. Vor dem Sohn versuchte man dieses Leiden zu verbergen. Dann hatte Reemtsma wieder stabile Phasen, in denen er ein immenses Arbeitspensum bewältigte, Gäste empfing und regen Anteil an der Erziehung seines Sohnes nahm. Oder er saß über eine Stunde am Fenster des Hauses und erlebte einen Sonnenuntergang, der – wie er seiner Frau übermittelte – an Schönheit nur von dem übertroffen worden war, den er 1934 auf seiner Weltreise in Ägypten erlebt hatte.[573] Jetzt fand er Zeit für solche Momente, oder auch für moderne Literatur. Der Stadt Hamburg tat er noch einen kostspieligen Gefallen: Die 1958 neu gegründete Hamburg-Atlantik-Linie GmbH & Co. wollte die Nordatlantik-Route bedienen. Dafür erwarb sie einen 18 Jahre alten 30 000-Tonnen-Passagierdampfer aus England, der aufwendig überholt und als *Hanseatic* in Dienst gestellt wurde. Die Stadt bürgte für Millionenkredite, aber gleichzeitig warb sie um Investoren für das prestigeträchtige Projekt. Für die neue Reederei steuerte Philipp F. Reemtsma 6 Millionen Mark bei und übernahm damit 50 Prozent der Gesellschafteranteile, obwohl ihn die Schifffahrt an sich kaum interessierte. Schon fünf Jahre zuvor hatte er ja die Hälfte seiner Hapag-Aktien an den Reeder Bernd Schuchmann veräußert, sodass dieser über eine Sperrminorität verfügte.[574]

1958 berührten sich zwei steile Umsatzkurven das erste und letzte Mal: Die Filterlose und die Filterzigarette begegneten sich, Erstere im Abstieg, Letztere in rasantem Aufstieg begriffen. Rupert hatte recht gehabt, was die Revolution des Zigarettenmarktes anging, die letztlich auf einen Anteil von über 90 Prozent Filterzigaretten hinauslief. Anfang Oktober 1958 reisten Gertrud und Philipp F. Reemtsma, begleitet von dessen langjährigem Arzt Dr. Fritz Meyran, zum Gegenbesuch nach Südafrika, um den Unternehmer im eigenen Land persönlich näher kennenzulernen und mit ihm über weitere Kooperationen zu verhandeln. Die Art der Haushaltsführung von Huberte Rupert befremdete die Gäste aus Hamburg, doch auf der geschäftlichen Seite fiel das Resultat positiv aus.[575] Rupert belastete seinerzeit die südafrikanische Devisensperre, die dazu führte, dass er nicht genügend Finanzmittel für seine aufwendigen Investitionen ins Ausland transferieren konnte. Hier sprang ihm Reemtsma zur Seite. Der Unternehmer, der in einer Wirtschaftszeitschrift mit dem programmatischen Titel *Der Aufstieg* als einer der zwanzig reichsten Menschen der Bundesrepublik porträtiert worden war, schoss gemeinsam mit seinem Bruder Hermann dem Südafrikaner eine Summe vor, die zum Erwerb des drittgrößten britischen Zigarettenherstellers Carreras benötigt wurde.[576]

Wirtschaftlich weitaus interessanter war ein im April 1959 geschlossener Lizenzvertrag über die Vermarktungsrechte für Ruperts *Peter Stuyvesant* in Deutschland. Pro Tausend verkaufter Zigaretten musste Reemtsma 0,20 US-Dollar an den Lizenzgeber abführen. Das war eine überschaubare Regelung. Reemtsmas Portefeuille verhalf sie zu einer wegweisenden Erweiterung: *Peter Stuyvesant* war eine bereits international verbreitete Filterzigarette mit modernstem Image. Ihr haftete nichts von Orienttradition oder vom Nachkriegsruch einer ›Ami‹-Zigarette an. Der Schweizer Fritz Bühler gestaltete die Werbung für den deutschen Markt und kreierte den Slogan »Der Duft der großen weiten Welt«. Obwohl anfangs kaum ein Käufer den fremdartigen Namen fehlerfrei aussprechen konnte, lief das Produkt von Beginn an hervorragend. Philipp F. Reemtsma übermittelte Anton E. Rupert die Erfolgsmeldung: Von der neuen Marke seien im Juni bereits 207 Millionen Stück abgesetzt worden, und dabei habe man Süddeutschland noch gar nicht beliefern können. Die Nachfrage sei höher als die Produktion.[577] Schon 1959 erlangte die Zigarette die vierte Position unter den 235 in der Bundesrepublik angebotenen Sorten. Das war Balsam für die geschundenen Nerven der Firmenleitung, denn in den Jahren zuvor hatte man eine ganze Reihe von Misserfolgen unter den Neueinführungen beklagen müssen. Acht Marken hatte Reemtsma 1957/58 kreiert, und kaum einer war es gelungen, sich zu etablieren, auch nicht *Senoussi Filter* und *Salem Filter*. Als durchschlagend in dieser Phase erwies sich lediglich *Ernte 23*. Sie wurde zur erfolgreichsten Filterzigarette mit dem Reemtsma-Logo. Wie bei den anderen Herstellern gab es markentechnische Flops, doch die Umsätze der Erfolgsprodukte machten das wett. So wuchs Reemtsmas Anteil dank 18 verbreiteter Marken in der Bundesrepublik Ende der fünfziger Jahre auf 44,3 Prozent.

Als 1959 im Wandsbeker Werk der seit 33 Jahren amtierende Betriebsratschef von seinen Kollegen zum Rücktritt gezwungen wurde, kam es zu einer Begebenheit, die die Stimmungslage bei Reemtsma trefflich spiegelte: Vorstandsmitglied Wilhelm Lück wollte den scheidenden Vorsitzenden, der auch sein Aufsichtsratsmandat in der Firma niederlegte, zu ›Zwei‹ bringen, obwohl dieser kaum mehr in Erscheinung trat. Es ging darum, dass der Betriebsrat seinen Rücktritt persönlich mitteilte, um sein Gesicht zu wahren. Philipp F. Reemtsma meinte aber, das falle in das Ressort seines Bruders, der überaus empfindlich war, was die eigenen Zuständigkeiten anging. Lück sprach sich dagegen aus, da seiner Auffassung nach eine so wichtige Personalie mit dem Chef zu besprechen sei. Darauf herrschte Reemtsma seinen Vorstand an, in Angelegenheiten wie dieser habe ›Eins‹ den Hut auf. Die Entgegnung Lücks sprach Bände: »Auch der letzte Arbeiter betrachtet Sie als Chef des Unternehmens.«[578] Konsterniert nahm Philipp diese Bemerkung zur Kenntnis. Er berichtete seiner Frau davon und meinte, bei solch einer Ansicht müsse er etwas falsch gemacht haben. »Hier bereitet sich eine Lähmung des Unternehmens für den Fall meines Ausscheidens vor.« Zweifellos meinte er seinen Tod, und es irritierte ihn, dass man ihn eher konsultierte als ›Eins‹. Wie würde die Nachfolge aussehen?

Gertrud Reemtsma, im Frühjahr 1959 im 43. Lebensjahr stehend, entwickelte zu dieser Zeit ein intensiveres Interesse an Fragen der Zigarettenfabrikation. Sie erhielt von ihrem Mann Unterlagen der modernen Tabakmischtürme, die eine herausragende Innovation in der Zigarettenherstellung bewirkt hatten. Zu dieser Zeit schloss Reemtsma eine lange angestrebte Firmenübernahme ab: 1958/59 wurde die Badische Tabakmanufaktur Roth-Händle vom restituierten Alteigentümer Ernest Feist sowie von Paul Neusch und anderen Beteiligten gekauft. Der Betrieb hatte mittlerweile einen Jahresumsatz von knapp 3 Milliarden Zigaretten erreicht.[579] Zudem verarbeitete dieses Unternehmen in starkem Maße inländischen Tabak, was steuerlich begünstigt war. Die Übernahme, die neben der Einführung der *Peter Stuyvesant* die letzte größere geschäftliche Transaktion Philipp F. Reemtsmas war, sollte sich langfristig vorteilhaft für die Firma auswirken.[580]

Im Spätherbst des Jahres ging es dem Kranken immer schlechter. So nahm er nur von ferne wahr, dass sein Bruder Hermann und er im

November wegen ihres Stifterengagements mit der Hamburger Medaille für Kunst und Wissenschaft ausgezeichnet wurden. Bis zuletzt wollte er kein Morphium, auch wenn er entsetzlich litt. Als Anton E. Rupert davon hörte, dass der von ihm verehrte Unternehmer im Sterben lag, machte er sich eilends auf den Weg von Stellenbosch nach Hamburg. Vier Tage dauerte der Flug über Kartoum und Kairo. Rupert hatte Gertrud Reemtsma mitgeteilt, er wolle ihren Mann noch einmal sehen. Doch der Südafrikaner saß drei Tage lang tatenlos im *Vier Jahreszeiten*, da man ihn nicht zu Reemtsma vorließ. Schließlich erhielt er per Telefon die Mitteilung vom Tod seines väterlichen Vorbilds. Am 11. Dezember, nur wenige Tage vor seinem 66. Geburtstag, war Philipp F. Reemtsma in der Klinik verstorben. In der Zeit davor hatte er viel mit Gertrud gesprochen, auch über die Zukunft der Firma, und dabei seine Sorge zum Ausdruck gebracht, sein Bruder würde die Last der Leitung nicht bewältigen. Seine letzte Lektüre war *Lolita* gewesen, das gerade in deutscher Übersetzung erschienene Werk von Vladimir Nabokov.[581]

Vier Tage nach seinem Tod wurde ›Zwei‹ bestattet. An der Trauerfeier in der Kirche Nienstedten nahm lediglich der Kreis von Familie und Verwandten teil. Man blieb an diesem Dezembertag, bei eisigem Wind, am Grab unter sich. Propst Walter Borrmann hatte in seiner Ansprache den Toten als Haupt und Seele von Familie und Firma bezeichnet. Zu früh sei er gestorben, für seine Frau, für seinen Sohn und sein gesamtes Umfeld. Der Pfarrer bekundete seine Überzeugung, Gertrud werde das Vermächtnis ihres Gatten erfüllen, für Jan Philipp zu leben, damit er »ein echter Reemtsma wird, seines großen Vaters würdig«.[582] Am Tag nach dem Begräbnis beging man eine Trauerfeier in Wandsbek. Hermann F. Reemtsma begrüßte die dortige Belegschaft und Delegationen aus den anderen Standorten der Firma. 42 Jahre hatten die Brüder gemeinsam für ihr Unternehmen in konsequenter Arbeitsteilung gewirkt. ›Eins‹ verzichtete darauf, Ereignisse dieser außergewöhnlichen Zeitspanne Revue passieren zu lassen, die vielen der Anwesenden ohnehin präsent waren. Er lobte seinen Bruder als Unternehmer von Geburt, der den letzten Einsatz gefordert und diesen auch selbst geleistet hatte. Größte Freude habe Philipp nicht etwa äußere Anerkennung oder materieller Erfolg bereitet, sondern die Lösung schwierigster Anforderungen in kontinuierlicher Arbeit. Seine Befriedigung sei daraus erwachsen, härter als die Schläge des Schicksals zu sein.

Als bescheiden und »persönlich bedürfnislos« stellte Hermann den Verstorbenen dar, der zudem »immer mit sich im Reinen und Klaren« gewesen sei. – Nun, zurückhaltend war Philipp F. Reemtsma tatsächlich von seinem Naturell her gewesen. Jan Philipp Reemtsma bezeichnet die Förmlichkeit und Zurückhaltung als »familienendemisch«.[583] Aber die Lebensumwelt, die er sich mit Haus Kretkamp, Gut Trenthorst, Forst Primkenau und Schloss Puchhof innerhalb eines Jahrzehnts geschaffen hatte, war alles andere als bescheiden. Auch dass Philipp während der Haftzeit schwerste Zweifel an sich, seinem Tun und der unternehmerischen Zukunft gehegt hatte, war dem Bruder entgangen. Schließlich hatte der Internierte dies nur den Briefen an seine Frau Gertrud anvertraut. Derartiges hätte man natürlich nicht den trauernden Mitarbeitern schildern können. Mit Bestimmtheit stellte Hermann F. Reemtsma fest, das gemeinsam geschaffene Werk stehe auf festem Fundament und auch die Führungsmannschaft sei »in seinem Geist« gut geschult und aufgestellt. Beim letzten Besuch sei ihm der Sterbende vergeistigt und vom Irdischen befreit erschienen, bis ihn der Tod von seiner Qual erlöst habe. ›Eins‹ schloss seine Ansprache mit einem Appell: »Das Unternehmen arbeitet weiter nach dem Gesetz, das wir ihm in jungen Jahren gegeben haben, das Gesetz, nach dem es angetreten ist.« – Damit meinte Hermann F. Reemtsma das Hohelied der Qualitätszigarette, der unablässigen Produktoptimierung und der Effizienzsteigerung.

In den Nachrufen der Presse spiegelte sich der Spannungsbogen des Lebens von Philipp F. Reemtsma wider: Schöpfer der Markenzigarette und phantasiereicher Wirtschaftsführer, Finanzgenie und harter Konkurrent, Göring-Spender und Angeklagter, dem 1950 gerichtlich bescheinigt worden war, keine strafrechtlich zu erfassende Handlung begangen zu haben, öffentlichkeitsscheue Persönlichkeit und stiller Spender. Aus der Flut der Artikel ragt eine prägnante wie vielsagende Würdigung in der *Zeit* vom 18. Dezember heraus, die von der Hamburger Wochenzeitung selbst stammte: »Leise, wie er gelebt hat, ist Philipp F. Reemtsma von uns gegangen. Er hat seine

Familie innig geliebt, einer großen Industrie ihre gültige Form gegeben, Mitarbeiter gewonnen, die an ihm wie an einem Vater hingen, und war ein Beispiel für die Arbeit des Bürgers am Gemeinwohl. Er hinterlässt zahlreiche Freunde, denen er selbstlos und ohne viel Worte geholfen hat. Wir werden Philipp F. Reemtsma immer dankbar sein. *Die Zeit.*« Unter den an die Familie gerichteten Kondolenzschreiben befand sich auch eines von Hans Domizlaff. Er wandte sich an ›Eins‹ und versicherte ihm, dass der Tod alles Trennende beseitige. Zudem bedauerte er zutiefst, dass Philipp F. Reemtsma »so früh und so schmerzvoll aus dem Leben« gegangen sei.[584] Der Werbeberater wünschte Hermann alles Gute bei der Übernahme der schweren Bürde der Firmenleitung. Die Antwort enthielt aufrichtigen Dank. Hermann F. Reemtsma bekannte sich vorbehaltlos zu dem, was auf ihn gekommen war. Er sei überzeugt, »dass das, was von meinem Bruder weiterlebt, meine eigenen Kräfte stärken wird«.

Nachdem die Familie Anton E. Rupert den Zugang zum Sterbenden verwehrt hatte, war der Südafrikaner noch eine Woche in Hamburg geblieben und hatte mit Rudolf Schlenker kurz die Frage des zukünftigen gemeinschaftlichen Vorgehens auf dem europäischen Markt ansprechen können. Würde die strategische Ausrichtung der Rupert Tobacco Corp. so bleiben wie unter Philipp F. Reemtsmas und Anton E. Ruperts gemeinsamer Regie? Das musste geklärt werden. Bei ihrer letzten Begegnung im Juli 1959 hatte ›Zwei‹ dem jüngsten König der Zigarettenbranche drei Versprechen abgenommen: Rupert sollte Hermann-Hinrich Reemtsma in Südafrika ausbilden, die Markenbetreuung bei Reemtsma übernehmen und in einigen Jahren dafür sorgen, dass Jan Philipp auf ein Schweizer Internat komme. Die beiden ersten Wünsche erscheinen nachvollziehbar und für die Zukunft der Hamburger Firma von Bedeutung. Aber der letzte lief eindeutig Gertrud Reemtsma zuwider. Wieso hätte der Geschäftspartner und nicht die Mutter für die weiterführende Schulausbildung sorgen sollen? Dahinter stand ein gewisses Misstrauen des Vaters gegenüber der Erziehungskompetenz Gertruds.[585]

An einer außerordentlichen Aufsichtsratssitzung der Reemtsma Cigarettenfabriken nahmen unter anderem Karl Klasen von der Deutschen Bank, Hermann F. Reemtsma, Gertrud Reemtsma und

Rudolf Schlenker teil. ›Eins‹ wollte Anton E. Rupert ins Reemtsma-Boot holen, doch er stieß auf harten Widerstand. Sein Sohn Hermann-Hinrich, der seit Frühsommer 1959 in Stellenbosch in der Werbeabteilung von Rupert arbeitete, sprach sich dagegen aus, genau wie Schlenker und die Witwe. Anton E. Rupert wurde auch zu den Beratungen hinzugezogen, aber an den direkten Gesprächen durfte er nicht teilnehmen. Er musste in einem Vorzimmer warten und wurde dann hereingerufen. Im Stehen schilderte er auf Nachfrage der Anwesenden die drei Versprechen. Klasen, die Witwe und vor allem Schlenker, dem der Punkt mit der Markenbetreuung sauer aufstieß, wiesen das Ansinnen entschieden ab. Hermann F. Reemtsma hatte sich nicht durchsetzen können. Der brüskierte Gast machte auf dem Fuße kehrt und verließ schnurstracks den Raum. Klasen eilte ihm noch hinterher und wollte versöhnliche Töne anschlagen, aber er biss auf Granit. Rupert sagte nur kurz: »Ich kann nichts mehr für Sie tun« – und ging.[586] Hier wurde eine wesentliche Chance vertan, die Zukunft der Reemtsma Cigarettenfabriken aussichtsreich zu gestalten. Dass Schlenker als designierter Vorstandschef kein Interesse an einer solchen Koryphäe im eigenen Haus hatte, ist nachvollziehbar, denn seine Stellung hätte gelitten. Gertrud Reemtsma scheint emotional reagiert zu haben. Da stimmte die Chemie wohl von Anfang an nicht, und gegen die Idee, Rupert ein Betreuungsrecht gegenüber ihrem Sohn einzuräumen, musste sie sich einfach zur Wehr setzen. Hier war ein tiefer Riss im Reemtsma-Rupert'schen Tischtuch entstanden, und es sollte nicht lange dauern, bis es endgültig zerschnitten wurde.

Die weitergehenden Beteiligungspläne, die der Südafrikaner mit ›Zwei‹ geschmiedet hatte, zerrannen im Nichts. 1964 gab die Firma Reemtsma ihre Beteiligung an der London Rupert Tobacco Corp. für einen geringen Preis ab, »gegen ein Linsengericht«, wie sich Hermann-Hinrich Reemtsma erinnert. Die Hamburger waren mit ihren Forderungen moderat geblieben, da sie sämtliche Rechte an der *Peter Stuyvesant* in Deutschland, der Schweiz, in Skandinavien und Italien erhalten wollten. Es war letztlich ein Tauschgeschäft. Die Abkehr von Rupert hatte Folgen, die Reemtsma belasteten: 1965 beteiligte sich der internationale Konzern mit 50 Prozent an der Bremer

Brinkmann AG, wodurch diese zu einem mächtigen Mitspieler im deutschen Geschäft aufstieg. Die Enttäuschung bei Anton E. Rupert saß tief. Ende der neunziger Jahre sagte er zu dem als BAT-Vorstandschef tätigen Georg C. Domizlaff – einem der Söhne des Werbeberaters – über Reemtsma und sich selbst, gemeinsam hätten sie die Nummer zwei in der Welt der Zigarette werden können. So eine Gelegenheit kam nicht wieder.

Nach der Testamentseröffnung ergab sich folgende Lage: Der Haupterbe Jan Philipp Reemtsma war erst sieben Jahre alt. Er sollte mit 26 Jahren über sein Erbe verfügen dürfen. Die Testamentsvollstreckung zugunsten des Sohnes war von ›Zwei‹ in die Hände der Deutschen Bank gelegt worden. Hermann F. Reemtsma blieb als alleiniger Gesellschafter-Geschäftsführer das Haupt der Firma. Die operative Firmenleitung aber oblag Rudolf Schlenker. Tabakeinkauf, Fabrikation, Werbung und Verkauf dirigierten die übrigen Mitglieder des Vorstandes, so wie es Mitte 1958 eine Umstrukturierung der Geschäftsbereiche bestimmt hatte. Infolgedessen war der 62-jährige Schlickenrieder in den Aufsichtsrat übergewechselt.

Anfang Januar 1960, drei Wochen nach Philipps Tod, rief die Geschäftsleitung die Führungskräfte zusammen. Dabei erklärte ›Eins‹ die künftige Ausrichtung des Unternehmens und hob den »Reemtsma-Geist« wie auch das gegenseitige Vertrauen zueinander hervor. Weiterhin teilte Hermann F. Reemtsma mit, er habe seinem Bruder versprochen, solange er irgend konnte, in der Firma zu stehen und ihr zu dienen.[587] Als Ziel definiere er nun, die Spitzenstellung in der Bundesrepublik nicht nur zu halten, sondern auszubauen. Denken und Handeln der Firma sollten davon bestimmt sein, dass man mit modernsten wirtschaftlichen Methoden den Anspruch auf die Führungsposition in der Zigarettenindustrie untermauere. Es ging ihm um »die Zukunft unseres schönen Unternehmens«, die es offensiv anzustreben gelte. Durch Parolen dieser Art hatte er sich bisher nie in der Firma hervorgetan. Hermann F. Reemtsma war als ausgleichender Chef für die Wahrung des Betriebsfriedens verantwortlich gewesen. Er hatte erreicht, dass es nie zu Arbeitskonflikten in der Firma gekommen war. Dies gehörte zu seinen Stärken und nicht etwa kämpferisches Auftreten. Er trat ein schweres Erbe an.

Skulpturen verschiedener Künstler hatte Hermann F. Reemtsma bereits in den zwanziger Jahren gesammelt, doch erst durch den Bildhauer Hugo Körtzinger war 1934 seine Leidenschaft für Ernst Barlach geweckt worden. Diese galt vor allem den Holzplastiken des von ihm verehrten Künstlers, aber er erwarb auch eine ganze Reihe von dessen Kohlezeichnungen. Im Haus am Zickzackweg und dann nach Kriegsende auf seinem Bauernhof waren die Skulpturen Barlachs zu sehen, die ›Eins‹ erworben hatte. Die meisten dieser Arbeiten hatten eine Größe, die sich für die Präsentation im privaten Umfeld eignete. Das herausragende Werk der Sammlung, der aus neun Figuren bestehende *Fries der Lauschenden*, wurde in den Wohnräumen aufgestellt. Doch Hermann F. Reemtsma sammelte nicht nur leidenschaftlich, er wollte auch weitervermitteln und anregen. Dies korrespondierte mit seiner engagierten Beteiligung an der Verwaltung des Nachlasses von Ernst Barlach, der er gleich nach dem Tod des Künstlers beigetreten war.[588]

1953 bezog der 60-jährige Unternehmer ein neues Haus, das er am Falkensteiner Elbhang westlich von Blankenese für seine Frau Hanna und sich hatte errichten lassen. Hier konzentrierte er nun seine Barlach-Werke, wobei auch einige im Freien aufgestellt wurden. Im Seitengärtchen stand die mannshohe Skulptur *Singender Klosterschüler*, während unter dem vorkragenden Dach die *Frau im Wind* zu wachen schien. Doch die Werke des im nahe gelegenen Wedel geborenen Künstlers waren keineswegs allein in diesem Domizil, das mit seinen weißen Kalksteinwänden und den steilen Satteldächern an ein freundliches Gutshaus erinnerte.[589] Der eintretende Besucher stieß in der Diele auf eine Skulptur von Richard Scheibe, die *Flora*, und in den Wohnräumen auf Werke von Georg Kolbe, wie die bereits 1929 erworbene *Junge Frau*. Hinzu kamen Gemälde aus dem Spektrum zwischen Rembrandt und Liebermann, die Reemtsma sammelte. Barlach aber bestimmte das Ambiente. Ein bemerkenswertes Arrangement befand sich in der Bibliothek: Hier war der *Fries der Lauschenden* an der Längswand aufgestellt, und in der Blickrichtung der neun Figuren hing ein von Leo von König im Jahre 1937

Hermann F. Reemtsma, genannt ›Eins‹, 1940

gemaltes Barlach-Porträt. Auf diese Weise wurde eine Beziehung zwischen Werk und Schöpfer hergestellt, was dem Raum einen besonderen Reiz verlieh.

Hermann F. Reemtsma hatte im Laufe der Zeit eine der schönsten Barlach-Sammlungen zusammengetragen, auch über Erwerbungen aus dem Nachlass. Seit 1955 dachte er darüber nach, wie die 60 Skulpturen und mehreren Hundert Zeichnungen in ihrer Geschlossenheit erhalten und gleichzeitig der Öffentlichkeit zugänglich gemacht werden könnten. An einigen Orten, etwa Wedel, Ratzeburg und Güstrow, sowie in Museen waren einzelne Werke des Künstlers ausgestellt, doch gab es bislang keine umfassende Barlach-Präsentation in der Bundesrepublik. Angesichts dieses Desiderats teilte

Reemtsma im Januar 1959 seinem Freund Körtzinger mit, er wolle nicht, dass die Sammlung in ein größeres Museum übergehe, sondern favorisiere ein eigenständiges »Barlach-Haus« an der Niederelbe.[590]

Aufgrund seiner finanziellen Möglichkeiten konnte Reemtsma diese große Idee verwirklichen. Im November 1960 brachte der Unternehmer gemeinsam mit seiner Frau die Barlach-Sammlung in eine Stiftung ein, die ihrer Satzung zufolge allgemein »die Förderung der Kunsterziehung, Volksbildung und Toleranz auf allen Gebieten der Kultur« beabsichtigte.[591] Ihr Hauptziel aber war die öffentliche Vergegenwärtigung des norddeutschen Künstlers. Sein Werk in Dichtung und bildender Kunst wollte man zudem dauerhaft wissenschaftlich erforschen lassen. Entsprechend dieser Intention wurde mit der Planung eines Barlach-Museums begonnen, für das der Stifter selbst den Ort ausgewählt hatte: Im Hamburger Jenisch-Park, in dem lediglich das klassizistische Jenisch-Haus stand, wollte er das Ausstellungsgebäude errichten lassen. Die Stadt stimmte zu, worauf ein Architektenwettbewerb stattfand. Der Hamburger Werner Kallmorgen überzeugte die Jury und den Stifter mit seinem Entwurf eines flachen kubischen Bauensembles, das sich in äußerster Schlichtheit an den nördlichen Rand des Parkgeländes fügen sollte. Die Grundsteinlegung allerdings erlebte Hermann F. Reemtsma nicht mehr. Er verstarb am 18. Juni 1961 an einem Herzinfarkt. – Beim Richtfest der Friedhofskapelle des bei seinem Bauernhof gelegenen Dorfes war er zusammengebrochen.

Der Verlust für die Familie und die Firma ließ sich kaum ermessen. Innerhalb von 18 Monaten waren die wichtigsten Persönlichkeiten des Familienverbandes und des Unternehmens gestorben! Da verzagten nicht nur die unmittelbaren Angehörigen, die wie bei Philipps Tod zusammenkamen. Hermann-Hinrich eilte aus dem Ausland nach Hamburg. Ihm schrieb die Presse sogleich die Führungsnachfolge zu. So erklärte das *Hamburger Abendblatt*, der 26-Jährige würde »das weltumspannende Haus in den Traditionen der Familie« weiterführen.[592] Hamburgs Erster Bürgermeister Max Brauer gedachte im Radio des Verstorbenen. Die Stadt, sagte er, vermisse nun »einen ihrer besten Bürger« und er selbst einen guten Freund.[593] Das Begräbnis wurde, anders als bei Philipp Ende 1959, von einer großen Trauergemeinde begleitet. Der Bürgermeister und einige Prominente aus der Wirtschaft nahmen daran teil, wie auch zahlreiche Mitarbeiter des Unternehmens, von den Chefs bis zu Betriebspensionären, von den Prokuristen bis zu den Sekretärinnen. Das *Abendblatt* registrierte »Kränze aus aller Herren Länder«, aber auch »schlichte Grüße kleiner Heidedörfer«, deren Gemeinden, Kirchen und Feuerwehren von Reemtsma mit Spenden bedacht worden waren.[594] Der mit der Familie befreundete Kirchenmusiker Georg Kempff spielte in der Nienstedtener Kirche die große Orgelfuge Bachs, während Landesbischof Karl Witte die Trauerrede hielt. Der Geistliche erinnerte daran, dass der mit dem Namen Reemtsma einhergehende phänomenale Erfolg aus dem einstigen Zusammenspiel der beiden Brüder resultierte. Dann wurde Hermann F. Reemtsma in der 1956 von Richard Scheibe gestalteten Grabstätte neben der seines Bruders beigesetzt.

Die H.F. & Ph.F. Reemtsma Cigarettenfabriken GmbH & Co. KG erklärte in ihren Todesanzeigen treffend: »Die große Familie seiner Mitarbeiter hat den Vater und Freund verloren.« Am Tag nach dem Begräbnis war es nun Aufgabe des trauernden Sohns, auf dem so viele Hoffnungen lasteten, vor der Belegschaft in Wandsbek zu sprechen. Konnte und wollte er die Lücke ausfüllen? War er in der Lage, in die Fußstapfen der verstorbenen Gründergeneration zu treten? Hermann-Hinrich Reemtsma bezeichnete den plötzlichen Tod als »unendlich hartes und grausames Gehen«.[595] – Er kam zu schnell, lautete der Tenor. Bei Philipp hatte es geheißen, er sei zu früh gekommen. Letzterer war schließlich nur 65 Jahre alt geworden und Hermann 68 Jahre. Der Sohn nahm vor den Mitarbeitern in »übergroßem Schmerz« Abschied vom geliebten Vater und erinnerte an das gemeinschaftliche, von Liebe zur Arbeit beflügelte Werk von ›Eins‹ und ›Zwei‹. Ihm klinge noch ein väterlicher Appell aus Kindheitstagen im Ohr: »Was du auch tust, das tue ganz und gut!« Diese Maxime gab Hermann-Hinrich Reemtsma der Wandsbeker Belegschaft stellvertretend für die 7000 Mitarbeiter des Unternehmens weiter.

Es war ein Frühsommer voller Gedenken und belastender Ereignisse: Zwanzig Jahre lag der Überfall der Wehrmacht auf die Sowjetunion zurück. Adolf Eichmann stand in Jerusalem vor Gericht. Und um Berlin zeichnete sich eine Krise ab – die bald zur Abtrennung des Westteils der Stadt durch die Mauer führen sollte. In Bahrenfeld wurde wenige Wochen nach dem Tod Hermann F. Reemtsmas im Jenisch-Park der Grundstein zum Barlach-Haus gelegt. Die Witwe und ihr Sohn wurden bei der Feier flankiert vom Architekten sowie von Kultursenator Biermann-Ratjen und Altbürgermeister Kurt Sieveking. Die beiden Letzteren waren Mitglieder des Vorstands der »Ernst Barlach Haus – Stiftung Hermann F. Reemtsma«. Sichtbar wurde dabei die bewusst gewählte enge Verbindung zwischen Familie, Hansestadt und Firma. Zwei Tage vor dem 70. Geburtstag des Stifters Hermann F. Reemtsma, am 27. Oktober 1962, wurde das Ernst Barlach Haus eröffnet. Hamburg besaß damit der Presse zufolge das modernste Museum Deutschlands, ein architektonisches Kleinod, in dem kein Kult um Barlach betrieben, sondern ein wichtiger Teil seiner Skulpturen und Grafiken präsentiert und aufbewahrt wurde. Die Stiftung war aus einem schöpferischen Impuls heraus entstanden, aber nun diente sie auch dem Andenken an eines der beiden prominenten Mitglieder der Familie Reemtsma.

Die 1943 zur Erinnerung an den in der Ukraine gefallenen Unternehmersohn gegründete Uwe-Reemtsma-Stiftung gab es weiterhin. Ihr kriegsbezogener Zweck war die Unterstützung der Hinterbliebenen gefallener Firmenangehöriger gewesen. Zudem wurde später über die Einrichtung auch symbolische Hilfe für ehemalige Firmenangehörige geleistet, die in der DDR lebten. Eine ganze Reihe früherer Mitarbeiter von Josetti in Berlin oder Yenidze und Jasmatzi in Dresden erhielten alljährlich Weihnachtspakete mit Lebensmitteln aus Hamburg zugesandt.[596] Stiftungen, sei es für karitative oder künstlerische Zwecke, gehörten nun mehr noch als zuvor zum sozialen Engagement der Reemtsmas. Das Erbe verpflichtete. Und ihre Angestellten erinnerten zwei von Richard Scheibe geschaffene Reliefbildnisse im Eingangsbereich der Othmarschener Hauptverwaltung an die beiden herausragenden Gründerpersönlichkeiten.

»Ich denke häufig an Philipp Reemtsma und weiß, dass Erfolg bezahlt werden muss.«

AXEL SPRINGER, 10. OKTOBER 1967

Führungsfragen im Interregnum

Die Verpflichtung der Mutter

Nachdem man Rupert den Stuhl vor die Tür gestellt hatte und Hermann F. Reemtsma verstorben war, herrschte ein prekäres Vakuum in der Firmenleitung, das Rudolf Schlenker schwerlich ausfüllen konnte. Er war vom Typ her eher ein Ministerialbeamter und Lobbyist und nicht der unternehmerisch handelnde Manager, den es für die Zigarettenfirma benötigt hätte. Zu seinen unbestrittenen Fähigkeiten gehörte, dass er geschickt als VdC-Vorsitzender agierte. So standen die Zeichen bei Reemtsma zu Beginn der sechziger Jahre nicht günstig. Deutete die Wahl Schlenkers auf ein Nachlassen der einst so ausgezeichneten Menschenkenntnis Philipp F. Reemtsmas hin? Sicher, die ab Mitte der zwanziger Jahre zusammengestellte erfolgreiche Mannschaft war zum großen Teil sein Werk gewesen. Aber eine derart glückliche personelle Konstellation konnte eine Generation später unter den gänzlich veränderten wirtschaftlichen Rahmenbedingungen kaum erneut entstehen. Die Führungsproblematik war nicht dem verstorbenen Chef allein anzulasten.

Hermann-Hinrich Reemtsma wollte eigentlich nicht in die Geschäftsleitung eintreten, obwohl er dies in der Trauerrede im Wandsbeker Werk ausgesprochen hatte. Gertrud Reemtsma hielt zu Schlenker als Vorstandschef, denn dieser war ja von ihrem Mann dazu bestimmt worden. Einigkeit bezüglich der Führungsmannschaft gab es in den drei Familienzweigen fortan nicht mehr. Alwin Reemtsma war jetzt der Senior, aber er hatte in der Firma keinen Posten inne. Seine beiden Söhne Feiko und Jan Berend, die ebenfalls nicht im

Geschäft tätig waren, verfügten lediglich jeweils über 2 Prozent des im Juli 1960 von 5 Millionen auf 120 Millionen Mark erhöhten Gesellschaftskapitals der Reemtsma Cigarettenfabriken GmbH. Wie früher hielt die Familie Reemtsma zwei Drittel an der GmbH, wobei der Löwenanteil Jan Philipp zugefallen war. Vom Gesellschaftskapital kontrollierte er – bzw. die Testamentsvollstrecker – 49,2 Millionen Mark. Knapp die Hälfte davon hielt Hermann-Hinrich Reemtsma. Dann allerdings waren noch zusammengerechnet 35 Prozent der Anteile in der Hand der Gütschow- und Schnur-Erben. Dieses »Beharren« deutete Kurt Pritzkoleit als »Konservativismus des Hauses Reemtsma«, doch man könnte es auch als Ausdruck der Verbundenheit mit den früheren Partnern ansehen.[597] Niemand bei Reemtsma wollte die in den zwanziger Jahren eingegangenen Bindungen lösen, selbst wenn aus diesen Familien außer Herbert Gütschow, der als Werkleiter in München über die Produktion wachte, keiner mehr im Geschäft selbst tätig war.

Die H. F. & Ph. F. Reemtsma KG fungierte als Betriebsgesellschaft der GmbH. Das Kapital der Kommanditgesellschaft war auf 40 Millionen Mark erhöht worden. Zu den Kommanditisten gehörten unter anderem Alwin Reemtsma, Gerda Heldern, Herbert Gütschow und Anwalt Philipp Möhring als Vertreter der Schnur-Erben. Die beiden Kapitalerhöhungen von GmbH und KG verbesserten unter anderem die Kreditwürdigkeit des Zigarettenherstellers.[598] Zwangsläufig besaß die Firma wie in ihrer ersten Gründerzeit vitale Verbindungen zur deutschen Finanzwirtschaft, was jetzt in der Präsenz von vier Mitgliedern in ihrem fünfköpfigen Aufsichtsrat zum Ausdruck kam. Seit Jahrzehnten war die Hamburger Firma Aktionär und Kreditnehmer der Deutschen Bank. Daher wunderte es niemanden, dass Erich Bechtolf – stellvertretender Aufsichtsratsvorsitzender des Kreditinstituts – und Dr. Karl Klasen von der Deutschen Bank in Hamburg im Kreis der Kontrolleure des Zigarettenherstellers tonangebend waren. Ihnen zur Seite stand Philipp Möhring, der zweite Mann im Aufsichtsrat der Commerzbank. Mit Hugo Scharnberg schließlich gehörte dem Gremium ein CDU-Bundestagsabgeordneter an, der lange Zeit in den Vorstandsetagen der Dresdner Bank gewirkt hatte. Das fünfte Mitglied war Dr. Walter Hoffmann, der frühere Generaldirektor der Hapag. Doch nicht allein über den Aufsichtsrat konnte die Finanzwirtschaft bei Reemtsma Einfluss ausüben. Zentral war die Rolle, die ›Zwei‹ in seinem Testament der Deutschen Bank zugedacht hatte: Sie verwaltete treuhänderisch sein Erbe, bis Jan Philipp 26 Jahre alt war. Zudem musste der eine der beiden Testamentsvollstrecker dem Kreditinstitut selbst angehören und der andere von diesem bestimmt werden. Damit war die Rolle der Reemtsma-Gesellschafter eine eher hintergründige, denn die Unternehmensstrategie steuerten nicht sie, sondern der von Rudolf Schlenker geleitete Vorstand und die mit den Großbanken verbundenen Aufsichtsräte im Einvernehmen mit den Testamentsvollstreckern.

Jetzt rückte Dr. Malte Hesselmann in den Vordergrund. Der Taufpate des Haupterben Jan Philipp wurde neben Karl Klasen mit der Testamentsvollstreckung betraut. Jan Berend Reemtsma erinnert sich daran, dass sein Onkel Philipp über Rechtsanwälte gesagt hatte, sie gehörten nicht in die Geschäftsleitung, denn »die mietet man, wenn man sie braucht«.[599] Schlenker und Klasen setzten die Berufung Hesselmanns in die Chefetage durch. Der 1931 geborene Jurist wurde bei Reemtsma mit dem Ausbau schon bestehender und der Akquise neuer Geschäftsbereiche betraut. Dazu gehörte das Brauwesen. Über die Bremer Firma Beck & Co. war Reemtsma beteiligt an der Haake Beck Brauerei AG, unter deren weitgehender Kontrolle einige Bremer Brauereien standen. ›Eins‹ war zum Aufsichtsratsvorsitzenden der zu Beck gehörenden Winterhuder Bierbrauerei AG in Hamburg berufen worden. Zudem hatte er dem Beck-Beirat angehört. Dieses zweite Genussmittel-Geschäftsfeld der Firma Reemtsma wurde auf Betreiben der Deutschen Bank, die bei Beck & Co. ein Mandat innehatte, umfassend ausgeweitet. Letztlich betreute Hesselmann das Biergeschäft von Reemtsma.

Da die neue Othmarschener Firmenleitung ähnlich wie Anton E. Rupert international agieren wollte, begann man in Südamerika, vor allem in Argentinien, mit dem Erwerb von Zigarettenfabriken. Schlenker schickte Hesselmann als Nachwuchsführungskraft rund um die Welt. Das Berufsleben des Juristen war fortan von der Testamentsvollstreckung und von der Firma Reemtsma bestimmt. Deren deutscher Hauptkonkurrent war zu Beginn der sechziger Jahre die kapitalstarke BAT. Ihr Marktanteil lag vor allem dank der erfolgreichsten bundesdeutschen Zigarette, *HB*, bei etwa 30 Prozent. BAT ließ in Hamburg, Ahrensburg, Berlin und Bayreuth sowie in den Werken kleinerer Tochterfirmen produzieren. 1960 hatte der Konkurrent die deutschen Produktionsrechte der französischen *Gauloises* erworben, womit er im Segment der schwarzen Zigarette Reemtsmas *Roth-Händle*-Produktion Paroli bieten konnte. Haus Neuerburg war umsatzmäßig abgestürzt, sodass Brinkmann zur dritten Stelle im Zigarettengeschäft aufrückte. Die Brinkmann-Inhaberfamilie Ritter hatte sich zu dieser Zeit mit der Kristinus GmbH, geleitet vom Ritter-Schwiegersohn Dr. Friedrich Kristinus, verbunden und mit der Muratti AG zusammengeschlossen.

Richtungweisender war für die Bremer allerdings ein im Sommer 1960 getroffenes Abkommen mit dem amerikanischen Konzern Philip Morris, dessen *Marlboro* in den Brinkmann-Werken mitproduziert werden sollte. Reynolds Tobacco hatte kurz zuvor, im März des Jahres, durch die Übernahme von Haus Neuerburg den Einstieg in den deutschen Markt gefunden. Reynolds wiederum brachte die starken Marken *Camel, Winston* und *Reyno* nach Deutschland. Mit Philip Morris und Reynolds waren zwei neue internationale Akteure zum Konzert der Großen in der Bundesrepublik hinzugekommen, in dem BAT eine hervorragende Position besaß. Sie alle griffen den Marktführer Reemtsma an, just zu der Zeit, als Philipp und Hermann F. Reemtsma verstorben waren.

Hermann-Hinrich Reemtsma besaß eine ausgeprägte Neigung zur Landwirtschaft. Sie war im Sommer 1943 geweckt worden, als seine Mutter Hanna nach den Bombenangriffen auf Hamburg mit dem achtjährigen Sohn auf den Heidehof ausgewichen war. Dort hatte er zwei idyllische Jahre verbracht. Das Leben auf dem Lande war ihm in guter Erinnerung geblieben, während ihm sein späterer Besuch des renommierten Othmarschener Gymnasiums Christianeum nicht zugesagt hatte. Schließlich war er auf das in der Nähe von Schleswig gelegene Internat Louisenlund gekommen. Bereits als Jugendlicher wollte Hermann-Hinrich am liebsten Landwirt werden. Dennoch war er dem Wunsch seines Vaters gefolgt, in die Zigarettenbranche zu gehen, hatte eine Maschinenschlosserlehre bei Hauni absolviert und anschließend in Ruperts südafrikanischer Firmenzentrale gearbeitet. Sein Eintritt bei Reemtsma selbst war im Herbst 1960 erfolgt. Nachdem er im Herbst 1962 die Journalistin Eike Elisabeth Andreae geheiratet hatte, betätigte er sich in der Bahrenfelder Frischdienst-Zentrale, in der Produktionsleitung und in der Wandsbeker Werkleitung.

Die Arbeiten in der Zigarettenbranche füllten Hermann-Hinrich Reemtsma nicht aus. Ihn ließ der Gedanke an die Landwirtschaft nicht los. Der 30-Jährige zweifelte, ob er sich »grundsätzlich dafür eignen würde, in der Spitzenmannschaft eines großen Industrieunternehmens zu stehen«, wie er einige Jahre später vor den Mitgliedern seines Hamburger Rotary-Clubs rekapitulierte. Er hielt es für unpassend, in der Firma, die seinen Namen trug und deren zweitwichtigster Gesellschafter er war, »keine erstrangige Stellung« einzunehmen.[600] Hermann-Hinrich Reemtsma vertrat die Ansicht, dass in einem Familienunternehmen die Generationenfolge zwangsläufig zur Trennung von Geschäftsführung und Eigentümerschaft führe. Eine Personalunion aufgrund von Qualifikation und Neigung sei nichts anderes als ein Glücksfall. Um den Zwiespalt aufzulösen, beendete der Sohn von ›Eins‹ im Herbst 1966 seine aktive Mitarbeit in der Firma. Noch einmal ging er in eine Ausbildung – als Volontär auf einem Bauernhof. Dann erwarb er im Osten Englands einen Ackerbaubetrieb und pachtete zum ererbten väterlichen Hof in der Lüneburger Heide zwei Gehöfte hinzu, um den Betrieb wirtschaftlicher zu gestalten. Trotz dieser landwirtschaftlichen Arbeitsfelder blieb Hermann-Hinrich Reemtsmas Familie in Blankenese wohnhaft, was dazu führte, dass der Landwirt aus Neigung nahezu wöchentlich auf den Heidehof und zudem mehrmals im Jahr nach England fahren musste.[601] Somit arbeitete ab 1966 kein Familienmitglied mehr in der Leitung des nun über 56 Jahre alten Unternehmens.

Würde Jan Philipp in die entstandene Lücke hineinwachsen können? Das erwarteten vor allem die emotional mit der Firma verbundenen Arbeiter in den Werken. Seine Mutter versuchte ihn bei aller Strenge ihrer Erziehung so umfassend wie möglich zu schützen. Gertrud Reemtsma hatte stets Angst vor einem Verbrechen an ihrem Sohn. Das basierte gerade auf den frischen Eindrücken, die mit der Ermordung eines Wiesbadener Jungen einhergegangen waren: Timo

Rinnelt war Anfang Februar 1964 verschwunden. Seine Eltern hatten eine Zeit lang Erpresserbriefe erhalten, obwohl, wie sich später herausstellte, der Junge bereits am Entführungstag ermordet worden war. Die Berichterstattung über den Mordfall schwoll zu einem Medienrummel an, wie ihn die Bundesrepublik bis dahin noch nicht erlebt hatte. Gertrud Reemtsma, die sich auch an das entführte ›Lindbergh-Baby‹ erinnerte, war stark beunruhigt. Daher wurde Jan Philipp Reemtsma mit dem Auto zur Schule gefahren, und, was der Sohn lange nicht bemerkte, vom Chauffeur mit etwas Abstand auch auf dem letzten Wegstück zum Schuleingang eskortiert.

Im schulischen Rahmen dämmerte es Jan Philipp Reemtsma erstmals, dass er Angehöriger einer besonderen Familie war. So hatte ihn der Schuldirektor mit vielsagender Miene und den Worten »Ach, du bist also der kleine Reemtsma« begrüßt, und ein älterer Mitschüler forderte ihn auf dem Pausenhof in rüdem Tonfall auf, ihm alsbald eine Stange Zigaretten mitzubringen.[602] Das aber blieben Ausnahmen. Hier im Hamburger Westen tummelten sich schließlich viele Kinder betuchter Eltern. In seiner Gymnasialzeit, die er ebenfalls auf dem Christianeum verbrachte, hatte der Sextaner ein prägendes Erlebnis: Eines Tages bildete sich nach Schulschluss eine Schülermeute, die auf dem Weg zum S-Bahnhof den Klassenclown, einen Deutsch-Armenier, unausgesetzt bedrängte und sogar schlug. Jan Philipp lief nur einen kleinen Teil des Weges mit, da er abgeholt werden sollte, aber auf dieser Strecke spürte er, dass die kollektive Aggression der Gruppe gegen den wehrlosen Einzelnen erregend auf ihn wirkte. Er war ein Teil der Meute, obwohl er nicht austeilte. Die Rangelei hatte ein Nachspiel, da die Eltern des Bedrängten die Schulleitung informierten. Am Folgetag hielt der Klassenlehrer den Jungen eine gehörige Standpauke. Voll kalter Verachtung herrschte er die Zehnjährigen an: »Wenn ihr so was noch mal macht, dann seid ihr nicht mehr meine Schüler, dann seid ihr Pack!«[603] Das traf die Schüler ins Mark. Keiner von ihnen – davon ist Jan Philipp Reemtsma heute noch überzeugt – hat sich später wieder so oder ähnlich aggressiv verhalten. Diese energische Zurechtweisung durch einen guten Pädagogen beeindruckte ihn nachhaltig. Fortan verabscheute er jede Form kollektiver Gewalt zutiefst.

Hoffnungsträger beim Kegeln: Einweihung der Bahrenfelder Reemtsma-Freizeitanlage durch Jan Philipp Reemtsma (hinten Gertrud Reemtsma, links daneben Vorstandschef Rudolf Schlenker), 1967

Jan Philipp Reemtsma war ein ungemein behütet aufwachsendes Einzelkind, für das seine Mutter alles Menschenmögliche tat. Ausschließlich auf sie bezogen lebte er aber nicht. Sie achtete bewusst darauf, dass er Gesellschaft hatte. Eine freundschaftliche Verbindung bestand zu Helga Scheerer, der Witwe des ehemaligen Hauslehrers Theo Scheerer, der die drei Söhne aus der ersten Ehe Philipp F. Reemtsmas in Haus Kretkamp unterrichtet hatte. Auf Anregung Gertruds schloss sich Frau Scheerer mit ihren drei Kindern Thomas, Sebastian und Ann Kathrin bei einigen Aufenthalten auf dem Trenthof in Holstein oder auf Urlauben im Tessin dem Jungen und seiner Mutter an. Auf diese Weise kam Jan Philipp auch außerhalb der Schule mit Kindern zusammen. Dennoch, Freundschaften entwickelte er nur zaghaft, sodass in seinen frühen Jugendjahren eine spürbare Skepsis bei der Mutter entstand, was die Entwicklung ihres Sohnes anging. Das Ziel war vorgezeichnet – er sollte in die Firmenleitung eintreten –, aber der Weg dorthin war fraglich. Daraus ergab sich keine leichte Erziehungssituation für die Mutter, denn neben ihr wollten die Testamentsvollstrecker und einige Berater an der Vorbereitung des Juniors mitwirken.

Mitte der sechziger Jahre war Gertrud Reemtsma im Kuratorium des Rudolf-Laun-Hauses in Hamburg-Lokstedt tätig. Sie gehörte zu den finanziellen Unterstützern des Studentenwohnheims. Den in der Leitung der Einrichtung beschäftigten Juristen Horst Schüler-Springorum fragte sie nach einer Empfehlung: Es bereitete ihr Sorge, dass Jan Philipp sehr in sich gekehrt und scheu war und in der Schule inzwischen als Bücher verschlingender Sonderling auffiel. Daher dachte die Mutter, ein geeigneter Student, eine Art Gefährte und Gesprächspartner für den Sohn, würde ihn etwas mehr ins normale Leben holen. Schüler-Springorum hatte tatsächlich einen Kandidaten parat. In der Selbstverwaltung des Wohnheims war ihm der Soziologiestudent Rainer Elling aufgefallen. Er war neun Jahre älter als Jan Philipp und wurde nach einem Vorstellungsgespräch von der Mutter eingeladen, am Krumdalsweg einzuziehen. Für zwei Jahre sollte er dort wohnen und sich um den Filius des Hauses kümmern. Der Soziologiestudent brachte dem Blankeneser Jungen Hamburg näher, indem er ihn ins Kino und ins Stadtleben ausführte. Das war die eine Seite. Auf der anderen stand, dass der gesellschaftskritische Geist Ellings auf die Interessenbildung Jan Philipps ausstrahlte.[604] Diese Eigendynamik hätte die Mutter sicherlich gestört. Aber ihr Sohn wurde selbständiger und begann, eigene Wege zu suchen.

Im familiären Umfeld hatten manche längst den Eindruck, dass Jan Philipp, seit er denken konnte, in Opposition ging. Als er dann 1967 politisch interessierter wurde und dabei gehörig aus dem bürgerlichen Ruder lief, waren weder Gertrud Reemtsma noch ihre Berater in der Lage, passende Antworten zu finden und gegenzusteuern. Der reiche Erbe entwickelte sich zum überzeugten Linken. Unverhofft entdeckte die 51-jährige Gertrud Reemtsma während eines Einkaufsbummels in der Innenstadt ihren Sohn inmitten eines Demonstrationszuges mit Ho-Chi-Minh-Anhängern, die sozialistische Parolen skandierten. Kurzerhand zerrte die resolute Dame ihren Spross aus der Menge und las ihm die Leviten. So etwas gehörte sich nicht! Verständlich, dass dem Jugendlichen die Szene entsetzlich unangenehm war. Schlimmer hätte es kaum kommen können, als vor aller Augen auf dem Jungfernstieg von der Mutter wegen seiner politischen Ideale zurechtgewiesen zu werden. »Da war der Spaß natürlich vorbei«, erinnert sich Jan Philipp Reemtsma noch heute peinlich berührt, aber dennoch wandte er sich von der Empörten ab und reihte sich wieder in den Zug der Demonstranten ein.[605]

Noch andere Mitglieder des Hamburger Bürgeradels erlebten gravierende Erschütterungen ihres Idealbildes. So sah sich der erfolgreiche Verleger Axel Springer massiver Kritik ausgesetzt. Die einen störte seine Absicht, gemeinsam mit anderen Presseverlagen ins Fernsehen einzusteigen. Die anderen wetterten schlicht gegen die Tatsache, dass jeden Tag Millionen von Menschen zu Zeitungen aus dem Hause Springer griffen. Vor allem die Boulevardzeitungen standen im Ruf, mit plakativer Berichterstattung und aufhetzender Sprache gegen das linke politische Lager allgemein und die Studentenbewegung im Besonderen Front zu machen. Gleichzeitig kursierte das Wort vom Monopolisten, der die Freiheit der Meinungsbildung einenge. Dies rief nicht allein Proteste radikalisierter Studenten hervor. Selbst im Bundestag wurde intensiv über die Gefahren der Pressekonzentration debattiert.

Mit dieser Kritik im Nacken trat Axel Springer am 10. Oktober 1967 vor seine Hamburger Mitarbeiter, um auf der Betriebsversammlung über die Lage des Pressehauses zu sprechen. Zur Untermalung seiner Empfindungen erinnerte er an Philipp F. Reemtsma: Als »ganz junger Mensch« habe er in Altona miterleben können, »welche Hasswellen« über dem Zigarettenindustriellen zusammengeschlagen seien. Daran knüpfte er einen Vergleich mit den gegen seine Person gerichteten Parolen, indem er fortfuhr: »Es war eigentlich viel schlimmer als das, was heute mit mir geschieht. Ich denke häufig an Philipp Reemtsma und weiß, dass Erfolg bezahlt werden muss.«[606] Als der Zigarettenindustrielle 55 Jahre alt gewesen war, hatte er das Hamburger Strafverfahren durchgestanden. Springer war 1967 genauso alt. Er musste sich zwar nicht vor Gericht verantworten, aber die gegen ihn gerichteten Vorwürfe summierten sich bedenklich, und die Linke plante ein ›Springer-Tribunal‹ als öffentliches Spektakel. Nun erinnerte der Verleger an den acht Jahre zuvor verstorbenen Reemtsma und sagte abschließend: »Ich glaube auch, dass ein Mann profiliert wird, wenn ihm Gegnerschaft, ja sogar wenn ihm Feindschaft erwächst.«

Damit hatte er recht, aber Reemtsma war in den späten zwanziger Jahren lediglich zum Hassobjekt einiger Tausend Tabakhändler und einer Handvoll unterlegener Industrieller geworden, während der Zeitungsverleger als Chiffre des bürgerlichen Lagers von der studentischen Linken verteufelt und von den Linksintellektuellen geschnitten wurde. Philipp F. Reemtsma und Axel Springer, zwei in ihrem Wesen ungemein verschiedene konservative Persönlichkeiten, wurden beide mit Monopolvorwürfen konfrontiert. Eine engere persönliche Beziehung bestand nicht zwischen den beiden, doch es gab genug Anlass zu einer intensiven Begegnung. Bereits Mitte der fünfziger Jahre hatten sie sich in Springers Haus am Falkenstein ausgetauscht und ausgezeichnet verstanden. Christian Kracht, die rechte Hand des Verlegers, erlebte damals mit, wie der in eine Identitätskrise geratene Zeitungstycoon von Reemtsma wieder aufgerichtet worden war.[607] Springer bewunderte den Markenstrategen Reemtsma, der in gewisser Weise Vorbildcharakter für ihn besaß, doch sich über Ablehnung zu profilieren war des Verlegers Sache nicht. Er wollte geliebt werden. Das wäre dem als Unternehmer unsentimentalen Reemtsma völlig egal gewesen.

1968, als im Mai die Studentenproteste in Paris eskalierten und im Sommer der ›Prager Frühling‹ niedergewalzt wurde, war Jan Philipp Reemtsma keine 16 Jahre alt, und doch beeindruckten ihn diese Ereignisse tiefer als die anderen Jungen seines Umfelds. Deren typische Freizeitaktivitäten interessierten ihn herzlich wenig. Geistesgeschichte und Politikthemen waren ihm da näher. Er las jetzt Bücher der Reihe »rororo aktuell« oder Bände des Fischer Taschenbuch Verlags, in denen es wie bei *Was wollen die Studenten?* um die akademische Protestbewegung ging.[608] Arno Schmidts Roman *Sitara und der Weg dorthin*, den ihm jemand geschenkt hatte, weckte dagegen nicht sein Interesse, anders als die Philosophie-Arbeitsgemeinschaft am Christianeum, in die er aus freien Stücken eintrat. Dort las und diskutierte eine Handvoll Teilnehmer Kant, Feuerbach, Marx und auch Wittgenstein. Hier fand Jan Philipp Reemtsma ein ihn fesselndes Forum, in das er viel Zeit investieren konnte, schließlich war er oft allein. Sein Lektürepensum baute er mit Titeln der Frankfurter Schule aus. Der linkslastige Schwerpunkt verstärkte sich derart, dass ihn eine Zeit lang trotzkistische Ideen einnahmen.[609] Vietnam spielte eine zentrale Rolle. Damals verkündete der konservative Peter Scholl-Latour aus dem Reisfeld fast täglich zur besten Sendezeit im deutschen Fernsehen, dass die Mission der Weltmacht USA im Fernen Osten scheitern würde. Das empfand der Jugendliche aus Blankenese geradezu als subversiv, denn bislang konnte sich niemand eine Niederlage der Amerikaner vorstellen. Jan Philipp Reemtsma empörten die Nachrichten und Fernsehbilder aus Vietnam. Aus diesem Impuls heraus entwickelte er eine eigene Art von Pazifismus, die auch auf dem Wissen basierte, dass sich sein Vater 1914 und 1939 freiwillig gemeldet hatte und zwei seiner drei Halbbrüder als Freiwillige gefallen waren.

Am 6. Juni 1965 beging Alwin Reemtsma seinen 70. Geburtstag. Von der schweren Herzerkrankung in der letzten Kriegsphase und den gesundheitlichen Strapazen der Internierungslager hatte er sich erholt. Dabei war sein behandelnder Arzt Professor Kroetz Ende 1946 in einem Attest von einer »so gut wie hoffnungslosen universellen Gefäßkrankheit« ausgegangen.[610] Aber wiederholte Kuraufenthalte wie in einem Bad Kissinger Sanatorium hatten nachhaltig geholfen. Dort hatte der mittlerweile der FDP Heuss'scher Prägung nahestehende Reemtsma gelegentlich an Skatrunden mit Ludwig Erhard teilgenommen, wobei es noch nicht um ›Wohlstand für alle‹, sondern um Pfennigbeträge gegangen war. Weiterhin jagte er leidenschaftlich gern, vor allem Rehwild. Jan Philipp besuchte seinen Onkel einmal in Salzhausen und kam sich wegen der zahllosen Geweihe vor wie im »Hobbyraum eines Kopfjägers«.[611] Was hätte er angesichts des riesigen Wisentkopfes empfunden, den sein Vater in den dreißiger Jahren als Jagdtrophäe in der Eingangshalle von Haus Kretkamp präsentieren ließ? Jagd und Waffen stellten fraglos eine

Gegenwelt für Jan Philipp Reemtsma dar; so hatte er auch den Dienst in der Bundeswehr verweigert.

1943 hatte Alwin Reemtsma der Kirche den Rücken gekehrt. Obwohl er jahrzehntelang äußerlich keine Religiosität gezeigt hatte, war er Mitte der sechziger Jahre wieder in die Reformierte Gemeinde eingetreten. Er stiftete sogar eine neue Orgel für das Gotteshaus. Kurz nach seinem 75. Geburtstag am 11. Juni 1970 starb der Senior der Familie Reemtsma. Er wurde nicht wie seine Brüder in Nienstedten, sondern in Salzhausen bestattet. Die Firma erinnerte an ihn als Gesellschafter der Reemtsma KG, aber umfangreichere Würdigungen blieben aus, auch in der Presse. Die Bedeutung der beiden Brüder hatte der Verstorbene eben nie besessen. Es schien eine eigenwillige Ironie darin zu liegen, dass der stärkste Raucher des Reemtsma-Trios, der zudem seit seiner Kindheit von schweren Erkrankungen heimgesucht worden war, am längsten gelebt hatte. Ähnliches lässt sich von Hans Domizlaff sagen. Auch er rauchte in seiner produktivsten Schaffensphase über 100 Zigaretten täglich und wurde nahezu 80 Jahre alt. Der für das Unternehmen so eminent wichtige Markenschöpfer starb im September 1971, fünfzehn Jahre nach dem Eklat, der zur endgültigen Trennung von Reemtsma geführt hatte.

Alwin Reemtsmas 1926 geborener Sohn Feiko war in den fünfziger Jahren von ›Zwei‹ aus der Firma gedrängt worden. Nun suchte er Gertrud Reemtsma dafür zu gewinnen, sich für seine Rückkehr einzusetzen. Nicht zuletzt, weil Vorstandsmitglied Hesselmann meinte, es einem Reemtsma nicht verwehren zu können, in der Firma mit seinem Familiennamen mitzuarbeiten, hatte Feiko Erfolg, wobei es einige interne Widerstände zu überwinden galt. Er übernahm das Europa-Geschäftsfeld von Dr. Hesselmann, der ohnehin mit dem Biergeschäft und dem nicht wie gewünscht erfolgreichen Südamerika-Engagement voll ausgelastet war. An sich büßte die Firma Reemtsma stetig Marktanteile beim deutschen Zigarettengeschäft ein, doch die Produktion wuchs, denn bislang stieg die Raucher-Nachfrage weiter an. 125 Milliarden Zigaretten wurden 1971 in der Bundesrepublik versteuert! Infolgedessen erweiterte Reemtsma im selben Jahr die Kapazitäten durch ein neues Werk in Hannover-Langenhagen. Der Geschäftsbericht für das Jahr 1974 bezifferte ein stattliches Volumen: In der Bundesrepublik wurden 45 Milliarden Zigaretten abgesetzt; zudem gingen 2,7 Milliarden in den Export. Im Ausland selbst produzierte und verkaufte man 20 Milliarden Stück. Das führte in der Zigarettensparte zu einem Umsatz von 4,7 Milliarden Mark. Gegenüber der Biersparte war das weitaus rentabler, denn in der Zigarettenproduktion beschäftigte Reemtsma 10 300 Mitarbeiter, während 9700 Arbeitskräfte in den Brauereien gerade einmal 1,16 Milliarden Mark Umsatz erwirtschafteten.[612]

Obwohl das Biergeschäft für die Hamburger allmählich in die roten Zahlen geriet, hielt die Geschäftsleitung daran fest. Ende 1972 kündigte nach Zerwürfnissen in der Chefetage Malte Hesselmann. Sein Management hatte unter keinem glücklichen Stern gestanden, weshalb ihn die Familie als den ›teuersten Verwandten‹ bezeichnete, den die Firma bislang beschäftigt hatte. Wenige Jahre später, 1975, musste auch Feiko Reemtsma endgültig aus der Firma ausscheiden, was die Hausjuristen einige Zeit in Anspruch nahm. Nunmehr hielt ein völlig von der Familie getrenntes Management die Fäden in der Hand. Allerdings war Hermann-Hinrich Reemtsma von 1974 an vier Jahre lang Vorsitzender des Aufsichtsrates der Reemtsma Cigarettenfabriken GmbH.

Nach Hesselmanns Ausscheiden war die Testamentsvollstreckung neu besetzt worden. Auf Wunsch der Deutschen Bank fiel dieses Amt dem Leiter ihrer Hamburger Niederlassung Hans-Kurt Scherer und dem ehemaligen Diplomaten Günther F. Ziegler zu, der in den Aufsichtsrat der Firma berufen wurde. Zwischen ihm und dem mittlerweile in Hamburg Germanistik, Neuere deutsche Literaturwissenschaft und Philosophie studierenden Jan Philipp Reemtsma entstand kein persönlicher Draht. Ziegler wollte den jungen Mann auf eine Managementposition vorbereiten und überredete ihn, in den Semesterferien bei anderen Firmen zu hospitieren oder auch an einem Bilanzkursus bei der Deutschen Bank teilzunehmen.[613] Jan Philipp Reemtsma beugte sich diesen Wünschen, was allerdings nicht zu dem erhofften Ziel führte, den zunehmend an Geisteswissenschaften interessierten Studenten fürs Zigarettenunternehmen zu begeistern. Das großzügige Haus seiner Mutter hatte er mit einer Wohngemeinschaft im quirligen Hamburger Stadtteil Eimsbüttel getauscht. Der Millionenerbe fiel dabei nicht weiter auf, denn in seinem studentischen Umfeld zählte allein der Vorname. So wohnte er in einer für ihn neuartigen Lebenswelt in einer Straße namens Am Weiher, rauchte pro Tag bis zu anderthalb Schachteln *Roth-Händle*, fuhr eine ›Ente‹ und las nunmehr mit wissenschaftlich geschultem Auge Literatur zwischen dem 18. Jahrhundert und der Gegenwart. Dabei hatte es ihm besonders der Rokoko-Schriftsteller Christoph Martin Wieland angetan. Dieser war 1772 als Hauslehrer der beiden Söhne der Herzogin Anna Amalia nach Weimar gelangt, hatte dort eine Reihe von Romanen verfasst und Werke von Horaz und Shakespeare übersetzt.

Den Testamentsvollstreckern wäre es sicherlich viel lieber gewesen, wenn Jan Philipp Reemtsma eine standesgemäße Nobelkarosse gesteuert und das Leben distinguierter Hamburger Kreise zu dem seinen gemacht hätte, aber er folgte unbeirrbar seinem eigenen Weg. Es schien geradezu, als sei der Schalter zur Aktivierung gehobener Lebensart bei ihm nicht eingebaut. Das Milieu, in dem er sich bewegte, wirkte von der bürgerlichen Warte aus regelrecht verdächtig. Kein Wunder, dass die Polizei in der Zeit, als die RAF ihre Terroranschläge verübte, bei Gertrud Reemtsma und den Testamentsvollstreckern anfragte, mit wem denn der Erbe in seiner Fünfer-WG zusammenwohnte. Der Student verweigerte solche persönlichen Auskünfte. Die Informationsbedürfnisse des Sicherheitsapparats gingen in dieser Zeit sehr weit. So bat man Jan Philipp Reemtsma um sein Einverständnis, ein zahnärztliches Schema seines Gebisses in die Akten aufnehmen zu dürfen. Was wurde konkret befürchtet? Ein Attentat oder eine politisch motivierte Entführung? Es blieb nebulös, aber besorgte Bedenkenträger gehörten zum Umfeld der Mutter.

1977 fuhr Jan Philipp Reemtsma Richtung Celle, genauer gesagt in das Heideörtchen Bargfeld. Dort lebte der experimentierfreudige Schriftsteller Arno Schmidt, dessen Werk er als 23-Jähriger zu lesen begonnen hatte, zunächst mit Verdruss, denn der damals neueste Roman *Abend mit Goldrand* gefiel ihm nicht. Dann aber hatte sich Reemtsma Buch für Buch dem Eigensinnigen genähert. Er wurde gefangen, vor allem nach der Lektüre von *Leviathan* und *Brands Haide*. So erschloss sich ihm »die verzwackte, verwinkelte Schönheit dieser Prosa«, bis er in Schmidts Werk die »wichtigste moderne Literatur überhaupt« sah. Dies bekannte Reemtsma Jahre später dem *Zeit*-Feuilleton-Chef Fritz J. Raddatz.[614] Der unangemeldete Besucher aus Hamburg traf Arno und Alice Schmidt nach einigem Umherirren am Bargfelder Badeteich. Eine wenig harmonische Konversation entspann sich, von Distanz des Autors und einer gewissen Ungeduld des Gastes geprägt. Als die Ehefrau, die währenddessen ein Bad genommen hatte, aus dem Teich stieg, hatte Jan Philipp Reemtsma schon das Wesentliche gesagt: Er wollte Arno Schmidt finanziell unterstützen, damit dieser auf Dauer ohne materielle Nöte schreiben konnte. Eine unglaubliche Offerte, oder vielleicht doch nicht? Schmidt war skeptisch, ob er das ernst nehmen konnte; andererseits hatte er seit langem auf so einen Moment gewartet. Kurzerhand stellte er seiner Frau den Gast vor, worauf man ihn ins Haus einlud. Dem potenziellen Gönner wurde beschieden, über das großzügige Angebot müsse nachgedacht werden. Seit 1958 lebten die Schmidts in einem holzverschalten Haus am Ortsrand von Bargfeld.[615] Kaum einmal verließ der aus Hamburg stammende Wortkünstler das Dorf. Er nahm nicht am Literaturbetrieb teil. Das sperrige Monumentalwerk *Zettel's Traum* war 1970 erschienen und hatte seitdem für Arno Schmidts Ruhm gesorgt: 1334 Seiten, dreispaltig bedruckt, im A3-Format, mit handschriftlichen Einfügungen. Ein Text für Eingeweihte, erhältlich zu einem prohibitiv scheinenden Preis von 295 Mark, doch die 2000 Exemplare der Erstauflage waren rasch vergriffen. Die *Frankfurter Allgemeine* vermutete darin »Literatur als Kreuzworträtsel«, deren Wert die eingeschworene Lesergemeinde angeblich vor allem darin sehe, dass es schwer zu lösen sei.[616]

Der Student aus Hamburg hatte bei seinem Versprechen die Höhe der Zuwendung nicht konkret benannt. Er kam zu dem Schluss, dem Schriftsteller 350 000 Mark zu schenken, was der Dotation des Literaturnobelpreises entsprach. Aber Jan Philipp Reemtsma konnte zu dieser Zeit noch nicht frei über sein Erbe verfügen; er benötigte die Einwilligung der Testamentsvollstrecker. Auf seine unmissverständliche Forderung hin stimmten sie zu. Schließlich war es nicht denkbar, dass ein Reemtsma sein Wort zurücknahm, gerade in Geldangelegenheiten. Der Empfänger interessierte die Treuhänder nicht, sie respektierten schlicht den Wunsch des Spenders. »Geld ist pure Möglichkeit, viel fantasieanregender als irgendein konkretes Luxusgut«, sagte Jan Philipp Reemtsma in einem Interview mehr als zweieinhalb Jahrzehnte nach der Bargfelder Schenkung.[617] Durch sie hatte er eine erste praktische Anschauung davon gewinnen können, was sich dank des vom Vater hinterlassenen Vermögens bewegen und gestalten ließ: Unorthodoxes, Schwieriges, Wertvolles – was immer ihm gefiel.

Die Förderung Arno Schmidts war wie eine Emanzipation des jungen Reemtsma. Er hatte eine Rolle gefunden und füllte sie mit Leben selbstbestimmter Art. Beschenkt wurde aber auch er durch den Bargfelder Autor. Reemtsma war zu ihm gegangen, weil er sein Werk großartig fand, vor allem die Romane. Bevor er das Angebot machte, wusste er vom Menschen Arno Schmidt fast nichts. Nun hätte dieser ihm persönlich unsympathisch sein können, aber zu Reemtsmas Freude war das Gegenteil der Fall. Er lernte Schmidt als eine Persönlichkeit von altmodischer Höflichkeit und großem Charme kennen. Und mehr und mehr sah er in Schmidt die einzige wirklich bedeutende Existenz, der er je begegnet war, »ein Außergewöhnlicher«.[618] Alice und Arno Schmidt begannen den Studenten zu schätzen, obwohl er nur selten nach Bargfeld kam. Er wollte vermeiden, dass das Paar ihm gegenüber eine besondere Verpflichtung verspürte. Der Autor arbeitete fortwährend an einem Roman, aber seine Gesundheit spielte nicht mit. Kurz vor Pfingsten 1979 rief Alice Schmidt in Hamburg an und erklärte erschüttert, ihr Mann habe einen Schlaganfall erlitten und sei ins Celler Krankenhaus eingeliefert worden. Sogleich packte Reemtsma Schlafsack und Luftmatratze ein und fuhr nach Bargfeld, wo er im Archivraum des Schriftstellers kampierte. Er wollte der Frau des Kranken in den schweren Tagen beistehen. Am 3. Juni 1979 starb der Autor, den Ernst Jünger einen niedersächsischen Diderot genannt hatte, einen rastlos an der Geschichte des Denkens schreibenden Universalgelehrten.

Arno Schmidt besaß – und das gilt auch für seine Frau – keinerlei kirchliche Bindung, ja er stand jedweder Religion völlig fern. Es erschien daher unpassend, den Toten auf dem nächstliegenden Friedhof in Eldingen zu bestatten. Daher kam bei Jan Philipp Reemtsma die Idee einer Privatbestattung auf. Er wollte der Witwe alle Formalitäten vom Leibe halten und ging selbst zu den zuständigen Ämtern und schilderte die Lage: Es handle sich um einen berühmten Schriftsteller, dessen Verehrer sicherlich ans Grab kämen. Möglicherweise könnten auch einige ›Verrückte‹ darunter sein. Nur anderthalb Jahre zuvor war Charlie Chaplins Grab in Vevey geschändet worden: Kriminelle hatten den gerade bestatteten Leichnam aus dem Grab geholt und versucht, von den Hinterbliebenen Geld zu erpressen. Vor diesem Hintergrund argumentierte Reemtsma auf dem Amt, die Behörden seien dafür verantwortlich, dass mit dem Grab Arno Schmidts nichts passiere, oder aber die Bestattung erfolge auf dem eigenen Grundstück in Bargfeld, dann läge es in der Obhut der Witwe. Infolge dieses taktischen Angebots wurde die Genehmigung zur Privatbestattung erteilt.

Im Garten des Bargfelder Hauses ragte ein Findling aus dem Gras, den der Schriftsteller vor längerer Zeit bei einem Bauern bestellt und auf sein Grundstück hatte transportieren lassen. Der flache Stein diente als Sitzgelegenheit, aber wegen des daneben gepflanzten Wacholders konnte man den Eindruck gewinnen, es handle sich um eine Grabstätte. Nach der Einäscherung überbrachte ein mit den Schmidts bekannter Polizist die in einer Kiste befindliche Urne – eine persönliche Abholung vom Krematorium war nicht möglich –, worauf die private Bestattung stattfand. Es war eine schwere körperliche Arbeit, den Findling hochzustemmen und ein den Vorschriften entsprechend tiefes Loch auszuheben. Schließlich bettete die Witwe die Urne ins Erdreich. Sie, Jan Philipp Reemtsma, der Polizist und dessen Flöte spielende Tochter vollzogen eine kurze, würdige Zeremonie. Niemand sonst nahm daran teil, auch kein Geistlicher. Das wäre unpassend gewesen.

Trennung mit Herz und Kalkül

Gertrud Reemtsma war als Tochter des Allensteiner Oberbürgermeisters Georg Zülch von preußischem Pflichtbewusstsein geprägt. Entsprechend hatte sie den letzten Willen ihres geliebten Mannes als Verpflichtung angenommen. Sie wollte das Erbe in bestmöglicher

Verfassung an den Sohn übergehen sehen. Gleichzeitig hegte sie ein ausgeprägtes Misstrauen gegenüber Dritten, die sie womöglich ausnutzen wollten. Anlass zu Ärger gab es im Juni 1978, als einer der beiden Testamentsvollstrecker einen folgenschweren Fehler machte. Im *Spiegel* war zu lesen, Günter F. Ziegler habe den Erben, den er ›am Zügel‹ führe, als so etwas wie sein eigenes Unternehmen bezeichnet, mittels dessen er künftig die Firma Reemtsma beherrschen werde. Was den ehemaligen Diplomaten und Diplomkaufmann Ziegler zu einer derartigen Hybris verleitete, blieb unklar. Allgemein verständlich fiel dagegen die schnelle Reaktion der Betroffenen aus. Nur vier Tage nachdem der *Spiegel* den Artikel gebracht hatte, war Dr. Ziegler von seinen Aufgaben entbunden – durch die Deutsche Bank, denn von ihr war er ja als Testamentsvollstrecker bestellt worden. Den prompten Rausschmiss hatte Hans-Kurt Scherer von der Bank in Begleitung Jan Philipp Reemtsmas und zweier Anwälte bei einem abendlichen Besuch im Hause Zieglers verkündet. Gertrud Reemtsma stand bei der Angelegenheit auf der Seite ihres Sohnes. Solch einen Affront wollte sie genauso wenig dulden wie er. Im Unternehmen und in der Presse erwartete man zu dieser Zeit, der Haupterbe würde nach seinem 26. Geburtstag im November die Spitzenposition der Firma einnehmen. So meldete die Berliner *B.Z.* nach der Ziegler-Demission am 28. Juli, ein Student werde »Deutschlands Zigaretten-König«, wobei sich das Blatt auf einen Unternehmenssprecher berief.

Doch Jan Philipp Reemtsma hatte ganz eigene Ideen, wie er mit seinem nun verfügbaren Erbe umgehen würde. Er gab keine rauschende Party. Vielmehr bereitete er mit Bedacht den Verkauf seiner Firmenanteile vor. Doch zunächst einmal machte er noch die Schritte mit, die man von ihm erwartete. So nahm er als Hauptgesellschafter an den Sitzungen des Aufsichtsrates teil, aber nicht, wie man es erhoffte, um alsbald in eine gestaltende Führungsrolle zu treten, sondern weil er das Verkaufsobjekt besser kennen wollte. In der Runde arrivierter Herren von Deutscher Bank, Bosch, Unilever und Otto mimte der Student ab Januar 1980 keineswegs den zurückhaltenden Aufsichtsratsnovizen, stellenweise begehrte er auf: So erhob er Widerspruch gegen einige geschäftliche Projekte. Beispielsweise behandelte der Aufsichtsrat die geplante Beteiligung der Firma an dem Metallwarenhersteller WMF. Gegen die positive Bewertung des Managements hatte noch Testamentsvollstrecker Ziegler eine kritische Analyse erarbeitet, die Jan Philipp Reemtsma als begründet ansah. Was sollte schließlich ein Genussmittelkonzern mit Metallwaren? Alle Anwesenden mit Karl Klasen an der Spitze votierten für die WMF-Beteiligung, nur der Neuling nicht. Als es um die Anschaffung einer neuen Zigarettenmaschine ging, fragte der sperrige Gesellschafter, wie viel Dezibel diese bei laufendem Betrieb abgäbe. Dazu hatten die Aufsichtsräte keine Informationen, und vor allem mangelte es ihnen an Verständnis für die Frage. Infolge solcher gezielt eingeworfenen ›Störer‹ nahmen einige der Herren ihren Hut. Zu dieser Entscheidung soll sogar beigetragen haben, dass der junge Reemtsma in den Aufsichtsratssitzungen schon mal Papierschiffchen faltete. Das war eine Leidenschaft von ihm, der er auch in Universitätsvorlesungen freien Lauf ließ.[619] Im Aufsichtsrat wurde dies freilich als ausgesprochen respektlos empfunden.

Zwischenzeitlich hatte Jan Philipp Reemtsma vonseiten der Schnur-Erben weitere Anteile an der Reemtsma Cigarettenfabriken GmbH erworben, sodass er persönlich über 51 Prozent verfügte. Diese Mehrheit wollte er als attraktives Paket veräußern, wobei seine Mutter gemeinschaftlich mit ihm zu handeln gedachte. Ihre 2 Prozent hinzugerechnet, standen 53 Prozent zum Verkauf. Bei der Anbahnung des Geschäfts assistierte der befreundete Jurist und Betriebswirt Diethelm Höner, der im Aufsichtsrat von Reemtsma saß.[620] Umgehend wurden der Firmenvorstand und Hermann-Hinrich Reemtsma aktiv und präsentierten einen ihnen genehmen Kaufinteressenten. Für die Öffentlichkeit und die Wirtschaft kam es dann gleichermaßen überraschend, dass 53 Prozent an der Firma Reemtsma Anfang September 1980 in die Hände einer anderen Hamburger Unternehmerfamilie übergingen: Die Inhaber von Tchibo und Teilhaber von Beiersdorf erwarben für etwa 400 Millionen Mark die Mehrheit an Reemtsma. Es war das erste Angebot von Günter Herz gewesen, und zu seiner Verwunderung hatte der Erbe sogleich eingeschlagen.[621] Nunmehr gehörten von den Anteilen 45 Prozent der Tchibo-Frisch-Röst-Kaffee AG und 8 Prozent Ingeburg Herz, der

Mutter der ›Herz-Buben‹ Günter und Michael. Hermann-Hinrich Reemtsma besaß mit 25,9 Prozent eine Sperrminorität. Die übrigen Geschäftsanteile hielten wie zuvor die weiteren Erben aus den Familien Reemtsma, Gütschow und Heldern.

Die Reaktionen auf den sensationellen Verkauf waren vielschichtig, in ihrer Wertung aber überwiegend negativ: In der Öffentlichkeit kursierten Kommentare wie »Der spinnt!«, »Verantwortungsscheu!« oder etwa »So gehen Vermögen zugrunde!«.[622] Andere merkten an, der mutmaßliche Erlös aus dem Geschäft sei zu gering, der Erbe mithin ahnungslos und schlecht beraten. In der Tat war das Kaufangebot dem Vertrauten Höner niedrig erschienen, aber Jan Philipp Reemtsma wollte nicht handeln. In der Firma quittierten die Mitarbeiter, die sich stark mit Reemtsma identifizierten, die Trennung des Erben mit Unverständnis, hatten sie doch auf die Wiederaufnahme der familiengebundenen Unternehmenslenkung gehofft. Aus der Führungsetage dagegen war dergleichen nicht zu vernehmen. Hier bestanden keinerlei tief gehende emotionale Bindungen an die Gründerfamilie mehr, wie Jan Philipp Reemtsma beobachtete.

Das verbreitete Kopfschütteln und der zum Teil sogar unverhohlene Widerwille hätten bei genauerer Betrachtung nicht sein müssen. Konnte es denn wirklich überraschen, dass ein den Geisteswissenschaften zuneigender Akademiker den nötigen vitalen Bezug zum Zigaretten- und Biergeschäft vermissen ließ? Da hatte sich so mancher im vergangenen Jahrzehnt etwas vorgemacht. In der Branche kursierte schließlich seit 1970 ein biografisches Buch des Brinkmann-Chefs Wolfgang Ritter, der darin zwar den damals 18-jährigen Jan Philipp Reemtsma als »Hoffnung der Firma« bezeichnet, aber gleichzeitig eine maßgebliche Äußerung des Vaters zitiert hatte: »Alles darf mein Sohn werden, nur nicht Frühstücksdirektor.«[623] Und schon Anfang 1939 war, wie erwähnt, von Philipp F. Reemtsma selbst ausgesprochen worden, seine drei Söhne – Uwe, Jochen und Reemt – sollten nicht in das Geschäft einsteigen, denn eine vom Vater zugewiesene Aufgabe, die nur erhaltenden Wert habe, müsse »das Wachstum und die Bildung einer Persönlichkeit zwangsläufig unterbinden«. Wenn Jan Philipp Reemtsma eigene Wege gehen wollte, dann entsprach er damit durchaus den Vorstellungen seines

Vaters. Dies ahnte der Sohn freilich genauso wenig wie sein Umfeld oder die Öffentlichkeit.

Eine Woche nach dem Verkauf an Herz, am 14. September 1980, veröffentlichte die *Welt am Sonntag* einen längeren Artikel, der Vorgänge von großer Tragweite bei den Firmen Oetker und Reemtsma behandelte. Rudolf-August Oetker hatte seinen Rückzug von der Konzernspitze der Oetker-Gruppe angekündigt, worauf sein Sohn August ordnungsgemäß in seine Fußstapfen getreten war. Der Stabwechsel bei den Reemtsma Cigarettenfabriken erweckte dagegen einen ganz anderen Eindruck. Die Sonntagszeitung aus dem Hause Springer konnte den Oetker-Teil des Artikels mit passablen Fotos der Beteiligten illustrieren, während bei Reemtsma ein Familienbild von 1953 und eine Porträtaufnahme des Juniors von 1967 auftauchten. Seitdem hatte er sich nicht mehr fotografieren lassen. Er mochte nicht, dass Fotos von ihm in die Presse gelangten. Nun also bildete die *Welt am Sonntag* einen 15-Jährigen als die Person ab, die gerade einen 400-Millionen-Deal abgewickelt hatte. Kein leichtes Geschäft für die Journalisten, und es wurde ihnen bald darauf noch etwas schwerer gemacht. Gertrud Reemtsma war aufgebracht darüber, dass über den Verkauf an die Tchibo-Inhaber nicht etwa im Wirtschaftsteil der Zeitung, sondern weit vorn in ganzseitiger Aufmachung berichtet worden war. Umgehend schrieb sie an Axel Springer und ließ die Beschwerde seinem Anwalt Bernhard Servatius zukommen, um sicherzugehen, dass der Verleger den Brief so schnell wie möglich zugestellt bekam.

Die Dame aus Blankenese nahm kein Blatt vor den Mund: »Sie müssten doch wissen, wie es einem Menschen zumute ist, der ständig seines Geldes wegen Ungelegenheiten befürchten muss. Gleichwohl erlauben sich Ihre Zeitungen, über die Veränderungen im Hause Reemtsma so zu berichten, dass man fast sagen könnte, meinem Sohn und mir werden die Gangster auf die Spur gesetzt.« Gertrud Reemtsma konnte nicht nachvollziehen, wieso derartig berichtet worden war, da doch der Verleger selbst »Verständnis für unsere zurückhaltende Lebensweise haben« müsse. Dr. Servatius versuchte in einem Antwortbrief zu beschwichtigen und erklärte, mit einigen Zuständigen bereits gesprochen zu haben.

Axel Springer, der sich zu dieser Zeit auf der Insel Patmos befand und kaum erreichbar war, kündigte nach Erhalt des Briefes an, er werde sich mit Chefredakteur Claus Jacobi – »ein fairer und verständnisvoller Journalist« – in Verbindung setzen. Wenn es irgendetwas gebe, was er zur Wiedergutmachung in die Wege leiten könne, wolle er dies tun. Jacobi selbst bat Frau Reemtsma um Entschuldigung, erwähnte aber, dass der Artikel dem Reemtsma-Vorstandsvorsitzenden vorab telefonisch durchgegeben worden war, ohne dass es von dieser Seite Einwände gegeben hatte. Letztlich sah sich Gertrud Reemtsma zufrieden gestellt.

Infolge der wohlkalkulierten radikalen Trennung war Jan Philipp Reemtsma nun frei von Aufsichtsratssitzungen, Strategiedebatten und Diskussionen um die Zukunft des Zigaretten- und Biergeschäfts. Hier konnten die Herz-Brüder als neue Mehrheitsgesellschafter eingreifen, und sie taten es mit Verve. Der agile, immer ungeduldige Günter Herz machte einen glänzenden Job. Mit starker Hand griff er in die Markenentwicklung des Zigarettengeschäfts ein, und er hatte Erfolg dabei. Vor allem die 1981 gestartete American-Blend-Marke *West* entwickelte sich hervorragend, nicht nur in Deutschland, sondern letztlich in über hundert Ländern. Dem Trend zur leichten, nikotinarmen Zigarette entsprach die drei Jahre darauf folgende *R1*. Ursprünglich war sie als Ableger der klassischen *R6* gedacht, doch ihr gelang eine selbständige Entwicklung. 1985 wurde dann die *Davidoff Magnum* auf den Markt gebracht. Mit diesen neuen Marken frischte Reemtsma unter der Ägide von Günter Herz das Image auf und sicherte sich gleichzeitig einen einträglichen Stand bei den jüngeren Zielgruppen unter den Rauchern. Das änderte zwar nichts am Marktanteil in der Bundesrepublik, der auf etwa 20 Prozent zurückging, sich also nur noch auf die Hälfte dessen belief, was man unter ›Eins‹ und ›Zwei‹ erkämpft hatte, doch das deutsche Zigarettengeschäft blieb selbst bei allgemeinen Umsatzrückgängen der Branche dauerhaft rentabel. Die defizitäre Biersparte dagegen wurde unter Herz aufgegeben.

Für die Reemtsma Cigarettenfabriken GmbH begann 1980 die dritte Phase der Geschäftsleitung. Die erste hatten zwischen 1910 und 1961 die Reemtsmas selbst aktiv gestaltet. Die zweite Phase stellte unter wechselnden Vorständen ein Interregnum dar. Nach dem Einstieg von Herz wurde das Zigarettenunternehmen wieder innovativ. Der wichtigste Schub aber hing nicht von der personellen Konstellation der Gesellschafter und Vorstände ab, sondern von der großen Politik: Infolge der Umwälzung Europas durch das politische Entscheidungsjahr 1989/90 öffneten sich bislang abgeschottete Märkte in Mittel- und Osteuropa, die auch für die Zigarettenhersteller ein Eldorado bedeuteten. Die mit dem Slogan »Test the West« seit 1987 beworbene Reemtsma-Erfolgsmarke *West* ging in der ehemaligen DDR und auch östlich davon wie geschnitten Brot über den Ladentisch.

Das vielversprechendste Geschäft lag im Osten. In den neunziger Jahren investierte Reemtsma große Summen in Slowenien, Mazedonien, Ungarn und der Slowakei, in Polen, Russland und der Ukraine. Dabei wurden entweder Beteiligungen an bestehenden Unternehmen erworben oder ganze Fabriken neu errichtet. Kundenorientiert behielt die Firma bereits eingeführte Marken wie *Mars* in Polen und *Prima* in der Ukraine bei und beschränkte sich darauf, diese Zigaretten hinsichtlich Tabak und Ausstattung qualitativ aufzuwerten. Selbst im asiatischen Markt trat die Hamburger Firma nun auf, etwa ab 1999 in Kambodscha, Kirgisien und Taiwan. In Indonesien und China wurden lukrative Lizenzverträge für *Davidoff* abgeschlossen, während es im Iran zur Vereinbarung einer Partnerschaft mit dem staatlichen Tabakmonopol kam. Der wirtschaftliche Erfolg dieser auch von Hermann-Hinrich Reemtsma in den Gesellschafterversammlungen befürworteten Go-East-Expansion war beträchtlich: Zwischen 1989 und 2001 stieg der Umsatz von Reemtsma um 370 Prozent. Der Nettogewinn legte sogar um 490 Prozent zu. Besser hätte es für die Familie Herz mit ihrem überschaubaren Investment des Jahres 1980 und für die verbliebenen Gesellschafter aus dem Kreis der Reemtsma-Familie kaum gehen können.

»Ein reicher Mann mit Geist und hohen Ambitionen ...«

***DER SPIEGEL* ÜBER JAN PHILIPP REEMTSMA, 26. MAI 1986**

Zwischen Sozialforschung und Wehrmachtsausstellung

Fördernde Gründerjahre

Obwohl Jan Philipp Reemtsma etwa ein Viertel des Verkaufserlöses aus dem Herz-Geschäft an das Finanzamt zu entrichten hatte, besaß er ein beträchtliches Privatvermögen. In den Händen des Vermögensverwalters Diethelm Höner wuchs es ab 1980 kontinuierlich. Die Rendite bei Immobilien und Kapitalanlagen überstieg die der Zigarettenwirtschaft in den achtziger Jahren erheblich, sodass der *Spiegel* Höner »Goldfingerspitzengefühl« beschied.[624] Bei Jan Philipp Reemtsma hatten sich in der Zwischenzeit die persönlichen Verhältnisse verändert. 1979 war er Ann Kathrin Scheerer wiederbegegnet, der Tochter des Hauslehrers aus Othmarschen. Sie hatte zwei Jahre lang in China Sinologie studiert und war nach Hamburg zurückgekehrt. Die beiden – sie 24, er anderthalb Jahre älter – verliebten sich ineinander und zogen zusammen. Das war der Beginn einer starken Partnerschaft.

Nach der Befreiung vom Firmenerbe tauchte die Frage auf, was mit dem Geld anzufangen sei. Als es hieß, die der SPD-Medienholding gehörende *Hamburger Morgenpost* stehe zum Verkauf, wurde in Reemtsmas Umfeld über eine linke Boulevardzeitung diskutiert. Hermann L. Gremliza, der Mehrheitsgesellschafter des Blattes *konkret*, erwog, sich in diesem Projekt zu engagieren, und suchte einen Sponsor, doch die Idee zerschlug sich schnell. Etwas anderes schien möglich: Gremliza hatte die Titelrechte an der 1971 von Gruner + Jahr eingestellten Zeitschrift *twen* erworben. Das Jugendblatt der sechziger Jahre sollte wiedererstehen. Der von *konkret* kommende

Journalist Hartmut Schulze übernahm die Rechte und wurde designierter Chefredakteur. Gemeinsam mit Artdirector Beat Nägeli bastelte er am Relaunch-Konzept. Gremliza gewann Jan Philipp Reemtsma als Geldgeber. Der bezahlte tatsächlich eine Zeit lang Gehälter und die Druckkosten der Nullnummer vom November 1980, worüber der *kress report* vom 4. Dezember gleichermaßen interessiert und süffisant berichtete. Der Mediendienst freute sich, den geheimnisvollen Finanzier »festzumachen«, vermisste aber den Esprit von einst in der an Werbekunden verschickten Vorabausgabe mit dem Kölner Kultrocker Klaus Zeltinger auf dem Titel: »Opulente Schönheit ist total out«, resümierte man bei *kress* enttäuscht. Diese Formen und Inhalte schienen Reemtsma erst einmal nicht zu stören, aber zwei Monate später war ihm klar geworden, dass er sich mit *twen* nicht identifizieren konnte. Ohne eine tiefere Erklärung seines Sinneswandels ließ er Schulze und Nägeli stehen. Eine halbe Million hatte er sich die hübsche Idee kosten lassen.[625] Die dann im Herbst 1981 dennoch startende Monatszeitschrift wurde schon nach zehn Ausgaben eingestellt.

Ein größerer Gegensatz zwischen dem *twen*-Projekt und dem, was Jan Philipp Reemtsma ab 1981 in Bargfeld auf die Beine stellte, war kaum denkbar: hier eine auf Hunderttausende von Käufern abzielende links orientierte Lifestyle-Zeitschrift, dort das bislang nur für eine begrenzte Gemeinde attraktive Werk Arno Schmidts. Gemeinsam mit der Witwe rief Reemtsma an seinem 29. Geburtstag die mit fünf Millionen Mark ausgestattete Arno Schmidt Stiftung ins Leben. Ihr Ziel war, das Gesamtwerk des Schriftstellers erforschen und publizieren zu lassen. Im Frühjahr 1982 geriet die Stiftung mit dem S. Fischer Verlag aneinander, der Schmidts Werke seit *Zettel's Traum* (1970) herausgebracht hatte. Die Konfrontation entstand, weil der Verlag trotz des Drängens von Arno Schmidt dessen in den früheren Jahrzehnten bei Rowohlt und Stahlberg erschienene Bücher nicht mehr in gebundenen Ausgaben veröffentlichen wollte, sondern lediglich vage eine Werkausgabe in Aussicht stellte. Im Übrigen aber ließ S. Fischer es bei Taschenbüchern bewenden. Nachdem sich durch anwaltliche Überprüfung aller Verträge herausgestellt hatte, dass der Fischer Taschenbuch Verlag trotz abgelaufener

Lizenzverträge weitere Auflagen in Druck gegeben hatte, und eine einstweilige Verfügung auf Unterlassung erfolgte, waren 15 Taschenbuchtitel blockiert. Als zudem noch Abrechnungsmängel festgestellt worden waren, kündigte Alice Schmidt als Rechteinhaberin durch einen Brief ihres Anwalts Joachim Kersten vom 16. Juni 1982 fristlos alle mit dem S. Fischer Verlag bestehenden Verträge.

Wenige Monate später geriet die Auseinandersetzung ins nächste Stadium, als die Schriftstellerwitwe und Jan Philipp Reemtsma auf der Frankfurter Buchmesse den in Zürich neu gegründeten Haffmans Verlag als künftigen Partner vorstellten. Mangelnde Pflege am Werk warfen sie dem S. Fischer Verlag vor und kündigten gleichzeitig an, die Werke aus dem Nachlass von Arno Schmidt und die Gesamtausgabe würden künftig bei Haffmans erscheinen. Im Dezember 1982 reichte der S. Fischer Verlag zunächst beim Landgericht Frankfurt eine Klage auf Feststellung ein, dass die Kündigung aller Verlagsverträge unberechtigt gewesen sei. Über das Landgericht Lüneburg landete der Prozess schließlich beim Landgericht in Hannover. Die Taschenbücher blieben blockiert. Die Gesamtausgabe konnte bei Haffmans erscheinen, weil das Verlagsgesetz es ausdrücklich zulässt, dass die Werke eines Autors 20 Jahre nach ihrer Erstveröffentlichung ohne die Zustimmung des Verlegers der Einzelbände in einer Gesamtausgabe zusammengefasst werden dürfen.

Nach dem Tod von Alice Schmidt 1983 verhandelten die Fischer-Verlagschefin Monika Schoeller, eine Tochter des Verlegers Georg von Holtzbrinck, und Jan Philipp Reemtsma als Vorstand der Arno Schmidt Stiftung mehrfach über beiderseitige Zugeständnisse. Eine Einigung blieb aus, da S. Fischer eine preiswerte Studienausgabe nicht tolerieren wollte. Der Verlag schuf Fakten, indem er das tat, was er dem Autor jahrelang verweigert hatte. Reprints vergriffener Schmidt-Bücher wurden als Leinenbände auf den Markt gebracht. Die Stiftung reagierte Anfang 1985 mit der ›Zürcher Kassette‹ im Haffmans Verlag, die in acht Broschurbänden sämtliche Romane und Erzählungen von Arno Schmidt vor *Zettel's Traum* versammelte. In Kürze wurden 30 000 Exemplare in drei Auflagen abgesetzt. Die Arno Schmidt Stiftung konnte zwar die Reprints wegen des laufenden Prozesses nicht verhindern, doch verlangte das Landgericht

Hannover dem Verlag bis zur endgültigen Klärung der Rechte eine Bürgschaft in Höhe von 200 000 Mark ab.

Erst 1989 endeten die juristischen Auseinandersetzungen. Es kam zu einer Aufgabenteilung zwischen S. Fischer und der Arno Schmidt Stiftung. Beim Verlag verblieben die Taschenbuchrechte, und die zehn blockierten Taschenbücher konnten wieder erscheinen. Aber die Reprints liefen aus, und die Hardcover-Rechte wie auch die Rechte für die ›Bargfelder Ausgabe‹ in Einzelbänden wurden der Arno Schmidt Stiftung eingeräumt. Dieser Kompromiss führte eine reibungslose Zusammenarbeit zwischen Verlag und Stiftung herbei. Letztere lässt das Werk Arno Schmidts seit 2001 bei Suhrkamp verlegen. – Parallel zu dem Streit mit S. Fischer entstand eine ungeahnte Nachfrage nach den Büchern Arno Schmidts. Dieser unbeabsichtigte Nebeneffekt diente somit einem der Stiftungsziele.

Am 1. August 1983 war Alice Schmidt gestorben. Ihre Urne wurde wie die ihres Mannes im Garten des Bargfelder Hauses bestattet. Als Erbin, die auch die Urheberrechte wahrt, hatte sie die Arno Schmidt Stiftung eingesetzt, der Jan Philipp Reemtsma bis heute vorsteht. Bereits in ihrem Gründungsjahr hatte die Stiftung den mit 50 000 Mark dotierten Arno-Schmidt-Preis ausgelobt, der bis 1988 viermal vergeben wurde. Ihn erhielt als Erstes der durch seine *Ulysses*-Übersetzung bekannt gewordene Hans Wollschläger, der mit Arno Schmidt befreundet gewesen war. Danach folgte Wolfgang Koeppen, der sich in den fünfziger Jahren einen Namen gemacht, dann aber kaum noch Texte veröffentlicht hatte. Preisträger Peter Rühmkorf schließlich hatte wie Schmidt eigene Literaturformen ausgebildet, und den Kirchenkritiker Karlheinz Deschner auszuzeichnen lag auf der Linie des Bargfelder Autors. In dessen Haus gewährt die Stiftung nach Anmeldung Zugang. Hin und wieder lässt auch Jan Philipp Reemtsma selbst die Gäste ein. Es kommen etwa 600 Besucher pro Jahr in den Heideort, um die hier erhaltene Arbeitsumwelt des Schriftstellers zu erkunden und Wechselausstellungen anzusehen. Auch wenn den Gästen das Arbeitszimmer, die Bibliothek und das Archiv mit den legendären Zettelkästen sowie persönliche Gegenstände und Fotos gezeigt werden, soll dies kein Ort einer Schmidt-Wallfahrt sein. Jan Philipp Reemtsma möchte keine Fetischisierung befördern.[626] Der Stiftung geht es nicht allein um die Bewahrung von Wohn- und Archivhaus des Schriftstellers. Vielmehr widmet sie sich der Edition der Schmidt'schen Werke, fördert deren Erforschung und bereitet Ausstellungen vor.

Warum suchte Jan Philipp Reemtsma diese Aufgabe? Was verband ihn so sehr mit Arno Schmidts Werk, dass er über Jahre nervenzehrende Prozesse führte und – wie der *Spiegel* schrieb – »unbeirrt … den souverän erwählten Weg« ging, als »reicher Mann mit Geist und hohen Ambitionen«?[627] Ursprünglich begann er aus »Germanistenpflichtgefühl«, Schmidt zu lesen. Daraus entstand eine seiner Lebensaufgaben, die institutionell so gestaltet wurde, dass auch ohne ihn die von Susanne Fischer und Bernd Rauschenbach betriebene wissenschaftliche und editorische Arbeit an der *Bargfelder Ausgabe* des Gesamtwerks weiterlaufen kann. Edition und Satz der komplexen Werke wären nach wie vor für keinen Verlag kommerziell interessant. Daher bedarf es der fortwährenden Stiftungsarbeit. Was also bewegte Reemtsma? Einerseits hat er diese Aufgabe angenommen, weil es unter den Kennern und Freunden des Werks keinen anderen gab, der über die dafür nötigen Mittel verfügte. Andererseits schien es ihm Erfüllung zu sein, wie eine gegenläufige Zentrifuge im Literaturbetrieb und Geistesleben der Zeit zu wirken.

Das Publikum nahm die mit dem Engagement verbundenen Leistungen dankbar an. So wurde Reemtsma gemeinsam mit seinen Gefährten Rauschenbach und Kersten, dem Justiziar der Stiftung, bei Lesungen zum geschätzten Vermittler Arno Schmidts. Das seit Mitte der achtziger Jahre auftretende Trio schaffte es, in lockerer Atmosphäre Auszüge aus den Werken packend wiederzugeben. Dabei minderte es den Gesamteindruck keineswegs, dass der anfangs offenkundig nicht gern im Rampenlicht stehende Jan Philipp Reemtsma als Rezitator mit Distanz zu erleben war.[628] Er gewann Spaß an der Sache und vergrößerte seine Zuhörerschaft; mittlerweile hat er im Rundfunk und auf Hörbüchern einen Großteil des Werks gelesen. Manchem Journalisten erschien dieser Einsatz unverständlich, weshalb es zu weit ausholender Kritik kam. So wurde geargwöhnt, hier wolle sich ein Mäzen, da es bei ihm zu eigener Schöpfung nicht reiche, mittels des von ihm verstärkten Ruhmes Arno Schmidts selbst

Bernd Rauschenbach, Joachim Kersten und Jan Philipp Reemtsma lesen Arno Schmidt

erhöhen.[629] Haben Jan Philipp Reemtsma und mit ihm verbundene Exegeten tatsächlich eine in der Nachkriegszeit beispiellose Klassikerverehrung eines überbewerteten Autors initiiert? Kauft man wirklich nicht einfach ein Buch Arno Schmidts, sondern gleich eine ganze Weltanschauung, »mit eingebauter Präferenz für Niedersachsen«, wie Anfang 2004 in der *Frankfurter Allgemeinen* postuliert wurde?[630] Dieses Blatt verbreitet selbst Weltanschauungen en masse, und zwar in der Regel solche, die dem Unternehmertum das Wort reden. Eben solchen Persönlichkeiten wie Philipp F. Reemtsma, die als »königlicher Kaufmann« agierten – so dieselbe Zeitung im Jahre 1976 – und damit letztlich andere, zum Beispiel den Millionenerben Jan Philipp Reemtsma, in die Lage versetzten, das zu fördern, was der Feuilletonist als Ausfluss von Provinzialität betrachtete.[631] Die Ambivalenz des Geldes in der Hand der Familie Reemtsma sollte die Feuilletonredaktion der *FAZ* nicht nur einmal provozieren. Hier entstand eine dauerhafte Reibungsfläche.

Als weit größere gegenläufige Zentrifuge im bundesdeutschen Forschungsbetrieb hat Jan Philipp Reemtsma 1984 das Hamburger Institut für Sozialforschung gegründet. Dessen Rang ist heute allseits bekannt. Aber damals? Allein schon der Name! Da klang das in den zwanziger Jahren entstandene Frankfurter Institut für Sozialforschung an: der Solitär in der neueren deutschen Geistesgeschichte, mit dem sich tunlich niemand vergleichen sollte, denn daraus war die von Max Horkheimer und Theodor W. Adorno geprägte ›Frankfurter Schule‹ hervorgegangen. Eine Stiftung bürgerlichen Rechts wurde Träger des Hamburger Instituts, das anfangs im Universitätsviertel in einer Gasse namens Im Laufgraben unterkam. Mehr eigenwillig als bürgerlich waren allerdings die Mitglieder des wissenschaftlichen Gründungsbeirats, der auch eine politische Ausstrahlung haben sollte. Drei Professoren waren darunter: die Psychoanalytikerin Margarete Mitscherlich, der Herausgeber der Zeitschrift *Psyche* Helmut Dahmer und der Brüsseler Gesellschaftstheoretiker und Trotzkisten-Veteran Ernest Mandel. Ihnen zur Seite standen die Journalistin und *Emma*-Herausgeberin Alice Schwarzer sowie Jakob Moneta, der langjährige Chefredakteur der Zeitschrift der IG Metall.

Der Beirat sollte daran mitwirken, dass »marxistische, psychoanalytische, feministische Denktraditionen« erforscht würden, wie Jan Philipp Reemtsma alsbald im *Spiegel* erklärte. In einem 130-seitigen Gründungskatalog hatte das Institut die künftigen Arbeitsschwerpunkte vorgestellt: Gewalt, Folter, Armut – Ursachen, Erscheinungsformen, psychologische und politische Folgen. Auch die Frage der rechtlichen Gleichbehandlung von Frauen und Männern bei Gewaltdelikten stand auf der Agenda. Dazu sollten Forschungsprojekte ins Leben gerufen, Stipendien vergeben und die Ergebnisse der Öffentlichkeit zugänglich gemacht werden. Das Institut war als unkonventionell und unabhängig von der staatlich betriebenen Forschung agierende Einrichtung gedacht. Angesichts dieses Programms schrieb der damalige *konkret*-Chefredakteur Manfred Bissinger im Magazin *Szene Hamburg*, das Institut könne »für allerlei Sprengstoff sorgen«.[632] Wie recht er mit seiner Prophezeiung hatte, sollte sich schon wenige Jahre später zeigen.

Kurz nach der Gründung bewertete Fritz J. Raddatz in der *Zeit* den Namen der Forschungseinrichtung als schlecht gewählt. Den Anspruch auf die Frankfurter Tradition zu erheben sei vermessen oder zumindest fragwürdig. Dagegen begrüßte der Feuilletonchef eine Aktualisierung des der europäischen Moderne unschätzbar förderlichen Modells, das mit dem Institut in Frankfurt 1924 auf die Bühne der Forschung getreten war.[633] Raddatz fragte, worauf Reemtsma abzielte. »Aufklärung« war dessen Antwort und »wissenschaftliche Erkenntnis als Mittel gesellschaftlicher Veränderungen«. Das war eine ganze Menge. Aber hier machte der Initiator und Träger des Fünf-Millionen-Budgets nicht halt. Zur gleichen Zeit gab er die Zusage, auf zehn Jahre ein feministisches Archiv zu finanzieren. Daraus wurde das »Feministische Archiv und Dokumentationszentrum«, das bis 1988 in Frankfurt ansässig war und dann nach Köln übersiedelte. Heute gilt die unter der neuen Bezeichnung FrauenMediaTurm etablierte Einrichtung als das besterschlossene Informationszentrum zu Frauenfragen im deutschsprachigen Raum.

Ein weiteres Wirkungsfeld erschloss sich Reemtsma 1984 durch die Gründung der Hamburger Stiftung zur Förderung von Wissenschaft und Kultur, der sich gleich zu Beginn eine wichtige Aufgabe stellte: Die Testamentsvollstrecker Adornos wandten sich an Reemtsma, um die Versorgung der erkrankten Witwe des Philosophen in geregelte Bahnen zu lenken. Deren Pflege übernahm die Stiftung, während diese im Gegenzug den Nachlass von Theodor W. Adorno und Walter Benjamin erhielt. Allein für die Betreuung des Nachlasses im neu geschaffenen Frankfurter Adorno-Archiv und die Finanzierung von 60 Publikationen wurden innerhalb von zwei Jahrzehnten mehr als sechs Millionen Euro aufgewandt.

Angesichts einer derartigen im Terrain der Linken unbekannten mäzenatischen Schubkraft wäre es manchem Konservativen weitaus lieber gewesen, wenn sich der reiche Erbe auf schnelle Autos, Karibikdomizile und andere hübsche Jetset-Accessoires verlegt hätte. Aber den Gefallen tat er dem Establishment nicht. Jan Philipp Reemtsma fiel permanent aus der Rolle. Das verwirrte auch seine eigene Verwandtschaft, die aber darauf bedacht war, keinerlei Aufsehen in der Öffentlichkeit zu erregen. Einzig Hermann-Hinrich Reemtsma geriet hin und wieder als Vorstand des Ernst Barlach Hauses ins Blickfeld, aber das geschah in einer allseits respektierten, der Ästhetik gewidmeten Sphäre, aus der nichts Provokantes kam. Entsprechend schwer taten sich die Verwandten mit dem Faktum, dass der Name Reemtsma durch die Aktivitäten Jan Philipps ein völlig neues Profil erhielt. Dabei blieb dessen Gesicht weithin unbekannt, denn es existierten keine Fotos in den Medien. Er wirkte wie der unsichtbare Akteur einer surrealen Geschichte, aber der Hamburger schuf sehr reale Fakten mittels seines Vermögens, wenngleich er nicht als universaler Nothelfer der Linken instrumentalisiert werden wollte.

Jan Philipp Reemtsma hatte einen Beruf gewählt, der ihn nur Geld kostete, anstatt ihm welches einzubringen. Bei solchem Luxus und all der Sorgfalt, die im Umgang mit Schriftstellernachlässen und bei den Aktivitäten seiner Stiftungen vonnöten ist, gerieten mitunter kuriose Szenarien auf die Agendas, freilich vor ernstem Hintergrund. Seit Anfang der achtziger Jahre war die Hamburger Hafenstraße ein zwischen der Stadt und Hausbesetzern aus der Autonomenszene zum Teil heftig umkämpfter Ort. Die leer stehenden, zum Abriss vorgesehenen Häuser sollten dem Ausbau einer vierspurigen Straße weichen. Im Dezember 1986 kam es zu offenem Widerstand gegen die Räumung von sechs Wohnungen, wobei aus den belagerten Häusern Möbel auf die Polizisten flogen. Dramatische Fernsehbilder und düstere Reportagen prägten die Stimmungslage. Im Juli 1987 verbarrikadierten sich die Bewohner, um die Zwangsräumung zu verhindern. In diesem aufgeheizten Klima wurde Reemtsma von einem Hafenstraßenanwalt angesprochen, ob er nicht den Kontakt zu Klaus von Dohnanyi vermitteln könne. Das Problem war, dass sich der Erste Bürgermeister nicht mit dem Vertreter der Besetzer offiziell treffen wollte. Der findige Dohnanyi schlug Reemtsma vor, ihn zu einem Essen einzuladen; wenn jemand anderes dazukäme, sei das ja nicht seine, des Bürgermeisters Sache. Tatsächlich fanden sich die beiden Kontrahenten im Haus am Krumdalsweg zum Gespräch ein. Der linke Stifter besaß infolgedessen Kontakt zur Hafenstraße, und ihn störte die beharrlich parteiische Berichterstattung. Zusammen mit einigen Freunden aus der Hamburger Theaterszene wollte er diesen Mechanismus durchbrechen. Die Idee kam auf, Schauspieler vor den umkämpften Häusern *Die Troerinnen* rezitieren zu lassen, die Tragödie des Dichters Euripides, die am Tag nach Trojas Zerstörung spielt und in der Hauptsache das Unglück Besiegter darstellt. Das war eine in den Augen Reemtsmas sinnige Analogie: Die Hauptpersonen des Stücks agieren nicht, sondern werden herumgeschoben. Sie sind nicht mehr Herr ihres Schicksals, sie erleiden es. *Die Troerinnen* in der Hafenstraße? Die Nachrichtensprecher hätten neben dem gängigen Vokabular der Hafenstraßen-Meldungen, neben »Barrikade«, »Razzia«, »Polizeieinsatz«, die Worte »Euripides« und »Troerinnen« in den Mund nehmen müssen. Das als postmoderne Provokation gedachte Spektakel wurde nie realisiert.

Reemtsma hatte ein tieferes Interesse an der Hafenstraße gewonnen. Um die immer wieder eskalierende Gewalt zu beenden, machte er das Angebot, die acht Häuser zu kaufen. Seine Idee: So wie die städtische Wohnungsgesellschaft Saga für 1 Mark den Besitzer gewechselt hatte, sollte die Hafenstraße für denselben symbolischen Betrag an ihn übergehen. Eine daraufhin von ihm gegründete Genossenschaft hätte dann die Häuser wiederum für 1 Mark von ihm erworben. Damit war beabsichtigt, den von der Stadt geplanten Abriss zu verhindern und den bisherigen Mietern und Besetzern Sicherheit zu verschaffen. Diese Offerte fand keinen Zuspruch, weder in der Hafenstraße selbst, wo man in Reemtsma einen möglichen Spekulanten sah, noch im SPD-geführten Hamburger Senat. Schließlich konnte dieser einen Pachtvertrag aushandeln, und Jahre später verkaufte die Stadt die umstrittenen Immobilien an die Genossenschaft »Alternativen am Elbufer«. Im September 2006 wurde am längst befriedeten Hafenrand ein geradezu bürgerlich klingendes Jubiläum begangen: 25 Jahre Hafenstraße, mit Bier und Bratwurst. Jan Philipp Reemtsma nahm an dem Fest nicht teil. Zu der einstigen Ankaufsidee bemerkte er: »Ich danke dem Herrn dafür, dass daraus nichts geworden ist.«[634] Vermutlich hätte er damit etwas in den Händen – oder gar am Hals – gehabt, was für ihn mit der unkalkulierbaren Dynamik zwischen Spontiszene und Politik zur Belastung geworden wäre. Letztlich hat Reemtsma nur eine Dachdeckerrechnung bezahlt, als es galt, eines der baufälligen Häuser zu reparieren, um es bewohnbar zu halten.

Initiator und Opfer

Für Jan Philipp Reemtsma wurde soziales Engagement zu einer Frage der persönlichen Moral. Von diesem Grundverständnis lässt sich ableiten, dass er einen großen Teil seines Handelns als stiftender Initiator moralisch motiviert sieht. Nach großer Geste ist ihm dabei nicht, wohl aber will er die Kontrolle behalten. Daher hat er den Vorsitz der von ihm gegründeten Stiftungen inne. Gerade beim Hamburger Institut für Sozialforschung war nach den ersten Jahren deutlich geworden, dass es keinen berufenen Leiter gab, der Reemtsmas Intentionen entsprach. Der von ihm zum Forschungsdirektor ernannte Berliner Politologe Wolf-Dieter Narr wurde nach kurzer Zeit verabschiedet. 1990 schließlich übernahm der Stifter selbst das Amt des geschäftsführenden Vorstandsvorsitzenden des Instituts. Seither hat es sich mit rund 60 Mitarbeiterinnen und Mitarbeitern zu einer Forschungsstätte von internationalem Renommee entwickelt.

Im Mai 1995 wurde in Europa dem 50 Jahre zurückliegenden Ende des Zweiten Weltkriegs gedacht. Treffen und Ansprachen von Staatsmännern, eine Gedenkstunde im Bundestag sowie zahllose Veranstaltungsreihen, Ausstellungen und Bücher widmeten sich dem großen Datum, das die Trennungslinie zwischen den Schrecken des Krieges und der Shoah auf der einen und der folgenreichen Befreiung auf der anderen Seite markiert. Das inzwischen am Mittelweg im Stadtteil Harvestehude beheimatete Institut hatte eine Fotoschau als Wanderausstellung konzipiert. Ihr Thema: »Vernichtungskrieg. Verbrechen der Wehrmacht 1941 bis 1944«. Ihre These: Der im Sommer 1941 begonnene Krieg gegen die Sowjetunion war von Beginn an ein geplanter Vernichtungsfeldzug gewesen, und die Wehrmacht hatte erheblich zu dessen Umsetzung beigetragen. Durch die Fotos sollte belegt werden: Die Wehrmacht war an allen Kriegsverbrechen und Mordaktionen auf den östlichen Kriegsschauplätzen als Organisation beteiligt. Zahllose Opfer in der Zivilbevölkerung und unter russischen Kriegsgefangenen sowie die Erschießung von Juden gingen auf ihr Konto. Das widersprach der bis dahin gängigen Auffassung, die Instrumente des deutschen Terrors seien Einsatzgruppen, Sonderkommandos und Polizeieinheiten gewesen, für die nahezu exklusiv die Chiffre »SS« stand. Die Wehrmacht galt weithin als ›sauber‹, was vor allem von den meisten ihrer Veteranen über Jahrzehnte proklamiert worden war. Die aktenkundigen verbrecherischen Befehle und Taten antisemitischer Nazi-Offiziere, von denen einige, wie General Wilhelm Keitel, in Nürnberg vom Internationalen Militärtribunal zum Tode verurteilt worden waren, seien Ausnahmen gewesen, so die fest etablierte herkömmliche Deutung. Vor diesem Hintergrund wurde die in der Öffentlichkeit schnell mit dem Kurztitel »Wehrmachtsausstellung« belegte Dokumentation als eine späte Nestbeschmutzung empfunden.

Hannes Heer, ein Altachtundsechziger, war Leiter des Projekts. Der Historiker und Filmregisseur erklärte öffentlich, seiner Einschätzung nach seien 60 bis 80 Prozent der an der Ostfront eingesetzten Soldaten an Verbrechen beteiligt gewesen. Diese Pauschalaussage machte Furore. Jan Philipp Reemtsma trat als Initiator der Ausstellung in Erscheinung. Er war schon sieben Jahre zuvor auf spezifische Probleme im Zusammenhang mit der Erinnerung an das Dritte Reich und dem Eingestehen von Mitschuld gestoßen, als er im Namen der Hamburger Stiftung zur Förderung von Wissenschaft und Kultur sowie einer assoziierten Neuengammer Gedenkstätteninitiative 32 Firmen, Institutionen und Behörden um Unterstützung der Gedenkstätte gebeten hatte. Es ging um soziale Verantwortung der Erben und Rechtsnachfolger derjenigen, die KZ-Häftlinge aus Neuengamme in ihren Werken und Arbeitsbereichen eingesetzt oder als Behörden dorthin vermittelt hatten. Die Resonanz auf Reemtsmas Vorstoß fiel zurückhaltend aus. Die meisten der 22 Adressaten, die auf den Brief antworteten, reagierten mit Unverständnis und wollten vermeiden, durch eine Spende so etwas wie eine Verpflichtung anzuerkennen. Diese Antwortschreiben waren 1989 in Kombination mit Dokumenten, die die historische Verstrickung der Unternehmen als Profiteure von Zwangsarbeit belegten, in einer Tafelausstellung öffentlich zugänglich gemacht worden. Reemtsma hatte zur Eröffnung dieser Präsentation eine Rede gehalten und dabei erklärt, in Bezug auf das Dritte Reich gehe es um Wissen über Opfer und Täter: »Das Wissen muss man sich schaffen, die Täter kenntlich machen, haftbar.«[635] Damit erreiche man keine Wiedergutmachung, aber man zeige, dass man das Verbrechen nicht akzeptiert. Diese Opposition gegen das Verschweigen von Erblasten aus der Zeit des Nationalsozialismus geriet zu einer zentralen Konstante im Schaffen des Jan Philipp Reemtsma. Die Wehrmachtsausstellung widmete gerade der Freilegung von Kriegsverbrechen, die durch Legendenbildung verschüttet worden waren, große Energie.

Unter Leitung Hannes Heers waren Hunderte von Fotos und Dokumenten zusammengestellt worden. Anhand dieser Bilder suchte man zu illustrieren, dass ›ganz normale‹ Wehrmachtsangehörige und Einheiten auf Befehl ihrer direkten Vorgesetzten oder der Generalität an Erschießungen, Mordaktionen und anderen Verbrechen beteiligt gewesen waren. Die Ausstellung wanderte viereinhalb Jahre lang durch deutsche und auch einige österreichische Städte. Meist war sie begleitet von empörter Kritik aus dem konservativen Lager. Gegen sie gerichtete Demonstrationen fanden statt, und es kam auch zu einem Anschlag. Den Ausstellungsbesucher empfingen zahllose Schwarzweißfotos und faksimilierte Schriftstücke auf engem Raum. Infolge der sich drängenden Betrachter und der Wärme Dutzender von Lampen entstand eine mitunter unangenehm hitzige Atmosphäre. Die Besucher nahmen die erschreckenden Fotos von Leichen und Misshandelten, von Soldaten, Offizieren und Erschießungskommandos schweigend oder nur leise redend in sich auf. Einige der Fotostrecken wirkten eher überwältigend als aufklärend. Die Ausstellungsgestalter hatten dunkle Metallstellwände so arrangiert, dass sich der Umriss eines Eisernen Kreuzes ergab. Wer es erkannte, konnte hierin die Botschaft sehen, dass die Ehre deutscher Soldaten – im Osten – im Schlagschatten von Verbrechen gelegen hatte. Was die Gegner der Ausstellung in Rage brachte, war die von ihnen als pauschal empfundene Verurteilung *der* Wehrmacht und ihrer Angehörigen. Sie wollten nicht wahrhaben, dass die Wehrmacht doch etwas anderes gewesen sein konnte als der von ihnen gepflegte Inbegriff der besten und diszipliniertesten Armee der Welt.

Jan Philipp Reemtsma hatte sein Studium in den siebziger Jahren ohne Abschluss beendet, und jetzt war er Leiter einer akademischen Einrichtung. Um diesen Widerspruch aufzulösen, schrieb er 1992 innerhalb von fünf Wochen seine Doktorarbeit über Christoph

Martin Wielands vierbändiges Alterswerk *Aristipp* und wurde noch Ende des Jahres promoviert. Vier Jahre darauf erhielt er eine Professur am Germanistischen Seminar der Hamburger Universität. Hier galt er als anspruchsvoller Dozent, der seinen Studenten einiges abverlangte, und zugleich schätzte man ihn als Redner bei den Eröffnungsveranstaltungen der Wehrmachtsausstellung. Ende März 1996 war Reemtsma plötzlich für niemanden zu erreichen. Tage und Wochen hindurch erfuhr man nichts Konkretes über ihn. Hatte er sich zurückgezogen, war er auf Reisen? Nein, es war etwas vorgefallen. Nur der engste Kreis der Angehörigen und Vertrauten wusste, dass Jan Philipp Reemtsma am Abend des 25. März vor seinem Haus in Blankenese entführt worden war. Eine Lösegeldforderung über 20 Millionen Mark hatte auf dem Gehweg gelegen, beschwert mit einer funktionsfähigen jugoslawischen Handgranate, neben einem Blutfleck. Es wurde mit dem Tod des Entführten für den Fall gedroht, dass man Polizei oder Presse einschalte. Ann Kathrin Scheerer hatte noch in der Nacht einen Frankfurter Freund eingeweiht, der für sie über einen Mittelsmann mit der Polizei Kontakt aufnahm, wohl wissend, wie riskant das war. Die Ehefrau informierte weiterhin Joachim Kersten, den Anwalt der Familie, und natürlich den 13-jährigen Sohn. Das quälende Warten begann.

Auf briefliche Anweisung der Entführer schaltete Ann Kathrin Scheerer in der »Grußpost«-Rubrik der *Hamburger Morgenpost*, jener Boulevardzeitung, über deren Erwerb Hermann L. Gremliza und Jan Philipp Reemtsma 1980 kurzzeitig nachgedacht hatten, kleine Annoncen mit kryptischen Botschaften. Auf diese Weise sollte sie den Gangstern Nachrichten zukommen lassen. Ihre erste lautete: »Alles Gute Ann Kathrin – Melde Dich mal persönlich.« Darunter stand eine Faxnummer. Aufseiten der Polizei war im Geheimen eine 200-köpfige Sonderkommission gebildet worden, die Michael Daleki, ein Spezialist für Erpressungsfälle, leitete. Es war unausweichlich, dass die Medien von dem Drama erfuhren. Tatsächlich wussten alsbald die maßgeblichen Sender, Nachrichtenmagazine und Zeitungen in Hamburg Bescheid, doch sie übten sich auf inständige Bitten der Ermittler in Schweigen, und niemand brach aus der Front der gespannt die Entwicklung beobachtenden Medienleute aus. Das war erstaunlich, denn der Kreis der Eingeweihten wurde zwangsläufig immer größer. So hatten Rechercheure in den Zeitungsarchiven den Auftrag erhalten, umfangreiche Dossiers über Jan Philipp Reemtsma und seine Familie anzulegen. Fotoredakteure mussten Fotos bereitstellen. Das konnte nur bedeuten, dass etwas Besonderes im Zusammenhang mit Reemtsma in der Luft lag. Und doch drang nichts nach draußen. Die Medien zügelten ihren Enthüllungsimpuls, als gäbe es in ihrer Branche einen ausgeprägten Schweigekodex. Eine seltene, verdienstvolle Leistung.

Die Psychologin Ann Kathrin Scheerer verlor bei dem Nervenkrieg, der infolge zweier gescheiterter Geldübergaben in Hamburg und bei Trier entstand, nicht die Nerven, aber sie litt unsäglich – wegen der Ungewissheit, ob ihr Mann überhaupt noch lebte, wegen der permanenten Angst, was mit ihm passieren könnte. Reemtsma verbrachte, am Fuß angekettet, Tage und Nächte in einem schallisolierten Kellerraum eines einzeln stehenden reetgedeckten Hauses in Garlstedt bei Osterholz-Scharmbeck. Dort hatte sein Großvater Bernhard Reemtsma die ersten Schritte ins Berufsleben gemacht. Und von hier stammte die erste Ehefrau seines Vaters; Gertrud Seyderhelm war 1939 in Osterholz-Scharmbeck bestattet worden. Jan Philipp Reemtsma wusste freilich nichts über den Ort seines Zwangsaufenthalts. Er durfte seine Geiselnehmer nicht ansehen, wenn sie den Raum betraten und ihm Essen brachten oder die Campingtoilette zur Reinigung mitnahmen. Entwürdigt und entmündigt lebte er vor sich hin. Sie drohten ihm in englischer Sprache, einen Finger als Lebensbeweis für seine Frau abzuschneiden. Er hielt diese Drohungen aus. Es gab keine Alternative. Ein psychischer Absturz hätte ihn noch stärker in Lebensgefahr gebracht. Sooft es ging, las der Gefangene. Er bat seine Entführer um Lektüre, die er tatsächlich erhielt, neben Romanen eine Geschichtschronik, die er Wort für Wort durchsah und dabei zur Übung der Konzentration Tippfehler wie auch sachliche Fehler anstrich.[636] – Sein Vater hatte 50 Jahre zuvor während seiner Internierung versucht, Englisch zu lernen, um die Haft mit geistiger Tätigkeit auszufüllen.

Nach dem zweiten gescheiterten Übergabeversuch erhielt Ann Kathrin Scheerer einen Brief ihres Mannes, in dem er sie bat, zwei

Freunde einzuschalten. Von dem Soziologen Lars Clausen und Pastor Christian Arndt erwartete er, dass sie ohne Beteiligung der Polizei eine Geldübergabe zustande bringen würden. Zwischenzeitlich hatten die Geiselgangster ihre Forderung auf 30 Millionen erhöht. Frau Scheerer erhielt vom Hamburger Bürgermeister Henning Voscherau die Zusicherung, dass die Polizei beim nächsten Versuch aus dem Spiel bliebe. Clausen und Arndt fuhren mit einem schweren Geldsack nach Krefeld, wo die Übergabe endlich zustande kam. Innerhalb von 48 Stunden sollte der Entführte freikommen, und tatsächlich wurde er von seinen Kidnappern in einem Waldstück südlich von Hamburg ausgesetzt, worauf er ohne Orientierung so lange ging, bis er auf ein Haus stieß und seine Frau anrufen konnte. Um ihn von den Journalisten abzuschirmen, die mittlerweile sein Blankeneser Haus belagerten, brachte man ihn ins Hamburger Bundeswehrkrankenhaus, wo er Ann Kathrin und seinen Sohn in die Arme schloss.[637] Am Tag darauf reiste die Familie inkognito nach New York, um fürs Erste unbehelligt von der aufdringlichen TV- und Pressemeute Ruhe zu finden.

Sogleich waren die Blätter und Nachrichtensendungen voll von umfangreichen Geschichten und Enthüllungen rund um die Entführung. Der 33-tägige Nachrichtenstau brach sich jetzt Bahn. Dabei gelangte auch ein Foto an die Öffentlichkeit, das so nicht hätte erscheinen dürfen: *Bild am Sonntag*, *Spiegel* und *Stern* präsentierten Reemtsma mit Schwellungen am rechten Auge und an der Nase; ins Bild ragt der Lauf einer auf ihn gerichteten Maschinenpistole. Die Aufnahme hatten die Erpresser der Ehefrau am Tag nach der Verschleppung als Lebensbeweis geschickt. Von der Polizei war später eine Version mit abgedecktem Gesicht zur Veröffentlichung freigegeben worden, doch das reichte der genannten Hamburger Presse nicht. Auf illegalem Weg war das unretuschierte Foto aus den Händen der Ermittler in die Chefredaktionen gelangt und dann veröffentlicht worden. Damit wurde das Persönlichkeitsrecht verletzt, aber die Blätter waren in der Situation nicht zimperlich.

Die 33 Tage im Keller hatten Jan Philipp Reemtsma weit mehr gekostet als das höchste je in Deutschland gezahlte Lösegeld. Das Verbrechen veränderte sein Leben. Die Polizeifahnder suchten nach den Entführern, nach Spuren des Geldes und nach der Stätte der Geiselhaft. Sie hatten Erfolg und fanden Ende Mai das Haus in Garlstedt. Sein Besitzer und ein Komplize wurden in Spanien verhaftet. Wenige Tage später ging in Köln Lutz Drach, der gerade mit der Geldwäsche beschäftigt war, ins Netz der Polizei. Als Chefplaner der Erpresserbande wurde sein Bruder Thomas Drach ausgemacht, doch der blieb verschwunden.

Reemtsma selbst wünschte nichts sehnlicher herbei als Abstand, doch mit einem Mal war er ein großes Thema in den Medien. Jene, die sich kollektiv zurückgehalten hatten, entfalteten nun das große Tableau, auf dem sie seinen spektakulären Fall bis ins feinste Detail ausmalten. Dies kostete Reemtsma die bisher gepflegte weitgehende Unbekanntheit. Die Stationen und Umstände seines Lebens wurden in allen erdenklichen Facetten beschrieben, seine Herkunft und die Geschichte der Familie bis in die hintersten Winkel ausgeleuchtet. Er stand auf einmal im Rampenlicht, wohin ihn groteskerweise die Entführer gezogen hatten.

Zwischen seinem 16. Lebensjahr und der Entführung hatte sich Reemtsma außerhalb des privaten Rahmens nicht fotografieren lassen. Jetzt verlangte die Öffentlichkeit danach. Fotografen und Filmteams beobachteten sein Haus, um Aufnahmen von ihm zu erhaschen, was er als einen »in Permanenz versuchten Einbruch« empfand. Dieser Belagerungszustand endete erst, als sich der Freigekommene den Objektiven stellte und die Journalisten ihren Auftrag erledigen konnten. Ihm wurde klar, dass die Medien bedient werden mussten, am besten auf einem Kanal seiner Wahl, und die fiel auf die *Süddeutsche Zeitung*, der er ein ausführliches Interview gab. Das Münchener Blatt verkaufte Abdruckrechte an andere Interessenten, während Reemtsmas Seite bei Anfragen auf dieses Referenzinterview verwies. Damit kehrte im Mediengerangel erst einmal Ruhe ein.

Durch die Presse wurde bekannt, dass der Freigekommene über ein beträchtliches Vermögen verfügte und wo er wohnte, was dazu führte, dass sich Dutzende an ihn wendeten und nicht nur Glückwünsche zum überstandenen Martyrium übermittelten, sondern auch direkt nach finanzieller Unterstützung fragten. Schließlich besaß er ja noch viele Millionen. In diesen Bettelbriefen schilderten ihm völlig unbekannte, hoch verschuldete Menschen ihre Not und Verzweiflung. Der konsternierte Empfänger dieser Schreiben las, was auf den Tisch kam. Und er zahlte einigen der Bittsteller Geld zur Linderung ihrer Probleme. Dann kam ein Nachfolgebrief, der den Tenor hatte, es gelte, eine weitere, bisher verschwiegene Schuld zu begleichen. Ob denn nicht die Großzügigkeit noch einmal bemüht werden dürfe... Das machte Reemtsma stutzig. Er wandte sich an die Schuldnerberatungsstelle des Diakonischen Werks in Hamburg und erkundigte sich, was davon zu halten sei. Dort öffnete man ihm die Augen. Solche Hilfsleistungen, erklärte man ihm, seien völlig falsch, denn dadurch verstärke er nur den Anreiz zu weiteren Bettelbriefen. Seither unterstützt Reemtsma statt vermeintlich Bedürftiger die professionell arbeitende Schuldnerberatungsstelle.[638]

Die ständige Begleitung durch Leibwächter beeinträchtigte sein Leben und das seiner Angehörigen, aber es gab kein Zurück in die Unbeschwertheit der Zeit vor dem 25. März 1996. Was empfand er, wenn er wieder vor dem Haus auf dem Weg stand, auf dem er in einem Handgemenge von zwei Kidnappern niedergeschlagen und überwältigt worden war? Schon allein das Rascheln im Gebüsch, das Klirren einer Kette konnte ihn erschrecken. Die psychische Belastung der 33 Tage hatte tiefe Spuren hinterlassen. Wie kuriert man das? Wie geht man mit dem fortgesetzten Interesse der Öffentlichkeit um? Reemtsma verfasste einen langen Text, distanziert in der dritten Person Singular, über sein Verschwinden aus der Welt. *Im Keller* nannte er das fesselnde selbstanalytische Erinnerungsprotokoll, das im Januar 1997 erschien. Eine wichtige Intention bestand für den Autor darin, an die Stelle der von den Medien konstruierten Geschichte der Entführung mit all ihren teils abstrusen Varianten seine *eigene* Geschichte zu setzen. Reemtsma wollte sie sich in der Öffentlichkeit eines jedermann zugänglichen Buches aneignen.[639] Darüber hinaus sollte dies seine abschließende Äußerung zur Entführung sein. Zur gleichen Zeit, als *Im Keller* erschien, begann vor der Großen Strafkammer des Landgerichts Hamburg der Prozess gegen die ersten beiden verhafteten Entführer, Wolfgang Koszics und Peter Richter. Ihr Opfer trat als Nebenkläger auf und nahm fast an jedem Verhandlungstag teil.

Reemtsma gönnte sich keine Auszeit. Alsbald nahm er seine Tätigkeiten in den Stiftungen, im Institut für Sozialforschung und an der Universität wieder auf. Zudem fand er sich bereit, im Rahmenprogramm der Wehrmachtsausstellung zu sprechen. Zweifellos gab es aufwendigere, besser gestaltete Ausstellungen zur Geschichte von Krieg und Holocaust. Aber diese Bilderschau, die von Hamburg ausgehend über Berlin und Aachen wie in einem willkürlichen Zickzack durch 32 Städte wanderte, zog die Besucher in ihren Bann. In München waren es 90 000 in wenigen Wochen. Insgesamt kamen etwa 860 000 Menschen, eine Zahl, die selbst die kühnsten Erwartungen weit übertraf. Wo wurde sie gezeigt? Im Foyer eines Hörsaalgebäudes, im Rathaus, in der Volkshochschule und an anderen kommunalen Orten, nur nicht in historischen Museen. Die arrivierten Häuser und ihre Leiter mieden bewusst den Kontakt. Schließlich polarisierte die Ausstellung nicht nur, sie spaltete das Publikum in zwei Lager: das der nachdrücklichen Befürworter und das der sich in heftiger Kritik ergehenden Gegner. Sie bestimmte eine Weile die Diskussion in den Feuilletons, noch stärker, als es die in der gleichen Zeit publizierten *Tagebücher* Victor Klemperers oder Daniel Goldhagens Buch *Hitlers willige Vollstrecker* taten. Wenn Reemtsma und ein prominenter Redner zum Eröffnungsvortrag erschienen, konnte man mit einem vollen Haus rechnen. In Bonn beispielsweise hatte die Stadt im September 1998 die Beethovenhalle zur Verfügung gestellt. Die SPD-Oberbürgermeisterin Bärbel Dieckmann begrüßte den Bundespräsidenten Johannes Rau als Hauptredner in einem bis auf den letzten Platz gefüllten Saal. Als Jan Philipp Reemtsma sprach, hob nicht jeder die Hände zum Applaus. Die meisten verfolgten seine Worte mit gespannter Aufmerksamkeit, andere quittierten sie mit verhaltener Empörung.

Für Presse und Fernsehen, für die Besucher der Ausstellung und die Kritiker, die ihr bewusst fernblieben, war Jan Philipp Reemtsma der geistige Schöpfer und Verantwortliche, kurz: das Gesicht der Wehrmachtsausstellung. Zwangsläufig wurde er persönlich vom rechten Rand der Gesellschaft und von konservativen Politikern angegriffen. Ihnen galt er als reicher Erbe, der in niederträchtiger Weise das Ansehen gefallener und lebender deutscher Soldaten verunglimpfte. Nun begannen sich einige für die Geschichte seiner Familie zu interessieren. Viel gaben Pressearchive und Bibliotheken nicht her, aber so viel war erkennbar: Die Firma Reemtsma hatte von den späten zwanziger Jahren an eine enorme wirtschaftliche Größe erlangt und dann im Dritten Reich enge Beziehungen zu Hermann Göring gepflegt. Manche kurzsichtigen Kritiker ›verschmolzen‹ den Unternehmenschef Philipp F. Reemtsma einfach zu einer Person mit seinem Bruder Alwin, dem SS-Standartenführer, und kreierten auf diese Weise einen Jan Philipp Reemtsma, der als Abkömmling von Nazi-Profiteuren und skrupellosen Geschäftemachern in ein schiefes Licht gerückt werden konnte.

Andere machten es sich bei ihren Angriffen auf Jan Philipp Reemtsma leichter. Sie recherchierten nicht lange und wollten in ihm sogleich den Chef und Inhaber der Firma Reemtsma erkennen. Für sie war der Macher der angeblich kommunistischen Ausstellung ein ›Zigarettendreher‹, der Gesundheitsschäden bei Millionen Menschen mitzuverantworten habe. Von so einem wollte man sich in Sachen Kriegsgeschichte nicht belehren lassen. Nun war eine Handvoll bejahrter Briefschreiber, die die Ehre ihres Regiments zu verteidigen suchten, indem sie Politiker, Medienmanager oder den Zentralrat der Juden über ihre Sicht in Sachen Wehrmacht informierten, nicht direkt bedenklich. Das gehörte zur Begleitmusik kontrovers aufgenommener Thematisierungen des Dritten Reichs. Aber die Attacken gegen Jan Philipp Reemtsma wurden heftiger. Der CSU-Politiker Peter Gauweiler etwa bezog öffentlich gegen die Ausstellung Position, während sie im März 1997 in München gezeigt wurde. Dort kam es zu Ausschreitungen zwischen Tausenden von aufmarschierenden Rechten und linken Gegendemonstranten. Emotionen kochten hoch, und die Kritik an der Schau und ihren Initiatoren nahm äußerst polemische Züge.

Anders ging Ulrich Raulff von der *Frankfurter Allgemeinen* vor, als die Ausstellung im April 1997 in die Paulskirche kam. Der Feuilletonchef hatte mit Jan Philipp Reemtsma ein ausführliches Interview geführt und dabei dem Hamburger Sozialwissenschaftler die Frage gestellt, ob die Ausstellung als sein »pädagogisches Unternehmen, das so sehr auf den Schrecken, auf Konfrontation mit dem

Entsetzlichen« baue, einen »terroristischen Beigeschmack« habe.[640] Der Befragte wies den Terminus »terroristisch« als deplatziert zurück und stellte klar, dass er seine Aktivitäten keineswegs als pädagogisch motiviert verstehe, worauf der Journalist sich wunderte, dass ein »subtiler Philologe« an einer mit dem »groben Pinsel« gemalten historischen Ausstellung überhaupt mitwirke – die Kritiker verurteilten sie schließlich als demagogische Aufbereitung von Quellen. Und das, wo er doch sein Vermögen einem Vater verdanke, der im Wirtschaftssystem des Nazi-Regimes eine herausragende Stellung besessen habe. Der Interviewer bohrte weiter. So fragte er nach den Propaganda-Sammelbilderalben, nach dem Status des Vaters als Wehrwirtschaftsführer und nach den Profiten, die für den »faktisch ein Monopol« innehabenden Reemtsma aus den Zigarettenlieferungen an die Wehrmacht resultiert hätten. Wolle der Sohn nicht alles über die Verstrickung seines Vaters wissen? Raulffs Frage wurde kurz und bündig beantwortet: »Warten Sie mal ab.« Reemtsma verwies darauf, dass er von Historikern Archivmaterial über seine Familie sammeln ließ. Tatsächlich kopierten die für das von ihm geleitete Institut recherchierenden Historiker, wo immer sie nebenbei etwas fanden, Dokumente, die wie im Falle Alwin Reemtsmas in Riga die Tätigkeit im Dritten Reich illustrierten. Dieses Material wurde im Archiv des Hamburger Instituts zusammengetragen.

Was Reemtsma an dem gedruckten Interview störte, war die zweite Zeile der Überschrift: »Über die Bilder der Wehrmachtsausstellung und die Geschichte des Hauses Reemtsma«. Hiermit wurde suggeriert, er habe die Ausstellung wegen seiner Familiengeschichte ins Leben gerufen. Im Interviewtext aber las es sich so, als würde er bewusst nichts zur Familie erforschen wollen. Seine Äußerungen erregten Aufsehen. Im Nachgang wurde Raulff wegen der Ausrichtung seiner Fragen von verschiedenen Seiten gescholten, auch von Historikern und einigen namhaften Persönlichkeiten.[641] Die *Frankfurter Rundschau* ereiferte sich geradezu über den Kollegen von der *FAZ*. Er habe, schrieb Wolfram Schütte, Reemtsma »im rhetorischen Wichs eines deutschnationalen Corpsstudenten der Weimarer Zeit« aggressiv angegangen und den Eindruck zu erwecken versucht, das Hamburger Institut als Urheber der Ausstellung sei »eine Goebbels-

Ulbrichtsche Nachfolge-Organisation zur deutschen Gehirnwäsche«.[642] Das dürfte im Groben die Einschätzung rechtskonservativer Kreise gewesen sein. Die Fragen nach dem Vater hielt Schütte für einen Beleg von Raulffs ultimativer Infamie, denn er habe damit versucht, den Befragten als »Fanatiker eines Vaterkomplexes« zu diskreditieren. Starker Tobak war das rund um die mit dem Initiator identifizierte Wanderschau. Tatsächlich hieß sie landauf, landab mittlerweile »Reemtsma-Ausstellung«.

Neben den Kritikern, die eine unsachliche Pauschalverurteilung der Wehrmacht monierten, gab es auch persönliche Beleidigungen und Schmähungen, gegen die das Institut gerichtlich vorging. Fundierte Kritik im Detail allerdings übten Historiker, die genau hinschauten. Fotos können problematisch sein, denn oftmals sind die Bildlegenden fehlerhaft, oder die eindeutige Zuordnung zu einem konkreten Ort und Geschehen ist nur mit hohem Rechercheaufwand zu leisten. Die Identifizierung uniformierter Täter ist scheinbar leichter, aber der neben einem Toten abgelichtete Soldat muss nicht direkt etwas mit dem Tod zu tun haben. Den Historikern Bogdan Musial und Kristián Ungváry fiel eine Reihe falscher Zuordnungen auf: Dr. Musial hatte die 801 Fotos des Ausstellungskatalogs durchgesehen und bei einigen festgestellt, dass die darauf abgebildeten, in einem Gefängnishof liegenden Toten in der ersten Kriegsphase nicht von Wehrmachtsangehörigen, sondern vom sowjetischen Geheimdienst NKWD ermordet worden waren. Das ging aus Archivquellen hervor. Dr. Ungváry wies nach, dass mehrere Dutzend Fotos nicht, wie behauptet wurde, Soldaten der Wehrmacht zeigten, sondern SS-Angehörige oder Militärs anderer Nationalitäten, und dass mehrere abgebildete Opfer nicht auf das Konto der Deutschen gingen. Das hätte in der Ausstellung über die Verbrechen der Wehrmacht keinesfalls passieren dürfen. Der Skandal war perfekt, die Reaktion der Medien entsprechend heftig. Gegenargumente der Verantwortlichen zu einzelnen strittigen Fotos, etwa dass es einen Interpretationsspielraum bei der Zuordnung gebe, provozierten den Eindruck, die Befunde der Fachleute sollten kleingeredet und handwerkliche Fehler kaschiert werden. All dies führte dazu, dass die Glaubwürdigkeit der Ausstellung und damit die ihrer Hauptaussage, die Wehrmacht

Krisenmanagement: Jan Philipp Reemtsma zeigt bei einer Pressekonferenz in Hamburg falsch zugeordnete Fotos der »Wehrmachtsausstellung«, 4. November 1999

sei im Osten an Verbrechen beteiligt gewesen, erheblich beschädigt wurde. Dass Projektleiter Heer gegen Musial prozessierte, trug nicht gerade dazu bei, die Wogen zu glätten.

Die seriösen Medien reagierten mit einer Flut von Berichten und Artikeln, aber sie blieben weitgehend fair. So merkte der Historiker Norbert Frei in der *Frankfurter Allgemeinen* an, keine noch so lange Reihe von Irrtümern könne die Ausstellung darin widerlegen, »dass es ein rassischer Vernichtungskrieg« gewesen sei, in dem die Wehrmacht eine aktive Rolle gespielt habe.[643] Thomas Schmid stellte Ende Oktober 1999 in der *Welt* fest, die Macher der Schau seien »in eine selbstgestellte Falle gelaufen«, indem sie sich von der Überzeugung hätten leiten lassen, man könne Geschichte so zeigen, wie sie wirklich gewesen sei. Der Journalist sprach die Empfehlung aus, »eine gründliche Renovierung« der Ausstellung vorzunehmen.[644] Zwei Wochen später handelten die Initiatoren. Auf einer Pressekonferenz am 4. November wurde ein Moratorium der Präsentation verkündet. Jan Philipp Reemtsma hatte Hannes Heer von der Projektleitung entbunden. Der Chef machte den Mitarbeitern klar, dass der Ruf und damit die Zukunft des ganzen Instituts auf dem Spiel stand. In der Öffentlichkeit wurde die Ausstellung mit der Forschungseinrichtung und letztlich mit Reemtsma gleichgesetzt. Die in dieser Dreieckskonstellation Gefangenen waren zum Erfolg verdammt. Die grundlegende Korrektur und Überarbeitung der Wehrmachtsausstellung musste gelingen! Für die Mitarbeiter hing viel davon ab, unter Umständen sogar die berufliche Existenz. Reemtsma stand in der Verantwortung gegenüber allen im Hause, auch denen, die nicht an der Bilderschau mitgearbeitet hatten, und das war die Mehrheit. Für ihn persönlich ging es darum, wie man ihn künftig im Wissenschaftsbetrieb wahrnehmen würde.

Die von Reemtsma beschlossene Überprüfung und Überarbeitung geriet zu einem komplexen Unterfangen. Die eigens eingesetzte wissenschaftliche Kommission, bestehend aus einem ausgewogenen Kreis von namhaften Professoren und Fachhistorikern, begutachtete ein Jahr lang die Fotos und inhaltlichen Aussagen. Sie legte im November 2000 ihren Abschlussbericht vor, in dem es hieß, die Grundthese von der Beteiligung der Wehrmacht am Vernichtungskrieg treffe zu, doch seien dem Ausstellungsteam im Detail viele Fehler unterlaufen. Reemtsma gestand in einem *Zeit*-Interview ein, es sei nicht wissenschaftlich, sondern journalistisch und damit im Rahmen der Ausstellung falsch, Fotos als bloße Illustration ohne Bildlegende zu präsentieren und auch plakative Überschriften hätten unangemessen pauschalisierend gewirkt. Auch das eklatante Betreiben Heers, gegen Historiker wie Musial wegen mutmaßlicher Verleumdung Anzeige zu erstatten, bezeichnete er als einen Fehler, für den er mitverantwortlich war, weil er es akzeptiert hatte.[645]

Nüchternheit ist eine der Tugenden Jan Philipp Reemtsmas. Im Umgang mit dem Ausstellungsdebakel bewies er sich als krisenfester kühler Kopf, der mit der bedachten Flucht nach vorn – in die Wissenschaftlichkeit – das Richtige tat. Als dann im Herbst 2001 die Wehrmachtsausstellung in der Berliner Auguststraße wieder eröffnet wurde, war aus der Fotoschau eine doppelt so große Dokumentenpräsentation geworden. Nur ein Zehntel der alten Bilder wurde gezeigt. Sämtliche Texte waren überarbeitet, und auch der Titel war neu: »Verbrechen der Wehrmacht. Dimensionen des Vernichtungskrieges 1941–1944«. Jan Philipp Reemtsma erklärte zur Fülle des Lesestoffs, Text sei das »Mittel der Differenzierung«. Eine verblüffend simple Erkenntnis, die offenbar weder von ihm noch von Heer und anderen Mitarbeitern in der ersten Wehrmachtsausstellung beherzigt worden war.

Das Projekt ließ den Initiator weiterhin nicht los. Und die Öffentlichkeit verlangte mehr nach ihm als nach den neuen Mitarbeitern des Teams, das die zweite Schau erarbeitet hatte. Ulrich Raulff, der 1997 das bissige Interview für die *Frankfurter Allgemeine* geführt hatte, kam mit einer Offerte auf Reemtsma zu: Das Blatt würde ein ganzseitiges Gespräch mit ihm drucken, in dem er die neue Präsentation erläutern könne. Gleichzeitig bekannte der Journalist, seine Meinung über Reemtsma geändert zu haben. Der Gefragte, dem Raulffs Verhalten respektabel erschien, schlug ein und erhielt ein wichtiges Podium, um die Überarbeitung und die Intention der zweiten Wehrmachtsausstellung zu erklären. Das Gespräch moderierte diesmal allerdings Michael Jeismann für die Zeitung.[646] Die Historikerin Ulrike Jureit erhielt als Sprecherin des Ausstellungsteams dabei die Gelegenheit, die Veränderungen, neuen Erkenntnisse und Bereinigungen ausführlich zu schildern. Reemtsma dagegen beschränkte sich auf wenige Äußerungen. Auf die Frage Jeismanns, wozu die neue Ausstellung provoziere, entgegnete er, sie müsse nicht provozieren, das habe vielmehr das Thema getan: die von Angehörigen der Wehrmacht begangenen Verbrechen. Damit beschrieb Reemtsma in prägnanter Weise den Impuls, der Jahre zuvor zur Entscheidung geführt hatte, die Beteiligung der »ganz normalen« deutschen Streitkräfte am Terror im Osten darzustellen.

Die neue Ausstellung wurde vor allem inhaltlich ein Erfolg und damit wieder salonfähig. Prominenz aus Kultur und Politik fand sich ein, um an den Eröffnungsveranstaltungen teilzunehmen. In Hamburg, wo die Schau von Januar 2004 an zum letzten Mal präsentiert wurde, kam der Erste Bürgermeister Ole von Beust, und der Literaturnobelpreisträger und Holocaust-Überlebende Imre Kertész hielt die Eröffnungsrede. Damit fand die umstrittenste zeitgeschichtliche Ausstellung Deutschlands – zumindest für das linke Spektrum und Teile des bürgerlichen Lagers – einen versöhnlichen Abschluss, und das Hamburger Institut für Sozialforschung hatte die Imageschäden des Debakels von 1999 ausgebügelt. Nachdem man die Fehler anerkannt hatte, war die Kompetenz dieser wissenschaftlichen Einrichtung unter Beweis gestellt worden. Kein linker Elfenbeinturm war da in Hamburg entstanden, sondern ein Think Tank mit effektiver Vernetzung in weite Bereiche von Forschung und Gesellschaft. Allerdings blieb das eine: Jan Philipp Reemtsma wurde mit dem Institut gleichgesetzt. Er blieb der Frontmann, auf den alle schauen, nach dem die Journalisten fragen, und auch der, den man angreift. Zweifellos eine schwierige Position. Mittlerweile gilt die Wehrmachtsausstellung als ein Meilenstein der politischen Kultur der neunziger Jahre, denn der von ihr ausgelöste Lernprozess führte zum Common Sense, dass die Wehrmacht als Organisation an den Kriegsverbrechen im Osten beteiligt war. Diese nachhaltige Wirkung ist ein Verdienst, das deutlich macht, was mittels eines ererbten Vermögens angestoßen werden kann, wenn der Erbe willens und befähigt ist, Geld in die richtigen Bahnen fließen zu lassen.

Eine besondere moralische Verpflichtung verspürte Reemtsma gegenüber Fremd- oder Zwangsarbeitern. Der von der Stiftungsinitiative der deutschen Wirtschaft in Kooperation mit der Bundesregierung Ende der neunziger Jahre zusammengetragene milliardenschwere Entschädigungsfonds sollte denjenigen zugute kommen, die in Deutschland während des Krieges unter Zwang hatten arbeiten müssen. Oftmals fiel es möglichen Anspruchsberechtigten in Mittel- und Osteuropa schwer, ihre Zwangsarbeit mittels Dokumenten zu belegen. Die Prüfung durch den Fonds war mit Bürokratie verbunden und zudem langwierig, was für die betagten Betroffenen belastend wirken konnte. Jan Philipp Reemtsma hatte mittlerweile erfahren, dass in einigen der Zigarettenwerke seiner Familie wie auch auf

Gut Trenthorst polnische Arbeitskräfte beschäftigt gewesen waren. Daher gab er einem mit dem Institut für Sozialforschung assoziierten Historiker den Auftrag, nach Anspruchsberechtigten aus diesem Kreis zu suchen, um ihnen direkt – unabhängig von der Stiftungsinitiative – Geld zahlen zu können.

Rainer Fröbe recherchierte in deutschen Archiven und reiste nach Polen. Schließlich hatten ja im Hannoveraner Reemtsma-Werk junge Polinnen aus der Gegend von Łodź gearbeitet. Die Werksleitung hatte sie in der Meldekartei des Einwohnermeldeamtes eintragen lassen. Ferner gab es ein Hausbuch und Namenslisten. Aufgrund dieser Quellen war Fröbe in der Lage, von den 102 namentlich bekannten Frauen noch über 40 zu ermitteln und aufzusuchen. Assistiert von einer Dolmetscherin ging der Historiker mit den Worten »Wir haben Geld für die Dame« auf die in der Regel 70- bis 80-jährigen Frauen zu. Sie reagierten überrascht, baten aber die unangemeldeten Besucher in die Wohnung und erhielten nach einigen erklärenden Worten eine erste Rate. Dann wurde ein Konto für weitere Überweisungen eingerichtet. Generell lagen Reemtsmas private Entschädigungsbeträge über denen der humanitären Zahlungen der Stiftungsinitiative an mittlerweile über 1,6 Millionen Empfänger. Das ist eine Folge des unbürokratischen Ermessens, das seine Mitarbeiter in der Angelegenheit walten lassen: Vom ersten Tag im Bahntransport an, der die Frauen nach Deutschland brachte, gilt der Anspruch auf der Basis des Grundsatzes, dass jeder Tag unter Zwang Unrecht ist. Dann wurden auch Zeiten angerechnet, die über den eigentlichen Einsatz in der Firma Reemtsma, etwa nach der Ausbombung des Hannoveraner Werks, hinausgingen. In der letzten Kriegsphase hatten die Polinnen zum Teil bei Dynamit Nobel oder Hanomag gearbeitet.

Das Unrecht gegenüber diesen Zwangsarbeiterinnen begann zudem nicht erst auf einem deutschen Werksgelände. Ermittelt wurden Fälle, bei denen das Haus oder das Dorf der Verschleppten auf Betreiben der deutschen Besatzer niedergebrannt und die Menschen damit gezielt heimatlos gemacht worden waren. Oder aber es war unter dem Schutz der Deutschen zu ethnischen Vertreibungen gekommen, beispielsweise in Ostpolen. Bei der Rückkehr fanden die vorherigen Bewohner ihr Haus von jemand anderem in Besitz genommen vor. Fröbe recherchierte auch auf der Krim, wo Einheimische bis Anfang 1944 in der Tabakproduktion für Reemtsma tätig gewesen waren. Dort bekam der Rechercheur von einer der damaligen Arbeiterinnen zu hören, unter Stalin sei es schlecht gewesen, unter den Deutschen auch und nach dem Abzug der Wehrmacht habe man noch mehr Not leiden müssen, da es mit dem Tabakanbau bergab gegangen sei. Die erlittene Not war durch die Geldzahlungen nicht zu kompensieren, die die Geschädigten und Ausgebeuteten erst 55 Jahre nach Kriegsende erreichten, doch wollte sich Jan Philipp Reemtsma damit seiner Verantwortung als Angehöriger der Familie Reemtsma stellen. Von den Verwandten zog trotz Nachfrage keiner in der Sache mit. Bei ihnen herrschte die Ansicht vor, die Leistungen der Stiftungsinitiative der Wirtschaft reichten aus. Die Reemtsma Cigarettenfabriken GmbH hatte in den mittlerweile in »Erinnerung, Verantwortung und Zukunft« umbenannten Fonds eingezahlt, weshalb sie keinen Anlass sah, sich an Jan Philipp Reemtsmas Initiative zu beteiligen. Über sieben Jahre betrieb er die private Zwangsarbeiterentschädigung, in die auch die polnischen Landarbeiterfamilien von Gut Trenthorst einbezogen wurden.

Familienbezüge

Gertrud Reemtsma starb im Januar 1996 im 80. Lebensjahr, zwei Monate vor der Entführung ihres Sohnes. Als ihr verehrter Mann zu Grabe getragen wurde, war sie 43 Jahre alt gewesen, doch an eine weitere Ehe hatte sie nie gedacht. Das war Teil ihrer Verpflichtung als Angehörige des Hauses Reemtsma, die sie angenommen hatte, obwohl sie eine Zeit lang ein ambivalentes Verhältnis zum Erfolg ihres Mannes und zur Firma besaß. Ihre Position war schließlich während der Ehe die der Begleiterin gewesen. Nur in der Internierungs- und Haftzeit hatte sie wie viele Frauen in der Nachkriegszeit auf der starken Seite gestanden und eine existenziell wichtige Bedeutung für ihren Mann gehabt. Dieser selbstwertfördernde Status der schwierigen Jahre war in der Wiederaufbauphase umgehend verloren gegangen.

Wie ›Zwei‹ hatte auch Gertrud Reemtsma einen Spleen, was Zigaretten fremder Hersteller anging. Sie duldete nichts in ihrem Haus, was von der Konkurrenz stammte. Hatten Gäste kompromittierende Marken auf den Tisch gelegt, sammelte sie diese Schachteln, ohne zu fragen, ein und ersetzte sie durch Reemtsma-Ware. Geraucht wurde viel in der Familie, das war eine Gesetzmäßigkeit. Wie ihr Mann erkrankte Gertrud Reemtsma an Blasenkrebs, aber sie überstand diese bei starken Rauchern häufige Krebsart. Als sozial eingestellte Frau von Vermögen stiftete und spendete sie für zahlreiche Belange. So überließ sie 1975 dem Hamburger Museum für Kunst und Gewerbe die China-Preziosen aus dem 17. und 18. Jahrhundert, die Philipp F. Reemtsma seit den dreißiger Jahren gesammelt hatte. Die Dauerleihgabe wandelte der Sohn Ende 1996 in eine Schenkung um.

Zum Wesen Gertrud Reemtsmas gehörte eine ausgeprägte Strenge, die sie allerdings nur in bestimmten Bereichen an den Tag legte. Wer einmal ihre Verärgerung erregt hatte und von ihr abgelehnt worden war, der blieb ein für allemal von ihrer Gunst ausgeschlossen. Hans Domizlaff gehörte seit Mitte der fünfziger Jahre an die Spitze derer, gegenüber denen Gertrud Reemtsma offene Antipathie hegte. Das war allgemein bekannt, und es zog Kreise, die sogar einen Sohn des Werbeberaters beeinträchtigten: Als Georg C. Domizlaff im Alter von 17 Jahren bei der Hamburger Werbeagentur Wilkens arbeiten wollte, bekam er dort zu hören, Gertrud Reemtsma könnte sich daran stoßen. Daher versagte die Agentur dem jungen Domizlaff den Wunsch. Auch zu Anton E. Rupert hatte die Unternehmerwitwe keine Verbindungen. Mitunter machte sie in Südafrika Urlaub, besuchte dort den Grafiker Günter T. Schulz und logierte im Kapstadter Luxushotel *Mount Nelson*, aber ein Treffen mit dem früheren Geschäftspartner in Stellenbosch kam ihr nicht in den Sinn.[647]

1988 starb ihr Bruder Klaus-Joachim Zülch, dessen stenografische Notizen aus dem Krieg im Kaukasus sie transkribiert hatte. Der einstige Stabsarzt hatte eine bedeutende Karriere als Neurologe gemacht. Von 1951 bis Ende der siebziger Jahre war Professor Zülch Direktor des Max-Planck-Instituts für Hirnforschung und fast genauso lange Leiter der Neurologischen Abteilung des Krankenhauses in Köln-Merheim gewesen. Ihm zu Ehren vergibt die mit 2,5 Millionen Euro ausgestattete Gertrud Reemtsma Stiftung den K.-J.-Zülch-Preis für hervorragende Leistungen in der neurologischen Grundlagenforschung. Die von der Fabrikantenwitwe selbst ins Leben gerufene Stiftung wird von der Max-Planck-Gesellschaft treuhänderisch verwaltet. Die Promotionsstipendien und der Gertrud-Reemtsma-Promovendenpreis sind wie der nach ihrem Bruder benannte Preis der Grundlagenforschung gewidmet.

Gertrud Reemtsma hatte Jan Philipp als ihr einziges Kind geliebt und gehegt. Daher fiel es ihr eine Zeit lang schwer, die Frau an der Seite ihres Sohnes zu akzeptieren, obwohl sie Ann Kathrin Scheerer von klein auf kannte. Dass die 1954 geborene Diplom-Psychologin und Psychoanalytikerin mit Jan Philipp jahrelang unverheiratet zusammenlebte, kam noch hinzu, denn eine Ehe ohne offiziellen Segen widersprach den Moralvorstellungen von Gertruds Generation. Seit 1983 war sie Großmutter, aber da Jan Philipp seit längerem Distanz zu ihr hielt, besuchte Ann Kathrin des öfteren Gertrud mit dem Enkel. Kurz vor ihrem Tod hatte Gertrud Reemtsma ihre Schwiegertochter gebeten, ihre Nachfolge als Vorstandsvorsitzende des Altenpflegeheims der Philipp F. Reemtsma-Stiftung anzutreten. 1977 war dieses Haus am Storchenheimweg in Rissen, einem westlichen Vorort Hamburgs, gegründet worden. Den Vorsitz des Vorstandes hatte die Witwe von Beginn an innegehabt. Ann Kathrin Scheerer sagte die Übernahme des Amtes bereitwillig zu. Um die damit verbundenen Aufgaben kennenzulernen, volontierte sie in dem Heim, das pflegebedürftige Menschen unabhängig von ihren wirtschaftlichen Verhältnissen aufnimmt. Das traditionelle soziale Engagement der Unternehmerfamilie Reemtsma wurde damit fortgesetzt. Dazu gehört noch ein weiteres Rissener Altenheim, die Stiftung Hanna Reemtsma Haus, benannt nach der 1988 verstorbenen Witwe Hermann F. Reemtsmas.

Die Familien Reemtsma und Zülch waren seit 1880 eng miteinander verbunden, jenem Jahr, in dem Bernhard Reemtsma einst die Ehe mit Florentine Zülch eingegangen war. Philipp F. Reemtsma heiratete nacheinander zwei Frauen namens Gertrud aus der Familie. Ein Bruder der zweiten Gertrud, Heinz-Jörn, sowie ihr Cousin Karl hatten in der Zigarettenfirma mitgearbeitet. Eine weitere Überschneidung, wenngleich auf gänzlich anderem Gebiet, kam in den achtziger Jahren zustande. Der 1939 geborene Tilman Zülch, ein Neffe der jüngeren Gertrud, hatte 1970 in Hamburg die Gesellschaft für bedrohte Völker (GfbV) ins Leben gerufen. Diese Institution machte sich alsbald einen internationalen Namen und fand eine Reihe namhafter Förderer. Die Arbeit der GfbV zog auch die Göttinger Ethnologiestudentin Katrin Reemtsma an, die Tochter des im Forstwesen tätigen Jan Berend Reemtsma und Enkelin des ehemaligen SS-Offiziers Alwin Reemtsma. 1981 organisierte die 23-jährige Frau den Göttinger Welt-Roma-Kongress der GfbV, der unter der Schirmherrschaft Simon Wiesenthals und Indira Ghandis stand. Katrin Reemtsma engagierte sich danach vollends für die Hilfe für Sinti und Roma, wobei Südosteuropa den Schwerpunkt bildete. Das wurde zu ihrer Lebensaufgabe, gerade als Anfang der neunziger Jahre die Kriege im ehemaligen Jugoslawien für Tausende von Angehörigen dieses Volkes existenzielle Not und Verfolgung mit sich brachten. Sie kämpfte gegen die Diskriminierung der Flüchtlinge in Deutschland und bewies dabei ein hohes Maß an Einfühlungsvermögen und Zivilcourage.

Dies ist in einem Nachruf zu lesen, den Tilman Zülch gemeinsam mit Yvonne Bangert im Sommer 1997 über seine entfernte Verwandte schrieb. Der Nachruf erschien in der von der Gesellschaft für bedrohte Völker herausgegebenen Zeitschrift *Pogrom*, für die Katrin Reemtsma selbst zahlreiche Artikel verfasst hatte. »Mit schwerem Herzen« wurde Abschied genommen von der Frau, die durch ihre fast zwei Jahrzehnte währende Menschenrechtsarbeit bekannt geworden war. Über die Umstände des Todes der 38-Jährigen stand nichts in dem Nachruf. Sie wurde Opfer eines Verbrechens. Wie die *Berliner Zeitung* am 11. Juni 1997 berichtet hatte, war sie von ihrem Lebensgefährten in der gemeinsamen Wohnung in Berlin-Friedenau im Streit erstochen worden. Es war eine Tragödie. Katrin Reemtsma, die dem Europäischen Parlament als Expertin in Sachen Sinti und Roma zur Verfügung gestanden und Sachbücher über deren Kultur, Geschichte und Gegenwart veröffentlicht hatte, starb durch die Hand ihres Freundes – eines Roma. Der Reflex der Presseberichterstattung angesichts des Gewaltverbrechens war bezeichnend: Für sie war dies schlicht ein »zweiter Schlag für die Familie des Millionenerben«, womit verkürzt auf die im Vorjahr vorgefallene Entführung Bezug genommen wurde. Als Dreh- und Angelpunkt des von den Medien gestalteten Reemtsma-Bildes fungierte somit ausschließlich Jan Philipp Reemtsma. Wurde über das Verbrechensopfer nur berichtet, weil sie eine Nichte des Prominenten gewesen war? Der Schmerz ihrer Angehörigen wird dadurch kaum gelindert worden sein.

In den achtziger Jahren hatte Gertrud Reemtsma ihrem Sohn das Elternhaus am Krumdalsweg überlassen und war in eine Wohnung im nahe gelegenen Stadtteil Nienstedten gezogen. Das von Godber Nissen entworfene Domizil von 1954 ließ Jan Philipp Reemtsma kurzerhand abreißen und durch einen mehrstöckigen Neubau ersetzen. Dies sollte keine Wohnung sein, sondern ein lichtes Gebäude als Heimstatt seiner Bücher und Ort der Arbeit. Schließlich bewohnte er mit seiner Familie ein Haus nebenan. Der Literatur- und Sozialwissenschaftler gab den Architekten vor, so viel Licht und freien Elbblick wie möglich mit großzügigem Raum für die stetig wachsende Bibliothek zu vereinen. Ganz oben in einem erkerartigen Raum entstand auf diese Weise sein privater Arbeitsplatz. Hier stehen Computer, Schreibutensilien und ein Schallplattenspieler. Voraus und zur Linken gleitet der Blick über den Elbhang zum Strom, der die Insel Schweinesand umfließt, und jenseits seines Südufers ins Alte Land.

Hier arbeitet Jan Philipp Reemtsma als von leidenschaftlichem Umgang mit Buch und Sprache geprägter Forscher und Schriftsteller. Er ist ein gebildeter Bücherfreund, eben ein Bibliophiler im Wortsinn, der schon in seiner frühen Jugend ständig las, wovon die Bibliothek seines Blankeneser Arbeitshauses beredtes Zeugnis ablegt. Gern gibt er seinen Büchern Titel, die – wie *Der Vorgang des Ertaubens nach dem Urknall* oder *Warum Hagen Jung-Ortlieb erschlug* – keineswegs eingängig sind. Ob in Essays oder monothematischen Abhandlungen, meist widmet sich Reemtsma als Autor dem Thema der verbrecherischen, kriminellen Gewalt. Die Destruktivität des 20. Jahrhunderts beschäftigt ihn fortdauernd, und ein Motiv für diese Auseinandersetzung ist die »unsichtbare Präsenz dreier toter Brüder«, die während des Krieges starben, Jahre vor seiner eigenen Geburt. Zudem sucht er zu analysieren, wie es zu Massenpsychosen und zur Entfesselung kollektiver Gewalt gegen Minderheiten kommen kann. Dazu sammelt er seit langem Literatur über Hexenverfolgung. Bei der Arbeit an diesen Schreckensthemen entsteht Belastung. Eine Zeit lang etwa redigierte er eine Publikation über Auschwitz und befasste sich gleichzeitig mit dem Folterregime in Argentinien, was ihm in der Dopplung schwer zu schaffen machte. Seitdem vermeidet es Reemtsma grundsätzlich, sich vollständig mit Gewaltthemen zu konfrontieren. Dabei bezeichnet er das 18. Jahrhundert mit seinen Autoren wie Wieland als Labsal, denn selbst die größten Pessimisten dieses Zeitalters hätten sich nicht ausmalen können, welch schreckliches Geschehen das 20. Jahrhundert einst hervorbringen würde.[648] Er achtet auf die Einhaltung einer weitgehenden Balance zwischen den beiden Jahrhunderten, wenngleich zeitweilige Fixierungen unausweichlich sind.

Eine besondere Note erhält seine Arbeit durch seine Nähe zur Person und zum Werk Arno Schmidts: Leser, Forscher, Autor, Rezitator und Mäzen in einem, der zudem an der Beerdigung des verehrten Schriftstellers mitwirkte und dann auch noch die Asche der Witwe bestattete – das ist in der literarischen Welt Deutschlands einmalig. Jan Philipp Reemtsmas Diktion gerät nicht selten ähnlich hintergründig-verschachtelt wie die Arno Schmidts. Das ist keine *deformation professionelle*, sondern Ausdruck der literarisch-vergeistigten Heimat, die der Hamburger gefunden hat. Er kann aber auch anders, wofür sein Buch *Mehr als ein Champion* über Muhammad Ali ein Beispiel ist. Der zum Islam übergetretene Boxer war in seiner Jugend ein umstrittener Sportler, ein »Großmaul«, das auf vielfache Ablehnung stieß. Der einstige Weltmeister interessierte Reemtsma so sehr, dass er in London Videofilme von Boxkämpfen Alis kaufte und beschloss, über die Choreografie von Körpern zu schreiben. Eine Maxime von Ali machte sich Jan Philipp Reemtsma zu eigen: Kämpfe sind erst in der fünfzehnten Runde vorbei. Auch wenn man in der siebten am Boden liegt, geht es weiter.[649]

»Und wenn man sich … nicht mit Grausen abwendet, hat man erreicht, was zu erreichen ist.«

JAN PHILIPP REEMTSMA, 8. OKTOBER 2006

Schlusswort

›Der Junge riecht nach Geld.‹ So lautete 1893, kurz nach der Geburt Philipp F. Reemtsmas, die scherzhafte Bemerkung einer Verwandten. Dreißig Jahre danach stand der Name Reemtsma für Zigaretten, bald darauf für Wirtschaftsmacht und seit den achtziger Jahren auch für durch Vermögen geförderten Geist. Jan Philipp Reemtsma erklärte 2004 in einem Interview, Geld gebe ihm anregenden Freiraum.[650] Das ist ein außerordentlich schätzenswertes Privileg; Geld engt aber auch ein, denn der mit der Chiffre Reemtsma assoziierte Reichtum führte dazu, dass Kriminelle angezogen wurden. Sie entführten den reichen Erben, drohten mit seiner Ermordung und ließen ihn erst gegen Millionenzahlungen frei. Das macht einige der Reemtsmas bis heute beklommen und vorsichtig. Kein Wunder, dass aus der Familie von verschiedenen Seiten der Wunsch vorgetragen wurde, die Angehörigen der jüngeren Generation in dieser Familienbiografie nicht namentlich zu erwähnen, geschweige denn zu thematisieren. Dieser Kreis tritt deshalb hier nicht an das Licht der Öffentlichkeit.

Jan Philipp Reemtsma hätte den Namen seiner Frau – Scheerer – annehmen können, aber daran dachte er nie. Axel Springers 1940 geborener Sohn, der selbst Axel hieß, wählte das Pseudonym Sven Simon, auch um sich vom Vater zu emanzipieren, in beruflicher wie persönlicher Hinsicht. Selbst wenn Reemtsma den Familiennamen ganz bewusst trägt, kann in seinen Äußerungen Distanz zum Vater und zu möglicher biografischer Kontinuität abrupt hervortreten. Einmal traf ein langjähriger Firmenmitarbeiter im Hamburger Hanseviertel auf Jan Philipp Reemtsma, der in einen langen Mantel gehüllt über die Straße ging. Der ältere Herr sagte: »Mein Gott, Herr Reemtsma, als ich Sie eben gesehen habe, meinte ich, Sie wären Ihr Vater.«[651] Der Angesprochene erwiderte darauf spontan: »Etwas Schlimmeres hätten Sie mir nicht sagen können.« Ein Indiz für einen tiefen Vater-Sohn-Konflikt, der bis in die jüngste Zeit fortdauert? Nachvollziehbar scheint, dass Jan Philipp Reemtsma den im Kaiser- und Hitlerreich als Kriegsfreiwilliger hervorgetretenen Vater kritisch sieht. Von der unternehmerisch motivierten und mit Geld geebneten Nähe zu Göring zu wissen macht nichts einfacher. Die Protektion des zweitmächtigsten Nazis wirft einen langen Schatten.

Lange Zeit war der Sohn befangen gegenüber der Geschichte seiner Familie. Schrittweise lernte er seinen Vater und dessen Leben mit den beiden Frauen namens Gertrud Zülch kennen, genau wie das der verstorbenen Halbbrüder. Eine zögernde Annäherung bewegte ihn dazu, opulent gestaltete Bücher über Haus Kretkamp und die Kunstsammlung zu finanzieren. Diese Dokumentationen zur persönlichen Othmarschener Lebenswelt Philipp F. Reemtsmas eröffnen nicht nur interessierten Kreisen, sondern eben auch dem Sohn Einblicke in sonst nicht mehr betretbare Räume. Die Wahrheit ist in ihnen verborgen, aber erkennbar wird sie doch, in Umrissen, Stück für Stück. Die Herkunftsgeschichte der Kunstsammlung wurde von Jan Philipp Reemtsma in Auftrag gegeben, da er bei den zum Teil heute noch im Familienbesitz befindlichen Gemälden sichergehen wollte, dass sie rechtmäßig erworben und nicht etwa den Vorbesitzern unter Bedingungen des Dritten Reiches entzogen worden waren. Belastende Reminiszenzen sollen die Wände in seinem Haus nicht schmücken.

Die auf außerordentlichen Fähigkeiten beruhende Leistung des Vaters, die Zigarette zum Markenartikel geformt und damit einem ganzen Industriezweig seinen Stempel aufgedrückt zu haben, ruft bei Jan Philipp Reemtsma Anerkennung hervor, doch Stolz stellt sich bei ihm nicht ein. Ihn hatte es schon in seiner Kindheit gestört, mitzuerleben, dass seine Onkel den Familiennamen wie eine Monstranz vor sich hertrugen. Hermann-Hinrich Reemtsma verehrt seinen 1961 verstorbenen Vater in hohem Maße. Freude ist ihm anzumerken, als Stifter in der Tradition Hermann F. Reemtsmas zu stehen. Beträchtliche Summen dotierten er und seine Kinder der von ihm gegründeten und nach seinem Vater benannten Stiftung. Deren Aktivitäten im Bereich von Kunst und Kultur, etwa bei der aufwendigen Wiederherstellung des Gartens der Villa Max Liebermanns am Wannsee oder bei der Beteiligung an der Restaurierung des Potsdamer Belvedere, halten die Erinnerung an den Unternehmer und Barlach-Förderer wach.

Jan Berend Reemtsma tut sich schwerer mit seinem Vater, belastete diesen doch ein mittlerer SS-Rang. Zudem hatten ›Eins‹ und ›Zwei‹ als starke Persönlichkeiten zeitlebens das Unternehmen dominiert. Da war für Alwin Reemtsma bis 1945 nur ein Platz an der Peripherie des Zentrums geblieben. Gab es ideologische Motive zum Eintritt in die schwarz uniformierte Elite des Dritten Reiches? Oder war er nur der Pro-forma-Nazi der Familie, damit die Brüder weniger behindert wirtschaften konnten? Es kam wohl beides zusammen, zusätzlich zu der unbewussten Motivation, einen Komplex zu kompensieren, indem er sich bei den ›Herrenmenschen‹ einreihte. Und selbst wenn es lediglich eine gelebte Konzessionsentscheidung gewesen wäre, verbessert dies seinen Ruf nicht. Nach allen drei Unternehmer-Brüdern sind Stiftungen benannt, aber die Alwin-Reemtsma-Stiftung an der Universität Bochum ist am wenigsten präsent. Die beiden anderen entsprechen dem Status der Familie und festigen, wie die nach Gertrud und Hanna Reemtsma benannten Einrichtungen, ihre Reputation durch soziales und kulturelles Engagement. Die verschiedenen Forschungsstiftungen Jan Philipp Reemtsmas dagegen liegen auf einer anderen Ebene. Sie konterkarieren das konservative Stifterbild der verstorbenen Generation der norddeutschen Familie.

1980 hatte die Loslösung der Reemtsmas von der Firma eingesetzt. 22 Jahre später fand sie ihren endgültigen Abschluss. Hermann-Hinrich Reemtsma respektiert die damalige Entscheidung seines Cousins Jan Philipp mit den Worten: »Wenn einer nicht die Neigung zum Regieren hat, dann soll er sich trennen.«[652] Der Sozialwissenschaftler meint, seine Verwandten hätten dank seines Verkaufs an die Herz-Brüder innerhalb von zwei Jahrzehnten einen beträchtlichen Wertzuwachs ihrer Unternehmensanteile zu verzeichnen gehabt. Tatsächlich brachten die kühl kalkulierenden Tchibo-Inhaber die Firma nach vorn. Gleichzeitig strebten sie an, ihre Anteile an der Reemtsma Cigarettenfabriken GmbH auszuweiten. Hermann-Hinrich Reemtsma verkaufte einen Teil seines Besitzes an sie, sodass sie in den neunziger Jahren eine qualifizierte Mehrheit von über 75,1 Prozent erlangten. Dieser Prozess lief weiter, bis die verbliebenen Anteile der Gründerfamilien im Jahre 2002 nur noch 15 Prozent ausmachten. Die Erben Kurt Helderns und Jan Berend Reemtsma verfügten über jeweils etwa 3 Prozent, der Rest lag bei Hermann-Hinrich Reemtsma. Den Herzens waren infolge der Ostexpansion außerordentliche Umsatzsteigerungen gelungen. Nun betrieben die Mehrheitsgesellschafter den Verkauf an den britischen Zigarettenkonzern Imperial Tobacco. Der langjährige ›Reemtsmaner‹ Klaus Teubner, der die Heldern-Erben vertrat, musste bei der entscheidenden Reemtsma-Gesellschafterversammlung als Ältester der Anwesenden den Vorsitz übernehmen. Für den Juristen geriet diese Verkaufsverhandlung zum bitteren Schlusspunkt, denn die Selbständigkeit des Traditionsunternehmens war dahin. Das Geschäft an sich war ein gutes für Hermann-Hinrich und Jan Berend Reemtsma, aber der letzte Akt der Aufgabe des Familienbesitzes machte sie betroffen; er schmerzte.

Imperial bezahlte 6 Milliarden Euro für die Übernahme der Firma, die 1910 in einer Erfurter Wohnung mit sieben Handarbeiterinnen unter der Leitung Bernhard Reemtsmas begonnen hatte. Der Markenhersteller mit groß angelegtem internationalem Geschäft war den Preis wert, obwohl der Umsatz auf dem deutschen Markt aufgrund des wachsenden Gesundheitsbewusstseins und höherer Besteuerung von Zigaretten kontinuierlich zurückging. Jan Philipp Reemtsma selbst hatte das Rauchen aufgegeben, als sein Sohn geboren worden war. Er wollte, dass der Junge in einem Nichtraucherhaushalt aufwuchs. Die Abkehr vom Tabak fiel dem 31-jährigen Vater allerdings nicht leicht. Jan Berend Reemtsma raucht weiterhin 50 bis 60 Stück täglich; er bevorzugt eine leichte Reemtsma-Marke. Für seinen Cousin Hermann-Hinrich Reemtsma sind Zigaretten mittlerweile nebensächlich. In seinem Büro wird aber angesichts ausgewählter Fotos und Dokumente aus der frühen Epoche der Reemtsma-Firmenentwicklung an die schöpferische Kraft der Brüder, vor allem an das Wirken Hermann F. Reemtsmas, erinnert. Der dort gerahmt an der Wand hängende Anstellungsvertrag der Dresdener Yenidze aus dem Jahr 1913 ist somit keine Archivalie, sondern Symbol einer vitalen Verbindung zum geliebten Vater.

Imperial Tobacco scherte sich nicht viel um Traditionen, was zahlreiche ›Reemtsmaner‹ als furchtbar empfanden.[653] So wurde die nahezu 50 Jahre in der feinen Parkstraße ansässige Verwaltung in ein Hamburger Gewerbegebiet verlegt. Geradezu eine Ironie der Firmengeschichte ist es, dass sich der neue Bürokomplex just dort befindet, wo einst die Bahrenfelder Fabrik gewesen war. Die von Martin Elsaesser errichtete Othmarschener Villa und die späteren Verwaltungsbauten verkaufte Imperial an Günter Herz, der das attraktiv gelegene Gebäudekonglomerat zu luxuriösen Wohnungen umwandeln ließ. Beim Auszug der Verwaltung im Herbst 2003 wurden umfangreiche Altaktenbestände und ein wahrer Schatz an Zigarettenschachtelentwürfen, Plakaten und Werbemitteln aus den Kellern geholt. Diese Sammlung, ein Konvolut von kulturgeschichtlichem Rang, gelangte ins Museum der Arbeit, die familienbezogenen Akten aber wurden dem Archiv des Hamburger Instituts für Sozialforschung überlassen. In den Regalen lag auch die von der Witwe überlassene Totenmaske Philipp F. Reemtsmas, verpackt in einem Karton und versehen mit einem Schreiben eines Vorstandsmitglieds, dem zufolge sie Privatbesitz der Familie sei. Johannes Weckerle, der bei der Firma das Werbearchiv betreut hatte, fuhr zu Jan Philipp Reemtsma ins Institut, um die Maske zu übergeben, zufälligerweise am 11. Dezember, also am Todestag des 1959 Verstorbenen. Reemtsma öffnete den Karton nicht im Büro, sondern allein zu Hause und betrachtete die Gesichtszüge des Vaters, die er vor 44 Jahren zuletzt gesehen hatte.

Was bleibt? In der Hamburger Firmenverwaltung hat die Unternehmenskultur von einst Federn gelassen. Schließlich ist man nicht mehr ›Zentrale‹ eines deutschen Unternehmens, sondern nur noch ›Filiale‹, eben die Tochterfirma eines britischen Konzerns. Wird der Name Reemtsma in der Zigarettenwirtschaft auch künftig von Bedeutung sein? Das liegt in den Händen von Imperial Tobacco. Die Reemtsmas betreiben die auf verschiedensten Feldern wirkenden, voneinander unabhängigen Stiftungen. Von den Angehörigen der Familie ist einzig Jan Philipp Reemtsma als vielbeachteter Intellektueller prominent. Sinnbild für seine Laufbahn ist unter anderem, dass er im Oktober 2001 für den Friedenspreisträger des Deutschen Buchhandels – Jürgen Habermas – als Laudator auftrat. Jan Philipp Reemtsma steht in der Öffentlichkeit. Er bezieht Stellung als Förderer von Arno Schmidt und Christoph Martin Wieland, dessen bei Weimar gelegenes Gut Oßmannstedt er vor einigen Jahren sanieren und zum Wieland-Museum mit eigener Forschungsstelle umwandeln ließ. Seine Professionalität bei diesen Aktivitäten besticht, und doch eckt er immer wieder an, auch im linken Spektrum. So stießen dort beispielsweise Reemtsmas Überlegungen zur terroristischen Gewaltideologie der RAF auf Ablehnung. Man mochte sich nicht gern in abgehobenem Duktus vom Herrn aus dem Mittelweg psychologisch-analytisch erklären lassen, dass es einen unmittelbaren Zusammenhang zwischen führenden Protagonisten der Studentenbewegung und dem Linksterrorismus der siebziger Jahre gebe. Aber zur Gewalt hat Jan Philipp Reemtsma immer wieder dezidiert Stellung bezogen, zur irregulären Gewalt. Er weiß, dass das KZ Buchenwald nicht von Pazifisten, sondern von bewaffneten Streitkräften befreit worden ist. Er weiß gleichzeitig, dass von solchen Soldaten – oder generell von denen aller Armeen – im Krieg Verbrechen begangen werden können. Reemtsma entsetzt sich allerdings über die verquere Legitimationsrhetorik der RAF und ihrer Aktivisten, die sich im Zuge ihres auf Waffen und Sprengstoff basierenden Machtgebarens zu Herren über Leben und Tod aufschwangen und in der Bundesrepublik wie eine Guerilla mordeten.[654]

Die persönliche Gewalterfahrung, die Entführung von 1996, hat Reemtsma verändert. Gefesselt und geknebelt mit Erstickungsängsten im Lieferwagen zu liegen und dann wochenlang angekettet gefangen gehalten und mit dem Tod bedroht zu werden war eine unerhörte Belastung. Die daraus resultierende Verletztheit sorgte dafür, dass er als unnachgiebiger Nebenkläger gegen seine Entführer auftrat. Er machte nahezu jeden Verhandlungstag gegen Drach und

Zufriedener Mäzen: Jan Philipp Reemtsma vor dem restaurierten Gut Christoph Martin Wielands in Oßmannstedt, 2005

seine Handlanger mit, um seine Peiniger zu studieren, die er im Geiselkeller nicht hatte ansehen dürfen. Zudem wollte er die Komplexität der Ereignisse verstehen, die ihm als Geisel so gut wie verschlossen geblieben waren. Generell hält er es für wichtig, dass die Opfer von Verbrechen stärker in die Strafverhandlung einbezogen werden und eine aktivere Rolle spielen, damit sich das Gericht ein Bild nicht nur anhand der Aktenlage oder gar aufgrund flankierender Presseberichte macht. Auch Richter lesen Zeitung, und darin stand, dass der Planer des Kidnappings das Verbrechen »Deluxe-Entführung« nannte, da für die Geisel geradezu annehmbare Umstände geschaffen worden seien.

Reemtsma half im Verfahren, diesen verharmlosenden Zynismus als solchen zu entlarven. Hier gab er keinen Pardon, wenngleich er als Nebenkläger bei Thomas Drach nicht auf Höchststrafe und in Anbetracht des Alters von Mittäter Wolfgang Koszics nicht auf Sicherungsverwahrung plädieren ließ. Reemtsma wollte damit signalisieren, dass es sich für einen Entführer auszahle, seine Geisel nicht zu töten. Drach erhielt mit 14 Jahren beinahe die Höchststrafe für erpresserischen Menschenraub, was der Oberstaatsanwalt als sehr gerecht und Reemtsmas Anwalt Johann Schwenn als angemessen bewertete. Drach hatte sein Opfer im Prozess wiederholt verhöhnt, dann aber auch entschuldigende Worte gesucht. Unabhängig von diesen abgründigen und taktischen Aussagen bleibt dem Ehepaar Reemtsma die tief eingebrannte Qual vom Frühling 1996. Ann Kathrin Scheerer und ihren Mann hat der damalige Horror physische und psychische Substanz gekostet. Die Folgen der Tat dauern an, denn Leibwächter mögen zwar objektive Sicherheit schaffen, das subjektive Gefühl der Bedrohtheit aber bleibt.[655]

Vor einigen Jahren entwickelte sich eine für die Bundesrepublik höchst ungewöhnliche Debatte um Folter als mögliche Option der Polizei. Hintergrund war der Fall des im September 2002 bei einer Entführung ermordeten Frankfurter Bankierssohns Jakob von Metzler. Als er verschwunden war und die Polizei den mutmaßlichen Entführer zum Verbleib des Elfjährigen verhörte, hatte der Vizepolizeipräsident den Ermittler aufgefordert, dem Verdächtigen Gewalt anzudrohen, um damit das gefährdete Leben des Jungen zu retten. Zu dem Zeitpunkt war Jakob bereits tot. Hätte der Staat legitim Gewalt androhen oder sogar ausüben dürfen? Könnte Folter durch staatliche Organe gegebenenfalls statthaft sein, um Menschen zu retten oder verheerende Anschläge abzuwenden? Ein prekäres, aktuelles Thema, zu dem Jan Philipp Reemtsma das Buch *Folter im Rechtsstaat* veröffentlichte. Einer seiner Standpunkte hat eine bemerkenswert persönliche Färbung: Generell bezeichnet er Folter durch Hoheitsträger für nicht legitimierbar; eine Legalisierung schließt er aus. Als Privatperson dagegen würde Reemtsma zum Zwecke einer Geiselbefreiung – wohl aufgrund seiner Erfahrung als Verbrechensopfer – solche extreme Gewalt »ohne Rücksicht auf die Frage der Strafbarkeit dieses Handelns« ausüben. Eine Grenze würde dabei nicht etwa Mitgefühl mit dem gefolterten Entführer, sondern »der irgendwann eintretende Ekel vor mir selbst« setzen.[656]

Seit seiner Gründung forscht das Hamburger Institut zu Gewalt, Folter, Protestbewegungen, Randgruppen und Diskriminierung. Hierzu werden Symposien und Vortragsreihen veranstaltet. Der

Im Prozess gegen den Entführer Thomas Drach:
Jan Philipp Reemtsma und sein Anwalt Johann Schwenn
im Hamburger Landgericht, 2. Januar 2001

hauseigene Verlag Hamburger Edition und die Zeitschrift *Mittelweg 36* publizieren Forschungsergebnisse und mitunter auch Texte des Stifters. Wie der Vater in der Zigarettenfirma, so ist Jan Philipp Reemtsma im Institut der Chef des Hauses. Die Projekte und Produktionsabläufe mag der Mitarbeiterstab steuern. Aber der geistige und in die Öffentlichkeit ausstrahlende Dreh- und Angelpunkt ist der ideenreiche Gründer und Finanzier, der Mitarbeiter und Geschäftsführende Vorstand.

Wer oder was mag einst nach Jan Philipp Reemtsma kommen? Da diese Rolle niemand übernehmen kann, muss dieses bedeutende Zentrum sozialwissenschaftlicher Forschung eines Tages organisatorisch umgestaltet werden. Am Mittelweg geht es nicht um Zigarettenherstellung und Tausende von Arbeitsplätzen, aber das Institut ist dennoch so etwas wie ein Markenartikel. Der ihm vorauseilende Ruf, das politische Renommee, basiert auf der Leistungsfähigkeit der dort Tätigen, auf den Archivbeständen und der weitläufigen internationalen Vernetzung. Ein wesentlicher Teil von Reemtsmas Arbeitskraft ist hier eingeflossen. Er war der Impulsgeber und finanzierende Initiator, der vieles ermöglichte, was in der politischen Kultur der Bundesrepublik Bedeutung gewonnen hat. Die Energie und Konzentration, die all dies gekostet hat, gerade unter der Belastung der beiden Wehrmachtsausstellungen und der mit ihnen verbundenen heftigen Reaktionen, ist schwer zu ermessen. Jan Philipp Reemtsma sucht nicht wie sein calvinistisch geprägter Vater »Kampf um Kampf« und Gegner, die es aufzureiben gilt. Er will Anstöße geben und Markierungen setzen, zu denen sich sonst nur wenige berufen fühlen. Das ist der Luxus eines Intellektuellen mit sozialer Verantwortung, deren Spielart er selbst bewusst entwickelt hat. Jan Philipp Reemtsma ist in der Lage, sich in Distanz zum eigenen Handeln zu betrachten. Und er sagt: »Zuallerletzt sieht man sowieso auf sein gesamtes Leben zurück, und wenn man sich da schließlich nur mit einem Achselzucken und nicht mit Grausen abwendet, hat man erreicht, was zu erreichen ist.«[657]

Anhang

Quellen

1 Grass, Zwiebel, 2006, S. 11–14.
2 Hipp, Haus, 2005, Reuther, Kunstsammlung, 2006.
3 Jan Berend Reemtsma im Gespräch mit dem Autor, 28. 7. 2005.
4 HIS, Konvolut PFR, »Kleine Begebenheiten aus Philipp Reemtsma's Jugend«.
5 Arbeitsvertrag Hermann F. Reemtsma, Besitz von Hermann-Hinrich Reemtsma, Hamburg.
6 Hermann F. Reemtsma, Herkunft, 1957.
7 Reemtsma-Chronik, Firmenentwicklung, 1953, S. 7.
8 Jan Philipp Reemtsma, Ansprache Buchenwald, 2001.
9 Zu Schultze Reemtsma-Chronik, Firmenentwicklung, 1953, S. 7.
10 HIS, PFR, 400,12, Schreiben Hans Domizlaff, 12. 6. 1953.
11 Reemtsma-Chronik, Marken- und Marktpolitik, 1953, S. 211.
12 Reemtsma-Chronik, Firmenentwicklung, 1953, S. 10.
13 Reemtsma-Chronik, Firmenentwicklung, 1953, S. 13.
14 HIS, PFR, 200,35, Zeugenaussage Ernst Lautz, 2. 12. 1946.
15 Ritter, Idee, 1970, S. 27.
16 HADB, K16/95, Hannoversche Bank, Cigarettenfabrik Constantin.
17 Rien, Reemtsma, 1987, S. 107.
18 Reemtsma-Chronik, Firmenentwicklung, 1953, S. 16.
19 Hausberg, Zigaretten-Industrie, 1935, S. 32.
20 HADB, S982, Reemtsma, Schreiben Johannes Kiehl, 20. 11. 1925, folgendes Zitat ebd.
21 HADB, S981, Reemtsma, Schreiben Johannes Kiehl, 8. 12. 1925.
22 HADB, S985, Reemtsma, Deutsche Bank Hamburg an die Zentrale, 11. 12. 1925.
23 HADB, S981, Reemtsma, Schreiben Paul Millington-Herrmann, 11. 12. 1925.
24 Ebd., Schreiben Johannes Kiehl, 27. 1. 1926.
25 Ebd., Schreiben Philipp F. Reemtsma, 30. 1. 1926.
26 Reemtsma-Chronik, Firmenentwicklung, 1953, S. 17.
27 Ebd.; folgende Zitate ebd.
28 Ebd., S. 18,
29 HADB, S985, Reemtsma, Schreiben Hermann F. Reemtsma, 29. 7. 1926; Schreiben Johannes Kiehl, 30. 7. 1926.
30 HIS, PFR, 200,11, Anklageschrift Philipp F. Reemtsma, 1947, S. 27.
31 HADB, S981, Reemtsma, Schreiben Philipp F. Reemtsma, 9. 7. 1927; folgendes Zitat ebd.
32 Centrum Judaicum, Garbáty, Nr. 1, Memorandum III; folgendes Zitat ebd.
33 Voigt, Reemtsma, 1928.
34 HADB, S986, Reemtsma, Schreiben Johannes Kiehl, September 1928.
35 HIS, PFR, 410,07, Verkaufsvertrag Bulgaria, 30. 7. 1928; HIS, PFR, 230,13, Strafprozess Philipp F. Reemtsma 1948, Protokoll, S. 57 ff.
36 Reemtsma-Chronik, Firmenentwicklung, 1953, S. 23.
37 HIS, PFR, 410,07, notarieller Vertrag, 9. 3. 1929.
38 HIS, PFR, 200,11, Anklageschrift Philipp F. Reemtsma, 1947, S. 23 f.
39 HIS, PFR, 410,07, notarieller Vertrag, 29. 3. 1929.
40 HIS, PFR, 230,13, Strafprozess Philipp F. Reemtsma 1948, Protokoll S. 1–5.
41 Ebd., S. 26.
42 HIS, PFR, 200,31, Strafprozess Philipp F. Reemtsma 1948, Greiling-Dossier der Verteidigung.
43 Reemtsma-Chronik, Firmenentwicklung, 1953, S. 25.
44 Ebd., Schreiben Philipp F. Reemtsma, 12.8.1935.
45 HIS, PFR, 415,01.
46 Reemtsma-Chronik, Firmengeschichte, 1953, S. 25.
47 Information Bartholomew Ullsteins an den Autor, März 2005.
48 *Vossische Zeitung*, 14. 4. 1929.
49 Reemtsma-Chronik, Firmenentwicklung, 1953, S. 29.
50 HIS, PFR, 230,13, Strafprozess Philipp F. Reemtsma 1948, Protokoll S. 42 f.
51 HADB, S981, Schreiben Philipp F. Reemtsma, 11. 5. 1929.
52 Hausberg, Zigaretten-Industrie, 1935, S. 69.

53 Tetens, Neuerburg und Reemtsma, in: *Weltbühne*, 12.11.1929; ders., Neuerburg und Reemtsma II, in: *Weltbühne*, 24.12.1929.
54 HIS, PFR, 200,10, Anklageschrift Philipp F. Reemtsma, 1947, S. 25 f.
55 HIS, PFR, 200,08, Urteil Ulrich Küntzel, 8.4.1932.
56 HIS, PFR, 200,11, Anklageschrift Philipp F. Reemtsma, 1947, S. 29 f.
57 HIS, PFR, 415,12, Schreiben Philipp F. Reemtsma, 5.12.1933.
58 Caspers, Sammler, 1992, S. 8.
59 Hipp, Haus, 2005, S. 56 f., Schreiben Hans Pilder, 6.8.1928.
60 N.N., Elsaesser, 1932, S. 1.
61 N.N., Weite, 1933.
62 Ebd., S. 35.
63 Ebd., S. 55.
64 Turner, Hitler, 1978, S. 60–62.
65 HIS, PFR, 230,22, Zeugenaussage Max Amann, 06.08.1948.
66 Reemtsma-Chronik, Firmenentwicklung, 1953, S. 35; Ritter, Idee, 1970, S. 30 f.
67 *Zeitungs-Verlag*, 1933, S. 784.
68 HIS, PFR, 200,36, Aussage Philipp F. Reemtsma im Ermittlungsverfahren, 6./7.1.1947.
69 Ebd., Aussage Kurt Heldern im Ermittlungsverfahren, 15.3.1947.
70 BArch, OPG, Reemtsma, Schreiben Verlagsleitung, 19.12.1930; folgende Zitate ebd.
71 *Völkischer Beobachter*, 6./7.1.1932; folgende Zitate ebd.
72 Feldman, Deutsche Bank, 1995, S. 315.
73 HIS, PFR, 230,22, gerichtliche Aussage Philipp F. Reemtsma, 6.8.1948.
74 BArch, OPG, Reemtsma, Schreiben Seipt, 27.1.1932.
75 Sturm-Anzeige im *Völkischen Beobachter*, Frühjahr 1932.
76 BArch, OPG, Reemtsma, Schreiben Max Amann, 11. Februar 1932; folgende Zitate ebd.
77 HIS, PFR, 230,22, Zeugenaussage Max Amann, 6.8.1948: »Vorwürfe von Tausenden von Lesern und PG's«.
78 BArch, OPG, Reemtsma, Schreiben Seipt, 2.2.1932.
79 Ebd.
80 HIS, PFR, 221,01, Dossier »Sturm«, Prozessunterlagen Theophil Ahrends, 1947–48.
81 HIS, PFR, 230,22, gerichtliche Aussage Philipp F. Reemtsma, 6.8.1948.
82 Ebd., Schreiben Max Amann, 9.9.1932.
83 Ebd., USchlA-Beschluss, 16.9.1932.
84 *Völkischer Beobachter*, 1932.
85 Krebs, NSDAP, 1959, S. 106.
86 HIS, PFR, 200,36, Aussage Philipp F. Reemtsmas im Ermittlungsverfahren, 6./7.1.1947; vgl. HIS, PFR, 210,19, Schreiben Martin Elsaesser, 17.5.1946: Der Architekt hatte Reemtsma mittags nach dem Hitler-Treffen wiedergesehen und dabei eine außergewöhnlich leidenschaftliche Ablehnung des Nazi-Führers bei den Fabrikanten registriert.
87 Information Jan Philipp Reemtsmas an den Autor, 10.4.2005.
88 BArch, OPG, Reemtsma, Schreiben Max Amann, 8.8.1932.
89 HIS, PFR, 230,13, Zeugenaussage Kurt Heldern, 9.7.1948.
90 HIS, PFR, 210,08, Wiedergabe nach Strafanzeige Willi Koch, 28.10.1933.
91 HIS, PFR, 221,01, Zitatabschrift im Dossier »Angriffe und Anschuldigungen«, Prozessunterlagen Theophil Ahrends, 1947–48.
92 BArch, Sammlung Research, Reemtsma, »Nationale Spenden Reemtsma Cigarettenfabriken«, 1933/34, Liste der NSDAP-Reichsleitung, 26.2.1936.
93 Weitere Empfänger und Zahlungsangaben ebd.
94 HIS, PFR, unverzeichnet, *Aufruf an die weiblichen Arbeitnehmer unserer Dresdner Werke!*, 15.8.1933, folgende Zitate ebd.
95 *Badener Tagblatt*, 24.8.1933.
96 *Neue Badener Zeitung*, 23.8.1933.
97 *Altonaer Nachrichten*, 30.10.1933.
98 Festschrift Hochzeitsfeier, 28.10.1933.
99 Festschrift Hochzeitsfeier, 4. November 1933; folgende Zitate ebd.
100 HIS, PFR, 220,08, Schreiben Theophil Ahrends' an Rechtsanwalt Fischer, 13.12.1946.
101 Zitat Ritters wiedergegeben nach HIS, PFR, 230,04, Verhandlungsprotokoll, 31.5.1948.

102 BArch, R 8119 F, P4753, Schreiben Johannes Kiehl, 10.10.1933.
103 HIS, PFR, 210,08, Abschrift der Strafanzeige Willi Koch, 28.10.1933.
104 HIS, PFR, 200,14, Abschrift Vernehmungsprotokoll Alwin Reemtsma, 30.11.1933.
105 HIS, PFR, 210,09, Aktenvermerk Theophil Ahrends zur Anklageschrift, 30.6.1947.
106 *Deutsche Justiz*, 9.2.1934, S. 176.
107 HIS, PFR, 200,02, Vernehmungsprotokoll Philipp F. Reemtsma, S. 354.
108 Zitiert nach HIS, PFR, 200,11, Anklageschrift, 1947, S. 38.
109 HIS, PFR, 230,12, Zeugenaussage Kurt Heldern, 7.7.1948.
110 BArch, R 8119 F, P4746, Schreiben Hermann F. Reemtsma, 18.4.1934.
111 Ebd., Schreiben Hermann F. Reemtsma, 20.4.1934, Schreiben Johannes Kiehl, 19.4.1934.
112 Ebd., internes Schreiben Johannes Kiehl, 9.4.1934.
113 Ebd.
114 HIS, PFR, 400,09, Schreiben Philipp F. Reemtsma, 21.11.1952.
115 Reemtsma-Chronik, Firmenentwicklung, 1953, S. 21.
116 BArch, R 8119 F, P4746, Schreiben Hermann F. Reemtsma, 14.6.1934.
117 HIS, PFR, 230,14, Zeugenaussage Kurt Heldern, 16.7.1948.
118 Information Jan Berend Reemtsmas an den Autor, 31.5.2006.
119 HIS, PFR, 400,07, Schreiben Philipp F. Reemtsma an Rechtsanwalt Möhring, 3.2.1955.
120 HIS, PFR, 491,01, Schreiben Kurt Heldern an WVZ, 4.6.1934.
121 HIS, PFR, 491,01, Schreiben von Kurt Heldern und Otto Lose, 2.7.1934; folgende Zitate ebd.
122 BArch, Research, Reemtsma, »Nationale Spenden Reemtsma Cigarettenfabriken«, 1933/34, Liste der NSDAP-Reichsleitung, 26.2.1936.
123 HIS, PFR, 410,25, Akten Lastenausgleich Lande-Geissinger, 28.08.1972.
124 Lindner, Ullstein, 2002, S. 76.
125 HIS, PFR, 210,14, Schreiben Philipp F. Reemtsma an Friedrich Ullstein, 28.10.1946.
126 de Mendelssohn, S. Fischer Verlag, 1970, S. 1323 ff.
127 Ebd., S. 1328.
128 BArch (ehemals BDC), Hans Zehrer, Schreiben des Präsidenten an Gauleitung Schleswig-Holstein, 17.4.1941.
129 BArch, R 8119 F, P4746, Schreiben Johannes Kiehl, 10.10.1934.
130 Hermann Göring selbst soll Herbert L.W. Göring als »Schiebervetter« tituliert haben. Vgl. HIS, PFR, 200,11, Anklageschrift Philipp F. Reemtsma, 1947, S. 36.
131 BArch, R 8119 F, P4746, Schreiben Philipp F. Reemtsma, 7.12.1934.
132 Ebd., Auswertung der Reemtsma-Bilanz 1934 durch Johannes Kiehl.
133 Ebd., Schreiben Philipp F. Reemtsma, 7.12.1934.
134 Information Thomas J. Garbátys an den Autor, 2.10.2004.
135 Lindner, Garbáty, 2007, S. 255.
136 HIS, PFR, 415,12, Schreiben Philipp F. Reemtsma, 5.12.1933; folgende Zitate ebd.
137 HIS, PFR, 610,01, Schreiben Philipp F. Reemtsma, 27.5.1937; folgende Zitate ebd.
138 HIS, PFR, 610,03, Schreiben Philipp F. Reemtsma, 2.4.1938; folgende Zitate ebd.
139 HIS, PFR, 610,02, Schreiben Philipp F. Reemtsma, 31.5.1937.
140 HIS, PFR, 230,22, Zeugenaussage Heinrich Hoffmann, 6.8.1948.
141 Zitat aus Prospekt *Was Ihnen der Bilderdienst bietet!*, ca. 1938; zum Absatz: HIS, PFR, 491,01, Rundschreiben an die Bilderdienst-Firmen, 10.2.1939.
143 HIS, PFR, 230,22, Zeugenaussage Heinrich Hoffmann, 6.8.1948; HIS, PFR, 200,11, Anklageschrift Philipp F. Reemtsma, 1947, S. 36.
143 Schreiben Otto Loses vom 3.12.1936, reproduziert in Writes, Reemtsma, 2002, S. 86.
144 BArch, R 8119 F, P4746, Schreiben Philipp F. Reemtsma, 6.2.1936.
145 HIS, PFR, unverzeichnet, Bekanntmachung, 10.7.1936; folgendes Zitat ebd.
146 HIS, PFR, 110,09, Empfehlung des bulgarischen Konsuls, 24.8.1936.
147 Pelt, Greece and Germany, 1998, S. 211.
148 Bajohr, »Arisierung«, 1997, S. 289 f.
149 Kroeber-Keneth, Tagebücher, 1976, S. 193 f.
150 HIS, PFR, 220,08, Erklärung Hermann J. Abs, 17.2.1947.
151 *Illustrierte der Altonaer Nachrichten*, 30.1.1932; folgende Zitate ebd.
152 Information Annemarei Ruhstrats an den Autor, 19.4.2006.
153 Juhl, Begleiter, 1965, S. 194 ff.
154 Tarnowski / Babovic, Barlach, 2005, S. 70.

155 Tarnowski, Barlach, 2005, S. 85, S. 93. Barlach erhielt nur 14 000 der vereinbarten 60 000 Mark; vgl. Clemens, Marga Böhmer, 1996, S. 59 f.
156 Hipp, Haus, 2005, S. 203. Philipp F. Reemtsma war »Grundsteinstifter« und Mitglied im »Ehrenausschuss Haus der Deutschen Kunst«.
157 HIS, PFR, 200,01, Vernehmungsprotokoll Philipp F. Reemtsma, S. 113 ff.
158 Hipp, Haus, 2005, S. 207; folgende Zitate ebd.
159 HIS, Konvolut AFR, Dokumentensammlung 1947.
160 BArch (ehemals BDC), E5379, Ahnentafeln etc.
161 BArch, SSO, Reemtsma, Alwin, Attest, 7. 7. 1937.
162 Ebd., Personalbericht Hans-Adolf Prützmanns, 6. 8. 1937.
163 Information Jan Berend Reemtsmas an den Autor, 28.7. 2005.
164 Reemtsma GmbH, Akten Rechtsabteilung, Eidesstattliche Erklärung Kurt Heldern, 6. 5. 1947.
165 HIS, PFR, 610,02, Schreiben Philipp F. Reemtsma an Ministerialdirigent Ruelberg, 27. 7. 1937.
166 HADB, F13/112, Deutsche Bank Berlin an Filiale Freiburg, 25. 2.1938.
167 Ebd., Deutsche Bank Freiburg an Filiale Lahr, 8. 4. 1938; James, »Arisierung«, 2001, S. 120 f.
168 Reemtsma GmbH, Akten Rechtsabteilung, Erklärung Ernest M. Feist, 19. 5. 1947.
169 HIS, PFR, 415,01, Kurt Heldern gegenüber Theophil Ahrends, 2. 3. 1951.
170 Reemtsma GmbH, Akten Rechtsabteilung, Erklärung Benno Pranga, 22. 10. 1946.
171 HIS, PFR, 220,08, Aufstellung Philipp F. Reemtsmas zur Prozessvorbereitung, ca. 1947.
172 Lindner, Garbáty, 2007, S. 258
173 *Der Stürmer*, Nr. 8, 1938.
174 HIS, PFR, 415,03, Schreiben Philipp F. Reemtsma, 15. 8. 1938.
175 HIS, PFR, 415,03, Schreiben Philipp F. Reemtsma, 15. 8. 1938; folgende Zitate ebd.
176 Zur Rolle ›Juden-Krügers‹ Meyer, »Arisiert«, 2000, S. 81 f.
177 Ebd., Schreiben Heinrich Hunke, 17. 8. 1938.
178 Ebd., Schreiben Hans Weidtman, 22. 9. 1938.
179 Ebd., Schreiben Heinrich Hunke, 13. 10. 1938.
180 Lindner, Garbáty, 2007, S. 271.
181 HIS, PFR, 415,01, Schreiben Chefbüro Reemtsma, 15. 11. 1938; folgende Zitate ebd.
182 HIS, PFR, 415,04, Schreiben Hans Weidtman, 14. 12. 1938.
183 HIS, PFR, 610,01, Schreiben Adolf Flügler, 6. 7.1938.
184 HADB, OMGUS-Report Deutsche Bank, Exhibit 21, Bericht Eidenschink über Reemtsma.
185 Kroeber-Keneth, Tagebücher, 1976, S. 196.
186 HIS, PFR, 630,01, Schreiben Philipp F. Reemtsma, 21. 3. 1939; folgendes Zitat ebd.
187 HIS, PFR, Privatbriefe, Schreiben Philipp F. Reemtsma an seine Frau, 16. 9. 1945.
188 BArch, R 4606/2728, Schreiben Generalbauinspektor Reichshauptstadt; R 2, Nr. 20525.
189 Institut für Zeitgeschichte, NSDAP, 1983, S. 385 ff., Schreiben Philipp F. Reemtsma, 28. 2. 1939; folgende Zitate ebd.
190 Ebd.
191 Information Jan Berend Reemtsmas an den Autor, 28. 7. 2005.
192 *Salemer Hefte*, Schule Schloss Salem, Nr. 23, Dezember 1937; folgende Zitate ebd.
193 Kurt-Hahn-Archiv, Schülerakte Reemtsma.
194 Information Friedrich W. Strippels an den Autor, 20. 5. 2006.
195 HIS, PFR, Privatbriefe, Schreiben Philipp F. Reemtsma, Ostern 1946.
196 Institut für Zeitgeschichte, NSDAP, 1983, S. 385 ff., Schreiben Philipp F. Reemtsma, 28. 2. 1939.
197 Kroeber-Keneth, aus meinen Tagebüchern, 1976, S. 194.
198 Kurt-Hahn-Archiv, Schülerakte Reemtsma, Schreiben Philipp F. Reemtsma, 14. 9. 1939.
199 *Nachrichten aus der Sippe Zülch*, Oktober 1937, S. 22.
200 HIS, PFR, Privatbriefe, Schreiben Georg Zülch, 9. 6.1940.
201 Ebd., verschiedene Schreiben Philipp F. Reemtsma, 1939.
202 Ebd., undatiertes Schreiben Philipp F. Reemtsmas an Gertrud Zülch; folgende Zitate ebd.
203 Kurt-Hahn-Archiv, Schülerakte Reemtsma, Schreiben Philipp F. Reemtsma, 14. 9. 1939; folgende Zitate ebd.
204 HIS, PFR, Privatbriefe, Feldpostbrief Philipp F. Reemtsma, Sept. 1939; folgende Zitate ebd.
205 Ebd., Schreiben Philipp F. Reemtsma, 28. 9. 1939; folgende Zitate ebd.
206 Information Werner Spries an den Autor, 28. 11. 2005.
207 HIS, PFR, Privatbriefe, Schreiben Philipp F. Reemtsma, 28. 9. 1939; folgende Zitate ebd.

208 Ebd., Schreiben Philipp F. Reemtsma, 29.9.1939.
209 Ebd., Zitat in Schreiben Philipp F. Reemtsmas, undatiert, 1946; folgendes Zitat ebd.
210 Ebd., Schreiben Philipp F. Reemtsma, 8.10.1939; folgendes Zitat ebd.
211 Ebd., Schreiben Philipp F. Reemtsma, 6.11.1939.
212 Ebd., Schreiben Philipp F. Reemtsma, 12.11.1939.
213 Ebd., Schreiben Philipp F. Reemtsma, 19.11.1939.
214 Ebd.
215 Ebd., Schreiben Uwe Reemtsma, 26.11.1939; folgendes Zitat ebd.
216 Ebd., Schreiben Jochen Reemtsma, 26.11.1939; folgendes Zitat ebd.
217 Ebd., Schreiben Reemt Reemtsma, undatiert, Ende November 1939.
218 Ebd., Schreiben Philipp F. Reemtsma, 18.12.1939.
219 Buchvorstellung *Haus K. in O.*, Hamburg, 12.12.2005, Statements von Dr. Christoph Bürkle und Jan Philipp Reemtsma.
220 Saalfeld, Ullstein, 2002, S. 24.
221 Reuther, Kunstsammlung, 2006, S. 52.
222 Neliba, Körner, 2005, S. 42.
223 Reuther, Kunstsammlung, 2006, S. 41.
224 HADB, S191, Generalsekretariat (Hermann J. Abs, Handakte Reemtsma), Schreiben Philipp F. Reemtsma, 21.10.1940.
225 Ebd., Schreiben Hermann J. Abs, 2.11.1940.
226 Ebd., Schreiben Philipp F. Reemtsma, 21.10.1940.
227 Information Daniel Koerfers an den Autor, 18.6.2005; Ritter, Idee, 1970, S. 101.
228 *Das Reich*, 19.5.1941.
229 HIS, PFR, 491,02, Menge nach Reichsstelle für Papier und Verpackungswesen, Febr. 1942.
230 HIS, PFR, 490,08, Schreiben Otto Lose, 21.3.1940.
231 Ebd.; folgende Zitate ebd.
232 HIS, PFR, 491,02, Schreiben Dr. Wiebe, Propagandaministerium, 3.4.1940.
233 Ebd., Schreiben Ebenböck, 4.4.1940.
234 Ebd., Schreiben Bilderdienst, 17.2.1941.
235 Reemtsma-Chronik, Zentrale, 1953, S. 295.
236 StaHH 221-11, Staatskommissar für die Entnazifizierung, I (SH) 2425, Sitzungsprotokoll Entnazifizierungs-Fachausschuss XIV b, 29.10.1948.
237 Zu Wandsbek: StaHH, Architekt Konstanty Gutschow B90, Unterbringung ausländischer Arbeitskräfte, 1941–43; zu Bahrenfeld: Archiv der Handelskammer Hamburg, 94.C.480. Der Autor dankt Friederike Littmann für diese Hinweise und die Quellenangaben.
238 StaHH, Gutschow B90, Liste »Barackenläger in Hamburg«, 30.7.1942.
239 BArch, R 43, II/745b, Schreiben Martin Bormann, 16.4.1941.
240 Merki, Tabakpolitik, 1998, S. 19; folgende Zitate von Astel, Conti und Goebbels ebd. S. 19–26.
241 BArch, R 43, II/745b, Schreiben Walther Funk, 5.5.1941.
242 Ebd., Schreiben Martin Bormann, Führerhauptquartier, 10.6.1941.
243 Zitiert nach Merki, Tabakpolitik, 1998, S. 30.
244 BArch, R 43, II/689, Schreiben Martin Bormann, 22.2.1942; folgende Zitate ebd.
245 HIS, PFR, 415,04, Schreiben Philipp F. Reemtsma an Jacob Koerfer, 15.9.1942; zum Kontext generell Lindner, Garbáty, 2007, S. 277.
246 HIS, PFR, 415,05, Krim-Bericht für Ernte 1943, 24.3.1944.
247 Information Rainer Fröbes an den Autor, 8.1.2006.
248 HIS, PFR, 220,08, Aufstellung Philipp F. Reemtsmas zur Prozessvorbereitung, ca. 1947.
249 HADB, S191, Generalsekretariat (Hermann J. Abs, Handakte Reemtsma), Schreiben Philipp F. Reemtsma, 10.6.1943.
250 Ebd., Schreiben Philipp F. Reemtsma, 11.8.1943.
251 Reemtsma GmbH, Akten Rechtsabteilung, Schreiben Hellmuth Heinze, 16.4.1942.
252 Information Rainer Fröbes an den Autor, 8.1.2006, basierend auf Archivrecherchen und Interviews in Polen.
253 HIS, Konvolut AFR, Auskunft der Geschäftsleitung Reemtsma, 15.8.1947.
254 HADB, S191, Generalsekretariat (Hermann J. Abs, Handakte Reemtsma), Schreiben Hermann J. Abs, 29.7.1942.
255 Information Werner Spries an den Autor, 18.11.2005.

256 Information Rainer Fröbes an den Autor, 8.1.2006, basierend auf Gesprächen mit ehemaligen polnischen Arbeitskräften von Trenthorst.
257 HIS, PFR, Privatbriefe, Schreiben Philipp F. Reemtsmas an Gertrud Zülch, 8.10.1939.
258 Kurt-Hahn-Archiv, Schülerakte Reemtsma, Schreiben Uwe Reemtsma, 19.9.1940; folgende Zitate ebd.
259 Jan Philipp Reemtsma bei Buchvorstellung *Haus K. in O.*, Hamburg, 12.12.2005.
260 Kurt-Hahn-Archiv, Schülerakte Reemtsma, Schreiben Uwe Reemtsma, 10.12.1940.
261 *Salemer Hefte*, Schule Schloss Salem, Nr. 27, Dezember 1942; folgende Zitate ebd.
262 Jan Philipp Reemtsma, Ansprache Buchenwald, 2001.
263 HIS, Konvolut Gertrud Reemtsma, stenografische Aufzeichnungen.
264 HIS, PFR, 230,13, gerichtliche Aussage Philipp F. Reemtsma, 9.7.1948.
265 HIS, PFR, Privatbriefe, Schreiben Philipp F. Reemtsma, 9.1.1941.
266 Ebd., Schreiben Philipp F. Reemtsma, 21.10.1941.
267 Ebd., Schreiben Philipp F. Reemtsma, 14.2.1943; folgende Zitate ebd.
268 HIS, Konvolut AFR, Personal-Bericht Hans-Adolf Prützmanns, 15.10.1940; folgende Zitate ebd.
269 HIS, PFR, 210,09, Liste Spenden und Kredite Alwin Reemtsmas, 4.3.1947; Information Jan Berend Reemtsmas an den Autor, 28.7.2005.
270 HIS, Konvolut AFR, gerichtliche Aussage Alwin Reemtsmas im Bergedorfer Verfahren, 19.10.1948.
271 Kaienburg, Wirtschaft der SS, 2003, S. 583.
272 HIS, PFR, Konvolut AFR, Schreiben Maximilian von Herff, 25.11.1941.
273 Nürnberger Prozess, Beweismaterial, Bd. 37, Stahlecker-Bericht, S. 702, S. 688 f.
274 Angrick/Klein, Riga, 2003, S. 197; Militärarchiv Moskau, 504-2-8, pag. 148–150, Vermerk des Befehlshabers Sipo und SD – Einsatzgruppe A, Riga, 1.10.X1941; folgende Zitate ebd.
275 Information Jan Berend Reemtsmas an den Autor, 28.7.2005.
276 BArch, SSO, Prützmann, Hans-Adolf; Birn, Vertreter, 1980, S. 342.
277 Information Jan Berend Reemtsmas an den Autor, 28.7.2005.
278 Jacobs, Bassewitz-Behr, 2001, S. 80.
279 BArch, SSO, Reemtsma, Alwin, Schreiben Alwin Reemtsma, 25.6.1943; folgende Zitate ebd.
280 Zu Querner und den Deportationen allgemein Bajohr, Massenmord, 2005, S. 508 ff.
281 Information Werner Spries an den Autor, 18.11.2005.
282 Information Jan Berend Reemtsmas an den Autor, 28.7.2005.
283 HIS, Konvolut AFR, Protokoll Bergedorfer Verfahren, Zeugenaussage Kurt Ladendorf, 20.10.1948.
284 HIS, Konvolut AFR, Beurteilung Reemtsmas durch Johannes Nagel, 21.5.1947; Information Jan Berend Reemtsmas an den Autor, 31.5.2006.
285 Kroeber-Keneth, Tagebücher, 1976, S. 194 f.
286 HIS, PFR, Philipp F. Reemtsma im Rundschreiben zur Gründung der Stiftung, Januar 1944.
287 Ebd., Protokoll 1. Kuratoriumssitzung der Uwe Reemtsma-Gedächtnisstiftung, 28.2.1944.
288 HIS, Konvolut AFR, Verteidigungsschrift Bergedorfer Verfahren, S. 17 f.
289 Reemtsma GmbH, Akten Rechtsabteilung, Affidavit Charles Spierer, 31.7.1946.
290 Information Jan Berend Reemtsmas an den Autor, 28.7.2005.
291 Reemtsma GmbH, Akten Rechtsabteilung, Affidavit Charles Spierer, 31.7.1946.
292 Littmann, Zwangsarbeiter, 2006, S. 587; HIS, PFR, Auflistung Kriegsgefangenen- und Ausländerunterkünfte in Hamburg [Kopie National Archives, Washington, NS-R 003], lfd. Nr. 528: »Kriegsgefangenenlager« im Werk Wandsbek, Walddörfer Straße.
293 HIS, PFR, 400,08, Schreiben Hans Domizlaff, 18.12.1944; folgende Zitate ebd.
294 Ebd., Schreiben Philipp F. Reemtsma, 10.1.1945.
295 HIS, PFR, unverzeichnet, X-Fall-Planungen, 1945.
296 BArch, R 8119 F, P4757, Auflistung 2.2.1945.
297 Schmid / Wegner, Körber, 2002, S. 31.
298 HIS, PFR, 409,30, Schreiben Hermann F. Reemtsma, 19.10.1943.
299 HIS, PFR, 210,20, Schreiben Heinrich Galm, 5.7.1946.
300 HIS, PFR, 409,29, Umsetzungsvorbescheid des Reichsministers für Rüstung und Kriegsproduktion, 11.12.1943; folgendes Zitat ebd.
301 Ebd., Blitz-Telegramm Hermann F. Reemtsma, 10.12.1943.

302 Ebd., Schreiben Herbert Schuster, 21.12.1943.
303 Ebd., Schreiben Herbert Schuster, 27.12.1943.
304 Ebd., Schreiben Herbert Schuster, 21.12.1943.
305 Ebd., Gespräch vor 22.1.1944.
306 HIS, PFR, 409,31, Reemtsma-Abrechnung für Februar-Juli, 27.9.1944.
307 Reemtsma-Chronik, Bombenkrieg, 1953, S.315f.
308 Ebd., S.318.
309 Ebd.
310 HIS, PFR, 645,31, Schreiben Philipp F. Reemtsma, 23.2.1945.
311 Ebd., Schreiben Fachuntergruppe Zigarettenindustrie, 26.2.1945.
312 Ebd., Mitteilung des Wirtschaftsministers an die Reichsbeauftragten, 24.2.1945.
313 Ebd., Schreiben Heinrich Galm, 22.2.1945.
314 Ebd., Schreiben Philipp F. Reemtsma, 24.2.1945.
315 Reemtsma-Chronik, Bombenkrieg, 1953, S.324.
316 BArch, Hoppegarten, R 8 XII, Nr.96, Abschrift, 23.3.1945.
317 Ebd., Nr.30: Tabakwaren-Bewirtschaftung, Sonderzuteilungen, 1944–45; Schreiben der Reichsstelle, 21.3.1945.
318 HIS, PFR, 645,31, Schreiben Philipp F. Reemtsma, 27.3.1945.
319 BArch, Hoppegarten, R 8 XII, Nr.46, Schreiben Philipp F. Reemtsma an Eduard Söring, 31.3.1944.
320 Information Will Baumgartens an den Autor, 26.10.2005.
321 Ebd.
322 Information Georg Domizlaffs an den Autor, 2.3.2006.
323 Information Will Baumgartens an den Autor, 26.10.2005; folgendes Zitat ebd.
324 Information Georg Domizlaffs an den Autor, 2.3.2006.
325 HIS, PFR, 710,17, Schreiben Philipp F. Reemtsma, 12.4.1945. Reemtsma hatte illegalerweise von Andersen 20 Kilo Gefrier-Ei für die Küche von Haus Kretkamp erhalten. Dafür war ihm Ende April 1944 ein Strafbefehl über 50 000 Mark zugegangen.
326 HIS, PFR, Privatbriefe, Zitat aus Schreiben Philipp F. Reemtsma, 11.10.1945.
327 Jacobs, Bassewitz-Behr, 2001, S.114.
328 Information Jan Berend Reemtsmas an den Autor, 28.7.2005.
329 Ebd.
330 Schreiben Emil Jacob, HIS, PFR, 645,31, 23.5.1945, folgende Zitate ebd.
331 HIS, PFR, 210,13, Schreiben Gertrud Reemtsma an Julius Orlow, 28.4.1946.
332 Ebd., Schreiben Philipp F. Reemtsma, Frühjahr 1946; HIS, PFR, 210,13, Schreiben Gertrud Reemtsma an Julius Orlow, 28.4.1946.
333 Zur Internierungspraxis allgemein: Wember, Internierung, 1992, S.35ff.
334 HIS, PFR, Privatbriefe, Postkarte Philipp F. Reemtsma, 1.6.1945.
335 Wember, Internierung, 1992, S.55ff.
336 HIS, Konvolut AFR, Gutachten Prof. Kroetz, 20.12.1946.
337 HIS, PFR, 645,31, Reisebericht Emil Jacob, 19./20.7.1945.
338 Reemtsma-Chronik, Firmenentwicklung, 1953, S.46.
339 Ebd., S.50.
340 HIS, PFR, Privatbriefe, Schreiben Philipp F. Reemtsma, ca. 19.8.1945.
341 Ebd.
342 Information Rainer Fröbes an den Autor, 8.1.2006.
343 HIS, PFR, 410,25, Dr. Weintraud zum Lastenausgleich an Reemtsma-Hauptbuchhaltung, 27.9.1972, 5.10.1972.
344 Gall, Bankier Abs, 2005, S.122–127.
345 HIS, PFR, 410,25, Dr. Weintraud zum BFG-Antrag (Ermittlung von Vermögensschäden nach dem Beweissicherungs- und Feststellungsgesetz) Jan Philipp Reemtsmas, 3.10.1972.
346 HIS, PFR, Privatbriefe, Schreiben Philipp F. Reemtsma, 21.9.1945.
347 HIS, PFR, Privatbriefe, Schreiben Gertrud Reemtsma, 1945.
348 Ebd., Schreiben Philipp F. Reemtsma, Sommer 1945.
349 Ebd., Schreiben Philipp F. Reemtsma, 26.8.1945.
350 Ebd., Schreiben Philipp F. Reemtsma, 22.8.1945, folgendes Zitat ebd.
351 Ebd., Schreiben Philipp F. Reemtsma, 13.–18.8.1945.

352 Ebd., Schreiben Philipp F. Reemtsma, ca. 19.8.1945.
353 Ebd., Schreiben Philipp F. Reemtsma, 16.9.1945.
354 Ebd., Schreiben Philipp F. Reemtsma, 18.9.1945.
355 Ebd., Schreiben Philipp F. Reemtsma, 16.9.1945.
356 Ebd., Schreiben Philipp F. Reemtsma, 30.9.1945; folgende Zitate ebd.
357 Ebd., Schreiben Philipp F. Reemtsma, 16.9.1945.
358 Ebd., Schreiben Philipp F. Reemtsma, 11.10.1945; folgende Zitate ebd.
359 Ebd., Schreiben Philipp F. Reemtsma, 20.11.1945.
360 Ebd., Schreiben Philipp F. Reemtsma, 26.8.1945.
361 Ebd., Schreiben Philipp F. Reemtsma, 5.11.1945.
362 Ebd., Schreiben Philipp F. Reemtsma, Herbst 1945.
363 Ebd., Schreiben Philipp F. Reemtsma, Oktober 1945.
364 HIS, PFR, 415,06, Eidesstattliche Erklärung Eugen Garbáty, 29.10.1945, Zitat aus Übersetzung; folgende Zitate ebd.
365 HIS, PFR, Privatbriefe, Schreiben Philipp F. Reemtsma, Sommer 1945; folgende Zitate ebd.
366 Information Hermann-Hinrich Reemtsmas an den Autor, 2.11.2005; HIS, PFR, 210,13, Schreiben Gertrud Reemtsma, 28.4.1946.
367 Sommer, 1945, 2005, S.255.
368 Wember, Internierung, 1992, S.87ff., S.100ff.; Cobain, Camp, 2005.
369 HIS, PFR, Privatbriefe, Schreiben Philipp F. Reemtsma, vor Ostern 1946; folgende Zitate ebd.
370 Ebd., Entwurf Gertrud Reemtsma an Julius Orlow, April 1946.
371 Ebd., Schreiben Philipp F. Reemtsma, nach Ostern 1946.
372 Ebd., Schreiben Hans Pilder, 4.2.1946.
373 Ebd., Schreiben Philipp F. Reemtsma, 22.1.1946.
374 Ebd., Schreiben Philipp F. Reemtsma, 1946; folgende Zitate ebd.
375 Ebd., Schreiben Philipp F. Reemtsma, vor Ostern 1946; folgende Zitate ebd.
376 Ebd., Schreiben Philipp F. Reemtsma, März 1946; folgende Zitate ebd.
377 Ebd., Schreiben Philipp F. Reemtsma, März 1946; folgende Zitate ebd.
378 Ebd., Schreiben Philipp F. Reemtsma, vor Ostern 1946; folgendes Zitat ebd.
379 Ebd., Schreiben Philipp F. Reemtsma, März 1946.
380 Ebd., Schreiben Philipp F. Reemtsma, Frühjahr 1946; zu Hermann F. Reemtsma nach der Haft: HIS, PFR, 210,13, Schreiben Gertrud Reemtsma an Julius Orlow, 28.4.1946.
381 Ebd., Schreiben Philipp F. Reemtsma, Anfang April 1946; folgende Zitate ebd.
382 HIS, PFR, 210,13, Schreiben Julius Orlow, 14.2.1946.
383 Ebd., Schreiben Philipp F. Reemtsma, April 1946; folgende Zitate ebd.
384 HIS, PFR, 210,13, Schreiben Gertrud Reemtsma, 28.4.1946.
385 Reemtsma-Chronik, Firmenentwicklung, 1953, S.47.
386 HIS, PFR, 210,09, Vernehmungsprotokoll Hermann Göring, 20.3.1946.
387 HIS, PFR, Privatbriefe, Schreiben Philipp F. Reemtsma, vor Ostern 1946; folgende Zitate ebd.
388 Gall, Abs, 2005, S.128.
389 HIS, PFR, Privatbriefe, Schreiben Philipp F. Reemtsma, Frühjahr 1946.
390 Ebd., Schreiben Philipp F. Reemtsma, Pfingsten 1946.
391 Ebd., Schreiben Philipp F. Reemtsma, nach Ostern 1946; folgende Zitate ebd.
392 HIS, PFR, 210,13, Schreiben Gertrud Reemtsma an Julius Orlow, 28.4.1946; folgende Zitate ebd.
393 HIS, PFR, Privatbriefe, Schreiben Philipp F. Reemtsma, 21.9.1945.
394 Ebd., Schreiben Philipp F. Reemtsma, Sommer 1946. Zur Predigt: Löffler, Galen, 1988, S. 1300 bis 1304.
395 Ebd., Schreiben Philipp F. Reemtsma, undatiert, 1946.
396 Ebd., Schreiben Philipp F. Reemtsma, Mai–Juni 1946; folgende Zitate ebd.
397 Information Klaus Teubners an den Autor, 6.1.2006.
398 HIS, PFR, 210,09, Mitteilung Kurd Wenkel an Martin Hassmüller, 22.8.1946.
399 HIS, PFR, 221,01, Schreiben Karl Spiegelberg, 15.3.1946.
400 HIS, PFR, 220,08, Auflistung Julius Dirk Domizlaff, 15.5.1946.
401 Reemtsma GmbH, Akten Rechtsabteilung, Erklärung Leo Blum, 18.10.1946.
402 HIS, PFR, 210,13, Schreiben Hermann F. Reemtsma an Julius Orlow, 24.8.1946.

403 Reemtsma GmbH, Akten Rechtsabteilung, Erklärung David Schnur, 18.11.1946; folgende Affidavits ebd.
404 HIS, PFR, 210,14, Schreiben Gertrud Reemtsma, Mai 1946.
405 HIS, PFR, 210,14, Schreiben Max Warburg, 9.8.1946.
406 HIS, PFR, 415,01, Schreiben Hermann F. Reemtsma, 4.6.1946; folgende Zitate ebd.
407 Ebd., Schreiben Maurice Garbáty, 12.11.1946; folgende Zitate ebd.
408 Ebd., Schreiben Philipp F. Reemtsma, 9.12.1946.
409 HIS, PFR, 200,39, Schreiben Philipp F. Reemtsma, 5.1.1947.
410 HIS, PFR, 221,01, Haftbefehl, 3.1.1947, folgendes Zitat ebd.
411 StGB §§ 333, 335, 336, 346, 359,48, 73, 74.
412 HIS, PFR, 200,39, Schreiben Hermann F. Reemtsma, 5.1.1947; folgendes Zitat ebd.
413 Ebd., Schreiben Hans Domizlaff, 8.1.1947.
414 Ebd., Schreiben Hans Domizlaff, 21.1.1947; folgende Zitate ebd.
415 HIS, PFR, 220,08, Schreiben Herbert Fischer, 28.1.1947.
416 Ebd., Erklärung Hermann J. Abs, 17.2.1947.
417 HIS, PFR, Privatbriefe, Schreiben Philipp F. Reemtsma, 21.3.1947; folgendes Zitat ebd.
418 HIS, PFR, 221,01, Schreiben Philipp F. Reemtsma, 27.3.1947.
419 HIS, PFR, Privatbriefe, Schreiben Philipp F. Reemtsma, 27.3.1947; folgende Zitate ebd.
420 Ebd., Schreiben Philipp F. Reemtsma, 1.4.1947.
421 Kempner, Kreuzverhör, 2005, S. 227 ff.; Mitteilung Ingo Busses vom Museum Festung Königstein, 7.7.2006.
422 HIS, PFR, Privatbriefe, Schreiben Philipp F. Reemtsma, 3.4.1947.
423 HADB, OMGUS-Report Deutsche Bank, Exhibit 20, undatierter Bericht Georg Eidenschinks über Philipp F. Reemtsma; folgende Zitate ebd.
424 HIS, PFR, 210,09, Mitteilung Theophil Ahrends, 9.4.1947.
425 HIS, PFR, 221,01, Gutachten Ottokar Tesar.
426 HIS, PFR, 200,11, Anklageschrift Philipp F. Reemtsma, 1947, S. 4 f.; folgende Zitate ebd.
427 HIS, PFR, 221,01, Schreiben Philipp Möhring an Herbert Fischer, 21.7.1947.
428 HIS, Konvolut AFR, Erklärung Otto Lose und Friedrich Georg Schlickenrieder, 12.4.1947; folgende Zitate ebd.
429 Ebd., Erklärung Johannes Nagel, 21.5.1947.
430 Ebd., Eidesstattliche Erklärung Kurt Ladendorf, 13.6.1947.
431 Jacobs, Bassewitz-Behr, 2001, S. 51 f.
432 HIS, Konvolut AFR, Schreiben Otto Lose und Friedrich Georg Schlickenrieder, 15.8.1947.
433 Ebd., gerichtliche Aussage Alwin Reemtsma, 30.7.1947.
434 Information Jan Berend Reemtsmas an den Autor, 28.7.2005.
435 Julius Lewin, ehemaliger Yramos-Inhaber, wurde mit seiner Frau Sahra im September 1942 von Dresden nach Theresienstadt deportiert. Sahra Lewin verstarb dort nach wenigen Wochen, ihr Mann überlebte.
436 HIS, PFR, Privatbriefe, Schreiben Philipp F. Reemtsma, 2.10.1947.
437 HIS, PFR, 210,13, Schreiben Philipp F. Reemtsma an Philipp Möhring, 30.12.X1947.
438 *Niederdeutsche Zeitung*, 25.5.1948.
439 *Die Neue Zeitung*, 11.9.1948.
440 HIS, PFR, 200,11, Anklageschrift Philipp F. Reemtsma, 1947, S. 33.
441 Bajohr, Corruption, 2006, S. 305.
442 HIS, PFR, 230,21, Zeugenaussage Oswald Pohl, 4.8.1948.
443 BArch, SS-Hängeordner 915, Schreiben Oswald Pohl, 7.7.1942.
444 HIS, PFR, 203,21, Zeugenaussage Rudolf Diels; folgendes Zitat ebd.
445 HIS, PFR, 230,22, Zeugenaussage Heinrich Hoffmann.
446 Vgl. HIS, PFR, 220,08; ebd., Aussage Hinrich Lohse.
447 HIS, PFR, 230,13, gerichtliche Aussage Philipp F. Reemtsma 12.7.1948; folgende Zitate ebd.
448 *Die Neue Zeitung*, 11.9.1948; folgende Zitate ebd.
449 *Die Welt*, 23.9.1948.
450 HIS, PFR, 230,36, Urteilsverkündung; folgende Zitate ebd.
451 *Hamburger Allgemeine Zeitung*, 4.10.1948.
452 *Die Welt*, 5.10.1948; folgendes Zitat ebd.
453 HIS, Konvolut AFR, Aussage Anni Dröge, 1947.

454 Ebd., gerichtliche Aussage Alwin Reemtsma, Oktober 1948; folgendes Zitat ebd.
455 Ebd., Personalbericht Hans-Adolf Prützmanns, 15.10.1940.
456 Ebd., Anklageschrift gegen den ehemaligen SS-Standartenführer Alwin Siegfried Fürchtegott Reemtsma, 22.6.1948.
457 Ebd., Verteidigungsschrift Alwin Reemtsma, 19.8.1948.
458 Ebd., Eidesstattliche Erklärung Walter Ellermeier, 1948.
459 Ebd., Zeugenaussage Ernst August Ludwig Thienger, Oktober 1948; folgende Zitate aus den Aussagen von Kurt von Storch, Maria Kober, Kurt Ladendorf, Walter Abraham und Otto Lose ebd.
460 Militärarchiv Moskau, 504-2-8, pag. 163f., Fernschreiben des Befehlshabers der Sicherheitspolizei und des SD-Einsatzgruppe A an das Reichssicherheitshauptamt, 2.10.1941; generell: Angrick / Klein, Riga, 2003, S.195ff.; Klein, Einsatzgruppen, 1997, S.38–45.
461 HIS, Konvolut AFR, Urteilsverkündung, 19.10.1948; folgende Zitate ebd.
462 Ebd., Auskunft der Firmenleitung Reemtsma, 15.8.1947.
463 Littmann, Zwangsarbeiter, 2006, S.587.
464 Zimmermann, NS-Täter, 2001, S.26ff.
465 Information Jan Berend Reemtsmas an den Autor, 28.7.2005.
466 HIS, PFR, 220,08, Schreiben Reemtsma-Entnazifizierungsausschuss, 11.3.1947; folgende Zitate ebd.
467 StaHH 221-11, Staatskommissar für die Entnazifizierung, I (SH) 2425, Sitzungsprotokoll Entnazifizierungs-Fachausschuss XIV b, 29.10.1948.
468 *Hamburger Abendblatt*, 8.11.1948.
469 Information Hermann-Hinrich Reemtsmas an den Autor, 2.11.2005.
470 HIS, PFR, 400,08, Schreiben Hans Domizlaff, 14.11.1948.
471 Reemtsma-Chronik, Rohtabak, 1953, S.42.
472 HIS, PFR, 400,12, Schreiben Philipp F. Reemtsma, 21.2.1949.
473 Reemtsma-Chronik, Rohtabak, 1953, S.42.
474 Reemtsma-Chronik, Marken- und Marktpolitik, 1953, S. 221.
475 Ebd., S.21.
476 Lüth, Steine am Weg, 1966, S.192.
477 HIS, PFR, 400,08, Schreiben Hans Domizlaff, 1.1.1949.
478 HIS, PFR, 400,12, Schreiben Philipp F. Reemtsma, 22.1.1949.
479 Ebd., Schreiben Hans Domizlaff, 16.2.1949; Kontext Laube ebd.
480 HIS, PFR, 400,09, Vermerk zur Entwicklung der Differenzen mit Hans Domizlaff, 11.7.1952.
481 Reemtsma-Chronik, Marken- und Marktpolitik, 1953, S.227.
482 Reemtsma GmbH, Akten Rechtsabteilung, Schreiben W. von Scheven an Philipp F. Reemtsma, 10.5.1946. Seine Frau überlebte das KZ Auschwitz.
483 HIS, PFR, 400,12, Exposé Hans Domizlaffs, 1949; folgende Zitate ebd.
484 HIS, PFR, 400,12, Schreiben Philipp F. Reemtsma, 2.12.1949; folgende Zitate ebd.
485 HIS, PFR, 400,08, Schreiben Hans Domizlaff, 3.1.1950; folgende Zitate ebd.
486 Ebd., Schreiben Philipp F. Reemtsma, 6.1.1950
487 HIS, PFR, 400,08, Schreiben Philipp F. Reemtsma, 23.2.1950; folgende Zitate ebd.
488 HIS, PFR, 400,08, Entwurf Hans Domizlaff, 6.12.1950.
489 *Hamburger Allgemeine Zeitung*, 13.7.1949.
490 *Hamburger Abendblatt*, 13.7.1949.
491 *Die Welt*, 14.7.1949.
492 Nix, Brüning Briefe, 1974, S.239, Schreiben Heinrich Brüning, 24.10.1950.
493 HIS, PFR, 400,08, Schreiben Philipp F. Reemtsma, 23.2.1950; folgende Zitate ebd.
494 HIS, PFR, 400,08, 13.2.1950.
495 HIS, PFR, 550,01, Schreiben Philipp F. Reemtsma an Hermann Lane, 22.1.1951.
496 HIS, PFR, 415,07, Schreiben Philipp F. Reemtsma, 30.12.1947.
497 Ebd., Schreiben Philipp F. Reemtsma, 30.11.1948.
498 HIS, PFR, 415,06, Schreiben H.G. Kleinwort, 21.1.1949.
499 HIS, PFR, 415,08, Urteil OLG Hamburg, 17.3.1953.
500 HIS, PFR, 410,25, Rückerstattungsvergleich, 28.9.1950.
501 Ebd., Korrespondenz zum Antrag von September 1972.
502 HIS, PFR, 250,01, Klageschrift, 9.10.1951.

503 HIS, PFR, 410,12, Schreiben Herbert Fischer, 2. 1. 1952.
504 HIS, PFR, 400,13, Schreiben Philipp F. Reemtsma, 20. 9. 1954.
505 HIS, PFR, 415,07, Schreiben Philipp F. Reemtsma, 18. 7. 1952.
506 Ebd., Schreiben Jacques Koerfer, 12. 8. 1952.
507 Ebd., Schreiben Philipp F. Reemtsma, 18. 8. 1952.
508 Ebd., Schreiben Jacques Koerfer, 21. 7. 1953.
509 Ebd., Schreiben Philipp F. Reemtsma, 10. 8. 1953; folgende Zitate ebd.
510 Ebd., Schreiben Philipp F. Reemtsma, 4. 9. 1953.
511 Ritter, Idee, 1970, S. 32.
512 Pritzkoleit, Woge, 1961, S. 227.
513 HIS, PFR, 400,08, Schreiben Philipp F. Reemtsma, 11. 7. 1952; folgende Zitate ebd.
514 Ebd., Schreiben Hans Domizlaff, 28. 10. 1952; folgende Zitate ebd.
515 HIS, PFR, 400,09, Schreiben Philipp F. Reemtsma, 21. 11. 1952; folgende Zitate ebd.
516 HIS, PFR, Privatbriefe, Schreiben Philipp F. Reemtsma, 20. 11. 1952.
517 Ebd., Schreiben Philipp F. Reemtsma, 2. 12. 1952; folgende Zitate zur Geburt ebd.
518 Pritzkoleit, Woge, 1961, S. 227; folgende Zitate ebd.
519 Information Rosemarie Springers an den Autor, März 2005.
520 Hipp, Haus, 2005, S. 225.
521 Ebd., Schreiben Philipp F. Reemtsma, 1. 12. 1952.
522 Ebd., Schreiben Philipp F. Reemtsma, 4. 12. 1952.
523 Körber Archiv, Fotosammlung, Fotos Kurt Körber mit Hermann F. Reemtsma.
524 Information Hermann-Hinrich Reemtsmas an den Autor, 2. 11. 2005.
525 HIS, PFR, 400,09, Schreiben Hans Domizlaff, 16. 1. 1953; folgendes Zitat ebd.
526 HIS, PFR, Konvolut Jan Philipp Reemtsma, Album von Heinz-Jörn Zülch, 26. 11. 1953.
527 HIS, PFR, 400,09, Schreiben Philipp F. Reemtsma, 11. 7. 1952.
528 *Hamburger Abendblatt*, 22. 12. 1953; ASUA, Bestand Springer, Schreiben Philipp F. Reemtsma, 25. 12. 1953.
529 HIS, PFR, *Kristall*-Mappe, Ausgaben 1954.
530 Carpen, Tabak, 1954.
531 HIS, PFR, 400,13, Schreiben Hans Domizlaff, 5. 1. 1955.
532 Ebd., Schreiben Philipp F. Reemtsma, 7. 1. 1955; folgendes Zitat ebd.
533 Carpen, Kette, 1955, S. 192–250, hier S. 199; folgendes Zitat ebd.
534 Information Klaus Teubners an den Autor, 6. 1. 2006.
535 HIS, PFR, 400,13, Schreiben Philipp F. Reemtsma, 5. 2. 1954
536 HIS, PFR, 400,13, Schreiben Philipp F. Reemtsma, 26. 5. 1954.
537 Dommisse, Rupert, 2005, S. 96.
538 HIS, PFR, 400,12, Schreiben Philipp F. Reemtsma, 23. 11. 1953.
539 Dommisse, Rupert, 2005, S. 96.
540 Information Hermann-Hinrich Reemtsmas an den Autor, 2. 11. 2005.
541 HIS, PFR, 560,08, Memorandum Anton Rupert, 8. 4. 1960.
542 HIS, PFR, 560,10, Schreiben Philipp F. Reemtsma, 27. 7. 1956.
543 Ebd., Schreiben Philipp F. Reemtsma, 13. 8. 1956.
544 Ebd., Schreiben Philipp F. Reemtsma, 8. 9. 1956.
545 Ebd., Schreiben Philipp F. Reemtsma an Alexander Craven, 19. 6. 1957.
546 HIS, PFR, Privatbriefe, Schreiben Philipp F. Reemtsma, 26. 8. 1945.
547 Information Jan Philipp Reemtsmas an den Autor, 10. 4. 2005.
548 Information Jan Philipp Reemtsmas an den Autor, 10. 4. 2005.
549 HIS, PFR, 400,09, Schreiben Philipp F. Reemtsma, 21. 12. 1954.
550 Hermann F. Reemtsma, Herkunft, 1957; folgendes Zitat ebd.
551 Information der Rechtsabteilung Reemtsma Cigarettenfabriken GmbH an den Autor, 6. 1. 2006.
552 HIS, PFR, 400,13, Schreiben Hans Domizlaff, 5. 1. 1955.
553 Information Jan Philipp Reemtsmas an den Autor, 28. 4. 2005.
554 Ebd., Schreiben Philipp F. Reemtsma, 23. 3. 1955.
555 Ebd., Schreiben Fritz Schrader an Philipp F. Reemtsma, 1. 4. 1955; folgende Zitate ebd.
556 HIS, PFR, 400,11, Schreiben Philipp Möhring, 14. 5. 1955.
557 Ebd., Schreiben Hans Domizlaff, 17. 5. 1955.
558 HIS, PFR, 400,13, Schreiben Hans Domizlaff und Friedrich Georg Schlickenrieder, Juli 1955.

559 Ebd., Aktennotiz Friedrich Georg Schlickenrieder, 20.7.1955; Schreiben Marie Luise Nüsslin, 21.7.1955.
560 Ebd., Vermerk Fritz Schrader, 29.7.1955.
561 HIS, PFR, 400,11, Gutachten Kurt Mittelstein, 18.8.1955; folgende Zitate ebd.
562 HIS, PFR, 400,11, Schreiben Hans Domizlaff, 20.8.1955; folgende Zitate ebd.
563 HIS, PFR, 400,10, interne Mitteilung A. H., 24.8.1955.
564 Ebd., Protokoll Vorstandssitzung Reemtsma, 7.9.1955.
565 HIS, PFR, Privatbriefe, Schreiben Philipp F. Reemtsma, 18.1.1957.
566 Ebd., Schreiben Philipp F. Reemtsma, 20.1.1957.
567 Ritter, Idee, 1970, S.32.
568 Giesen, Scheibe, 2004, S.130.
569 Hermann F. Reemtsma, Herkunft, 1957; folgende Zitate ebd.
570 Information Jan Berend Reemtsmas an den Autor, 28.7.2005.
571 HIS, PFR, Privatbriefe, Schreiben Philipp F. Reemtsma, 18.1.1957.
572 Ebd., Schreiben Philipp F. Reemtsma, 3.3.1958.
573 HIS, PFR, Privatbriefe, Schreiben Philipp F. Reemtsma, 28.1.1959.
574 Zur *Hanseatic* vgl. *Welt am Sonntag*, 12.12.1959, *Der Spiegel*, 13.12.1961. Am 23.9.1953 hatte Reemtsma die Hälfte seiner Hapag-Aktien (Nominalwert 23,57 Millionen DM) an Schuchmann für 5,8 Millionen DM abgetreten. Schuchmann verpflichtete sich, die andere Hälfte innerhalb von drei Jahren, aber erst nach 1.10.1954 zum Kurswert von 50 % zu übernehmen, sofern sie ihm Reemtsma anbot. Vgl. HIS, PFR, 752,15.
575 Information Jan Philipp Reemtsmas zu Huberte Rupert an den Autor, 10.4.2005.
576 Zum Vermögen: N.N., Gebieter, 1956, S.824; zu Carreras: Domisse, Rupert, 2005, S.119f.
577 HIS, PFR, 560,10, Schreiben Philipp F. Reemtsma, 2.7.1959.
578 Ebd., Schreiben Philipp F. Reemtsma, 1959; folgendes Zitat ebd.
579 Pritzkoleit, Woge, 1961, S.233f.
580 Ritter, Idee, 1970, S.34.
581 Information Jan Philipp Reemtsmas an den Autor, 10.4.2005.
582 Abschied, 1959; folgendes Zitat ebd.
583 Information Jan Philipp Reemtsmas an den Autor, 10.4.2005.
584 HIS, PFR, 400,13, Schreiben Hans Domizlaffs, 14.12.1959; Antwort Hermann F. Reemtsmas ebd., 9.1.1960.
585 Information Jan Philipp Reemtsmas an den Autor, 10.4.2005.
586 Domisse, Rupert, 2005, S.109f.; Information Georg C. Domizlaffs an den Autor, 2.3.2006.
587 Hermann F. Reemtsma, Ansprache, 1960; folgendes Zitat ebd.
588 Caspers, Sammler, 1992, S.43.
589 N.N., Haus, 1955.
590 Caspers, Sammler, 1992, S.36.
591 Giesen, Barlach, 2003, S.19.
592 *Hamburger Abendblatt*, 19.6.1961.
593 Hermann F. Reemtsma 1892–1961, 1961.
594 *Hamburger Abendblatt*, 23.6.1961.
595 Hermann F. Reemtsma 1892–1961, 1961; folgende Zitate ebd.
596 Information Hermann-Hinrich Reemtsmas an den Autor, 2.11.2005.
597 Pritzkoleit, Woge, 1961, S. 228.
598 Sämtliche Daten ebd., S.227–231.
599 Information Jan Berend Reemtsmas an den Autor, 28.7.2005.
600 Hermann-Hinrich Reemtsma, Ego-Bericht, 1971.
601 Hermann-Hinrich Reemtsma, Ego-Bericht, 1971.
602 Information Jan Philipp Reemtsmas an den Autor, 21.9.2006.
603 Ebd.
604 Information Horst Schüler-Springorums (29.9.2006) und Rainer Ellings (20.1.2007) an den Autor.
605 Information Jan Philipp Reemtsmas an den Autor, 21.9.2006.
606 ASUA, Rede Axel Springer, Hamburger Betriebsversammlung, 10.10.1967; folgendes Zitat ebd.
607 Information Christian Krachts an den Autor, 1.11.2004.

608 Vgl. Friedrich Mager, Ulrich Spinnarke, Was wollen die Studenten?, Frankfurt am Main 1967.
609 Supp, Jan Philipp Reemtsma, 1996.
610 HIS, Konvolut AFR, Attest Prof. Dr. Christian Kroetz, 20.12.1946.
611 Information Jan Philipp Reemtsmas an den Autor, 10.4.2005.
612 Geschäftsbericht Reemtsma 1974.
613 Schimmeck, Reemtsma, 1985.
614 Raddatz, Mündel, 1984.
615 Wendler, Weltliteratur, 2004.
616 Kaube, Pellkartoffel, 2004.
617 Feddersen, Interview, 2004.
618 Information Jan Philipp Reemtsmas an den Autor, 21.9.2006.
619 Informationen Klaus Teubners (6.1.2006) sowie Jan Philipp Reemtsmas (2.3.2006) an den Autor.
620 Ortlepp, Zigaretten-Imperium, 1986.
621 Information Georg C. Domizlaffs an den Autor, 2.3.2006.
622 Information Jan Philipp Reemtsmas an den Autor, 21.9.2006.
623 Ritter, Idee, 1970, S. 36.
624 Ortlepp, Zigaretten-Imperium, 1986.
625 N.N., Abschied, 1981.
626 Wendler, Weltliteratur, 2004.
627 Ortlepp, Zigaretten-Imperium, 1986.
628 Information Ursula Vossens an den Autor, 25.11.2005.
629 Darstellung im *Börsenblatt*, wiedergegeben nach Raddatz, Mündel, 1984.
630 Kaube, Pellkartoffel, 2004.
631 Kroeber-Keneth, Kaufmann, 1976.
632 Bissinger, Mäzen, 1984.
633 Raddatz, Mündel, 1984; folgende Zitate ebd.
634 Jan Philipp Reemtsma an den Autor, 21.9.2006
635 Katalog zur Ausstellung »Industrie, Behörden und KZ Neuengamme«: Andree u.a., Deutschland, 1991; darin Rede Jan Philipp Reemtsmas.
636 Jan Philipp Reemtsma, Keller, 1997, S. 157.
637 N.N., Ann Kathrin, 1996.
638 Information Jan Philipp Reemtsmas an den Autor, 21.9.2006.
639 Jan Philipp Reemtsma, Keller, 1997, S. 15.
640 Raulff, Schrecken, 1997.
641 Information Jan Philipp Reemtsmas an den Autor, 21.9.2006.
642 Schütte, Augen rechts!, 1997.
643 Frei, Faktor 100, 1999.
644 Schmid, Bilder, 1999.
645 Ullrich, Zivilisationsbruch, 2000.
646 Jeismann, Wehrmacht, 2001.
647 Informationen Georg C. Domizlaffs an den Autor, 2.3.2006, 8.1.2007.
648 Information Jan Philipp Reemtsmas an den Autor, 21.9.2006.
649 Ebd.
650 Interview Jan Philipp Reemtsma, in: *die tageszeitung*, 4.3.2004.
651 Information Georg C. Domizlaffs an den Autor, 2.3.2006, folgendes Zitat ebd.
652 Information Hermann-Hinrich Reemtsmas an den Autor, 2.11.2005.
653 Information Hermann-Hinrich Reemtsmas an den Autor, 2.11.2005.
654 Jan Philipp Reemtsma, RAF, 2005, S. 110–114.
655 Nehmzow, Tat, 2001.
656 Jan Philipp Reemtsma, Folter, 2004, S. 122.
657 Jan Philipp Reemtsma an den Autor, 8.10.2006.

Literatur

Abschied von Philipp F. Reemtsma, o. O. [1959]

Hans Andree, Klaus Frahm, Wilfried Gandras, Jan Philipp Reemtsma (Hg.), Aus diesem Grunde daher. Deutschland in seinen Worten, Hamburg 1991

Andrej Angrick, Peter Klein, Riga 1941-1944, in: Gerd R. Ueberschär (Hg.), Orte des Grauens. Verbrechen im Zweiten Weltkrieg, Darmstadt 2003

Frank Bajohr, »Arisierung« in Hamburg. Die Verdrängung der jüdischen Unternehmer 1933-1945, Hamburg 1997

Ders., Von der Ausgrenzung zum Massenmord. Die Verfolgung der Hamburger Juden 1933-1945, in: Forschungsstelle für Zeitgeschichte in Hamburg (Hg.), Hamburg im »Dritten Reich«, Göttingen 2005, S. 471-518

Ders., Corruption et industrie: l'usine de cigarettes de Reemtsma ou comment »cultiver le paysage politique« sous le Troisième Reich, in: Dominique Barjot u. a. (Hg.), Industrie et politique en Europe occidentale et aux États-Unis, Paris 2006, S. 301-313

Reinhardt Balzk, Zwangsarbeiter in Dresden, Dresden 2001

Eva Caspers (Hg.), »Kunstwerke, die mich angehen«. Der Sammler Hermann F. Reemtsma 1892 bis 1961. Hg. im Auftrag der Stiftung Hermann F. Reemtsma, Hamburg 1992

Ruth Bettina Birn, Die Höheren SS- und Polizeiführer. Himmlers Vertreter im Reich und in den besetzten Gebieten, Düsseldorf 1980

Manfred Bissinger, Der Mäzen im Laufgraben, in: *Szene Hamburg*, 4/1984

Robert Carpen [d. i. Gerhard Kramer], Die weiße Kette. Roman der Cigarette, München 1955

Ders., Der Tabak wurde sein Schicksal, in: *Kristall, 1954, S. 984*-986, S . 1046-1049, S. 1108-1111

Cigaretten-Bilderdienst Hamburg-Bahrenfeld (Hg.):

Deutschland erwacht. Werden, Kampf und Sieg der NSDAP, Hamburg 1934

Adolf Hitler. Bilder aus dem Leben des Führers, Hamburg 1936

Kampf um's Dritte Reich, Hamburg 1933

Malerei des Barock und Malerei des Impressionismus, Hamburg 1938

Raubstaat England, Hamburg 1941

Der Staat der Arbeit und des Friedens - ein Jahr Regierung Adolf Hitlers, Hamburg 1934

Ditte Clemens, Marga Böhmer. Barlachs Lebensgefährtin, Schwerin 1996

Ian Cobain, The interrogation camp that turned prisoners into living skeletons, in: *The Guardian*, 17. 12. 2005

Ebbe Dommisse, Anton Rupert. A Biography, Kapstadt 2005

Die Familie Reemtsma aus Pewsum in Ostfriesland 1500 - 1938. Sonderdruck aus dem Deutschen Geschlechterbuch, Bd. 103, Görlitz 1938

Familienverband Zülch (Hg.), *Nachrichten aus der Familie Zülch*, 1926 -1932

Familienverband Zülch (Hg.), *Nachrichten aus der Sippe Zülch*, 1935-1937

Jan Feddersen, Interview mit Jan Philipp Reemtsma, in: *die tageszeitung*, 04. 03. 2004

Gerald D. Feldman, Die Deutsche Bank vom Ersten Weltkrieg bis zur Weltwirtschaftskrise 1914 bis 1933, in: Die Deutsche Bank 1870-1995, München 1995, S. 138-314

Festschrift zur Hochzeitsfeier von 213 weiblichen Werkangehörigen der Dresdner Werke Jasmatzi, Yenidze, Delta, Bulgaria und der Dresdner Emballagenfabrik der Reemtsma Cigarettenfabriken in den Ausstellungshallen Dresden am Sonnabend dem 4. November 1933

Festschrift zur Hochzeitsfeier von 122 weiblichen Werkangehörigen der Reemtsma Cigarettenfabriken Altona-Bahrenfeld in den Festsälen des Hotels Kaiserhof Altona am Sonnabend dem 28. Oktober 1933

Forschungsstelle für Zeitgeschichte in Hamburg (Hg.), Hamburg im »Dritten Reich«, Göttingen 2005

Norbert Frei, Faktor 100, in: *FAZ*, 02. 11. 1999

Hans-Georg Friedrich, Entwicklung, Aufbau und Lage des deutschen Zigarettengewerbes, Köln 1937

Lothar Gall, Der Bankier Hermann Josef Abs. Eine Biographie, München 2005

Sebastian Giesen (Hg.), 40 Jahre Ernst Barlach Haus, Hamburg 2003

Ders., »Selbstbeherrschung, Besonnenheit, weise Mäßigung im Denken und Handeln.« Richard Scheibe und Hermann F. Reemtsma, in: Ursel Berger (Hg.), Nymphe und Narziss. Der Bildhauer Richard Scheibe (1879–1964), Berlin 2004, S. 129–138

Günter Grass, Beim Häuten der Zwiebel, Göttingen 2006

Gruner Druck (Hg.), Gruner Druck. Voller Dynamik seit 125 Jahren, Itzehoe 2004

Carl Hausberg, Die deutsche Zigaretten-Industrie und die Entwicklung zum Reemtsma-Konzern unter besonderer Berücksichtigung der Reemtsma-Werke, Würzburg 1935

Ludolf Herbst, Der Totale Krieg und die Ordnung der Wirtschaft. Die Kriegswirtschaft im Spannungsfeld von Politik, Ideologie und Propaganda, Stuttgart 1982

Rudolf Herz, Hoffmann & Hitler. Fotografie als Medium des Führer-Mythos, München 1994

Hermann Hipp, Roland Jaeger, Johannes Weckerle (Hg.), Haus K. in O. 1930–32. Eine Villa von Martin Elsaesser für Philipp F. Reemtsma. Mit einem Essay von Werner Oechslin und Texten von Jörg Schilling sowie Beiträgen von Roland Jaeger und Rüdiger Joppien, Berlin 2005

Institut für Zeitgeschichte (Hg.), Akten der Partei-Kanzlei der NSDAP, Teil 1, Band 1, München 1983

Harold James, Die Deutsche Bank und die »Arisierung«. In Verbindung mit den Mitgliedern der Historikerkommission zur Erforschung der Geschichte der Deutschen Bank in der NS-Zeit. Avraham Barkai, Gerald D. Feldman, Lothar Gall, Jonathan Steinberg, München 2001

Michael Jeismann, Die Wehrmacht war keine Mörderbande. Was bleibt vom Skandal? Vor der Eröffnung der umgestalteten Ausstellung des Hamburger Instituts für Sozialforschung: Ein Gespräch mit Jan Philipp Reemtsma und Ulrike Jureit, in: *FAZ*, 27.11.2001

Eduard Juhl, Die Begleiter. Unvergessliche Begegnungen in aller Welt, Stuttgart 1965

Deutsche Justiz. Rechtspflege und Rechtspolitik. Amtliches Organ des Reichsministers der Justiz, des Preußischen Justizministers und des Bayerischen Justizministers, 09.02.1934

Hermann Kaienburg, Die Wirtschaft der SS, Berlin 2003

Jürgen Kaube, Pellkartoffel Arnos Schmidtmacher: Die Lehren aus Bargfeld, in: *FAZ*, 16.01.2004

Robert M. W. Kempner, Das Dritte Reich im Kreuzverhör. Aus den unveröffentlichten Vernehmungsprotokollen des Anklägers in den Nürnberger Prozessen, München 2005

Peter Klein (Hg.), Die Einsatzgruppen in der besetzten Sowjetunion 1941/42. Die Tätigkeits- und Lageberichte des Chefs der Sicherheitspolizei und des SD, Berlin 1997

Hartmut Köberich, Köberichs Sammelbilder-Katalog 1872–1945, Rabenau 2003

Otto Köhler, Kassensturz als Widerstand, in: *konkret*, 7/1994, S. 16

Albert Krebs, Tendenzen und Gestalten der NSDAP. Erinnerungen an die Frühzeit der Partei, Stuttgart 1959

Ludwig Kroeber-Keneth, Fetzen aus meinen Tagebüchern, Frankfurt 1976

Ders., Der königliche Kaufmann und das Genie, in: *FAZ*, 24.07.1976

Heinz Liepman, Philipp F. Reemtsma. Das Schicksal eines deutschen Zigarettenkönigs, in: *Die Weltwoche*, 05.01.1951

Erik Lindner, »Arisierung«, Gleichschaltung, Zwangsarbeit. Ullstein 1934–1945, in: Axel Springer Verlag (Hg.), 125 Jahre Ullstein. Presse- und Verlagsgeschichte im Zeichen der Eule, Berlin 2002, S. 74–81

Ders., Garbáty – eine Zigarettenfabrik in Pankow, in: Christof Biggeleben, Kilian Steiner, Beate Schreiber (Hg.), »Arisierung« in Berlin 1933–1945, Berlin 2007, S. 248–286

Ders., Philipp F. Reemtsma, in: Neue Deutsche Biographie, Bd. 21, 2003, S. 254–255

Ders., Die Orientalische Tabak- und Zigarettenfabrik »Yramos«, in: Hatikva (Hg.), Spurensuche. Juden in Dresden. Ein Begleiter durch die Stadt, Hamburg 1995, S. 60–61

Friederike Littmann, Ausländische Zwangsarbeiter in der Hamburger Kriegswirtschaft 1939–1945, Hamburg 2006

Peter Löffler (Bearb.), Bischof Clemens August von Galen. Akten, Briefe und Predigten 1933–1946, Bd. II, 1939–1946, Mainz 1988

Erich Lüth, Viel Steine lagen am Weg. Ein Querkopf berichtet, Hamburg 1966

Peter de Mendelssohn, S. Fischer und sein Verlag, Frankfurt am Main 1970

Christoph Maria Merki, Die nationalsozialistische Tabakpolitik, in: *Vierteljahrshefte für Zeitgeschichte*, 1998, Heft 1, S. 19–42

Beate Meyer, »Arisiert« und ausgeplündert. Die jüdische Fabrikantenfamilie Garbáty, in: Beate Meyer, Hermann Simon (Hg.), Juden in Berlin 1938–1945. Begleitbuch zur Ausstellung der Stiftung »Neue Synagoge Berlin – Centrum Judaicum«, Berlin 2000, S. 77–87

N. N., Neue Bauten von Martin Elsaesser, in: *Bauwelt*, Hf. 47, 1932, Beilage S. 1–10

N. N., Plötzlicher Abschied, in: *Der Spiegel*, 09.03.1981

N. N., Haus eines Hamburger Kunstsammlers, in: *Film und Frau*, Heft 9, VII, 1955, S. 12–14

N. N., Kennwort: Ann Kathrin, in: *Der Spiegel*, 29.04.1996

N. N., Philipp Reemtsma. Ein Gebieter im Reich des blauen Dunstes, in: *Der Aufstieg*, Oktober 1956, S. 817–822

N. N., Reemtsma, in: *Tabak-Tage-Buch*, 1931, Heft 52; 1932, Heft 1–7, 14–18, 20, 22–24, 26–27

N. N., Reemtsma-Nichte wurde Opfer eines tödlichen Streits, in: *Berliner Zeitung*, 11.06.1997

N. N., Uwe Reemtsma, in: *Salemer Hefte*, 27, Dezember 1942

N. N., Die Weite als Wohnluxus: Haus K. in O., in: *Die Dame*, Januar 1933

N. N., Zigarettenindustrie: Auskunft über Philipp F. Reemtsma, in: *Das Dossier*, Nr. 27/28, 1959, S. 1–20

Ralf Nehmzow, Eine Tat, die sich in ihre Seele grub, in: *Hamburger Abendblatt*, 20.01.2001

Günter Neliba, Staatssekretär Paul Körner – Görings Gehilfe in der Rüstungs- und Kriegswirtschaft, in: Ders., Staatssekretäre des NS-Regimes. Ausgewählte Aufsätze, Berlin 2005, S. 39–71

Claire Nix (Hg.), Heinrich Brüning. Briefe 1946–1950, Stuttgart 1974

OMGUS. Militärregierung der Vereinigten Staaten für Deutschland, Finanzabteilung, Sektion für finanzielle Nachforschungen, Ermittlungen gegen die Deutsche Bank 1946/1947. Übersetzt und bearbeitet von der Dokumentationsstelle zur NS-Politik Hamburg, Nördlingen 1985

Gunar Ortlepp, Vom Zigaretten-Imperium zur Gelehrtenrepublik, in: *Der Spiegel*, 26.05.1986

Mogens Pelt, Tobacco, Arms and Politics. Greece and Germany from World Crisis to World War 1929–1941, Copenhagen 1998

Kurt Pritzkoleit, Auf einer Woge von Gold. Der Triumph der Wirtschaft, Wien – München – Basel 1961

Der Prozess gegen die Hauptkriegsverbrecher vor dem Internationalen Militärgerichtshof, Bd. 37, Urkunden und anderes Beweismaterial, Nürnberg 1949

Fritz J. Raddatz, Das Mündel will Vormund sein, in: *Die Zeit*, 13.04.1984

Ulrich Raulff, Schreckliches kann man nur durch Schrecken begreifen, in: *FAZ*, 09.04.1997

Reemtsma-Chronik. Als Sonderdruck aus den Beiträgen zu einer Firmengeschichte für den Hausgebrauch hergestellt, Hamburg 1953:

- Die Firmenentwicklung 1910 bis 1952, von Philipp F. Reemtsma
- Die Cigarettenherstellung. Die Orientcigarette, die American-Blend-Fabrikation, unsere Werke, von Otto Konrad, Heinrich Müller
- Der Rohtabak, von Kurt E. Heldern und Alexis Busch, Alfred Bühling, Alfred Horstkotte, Heinz König, Werner Neidel, Gerhard Weintraud
- Der Weg zum Raucher. Das Instrument des Verkaufs, das Instrument der Waren-Auslieferung, von Friedrich Georg Schlickenrieder und Fritz Schrader
- Von Marken- und Marktpolitik. Vom Aufbau der Reemtsma-Marken, des Reemtsma-Stils und von Hans Domizlaff, Neuaufbau unseres Markensortiments in der Nachkriegszeit, die Gestaltung von Marke und Werbung, Nachdenkliches zum Thema Verkauf, von Philipp F. Reemtsma, Friedrich Georg Schlickenrieder, Franz Jäger

- Die Zentrale, von Otto Lose (Gesamtbearbeitung), Theophil Ahrends, Karl Fischer, Willy Gebhardt, Josef Hagel, Karl August Klinge, Walter Koenig, Wilhelm Lück, Christian Reuter, Ernst August Thienger, Karl Uelentrup, Edmund Woll
- Der Bombenkrieg, von Otto Lose (Gesamtbearbeitung), Herbert Gütschow, Hellmuth Heinze, Paul König, Felix Schulz, Josef Simon, Karl Uelentrup
- Unsere betriebliche Sozialarbeit, von Otto Konrad
- Das Markenbild. Sechzehn Fototafeln aus dem Archiv des Hauses
- Zeittafel der wichtigen Daten aus der Geschichte der Cigarettenindustrie und der Firma Reemtsma

Hermann F. Reemtsma, Herkunft, Werdegang und Arbeit. Ein Versuch [Ego-Bericht, Rotary Club Hamburg-Dammtor, Typoskript, 1957]

Ders., Ansprache anlässlich der ersten Abteilungsleitersitzung, 06.01.1960 [Typoskript, 1960]

Hermann F. Reemtsma, * 29. Oktober 1892, †18. Juni 1961, o.O. [1961]

Hermann-Hinrich Reemtsma, Ego-Bericht [Rotary Club Hamburg-Dammtor, Typoskript, 1971]

Jan Philipp Reemtsma, Ansprache anlässlich der Enthüllung des Gedenksteins für die Verfolgten der NS-Militärjustiz in der Gedenkstätte Buchenwald, 15.05.2001 [www.eak-online.de/gedenkveranstaltung]

Ders., Was heißt »die Geschichte der RAF verstehen«?, in: Wolfgang Kraushaar, Karin Wieland, Jan Philipp Reemtsma, Rudi Dutschke Andreas Baader und die RAF, Hamburg 2005, S. 100–142

Ders., Im Keller, Hamburg 1997

Silke Reuther, Die Kunstsammlung Philipp F. Reemtsma. Herkunft und Geschichte, Berlin 2006

Mark W. Rien, Reemtsma. Der Mann, der Zigarettengeschichte schrieb, in: Hans D. Barbier, Fides Krause-Brewer (Hg.), Die Person hinter dem Produkt. 40 Porträts erfolgreicher Unternehmer, Bonn 1987, S. 103–111

Mark W. Rien, Gustaf Nils Dorén, Das neue Tabago Buch. Ein Buch vom Tabak und Kulturgeschichte des Rauchens. Herausgegeben im 75. Jahr des Bestehens der H. F. & Ph. F. Reemtsma GmbH & Co., Hamburg 1985

Wolfgang Ritter, Die bessere Idee. Erfahrungen und Geständnisse eines Unternehmers, Pfullingen 1970

Karl Heinz Roth, Fordismus und Faschismus. Schlaglichter auf die Geschichte des Reemtsma-Konzerns 1910–1945, in: *Bulletin für Faschismus- und Weltkriegsforschung*, Hf. 30, 2007, S. 1–30.

Klaus Saalfeld, Elisabeth Ullstein – zwischen Berlin und New York, in: Axel Springer Verlag (Hg.), 125 Jahre Ullstein. Presse- und Verlagsgeschichte im Zeichen der Eule, Berlin 2002, S. 22–25

Jörg Schilling, »… denn die Wahrheit ist uns verborgen«. Der Umbau der Villa Reemtsma 1939–1940, in: Hermann Hipp u. a. (Hg.), Haus K. in O. 1930–32, Berlin 2005, S.189–199

Tom Schimmeck, Zögling und Erbe, Jan Philipp Reemtsma, in: *Transatlantik*, 1/1985

Josef Schmid, Dirk Wegner, Kurt Körber. Annäherungen an einen Stifter, Hamburg 2002

Thomas Schmid, Bilder einer Ausstellung, in: *Die Welt*, 21.10.1999

Wolfram Schütte, Augen rechts! Reemtsmas Hebammendienste, in: *Frankfurter Rundschau*, 12.04.1997

Theo Sommer, 1945. Die Biographie eines Jahres, Reinbek 2005

[Barbara Supp,] So irritierend freundlich. Barbara Supp über den scheuen Erben Jan Philipp Reemtsma, in: *Der Spiegel*, 29.04.1996

tabago. Ein Bilderbuch vom Tabak und den Freuden des Rauchens. Herausgegeben und gedruckt aus Anlaß des 50-jährigen Bestehens der Cigarettenfabrik H. F. & Ph. F. Reemtsma, München 1960

Wolfgang Tarnowski, Toma Babovic, Auf den Spuren von Ernst Barlach, Hamburg 2005

Tete H. Tetens, Der Reemtsma-Skandal. Die Korruption im deutschen Zigarettengewerbe und ihre volkswirtschaftlichen Folgen, o. O., o. J. [1932]

Ders., Reemtsma kauft, in: *Die Weltbühne*, 29.03.1932, Heft 13, S. 472–474

Ders., System Reemtsma, in: *Die Weltbühne*, 02.02.1932. Heft 5, S. 155–158

Erwin Topf, König im Reich der Cigarette. Die Geschichte eines schöpferischen Unternehmers und seines Hauses: Philipp Fürchtegott Reemtsma, in: *Die Zeit,* 18.12.1959

Henry A. Turner (Hg.), Hitler aus nächster Nähe. Aufzeichnungen eines Vertrauten 1929–1932, Frankfurt am Main 1978

Volker Ullrich, Jens Jessen, Der Zivilisationsbruch. Ein *Zeit*-Gespräch mit Jan Philipp Reemtsma über die Zukunft der Wehrmachtsausstellung, in: *Die Zeit*, 23.11.2000

Martin Voigt, Reemtsma Aktiengesellschaft Altona-Bahrenfeld. Musterbetriebe Deutscher Wirtschaft, Bd. 2, Die Cigarettenindustrie, Berlin 1928

Heiner Wember, Umerziehung im Lager. Internierung und Bestrafung von Nationalsozialisten in der britischen Besatzungszone Deutschlands, Essen 1992

Lutz Wendler, Wo sich Weltliteratur in der Provinz versteckte, in: *Hamburger Abendblatt*, 11.09.2004

Houston Writes, Reemtsma. Von der Feldzigarette zur Anti-Wehrmachtausstellung, Selent 2002

Volker Zimmermann, NS-Täter vor Gericht. Düsseldorf und die Strafprozesse wegen nationalsozialistischer Gewaltverbrechen, Düsseldorf 2001

Tilman Zülch, Yvonne Bangert, Abschied von Katrin Reemtsma, in: *Pogrom*, Nr. 195/196, Juni - September 1997, S. 82

Archivalien

BArch - *Bundesarchiv, Abteilung Berlin*
SSO, Reemtsma, Alwin, 06.06.1896; SSO, Prützmann, Hans-Adolf, 31.08.1901
SS-Hängeordner 868–930; ehem. Bestand Berlin Document Center:
Reemtsma Alwin, 06.06.1896; Reemtsma, Philipp F., 22.12.1893
Zehrer, Hans, 22.06.1899; OPG, Reemtsma; Sammlung Research, Reemtsma
R 2, Nr. 20525; R 43, II/96, II/689, II/745b; R 4606/2728; R 8119 F
BArch - *Bundesarchiv, Abteilung Hoppegarten*
R 8 XII, Reichsstelle für Kaffee und Tabak
StaHH -*Staatsarchiv Hamburg*
221-11, Staatskommissar für die Entnazifizierung und Kategorisierung (SH) 2425
Architekt K. Gutschow B90, Unterbringung ausländischer Arbeitskräfte, 1941–43
Russisches Staatliches Militärarchiv Moskau
504-2-8 (Befehlshaber der Sicherheitspolizei und des SD Ostland)
HIS - *Hamburger Institut für Sozialforschung*
Bestand Philipp F. Reemtsma, Konvolut Alwin Reemtsma
Konvolut Gertrud Reemtsma , Privatbriefe Reemtsma
HADB - *Archiv des Historischen Instituts der Deutschen Bank AG, Frankfurt am Main*
B63, Kontinentale Öl AG; F13/112, Roth Händle; K16/95, Hannoversche Bank, Cigarettenfabrik Constantin; OMGUS-Report Deutsche Bank, Exhibits 20–21; S191, Generalsekretariat (Hermann J. Abs, Handakte Reemtsma); S981; S982; S985; S986
ASUA - *Unternehmensarchiv Axel Springer AG, Berlin*
Bestand Axel Springer
Centrum Judaicum Berlin, Gesamtarchiv der deutschen Juden
Nachlass Garbáty
Reemtsma Cigarettenfabriken GmbH, Hamburg
Konvolut historische Akten Rechtsabteilung
Archiv der Handelskammer Hamburg
94.C.480
Körber Archiv, Hamburg
H 53, Korrespondenz Kurt Körber
Schule Schloss Salem, Kurt-Hahn-Archiv
Schülerakte Uwe Reemtsma
Familienarchiv Koerfer, Berlin
Konvolut Garbáty

Abkürzungen

AFR Alwin Reemtsma
AG Aktiengesellschaft
AIZ *Arbeiter Illustrierte Zeitung*
AKU Allgemeene Kunstzijde Unie
BATC / BAT British American Tobacco Company
BDM Bund Deutscher Mädel
Bearb. Bearbeiter
DAF Deutsche Arbeitsfront
DDP Deutsche Demokratische Partei
DM Deutsche Mark
DNVP Deutschnationale Volkspartei
d. R. der Reserve
DVP Deutsche Volkspartei
ebd. ebendort
ECA Economic Cooperation Administration
FDP Freie Demokratische Partei
FINAD Finance Administration (OMGUS)
Hapag Hamburg-Amerika-Linie
Hg. Herausgeber
HJ Hitlerjugend
IG Interessengemeinschaft deutscher Zigarettenhersteller
KdF Kraft durch Freude
KG Kommanditgesellschaft
KZ Konzentrationslager
LG Landgericht
NAZ Nationalsozialistische Anzeigenzentrale
NKWD russische Abkürzung für Volkskommissariat für Innere Angelegenheiten
NS Nationalsozialismus
NSDAP Nationalsozialistische Deutsche Arbeiterpartei
NSBO Nationalsozialistische Betriebszellenorganisation
NSKK Nationalsozialistisches Kraftfahrkorps
NSV Nationalsozialistische Volkswohlfahrt
N.V. Naamloze Vennootschap, Bezeichnung für eine Aktiengesellschaft (AG) nach niederländischem Recht
OLG Oberlandesgericht
OMGUS Office of the Military Government of Germany
OPG Oberstes Parteigericht (NSDAP)
Pfg. Pfennig
PFR Philipp F. Reemtsma
Pg. Parteigenosse (NSDAP)
RAF Rote Armee Fraktion
RM Reichsmark
RWM Reichswirtschaftsministerium
SA Sturmabteilung
SD Sicherheitsdienst
SS Schutzstaffel
StGB Strafgesetzbuch
UG Umsatzgemeinschaft
VB *Völkischer Beobachter*
VdC Verband der Cigarettenindustrie
VEB Volkseigener Betrieb
vgl. vergleiche
WHVA Wirtschaftsverwaltungshauptamt (SS)
WVZ Wirtschaftliche Vereinigung der Zigarettenindustrie

Fachbegriffe der Zigarettenindustrie

Blend Tabakmischung
Bobine Papier zur maschinellen Herstellung von Zigarettenhülsen
Burley hellbrauner Tabak, Würztabak bei American-Blend-Mischungen
Casing Vorbehandlung des Tabaks zur Aromatisierung
Emballage Zigarettenschachtel
Flavor Aromatisierung
German Blend Abart des American Blend
Goodwill Wert einer Marke oder Firma
Kingsize englisches Zigarettenformat
Machorka polnisch-russischer Bauerntabak
Maxoul gute Tabakqualität der oberen Blattstufen türkischer, griechischer und bulgarischer Orienttabake
Mille Mengenangabe für 1000 Zigaretten
Smyrna Orienttabak aus Kleinasien (Smyrna / Izmir)
Tabakregie staatliches Herstellungs- und Verbreitungsmonopol auf Raucherwaren
Top Flavoring verdünnte Lösung konzentrierter Aromastoffe
Virginia goldgelber, großblättriger Tabak, als heller Feinschnitt verwendet

Register

Bildnachweis

Archiv der Körber-Stiftung, Hamburg: 452 · Archiv des Hamburger Instituts für Sozialforschung: 14, 28, 29, 43, 65, 75, 113, 328, 345, 348, 372, 454 · Bieber/Panfoto: 207, 208. Bundesarchiv, Berlin: 176, 177 · Ernst Barlach Lizenzverwaltung, Ratzeburg: 169 · Noel Tovia Matoff, Berlin/Arno-Schmidt-Stiftung: 524 · Museum der Arbeit, Hamburg: 15, 23, 24, 31, 44, 107, 157, 163, 279, 501 · picture-alliance/dpa: 541 · picture-alliance/dpa/dpaweb: 559 · Privat: 30, 76, 129, 291, 463 · ullstein – ullstein bild: 490, 561 · Unternehmensarchiv, Axel Springer AG: 457

Johann Bernhard
Reemtsma
1857–1925

⚭ 1890
Flora Elise Bertha
Fürchtegott,
geb. Zülch
1867–1931

Elisabeth
Fürchtegott
Reemtsma
1891–1985

⚭ 1915–1926
Johannes
Topf
1887–1947

⚭ 1931
Karl Oskar
Fiedler
† 1962

Hermann Bernhard
Fürchtegott
Reemtsma
1892–1961

⚭ 1918
Johanna, geb.
Eisenschmidt
1895–1988

Philipp Karl
Fürchtegott
Reemtsma
1893–1959

⚭ 1920–1938
Gertrud
Fürchtegott,
geb. Zülch
1898–1939

⚭ 1939
Gertrud
Fürchtegott,
geb. Zülch
1916–1996

Alwin Siegfried
Fürchtegott
Reemtsma
1895–1970

⚭ 1919–1924
Johanna, geb.
Schenk
1898–1978

⚭ 1925
Irmgard, geb.
Kageler
1897–1983

ngeborg
Topf
916–?

Hans Joachim
Topf
1918–1941

Ulrich
Topf
1924–1945

Ielga
Reemtsma
919–1995
⚭ 1944 *(6 Kinder)*
Karl Eberhard
Schorr

Hanna
Reemtsma
*1921
⚭ 1943 *(5 Kinder)*
Otto Ernst
Schlosser
⚭ 1974
Karl Otto
Ferdinand Kühn

Heike
Reemtsma
1926–1963
⚭ 1952 *(3 Kinder)*
Otto
van de Loo

Hermann-Hinrich
Reemtsma
*1935
⚭ 1962 *(3 Kinder)*
Eike Elisabeth,
geb. Andreae
⚭ 1995
Gesa Marietta,
geb. Ullrich

Hermann Uwe
Fürchtegott
Reemtsma
1921–1941

Jochen Karl Maria
Fürchtegott
Reemtsma
1923–1945

Klaus Reemt
Fürchtegott
Reemtsma
1927–1943

Cornelie Gertrud
Fürchtegott
Reemtsma
*8.8.1949 †8.8.1949

Jan Philipp
Fürchtegott
Reemtsma
*1952
⚭ 1993 *(1 Kind)*
Ann Kathrin
Scheerer

Klaus
Fürchtegott
Reemtsma
*1920
⚭ 1952 *(2 Kinder)*
Hannelore, geb.
Püls

Feiko
Reemtsma
1926–1999
⚭ 1954 *(4 Kinder)*
Dagmar, geb.
von Hänisch
⚭ 1983
Marlene, geb.
von Wickede

Jan Berend
Reemtsma
*1928
⚭ 1957 *(3 Kinder[1])*
Ilse, geb.
Wedding
⚭ 1982
Catharina, geb.
Voss

[1] u.a. Katrin Reemtsma (1958–1997)

Dank des Autors

Das vorliegende Buch basiert zum großen Teil auf dem beispielhaft aufbereiteten Aktenbestand Philipp F. Reemtsma, der im Archiv des Hamburger Instituts für Sozialforschung verwahrt wird. Dessen Leiter Reinhart Schwarz sowie Dr. Wolfgang Hertle und Britta Stamm ist zu danken, da sie bei der Beantwortung zahlreicher Fragen halfen. Heinz Fehlauer vom Bundesarchiv, Dr. Martin L. Müller vom Historischen Institut der Deutschen Bank, Gesa Heinrich vom Archiv der Körber-Stiftung sowie Sophie Weidlich vom Kurt-Hahn-Archiv sei für ihre unkomplizierte Unterstützung gedankt. Peter Ohlinger von der Rechtsabteilung der Reemtsma Cigarettenfabriken GmbH sowie die langjährig dort tätigen Juristen Dr. Klaus Teubner und Dr. Holger Rosenau legten eine bemerkenswerte Offenheit an den Tag, indem sie Unterlagen und Kenntnisse über firmenbezogene Vorgänge vor allem zum Dritten Reich weitergaben.

Die hier geschaffene Basis ergänzten Informationen von Gesprächspartnern, die Details aus dem Leben der Reemtsmas sowie aus der Geschichte der Zigarettenindustrie kannten. Ihnen ist der Autor genauso zu Dank verpflichtet: Dr. Ralf Ahrens, Dr. Andrej Angrick, Dr. Frank Bajohr, Dr. Will Baumgarten, Inka Bertz, Dr. Hans Brenner, Ingo Busse, Georg C. Domizlaff, Rainer Fröbe, Prof. Dr. Thomas J. Garbáty, Dr. Sebastian Giesen, Volker Ilgen, Tino Jacobs, Gerd Jansen, Matthias Kamm, Prof. Dr. Daniel Koerfer, Christian Kracht, Dr. Friederike Littmann, Kurt Otto, Stefan Rahner, Dr. Silke Reuther, Dr. Jörg Schilling, Dr. Dirk Schindelbeck, Prof. Dr. Horst Schüler-Springorum, Dr. Bettina Seyderhelm, Werner Sprie, Rosemarie Springer, Jürgen von Storch, Friedrich W. Strippel, Bartholomew Ullstein, Dr. Ursula Vossen, Dr. Christoph Walther, Prof. Johannes Weckerle und Nancy H. Yeide. Diese Auflistung ist unvollständig, denn einige wünschten, nicht genannt zu werden.

Als Zuhörer hatte ich einige sowohl menschlich als auch inhaltlich hochinteressante Erlebnisse, vor allem bei den Gesprächen mit Prof. Dr. Jan Philipp Reemtsma sowie mit seinen Cousins Dr. Jan Berend Reemtsma und Hermann-Hinrich Reemtsma. Trotz ihrer bislang gepflegten Zurückhaltung im Hinblick auf die Familiengeschichte entwickelten sie wachsende Bereitschaft, Einzelheiten zu schildern und Fragen zu beantworten. Sie gewährten tiefe, zum Teil sehr persönliche Einblicke in ihr Leben und ihre Familienerfahrungen. Diese Intensität hat mich überrascht, und ich möchte mich auf diesem Weg bei den Genannten bedanken.

Zu Beginn halfen mir meine Freunde Dr. Jörg Hackeschmidt und Sabine Dittler mit konzeptionellen Hinweisen. Das Resultat anderthalbjähriger Arbeit lasen die mit mir lange verbundenen kritischen Korrekteure Anne Giebel und Jens Dirksen. Diese fundierten Impulse und korrigierenden Anregungen aus dem Freundeskreis sind überaus schätzenswert.

Sollte ich in dem Buch Falsches formuliert oder wiedergegeben haben, so liegt die Verantwortung bei mir.

Erik Lindner, Berlin